HISTOIRE

DE

SAINTE ROSELINE

DE VILLENEUVE

PARIS — IMP. SIMON RAÇON ET COMP., RUE D'ERFURTH. 1

STAT CRUX DUM VOLVITUR ORBIS
Imprimé par Alfred Chardon Jeune Rue Racine 3 Paris
SAINTE ROSELINE
Religieuse Chartreuse

HISTOIRE

DE

SAINTE ROSELINE

DE VILLENEUVE

RELIGIEUSE CHARTREUSE

ET DE L'INFLUENCE CIVILISATRICE DE L'ORDRE DES CHARTREUX

AVEC PIÈCES JUSTIFICATIVES

Par le Comte

H. DE VILLENEUVE-FLAYOSC

ANCIEN INGÉNIEUR EN CHEF DES MINES

ANCIEN INSPECTEUR GÉNÉRAL D'AGRICULTURE ET MEMBRE DE PLUSIEURS ACADÉMIES

PARIS

LIBRAIRIE SAINT-GERMAIN DES PRÉS

PUTOIS-CRETTÉ, LIBRAIRE-ÉDITEUR

59, RUE BONAPARTE

1867

LETTRE DE Mgr L'ÉVÊQUE DE FRÉJUS

A M. LE COMTE DE VILLENEUVE-FLAYOSC

ÉVÊCHÉ
DE FRÉJUS ET DE TOULON

Fréjus, 26 mai 1866.

Monsieur le Comte,

Les visites pastorales commencées immédiatement après Pâques, et continuées jusques aujourd'hui, ne m'ont pas permis de lire, aussi tôt que je l'aurais désiré, *votre très-remarquable travail sur sainte Roseline.*

Il appartenait à un membre de l'illustre famille de sainte Roseline d'en écrire la Vie et de faire ressortir l'influence que cette glorieuse Sainte a exercée sur son époque, du fond de l'obscure retraite choisie par son humilité.

Nul mieux que vous, monsieur le Comte, ne pouvait remplir ce double objet; vous unissez à la vigueur de la foi qui comprend les Saints, la science qui apprécie leur rôle dans l'histoire. Votre travail, sortant ainsi des limites de la simple hagiographie, prend toutes les proportions d'une étude sur une époque historique peu connue de nos jours.

Je ne puis que le **bénir** et faire des vœux pour sa prochaine publication.

Sainte Roseline est une des **grandes Gloires de mon diocèse**, et son corps, conservé intégralement dans un nos sanctuaires, est, après le chef de sainte Madeleine, la **plus précieuse de nos reliques** et un des saints foyers où va s'alimenter la piété de nos fidèles.

Puissions-nous voir un jour la *famille* religieuse à laquelle appartint sainte Roseline, veiller et prier à côté de ses restes sacrés!

C'est un des vœux que je forme et une espérance que j'aime à concevoir comme un des salutaires effets de votre livre.

Agréez, monsieur le comte, l'assurance de mes sentiments les plus distingués.

Signé:

† J. HENRI, ÉVÊQUE DE FRÉJUS ET DE TOULON.

A M. LE COMTE H. DE VILLENEUVE-FLAYOSC

INGÉNIEUR EN CHEF DES MINES

MONSIEUR,

Je vous exprime, avec un vif sentiment de bonheur, l'entière approbation que je donne à votre manuscrit intitulé : *Vie de sainte Roseline de Villeneuve.*

C'est après avoir pris la plus complète connaissance de votre ouvrage que je vous adresse, avec mon suffrage, la pressante invitation de publier, le plus tôt possible, cette œuvre, fruit de recherches consciencieuses et destinée, je n'en doute pas, à produire d'heureux fruits dans la population catholique.

En souscrivant à un certain nombre d'exemplaires de votre livre, je manifeste hautement mon désir de faire jouir notre famille carthusienne de cette bonne et agréable lecture.

Agréez, monsieur le comte, et mes remercîments pour un travail qui honore notre ordre, et mes félicitations pour les nobles et religieux sentiments que vous avez si bien exprimés en digne petit neveu de notre illustre sainte.

A la Grande-Chartreuse, le 14 juillet 1865.

F. CHARLES-MARIE, PRIEUR DE CHARTREUSE,
MISS. GÉN. DE L'ORDRE DES CHARTREUX.

OBSERVATION. — La communication donnée au R. Père général des chartreux a été bornée à la vie de sainte Roseline.

Quant à ce qui concerne l'appréciation des services rendus à la civilisation chrétienne par les enfants de saint Bruno, et l'influence de leur ordre dans les différentes périodes de cette civilisation, *aucune communication préalable aux intéressés n'a été donnée par l'auteur.* A cet égard, *l'écrivain a voulu se réserver l'entière liberté d'exprimer toute son admiration* pour des mérites et des bienfaits que la société doit connaître. Il y a des heures solennelles où les voiles de l'humilité doivent être déchirés.

DÉDICACE

A

MADAME ROSELINE DE VILLENEUVE-TRANS-FLAYOSC

COMTESSE DE FORBIN-LA-BARBEN

Cette histoire a été entreprise à votre sollicitation; vous m'avez souvent rappelé le devoir de vous faire connaître la vie de votre sainte patronne : cette obligation me fut imposée dès le jour où sur les fonts baptismaux le nom de Roseline vous fut donné.

Vous m'avez aidé du plus zélé concours pour recueillir les traditions populaires et les documents relatifs à cet ouvrage, commencé sous les ombrages de la Barben, au milieu des gracieux sourires de vos enfants, en mêlant les douces joies de votre foyer à l'accomplissement sérieux d'un devoir de la famille chrétienne.

Je vous dois à la fois un hommage et un remercîment.

L'étude approfondie de cette histoire a été pour moi-même la source de vives lumières ; elle a fait briller à mes yeux les bienfaits trop ignorés que la société civilisée doit à notre religion catholique. J'ai pu admirer ainsi la sainteté qui, au milieu d'apparentes perturbations, gouverne et dirige le monde moral par une secrète et irrésistible impulsion, comme cette force silencieuse et cachée qui régularise invinciblement la révolution des astres. Les hommes politiques *agitent* la terre, mais les *Saints*, par leur action sur la foi et sur les mœurs, la *soutiennent*, la *guident* et la *perfectionnent* Les moteurs les plus puissants ont été les agents les plus humbles.

Par une insigne faveur de la Providence, deux saintes illustres, sainte Roseline de Villeneuve et sainte Chantal, vous assurent leurs puissants patronages dans le ciel, en vous imposant par leurs parenté le devoir des exemples de piété à donner à la terre.

Sainte Roseline vous offre le type des austérités cénobitiques les plus héroïques, de l'holocauste virginal le plus complet, le plus exceptionnel.

Sainte Chantal vous présente le modèle du triple devoir accompli de l'épouse, de la mère et de la fondatrice de l'ordre le plus accessible aux tempéraments infirmes, aux positions les plus générales et les plus variées.

Chez sainte Roseline, le sacrifice a été plus immédiatement spontané, plus complètement chevaleresque.

Chez sainte Chantal, le sacrifice a été l'effet d'une plus longue expérience et d'une soumission plus résignée ; sainte Roseline a été plus contemplatrice et séraphique ; sainte Chantal a été davantage la femme forte et active.

Toutes deux se sont élevées aux sublimes transports de l'amour divin. Sainte Roseline a été le précurseur des Carmélites, elle a élevé le niveau des âmes chrétiennes de la France ; sainte Chantal a préludé aux sœurs de charité.

Sainte Roseline, par son influence sur les Croisades, sur les conquêtes de l'orthodoxie, sur la politique, sur l'établissement de l'ordre public à l'aide de la gendarmerie de la mer, a conquis une plus grande place dans l'histoire des origines de la civilisation chrétienne.

Fondatrice de quatre-vingt-cinq couvents en trente-un ans, sainte Chantal a satisfait à un besoin plus général d'asiles pour les âmes qui vivent dans la retraite et la prière.

Sainte Roseline est la patronne des nobles guerriers de la foi civilisatrice, des intrépides et pieuses chevalières Jeanne d'Arc, Jeanne Hachette, et des austères chartreux.

Sainte Chantal est le guide des saintes femmes, *mères de famille*, des veuves, des vierges qui ont l'ardeur de la foi sans la vigueur du corps.

Ces deux saintes offrent un ensemble complet des applications du christianisme au bonheur des sociétés; elles nous montrent que le vrai privilége des positions élevées est une plus haute application de l'esprit de sacrifice; elles nous enseignent que l'illustration des familles et des individus ne se mesure point sur les honneurs obtenus, mais sur les services rendus et sur l'immolation acceptée pour l'utilité de nos semblables.

PRÉLIMINAIRES

La chapelle de Sainte-Roseline. — Ordre religieux auquel appartient sainte Roseline. — Elle assiste aux dernières croisades. — Effets civilisateurs des croisades. — *Journal des Débats* du 7 septembre 1865 (de la Boulaye). — La scène sur laquelle se développe la vie de notre sainte est la Provence prise à l'apogée de sa civilisation littéraire. — Rapports de sainte Roseline avec la chevalerie de Saint-Jean de Jérusalem et avec les événements politiques. — Hommages populaires rendus à sainte Roseline. — Hommage de sa famille. — L'époque de sainte Roseline correspond au grand épanouissement de la vertu chrétienne en Provence. — Rôle religieux qui caractérise l'ordre carthusien. — Le christianisme fut, est et sera le génie du progrès civilisateur. — Supériorité de la civilisation chrétienne sur la civilisation païenne. — Le onzième siècle est l'époque de la renaissance de la civilisation. — Au-dessous des violences féodales apparentes était la civilisation populaire du moyen âge. — Au onzième siècle, les souverains pontifes ont pu, grâce à leur suprématie incontestée, établir la réforme des mœurs dans l'Église d'occident, tandis que dans l'Église orientale, subordonnée aux Césars bysantins, le développement chrétien a été atrophié. — L'histoire de la sainteté a été celle de la liberté, et l'Église a établi dans la puissance spirituelle indépendante le foyer de la liberté politique. — Le schisme samaritain a été pour Israël ce que le protestantisme a été pour la catholicité. — Période présente et à venir de la civilisation chrétienne.

Sur le trajet de Marseille à Nice, lorsque l'on atteint la vallée de l'Argens, charmante rivière baignant les pieds des pittoresques dentelures de l'Estérel, aux abords de la partie la plus gracieuse et la plus verdoyante de la Provence orientale, on trouve la station du chemin de fer qui, aux *Arcs*, reçoit l'embranchement de Draguignan.

Le bourg des Arcs, déjà remarquable par la fraîcheur de ses campagnes et par la douceur de sa température, l'est bien plus par les débris de la civilisation romaine et par les ruines du moyen âge. Il est dominé par une tour, forteresse féodale, à laquelle était adossé le manoir *principal* du seigneur de Villeneuve. A une demi-lieue à l'est de ce bourg, sur une colline aux formes arrondies, s'élève une chapelle antique environnée d'eaux et de prairies, ombragée de hauts peupliers et de platanes touffus. Ce sanctuaire ébauché, au onzième siècle, par un anachorète nommé Roubaud, bâti sur de plus larges proportions par les Templiers vers 1206, augmenté, vers 1260, d'un monastère de religieuses chartreuses fondé par le seigneur des Arcs, Arnaud de Villeneuve, fut agrandi et restauré, vers 1320, par Hélion de Villeneuve, placé à la tête des chevaliers hospitaliers de Saint-Jean de Jérusalem.

Au commencement du seizième siècle, le couvent des chartreuses fit place à un cloître de religieux observantins, bâti par le marquis de Villeneuve Trans; enfin en 1793, le cloître devint une dépendance d'une exploitation rurale, tandis que la jolie chapelle du treizième siècle, acquise à l'aide d'une pieuse souscription des paroissiens, est restée une propriété de la paroisse des Arcs.

Ainsi, sur un horizon pittoresque, rappelant les plus riantes perspectives des bords célèbres du délicieux lac Majeur, se dresse un des plus intéressants monuments de l'histoire religieuse, portant avec lui les traces des évolutions de notre civilisation chrétienne. La conservation très-complète de la chapelle est une éclatante preuve de la dévotion persévérante des peuples voisins envers sainte Roseline, dont le nom est fixé sur ses murailles.

Cette conservation parfaite de la chapelle de Sainte-Roseline, à travers les guerres civiles impitoyables et les vandalismes des dévastateurs politiques, qui ont promené le fer et la flamme dans la Provence, bien plus que dans les autres parties de la France; cette conservation d'une relique, placée dans une chapelle rurale exposée sans défense aux fureurs iconoclastes des guerriers protestants ; cette prodigieuse préservation est un magnifique témoignage de la ferveur universelle du culte de la sainte, dont le souvenir a protégé cet édifice.

Un sentiment bien touchant attire le voyageur vers cet intéressant sanctuaire. Pour l'âme pieuse, il y a là un parfum de sainteté exquise... On y trouve la plus étonnante de toutes les reliques de la France... C'est le corps *tout entier*, avec ses téguments encore flexibles, de *sainte Roseline*... qui naquit en 1263, et dont les yeux, *six fois séculaires*, sont encore aujourd'hui conservés dans un reliquaire de la chapelle des Arcs.

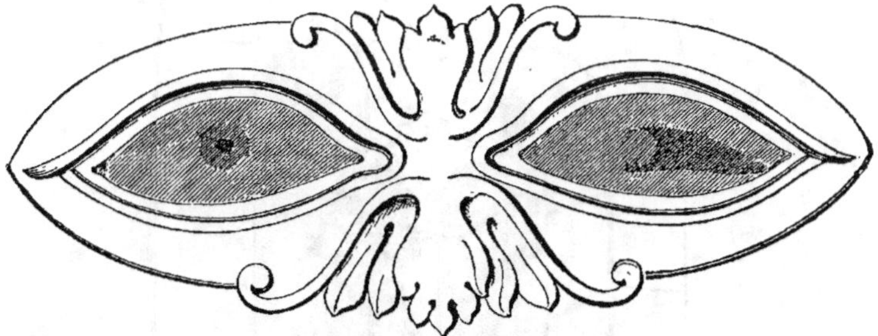

Reliquaire contenant les yeux de sainte Roseline[1].

Sainte Roseline, illustrée dans sa jeunesse par sa charité et par une reproduction du miracle du pain changé en roses, devint, plus tard, la directrice du couvent des Chartreuses, sous le titre de *prieure*. L'éclat des vertus qui brillèrent alors, dans la clôture monastique, franchit ses murailles et fut admiré par l'humble peuple et par les nobles chevaliers. Le nimbe de sainteté fut posé autour du front de cette vierge gracieuse par le suffrage des populations voisines; et la conservation merveilleuse de la relique semble être, chaque jour, la confirmation de la canonisation populaire de la fille du château.

La conservation de la chapelle, au milieu d'un pays semé de ruines, et la conservation du saint corps, au milieu des restes informes des anciennes sépultures, sont deux objets d'admiration qui forment un ensemble complet. Quel contraste frappant que celui offert par la glorification de la chapelle de notre sainte, et par l'abjection où sont tombés les restes du superbe château des Arcs! L'édifice seigneurial est abattu; une charmante fenêtre *romane*, désignée par la tra-

[1] Œil piqué par l'ordre de Louis XIV pour constater que ces yeux sont NATURELS.

dition comme la *fenêtre de la chambre de la nourrice de sainte Roseline*, est le seul débris qui puisse nous faire concevoir le brillant idéal du palais habité par les illustres seigneurs.

Fenêtre de la chambre de la nourrice de sainte Roseline.

Or, maintenant, les ruines de ce séjour de la puissance sont devenues l'asile du plus humble des habitants des Arcs, du pauvre fossoyeur, tandis que la chapelle de sainte Roseline restaurée reçoit chaque jour de nouveaux hommages.

Pour faire entrevoir le plan de ce travail destiné à décrire une période et une individualité remarquables de l'histoire religieuse, je vais rapidement indiquer le *temps*, le *lieu*, dans lesquels cette vie sainte s'est placée: ce qu'était l'ordre religieux auquel appartenait notre sainte, et quelle a été l'importance sociale des saints, dans la série des étapes de la civilisation.

Hors du diocèse de Fréjus, sainte Roseline de Villeneuve n'est connue que dans l'ordre illustre des chartreux, dont la silencieuse modestie voile les vertus et les services religieux et sociaux. Mais dans cette grande famille monacale, où les prodigieuses macérations des premiers cénobites chrétiens ont toujours été conservées comme un éclatant témoignage des forces indéfectibles de la nature humaine, sainte Roseline est vénérée comme le type féminin le plus élevé de la vertu carthusienne.

Les imposantes armoiries des Chartreux sont une croix plantée sur un globe, avec la devise annonçant la perpétuité du sacrifice chrétien :

Stat crux dum volvitur orbis; que nous traduisons ainsi :

En vain le sol s'agite, en vain la foudre gronde,
Toujours la croix debout domine sur le monde.

Sur ce blason, image du dévouement sans fin et sans limites, la douce figure de sainte Roseline se place à côté de l'austère effigie de saint Bruno, le sublime fondateur des Chartreux.

Saint Bruno fut le premier maître et demeura le fidèle conseiller du grand pape Urbain II, qui eut l'insigne honneur de promulguer la première et la grande croisade. Sainte Roseline vit les derniers combats de la dernière croisade, celle où mourut l'héroïque saint Louis en nous léguant quelque chose de plus électrisant que le marbre du Saint-Sépulcre; car il nous a laissé l'émouvante tradition de la royauté s'immolant pour le triomphe de la foi civilisatrice. Après la passion de la victime divine, saint Louis est venu nous montrer la passion de la victime royale.

Saint Bruno et sainte Roseline ont donc assisté au commencement et à la fin du grand drame civilisateur du moyen âge. Saint Bruno a été, par la bouche d'Urbain II, le premier héraut de la civilisation par les croisades, sainte Roseline en a montré le dernier épanouissement dans la chevalerie perfectionnée par son frère Hélion.

L'histoire de notre sainte se mêle aux dernières émotions du plus grand mouvement religieux de nos pères : cette histoire nous montrera donc le reflet des grandes améliorations sociales dont les croisades furent le point de départ et la source.

Les croisades transformèrent la féodalité tout entière, en faisant naître la chevalerie qui, de l'arme du soldat barbare et violent, fit un instrument de protection de la faiblesse; les croisades ont placé la gloire militaire, non point dans les triomphes de la force brutale, mais dans le dévouement à la religion protectrice du droit des faibles, et inspiratrice constante de la civilisation.

Ce sont les croisades qui ont fait du guerrier le protecteur du missionnaire dévoué, le soldat de la croix ; par elles, le barbare est devenu l'homme lige de la civilisation, dont le caractère religieux est tellement tracé que cette civilisation devrait s'appeler la *christianisation.*

« *Amour*, *justice*, *liberté!!!* Est-ce que ces mots ne sont pas chrétiens? qui donc a fait de l'amour la loi du monde régénéré ? qui donc a proclamé le règne de la justice? qui donc a affranchi la conscience? brisé le joug des religions d'État (le césarisme) ? qui donc, en nous faisant tous fils d'un même père céleste, frères d'un même sauveur (selon la chair), et descendants d'une seule famille humaine, a fondé la véritable ÉGALITÉ, la véritable FRATERNITÉ? Certes, on a raison de prêcher aux hommes l'humilité, la résignation, l'esprit de renoncement et de sacrifice. Le cœur humain aura toujours les mêmes faiblesses.

« En avant contre l'exploitation des faibles par les forts. En avant contre la misère! en avant contre l'ignorance, c'est le cri du siècle, » dit le *Journal des Débats* : ce *cri du siècle* est le cri de l'Église depuis dix-neuf siècles ; mais c'est plus que son *cri*, c'est son incessante action : c'est le grand combat des saints. C'est l'imposante et glorieuse lutte de tous ceux qui appartiennent à l'Église par l'*esprit*, alors même qu'ils ne portent pas ses insignes matériels ?

Placée à la fin d'une grande période historique, la vie de sainte Roseline, emprunte un autre intérêt bien saisissant à la scène sur laquelle cette religieuse carrière se développa. Notre sainte vécut en Provence, entre la fin du treizième siècle et le premier tiers du quatorzième, c'était le moment où la Provence, prenant le sceptre des lettres, devenait aussi le foyer du développement religieux. Après avoir glorieusement accompli la conquête de Naples, la Provence ne tarda pas à devenir le séjour préféré des souverains Pontifes ; cette contrée eut alors la gloire des armes par ses nobles guerriers, la gloire des lettres par les troubadours dont le Dante et Pétrarque furent le suprême épanouissement, par sa cour et son académie de dames Poëtes ; et, par-dessus toute autre chose, la gloire du dévéloppement des doctrines sacrées et l'impulsion des institutions sociales, par la présence de la cour pontificale.

Par ses guerriers, ses poëtes et ses saints, la Provence atteignit, à cette époque, à l'apogée de sa valeur sociale, et elle tenait le haut bout de la civilisation contemporaine. Quoique renfermée dans les murs de son cloître, l'âme de Roseline se mêlait à tout le mouvement de cette grande époque provençale. Elle avait un frère bien aimé, qui fut choisi pour le réformateur et le réorganisateur de la chevalerie chrétienne, le grand chef de la milice religieuse de Saint-Jean de Jérusalem, qui fut alors préposée à la défense de l'ordre public, dans tous les États pontificaux, et de la navigation contre la piraterie musulmane. Hélion de Villeneuve, le grand maître de l'ordre de Saint-Jean, allait puiser dans les entretiens de sa sœur religieuse, les inspirations du devoir et les mâles consolations de la piété. L'âme de sainte Roseline était l'ange gardien d'Hélion, et il y avait entre le frère, puissant chevalier, et la sœur, pieuse cénobite, un échange perpétuel de secours matériels et de concours moral. Par les grâces célestes qu'elle procura à l'ordre des guerriers hospitaliers de Saint-Jean, sainte Roseline conquit une glorieuse place dans les traditions des chevaliers; et l'on a imprimé, dans le Martyrologe de l'ordre de Malte, que sainte Roseline était le chef féminin des chevalières hospitalières. Cette erreur historique n'est-elle pas un panégyrique de la pieuse chartreuse?

Sainte Roseline, devenue la patronne des chevaliers hospitaliers, attira leur protection sur l'ordre carthusien et leurs bienfaits sur son monastère. La gracieuse chapelle qui conserve, encore aujourd'hui, le nom et la relique de sainte Roseline, est, comme nous l'avons déjà dit, un monument toujours subsistant de la générosité de l'ordre des Hospitaliers, dont les dons servirent à restaurer et à agrandir l'antique sanctuaire, fondé déjà depuis plus de trois siècles.

Sainte Roseline paraît avoir exercé une influence prononcée sur la politique des souverains de Provence; à sa sollicitation, les armes du comte de Provence ont mis les couvents carthusiens du Gapençais à l'abri des violences des *seigneurs* et des Vaudois.

Par l'époque où se place la vie de notre sainte, par l'influence extérieure qu'elle exerça d'une manière silencieuse, mais efficace, sur les événements contemporains, par le lieu même, où cette influence, pareille à un doux magnétisme, vint se faire sentir, la vie de notre sainte attire les regards et les retient fixés par un doux charme. C'est une humble violette qui reste cachée sous des flots de verdure, pour ne se revéler que par des parfums.

Les agriculteurs, les pauvres surtout, la connaissent et l'aiment, cette sainte figure levée vers le ciel, qui autrefois distribuait le pain du château et du monastère, et qui veille, encore aujourd'hui, sur les moissons engraissées de leurs sueurs. C'est à sainte Roseline qu'ils viennent demander la pluie destinée à féconder leurs champs, les grâces célestes qui doivent protéger la vertu de leurs filles, et les bénédictions qui transforment les jeunes épouses en mères fécondes et dévouées, en compagnes fidèles.

A ce touchant hommage du peuple, ne devons-nous pas joindre notre tribut, nous à qui les liens du sang et les plus grands bienfaits reçus imposent des devoirs plus étendus? Si cette vertu de famille ne devenait pas pour nous un modèle, si ce touchant exemple ne nous entraînait pas vers le dévouement et les sacrifices de la charité, il se dresserait contre nous comme un sanglant reproche; car elle est la patronne de notre famille ; et le nom de Roseline est celui de la plupart des femmes ayant du sang Villeneuve.

L'époque où vécut sainte Roseline fut celle du plus grand épanouissement de la vertu chrétienne, dans toute l'aristocratie provençale. — Pendant qu'il y avait un *Saint-Louis* sur le trône de France, qui venait prendre une compagne digne de lui dans la famille souveraine de Provence [1]; L'aristocratie méridionale produisait deux saintetés germaines par la parenté du sang et semblables par la pureté virginale du cœur : saint Elzéar et sainte Roseline. En même temps le plus sublime des docteurs théologiques, saint Thomas d'Acquin, venait établir son école dans la grande conquête provençale de Naples.

L'apogée de la *gloire* de l'aristocratie a été l'apogée de son *dévouement* aux travaux de l'esprit, aux plus héroïques sacrifices des *sens*.

La noblesse devint alors chère aux populations, parce qu'elle s'immolait à l'amélioration des membres les plus infimes de la société, parce qu'elle quittait les armes pour cultiver les sciences et appliquer l'abnégation.

Sainte Roseline est un type de la transformation de l'aristocratie féodale, par le christianisme admirablement pratiqué chez le sexe le plus infirme et le plus délicat. C'était bien la chevalerie des vierges placée en face de la chevalerie des mâles guerriers.

D'un côté l'épée du chevalier sans peur, qui redressait les torts de la violence; de l'autre côté, la prière des lèvres sans reproche et la douce main de la servante des pauvres qui guérissaient les maux de la misère.

On voit de suite que la vie de la sainte religieuse chartreuse, que nous allons publier, se rattache à de grandes faces de l'histoire générale.

Cette sainte, devenue le type féminin de l'austère institution dont saint Bruno est le créateur, se lie à l'influence

[1] C'était Romée de Villeneuve, grand-oncle de sainte Roseline, qui négociait cette alliance.

latente d'un ordre religieux dont l'incorruptibilité est restée proverbiale depuis bientôt huit siècles.

Les prières, les pratiques sévères des chartreux, leurs exemples silencieux, comme leur vie claustrale, ont pesé d'un grand poids dans la conservation des traditions de l'Église, et même dans son gouvernement. Dans leurs profondes retraites, impénétrables aux troubles et aux oscillations du monde, ils ont, avec une merveilleuse abnégation, étouffé même le bruit de leurs vertus intérieures. Solitaires anachorètes dans les méditations et les travaux de leurs cellules ; zélés cénobites dans leurs prières communes; portant, dans l'heureuse expression de leur physionomie, les traces de ce calme céleste, de cette douce paix, ineffable récompense des sacrifices accomplis pour le bonheur du monde, ils ont conservé le modèle sur lequel les anciens ordres religieux ont pu retrouver les traces de leur régularité primitive, et les nouvelles institutions se façonner. Pendant que leurs travaux industriels ou agricoles fécondaient la contrée qu'ils habitaient, la vertu de leurs prières allait faire descendre, sur les douleurs humaines, le charme des grâces divines.

L'impression produite dans la chrétienté par l'exemple de la vertu carthusienne, nous est indiquée par le plus éminent de tous les juges de la vie ascétique, par l'irrécusable témoignage du saint auteur de l'inimitable livre appelé l'*Imitation*.

Ce livre était écrit, vers 1441, dans le commencement du quinzième siècle, alors que le relâchement s'était introduit dans un trop grand nombre de maisons monastiques. Triste conséquence de troubles, portés dans toute l'Église, par les lamentables désordres du schisme pontifical, appelé le schisme d'Occident!

Or, d'après les attestations contenues dans le livre qui forme, après l'Évangile, notre plus pur code de morale, l'austérité et la piété carthusiennes surnagèrent au milieu du déplorable naufrage des institutions pieuses ; elles brillèrent sans éclipse, sur cette immense altération des mœurs. Altération dépeinte par l'auteur de l'*Imitation* avec ces termes énergiques : Crimes et scandales énormes dans le peuple, prodigieuse dissolution dans les couvents. *Tanta mala et scandala in populo, tanta dissolutio in cœnobiis.* (*Imit.*, liv. I, chap. III).

Dans le chapitre XXV, livre 1, le pieux auteur retrace les exercices des religieux fervents et inébranlablement attachés à leurs saintes pratiques. « Considérez, dit-il, les CHARTREUX, les Cisterciens et divers couvents de religieux et de religieuses, *où l'on se lève la nuit pour chanter les Psaumes*, et dont voici l'existence :

De *rares sorties*, une *vie très-retirée*, une *alimentation misérable*, des *vêtements grossiers*, des *travaux multipliés*, peu de *paroles; beaucoup de veilles*, de *courts sommeils*, de *longues prières*, des *lectures fréquentes* et *une exacte observance de la discipline* [1].

Tel est le magnifique tableau de la vie religieuse non relâchée, dans lequel les enfants de saint Bruno, de ce quinzième siècle d'ailleurs si dissolu, occupent le premier rang.

La vertu carthusienne invariable a été, constamment, l'écrasante réfutation des allégations des hérétiques, relatives à l'altération essentielle de la morale officielle de l'Église catholique. La précédente peinture des mœurs carthusiennes, stéréotypée dans le plus beau livre religieux du quinzième siècle, se reflète, comme sur un miroir fidèle, dans l'observation des mœurs des chartreux du dix-neuvième siècle. Huit siècles d'alternatives de troubles et de paix, de faveurs et de disgrâces, de prospérités et de persécutions n'ont, en rien, atténué le zèle et l'esprit d'immolation primitifs; le chartreux actuel est identique au chartreux du onzième siècle ; il a vu passer, devant lui, les dépravations, les décadences, et, au milieu des ruines, sa robe est restée toujours pure, parce qu'il en a secoué la poussière... Il a coupé avec un mâle courage tous les membres gangrenés, de manière que la plaie n'atteignît jamais le foyer vital.

Il a toujours préféré la *qualité* des religieux au *nombre* des membres. — Les plus illustres souvenirs, les plus attachantes

[1] Raro exeunt, abstracte vivunt, pauperrime comedunt, grosse vestiuntur, multum laborant, parum loquuntur, diu vigilant, mature surgunt, orationes prolongant, frequenter legunt et se in omni disciplina *custodiunt*.

reliques ne l'ont pas empêché de sacrifier les établissements où la discipline était compromise. En 1420, au moment où l'écrivain de l'*Imitation* tenait la plume, les chartreux donnaient un grand exemple de ce courage moral, en abdiquant le monastère illustré par sainte Roseline, mais où les circonstances fâcheuses, produites par les désordres civils et les troubles de l'Église, empêchaient le maintien des règles. Le chartreux a su héroïquement renoncer, soit à la relique de saint Bruno, soit à celle de sainte Roseline, pour conserver fidèlement l'esprit du saint fondateur et de la céleste patronne. — Chez lui, l'âme a toujours été préférée au corps.

La grande Église du Christ, l'Église catholique est un être plein de vie, dont l'énergie et la fécondité inépuisables se plient à toutes les formes et font naître, pour chaque temps, l'institution et la manifestation religieuse qui conviennent à cette époque. — Après les bénédictins cluniciens, grands et riches cultivateurs des terres, vinrent les ordres mendiants, détachés de toutes les richesses de la terre, puis les ordres militants comme les jésuites, les oratoriens, les carmes déchaussés; plus tard les grandes institutions pour le ministère de la parole et de la charité, fondées par saint Vincent de Paul. — Au milieu des productions, flexibles dans leurs formes, qui prouvent la permanence de la force génératrice, il fallait qu'il y eût un témoignage de la permanence du même esprit de sacrifice, formant le principe invariable du christianisme; c'est l'ordre carthusien qui correspond à ce grand aspect de notre féconde et sainte mère; et ce dernier type n'a nul besoin d'être nombreux dans le présent, parce que son ancienneté le rend nombreux dans la durée.

Après avoir indiqué les lieux, les temps et l'ordre monastique dans lesquels elle vécut, il faut reproduire l'état général de la civilisation chrétienne, à l'époque où notre sainte parut. Il faut montrer ce qui s'était fait dans le monde religieux et civilisé, et ce qui restait à faire pour atteindre l'état actuel de la chrétienté. La part d'action due à la sainteté de la chartreuse résultera de cet exposé. Il faut donc marquer les progrès successifs qui forment les grandes étapes de la marche de notre civilisation. L'esquisse de l'amélioration sociale, enfantée par les vertus et par les institutions chrétiennes, est le meilleur hymne de reconnaissance à adresser à la religion, qui a préparé et nous conserve de tels bienfaits. C'est dans ce tableau, que la sainte carthusienne viendra prendre une place honorable. La voie suivie pour réaliser les progrès accomplis ne peut pas différer de la direction à suivre, pour perfectionner de plus en plus cette œuvre de la religion ; notre devoir n'est-il pas de faire pour nos neveux ce que nos pères ont fait pour nous ? Ce qui nous a été donné par nos aïeux montrera bien ce que nous devons à nos descendants ; et, si le christianisme a été la source de tous nos progrès passés, n'est-ce pas dans ses inépuisables émanations qu'il faudra étancher la légitime soif de progrès nouveaux ?

La formule chrétienne du dévouement complet au bonheur de nos semblables ne renferme-t-elle pas le principe de toutes les améliorations sociales possibles, soit par le travail secret de l'intelligence et des mœurs, soit par le travail apparent de mains industrieuses?

Le type chrétien de l'immolation, pour le triomphe des vérités divines et pour le plus grand bien des autres hommes, n'est-il pas le germe fécond de tous les biens auxquels peut aspirer la société humaine? Si donc, la civilisation n'a été : et ne peut jamais être que le christianisme de plus en plus largement appliqué. L'histoire des institutions religieuses se confond nécessairement avec celle de la civilisation.

Depuis l'heure où, sur une place publique de la Judée, fut promulgué le profond précepte : Rendez à *Dieu* ce qui est à *Dieu*, à *César* ce qui est à *César*, la coordination sympathique des deux pouvoirs, *spirituel* et *temporel*, est devenue le moyen du développement social. Comme la division du travail est le moyen du progrès industriel..., la division des pouvoirs est le moyen du progrès politique. Le christianisme est le principe spirituel luttant contre les violences et les révoltes des sujets, et contre la tyrannie et les vices des souverains. Il y a, de la part du christianisme, un double combat livré à l'humanité, pour la perfectionner en bas et pour la régler dans le haut ; absolument comme l'âme humaine réagit incessamment contre les déréglements des appétits brutaux ou aveugles de l'égoïsme et de l'animalité à laquelle elle est unie; afin qu'une harmonie de plus en plus complète tende à s'établir entre l'âme comprenant, aimant et dirigeant, et le monde matériel manifestant l'action invisible de l'esprit.

La civilisation chrétienne est donc une réaction incessante et un combat continuel; l'histoire de la civilisation chrétienne est celle de la lutte perpétuelle et de la réglementation que le principe *spirituel* fait subir au *principe* matériel. Comme dans la vie humaine, les principes spirituels, l'intelligence, la raison et l'idéal divin, doivent dominer l'harmonie des mouvements du corps, en respectant toujours les nécessités impérieuses de l'existence humaine ; il doit y avoir toujours aussi un balancement merveilleux et une douce concordance entre deux tendances opposées; ainsi la *supériorité* de l'élément spirituel, avec l'*harmonie* des mouvements du corps, est le beau idéal chrétien.

L'histoire de cette constante lutte de la civilisation chrétienne offre les principales *phases* suivantes : assimilation par la société de l'idée chrétienne, et lutte contre la souveraineté césarienne, jusqu'au jour, où la force politique acquise par la foi nouvelle, fait reconnaître le peuple chrétien comme élément de la puissance publique.

Ensuite, un nouveau progrès de la foi chrétienne fait, de sa profession, le titre *préalable* de l'accession à la souveraineté politique.

Bientôt la souveraineté de l'épée se subordonne tellement au principe spirituel, que le moyen d'accession à la couronne temporelle est réglementé par le pouvoir spirituel chrétien ; c'est l'élection au trône qui sort des mains brutales du soldat, pour passer à l'appréciation intelligente et morale des élus du peuple chrétien.

Après la transformation des croyances populaires, après

la transformation des principes de l'autorité des princes, soit par la foi exigée dans les souverains, soit par le moyen de leur élection, arrive la transformation de toutes les institutions sociales, sous la direction du pouvoir spirituel.

Enfin, après avoir organisé la société chrétienne, l'autorité spirituelle est éloignée de la direction immédiate du pouvoir politique, centralisé de plus en plus dans les mains des princes : le gouvernement moral constituant, d'ailleurs, la mission supérieure, spécialement dévolue au pouvoir spirituel. D'après saint Augustin et saint Bernard, l'autorité spirituelle resplendit d'un plus bel éclat, et rend peut-être des services latents plus élevés, lorsque les débats politiques la troublent moins.

Le résumé de tout ce tableau est l'éternelle lutte des deux puissances de l'*esprit* et de la *matière;* lutte qui, commencée dans l'Éden, ne finira qu'au dernier avénement. Notre première période, celle de la transformation de la foi religieuse populaire, correspond à l'intervalle du premier siècle au commencement du quatrième, depuis la prédication juive de l'Évangile jusqu'à la libre profession chrétienne promulguée par Constantin.

C'est le moment où l'apostolat s'insinue du *sacerdoce* jusqu'à l'*armée.* C'est le triomphe militaire obtenu après le triomphe moral.

La deuxième période, comprise entre Constantin et la fin de l'empire romain d'Occident, du quatrième siècle vers la fin du cinquième, caractérise l'époque où la profession ouverte de christianisme est exigée dans le général aspirant à l'empire : *la victoire ne paraît possible* que sous l'ombre prestigieuse du drapeau chrétien, comme si déjà toutes les campagnes militaires devaient être des croisades.

La troisième période, formant l'ère ou l'organisation de l'élection des souverains ou des dynasties, est placée sous la direction du pouvoir spirituel et des évêques, représentant les élus du peuple chrétien; elle s'étend entre la fin du cinquième siècle et le dixième.

La quatrième période, embrassant l'intervalle du onzième

siècle à la fin du quatorzième, correspond à l'universel épanouissement de toutes les institutions politiques émanées de l'esprit chrétien.

Le titre de RENAISSANCE a été bien indûment appliqué d'une manière générale au quinzième siècle, caractérisé, au contraire, par une certaine rétrogradation immorale et païenne. Ce que l'on a appelé, au seizième siècle, les ténèbres du moyen âge chrétien est, en vérité, la féconde incubation politique du germe religieux, incubation dont les évolutions pleines d'intérêt montrent les véritables forces vitales et les lois merveilleuses de la supériorité de la civilisation actuelle, sur celle produite par les impurs et corruptrices émanations de la mythologie grecque et romaine.

Par une étrange aberration, fruit de notre éducation, hélas trop déviée par l'usage abusif des classiques grecs et romains, on a osé mettre les produits littéraires et philosophiques païens au-dessus de notre philosophie et de notre littérature chrétiennes. Quel philosophe ancien peut-on comparer à saint Thomas, pour la hauteur de vues, la hardiesse et la sublimité des questions soulevées, la vigueur de la dialectique, et la précision mathématique des solutions?

Quelle littérature grecque ou romaine peut se comparer aux hymnes de David, aux poëmes de Salomon, aux inspirations des prophètes? On trouve-t-on une ode qui puisse être mise à côté de notre *Magnificat?* Quelle prose comparer à celle de Bossuet et de Fénelon, quelle versification peut être mise en parallèle avec les deux dernières productions de Racine : *Esther* et *Athalie?*

Parlerons-nous des auteurs des découvertes scientifiques? Les mathématiques païennes ne sont que les premiers balbutiements de nos mathématiques modernes : nos travaux publics, nos monuments religieux de toute espèce dépassent de mille coudées les anciennes œuvres architectoniques. Les splendeurs de l'art chrétien laissent, bien loin, dans l'ombre, toutes les œuvres artistiques, philosophiques des païens ; comme le simple catéchisme de nos enfants, surpasse de beaucoup toutes les vacillantes lueurs des écrits de Platon, d'Aristote et de Cicéron.

Pour l'état social et le droit international, la comparaison des anciens à nous ne peut pas même se poser. Le patriotisme païen consacrait la légitimité de toutes les violences, de tous les crimes commis sur les autres nations pour le plus grand bien de la cité, ou de la république. Le droit machiavélique n'était pas mis en doute.

Le christianisme a été la grande résurrection de la civilisation païenne putréfiée.

Ainsi la supériorité morale et civilisatrice du christianisme, dès sa première heure, n'est pas douteuse.

Mais, la date de la constitution sérieuse de la chrétienté, la véritable ère de la plus brillante *renaissance* de la civilisation, est celle du *onzième siècle.*

De cette époque datent, comme ou: l'avons rapidement indiqué :

Les grandes institutions de l'*ordre public*, l'inviolabilité du respect des choses et des personnes; les décrets qui ont assuré l'observation des règles du mariage monogame, par conséquent avec le respect du mariage, l'établissement régulier de la famille chrétienne, ce pivot de notre état social qu'on n'admirera jamais assez; l'observation définitive du célibat clérical qui est, à la fois, un point d'appui, un type donné à la continence matrimoniale, et un agent trop peu aperçu du relèvement des classes inférieures, appelées aux dignités par le recrutement incessant de la première classe sociale, celle du clergé.

Peut-on se plaindre d'avoir à observer les règles du mariage monogame, quand on voit poser la règle bien plus dure de l'abstention complète de l'union matrimoniale? Ne voit-on pas tout ce qu'il y a de démocratique dans le célibat clérical?

Enfin, dans le onzième siècle, la milice spirituelle du clergé et la milice armée pour l'ordre public, que l'on appela *chevalerie*, furent définitivement organisées. Cette dernière fut le fruit immédiat de la grande promulgation des croisades.

Le onzième siècle constitua donc sérieusement la chrétienté d'Occident et lui traça la voie lumineuse de ses progrès ultérieurs.

Dès le onzième siècle, la société chrétienne était devenue supérieure, très-supérieure au niveau le plus élevé qu'avait jamais pu atteindre la civilisation romaine. La société du onzième siècle était au-dessus de la civilisation antique, par le mariage respecté, par la juridiction épiscopale, par les fondations libérales d'écoles monastiques, d'écoles dominicales ouvertes à tous les enfants chrétiens. Cette instruction générale était obligatoire.

Les monuments *triomphaux* étaient encores des écoles, des monastères, des lieux de prières : des fondations de progrès et de charité avaient été substituées aux chars de triomphe romains environnés d'esclaves et de rois enchaînés.

On n'a aperçu que les violences féodales qui nageaient à la surface de cette mer, si riche en trésors cachés sous sa surface troublée. Mais l'observation attentive y découvre tous les germes latents de nos institutions sociales, qui tiennent notre état moral général bien plus élevé que celui de l'ancien paganisme.

Pourquoi sommes-nous modestes jusqu'à l'injustice, pour nos pères et pour nous, lorsque nous nous comparons aux Grecs et aux Romains?

Au onzième siècle, les pontifes chrétiens ont été les réformateurs des mœurs des barons violents et des clercs corrompus du dixième siècle :

Du onzième au quatorzième siècle, les plus grands obstacles à la réforme des mœurs religieuses furent suscités par les princes et surtout par les empereurs Henri IV et Barberousse, et par le roi Philippe le Bel. — Les libres citadelles monastiques de la France, dans les onzième et douzième siècle, fournirent des points d'appui et des retraites sûres pour les pontifes attaqués.

Les grandes créations de la civilisation chrétienne n'ont été possibles que lorsque la sécurité des papes sur leur siége n'a pas été chancelante. Les pontifes n'ont pu réformer les mœurs du clergé et corriger les déviations des princes corrupteurs, que lorsque la pleine indépendance des censures sacerdotales a été solidement établie. C'est ainsi que la chrétienté a pu être tirée du gouffre de corruption du dixième siècle, bien plus démoralisé encore que le quinzième ; elle en a été tirée par les mains puissantes de Grégoire VII, et les mesures habiles de saint Bruno et du grand disciple du fondateur carthusien, Urbain II.

L'Église a bien subsisté avant la royauté temporelle des pontifes de Rome ; mais elle n'a produit l'épanouissement de la civilisation, qu'après l'institution complétement acquise de l'indépendance du chef de l'Église, à l'égard des princes.

Pourquoi oublier ce grand fait ? La civilisation chrétienne de l'Occident ne s'est développée qu'autour du pouvoir spirituel indépendant du souverain.

La même doctrine religieuse n'a pu produire, en Orient, aucun progrès civilisateur, précisément lorsque l'indépendance spirituelle s'est perdue complétement, par l'usurpation césarienne que les souverains de Byzance consommaient, sur le pouvoir religieux des évêques placés sous leurs mains.

Les progrès moraux et matériels, comme la liberté politique, sont les produits exclusifs de la pleine indépendance du pouvoir spirituel, à l'égard des souverains, portés, par leurs penchants humains, à repousser toute borne mise à l'exercice de leur autorité.

Cette conclusion, déduite du tableau de la civilisation largement esquissé, est confirmée, à la fois, par les lois de la nature de l'homme et par les détails qui vont être exposés.

L'histoire de la *sainteté* est aussi l'histoire de la *liberté* véritable.

Ce n'est qu'avec la faculté de récompenser, de punir librement qu'on réforme les mœurs, et ce n'est qu'avec les progrès des mœurs que les autres sont réalisables. Ne voit-on pas, en Orient, la servitude religieuse produire la corruption ; la corruption engendrer la barbarie et le despotisme ?

C'est une bien grande erreur que de penser que l'Église catholique n'a rien fondé pour la liberté générale. Elle a établi, au contraire, la plus solide de toutes les institutions de liberté morale et politique. — La papauté catholique est la grande institution internationale de la vraie liberté et du progrès réel. — Le grand docteur, théologien du treizième siècle, saint Thomas, avait, dès cette époque, déduit de ses doctrines et exposé dans sa *Somme* les bases du gouvernement représentatif que nous appelons moderne.

Les principes de 89, dans ce qu'ils ont de juste, l'égalité devant la loi, le balancement des droits et des devoirs des sujets et des princes, la déchéance même de la tyrannie, ont été formulés dans l'Évangile, ou décrétés dans les conciles d'OCCIDENT.

L'Église a placé au sommet de la hiérarchie le grand censeur des rois et de toutes les autorités politiques ; et ce censeur permanent, bien autrement imposant que *Caton l'Ancien*, est appuyé sur les *monastères conservateurs* du type de la morale chrétienne et de la sainteté qui perfectionne incessamment l'humanité, pour la *faire marcher* vers la liberté véritable.

Sans l'indépendance du pouvoir spirituel, le mot de liberté ne serait pas plus prononcé, aujourd'hui à *Paris*, qu'il ne l'est à *Constantinople*.

Les cruels déchirements, les déplorables désordres, qui ont inauguré la *cinquième période chrétienne*, ont abouti à une grande scission rappelant, d'une manière trop frappante, le schisme qui sépara du principal tronc des Hébreux la branche de Samarie. Après l'ivresse de la puissance de Salomon, vint le schisme de Roboam ; et Israël affaibli fut prédisposé à subir, avec la loi de la force victorieuse, les douleurs de la captivité assyrienne, pour aller semer, à travers le monde idolâtre, la grande idée du Jehova, immatériel créateur de la matière.

De même, c'est vers l'époque où Luther a pu mutiler profondément la grande Église catholique, que le monde terrestre mis à découvert, dans tout son ensemble, est venu offrir, à la catholicité fidèle, un immense apostolat universel à établir sur le globe tout entier dévoilé.

C'était là une grande conquête destinée à compenser le terrain perdu. Alors sont apparus les plus beaux fruits du travail de la morale et de la science chrétienne fécondées par la religion. L'amélioration vraiment réformatrice s'est étendue, depuis les plus infimes monastères jusqu'à la discipline la plus haute ; depuis les ordres les plus contemplatifs, tels que celui de sainte Thérèse jusqu'aux plus matériels calculs du calendrier. Les mathématiques, illuminées par les splendeurs de l'infini théologique, ont découvert de nouveaux cieux qui racontent de nouvelles gloires divines. Des ordres monastiques nouveaux d'une merveilleuse activité, obéissant aux inspirations de ce moderne concile de Nicée, nommé le concile de Trente, ont porté jusqu'aux extrémités de la terre, les croisés pacifiques qui s'appellent les enfants de saint Ignace, de saint Vincent de Paul, de saint François ou du bienheureux de la Salle.

Des écoles chrétiennes se sont ouvertes depuis les glaces du pôle jusqu'aux feux de l'équateur; l'armée héroïque, marchant sous le glorieux drapeau de la propagation de la foi, est allée conquérir des sépulcres enluminés de la pourpre du sang des martyrs, et destinés à faire éclater de merveilleuses résurrections. — Le fier croissant, humilié et mutilé par les victoires de la chrétienté triomphante sur terre et sur mer, ne subsiste plus que par l'appui des modernes Samaritains. Comme les armes romaines, l'industrie de la chrétienté, prépare la grande unité des institutions et de croyance groupées autour de la croix catholique.

Pour livrer passage aux vaisseaux chrétiens, les terres des isthmes s'entrouvrent, tandis que les chars de feu vont environner le globe de leurs lignes lumineuses, précédées par les messages que transmet la foudre devenue obéissante. Partout le travail chrétien substitue, à l'effort de l'esclave, les services de la matière et fait éclater des merveilles.

Combien loin, bien loin derrière nous, notre civilisation chrétienne a laissé la civilisation païenne la plus développée, celle que l'on a appelée la civilisation romaine ! L'Italie était la terre la plus favorisée et par conséquent la plus peuplée; cependant, d'après les recherches les plus exactes, l'Italie du paganisme romain n'avait pas la moitié de sa population actuelle. Notre France est six fois plus peuplée que la France de l'ère romaine; et l'ensemble de l'Europe est, à peu près trois, fois plus peuplé, que cette même Europe sous l'administration de Rome. Notre force militaire est quatre fois supérieure aux armées romaines, nos revenus publics et notre richesse générale sont DÉCUPLES de celles du peuple romain.

Comparez donc le travail *libre chrétien* au travail *servile* païen... — où sont les peuples nombreux, nourris sur le sol le plus rétréci, y trouvant non-seulement le nécessaire, mais encore le superflu?

Joignant au développement corporel, tous les plus beaux épanouissements de l'intelligence maîtrisant la force?...

N'est-ce pas du foyer chrétien que jaillissent toutes les lumières et toutes les puissances qui dominent les autres croyances? Le fait est manifeste, éclatant comme le soleil. Le miracle démontrant la divinité du christianisme était, au commencement, limité à un étroit espace, réservé à peu de témoins, maintenant le miracle permanent éblouit tous les yeux qui ne veulent pas se fermer.

C'est le christianisme du moyen âge qui nous a amenés à l'état actuel. Ceux qui regrettent la civilisation païenne, savent-ils bien qu'ils veulent rétrograder vers les *ténèbres?*

Voyez donc ce qu'était le monde, et ce que les saints y ont opéré de magnifiques changements.

La prophétie sublime du Rédempteur s'est littéralement accomplie : « cherchez d'abord le royaume de Dieu et le reste vous sera donné par surcroît. » Ce surcroît, nous le savons bien maintenant, c'est le corollaire obligé du principe. Est-ce que ce n'est pas le travail *libre*, honnête, intelligent, moral, persévérant et *dévoué*, n'est-ce pas, en un mot, le travail *vertueux* qui crée toutes les richesses? C'est la *croix*, l'instrument de supplice de l'esclave, qui a transfiguré le travail servile, il est devenu *divin*.

La vertu chrétienne, c'est donc la liberté, c'est la richesse à l'extérieur, avec le bonheur à l'intérieur.

C'est le travail et le sacrifice de nos missionnaires modernes qui préparera le renouvellement de la surface terrestre, qui couvrira, des fleurs du travail chrétien, tous les champs hérissés des ronces de la paresse et de l'oppression idolâtres.

Les pontifes du moyen âge étaient occupés à diriger quelques petits royaumes de notre Occident, maintenant ils ont à donner des *évêchés apostoliques* qui égalent les anciennes souverainetés, et la seule administration religieuse exige toutes les heures et les forces du pontificat.

Les enseignements du passé, les mouvements plus ou moins troublés du vaisseau qui porte le présent, nous permettent, cependant, de discerner les magnifiques horizons de l'avenir, et l'Église de Dieu marche toujours vers le but assigné... Les orages, eux-mêmes, de l'athmosphère et des flots nous poussent vers le rivage désiré.

Dans l'exposition des cinq grandes périodes de la civilisation chrétienne : l'assimilation du *peuple*, l'assimilation de *l'armée*, l'assimilation de la *souveraineté*, l'assimilation des *institutions sociales* de la chrétienté d'occident, enfin l'assimilation *universelle* de tous les peuples de la terre ; une esquisse est seulement conciliable avec les limites de cet ouvrage.

Voici donc d'abord l'esquisse de la grande assimilation des peuples païens et du peuple juif, par le christianisme. Ce travail est une lutte furieuse de la puissance *temporelle* contre la puissance spirituelle *chrétienne*. Mais, pour que la civilisation de la croix succédât à toutes les autres, il fallait que tous les éléments contradictoires des civilisations diverses se trouvassent placés, en face les uns des autres, pour se neutraliser. C'est cet universel antagonisme des croyances confrontées, que la puissance romaine avait reçu la divine mission de faire éclater.

Le sabre des soldats romains avait tracé le champ clos, où, comme des gladiateurs intrépides, les diverses croyances allaient croiser le fer, pour tomber enfin toutes vaincues, à la fois, sous la lance surnaturellement trempée de l'archange victorieux. C'est la milice de l'esprit qui a eu raison de toutes les résistances de la matière.

PREMIÈRE PÉRIODE

L'ASSIMILATION DES PEUPLES

PAR LE CHRISTIANISME

— DU PREMIER AU QUATRIÈME SIÈCLE —

I

CIVILISATION PAIENNE

Résumé de la civilisation antique. — L'universalite de l'administration est le plus grand service rendu par la civilisation romaine. — Servitude antique. — L'égoïsme païen proclamé. — Abaissement des patriciens. — Vices des proconsuls. — Misères des provinces. — La délation romaine. — Oisiveté forcée des grands. — Chiffre énorme du paupérisme romain. — Le paupérisme cause des crises prodigieuses aux moments de disette. — Progression du chiffre des secours annuels en blé et en argent donnés aux indigents romains. — Contraste du luxe et de l'indigence sous l'empire romain. — Vices populaires. — Théâtres et cirques; la cruauté romaine expliquée par les apothéoses impériales. — Lâcheté politique des Romains; lâcheté des suicides. — Le dernier mot des vices païens est l'égoïsme. — Le césarisme ne fut pas le remède au mal, mais il en fut la suprême manifestation. — le réparateur des maux césariens naît dans la Judée.

Prodigieux édifice de l'orgueil humain, l'empire romain avait été enfanté par sept siècles d'entreprises et de conquêtes inspirées, exécutées par le plus opiniâtre esprit de domination aristocratique. Tandis que les démocraties de la Grèce s'étaient anéanties rapidement, après avoir brillé comme des météores éphémères, on vit le phénomène politique d'un corps de patriciens, suivant, avec une persévérance invincible, ses traditions mystérieuses, pour réunir en un seul corps tout le monde civilisé.

Le patriotisme romain faussait toutes les notions de vertu, d'équité et d'humanité. N'était-il pas bien résumé, ce patriotisme, dans la sauvage brutalité des paroles de Caton l'Ancien, estimé le type de la sagesse et de la vertu patriciennes, et qui finissait tous ses discours publics par cette *conclusion* inhumaine, impitoyable : *Détruisons Carthage; delenda carthago.*

En n'assouvissant que ses passions de gloire militaire, en suivant ses aspirations de rapines et de conquêtes préparées par une diplomatie machiavélique, le patriciat romain organisa l'unité matérielle des peuples civilisés.

Mais, ce que l'iniquité avait réuni, les vices menaçaient de le disperser. Les comices convertis en une sentine de corruption, où les élections étaient faussées par l'or distribué au peuple, où la lutte armée venait achever par le sang et la terreur ce que la vénalité avait commencé; les proscriptions, avec leurs assassinats froidement calculés, avec leurs iniques confiscations, avaient montré tout ce que l'ambition, la cupidité et la soif des vengeances personnelles pouvaient faire naître de discordes et de déchirements dans la république.

Le maintien de la forme aristocratique ne pouvait plus être qu'un rêve. L'ambition, prenant pour point d'appui les passions de la vile multitude, se substitua aux droits et aux abus aristocratiques et produisit le despotisme impérial, qui parut la seule force politique capable de conserver l'unité de l'État.

Sous cette forme politique dernière, l'empire romain ne formait-il pas une grande unité qui devait laisser au monde, ou une incurable et universelle dégradation, ou le commencement d'une amélioration et d'une civilisation générales? Le gouvernement impérial de Rôme, par la centralisation de l'autorité, par l'établissement de ses grandes voies de communication, par l'érection des tours, signaux télégraphiques de cette époque, par celle des dépôts de chevaux échelonnés comme les postes modernes pour les courses des courriers de l'empire, par la circulation des nombreux navires convergeant autour du centre de la péninsule italienne, pour y apporter les produits et les mets exquis de tout le littoral de la Méditerranée, ne travaillait-il pas, sous l'inspiration de son orgueil et de son sensualisme, à préparer à son insu une grande œuvre providentielle de fraternité humaine?

On vit alors l'unité de langues, de législation, la diffusion des sciences et des arts, par le développement de l'agriculture et de l'industrie dont les secrets étaient répandus dans toutes les provinces, par les magistrats partis du foyer de toutes les lumières réunies dans la capitale du monde civilisé. Les croyances païennes, mises sous la protection commune de l'empereur, grand pontife, étaient réunies en faisceau contre la foi religieuse qui les attaquerait toutes.

Pour vaincre, il fallait dépasser la somme de toutes les puissances; il fallait surmonter toutes les répugnances, toutes les habitudes, les coutumes et les traditions païennes. La philosophie, avec ses doctrines divergentes, avec la vertu corrosive de sa science et de ses sophismes, avec l'excitation de ses vanités individuelles si prétentieuses, minait toutes les croyances; mais elle réunirait certainement toutes ses forces, contre la doctrine qui voudrait solennellement exposer son impuissance, son inhabileté à résoudre les grands problèmes de la vie présente et de la vie future.

Quel est l'homme qui eût osé concevoir l'idée d'attaquer sérieusement un si prodigieux ensemble de résistances, et qui l'eût osé avec l'espérance du succès? Une seule chose était évidente, c'est que ce succès serait complet, s'il était possible. Mais mourir, pour proclamer d'avance ce succès, ne pouvait convenir qu'à un fou ou à un Dieu! Oser cette grande entreprise d'amélioration, en prédisant le martyre des agents, ne pouvait être que l'effet de l'infinie sagesse et de l'amour sans bornes.

Pendant les dernières convulsions de l'aristocratie républicaine de Rome, le malaise universel était si fort, le trouble était si profond dans les cœurs et dans les esprits, qu'un grand changement était désiré et attendu avec une espérance universelle... Les prédictions sybillines, les débris altérés de la première révélation entretenaient partout l'idée d'un messie réparateur. Jamais une radicale rénovation ne fut plus nécessaire, et jamais cependant la force publique qui devait la repousser, ne fut plus puissamment concentrée, plus vigoureusement organisée.

Voyez jusqu'à quel degré, la servitude, avec tous ses développements, s'était implantée chez les fiers républicains de la Grèce et de Rome? Qui ne connaît la rigoureuse oppression et les profonds mépris des Spartiates pour leurs ilotes? La démocratique Athènes n'admettait aux assemblées que les hommes libres, et il y avait deux esclaves pour un citoyen. Dans la Rome de Caton, de Cicéron et de Brutus, dans cette capitale de l'univers, ne comptait-on pas six cents *prolétaires* pour un seul propriétaire? Dans les campagnes quelle était la proportion des hommes libres? César assailli des demandes des paysans libres sans travail et mourant de faim, à cause de la concurrence des travailleurs esclaves, ne trouva pas de meilleure part à faire aux hommes libres que la réserve, pour ceux-ci, du tiers du nombre des conducteurs de bestiaux? Ainsi, au moins, les *deux tiers* de la population rurale étaient flétris du stigmate de la servitude; le tiers restant, formé des hommes libres, devait se contenter du *superbe* privilége d'avoir une part dans la garde des pourceaux.

Quel était le sort de ces esclaves, devenant des *choses*, dont le possesseur pouvait *user* et *abuser*, qu'il pouvait outrager, frapper et tuer et jetter en nourriture à ses murènes? La faiblesse et la pudeur des femmes étaient-elles plus respectées que la vie des hommes? Qu'un esclave, victime de la déloyauté d'un maître qui niait le prix de l'affranchissement reçu, ou de la brutalité qui l'avait séparé de sa compagne, que cet esclave, privé d'un tribunal protecteur, vengeât l'injure commise dans le sang de son maître; on appliquait la vieille loi ordonnant le massacre de *tous* les *esclaves* placés sous le même toit. Sous Néron, quatre cents esclaves furent ainsi égorgés, à titre de représailles de la mort d'un déloyal préfet de Rome, tué par un esclave qu'une criante injustice avait justement irrité.

Le principe de l'inégalité de la valeur morale des hommes s'était bien incrusté chez les plus hardis penseurs de l'antiquité! Aristote entreprend de démontrer qu'il y a des hommes que la nature fait naître esclaves. Le puissant génie, qui inaugura l'empire romain et qui légua son nom de César, comme le plus beau titre pour l'autocratie, n'avait-il pas osé poser, d'après le poëte Lucain, cette insultante maxime : Le genre humain est fait pour l'usage d'un petit nombre d'hommes !

Tels étaient les oracles proclamés par les hommes éclairés de la double lumière de l'étude des sciences et du génie pratique du gouvernement ; au moment où naissait, à Bethléem, ce Dieu qui déclarait que l'ignominieux instrument du supplice de l'esclave serait le marchepied du ciel.

Au milieu de la dégradation systématique de la majorité des hommes, l'empire romain offrait-il au moins quelque chose de glorieux dans ceux qui, portés au sommet de l'échelle sociale, avaient en privilége le service des autres hommes? A cette question répondent les monstrueuses gourmandises de Vitellius, les meurtres et les parricides de Néron, les sanguinaires folies de Caligula, de Caracalla, de Commode, avec le digne cortége de tous les débordements des impératrices.

Sous l'oppression néronnienne, qui immole aux mânes du préfet de Rome une hécatombe de quatre cents esclaves, les outrages prodigués aux sénateurs et à toutes les distinctions patriciennes ne démontrent-ils pas que le mépris des inférieurs n'avait d'égal que la dégradation des supérieurs?

Si la corruption, si l'injustice avait son centre à Rome, elle avait de dignes représentants dans les provinces. Les rapines, les déprédations proconsulaires, déjà proverbiales lorsque la république romaine avait encore des prétentions de vertu, furent effrénées, lorsque de souverains exemples vinrent lui donner le double encouragement du vice environné d'éclat et de l'excès accompagné d'impunité.

Les familles patriciennes, en possession des dignités inférieures religieuses, sous le souverain pontificat des empereurs, fournissaient les proconsuls qui, représentant en province la plénitude de l'autocratie politique et sacerdotale, réparaient, par leurs rapines, les brèches faites à leur fortune par le luxe romain, portant, jusque chez les Barbares voisins des frontières de leur gouvernement et chez lesquels émigraient ceux qui fuyaient leurs oppressions, le profond retentissement de leur avidité et de leurs forfaits.

Lorsque les mêmes barbares envahirent, plus tard, l'empire, la haine traditionnelle de ces envahisseurs contre les patriciens romains, les entraîna constamment vers Rome, point de départ commun de tous les personnages proconsulaires.

L'empire romain, dont l'origine militaire était rappelée par son nom lui-même, ne se soutenait que par la force armée, et il n'obtenait sa proclamation et sa conservation que par les largesses prodiguées aux soldats et au peuple de Rome.

Que pouvait devenir la discipline avec des soldats électeurs privilégiés? Avec l'indiscipline, arrivèrent les défaites... Plus le prestige moral de la bravoure romaine s'affaiblissait, plus les barbares devenaient entreprenants, plus il fallait multiplier les corps d'armée, plus il fallait multiplier les lieutenants de l'empereur sous le nom de Césars, enfin plus il fallait accroître les exactions pour gorger d'or les Césars et les soldats électeurs de l'empire.

Les villes municipales étaient frappées de contributions chaque jour plus excessives. Les percepteurs de ces impôts, pris dans la curie ou la municipalité, répondaient sur leurs biens de l'acquittement des charges.

La possession publique d'un patrimoine rural, qui offrait à son possesseur l'avantage apparent de faire partie des notables d'une curie, au lieu d'être un moyen d'indépendance, devenait un fardeau toujours plus écrasant. Les crimes et les prodigalités du souverain, du proconsul, la corruption des soldats, accroissaient les charges publiques et la misère des agriculteurs. L'autorité sans limite, exercée sous la pression de la force, au nom de la divinité, dont l'empereur se faisait le grand prêtre, devenait ainsi la plus épouvantable oppression qu'il fût possible de concevoir. Il n'existait plus de liberté, ni pour la conscience, ni pour le travail. Dans Rome, on avait encore la liberté de murmurer ou d'applaudir ; hors de Rome, il n'y avait pas plus la faculté de se plaindre que celle de *prier*. Les sujets de l'empire étaient tellement rançonnés, qu'ils regardèrent les envahisseurs barbares comme des libérateurs. Ne fallait-il pas qu'un tel gouvernement s'affaissât? L'affranchissement du genre humain n'exigeait-il pas la destruction de l'empire romain?

La perversité légale des délateurs était, en dehors des jeux sanguinaires, l'intéressant sujet des conversations populaires... La perfide délation, organisée par les lois de la république, comme une digue aux rapines proconsulaires ou aux crimes contre la république, était honorée, encouragée par le quart des biens confisqués sur l'accusé coupable. Mais, sous les Césars, la délation était faite, non plus pour la république, mais pour le prince substitué à l'État. L'espionnage et la calomnie étaient ainsi environnés de bienfaits publics; car la confiscation, suite de la délation, même sans preuve, était un moyen d'accroître les ressources du fisc impérial, tout en jetant au délateur sa part dans la fortune confisquée.

Conçoit-on la délation occulte, le plus lâche de tous les vices, la plus irremédiable des corruptions, la plus ignoble des bassesses; conçoit-on la *délation* mise, même sous la république, au rang des vertus civiques? L'espionnage, érigé en industrie légale, devait, plus tard, devenir un moyen de terreur universelle exercé au profit de monstres couronnés. Quel est celui qui ne pouvait devenir un objet d'envie? Quel est celui qui n'avait pas quelque ennemi ou déclaré ou secret? Il fallait dissimuler la fortune et la noblesse des traditions de famille, et, surtout, une vertueuse horreur pour le crime. La tranquillité n'était assurée qu'à l'abjection, applaudissant à tous les excès du despotisme.

Les délateurs, les agents du fisc, les soldats prétoriens devinrent les trois classes d'hommes à qui incomba l'honneur d'être les utiles soutiens d'une souveraineté dégradée.

Les prétoriens, avides de gratifications, à titre de gracieux avénement, finirent par mettre l'empire à l'encan. Les délateurs établirent une concurrence pour les dénonciations et les spoliations; les agents fiscaux furent les commissaires priseurs de ces honteuses enchères.

L'oisiveté forcée des patriciens fut une règle du gouvernement d'Auguste, largement développée par Tibère. Il ne fallait plus aucune influence personnelle, dans l'administration et sur le Forum, pour ceux qui pouvaient être ou des chefs ou des membres importants de grandes et libres résistances. Chez les patriciens, il ne fallait plus de valeur politique, ni de valeur morale. Si le sénateur avait une influence populaire, il était un danger pour le souverain du peuple; si le sénateur avait une valeur religieuse, il était un rival pour le grand-prêtre païen couronné; enfin, si le sénateur était un philosophe écouté, il était un révolté contre le sacerdoce impérial.

Il ne devait rester pour le sénateur que l'abjection oisive, et il en fut abreuvé par les empereurs qui tremblaient sans cesse, tandis que les délateurs officiels et officieux faisaient tout trembler autour des souverains. Rendre la classe élevée inutile, oisive et servile, fut le système des empereurs romains; comme ce fut, plus tard, le procédé de Richelieu.

Par l'oisiveté on énerve les nobles lutteurs.

Dans la capitale impériale, la population romaine d'un million d'hommes avait 350,000 personnes libres de naissance ou affranchies indigentes, plus 500,000 esclaves. Il ne restait que 150,000 âmes vivant de leurs seules ressources industrielles ou agricoles : c'était, à peine, le sixième de la population totale. Dans ce sixième, on comptait seulement deux ou trois mille capitalistes, rentiers, *beati*, résumant les prospérités de l'empire, vrais exploitants de la société romaine... révélant par des suicides leur félicité menteuse.

Les 350,000 indigents, outre les 500,000 esclaves, formaient un ensemble des cinq sixièmes de la population, qui étaient vraiment *pauvres*. Le paupérisme moderne n'est jamais le huitième de cette énorme proportion! Dans les moments de pénurie, de disette, cette masse d'indigents romains faisait naître des crises incroyables.

Neuf ans avant la mort d'Auguste, pendant la grande famine de Rome de l'année 759, correspondante à l'an 5 après Jésus-Christ, le *modius* de blé (8 litres 67) se vendit vingt-sept deniers et demi, ou vingt-deux francs, prix correspondant à la valeur prodigieuse de deux cent cinquante-trois francs soixante-quinze centimes par hectolitre. Auguste se vit obligé de renvoyer de la ville les bouches les plus méprisées; tous les gladiateurs, tous les esclaves en vente, et même un grand nombre d'esclaves attitrés, plusieurs de ces derniers faisant partie de la maison impériale, enfin tous les étrangers. Les professeurs et les artistes de cette dernière catégorie furent seuls exceptés.

Tous ces malheureux affamés durent aller brouter les herbes des campagnes romaines, ou les engraisser de leurs cadavres; et cependant cette odieuse cruauté politique était aussi une prodigieuse ingratitude.

Dans cette population de Rome condensée jusqu'à un million d'habitants, la milice ne pouvait plus recruter quarante-cinq mille citoyens nés libres en état de porter les armes; la garde municipale romaine fut formée d'affranchis. Lorsque, au commencement de cette même année 759, des Germains révoltés menaçaient Rome, on avait été forcé de confier la défense publique au dévouement des esclaves. Mais, après le péril passé, on chassa de la ville ceux qui auraient trop réduit la ration de pain! Voilà ce qui se passait sous l'administration habile, sous la souveraineté glorieuse et sagement modérée de l'empereur Auguste.

L'alimentation annuelle de Rome exigeait l'importation de soixante millions de boisseaux de blé ou de cinq millions d'hectolitres, qui étaient enlevés de gré ou de force à la Sicile, à la Mauritanie et à l'Égypte. Les frumentaires ou indigents recevaient chaque mois *cinq modius* par tête, outre des distributions d'argent. L'aumône en monnaie s'éleva, par tête et par an, sous Auguste, à 61 sesterces; sous Trajan, à 150 sesterces; sous Marc Aurèle, 180 ans après Jésus-Christ, à 263 sesterces. On voit quel était l'accroissement progressif de la taxe légale des pauvres.

Les *frumentaires* ou indigents secourus étaient déjà très-nombreux sous la république; ils furent *réduits* par César à 150,000; mais sous Auguste ils s'élevèrent à 200,000, et furent enfin portés jusqu'à 350,000.

Ainsi, sous le brillant empire de Trajan, le paupérisme romain absorbait annuellement vingt et un millions de modius de blé, et plus de quatre-vingt-douze millions de sesterces. Tel était le terme vers lequel convergeait la misère latente, la misère de la société romaine. Pourtant la ville éternelle multipliait les grands édifices, les cirques, les théâtres, les bains, les palais, les fontaines magnifiques. Les cités de l'empire, entraînées par le dangereux exemple de la capitale, multipliaient avec une activité fébrile tous les édifices de luxe et de plaisir. Les éclats bruyants de l'orgie des maîtres étouffaient les sourds gémissements des esclaves, pendant que des rhéteurs parasites, mollement couchés autour des tables des Lucullus contemporains, déclamaient leurs panégyriques adressés aux gloires et aux félicités de l'empire.

Le vice impudemment étalé dans les hautes régions de cette société, était répercuté, d'étage à étage, jusques aux plus basses assises populaires. A la tyrannie princière répondait la tyrannie plébéienne.

Pour le peuple de Rome, la paresse était un droit légal, auquel venaient s'ajouter les droits aux plaisirs. A ce souverain déguenillé de la rue, affichant un paupérisme insolent, il fallait aussi des jeux et des spectacles abominables étalant l'infamie sur la scène, à la lumière du jour; ou bien, pour qu'il y eût des misères plus grandes que les siennes, il lui fallait voir les contorsions des suppliciés et le sang humain arrosant la terre du cirque. Des gladiateurs devaient, en cherchant à se tuer avec grâce, offrir les péripéties des combats mortels, avec l'intermède des déchirantes émotions fournies par la vue des condamnés palpitants sous les griffes et broyés par les dents des bêtes féroces.

L'abrutissement universel était la conséquence d'un régime de délations, de rapines, alternées avec des tumultes armés, avec les meurtres, les empoisonnements et les débauches.

Dans cette course échevelée vers le vice légal, sous toutes les formes, dans le haut et dans le bas de la société romaine, dans cette lâche ivresse de sang et de pillages, quel temps d'arrêt pouvait-on espérer? Si le peuple fanatique demandait des victimes au nom de ses superstitions, fallait-il se donner la peine de lui résister? N'y avait-il pas dans la contemplation des supplices, des divertissements dignes du souverain et des sujets? L'empereur, suprême ministre des dieux, pouvait-il refuser ce que l'on réclamait au nom des dieux?

Chaque tremblement de terre, chaque comète, chaque météore, chaque épidémie, chaque disette, chaque échec de l'empire, chaque malheur réel, chaque augure sinistre étaient des motifs nouveaux pour demander des hécatombes humaines destinées à apaiser les dieux irrités. Il était bien plus commode de conjurer le courroux céleste en immolant les autres, qu'en s'amendant soi-même et le peuple devait se faire une idée de la divinité conforme à ses passions brutales, conforme, surtout, aux types fournis par les apothéoses impériales. Les vices et les cruautés impériales étaient donc des attributs divins! Si, trop souvent, hélas! la cruauté a été de la piété et du patriotisme populaires, jusqu'à quel degré devait s'élever cette cruauté lorsqu'elle était une vertu officielle, et une pieuse imitation de l'empereur divinisé?

Pourquoi faut-il qu'un pareil régime avec de courts intervalles de répit, ait pu durer trois siècles? La France a subi les ignominies d'un gouvernement de délateurs pendant deux années, cette lâche terreur dirigée par le fanatisme hébété, triste réminiscence du système romain, faisant monter le rouge au front de tout ce qui porte un cœur français, a été arrêtée néanmoins par un élan généreux. — Et nos pères, du moins, n'ont pas toléré pendant plus de deux ans un régime que les habitants de Rome ont supporté trois siècles! Les soldats de Constantin, venus des Gaules ont été les libérateurs de ces Romains qui n'ont pas eu le courage de se délivrer eux-mêmes! Plus on était donc altéré de sang humain versé dans le cirque, moins on avait le courage de braver la mort les armes à la main. Dans l'armée ou sur la place publique, ni les mendiants de Rome, ni les patriciens ne savaient plus combattre ; ils pouvaient déserter la vie par le suicide, ils ne savaient plus lutter pour l'honneur. Les morts volontaires des Romains étaient une lâcheté de plus, et un aveu lamentable de tout défaut de concours pour réclamer la justice ; l'égoïsme ignoble et désespéré était affiché par les suicides.

Le dernier mot des vices de la civilisation païenne vient d'être prononcé ; c'est de l'égoïsme érigé en principe suprême que tous les maux dérivaient. L'empire romain n'était arrivé à tant de décrépitude, à tant de dépravations, que, parce que cet empire était le mot définitif de la démoralisation dont le germe est dans l'égoïsme.

Les grandes plaies : servitude, impureté, oisiveté, engendrant la lâcheté, la stérilité de l'espèce humaine, et la stérilité de la terre avec le cortége de la misère du paupérisme ; oui, tous les maux physiques et moraux ont pour cause première L'ÉGOISME. L'obligation imposée à un homme de s'immoler pour un autre, c'est la servitude, celle-ci n'est-elle pas l'égoïsme manifeste ? — Tous les abus des plaisirs sensuels ne sont-ils pas d'autres manifestations du culte de notre corps, comme l'orgueil est le culte de notre esprit ? L'oisiveté pour nous, le travail pour les autres, n'est-ce pas encore l'égoïsme évident ?

Cette stérilité des populations, le célibat, et l'absence de fécondité matrimoniale contre lesquelles Auguste fit tant d'efforts et de lois, qu'est-ce autre chose que l'égoïsme voulant se soustraire aux dévouements exigés par l'éducation de l'enfance infirme, environnée de besoins ? Ce n'est pas le nombre des enfants nés qui compte dans les dénombrements des peuples, c'est le chiffre des enfants sauvés. Les enfants abandonnés sont des enfants immolés, à moins qu'une sœur de charité ne les fasse vivre avec sa charité virginale dévouée.

Égoïsme dans celui qui élude les fatigues et les dangers de la vie militaire ; égoïsme dans toutes les cupidités, dans toutes les lâchetés ; égoïsme qui s'élargit dans le patriotisme poussé jusqu'à l'iniquité, mais ce patriotisme sans foi, ce droit de la victoire sans miséricorde, faisant du vaincu un esclave, tout cela n'est encore que de l'égoïsme, est-il besoin de dire que la cruauté est de l'égoïsme poussé jusqu'à sa dernière ivresse?

L'égoïsme devait montrer tous ses abus réunis, afin que l'excès des maux produits par l'égoïsme fît tourner les yeux vers le principe opposé.

La patience prodigieuse, dans cette abjection trois fois séculaire, avait pour but providentiel de mettre en lumière la loi opposée à l'égoïsme. C'est pour cela qu'avec les misères morales, Dieu fit coïncider, dans cette période, des maux physiques exceptionnels, tels que les convulsions de la terre et les troubles de l'atmosphère suivis d'épidémies.

L'établissement du régime impérial fut l'extrême application de l'égoïsme païen. Le despotisme césarien, c'est-à-dire la possession complète, exclusive de l'autorité politique et de l'autorité religieuse absolues, avait-il été un remède sérieux à la dépravation romaine? Le césarisme n'avait-il pas été, au contraire, la suprême manifestation du mal?

On a proclamé assez haut que les égarements prodigieux, les incroyables corruptions des autocrates, qui empruntaient leur nom et leur prestige au premier usurpateur, Jules César, n'avaient été que des déviations du système césarien : que ces altérations du principe organisateur étaient le contre-coup inévitable des entreprises faites pour le retour à la République. Néron ne serait pas, à ce compte, le représentant naturel de César, mais bien plutôt le résultat de la réaction contre Brutus. Le grand coupable ne serait donc pas César, mais le représentant de l'idée républicaine. Pourtant s'il y avait eu quelques faibles velléités républicaines sous Néron, il n'y avait plus trace d'une pareille résistance sous les orgies tyranniques d'Héliogabale... loin de nous la pensée de justifier Brutus, cependant il faut protester contre les sophismes dangereux, abrités sous de séduisants patronages.

La corruption et l'horrible tyrannie des successeurs païens de César et d'Auguste, ne furent pas un accident dû aux luttes du vieil esprit républicain qui avait mis le poignard dans les mains de Brutus et de ses complices, car la crainte de la résistance force à respecter quelques bornes dans l'usage du pouvoir ; et, après l'établissement d'Auguste, les empereurs ne respectèrent plus rien.

Donc, écartons ces considérations trop peu importantes des luttes des partis et sondons les profondeurs de la conscience humaine ; écoutons les arrêts de la morale. La corruption des Césars fut la conséquence NÉCESSAIRE de leur double omnipotence politique et religieuse. Les empereurs pouvaient *tout*, et ils étaient des *hommes*, portant en eux tous les germes des passions, des appétits immondes qui travaillent les corps humains. Leur pouvoir sans *frein* donna naturellement naissance à leur dissolution *effrénée;* et leur corruption illimitée les conduisit inévitablement à la tyrannie la plus extravagante et la plus odieuse. Tibère, Néron, Caracalla furent les représentants légitimes, les praticiens logiques du césarisme, tels que Jules César et Auguste l'avaient inauguré en principe ; ces derniers avaient établi le système, dont les autres produisirent la conséquence.

Faites entrer dans une même formule les penchants humains, avec l'omnipotence politique, avec l'autorité religieuse sans limites, élevée jusqu'à l'apothéose ; et vous en verrez sortir mathématiquement la plus infernale des corruptions, la plus abrutissante des tyrannies, et celle-ci d'autant plus grande que l'empire sera plus vaste et le pouvoir plus enivrant.

L'usage prolongé du pouvoir rendit ordinairement le même empereur plus mauvais; plus il s'habituait à l'usage de l'omnipotence, plus il se dépravait : et ce phénomène est lui-même une rigoureuse déduction des prémisses.

Tandis que l'homme qui s'immole pour le beau et le bon devient nécessairement un saint : l'homme qu'on *adore* et pour lequel tout *s'immole*, tend infailliblement à devenir un démon.

Par une funeste solidarité, le prince corrompu devient corrupteur des sujets. La plus triste conséquence du *césa-*

risme est l'affaissement moral de ceux qui sont ses victimes. Le césarisme est plus funeste que la lutte, parce qu'il mène à la décadence par l'abaissement moral. Le christianisme, c'est l'immolation et le sacrifice pour Dieu et pour les hommes : le césarisme est, au contraire, l'adoration de l'homme sur le trône et l'immolation universelle des autres hommes pour lui seul.

Le christianisme et le césarisme sont donc les deux termes extrêmes du bien et du mal ; le christianisme marche vers la vertu parfaite, le césarisme tend invinciblement vers le vice absolu, ou vers les extrêmes folies de l'ivresse de la puissance.

Mais aussi la Providence y pourvut. Pendant que le premier héritier du sacerdoce et du sceptre de César posait sur son front sa couronne triomphale et aspirait les parfums vertigineux de l'encens brûlé sur ses autels ; lorsqu'il faisait, dans son orgueil, la pompeuse récapitulation de ses nombreux sujets ; au fond d'une étable, enveloppé de quelques langes, apparaissait le faible enfant qui devait briser l'épée orgueilleuse et déchirer le manteau sacerdotal souillé des puissants empereurs : en face du successeur de César DÉIFIÉ, se devaient poser les délégués de cet enfant, qui se diraient les *serviteurs des serviteurs de Dieu !*

C'était dans une petite province romaine que naissait le vainqueur des Césars ; celui qui devait transformer l'autorité et les sujets ; mais cette étroite province était la plus instruite, la plus religieuse, la plus morale et la plus libérale de tout l'empire romain ; — cette province était comme une arche flottant sur une corruption diluvienne... et l'arche avait pu rester petite, car elle devait seulement offrir les types les plus épurés.

II

PHILOSOPHIE ET JUDAISME

Morale romaine du patriotisme et de la souveraineté. Les apothéoses impériales dérivent de la morale du patriotisme posé comme principe du devoir. Cette morale explique à la fois les barbaries extérieures de la politique césarienne et les meurtres commis dans la famille césarienne elle-même. Cette morale a été appliquée dans les familles princières jusqu'à la dynastie française des Capétiens. — La morale césarienne était acceptée par les philosophes grecs. Jamais ils n'ont revendiqué l'indépendance d'un pouvoir spirituel et moral à l'égard du pouvoir politique. Les Grecs ont été plus pressés que les Romains à déifier les empereurs. Il n'y eut à Rome de victimes politiques de la philosophie que lorsque quelques sénateurs philosophes se montrèrent républicains. — Il fut nécessaire que la philosophie fût essayée comme un remède social impuissant, pour que l'on arrivât, enfin, au remède chrétien. Mais déjà la morale de la philosophie stoïque fut un emprunt à la morale révélée. — Le césarisme, mitigé des Flaviens et des Antonins, trahit l'influence de la prédication juive et chrétienne. — Le *stoïcisme* est le produit de l'*égoïsme de l'esprit*, comme l'*épicuréisme* est enfanté par l'*égoïsme sensuel*. — Le stoïcisme panthéiste détruit les fondements de la morale et de l'ordre légal; l'émanation chrétienne dans le césarisme fait naître la meilleure période de l'empire romain. — Désespoir philosophique de Marc Aurèle mourant; la philosophie se réfugie à Alexandrie et grandit sous la double influence de la Synagogue et de l'Église. — Les docteurs juifs, confondus par Jésus-Christ à douze ans, étaient cependant les savants interprètes de la doctrine religieuse la plus élevée et de la philosophie la plus transcendante. — Distinction du pouvoir spirituel et du pouvoir temporel chez les Juifs. Admirable diffusion de l'instruction chez les Juifs; leurs grandes discussions publiques dans les assemblées solennelles; leur fraternité et leur activité laborieuse. Le pouvoir spirituel des Juifs lutte contre le césarisme. — La supériorité de race affichée par les Juifs les rend odieux aux autres peuples. — Lutte héroïque des Juifs; c'est la première guerre du spirituel et du temporel. Destruction du temple; dispersion des Juifs; perte de leur influence. Utilité chrétienne de ces événements. — Le christianisme enlève aux Juifs leurs suprêmes espérances. — Courte lutte du druidisme contemporaine de celle des Juifs. — Destruction définitive des religions de races. Simultanéité des perturbations physiques et des révolutions morales.

Pour les Romains, les obligations du patriotisme se confondaient avec le devoir divin ; après la république, l'empereur, en personnifiant la patrie, devint le représentant légal de la majesté divine.

Auguste était, substitué aux anciens censeurs, avec le titre de *préfet des mœurs*, et revêtu du souverain pontificat ; il avait cette double puissance spirituelle et politique que je nomme le *césarisme*. Les apothéoses impériales furent la conséquence logique de cette autorité universelle. Néanmoins, il fallait ménager les susceptibilités encore un peu jalouses des descendants des républicains; et les premières apothéoses se firent hors d'Italie. Auguste et Tibère ne furent divinisés que dans les villes de Grèce et d'Asie; plus tard, Caligula eut des temples partout ; Claude en bâtit pour lui jusqu'en Bretagne ; enfin, le sanguinaire Néron étala son étrange divinité jusque dans les temples de la capitale. Les progrès des apothéoses impériales marchèrent avec ceux des vices impériaux. On joignit bientôt à l'apothéose de l'empereur celle des *mères*, des *sœurs*, jusqu'à celles des plus infâmes instruments du libertinage impérial. Déjà, sous Néron, Thraséas fut condamné à mort pour n'avoir pas reconnu que l'impératrice Poppée était une divinité.

Le patriotisme était la règle morale, tout avait été licite pour le *dieu-patrie* de la république; tout devint juste pour le dieu César de l'empire. La résistance au souverain, ordonnant de sacrifier aux dieux, devint une cause légale d'accusation de lèse-majesté divine et humaine.

L'abominable morale qui justifie tous les forfaits exécutés pour l'utilité de la patrie, était celle de tous les peuples anciens. Les Athéniens volèrent le trésor des amphictyons pour élever des temples dans leur cité. Prendre les plus odieux prétextes pour attaquer des étrangers, que l'on appelait toujours des ennemis, *hostes;* mettre chez eux tout à feu et à sang, et réduire en esclavage ce qui avait pu survivre, voilà le droit ancien universel, dont nous trouvons, même sous la lumière chrétienne, un triste reflet dans la doctrine machiavélique.

Mais lorsque la morale du *dieu-patrie* dut s'appliquer en faveur du *dieu César*.., les confiscations, les meurtres, dictés par l'intérêt du prince, furent légitimés : à plus forte raison était-il légal de mettre à mort toute personne dont la vie était un inconvénient quelconque, à l'égard du prince régnant.

Ce droit atroce se retourna comme une arme vengeresse contre la vie des membres de la famille césarienne; on en vit sortir tous les assassinats; tous les lâches forfaits de famille. D'Auguste à Néron, sur quarante-trois personnes appartenant à la famille impériale, trente-deux périrent de *mort violente* : et la plupart de ces meurtres étaient ordonnés par l'empereur, parent des victimes. Cette doctrine de l'*utilité césarienne justifiant tout*, se transmit à Constantin lui-même, malgré son christianisme ; encore, plus tard, elle s'appliqua sans pudeur dans le palais de la dynastie française mérovingienne. Mais le fondateur de la souveraineté moderne, Charlemagne, fut bien plus humain que Constantin dans l'exercice du pouvoir, dans son palais. — Le christianisme dut attendre jusqu'à l'an 800 pour transformer le droit du *dieu César*, sur sa famille ou ses rivaux. Cette morale ne s'est complétement éteinte qu'à la dynastie des Capétiens.

La morale césarienne et le pouvoir religieux césarien étaient acceptés par les philosophes grecs.

Quoique les discussions philosophiques des Grecs les séparassent de l'idolâtrie païenne, qu'ils méprisaient, cependant, les philosophes, censeurs de l'idolâtrie sous l'abri de leurs écoles, n'ont jamais décliné la compétence du pouvoir politique à l'égard de leurs DOCTRINES MORALES et RELIGIEUSES.

Jamais les Grecs n'ont réclamé l'indépendance spirituelle, soit au nom de leurs religions, soit au nom de la philosophie.

Il leur a suffi que les dieux de la Grèce fussent associés à ceux du Capitole, et que leur philosophie sceptique pût exercer quelques censures sur les idolâtries diverses, et, les peuples grecs ont été, à ce prix, plus que les autres, empressés de placer les empereurs parmi les dieux. Les philosophes n'ont été persécutés à Rome, que lorsque des sénateurs stoïciens ont associé quelques tendances républicaines à leurs critiques irréligieuses. Le rôle de la censure philosophique a eu pourtant son utilité au point de vue de la ruine de l'idolâtrie.

L'indépendance religieuse n'a été réclamée que par le druidisme gaulois. Du reste, cette liberté de culte n'a été demandée que pendant un intervalle bien court, et avec une grande mollesse de volonté. — Mais c'est de la part du judaïsme que la liberté religieuse a été hautement proclamée en face du prince; pour elle, les Juifs se sont bravement immolés.

La philosophie, qui avait osé résister à Néron dans la noble attitude de Thraséas, fit des efforts constants pour envahir la région du pouvoir. — Sans influence sur les masses populaires, sous Vespasien elle eut encore quelques victimes.— Car dans le sénat lui-même cette philosophie séduisit les hommes lettrés. Enfin elle s'assit, avec Marc Aurèle, sur le trône impérial, bien avant l'époque où le christianisme eût pu atteindre aux couches sociales élevées. — Les idées spiritualistes religieuses juives et chrétiennes s'avançaient lentement dans les populations, mais vers les heureux du siècle, le renoncement chrétien paraissait trop austère, et, pour les savants, la sublime logique de la doctrine chrétienne était incomprise. Il fallait encore bien des merveilles accomplies, pour que la sagesse chrétienne pût être entendue et vulgarisée.

La philosophie prit donc les devants dans la marche des opinions; mais son règne, bien court, ne fit que constater l'impuissance radicale des doctrines sans bases divines.

Il fallait bien que tout fût essayé avant que le remède véritable fût accepté. — Jusque-là le breuvage de la religion nouvelle paraissait trop amer; *le remède* était trop surhumain!

La philosophie fut donc mise en expérience par les élus les plus raisonnables de l'empire romain.

Pendant que le judaïsme professait les éclatantes vérités d'un Dieu unique et spirituel, pendant que le christianisme s'insinuait parmi les travailleurs du monde romain, pour y faire épanouir la grande pensée du sacrifice et du sacrifice charitable et solidaire, avec la croix du Calvaire, prise pour son merveilleux drapeau, les idées des devoirs de fraternité et de société universelle se faisaient jour dans la philosophie.

Les doctrines de Sénèque, d'Épictète, sur la morale, ne sont que des importations du christianisme dans la philosophie. Cicéron et les philosophes grecs n'ont pas connu les lumières qui n'éclairèrent la morale philosophique qu a près les premiers travaux apostoliques, commencés dès l'année 33.

La charité et la fraternité universelle; l'acceptation des injures, des injustices, l'humilité et la modestie, tous les sacrifices matériels acceptés pour rester fidèles aux lois de la vertu, tout cela, comme l'idée sublime de la création sortie du néant, a toujours été ignoré de la philosophie *antérieure à la diffusion du judaïsme et du christianisme*. Ainsi, la date et la nature du progrès de la morale philosophique, les lieux où ce progrès s'effectue, COÏNCIDANT avec la date, les préceptes et les lieux de la prédication chrétienne, ne permettent pas de refuser au christianisme la gloire d'avoir transformé la morale philosophique du monde romain.

La philosophie stoïque constitua un parti sous Néron, après le règne de Claude, et c'est avant l'an 54, précisément sous le règne de Claude, qu'est signalée l'impression populaire produite par les prédications et les discussions des chrétiens, sur les places publiques de Rome. — La philosophie stoïque s'est améliorée et épurée dans la capitale romaine, à la voix de l'apostolat chrétien, et la réaction partie du Calvaire, se fait déjà sentir dans le bas de la société et dans la haute science.

Sous Vespasien et Titus qui s'étaient, à leur insu, imprégnés des lumières de la religion juive pendant la guerre de Judée, plus tard, sous les Antonins, stoïciens, pénétrés des principes de la morale chrétienne prêchée sur les places publiques; le césarisme romain dut ses moins vicieuses applications à un emprunt chrétien, ou plutôt au rayonnement naturel de cette nouvelle lumière qui venait éclairer le monde. Mais cette illumination ne brillait encore qu'à travers bien des éclipses : comme la lumière diffuse qui enveloppait notre terre sortant du cahos.

Les nuages qui enveloppaient encore les esprits étaient si épais, que l'on crut pouvoir prendre la *morale* chrétienne, en gardant l'*égoïsme*. Quelle absurdité!! On voulait donc le produit de l'abnégation, sans le principe de l'abnégation!!

Les stoïciens étaient panthéistes ; l'immortalité de l'âme humaine, gardant dans une autre vie son individualité, pour recevoir l'application personnelle du bonheur mérité par le sacrifice, était pour ces philosophes un dogme *incertain* ; ils croyaient à une fusion de l'âme individuelle dans le grand tout. Pauvres gens qui méconnaissaient, avec la vérité de l'immortalité de l'âme, la base rationnelle de toute législation et de toute administration de la justice ! !

Les stoïciens, premiers inventeurs de cette *morale indépendante*, que quelque tard-venus nous voudraient donner pour une découverte *moderne*, les stoïciens posèrent pour appui à leur morale un égoïsme plus élevé que l'égoïsme sensuel ; ils lui assignèrent pour base la *dignité individuelle*, le sentiment de l'harmonie du mouvement social, et, pour tout dire, en un seul mot, l'*égoïsme de l'esprit*, qui s'appelle vulgairement l'*orgueil*. A l'égoïsme sensuel, cause de toutes les dégradations païennes, on substituait l'*égoïsme* de l'esprit, cause de toutes les amères déceptions philosophiques que la vie réelle ne manque jamais de faire apparaître.

La vertu est une série de sacrifices pour nos semblables, espérer, dans tous les cas, la réciprocité des sacrifices est une illusion et une folie.

En dehors de la perspective de la vie future, la vertu stoïque n'est qu'une absurdité.

Les heureux du monde peuvent la proposer aux opprimés, mais jamais ceux-ci ne l'accepteront, car l'échange *est trop inégal*.

L'épicuréisme est le dérèglement du corps, le stoïcisme est le dérèglement de l'esprit. D'un côté, l'*abrutissement* ; d'un autre, la *folie*. L'un méconnaît les lois physiques, l'autre oublie l'infirmité morale, et va jusqu'à nier l'existence du mal et de la douleur, parce qu'il se sent impuissant à les soulager.

Il fallait, pour que la morale sévère du stoïcisme ne fût pas une absurdité, anéantir l'égoïsme d'une manière absolue, en y substituant la loi du sacrifice et le principe certain de la rémunération future.

Lorsque dans l'administration de l'empire, il appliquait le stoïcisme épuré par l'émanation de la religion nouvelle, la tentative de Marc Aurèle était un hommage à la beauté de la loi morale du judaïsme et du christianisme. En outre, par l'impuissance des efforts humains des empereurs philosophes, il fut démontré que la philosophie ne pouvait rien opérer pour la société, sans l'idée religieuse de l'abnégation présente et de la récompense future.

Mais déjà de grandes améliorations sociales étaient inaugurées : l'esclavage était adouci par les nouvelles lois, les affranchissements devenaient plus faciles, les priviléges des citoyens romains s'étendaient à toutes les cités de l'empire, les barbaries et les infamies des spectacles étaient atténuées, les fondations pour l'alimentation de l'enfance, introduites par Nerva, étaient développées; la charité et la fraternité chrétiennes se manifestaient progressivement.

Ce fut à l'influence chrétienne que le césarisme dut ses meilleurs princes, et c'est à l'émanation des principes chrétiens que l'empire romain dut ses plus beaux jours. Comme un baume mystérieux, la religion révélée tempérait l'action vénéneuse des institutions.

L'humanité vicieuse, armée du despotisme néronien, avait été pleine de rigueurs, contre la résistance du principe spirituel chrétien : le césarisme, drapé dans le manteau philosophique de Marc Aurèle, fut plein de faiblesses et d'indifférence à l'égard du christianisme, exposé aux attaques du fanatisme populaire païen.

Le découragement saisit Marc Aurèle, lorsque, dans son isolement philosophique, il se considéra comme le champion d'une doctrine vaincue, et il se faisait à lui-même cette triste exhortation :

« Supporte patiemment la mort, en songeant que tu n'as point à te séparer d'hommes pensant comme toi; la seule chose qui pût t'attacher à la vie serait l'espoir de la passer avec ceux qui partagent nos sentiments. Mais, maintenant, tu vois quelle douleur c'est de ne trouver que divergence dans le commerce habituel des hommes! De sorte que tu dois dire : O mort, viens vite, pour que, moi aussi, je ne me démente pas moi-même! »

Marc Aurèle fut le dernier stoïcien illustre de l'antiquité... il fit l'oraison funèbre de la théorie stoïcienne. Dans les alternatives de ses ardeurs et de ses abattements, la tentation de persécuter put le reprendre, et le philosophe consterné devait, tout au moins, laisser un libre cours aux haines et aux fureurs fanatiques de la vile multitude païenne.

Après Marc Aurèle, il ne restait plus place qu'à la doctrine philosophique opposée, celle de l'*épicuréisme;* celle-ci fut appliquée jusqu'à la licence la plus éhontée; à peu près cent trente-deux ans furent consacrés à cette dernière épreuve. La philosophie platonicienne se réfugia à Alexandrie, et livra de rudes combats à la théologie chrétienne prêchée par Antoine et Athanase. Si l'école néoplatonicienne fit naître l'arianisme, d'un autre côté, par sa lutte, elle arma de toutes les forces de la raison humaine, les grands champions de la révélation divine; et, de ce champ de bataille savant, sortirent les grandes formules, les plus lucides énoncés de notre symbole chrétien.

L'école néoplatonicienne sortait du lieu où se trouvait la plus grande école juive. Après la destruction de Jérusalem, après l'interdiction de l'accès de la Palestine, Alexandrie se trouvait être la grande place de commerce la plus voisine de la patrie des Juifs, et même des chrétiens, que la guerre d'Adrien avait fait expatrier de la Palestine. On porta en Égypte (en 140) ceux qu'on ne put pas vendre à Térébinthe et à Gaza.

En Égypte, dans l'industrieuse Alexandrie, asile des Juifs et des chrétiens, les grandes disputes durent naître comme sur le terrain commun des études juives, grecques et chrétiennes. L'école d'Alexandrie recevait le rayonnement simultané de toutes les lumières, tandis que Rome s'abrutissait dans l'épicuréisme, les orgies; l'auréole des hautes doctrines spiritualistes brilla sur Alexandrie, sous la triple influence de la philosophie grecque, de la Synagogue juive et de l'Église chrétienne naissante. Après l'influence sociale de la philosophie, l'influence juive se présente naturellement à l'étude.

Lorsque Auguste, mourant, venait de river avec une habileté consommée les chaînes destinées à contenir les mouvements du monde romain, pour assurer l'universelle servitude sous la domination de l'empire, un jeune enfant de douze ans, rompait le sceau de la science ancienne, en couvrant de confusion, publiquement et solennellement, dans le temple de Jérusalem, les docteurs de la nation, la plus docte de l'univers.

Le feu d'une doctrine qui devait réduire en cendres toutes les entraves, venait de faire briller ses lueurs sur les hauteurs de la montagne de Sion.

Il est certain que la doctrine des maîtres de la loi juive, si étrangement confondus par un enfant galiléen, l'an 12 de notre ère, était bien alors la plus haute science connue parmi les sciences religieuses et philosophiques des autres peuples. Au moment même où il prenait la robe virile, le jeune prodige de la Galilée annonçait que l'enseignement de l'univers serait l'œuvre divine, suprême épanouissement de la révélation juive.

Le prodige de l'an 12 devint le supplicié de l'an 33, sur le Calvaire, et ces événements furent les préludes de la lutte de la civilisation juive contre la civilisation romaine.

Quel peuple fut plus invinciblement religieux que les Juifs, qui, dispersés par les guerres, traînés c. aptivité à Babylone, à Alexandrie et à Rome, conservèrent, au milieu de toutes les populations idolâtres, leur croyance au Dieu immatériel et un inviolable attachement à leurs rites !

Quelle poésie religieuse fut aussi pleine d'aspirations libérales que les chants sacrés des Juifs ! Voyez dans le *Laudate pueri* le pauvre exalté de la plus abjecte misère à la principauté la plus sublime !

De stercore erigens pauperem ut collocet eum cum principibus, cum principibus populi sui !

C'est là l'aveu que fait un roi victorieux. L'ivresse de ses triomphes ne lui fait point oublier qu'il a été un gardien d'ânesses, et il proclame bien haut que sa puissance n'est pas son œuvre personnelle, mais exclusivement celle de Dieu. C'était bien là le prélude aux accents de l'humble Vierge, la première juive chrétienne, qui nous dira, dans des chants dignes de la Reine des anges, qu'elle n'est que la servante du Seigneur, que les orgueilleux *seront* couverts de confusion, les puissants *précipités du haut de leurs siéges*, les riches *dépouillés* et les indigents *comblés de biens !*

Quelle religion fut à la fois plus profondément philosophique et plus universellement connue de tous les membres du culte ! Le moindre pâtre de la Judée en savait beaucoup plus qu'Aristote ou Platon, les philosophes sublimes des plus intelligents de tous les peuples !

Ce qui arriva à l'origine du christianisme prouve péremptoirement la supériorité universelle de l'instruction juive : et c'était l'effet divinement préparé par le plus large système d'enseignement qui ait existé... Le sabbat était le jour d'école obligatoire et de la suspension complète des travaux du corps ; sous peine d'anathème, il fallait ne s'occuper que des exercices de l'esprit. Dans chaque bourgade, comme dans chaque ville, il y avait réunion des jeunes gens, depuis la sortie de l'enfance à douze ans, des hommes faits, des vieillards, des docteurs ; tous pouvant prendre la parole dans les synagogues, discuter sur le sens de la loi divine, sur l'histoire ancienne, sur l'époque présente et sur les événements mystérieux de l'avenir ; et sur l'accomplissement des grandes destinées du peuple de Dieu.

Outre les petites écoles ordinaires distribuées dans toute la Judée, il y avait des écoles supérieures appelées *nabi* où les prophètes enseignaient à leurs disciples le sens mystérieux et *symbolique* des faits et des expressions relatées par la Bible. La trinité divine, la rédemption future étaient étudiées dans ces couvents établis comme des nids rapprochés du ciel, sur le Thabor, et avec l'inspiration des horizons infinis de la mer resplendissante.

Mais par-dessus les synagogues et les nabis étaient instituées les réunions générales des grandes fêtes (et pour que le respect et les bienséances fussent observés, le temple était le lieu consacré aux séances de cet institut général), et dans le temple, les fêtes étaient les grands congrès pour les discussions des doctrines. Là, un appel universel était fait aux lumières des savants, des orateurs, des philosophes, des théologiens prophètes, des prêtres et des plus jeunes comme des plus vieux citoyens. Quelle école publique! quel forum! combien toutes les écoles, toutes les tribunes païennes sont inférieures aux grandes institutions de l'enseignement mosaïque. La science d'un Juif éblouissait un aréopage d'Athéniens. Les Israélites étaient bien évidemment destinés par ces institutions, à devenir la nation la plus éclairée du monde, lorsqu'ils furent en partie dispersés et obligés de faire de fréquents voyages pour venir remplir leurs devoirs religieux dans le temple; la vue des hommes et des choses achevaient leur éducation. Avec le congrès des savants, il y avait le congrès des voyageurs, des commerçants, qui se mêlait à celui des agriculteurs restés dans la Judée.

Comparez donc ce peuple universellement instruit de son histoire, de sa religion, de ses intérêts propres, de ceux des autres nations; comparez-le à la populace qui couvrait les places publiques d'Athènes et de Rome... quelle distance! On voit de suite un peuple de philosophes, de théologiens infiniment supérieur à une population de grossiers amateurs de luttes d'athlètes, de combats de gladiateurs, ou de misérables tournois de rhéteurs.

La Providence, qui avait fait éclater sa prudente sagesse dans la préparation de la science juive, y ajouta tout à coup, une grande illumination qui s'adapta merveilleusement à cette divine et lente élaboration nationale. Des pasteurs et des pêcheurs juifs se trouvèrent en état de confondre les savants philosophes de Rome et de la Grèce.

Les Juifs intelligents et éclairés devinrent les chrétiens; les autres privés de leur élite, formèrent les Juifs non transformés, ces derniers cependant encore bien supérieurs aux autres peuples; mais qui ne purent plus rien produire de comparable aux anciennes poésies sacrées. Le feu divin était absent, il était porté ailleurs.

Avec la supériorité de leurs doctrines religieuses, philosophiques, industrielles et commerciales, les Juifs apportaient au monde la connaissance de notions plus élevées que celles des autres peuples, sur les rapports de l'autorité politique avec la religion.

Leur histoire leur présentait constamment la distinction des deux pouvoirs spirituel et temporel.

Le premier roi hébreu, Saül est choisi et sacré par le pontife Samuel, puis l'exercice du pouvoir et l'orgueil du succès entraînant Saül à des prévarications, il est frappé de déchéance par le pontife même qui l'avait sacré.

On voit de même se succéder les faiblesses et les expiations de David et les erreurs de Salomon qui descendent jusqu'à l'idolâtrie. Roboam, un des fils de Salomon, glisse de la révolte au schisme, pour mettre sous ses pieds un sacerdoce simoniaque, et réunir en sa main, les deux pouvoirs. Chez les Juifs la lutte pour l'usurpation et la confusion des deux pouvoirs se montre sans cesse, mais cette usurpation des princes est toujours combattue par les prêtres. Les fureurs d'Athalie n'ont pas d'autre cause que celle de la revendication d'un pouvoir *césarien*, où le grand sacerdoce soit placé au service de l'autorité politique.

La résistance de trois jeunes Juifs à l'apothéose de Nabuchodonosor est la constante reproduction de la même indépendance de l'autorité religieuse, vis-à-vis des exigences de l'autorité césarienne.

Cette distinction des deux autorités n'existait point chez les autres peuples, le prince et le grand prêtre étaient partout ailleurs acceptés comme une même et seule autorité, le druidisme n'était à cet égard qu'une *imparfaite* exception.

Il y avait chez les Juifs, avec la mâle indépendance de leur foi religieuse, la puissance de l'intelligence et du travail.

La nationalité juive était laborieuse, l'oisiveté ne fut jamais chez elle un vice public ; la paresse, cette grande plaie romaine était combattue par l'énergie juive qui entretenait encore dans Rome quelque commerce et quelque industrie, en face de l'inertie romaine. Écoutez Cicéron décrivant, déjà un siècle avant la prédication chrétienne, les groupes nombreux des Juifs sur le foyer des grandes discussions publiques, sur le Forum, leur étroite *fraternité* entre eux et leur grande *influence* sur l'ensemble du peuple romain. — Mettez en parallèle ce magnifique tableau de la valeur morale et de la gravité juive, avec le dédain publiquement affiché par le même orateur à l'égard de la frivolité et de l'inconsistance des Grecs, dont les témoignages ne méritaient en justice aucune considération...

Voici les paroles de Cicéron à l'égard des Juifs : *Scis enim quanta sit manus, quanta* CONCORDIA, *quantum valeant*... (*Voy.* Bonnetty, *Annales*...)

Après la conquête de la Judée par Pompée, et ensuite après les premiers Césars, au milieu d'une prodigieuse servitude universelle, l'heureux germe de la liberté religieuse morale, fut donc apporté au monde romain par le judaïsme et par le christianisme, armés du grand principe de la révélation d'un créateur invisible qui excluait et séparait de l'autorité impériale, la puissance spirituelle.

Le *judaïsme*, hostile aux autres religions, qu'il confondait toutes sous un égal mépris, se plaçait dans une rébellion religieuse, flagrante et perpétuelle contre le souverain pontificat impérial.

Joignant à la tradition de l'exercice de son culte dans un lieu spécial, dans le temple de Jérusalem, le signe distinctif de son origine dans son corps marqué par la circoncision, la nation juive se séparait des autres races, comme elle s'isolait des autres cultes. Les Juifs, avec leurs traditions, matériellement comprises, relatives à la suprématie politique promise aux enfants d'Abraham, ne pouvaient s'empêcher de choquer tous les autres peuples par l'orgueilleuse prétention de la supériorité de leur sang, prétention qu'ils alliaient, ainsi, à l'affirmation hardie de la supériorité de leur religion. Si la dernière allégation pouvait s'accorder avec le progrès des théories, la première prétention de la suprématie de race, était invinciblement choquante et répulsive pour les autres peuples. Ne voit-on pas apparaître ainsi, la cause de la haine, de l'antagonisme vivement manifestés par les autres peuples à l'égard des Juifs? L'antipathie contre les Juifs et les obstacles invincibles opposés à leur prosélytisme, à l'acceptation de leur foi religieuse devaient être surtout énergiques chez ceux qui possédaient déjà l'autorité, chez les dignitaires et chez les hommes libres. Aussi la doctrine juive ne conquit-elle quelques adhésions que parmi les femmes, que le caractère matériel de la circoncision ne parquait point, que l'espérance de la maternité du Messie séduisait; et chez les esclaves que l'adoption du judaïsme élevait à la dignité spirituelle des hommes libres. Les serviteurs avaient, pour le judaïsme, au moins une indépendance religieuse à mettre en face de la complète domination de leurs maîtres.

Le peuple juif était placé au-dessus de tous les autres par la supériorité philosophique et théologique de sa doctrine religieuse, par l'énergie persistante de sa foi, par son indomptable dévouement à la patrie et à la liberté politique.

Lorsque, après la conquête romaine, les enfants de la Grèce, oublieux de leur gloire littéraire, et de leur domination politique, et de leurs triomphes militaires, se courbaient sous leur joug, contents, dans leur avilissement, d'être acceptés comme comédiens habiles à amuser leurs vainqueurs; lorsque les Athéniens substituaient Auguste à Jupiter dans leur temple nouveau; les Juifs, pleins d'un noble dévouement à leur patrie, refusant de livrer leur liberté à d'abjects adorateurs d'idoles, pleins surtout du sentiment profond de la supériorité de leurs lumières religieuses, osèrent défier la puissance romaine. La population juive de deux millions et demi, en Palestine, n'hésita pas à entreprendre une lutte acharnée contre le pouvoir militaire admirablement organisé qui disposait de soixante-dix millions d'hommes, et la lutte, par trop inégale par le nombre, ne fut pas sans gloire par le courage! Pendant la période des années 66 à 70, il y eut de beaux succès obtenus par les Juifs. L'armée romaine ne parvint à enfermer les Juifs dans Jérusalem qu'après quatre années de sanglantes batailles. Poussés dans leur dernier retranchement, dans l'année 70 de notre ère, un million cent mille Juifs se firent immoler à l'extérieur et dans l'intérieur de Jérusalem. Les horreurs de la famine furent supportées avec une constance inouïe. Les cuirs, les herbes sauvages, les résidus impurs furent dévorés, des mères mangèrent leurs enfants, et, dans un tel excès de détresse, la ville ne capitula pas! Il fallut amener en esclavage neuf cent soixante-dix mille personnes. Le patriotisme et la fière indépendance des Juifs ne furent pas encore anéantis par de tels désastres. En 114, sous l'empereur Trajan, nouvelle révolte des Juifs; en Égypte, en Asie Mineure, ils furent immolés en grand nombre. En 136, dernière révolte et dernière destruction de la ville sainte. Tous les Juifs qui pouvaient toucher le sol de Jérusalem y devenaient des révoltés; il fallut exclure à jamais les Juifs de cette enceinte, qui faisait naître l'ivresse de la rébellion; cinq cent quatre-vingt mille Juifs périrent dans cette lutte suprême; triste accomplissement des terribles prophéties!

Mais cette immense effusion de sang, d'avance acceptée par ceux qui condamnèrent le divin fils de Marie, était, non-seulement un prodigieux châtiment, mais encore une retentissante proclamation des arrêts contenus dans les Écritures sacrées portées partout par ces indomptables enfants d'Abraham : c'était une grande prédication préparant l'avénement du christianisme comme les paroles de Jean, le saint précurseur. C'était aussi une complète épuration du culte chrétien. Les Romains furent obligés de détruire tout signe intérieur d'affiliation juive : la circoncision fut proscrite par le pouvoir politique, et grâce à cet édit, les chrétiens de Jérusalem, pour échapper aux tracasseries de la police romaine, furent amenés à rejeter du culte chrétien toute pratique judaïque. Une grande amélioration dans les actes religieux du christianisme fut le résultat de la haine des Romains contre les Juifs! L'esprit nouveau, sans distinction de races, s'établit mieux ainsi chez les chrétiens!

D'où venait aux Juifs cet esprit d'indépendance si opiniâtre, qui leur inspirait un tel dévouement aux idées de liberté, en présence de l'universelle servitude? Leur foi religieuse leur disait que l'étranger ne pouvait se mettre au-dessus des lois, qui leur venaient de Dieu même, et dans leurs combats à outrance, c'était la grande lutte du *spirituel* et du TEMPOREL, qui, pour la première fois, ébranlait le monde civilisé.

Le martyre des Juifs précéda les grands martyres chrétiens. Les Juifs purent répandre dans le peuple les aspirations à l'affranchissement universel, mais leurs immolations, stériles pour leur religion, qui n'était que la révélation préparatoire, devaient profiter à la révélation parfaite. L'effusion du sang prouvait bien la conviction des victimes, mais il fut bien démontré ainsi que cette effusion de sang ne donna la victoire définitive qu'à une seule doctrine : celle de la pleine et complète vérité.

L'*inutile* martyre des Juifs, placé en regard du triomphant martyre des chrétiens, prouve la divinité de la foi chrétienne, qui a obtenu la victoire là même où la foi juive a été terrassée... La vérité seule a le privilége de profiter de tout, même des efforts de l'erreur.

Toutes les actions des Juifs étaient destinées à servir à la propagation du christianisme.

Là où les Juifs endurcis furent les maîtres, comme à Jérusalem, jusque vers l'an 70, comme dans quelques autres villes, ils furent persécuteurs, et leurs persécutions devinrent encore des propagandes chrétiennes.

Ainsi, d'après la tradition, la Provence fut évangélisée par la famille de Lazare, expulsée de la Judée. Nécessairement chaque essaim chrétien, chassé de la Palestine, devint une mission pour établir la foi nouvelle chez les gentils.

Lorsqu'en 66, les temps de la venue du Messie parurent accomplis et arrivés à leurs extrêmes limites, il fallut absolument réaliser le règne matériel du *dominateur* des nations, tels que l'attendaient les Juifs sadducéens; la révolte contre l'autorité romaine éclata comme une explosion de la foi juive : les ZÉLATEURS juifs voulurent dominer ou mourir. La date de leur grande révolte, sous Néron et Vespasien, démontre bien que les Juifs croyaient les temps messiaques accomplis, et cette date de la révolte juive offre une remarquable confirmation de l'exactitude de l'interprétation chrétienne des oracles prophétiques de Daniel. D'ailleurs les signes physiques étaient d'accord avec les calculs chronologiques; les tremblements de terre de la Campanie se répétaient en 66, 68, et le Vésuve préparait la grande éruption qui éclata enfin l'an 79.

La défense désespérée des Juifs sur les murailles de leur temple prouva deux choses : qu'ils savaient bien que la durée de leur existence en corps de nation et le témoignage de leur foi, étaient attachés à la possession de ce temple ; et que la destruction du temple était une menace divine suspendue sur leur tête. Comme Œdipe, ils firent accomplir eux-mêmes l'oracle qui les devait à jamais condamner, en forçant les Romains à ne pas laisser subsister pierre sur pierre de cet édifice sacré.

La religion juive était DÉCAPITÉE, après la destruction du temple, par Titus, en l'an 70 ; la foi juive était confondue par ses propres Écritures. Avant la destruction du temple, les Juifs faisaient des prosléytes parmi les gentils ; ils ne purent recueillir, après le temple détruit, que des sarcasmes et des railleries. En 114, les désastres du tremblement de terre d'Antioche surexcitèrent les émotions populaires ; alors ce furent, sans doute, d'irritantes insultes qui poussèrent les Juifs jusqu'au cruel délire des massacres de la Cyrénaïque et de Chypre. Ces massacres motivèrent les sanglantes répressions de Trajan, de l'an 115.

En 136, sous Adrien, ce fut encore pour l'honneur de leur temple que les Juifs prirent les armes et chassèrent la garnison romaine de Jérusalem. Adrien, grand prêtre de Jupiter, voulut installer, sur les ruines du temple juif, les DIEUX, dont il était le *ministre*, et bientôt le *collègue*. La profanation d'Adrien était la dernière insulte qui pût être infligée aux Juifs ; ils voulurent laver cette souillure avec leur sang. Ils moururent en offrant, dans leurs dernières convulsions, un témoignage irrécusable de la vérité des prophéties qui les condamnaient.

Les Juifs pouvaient-ils ne pas détester les chrétiens et ne pas les détester bien plus que les Romains conquérants de la Judée? Les Romains n'avaient enlevé à la nation juive que ses biens *présents*, mais les chrétiens détruisaient sans retour toutes les espérances de l'*avenir* israélite, en montrant que les brillantes destinées matérielles, objets des soupirs et de l'attente des enfants d'Abraham, n'étaient qu'une grossière interprétation enfantée par des esprits étroits. Déclarer l'attente des sadducéens une erreur profonde, c'était frapper d'une triste *déshérence* toute la nation d'Israël. Au lieu d'être les *dominateurs* du peuple, les Juifs acculés par les arguments chrétiens, n'en étaient plus que la *dérision*. On accepte les revers, mais non le ridicule.

L'orgueil froissé dans un peuple qui prétendait au premier rang dans l'aristocratie des races, se tournait nécessairement en haine furieuse contre le christianisme, expliquant les promesses divines faites aux descendants d'Abraham d'une manière entièrement contraire au sens judaïque.

Pourtant, plus cette haine était violente, plus, en même temps, restait vivace cette nation juive, demeurant un témoin permanent de la vérité chrétienne; plus aussi cette vérité chrétienne devenait éclatante! Comment douter des Écritures dont les mortels ennemis des chrétiens avaient été les premiers colporteurs.

Après leur dernière révolte, les Juifs confondus par la destruction et la souillure de leur temple, voulurent altérer les Écritures fatales pour eux, en écrivant la Bible d'Aquila, vers 150 ; mais cette altération même, dont on voyait bien la cause, la date et les traits, tournait encore au profit de la foi chrétienne ; le mensonge juif était trop grossier !

Par sa vitalité providentielle, par ses aveux, comme par ses dénégations, par les destructions qu'elle causait en se révoltant, par ses artifices quand elle obéissait, la nation juive était toujours, et de toutes les manières, une grande confirmation de la vérité chrétienne. Malgré elle, et comme le magicien Balaam, la nation juive rendait hommage au Dieu crucifié qu'elle voulait maudire ; elle était un *terrible apôtre*, prouvant le christianisme par l'ABSURDE. Chacune des vicissitudes de malheur ou de prospérité, de faiblesse ou de violence, de triomphe ou de revers, de la population israélite avait été un acheminement vers la diffusion de la grande foi chrétienne.

Les captivités de Babylone, ou d'Alexandrie, ou de Rome, établirent des centres de propagande de l'unité d'un Dieu immatériel et des oracles bibliques. Sans la migration d'Alexandrie, aurions-nous l'important témoignage de la Bible des *Septante*?

Les Juifs, privés des champs paternels, se considérèrent toujours comme voyageurs sur la terre étrangère, et demandèrent au commerce et à l'industrie les moyens de subsister; ce fut un admirable courrier précurseur du christianisme, un merveilleux messager de la Bible, que le peuple errant par excellence. Avec l'expansion de leur foi, les Juifs formèrent de nombreuses étapes, où les apôtres, partis plus tard de la Judée, trouvèrent, dès le commencement, avec les secours de l'hospitalité, des oreilles prêtes à s'ouvrir aux grandes nouvelles qui venaient de Jérusalem en l'an 34. — Les premières conversions chrétiennes, hors de Jérusalem, furent ainsi des conversions de Juifs. Il y eut nécessairement une *chrétienté*, à côté de chacune de *juiveries* d'Antioche, d'Alexandrie et de Rome. Partout où était une synagogue, une église germa, comme un rejeton sorti de sa racine, et destiné à atrophier la vieille souche. Tout ce qu'il y avait, parmi les israélites, d'âmes intelligentes, amies des choses spirituelles et de la vertu dévouée et sincère, fut enlevé aux Juifs par la grande sélection chrétienne. — Il ne resta, après cette belle cristallisation chrétienne, que la lessive des sels moins purs, et les Juifs opiniâtres furent le résidu encore imposant du peuple de Dieu.

Il y a eu toujours une protection des souverains pontifes et même de l'inquisition catholique en faveur des Juifs. — Outre le sentiment de mansuétude chrétienne, il faut voir là aussi les manifestations du vif intérêt attaché à la conservation d'un grand témoignage en faveur de la foi chrétienne.

Outre la lutte de la religion nationale des Juifs contre l'idolâtrie impériale de Rome, il y eut le combat de la religion nationale des Gaulois... Civilis se mit à la tête de la révolte du druidisme contre la religion césarienne, en même temps que les Juifs luttaient à Jérusalem pour le Dieu immatériel *Jéhova*.

La révolte gauloise druidique ne fut pas de bien longue durée; elle fut étouffée par les partisans gaulois de l'unité de l'empire romain.

Il est bien remarquable, d'ailleurs, que la révolte gauloise et la révolte juive prirent naissance vers la même période, entre les années 65 et 70. C'était le moment où les convulsions volcaniques, des tremblements terrestres, précurseurs de la grande éruption du Vésuve de 79, semblaient indiquer la grande révolution que le ciel préparait au monde, par la destruction des religions de *race*, auxquelles allait se substituer l'universalité religieuse du catholicisme... mystérieuse correspondance toujours existante entre les révolutions physiques et les révolutions morales!

III

CIVILISATION CHRÉTIENNE

Le christianisme proclame l'indépendance du pouvoir spirituel et la fraternité universelle. — Transformation du patriciat; les donations patrimoniales du patriciat constituent les biens diocésains, dont les revenus, servant à l'entretien du culte et des écoles, à l'alimentation des affranchis, détruisent le prestige des largesses impériales. — La magistrature impériale est supplantée par la juridiction diocésaine; les évêques sont les magistrats chargés des émancipations. – Chasteté chrétienne, fécondité du mariage; le travail est substitué à l'oisiveté romaine; Rome chrétienne, au lieu de recevoir des tributs, envoie des secours aux provinces. — Altération du régime militaire produite par le christianisme; le césarisme, attaqué dans ses fondements, s'arme de persécutions; celles-ci produisent, à l'intérieur et à l'extérieur de l'empire, un grand prosélytisme chrétien. — Triomphe de la foi chrétienne contre les diverses formes du césarisme; l'effet simultané des paroxysmes terrestres et des misères de la tyrannie a été de rendre le christianisme le remède le plus opportun aux maux de la terre. — Le chrétien devient soldat; prosélytisme chrétien dans les armées; légende de la légion fulminante, martyre de la légion thébéenne. — Formation d'une armée chrétienne gauloise par Constance Chlore et par Constantin. — César était venu avec une armée gauloise détruire la liberté romaine; Constantin amène une armée gauloise pour proclamer la liberté religieus et la chute du césarisme païen. — Constantin inaugure l'étendard chrétien le Labarum devient le signe triomphal de l'armée. — Le décret du concile d'Arles, qui rend la milice obligatoire aux chrétiens, donne la prépondérance à l'élément chrétien de l'armée. — Efforts de Constantin pour assurer l'unité de l'Église; concile de Nicée. — Prière chrétienne devenue la prière officielle de l'armée. — Influence des victoires de Constantin sur la propagande et la stabilité de la foi chrétienne.

Les terribles persécutions ne s'adressèrent plus aux philosophes à partir d'Antonin, car la philosophie fut couronnée; mais, avec Marc Aurèle, l'inanité de la philosophie, en 180, ayant été démontrée, le judaïsme ayant été écrasé par Adrien, en 140, il ne resta plus que le christianisme en face du paganisme, et la lutte, devenue un duel, fut l'effroyable épreuve du christianisme aux prises, lui seul, contre le pouvoir et tout le peuple païen.

La foi chrétienne, bien mieux que le judaïsme, apporta aux peuples esclaves le salutaire principe de l'indépendance spirituelle. L'obéissance à Dieu, avant celle exigée par le prince, fut promulguée en face du grand sacerdoce impérial. Toutes les idolâtries pouvaient se grouper et s'associer sous le suprême pontificat impérial : cette association n'était au fond que l'amalgame des diverses formes de la grande aberration religieuse qui avait placé sous la main même de l'homme les types variés de ses adorations. Que l'on mît le bœuf égyptien à côté de la Cérès des Grecs, que la source de chaleur fût adorée sous le nom de Phœbus aux blonds cheveux, ou sous la forme d'un disque radieux, peu importait; en définitive, c'était toujours aux fruits de la terre, ou aux agents qui la fécondent, que l'encens s'adressait, au lieu de monter vers l'auteur invisible et tout-puissant des diverses choses de ce monde.

Le christianisme, excluant les déifications plus ou moins grossières, toutes les adorations impures et corruptrices, était en contradiction flagrante et dans un état de révolte incurable avec l'autorité religieuse de l'empereur, et cette révolte permanente contre le pontificat païen couronné était, grâce à la doctrine chrétienne, bien plus radicale que chez les Juifs, car la spiritualité du Dieu chrétien, indépendante du sol et du sang, est associée au principe de la spiritualité des vrais biens, patrimoine haut placé hors de l'atteinte du César. D'un autre côté, le christianisme s'accommodait à toutes les races que la doctrine juive humiliait et repoussait.

La prohibition des signes de judaïsme, décrétée par Adrien pour toute la Palestine, abolissait heureusement toute distinction d'origine entre les chrétiens et les Juifs. Les païens étant baptisés, la fraternité devint complète entre les chrétiens de toutes les races.

En élevant sur les autels la croix, le signe même des supplices des esclaves, la foi chrétienne anéantissait toutes les distinctions de classes sociales; désormais la vertu avait seule le droit de marquer les degrés de la vénération chrétienne... Juifs et gentils, maîtres et serviteurs, patriciens et plébéiens, tous étaient conviés à accepter la croyance destinée à guérir les maux de l'humanité tout entière.

Dans l'empire romain, cette doctrine aboutissait à une complète transformation sociale. C'était la liberté universelle substituée au principe de la servitude générale; à l'égoïsme succédait le sacrifice.

Déjà, grâce aux exécutions et aux confiscations impériales, bien peu d'anciennes familles patriciennes avaient pu survivre. Celles qu'avait épargné le fer ou le poison, s'étaient anéanties dans l'oisiveté et la débauche, auxiliaires délétères de la tyrannie. Dans ce naufrage général de l'aristocratie, causé par la tempête césarienne, il n'y eut de sauvés que ceux qui abritèrent leur dignité sous la vertu chrétienne. Les conversions furent surtout provoquées dans la haute classe par le sexe qui est toujours la première victime de la violence. Les dames romaines, les princesses mêmes des palais impériaux donnèrent l'élan chrétien qui entraîna tout ce qui restait encore de vertueux personnages dans le patriciat; alors on vit, chose merveilleuse, les plus grands d'entre les Romains servir Dieu et la patrie universelle comme ils avaient servi la cité.

Les nouveaux Brutus, au lieu d'immoler ou leurs fils ou leurs pères, s'immolèrent eux-mêmes; donnant leurs grands domaines, affranchissant leurs esclaves, travaillant pour ceux même qu'ils faisaient auparavant travailler; ils inaugurèrent, à leurs dépens, une grande loi agraire pour le développement d'une véritable république chrétienne.

Ainsi se forma le patrimoine de l'Église naissante; les biens communs furent le noyau de l'association de tous ceux que leur pauvreté et leurs fonctions cléricales obligeaient à vivre des revenus diocésains. Chaque chrétienté était une école qui dissipait les ténèbres païennes. Les affranchis cessèrent d'être des parias plus misérables que les esclaves nourris par des maîtres; les affranchis eurent une ressource assurée dans les biens diocésains.

Auprès du peuple, l'archidiacre chargé de la distribution des aumônes éclipsa la bienfaisance toujours insuffisante des empereurs. L'Église chrétienne était devenue une société d'assurance contre la misère, et le prestige des largesses impériales était détruit.

Les empereurs païens, jaloux à la fois de leur influence populaire diminuée, et toujours avides de spoliations destinées à entretenir leur luxe immoral, furent conduits à confisquer les biens diocésains. Ce fut la résistance de l'archidiacre Laurent à une confiscation de ce genre qui aboutit à son martyre. Mais l'exaction aux dépens des pauvres rendit les Césars plus odieux encore.

Après avoir, par son organisation charitable, porté atteinte à la popularité attachée aux largesses impériales, l'Église introduisait aussi un ordre judiciaire nouveau, étranger à l'administration politique.

Appliquant le précepte chrétien de saint Paul, les disciples de la croix ne soumettaient plus leurs litiges intérieurs aux juges païens, mais ils s'en remettaient exclusivement à la juridiction de leurs évêques et de leurs délégués, les *diacres* et les *vicaires*. Les enfants de l'Évangile pouvaient-ils, en effet, remettre leurs discussions à ceux qui repoussaient la doctrine évangélique? Les fonctionnaires impériaux étaient donc sans fonctions réelles.

L'épiscopat chrétien, à la fois investi des attributions de la judicature, de l'administration et de la répartition des revenus communs, était devenu une grande magistrature politique consacrée par le libre suffrage universel, chère à tous les malheureux, jouissant de tout l'ascendant de la vertu et complétement étrangère à la main du prince. C'était cette haute influence politique rivale qui arrachait à l'empereur Dèce, en 250, cet aveu : « *Je préférerais avoir à lutter contre un compétiteur à l'empire, plutôt que contre un évêque de Rome.* »

C'était la croix du calvaire qui déjà *attirait tout à elle.* L'organisation chrétienne charmait les misères créées par les Césars, et balançait par l'empire sur les cœurs, l'empire sur les armées.

Les évêques chrétiens, juges conciliateurs, distributeurs des secours alimentaires, devinrent aussi les magistrats préposés aux libérales fonctions de la solennelle émancipation des esclaves. Le signe de la manumission officielle est encore aujourd'hui conservé, dans le geste épiscopal qui fait partie du cérémonial de la confirmation. N'était-il pas naturel que l'affranchissement fût confié à celui-là même qui devait pourvoir à l'alimentation de l'affranchi !

Sous le régime des Césars païens, l'impureté souillait à la fois les vestales, les célibataires et les époux, l'infécondité était la conséquence de ces mœurs désordonnées. Les lois d'Auguste tombées en désuétude... laissaient s'anéantir la famille dans une déplorable décomposition.

Mais sans lois nouvelles, grâce à l'esprit de sacrifice partout appliqué par le christianisme, la virginité florissait dans les déserts, le concubinage disparaissait et les familles chrétiennes devenues indissolubles offraient de nombreux et brillants rejetons, la chrétienté devenait dominante par la vigueur physique et morale, comme par la quantité de ses membres.

Les idées de travail bravement supporté, associé au courage moral de l'épargne pratiquée, même en face des enivrements et de la licence du luxe romain, se développèrent si bien chez les Juifs et chez les chrétiens, que les aumônes des chrétiens de Rome purent étendre leurs douces rosées sur toutes les désolations de l'empire. — Deux mouvements opposés dans la richesse se manifestèrent alors : tandis que le vice païen couronné faisait converger vers Rome un courant absorbant des biens créés par le travail des provinces, le travail du judaïsme et du christianisme faisait naître le contre-courant des secours envoyés aux frères des provinces : l'aumône juive était exclusivement pour la race, l'aumône chrétienne était universelle. L'aumône juive et chrétienne devint quelquefois contagieuse, et les bons empereurs tels que Nerva, Trajan, Antonin, firent des fondations de bienfaisance pour assurer l'alimentation des enfants. La philosophie elle-même devint quelque peu charitable, mais le paganisme resta égoïste ; c'est l'empereur païen Julien qui le déclarait, encore deux siècles après les Antonins.

Le régime militaire fut lui-même modifié, altéré dans la source même, dans le principe sacré de la fidélité au drapeau et de l'obéissance passive, jurées par les miliciens païens en présence des images de l'empereur déifié, avec l'escorte obligée des idoles protectrices de l'empire.

Les soldats chrétiens refusèrent de s'incliner en présence de l'image du souverain, soit que l'on fît usurper à cette image des honneurs réservés à Dieu seul, soit qu'on l'associât à des idoles méprisées et détestées.

Le despotisme était attaqué dans son principe vital, dans sa force armée. La religion qui faisait dévouer les soldats chrétiens au martyre, plutôt que d'imiter les serviles adorations des païens, avait posé une autorité supérieure à l'empereur dans celle des préceptes divins.

La liberté spirituelle du christianisme minait et ébranlait donc tous les fondements religieux, sociaux, judiciaires et militaires du despotisme impérial romain. Une insurrection si radicale, si universelle ne pouvait pas être acceptée par un gouvernement fondé sur la force brutale et l'obéissance servile. La puissance matérielle ne se laisserait pas désarmer ainsi, sans lutter contre une force spirituelle si essentiellement hostile. Les persécutions du vice contre la vertu furent la conséquence odieuse, mais facile à prévoir, de l'invasion du prosélytisme chrétien : les tortures firent des martyrs qui bravaient la douleur et couvraient d'opprobre les juges et les bourreaux.

Quelle liberté audacieuse que celle de ces chrétiens plaçant glorieusement sur l'autel les restes des victimes que l'autorité tyrannique avait frappées de ses condamnations et de ses supplices ! — Une liberté qui faisait naître une telle indépendance morale, n'anéantissait-elle pas immédiatement toutes les forces du despotisme?

La lutte contre la révolte juive avait été réduite à une contrée peu étendue, mais la résistance des chrétiens aux édits persécuteurs eut pour théâtre l'ensemble de l'empire tout entier.

Quelle magnifique inauguration du principe libre spirituel dans le monde, que celle faite par la religion qui plaçait le suprême bonheur, la souveraine gloire à mourir avec joie sous les coups du glaive oppresseur ! Il n'avait pas voulu nier la douleur, mais Jésus-Christ avait appris à en faire un mérite : il en laissait subsister les épines, mais il lui attachait la consolante, la brillante certitude de se transformer en roses.

Au dégoût causé par les saturnales de la puissance impériale païenne, vint s'ajouter l'exécration contre les injustices et les cruautés des persécutions. Les sympathies envers les nobles et courageuses victimes de la piété et de la vertu firent paraître, sous un jour odieux, les absurdités de l'idolâtrie et les erreurs d'une morale qui inspirait, à la fois, le vice et la cruauté.

C'était de l'excès du mal que la Providence faisait naître le bien. Les persécutions fécondes en conversions chrétiennes, dans l'intérieur de l'empire, le devinrent peut-être plus encore à l'extérieur : des chrétiens poursuivis cherchèrent un asile chez les barbares, et leur apportèrent les clartés de la civilisation romaine illuminées de toutes les splendeurs de la foi chrétienne : la présence de ces émigrés qui s'offraient aux nations ennemies de Rome, avec le triple prestige de la science morale, de la vertu et du malheur, était bien faite pour accroître l'aversion contre la puissance romaine. En multipliant les exécutions, les confiscations, les empereurs multiplièrent aussi les apôtres chrétiens des barbares. Par les chrétiens émigrés, ceux-ci connurent à la fois l'art militaire des Romains et les parties faibles de leur organisation défensive : la persécution chrétienne porta la plus terrible atteinte à la stabilité de l'empire.

Le christianisme propagé par le martyre, au centre même de l'empire ; au dehors, par les exilés fuyant les tortures, était encore illustré par la mâle éloquence de ses apologistes dans les cités, par les prodiges et les vertus de ses cénobites dans les déserts. Le christianisme avait été successivement aux prises avec le *césarisme* follement sanguinaire de Néron, avec le césarisme philosophique stoïcien de Marc-Aurèle, avec le césarisme épicurien de Commode et d'Héliogabale, avec le césarisme fiscal et mythologique de Dioclétien, et chaque persécution, chaque contradiction avait été pour lui une victoire. Il avait lutté contre la civilisation juive, et le judaïsme écrasé par les empereurs au moment indiqué par les prophéties, avait été un éclatant témoignage en faveur de la foi nouvelle. Le christianisme avait été victorieux de la philosophie sur *le trône*, comme de la philosophie dans les disputes doctrinales. Il avait élargi la théologie spiritualiste juive, et, prenant ses adeptes dans toutes les races, il avait développé le principe d'unité, d'universalité de la civilisation romaine. Il s'était montré comme le remède universel aux misères des peuples. Plus les excès et les vices des empereurs avaient accru les douleurs des populations et les calamités sociales, plus la doctrine chrétienne avait conquis d'adhésions ; plus, vers la fin du troisième siècle, la servitude générale était devenue intolérable, plus les chrétiens *émancipateurs*, charitables et aumônieux envers les affranchis, acquéraient de titre aux sympathies populaires ; au labeur *servile*, imposé, à l'*oisiveté* païenne, l'Évangile avait opposé le travail libre, persévérant, économe et généreux de ses affranchis. Le chrétien avait été apôtre ardent, éloquent apologiste, savant controversiste, moraliste irréprochable ; il avait montré que la perspective du ciel était le vrai remède aux calamités de la terre ; par la charité, par le travail, par la science, successivement, il avait triomphé de tous les éléments hostiles.

Au milieu du troisième siècle, il y a eu une coïncidence merveilleuse entre les éruptions volcaniques, les tremblements de terre, les épidémies opiniâtres et les orgies impériales. Les vertiges et les excès de cruauté de la dernière époque des Césars païens sont allés jusqu'à un degré prodigieux. Les doubles souffrances infligées au monde par les dernières horreurs de la tyrannie impériale et par les crises de la terre eurent, évidemment, un but providentiel à remplir, elles rendirent bien opportunes les grandes et douces espérances du sermon sublime prononcé sur la montagne... Jamais il n'y eut plus de convenance à répéter cette belle parole : *Heureux ceux qui souffrent, car ils seront consolés!* Le chrétien s'était fait le grand réparateur des malheurs de la société, il lui restait à se montrer le soldat intrépide, victorieux, le plus ferme appui de la société romaine attaquée au dehors et déchirée au dedans, et cela, dans une période où la lâcheté romaine repoussait les dangers et les fatigues de la milice, avec un empressement qui allait jusqu'à la mutilation volontaire.

Déjà, à deux reprises, le souverain impérial avait tenté d'asseoir le christianisme sur le trône. En 225, Alexandre Sévère, en 244, Philippe avaient voulu régner sous les auspices du Christ. Mais vers chacune de ces périodes, les soldats s'étaient révoltés contre des souverains trop vertueux pour autoriser la licence, trop économes des biens du peuple pour les prodiguer en largesses destinées aux orgies militaires. Ces souverains avaient été tués et remplacés, le premier par le persécuteur *Maximin*, le second par le persécuteur *Dèce*. — Comme l'assassinat impérial donnait lieu avec un nouvel avénement, à une nouvelle gratification aux soldats, l'habitude de tuer les princes se forma si bien que, d'après la remarque de M. de Champagny, on eut tous les dix-huit mois un César égorgé, et *cela* dans le siècle écoulé de 180 à 285...!

Les armées romaines faisaient les empereurs et en recevaient des largesses. C'était une réciprocité d'attentats, une criminelle collusion, où le devoir, la justice et l'ordre public étaient sacrifiés aux plus honteuses passions.

Mais bientôt l'esprit chrétien manifesta un prodigieux changement dans l'armée. Sous Marc-Aurèle, en 174, un orage terrible, attribué à la prière d'une légion chrétienne, donna la victoire à l'empereur, au moment même où les Marcomans, attaquant les Romains, paraissaient assurés de triompher.

A dater de ce jour, la *Fulminante* fut le nom de cette légion. Ce nom et cette légende attestèrent, dès lors, l'*impression populaire* produite par la foi et par l'intrépidité des soldats chrétiens. Au milieu des périls et des hasards du champ de bataille, les augures cessaient d'inspirer la confiance; c'était désormais la prière adressée au Dieu du Calvaire qui fixait la victoire. Les soldats ne voulurent plus mourir qu'en respectant leur foi nouvelle ; en 285, l'éclatant martyre de la légion thébéenne révéla l'esprit qui s'infiltrait dans l'armée. Maurice à la tête de sa légion déclara sa foi chrétienne et sa résolution de mourir plutôt que d'obéir, au moment où l'empereur Maximin dirigeait la légion de Maurice contre la tribu chrétienne des Bagaudes. D'après la tradition, 6,000 soldats chrétiens se laissèrent égorger, sans faire usage de leurs armes ! Quel noble et courageux dévouement aux lois de la conscience dans ceux qui jusque-là n'avaient été que les aveugles instruments de la force brutale ! quelle retentissante révélation d'une complète révolution morale ! quelle profonde exécration contre l'empire païen qui voulait des telles hécatombes ! Le récit de ce dévouement militaire au christianisme multiplia la résistance et fit naître de nombreux imitateurs de cet héroïsme récent. Bientôt les militaires Victor, Ferréol, Julien, suivirent l'exemple de la légion thébéenne; 50 soldats de Cologne imitèrent son dévouement. La milice chrétienne des Gaules, sanctifiée par les vapeurs du sang de la légion thébéenne, ne voulait plus se prosterner devant les images impériales souillées du contact des idoles;

elle refusait d'attaquer les ennemis que la fraternité chrétienne désignait à ses sympathies. La force qui présidait aux martyres chrétiens allait donc se briser ! Dioclétien, Galère, Maxime, persécutaient vainement les miliciens chrétiens, les soldats de l'Asie, de l'Italie, de l'Afrique revendiquaient l'honneur du martyre comme ceux qui venaient de mourir si glorieusement dans les Gaules !

Les émotions de la conscience, les prudents calculs de l'intérêt envahirent bientôt jusqu'à la région du pouvoir. Constance Chlore, devenu César des Gaules, frappé de l'élan qui entraînait vers la foi chrétienne l'armée et le peuple, suivit une politique opposée à celle des princes persécuteurs ses collègues.

Aux chrétiens gaulois, formant le noyau de son armée, ne purent manquer de se joindre bientôt les miliciens chrétiens qui fuyaient les persécutions de Dioclétien, de Galérius et de Maxime. En 293, huit ans seulement après le martyre de la légion thébéenne, une armée chrétienne nombreuse, pleine d'ardeur, se trouva rassemblée. On eût dit que le sang versé par Maurice avait doté la terre gauloise d'un heureux privilége ; les Gaules eurent, avec une armée chrétienne, la première libre profession du christianisme.

En 306, héritier de la politique civilisatrice et habile de son père, Constantin, acclamé empereur par ses soldats, inaugura son avénement en promulguant la liberté légale du culte chrétien, déjà devenue une liberté de fait, depuis treize ans. Les drapeaux de l'empereur des Gaules devinrent l'asile protecteur de tous les miliciens persécutés dans les autres parties de l'empire romain : les jeunes gens chrétiens se réunirent, non point aux lâches troupes de l'Italie, mais à celles des Gaules, où ils rencontraient des cœurs magnanimes, disposés à sympathiser à leurs désirs de délivrer le monde des Césars qui l'opprimaient, et à user du droit public de faire un empereur élu par leur armée.

Une si prodigieuse dissidence entre l'empereur commandant l'occident et ceux qui commandaient le centre et l'orient de l'empire romain ne pouvait durer. Les soldats chrétiens ne demandaient qu'à marcher sur Rome, où dominait, avec Maxence, l'autorité païenne persécutrice et tyrannique.

L'armée qui s'avança sur Rome pour procurer au monde l'indépendance religieuse et la liberté civile avait donc une origine gauloise. César était venu des *Gaules* pour poser à Rome les bases de la tyrannie impériale; c'étaient maintenant, avec Constantin, des légions *gauloises* qui venaient, aux applaudissements des populations affranchies, proclamer la liberté religieuse à Rome et mettre fin au pouvoir païen des *Césars*. La marche de Constantin fut la première grande croisade.

Constantin arrivé sous les murs de Rome, en face de son ennemi Maxence, était préoccupé du prestige attaché à la capitale du monde civilisé, qui était aussi le centre de la religion officielle de tous les peuples.

Il eut alors l'inspiration d'opposer au prestige païen le prestige chrétien : — l'apparition d'un étendard militaire orné du signe chrétien donna lieu à l'exécution du Labarum. — Ce fut là le signe qui présida à la victoire de Pont-Milvius. — Maxence vaincu, noyé dans les flots du Tibre, laissa Constantin inaugurer la libre profession du christianisme en Occident.

L'empire d'Orient restait partagé entre Licinius, collègue et ami de Constantin, et Maximin Daïa.

Maximin chercha son appui dans les prosélytes païens, et la guerre qu'il entreprit contre Licinius fut terminée par la victoire d'Andrinople, obtenue par Licinius : l'armée des chrétiens eut une seconde fois la victoire.

Mais Licinius n'avait pas la même ardeur dans la foi chrétienne que Constantin ; la rivalité qui s'établit entre les deux Augustes fit favoriser les païens par Licinius, précisément parce que Constantin était plus aimé des chrétiens. Licinius revint au culte des idoles par politique ; la lutte des deux Augustes eut lieu dans une plaine entre la *Drave* et la *Save*. — La victoire fut encore du côté de l'armée chrétienne de Constantin, armée pleine de l'enthousiasme de la foi qui la guidait de succès en succès.

En 114, le concile d'Arles, par ses canons contre la désertion de la milice, avait accru singulièrement la force et le nombre des soldats chrétiens de l'armée de Constantin.

La lutte n'avait été qu'assoupie dans le traité de paix signé entre LICINIUS et CONSTANTIN. L'ascendant chrétien et le zèle religieux de ce dernier croissant avec ses victoires, Licinius voulut tenter de ressusciter en sa personne la suprématie païenne. Une quatrième lutte entre le paganisme et le christianisme eut lieu. Deux nouvelles victoires sur Licinius, la première à Andrinople, la deuxième à Chrysopolis, décidèrent la question de la supériorité de la valeur chrétienne et de la protection divine accordée au LABARUM.

Chaque lutte chrétienne avait été un grand triomphe et chacune d'elles avait déterminé une attitude de plus en plus dessinée et de plus en plus énergique, dans l'enthousiasme religieux de Constantin. Le guerrier néophyte, hésitant sous les murs de Rome, était devenu, par l'entraînement des événements, le plus chaleureux serviteur de la croix.

Les triomphes obtenus sous les auspices du drapeau chrétien s'étendirent, non-seulement aux luttes de l'intérieur de l'empire, mais encore à celles contre les Germains et contre tous les ennemis extérieurs.

Parmi les divers décrets de Constantin relatifs à la servitude, aux prisons, au mariage et à l'armée, celui qui, appuyé sur le concile d'Arles, interdisait la désertion et l'infraction aux lois de la milice, eut les conséquences immédiates les plus salutaires : tandis que les païens fuyaient l'armée, les chrétiens y venaient remplir un devoir sacré et ils y dominèrent par le nombre et le dévouement. L'esprit religieux de l'armée se trouva ainsi développé d'une manière remarquable et bien salutaire dans un empire où l'armée était le grand corps électoral : ce fut l'esprit exclusivement catholique qui se fit jour à plusieurs reprises dans les exaltations des généraux à la souveraineté ; l'armée put jouer ainsi un grand rôle chrétien, grâce à cet effet du canon du concile d'Arles qui n'a pas été assez remarqué. Il faut ajouter que cette prescription religieuse du service militaire émanait du clergé de la Gaule, pays où la libre profession de christianisme avait été proclamée et pratiquée, bien des années avant qu'elle fût un droit acquis aux autres parties de l'empire. La Gaule était et se montrait, avant les autres provinces, le grand pays chrétien.

Chaque résistance païenne avait fait prendre à la politique de Constantin une allure chrétienne de plus en plus accentuée, et chaque succès était un engagement nouveau pour développer cette influence religieuse qui réussissait si bien au premier empereur propagateur de la foi nouvelle.

Le suprême effort de Constantin fut fait pour établir l'unité de l'Église. Il fallait empêcher que la divergence de doctrines rompît le faisceau des forces chrétiennes. Dans ce but, fut assemblé le grand concile de Nicée du 19 juin au 25 août 325; les grandes assises de la chrétienté formulèrent la constante tradition de la divinité du Rédempteur, et les illustres Pères, jaloux de glorifier Dieu jusque dans les exigences les plus impérieuses des sens, écrivirent en tête des canons disciplinaires le décret de la chasteté de la *demeure sacerdotale*, imposée même aux prêtres mariés.

Si l'on demandait au prêtre l'héroïsme de la virilité et de l'apostolat, Constantin voulait que le chant du guerrier fût un hymne digne des héros militaires chrétiens. — Voici la prière que durent réciter les soldats :

« *Nous te proclamons seul Dieu, nous te déclarons notre maître, nous t'implorons notre seul appui. A toi seul appartient l'honneur de nos victoires, à toi seul revient le mérite de nos succès contre les ennemis.*

« A toi seul est dû l'hommage de nos *triomphes passés* et dans toi seul, l'*espoir de nos succès futurs.*

« Conserve la victoire et la vie à notre empereur Constantin et à ses pieux enfants[1]. »

Telle était la supplique que le soldat murmurait à côté de la croix du *Labarum*. Ne semblait-il pas que l'ivresse du sacrifice, de l'abnégation eût saisi tous les cœurs, puisque cette

[1] Euseb. Pamph., *de Vita Constantini.*

ivresse faisait ainsi disparaître même la jactance du langage ordinaire des guerriers?

La haute civilisation, la civilisation de la charité, de l'abnégation et de la science fut donc formulée dans ce magnifique congrès de Nicée, et elle n'est plus tombée au-dessous du niveau de cet horizon de LUMIÈRE.

Ainsi l'avénement de Constantin avait été signalé par quatre grandes luttes où s'étaient trouvées constamment en opposition l'armée chrétienne et l'armée païenne, et comme ce fut toujours à l'armée chrétienne que demeura attaché le prestige d'un éclatant succès, le Dieu des chrétiens se montra décidément le *Dieu de la victoire*, la croix *du Labarum* remplaça dès lors tous les auspices favorables consultés avant le combat..... L'étendard chrétien, le *Labarum de Constantin*, parut si intimement lié au succès des batailles, que les soldats de l'Auguste païen Julien, ne permirent jamais qu'on abattît ce talisman sacré, gage assuré de leurs triomphes. Désormais qui eût osé contester le miracle des victoires chrétiennes? Et cette confiance céleste eut certainement une providentielle influence sur l'établissement définitif et universel de la foi chrétienne. Les prodiges chrétiens n'avaient plus pour étroites limites celles des champs paisibles de la Galilée, ils avaient maintenant pour théâtre les majestueuses plaines où brillaient des masses armées, avec le rayonnement des trophées militaires. C'était le bruit des merveilles de Dieu, prenant pour écho le retentissement de la gloire romaine; pour se répercuter plus tard dans les victoires de Tolbiac sur les Allemands païens, de Châlons sur les Huns, de Tours, de Lépante et d'Alger sur les musulmans. Le Labarum de Constantin n'était-il pas le premier drapeau de toutes les croisades contre les infidèles? et tous les amis des succès éclatants ne devaient-ils pas s'incliner devant la croix devenue si radieuse? Après l'apostolat de la parole, de l'aumône et du martyre, venait enfin l'apostolat de l'épée glorieuse; et ce fut désormais le soldat qui tint, hautement déployé, le drapeau de la civilisation chrétienne.

DEUXIÈME PERIODE

L'ASSIMILATION DE L'ARMÉE

PROFESSION PRÉALABLE DE CHRISTIANISME

EXIGÉE

COMME CONDITION DE L'AVÉNEMENT A L'EMPIRE

Julien, empereur, veut ressaisir la double autorité spirituelle et politique du césarisme païen. C'était faire rétrograder la civilisation. — Le paganisme impérial de Julien a fourni une éclatante vérification des preuves du christianisme. Énumération des objections à l'histoire de l'Église que les tentatives infructueuses de Julien firent disparaître. — Julien réunit contre le christianisme les triples efforts de la souveraineté impériale, de la philosophie et du judaïsme. Enquête solennelle sur les origines chrétiennes. Inanité des efforts faits pour la reconstruction du temple juif. — La persécution ne put pas être violente, elle fut cauteleuse. L'armée résiste à toutes les tentatives païennes de Julien. Elle élit solennellement des empereurs chrétiens pour remplacer Julien. Acclamations successives des souverains chrétiens Jovien et Valentinien. Plus tard l'armée prouva, en livrant l'empereur païen Eugène, qu'elle ne voulait plus saluer que l'empereur chrétien catholique. — Par l'effet des édits fiscaux, le recrutement de l'armée, comme celui du sacerdoce, se fait, surtout, dans la classe des affranchis. — Les miliciens chrétiens viennent à l'armée avec l'empressement du devoir volontairement accompli; les miliciens païens ne servent qu'à contre-cœur. Christianisme des mercenaires barbares. Apostolat chrétien exercé par les armées. — Le système romain est l'universel esclavage au profit de Rome et du souverain romain. — Conséquences du principe de l'esclavage général. — Lâcheté et refus de service militaire. — Stérilité des familles et des populations. — Stérilité des champs par l'inculture. — Il fallait que l'égoïsme, principe de l'organisation païenne, atteignît ses plus désastreuses conséquences pour que le principe chrétien du sacrifice fût accepté. — Si l'égoïsme dépeuple, le sacrifice multiplie les hommes. — Par le sacrifice, la richesse se produit davantage, se répartit mieux. Cela se vérifie par le parallèle des revenus de l'empire romain avec ceux de l'empire chrétien. — Les chrétiens de Rome, au lieu d'absorber les ressources de l'empire, envoyèrent leurs charités aux provinces. — Le travail libre chrétien a vaincu le travail servile des Romains. — En face de la civilisation chrétienne, la supériorité romaine est un préjugé contre lequel s'élèvent à la fois la théorie morale et l'expérience politique. — Le principe du sacrifice est accepté par l'armée.

La profession de foi chrétienne devint la condition préalable indispensable à l'avénement à la couronne après Julien.

Au lieu d'usurper directement l'autorité religieuse du christianisme, Julien, s'appuyant sur le mécontentement des païens, crut pouvoir revenir tout simplement aux traditions des empereurs idolâtres et ressaisir le pouvoir théocratique des Césars.

Il se fit donc le souverain pontife du paganisme ressuscité, en prenant, d'ailleurs, pour auxiliaires quelques philosophes attardés et quelques mythologistes blessés par les procédés acerbes de Constance.

Entre le pontife couronné, prodiguant aux anciens persécuteurs du christianisme l'or du fisc arraché aux sueurs populaires, et les évêques librement élus par le peuple, sortant du peuple, le nourrissant du produit des biens communs diocésains, et brisant, chaque jour, quelqu'un des liens de la servitude, le choix populaire, entre ces deux systèmes sociaux, ne pouvait être longtemps douteux.

Le manteau de philosophe et la tiare du pontificat païen de Julien ne pouvaient empêcher de reconnaître en cet empereur le fauteur rétrograde de la complète servitude morale et politique. En revenant au despotisme abrutissant de l'idolâtrie, cet empereur commit un attentat contre la civilisation. Arrêter la marche libératrice du christianisme, c'était, sous des oripeaux ridicules, commettre une criminelle absurdité. Ceux qui ont loué Julien ont brûlé leur encens pour un *faux dieu*.

Le pouvoir absolu que Julien voulait restaurer, à la fois dans la politique et dans la religion, fut vite abattu par l'instrument même du pouvoir, par l'armée sortie des entrailles du peuple et recrutée parmi les nations voisines des frontières de l'empire.

Néanmoins le passage de Julien sur le trône de Constantin fut une contre-épreuve solennelle bien utile pour authentiquer les témoignages du christianisme; bien salutaire pour le raffermissement de l'orthodoxie des croyances. Les yeux et les cœurs des populations chrétiennes froissées se retournèrent vers le centre de résistance aux entreprises de l'autorité politique, vers le siége de Rome, où se trouvait une souveraineté spirituelle indépendante; où l'unité catholique, altérée ailleurs par l'arianisme du dernier monarque chrétien, avait son point de ralliement.

Énumérons les questions auxquelles le paganisme de *Julien* permit de faire une écrasante réponse.

Constantin, en proclamant la libre profession du christianisme, en favorisant son développement, avait-il fait une surprise qui n'avait eu d'autre mobile qu'une ambitieuse politique?

Le paganisme n'aurait-il pas repris sa domination, s'il avait cessé d'être opprimé par l'empereur, sectaire violent, qui régna après Constantin?

Les hommes sincères et réfléchis qui cherchaient la vérité dans une sage et lente élaboration, n'avaient-ils pas de justes griefs à opposer aux autorités chrétiennes, qui brisaient les idoles et livraient les savants philosophes aux insultes de la populace, toujours empressée de saluer l'éclat du commandement?

La vérité des origines chrétiennes pouvait-elle se librement discuter, lorsque des empereurs, compromettants protecteurs de la croix, s'interposaient au milieu des discussions, pour faire fléchir la raison sous le poids de leur autorité, et la fasciner par la splendeur de leur pourpre?

Contre les livres, contre les témoignages, contre les traditions des chrétiens, ne pourrait-on pas réunir de puissantes preuves, des documents authentiques, à la faveur des ressources qu'offrirait un empereur philosophe, païen, ardent et intelligent ennemi de la foi chrétienne?

Lorsqu'on verrait le sceptre de l'empereur uni de nouveau au caractère religieux du grand prêtre païen, aux lumières du philosophe; lorsque ces trois grandes forces, le *despotisme militaire*, l'*autocratie religieuse* et l'influence corrosive d'une *science hostile*, allaient se trouver réunies dans une même main, sachant exploiter les rancunes produites par les dernières faiblesses de Constantin, par les rigueurs de Constance, ne verrait-on pas reparaître en dominateurs le paganisme et le philosophisme, environnés d'une certaine auréole de persécution?

Après le paganisme frénétique et dissolu des Maxence, des Galérius, ne fallait-il pas voir le paganisme philosophe, mettant à profit quelques clartés de la lumière évangélique, imitant la douceur et l'austérité chrétiennes, pour élever en gloire, la souveraineté philosophique, vis-à-vis de la souveraineté spirituelle chrétienne, et de l'organisation largement libérale des institutions électives et charitables du christianisme?

A ces doutes, l'avénement, le règne et la chute de Julien, empereur païen et philosophe, répondirent catégoriquement. Rien ne manquait aux armes de Julien contre la foi nouvelle... Il avait été initié, dès sa jeunesse, à toutes les lumières de l'enseignement chrétien, et il put retourner contre la religion toutes les ressources de la doctrine. En lui furent donc vaincus tous les arguments, toutes les subtilités et toutes les passions de la philosophie et de l'idolâtrie. La restauration de la souveraineté chrétienne orthodoxe se fit avec un élan soutenu et un éclat incontesté.

Pour abattre l'édifice chrétien élevé par Constantin, Julien réunit toutes les forces qui avaient *successivement* lutté contre le christianisme.

1° Paganisme impérial;

2° La philosophie;

3° Le judaïsme.

Tous ces ennemis, jusque-là agresseurs isolés de la foi nouvelle, assemblés en une redoutable phalange sous la direction césarienne, soumirent le christianisme à une épreuve terrible. — Le succès fut un prodige qui restera toujours comme le témoignage le plus solennel et le plus irrécusable en faveur de la foi chrétienne.

Toutes les séductions de l'idolâtrie, toute l'oppression d'une légalité habilement calculée; toutes les spoliations destinées à enlever aux évêques chrétiens l'influence des aumônes, furent mises en usage pour démolir l'Église... L'enseignement littéraire des écoles chrétiennes fut lui-même étouffé.

Par la philosophie, l'autocrate païen fit subir l'épreuve de la dialectique sophistique à l'ensemble du Symbole sorti du grand concile de Nicée. Environné de tous les plus illustres élèves de la science, profondément nourri lui-même des doctrines païennes, le prince souleva toutes les querelles de l'école, s'arma de toutes les arguties, et prit lui-même la plume pour attaquer les traditions, les témoignages historiques et la divine théorie du christianisme.

Avec les moyens fournis par la richesse, par la puissance, et avec la sagacité la plus redoutable, il fit chercher tous les faits qui pouvaient contredire les preuves des apôtres et des apologistes. — L'histoire évangélique subit l'épreuve de l'enquête la plus formidable, à une époque où trois siècles seulement encore écoulés, permettaient d'aller interroger des origines récentes ; toutes les objections contre les quatre Évangiles furent soulevées en vain pour vaincre l'Église.

Aux attaques de l'autorité impériale, à celles de la science païenne, Julien ajouta toute l'hostilité ardente du judaïsme. La dispersion des Juifs était un anathème dont la réalisation proclamait bien haut la divinité de l'oracle prononcé par le Messie; la destruction du temple de Jérusalem était un éclatant accomplissement des prophéties de Daniel. Protéger les Juifs, les réunir à Jérusalem, élever à Jehova un temple nouveau sur les ruines de l'ancien, voilà ce que n'hésita pas à entreprendre l'empereur grand pontife de Jupiter. Les contradictions ne lui coûtaient rien, pour parvenir à donner un démenti quelconque à la vérité évangélique; l'insuccès AUTHENTIQUE de la reconstruction du temple juif a complété la vérification de l'anathème qui écrase le judaïsme.

A l'influence de l'or, de l'autorité et de la science, à la surexcitation des haines religieuses, Julien ne put pas ajouter les tortures de la persécution, le christianisme était trop populaire, trop nombreux, pour que le sang versé pût diminuer sensiblement sa force. On avait le souvenir odieux des inutiles persécutions des Césars païens. Il est fort inutile de discuter sur la question de savoir si l'absence de persécution violente fut une indulgence du souverain ; mais il est certain que l'armée n'aurait pas laissé les bourreaux s'acharner sur les chrétiens : toute velléité de violence impériale sur les chrétiens aurait donné lieu à une révolte militaire.

Le prestige des triomphes chrétiens de Constantin, sous les auspices du *Labarum chrétien*, était tel aux yeux de l'armée, que toutes les ruses de Julien échouèrent dans la tentative de détruire le drapeau glorieux des triomphes de l'armée chrétienne. Désormais l'armée n'espérait plus la victoire que sous la protection de la *croix*.

Le christianisme militaire était si puissant que Julien ne put se croire bien protégé, qu'en conservant pour *primecier* de ses gardes *Jovien*, qui faisait profession ouverte de christianisme.

Valentinien, un des généraux de Julien, était un chrétien fervent qui résista à un ordre impérial contraire à sa foi. Julien ne crut pas pouvoir sévir contre ce chef chéri des soldats, autrement qu'en lui donnant un commandement éloigné de l'armée en campagne. La disgrâce de Valentinien fut un simple éloignement de l'empereur.

Il fallut donc que l'empereur idolâtre conservât la croix à la *tête* de son armée, et qu'il eût, pour capitaines de ses troupes, des hommes qui conservaient, en face de lui-même, l'indépendance la plus hardie dans leurs croyances chrétiennes.

L'armée, instrument ordinaire du pouvoir des Césars, fut précisément le moyen providentiellement destiné à anéantir irrévocablement le paganisme césarien.

Lorsque Julien, entré en campagne contre les Parthes, fut mortellement blessé dans une escarmouche à la tête de son armée... fut-il blessé par un de ses propres soldats, ou fut-il laissé trop exposé aux coups des ennemis : qu'il y eut abandon, qu'il y eut même hostilité de la part des siens, dans les deux cas, Julien devenu païen n'était plus sympathique à l'armée. Il sentit si bien l'antipathie et la réprobation provoquées par son paganisme qu'il déclara en mourant ne vouloir pas exposer un ami idolâtre aux dangers attachés infailliblement à l'héritage de l'empire païen. En s'abstenant de nommer un successeur et un continuateur de son œuvre, Julien faisait aveu d'impuissance. L'armée en campagne fit une élection. En face de l'ennemi, il fallut un chef sympathique aux soldats ; ce fut Jovien, ce fut le primecier, chrétien courageux qui, à l'exclusion des amis païens de Julien, put réunir les suffrages et les sympathies de l'armée, et l'acclamation impériale fut accompagnée de la profession de foi chrétienne unanimement prononcée par les soldats.

Jovien mort, après un règne d'un an, un autre avénement dut avoir lieu ; Valentinien, le général chrétien disgracié de Julien, fut élu par l'armée, et il fut élu quoique éloigné de plus de 200 kilomètres du quartier général !

Il est bien évident que, suivant la parole attribuée à Julien, « le GALILÉEN AVAIT VAINCU. »

Après les élections impériales chrétiennes de Jovien et de Valentinien, le prosélytisme chrétien et catholique de l'armée alla bien plus loin encore ; le fervent catholique Théodose fut acclamé.

Lorsque, appuyé sur un dernier effort du paganisme, le rhéteur Eugène voulut relever le drapeau des vieilles superstitions et marcher contre Théodose... l'armée de l'empereur païen donna un étrange témoignage de sa foi chrétienne.

Au moment même où les troupes de Théodose, engagées dans une position difficile, avaient la perspective d'une défaite, les soldats d'Eugène s'emparent de leur général et viennent le mettre entre les mains de Théodose et se rangent sous le drapeau chrétien. L'armée du souverain idolâtre était si ardemment chrétienne qu'elle livrait son général déjà à demi victorieux !

Après cette dernière épreuve, la déchéance de l'empire païen était évidemment définitive... aucun général ne put désormais se proposer à l'acclamation impériale de l'armée, sans se placer auparavant sous l'étendard de la croix; la publique profession de foi chrétienne était le préliminaire obligé de l'avénement à l'empire. Lorsque les généraux du quatrième et du cinquième siècle étaient élus à l'empire, ce n'était jamais dans les rangs hostiles à l'autorité pontificale, jamais dans les sectes hérésiarques qu'ils étaient choisis, les soldats ne voulaient avoir que des empereurs catholiques.

Comment, depuis Constantin, comment l'élément chrétien se trouva-t-il si prépondérant dans les armées romaines? Une combinaison fiscale contribua beaucoup à produire ce résultat.

Les empereurs voulurent favoriser le recrutement militaire, ils déclarèrent exemptes d'impôts les familles des *miliciens*... Les besoins du trésor de l'empire firent alors écarter de la profession des armes tous les possesseurs de terres, formant la matière imposable.

Comme conséquence de ces dispositions, les miliciens furent pris exclusivement dans la classe des prolétaires affranchis dépourvus de toute possession territoriale. Or, ceux-ci appartenaient à la classe soutenue par les fonds des revenus diocésains distribués par les évêques. — Les soldats sortaient donc des familles alimentées par la charité chrétienne; pouvaient-ils ne pas être dévoués à la religion qui avait été la nourricière de leurs pères et qui serait la ressource de leurs enfants?

Les chrétiens réclamèrent et obtinrent de Constantin, pour la milice sacerdotale, les franchises fiscales qui étaient le privilége de la milice armée. Ce vœu fut exaucé et consacré par un décret. Il y eut alors aussi prescription légale pour recruter le clergé dans la même classe de prolétaires que celle formant la milice: il y avait similitude complète d'origine et par conséquent sympathie complète entre le soldat et le prêtre.

Tandis que la milice exigée comme un devoir religieux par le concile d'Arles était peuplée de jeunes chrétiens empressés d'obéir aux obligations de leur foi, les miliciens païens suivaient sans rougir les lâches traditions de ces recrues qui se mutilaient pour ne pas servir et qu'il fallait marquer aux jambes pour les reconnaîtres et les saisir. Les soldats païens étaient rares et n'étaient guerriers que par force; les soldats chrétiens étaient nombreux, et ils étaient braves pour accomplir le noble devoir imposé par leurs convictions ardentes.

Une troisième cause contribuait au recrutement chrétien des armées : la milice romaine insuffisante était complétée par des mercenaires issus des nations barbares.

Or, les barbares visités par les missionnaires chrétiens n'avaient appris chez eux quelque latin que par des professeurs chrétiens. La langue romaine arrivait aux barbares avec la foi chrétienne : c'était une propagande qui était bien dans l'esprit de l'Église naissante ; les mercenaires barbares étaient donc des néophytes de l'Église, à ce point, que les bataillons plus exclusivement barbares étaient les plus énergiquement chrétiens.

Par ces trois causes réunies, chez les miliciens d'origine quelconque, le nombre et le courage dominaient du côté des chrétiens. A toutes ces influences chrétiennes sur l'armée, se joignait le prestige du drapeau chrétien, qui avait constamment guidé à la victoire les guerriers de Constantin.

Ainsi, par des raisons secrètes se produisit le providentiel phénomène de l'apostolat des armées romaines.

Le dernier résultat de la conquête de l'empire romain était une servitude universelle du monde sous le joug de la cité romaine.

Le droit international de la guerre antique était de considérer le peuple conquis comme légalement soumis à l'esclavage envers le conquérant.

La fameuse devise des Romains, énergiquement formulée par Virgile : *Tu*, *Romane*, *imperio*..., signifiait que tous les peuples étaient les esclaves du vainqueur romain. L'esclavage était donc dans les formules et dans le droit de la conquête romaine ; mais, lorsque Rome fut elle-même soumise à un empereur, d'un côté l'esclavage du conquis, et l'égoïste tyrannie du conquérant de l'autre, s'étendirent par degrés depuis le sommet jusqu'à la base.

Les peuples voisins étaient esclaves de l'Italie ; l'Italie était esclave de citoyens romains. Les peuples nourrissaient l'Italie et lui donnaient le tribut de leurs blés ; les citoyens romains, à leur tour, étaient esclaves de l'empereur; la domination et la tyrannie descendaient par étages progressifs.

L'expression définitive de l'esclavage est réduite à ce terme : l'esclave s'immole à l'égoïsme du maître ; l'esclavage est donc l'exaltation de l'égoïsme du maître ; l'esclavage a son principe dans la négation de la loi du sacrifice chez le maître, pour établir le sacrifice absolu dans l'esclave.

Dans la conquête et dans l'administration romaines, il y eut donc une majestueuse *unité*, ce fut celle de l'immolation universelle à la souveraineté romaine ; les peuples cessèrent de s'exploiter mutuellement : ils furent tous exploités simultanément. La tyrannie universelle revêtit ainsi toutes les pompes de la grandeur.

L'égoïsme, posé comme la loi suprême de ceux qui exercent l'autorité, entraîna les conséquences les plus désastreuses.

La loi du service militaire était un sacrifice imposé à l'égoïsme ; d'abord les sénateurs s'en affranchirent, puis toute la population de Rome s'en exonéra ; ce fut ensuite le tour de tout le peuple italien, jusqu'à ce que le service militaire tomba, de chute en chute, jusqu'aux mains des barbares. Il y eut déjà, sous Auguste, des Italiens qui mutilaient leur pouce pour s'exempter de la milice. Ces hommes à pouce tronqué donnèrent naissance au mot de poltrons (*pollice truncato*). La lâcheté du refus militaire eut un nom vulgaire qui indiquait ses nombreux adhérents.

La loi de mariage est aussi un sacrifice, une obligation de fidélité, on s'en écarta ; mais l'éducation des enfants entraîne, dans le père et la mère, à de longs, à de pénibles sacrifices, au devoir ; en rejetant la loi de sacrifice, on devait arriver au célibat, ou au moins aux mariages rendus stériles. — C'est bien en vain qu'Auguste voulait rendre les mariages féconds par ses lois. En inaugurant, par le fait de son usurpation césarienne, la tyrannie triomphante, aux dépens de la loi du sacrifice, les devoirs de famille, repoussés par l'égoïsme, devaient amener la dépopulation de l'empire.

Le travail est enfin un continuel sacrifice. A Rome, le travail eut, à la fois, le déshonneur de l'assimilation à l'esclavage, avec les épines d'un devoir pénible. Le travail, avec sa peine et son déshonneur, cessa chez les citoyens et les prolétaires de Rome. Vivre à la romaine fut croupir dans une ignoble paresse; la culture fut délaissée. L'éclat de la robe sénatoriale ne fut plus que l'enseigne de l'oisiveté, comme en France, dans quelques provinces, où, pour vivre noblement, il faut languir dans la paresse.

Tous les autres sacrifices au devoir disparurent devant la large pratique de l'égoïsme. — Le courage civique, l'horreur et le mépris pour la délation, la loyauté réciproque, tout cela fit défaut en même temps. La bassesse et la perfidie furent les tristes conséquences de l'esclavage accepté et de la tyrannie couronnée.

L'abandon simultané de la milice et de la culture des champs, l'abaissement du chiffre de la population et de la pureté des mœurs, étaient la conséquence de toute la négation de la loi de sacrifice et de l'égoïsme tyrannique proclamé par le système romain.

L'énervement général était, dans l'empire romain, la conséquence forcée du principe d'oppression, qui avait présidé à la conquête du monde par les patriciens romains.

Il fallait que le monde fût assis sur une base nouvelle et sur le principe du sacrifice, pour que le genre humain pût rompre la chaîne des vices sous laquelle la loi d'égoïsme le tenait étroitement garrotté.

Il était nécessaire que l'égoïsme arrivât à son application la plus complète, la plus générale et la plus habile, pour que la nécessité, la fécondité et l'influence libératrice de la loi de sacrifice parussent dans tout leur jour.

Cette loi de sacrifice est si dure, elle se présente d'abord sous des apparences si antipathiques au cœur de l'homme, qu'à cette heure encore, le système délétère de l'égoïsme séduit une multitude d'esprits.

On ne comprend ni la puissance ni la sublime sagesse de la croix, ni la folie et les infirmités de l'égoïsme et de l'orgueil. Le grand penseur Montesquieu n'a-t-il pas donné à la grandeur romaine des éloges immérités ? n'a-t-il pas accordé aux lois sur le mariage décrétées par Auguste une valeur sérieuse ? n'a-t-il pas au contraire attaqué les fécondes lois de la chasteté chrétienne, au moment même où il avait sous les yeux les beaux développements de la population chrétienne produits par l'exaltation du principe du sacrifice ? — L'égoïsme, principe du gouvernement d'Auguste, rendit inutiles toutes les lois ordonnant l'abnégation, et l'abnégation chrétienne permit, sans coercition, d'obtenir des merveilles de multiplication humaine.

Des enfants mis au monde ne sont rien, il faut les élever, les entourer de soins incessants, pour qu'ils vivent. Il y a telle sœur de charité dont la chaste immolation a conservé à la société dix fois plus d'enfants, que la mère la plus féconde ne lui en aurait pu donner.

Tous les vices de la décadence romaine avaient donc leur germe et leur cause dans le principe même de ce gouvernement. Cet empire était pareil à la statue d'or de Nabuchodonosor, éblouissante par son front doré, mais bientôt abattue par la défaillance de ses pieds d'argile.

Les Romains offraient le triste spectacle de quelques familles, scandaleusement riches, pressurant Rome et les provinces par leurs usures monstrueuses. C'était bien alors le cas de lancer l'anathème sur *l'infâme capital*. Maintenant la fortune est déjà largement descendue jusque dans les chaumières de nos campagnes... en se tenant au-dessous de la réalité ; il suffit d'admettre que notre répartition actuelle de la richesse générale est *deux fois* plus démocratique que celle des Romains, pour concevoir que la richesse moyenne de la classe inférieure est actuellement cent vingt fois supérieure à la richesse correspondante sous les Césars. Déjà sous Henri IV, le peuple français de la classe moyenne était *six fois* plus riche que la classe moyenne de la période romaine. Par ses routes, par ses canaux, par ses chemins de fer, par ses télégraphes, par ses postes, par sa marine, par sa force militaire, par sa culture, *son industrie*, sa richesse *générale*, par ses monuments, par sa population : au point de vue *matériel* universel, la population chrétienne actuelle est prodigieusement supérieure à la civilisation du *paganisme romain*. Dans le *parallèle moral*, on ne peut d'ailleurs pas mettre en doute l'immense supériorité chrétienne sur la plus haute exaltation de la civilisation païenne.

Déjà, sous Antonin, la vie de l'amour et de la fraternité chrétienne avait à Rome un centre et un foyer. C'est de là que rayonnait, d'après Denys de Corinthe (voy. Eusèbe), la lumière pour les incertains, l'instruction pour les fidèles, le SOULAGEMENT pour les pauvres : « Chez vous, dit-il aux Romains, « la coutume s'est établie *d'assister les frères affligés* et d'en« voyer des SECOURS à *toutes les Églises*. »

« Vous *aidez* les *indigents*; vous *soulagez* les frères con« damnés aux mines... Telle est la *coutume romaine*, et votre « évêque SOTER, non-seulement la garde fidèlement, mais y « ajoute *encore par le zèle de sa charité; il envoie* ses RI« CHESSES pour *soutenir les saints dans leurs souffrances*, « il traite les frères qui viennent à lui, comme un père plein « d'indulgence traite ses enfants, il les conduit par la sa« gesse de ses paroles dans les routes de la vertu. »

Prodigieuse transformation ! la Rome capitale de l'immense *paupérisme césarien*, la ville des distributions *légales* de blé et *d'argent*, cette ville où les esclaves et les indigents formaient la *majorité* de la population et absorbaient les ressources de l'État; cette ville de l'*oisiveté* et de la *misère*, dès les premiers âges chrétiens, elle devient la ville du *travail organisé*, *économe* et prodiguant ses secours au reste de l'empire. Le prolétaire païen oisif imposait un tribut aux travailleurs de l'empire païen, le prolétaire chrétien laborieux envoya ses secours aux pauvres du monde chrétien ! Après la conquête brutale des armes romaines, on vit la conquête par l'autorité morale du *sacerdoce*, du *travail libre* et de la *charité* du Christ.

Au point de vue économique le travail libre chrétien a vaincu le travail servile des Romains. Après la victoire morale de la croix et du sacrifice sur l'égoïsme oppresseur est donc venu le triomphe matériel. Aujourd'hui, et *sous tous les rapports*, le triomphe du christianisme sur le paganisme est complet.

Avant que toutes les merveilles du travail chrétien eussent éclaté, il y a dix siècles, on pouvait encore être dupe de la boursouflure romaine ; maintenant le préjugé romain ne peut s'associer qu'avec les ignorances nourries des mensonges de l'éducation classique païenne. L'organisation césarienne produisit quelques milliers de patriciens riches à l'excès, à côté d'une nombreuse population de mendiants; tous, riches et pauvres, croupissant dans les vices d'une paresse honteuse. Le sentiment de notre dignité patriotique, la certitude de nos principes chrétiens, les résultats de notre civilisation, confirment notre dédain pour la civilisation romaine, césarienne : dédain bien justifié par la statistique rigoureuse et par les études de détail.

Il faut combattre avec énergie ces préjugés funestes de l'ancienne supériorité romaine, qui tendent à faire revivre le DIEU ÉTAT pour nous ramener, par la tyrannie légale, à l'ignoble décadence de l'empire romain. Les préjugés romains ont toujours causé les désastres et les désordres de l'Italie, ils furent la source fatale des luttes impériales gibelines, et ils ont infecté trop souvent les membres eux-mêmes de la grande hiérarchie chrétienne qui séjourne à Rome. Il faut dire aux Italiens eux-mêmes : Sachez que le christianisme vous a portés plus haut que le vain orgueil de Rome païenne. Vous ne vous montrez inférieurs aux Romains de l'empire, que lorsque vous vous humiliez jusqu'à les regretter. Parlerait-on de la majestueuse unité de l'empire romain? l'immense extension du christianisme prouve encore que l'unité de la domination romaine n'était qu'une bien grossière ébauche de la grande unité établie par la fraternité chrétienne.

Dans le moyen âge chrétien on lève des armées immenses ; des populations entières s'arrachent à leurs foyers aimés pour subir des marches prodigieuses, affronter la mort, joncher des cadavres de leurs volontaires tout le chemin des

Pyrénées à Jérusalem. Les empereurs ne pouvaient pas avec leurs édits faire marcher les poltrons citoyens de l'empire, et à la voix d'un ermite, à la voix des prêtres désarmés, tout marche à ce combat. Il ne faut pas menacer de l'ergastule celui qui devrait être milicien, il faut, au contraire, arrêter les élans du sacrifice et de l'ardeur pour le martyre : tandis que la civilisation pacifique donne ses décrets à Rome au milieu des grandes assises de la chrétienté. Maintenant les voies internationales s'ouvrent partout, la France et l'Italie s'unissent pour franchir sans frimats et de plain-pied la masse des Alpes ; la piraterie se détruit, les communications sous-marines portent les messages, les voies ferrées se soudent, la civilisation pacifique harmonise tout, et la fraternité chrétienne fait mille fois plus que l'unité imposée par la force n'avait jamais pu réaliser. La civilisation religieuse a remplacé la conquête romaine. — Tout s'est transformé et *amélioré* par la vertu du SACRIFICE chrétien substitué à l'ÉGOÏSME païen.

Mais une des plus admirables transformations est celle qui s'est manifestée dans les armées au quatrième siècle.

Le soldat acclamant l'empereur n'a plus réclamé les rétributions qu'exigeait le prétorien des Césars. — Le militaire chrétien a imposé, au contraire, la profession de la foi austère qui proscrit la vénalité. Celui qui personnifie la guerre s'est fait l'apôtre du Dieu de paix; celui qu'enivre la gloire s'est prosterné devant l'ignominie du Crucifié. Le triomphe du sacrifice sur l'égoïsme pouvait-il être plus éclatant? Combien l'élaboration secrète qui a présidé à ce miracle a été sagement organisée! C'est vraiment là le doigt de Dieu!

La transfiguration que va subir maintenant la souveraineté ne sera pas moins remarquable que celle de l'armée : ce sera une nouvelle victoire de l'abnégation chrétienne, et le soldat déposera son droit électoral à l'empire entre les mains du pontife.

TROISIÈME PÉRIODE

L'ASSIMILATION DE LA SOUVERAINETÉ

L'ÉGLISE DÉCERNE LES DIGNITÉS POLITIQUES

Pour assurer la sécurité de son administration et l'unité de l'empire, Constantin cherche à faire régner l'unité religieuse chrétienne, en absorbant progressivement l'élément païen. Dans ce but, il fonde à Byzance une cour et une capitale exclusivement chrétiennes. — La fondation de la capitale impériale entraîne providentiellement la conséquence d'une séparation tranchée entre le pouvoir spirituel et le pouvoir politique. — CONSTANTIN, vers la fin de sa vie, persécute saint Athanase. Les persécutions hérétiques sont portées jusqu'aux dernières violences par l'empereur CONSTANCE. Explosion de la liberté chrétienne. — L'empire romain d'Occident se dissout et fait place à un empire religieux librement consenti. Prestige exercé sur les envahisseurs par les saints, par les évêques et par les papes. — Le pape confère successivement aux souverains, d'abord des titres honorifiques, puis les clefs de saint Pierre, signe de haute protection sur le domaine de l'Église, puis, enfin, les titres de ROIS et d'EMPEREURS. — Définition chrétienne de la légitimité du titre royal. Parallèle de l'institution de la souveraineté d'origine césarienne avec celle d'origine chrétienne. La première est le produit de la force armée, la seconde est le résultat du suffrage universel à plusieurs degrés. Dans le système païen, c'est le triomphe de la corruption et de l'ÉGOÏSME; dans le système chrétien, c'est le triomphe du mérite et l'obligation du SACRIFICE. Contraste de l'idéal du *saint-empire chrétien* avec l'idéal de l'*empire païen*. — La défense universelle par la féodalité se constitue à l'image du saint-empire. — Institution de la féodalité par l'élection des serfs et avec l'obligation de la défense des intérêts chrétiens et la conservation de la juridiction épiscopale. — L'armement du chevalier féodal par l'évêque reproduit les formules du sacre de l'empereur par le pape, et l'abus du droit féodal est balancé par les effets de l'excommunication. — L'hérédité féodale devient un progrès dont l'Église balance les déviations par l'opposition plus générale du célibat monacal.... Le château et le monastère s'équilibrent mutuellement. — L'Église d'Orient, asservie par les empereurs byzantins, subit le joug de l'invasion. L'Église d'Occident convertit les envahisseurs barbares en défenseurs intrépides et dévoués.... Conclusion : égoïsme et sacrifice.

Le paganisme, vaincu sur les champs de bataille par Constantin, devenu méprisable et antipathique aux soldats, répondait encore à de vieilles pratiques qui lui ont même survécu en se transformant; il s'alliait surtout à des intérêts, à des influences de famille, à de solennelles cérémonies, à des traditions respectées, dont le foyer principal était, soit dans le patriciat romain, soit dans cette plèbe de la capitale, accoutumée à l'oisiveté du lazzarone et aux émotions des spectacles immoraux ou cruels. Chaque famille patricienne romaine avait en partage le culte de quelque divinité olympique, ou le privilége de quelque fonction religieuse païenne. Constantin était préoccupé de la pensée de ramener à l'*unité* de la foi tout ce qui vivait sous l'*unité* de sa domination; frappé des inconvénients produits par les précédentes rivalités impériales, il voulait détruire le germe de celles-ci par l'unité de la foi. Cherchant partout les moyens de consolider l'édifice laborieusement élevé par lui, il vit bien, dans un séjour fait à Rome, qu'i ne pouvait pas amener à ses croyances et à ses pratiques chrétiennes, tout ce public païen. Pour exercer l'entraînement vers le christianisme par une ville impériale et par une cour exclusivement chrétiennes, il s'arrêta à la pensée de fonder une capitale. L'heureuse position de Byzance fixa son choix. Les mœurs orientales, obséquieuses jusqu'à la servilité, exercèrent constamment une dangereuse séduction sur les souverains; en contact avec l'Asie, et, dans la nouvelle capitale, Constantin éprouva la fascination de ce dangereux appât. Tout prit immédiatement l'allure extérieure d'une capitale formée sur le type de la foi religieuse impériale; le paganisme n'y apparaissait que comme un trophée de victoire, et la basilique constantine, inaugurée sous le patronage de sainte Sophie et de sainte Irène, rappelait les types de la *Paix* et de la *Sagesse*, que l'empereur, *victorieux*, voulait faire régner sur le monde.

Toutes les institutions de Rome païenne furent reproduites à Byzance, en y ajoutant le sceau de la foi nouvelle. Byzance eut son Forum, son sénat, ses consuls, ses préteurs; Auguste avait donné son nom à un mois, Constantin le donna à sa capitale; Auguste avait fermé le temple de *Janus* et élevé un temple à la *Fortune*, les monuments élevés à Byzance au Dieu chrétien et aux saintes patronnes de la Paix et de la

Sagesse, avaient une signification bien plus élevée que les œuvres d'Auguste.

Constantin avait d'ailleurs laissé à Rome le suprême vicaire du Christ entouré d'honneurs et de biens; il l'avait non-seulement remis en possession de tous les domaines ravis à l'évêché de Rome par les empereurs païens, mais il y avait encore ajouté de grands patrimoines, dispersés dans la Sicile et l'Italie. Ces patrimoines lointains indiquaient aussi l'universalité de la juridiction religieuse romaine.

Ne songeant donc d'abord qu'à fonder l'unité religieuse par la persuasion, Constantin respecta l'indépendance religieuse, accrut même l'influence matérielle du chef de l'Église par la séparation des deux siéges de la souveraineté politique et de la souveraineté religieuse; il prépara la liberté du développement de l'Église catholique autour de la chaire de saint Pierre.

Le prestige de l'autorité apostolique romaine, cette œuvre providentielle, se forma, du reste, si bien, sans que Constantin eût d'autre pensée que celle de sa propre influence exercée en faveur de l'unité chrétienne et de l'unité administrative, unité qui était dans l'intérêt du souverain appuyé sur le parti chrétien, qu'il ne voulut pas même placer à Rome un fonctionnaire impérial chargé de pouvoirs étendus. La crainte du souverain de voir un rival politique partir de Rome eut pour effet immédiat l'accroissement de l'influence pontificale établie sans obstacle.

De sorte que l'établissement de l'unité de foi chrétienne à Byzance eut pour agent le puissant empereur, tandis que l'unité de la foi chrétienne de Rome fut le résultat lentement progressif de l'influence douce et pacifique de l'humble évêque de la Ville éternelle. L'ouvrage rapide, fait par la puissance matérielle, fut bien moins sérieux que le libre produit de la conviction morale.

A la fin de sa vie, Constantin, appliqué à l'établissement de l'unité de la foi religieuse chrétienne, et se laissant aller aux enivrements de la puissance impériale, se constitua juge des choses de la foi. Lorsqu'on lui eut fait accroire qu'Arius avait souscrit à l'entière formule de la foi de Nicée, Constantin s'irrita contre la noble indépendance de saint Athanase, qui montrait toujours l'erreur arienne cachée sous des paroles captieuses. L'empereur devint persécuteur de la foi religieuse, et condamna à l'exil le vaillant champion qui avait si bien combattu pour la vérité dans le grand concile. L'illustre patriarche d'Alexandrie, exilé en Occident, fut accueilli comme une victime par l'évêque de Rome, et reçu comme un triomphateur par les évêques des Gaules.

L'entraînement vers le plein exercice de l'autorité religieuse est si naturel de la part des dépositaires du pouvoir politique, qu'il faut à peine être surpris que Constance, successeur de Constantin, ait élargi et augmenté le système des suprêmes faiblesses de son père. Constance fut bien autrement aveuglé que son prédécesseur. Il persécuta simultanément et les partisans du paganisme et les fidèles représentants de la foi catholique; le souverain pontife lui-même fut chargé des entraves impériales.

Mais alors on vit combien était énergique le sentiment de liberté que le christianisme avait réveillé dans les âmes des peuples et des évêques. La population de Milan, et celle de Rome, n'hésitèrent pas à braver le souverain hérétique, et l'évêque de Poitiers, saint Hilaire, le frappa des foudres de sa mâle éloquence.

En face des fréquentes chutes du clergé de Byzance, de ses honteuses complaisances, trop souvent répétées envers l'empereur présent, se pose désormais la fière attitude du clergé d'Occident, ne recevant que les inspirations de l'évêque de Rome.

On connaît la noble hardiesse de saint Ambroise, tantôt ramenant l'empereur Théodose hors du chœur de la cathédrale, où le laissaient placer les évêques de Byzance; tantôt lui imposant, pour un abus d'autorité, une éclatante pénitence publique destinée à sauvegarder les droits de l'humanité contre les effervescences de la colère du souverain.

Bientôt l'empire d'Occident fut lâchement abandonné par les souverains byzantins. Ces princes n'avaient d'énergie que pour les discussions théologiques, parce qu'elles leur offraient le prétexte de s'arroger le droit de dominer sur les âmes, comme ils dominaient sur les corps.

Alors l'Occident fut gouverné seulement par les évêques. Ceux-ci resserrèrent les liens qui les unissaient au foyer romain de la foi religieuse. L'empire, fondé par la force, tomba en dissolution, pour être remplacé par l'unité des volontés libres.

Toujours dévoués aux intérêts des peuples qui les avaient *élus*, devenus les arbitres légaux de leurs litiges, les défenseurs des intérêts des pauvres contribuables contre les exigences fiscales, les distributeurs des secours aux indigents, les évêques d'Occident forcèrent les barbares envahisseurs à se convertir au christianisme, pour ne pas perdre le fruit de leur invasion et pour être obéis toujours par les populations conquises.

Délaissée par ses empereurs, l'Église d'Occident défendit le peuple contre les hordes barbares, par ses saints, par ses évêques et par ses vénérables pontifes.

La lâcheté impériale ne conservait une ombre de souveraineté, au fond de ses palais, qu'en payant des tributs aux envahisseurs; et pour éviter même les embarras de la levée de l'impôt, elle abandonnait aux chefs barbares la faculté de frapper de contributions telle ou telle province, plus spécialement placée sur le chemin de l'invasion. Ce fut dans une occurrence de ce genre que saint Germain se dévoua au salut matériel des Auxerrois. Soutenu seulement par son clergé, il opposa un dévouement intrépide et désarmé au chef des barbares.

Sous le fer ennemi, le saint brava la mort; subjugué par une telle intrépidité, le barbare renonça aux dépouilles que lui avait livrées le souverain. Saint Germain mourut plus tard, succombant aux fatigues d'un autre voyage entrepris pour sauver Auxerre d'une intolérable fiscalité impériale.

Attila respecta, à son tour, Lutèce, protégée par le virginal dévouement de sainte Geneviève; Troyes, que le manteau épiscopal de saint Loup couvrit comme un bouclier. Il s'arrêta aux bords du Mincio, fasciné par la grandeur d'âme du pontife saint Léon. La puissance de la sainteté triomphait de ceux qui bravaient les épées.

Les peuples gouvernés, nourris, sauvés par les dignitaires de l'Église catholique ne pouvaient plus saluer que les princes que cette Église avait lavés avec son eau purifiante, et ornés de ses onctions vénérées.

Ainsi le prince barbare Clovis ne régnera sans obstacle sur les Gaulois que lorsqu'il aura embrassé leur foi catholique. C'est parce qu'à *Tolbiac*, il fait vœu de demander le baptême, que des miliciens convertis lui assurent la victoire.

Il deviendra un souverain puissant, universellement obéi et respecté, non point parce qu'il aura reçu de la part de l'empereur d'Orient le titre d'Auguste, mais surtout parce qu'il aura mérité de la part du pontife de Rome une qualification bien plus appréciée aux yeux des populations, celle de PRINCE TRÈS-CHRÉTIEN.

Mais la corruption des princes mérovingiens, devenus imitateurs des vices des Césars païens, leurs violences contre les évêques, leurs exactions fiscales sur le pauvre peuple, causent la chute de leur dynastie franque ; tandis que l'hérésie iconoclaste de l'empereur byzantin Léon lui fait perdre l'exarchat de Ravenne, dernière possession italienne de l'empire d'Orient. Toutes les atteintes portées à la liberté de la foi catholique entraînaient quelque perte de l'État.

Au milieu de ces décadences des souverainetés politiques en Occident, la souveraineté des papes sur Rome, préparée par leurs bienfaits, est sanctionnée par les libres suffrages populaires.

Alors les souverains pontifes vont choisir le guerrier qui les protégera et ils envoient à l'héroïque Charles Martel, défenseur de la chrétienté contre l'islamisme, les clefs du tombeau de Saint-Pierre, marques de l'empire sur Rome.

L'impuissance et les vices de la dynastie mérovingienne sont proclamés par les évêques de la France, ils demandent au pontife de Rome la sanction de leurs suffrages portés sur Pépin.

Devenu l'arbitre des litiges entre les rois et les peuples, comme les évêques étaient les arbitres amiables des litiges diocésains, le pontife de Rome proclame ce grand principe *que le titre de roi ne peut être donné qu'à ceux qui en remplissent les charges*. L'utilité de tous et le sacrifice pour tous, voilà le véritable titre aux honneurs politiques chrétiens. C'est toujours la sublime idée du sacrifice substituée aux prétentions de l'égoïsme.

Le sacre de Pépin devient la première consécration solennelle du caractère religieux chrétien de la souveraineté politique moderne.

Faisons le parallèle entre l'institution de la souveraineté d'origine césarienne et celle de la souveraineté chrétienne. D'abord, les gardes prétoriennes; puis les armées diverses; toutes, au nom seul du droit de la force, mettaient en œuvre le plus brutal de tous les systèmes d'élection à la souveraineté. Maintenant le droit électif est directement exercé par le peuple sur les évêques; ceux-ci proposent l'élection du souverain, et le pontife de Rome, autre produit plus élevé des libres suffrages, sanctionne l'élection faite par l'épiscopat. — Ne voit-on pas là un suffrage universel à plusieurs degrés, et un droit électoral exercé au nom de ce qu'il y a de plus respectable sur la terre?

Dans le système de la civilisation païenne, l'avénement à la souveraineté est le triomphe de la corruption, de la vénalité de l'armée, c'est l'application brutale de l'ÉGOÏSME; dans le système chrétien, dès le temps que nous appelons barbare, l'accession au trône est fondée sur le mérite apprécié par le suffrage universel : c'est l'application du principe du SACRIFICE.

Un nouveau pas dans la distribution des dignités souveraines doit être franchi. — Il ne suffit pas qu'un souverain élu soit protégé par l'onction sainte exigeant pour lui l'obéissance, sous la condition qu'il remplira lui-même les obligations imposées par son titre; il faut qu'il y ait, entre les divers princes, une plus haute souveraineté représentant le plus grand intérêt matériel de la chrétienté, celui de la défense extérieure de toute la société religieuse.

Telle est la dignité chrétienne que le souverain pontife de Rome DÉCERNE en faveur du glorieux conquérant, de l'ardent civilisateur religieux connu sous le nom de Charlemagne.

Ce chevalier de l'Église, ce fondateur du *saint-empire* édicte lui-même la définition des devoirs attachés au sacre impérial. Entre le *saint-empire chrétien* et l'empire païen, le contraste est complet ; ici l'idéal du devoir armé de la force, ailleurs l'idéal de la tyrannie brutale et de l'exploitation illimitée.

Charlemagne a eu l'unique privilége, parmi tous les conquérants glorieux, de ne *jamais* confondre la puissance de son épée avec l'autorité du droit divin. Souverain toujours heureux et jamais enivré, il a résisté aux entraînements de la gloire et du pouvoir, mieux que Constantin, mieux que Louis XIV et Napoléon, avec plus d'abnégation même que saint Louis. Saint Louis revendiquait les droits à la souveraineté par sa race ; Charlemagne n'a jamais oublié que son titre n'exprimait rien qui lui fût absolument et primitivement dû, mais il savait que ce titre imposait l'obligation de civiliser, d'améliorer, de se dévouer au travail pour ses sujets, et que son administration devait être un *service* et un SACRIFICE PERPÉTUEL.

Ce souverain véritablement hors ligne, parmi tous les souverains connus, n'oubliait jamais son devoir, même dans ses délassements ; il faisait de son palais une école, de ses voyages d'agrément des missions scientifiques et artistiques. Il cherchait à établir l'unité de la musique religieuse, comme l'unité des institutions monastiques ; l'unité des lettres, avec l'unité des lois religieuses et civiles. Il inaugurait la grande fraternité chrétienne de l'Occident ; et posait partout les bases de la civilisation moderne. Les conquêtes de ses soldats n'étaient destinées qu'à ouvrir une libre voie à l'apostolat des missionnaires civilisateurs. Le système électoral pour l'épiscopat, pour le souverain pontificat, pour l'empire, était un type universel que l'Église d'Occident appliqua à toutes les fonctions politiques et à tous les besoins publics, ou du moins, à l'*origine* de tous les pouvoirs.

La couronne impériale ne trouva plus, parmi les descendants de Charlemagne, de tête assez forte pour en supporter le poids. Les Sarrasins du côté de l'orient et du midi, les Normands du côté du nord, faisaient partout des dévastations. La souveraineté ne pouvait même plus faire observer l'ordre public intérieur.

Alors le système électoral fut appliqué au choix des chefs chargés de remplir, pour chaque église particulière, presque pour chaque chapelle, le rôle de chevalier défenseur, comme Charlemagne l'avait rempli pour la capitale des églises.

Ces nombreux protecteurs armés des églises, ces empereurs au petit pied, jouissant d'ailleurs de ce que l'on appelait les *quatre droits impériaux*, furent tenus aussi d'accomplir le devoir impérial de la défense sans trêve, contre les ennemis de la chrétienté et de l'ordre public.

La féodalité naquit ainsi comme un universel *self-government*, spontanément établi. Chaque sujet put choisir librement son défenseur. Le sujet direct du souverain put lui-même prendre le seigneur défenseur de son choix. Ce droit fut accordé à chaque homme libre ou non libre par les empereurs impuissants, parce qu'il fut sollicité comme une nécessité publique par les sujets attaqués.

Le droit électoral présida donc à l'origine de toutes les seigneuries ; la constitution de la féodalité fut ainsi réclamée comme un besoin et saluée comme un *progrès*.

L'Église présida d'ailleurs à cette institution. L'Église conserva sur les vassaux défendus par le seigneur, sa juridiction épiscopale légalisée par les empereurs ; elle conserva, sur toutes choses, le droit suprême qui tempérait toutes les violences et corrigeait les abus ; elle conserva le droit d'excommunication. Le seigneur qui manquait aux devoirs de la défense de l'association chrétienne contre les ennemis extérieurs ; le seigneur prévaricateur était frappé de déchéance par l'excommunication ; alors, il devenait un chef de brigands hors la loi, il cessait d'être un chef légitime, et il était seigneur sans vassaux. — Aucun autre seigneur ne s'avisait de venger un excommunié justement honni et puni.

Le sacre impérial et le sacre royal étaient des cérémonies dont la signification symbolique avait une portée d'autant plus élevée, d'autant mieux acceptée, que lorsque le langage des *lettres* était plus rarement connu, il fallait attacher une valeur plus sérieuse à la langue des *signes*.

Les mêmes cérémonies présidaient à la prise de possession du droit féodal et du droit souverain. Le sacre féodal n'était pas autre que *l'armement du chevalier* par les mains de l'évêque. Celui qui allait jouir des droits *impériaux* devait évidemment passer, au préalable, par les engagements et les solennelles promesses du *sacre impérial*. L'épée de l'empereur et l'épée du *miles* féodal devaient avoir la même destination ; la protection du droit de tout ce qui était faible, de tout ce qui était attaqué par l'ennemi du chrétien.

La même nécessité de l'exercice continuel de la protection armée pendant les défaillances impériales, cette même nécessité qui avait fait établir un château pour abriter chaque église, conduisit à éviter les débats d'une nomination nouvelle à chaque extinction, à chaque décès du chef féodal. L'héritage de l'autorité dans la famille et par ordre de primogéniture, offrit le moyen de pourvoir sans délai, sans interrègne possible à la succession féodale. L'hérédité féodale fut une utilité et par conséquent un progrès; et ce progrès fut consacré solennellement par les lois impériales.

L'influence de cette amélioration, qui se manifesta bientôt par une plus grande régularité dans les rapports sociaux, fut transportée jusqu'à la royauté, lorsqu'un seigneur féodal fut élu roi par l'épiscopat français. Jamais la famille n'avait été plus fortement constituée et les règnes des Capétiens avec l'hérédité furent deux fois plus longs et moins troublés que les règnes carlovingiens exposés aux crises de l'élection.

Mais l'abus des droits de la race pouvait faire renaître l'exploitation et la servitude païenne. — L'église chrétienne pourvut au remède de cette altération abusive par la multiplication des monastères.— Ce furent des asiles qui permirent d'opposer des moines courageux célibataires, aux déviations des héritiers féodaux. Bientôt fut universellement appliquée dans le clergé régulier et séculier la grande loi du célibat ecclésiastique, qui tenait en respect les tendances oppressives inhérentes à l'hérédité de l'autorité politique. — Le balancement de ces deux foyers de force, la famille et le célibat, l'influence du château et du monastère, présidèrent à tous les progrès de la société chrétienne d'Occident...

Pendant que l'Église d'Occident, dirigée par les libres inspirations de sa foi, marchait ainsi de progrès en progrès ; pendant qu'elle croissait en nombre, en puissance, comme en vertu et en sagesse; l'Église d'Orient, séparée violemment de l'unité apostolique par les empereurs byzantins, toujours avides du pouvoir antique des Césars sur les corps comme sur les âmes, retombait dans la défaillance morale, dans l'ignorance, dans la misère, dans la lâcheté, dans la dépopulation des derniers Césars païens.

Les barbares se jetèrent sur les deux groupes de la chrétienté occidentale et orientale. — L'empire d'Orient se courba devant les envahisseurs et subit leurs croyances. — La chrétienté d'Occident répondit aux courants des envahisseurs barbares par les contre-courants de courageux missionnaires. Au lieu d'accepter les superstitions des conquérants, la chrétienté d'Occident leur imposa sa foi et porta ses croyances jusqu'à leur point de départ. L'Église d'Occident transforma en formidables athlètes chrétiens les envahisseurs païens; les barbares convertis devinrent les meilleurs chevaliers du Christ.

En Orient, le joug de la conquête et l'abjection ; en Occident l'indépendance et le glorieux développement. En Orient on vit les effets de l'Église absorbée par l'autorité politique; en Occident on put admirer le développement de la chrétienté présidée par le serviteur des serviteurs de Dieu. On eut ainsi une nouvelle contre-épreuve des effets opposés de l'ÉGOÏSME et du SACRIFICE.

Comment se réalisèrent les diverses améliorations des institutions politiques de la chrétienté par l'intervention du chef de l'Église : c'est ce que va montrer l'étude de la quatrième période *chrétienne*.

QUATRIÈME PÉRIODE

L'ASSIMILATION DES INSTITUTIONS SOCIALES

I

INSTITUTIONS RELIGIEUSES

Le célibat clérical est l'institution religieuse la plus libérale et qui balance le mieux les inconvénients de l'aristocratie héréditaire. — Relation de la chasteté cléricale avec la monogamie matrimoniale. — Apostolat de la chasteté et culte de la sainte Vierge développés par Pierre Damien. — Prestiges et privilèges de la profession monastique au onzième siècle. — Rôle civilisateur des monastères au milieu de l'anarchie et des guerres intestines. — Fondés sur les champs de bataille, les couvents du moyen âge remplacent les arcs de triomphe des Romains et forment les monuments d'une civilisation plus avancée que celle des Romains. — Haute influence de l'organisation monastique de Cluny. — Lutte contre le droit d'investiture des dignités religieuses que les princes veulent usurper. — L'empereur Henri IV... offre à Canosse une grande leçon. — L'empereur crée un antipape, et Grégoire VII meurt en exil. — Le drapeau de la continence est relevé par saint Bruno, qui assure le triomphe de l'ordre dans les familles et dans les États. — Misères et disettes dans le onzième siècle. — Efforts de l'Église pour développer les progrès agricoles, les échanges et modérer les accroissements de la population. — L'ordre de Cluny établit la trêve de Dieu, principe de l'ordre public. — Décrets des conciles pour propager la trêve de Dieu. — Manifeste de saint Odilon au nom du clergé français, adressé au clergé italien pour la trêve de Dieu. — La trêve de Dieu, premier cri de la civilisation chrétienne moderne, est soutenue par le pape et les moines de France. — Rôles successifs de Grégoire VII et de saint Bruno dans la propagation de la trêve de Dieu. — Détails sur saint Bruno. — Naissance. Succès littéraires. Il devient le chef des écoles de Reims. — Incontinence publique des princes au onzième siècle. Pour combattre la sensualité par l'exemple des austérités, l'esprit de guerre anarchique par le bonheur pacifique de la retraite, saint Bruno préconise la vie d'anachorète et de cénobite. Son prosélytisme s'exerce sur ses élèves. — Scandales et troubles religieux causés par l'évêque de Reims; ferme conduite de saint Bruno, qui le fait déposer. — Saint Bruno se prépare à la vie monacale. Instruction sur la vie cénobitique puisée à l'abbaye de Molesme. — Saint Bruno établit le foyer de son ordre à la Grande-Chartreuse, sous le patronage de la sainte Vierge et de saint Jean, double type de la continence et de la vie solitaire. — Saint Bruno appelé à Rome par le pape Urbain II, son ancien élève. — Influence religieuse et politique de saint Bruno. Il fait proclamer la trêve de Dieu dans les États de Naples; en même temps il y fonde une chartreuse. — Réformes du clergé napolitain. — Protection ferme donnée à la morale dans la famille impériale — Heureux résultats de la politique pontificale dirigée par les conseils de saint Bruno. — Concile de Plaisance, où saint Bruno fait développer le culte de la sainte Vierge et promulguer la belle préface pour la bienheureuse Marie. — Concours de saint Bruno dans la promulgation des croisades. — Il devient le directeur secret des affaires au siége de la chrétienté, pendant que le pape va inaugurer la croisade en France. — Les rôles de l'administration religieuse sont partagés entre le pape, saint Bruno et le comte Roger de Sicile, défenseur militaire du Saint-Siége. — Composition du personnel principal du concile de Clermont. — Solennité de ce concile. — Punition infligée au baron de Provins, violateur de la trêve de Dieu. — Punition de l'incontinence du souverain français. — Grande proclamation de la trêve de Dieu pour trois ans, en faveur de l'agriculture et du commerce. — La lutte contre les infidèles forme l'intérêt commun des barons et des évêques et explique la naissance de cette institution près de l'Espagne théâtre de cette lutte. — La pensée de la trêve de Dieu est associée à l'idée du pèlerinage à Jérusalem et à la croisade. — La croisade de Jérusalem devient le plus large développement de la trêve de Dieu et du principe même de l'institution civilisatrice de l'ordre public. — Harangue d'Urbain II. — Le culte de la sainte Vierge reçoit dans le décret de Clermont une nouvelle extension, conformément aux pratiques déjà imposées par Pierre Damien et à celles que saint Bruno avait fait adopter par le concile de Plaisance. — Les chartreux s'unissent aux croisés par leurs prières, conservées jusques aujourd'hui. La croisade est à proprement parler l'armée de l'ordre public ou de la trêve de Dieu, — Les barons, qui avaient été d'abord les chefs de la défense du sol chrétien, deviennent à cette heure les ouvriers de la civilisation chrétienne. — Premiers fruits de la croisade : *trois ans* de paix *intérieure; liberté* des *échanges* et de la circulation; *abondance* remplaçant la disette. La croisade devient un grand mouvement populaire vers le progrès moral et matériel et une transfiguration de la féodalité. Filiation logique des diverses formes de la chevalerie.

Combien devait paraître utile et légitime aux yeux du pauvre peuple le célibat sacerdotal qui restreignait le nombre des bouches à nourrir dans ce onzième siècle, éprouvé par les horreurs de vingt-six famines, et où la disette était l'état normal !

Le mariage clérical, par une pente irrésistible, menait à l'hérédité des fonctions et des dignités religieuses. Des évêques, des curés chefs de famille, que nous avons vus encore dans l'état de célibat, accusés de *népotisme*, pouvaient-ils se défendre des entraînements de la *paternité?* L'aveugle tendresse du *père* n'est-elle pas autrement puissante que la bienveillance partiale de l'*oncle?* Or, avec la transmission héréditaire des dignités, des priviléges, du pouvoir religieux, la libérale expansion de toutes les grâces sur tous les enfants de la même loi chrétienne aurait été supprimée. Plus de compensation, plus de balancement entre les deux classes de fonctions laïques et de fonctions religieuses. Le *clergé célibataire* était la meilleure et la plus solide institution à opposer aux inconvénients de l'*hérédité féodale*.

Les dignités cléricales électives mettaient le fils du serf

couvert du manteau sacerdotal au niveau et plus qu'au niveau du baron armé de l'épée. Les dignités ecclésiastiques électives, conférées à des célibataires, provoquaient un mouvement ascensionnel incessant des enfants du peuple vers le pouvoir; elles formaient un moyen énergique de promotion libérale continue vers l'affranchissement.

Le célibat clérical et l'élection épiscopale ont été les deux grandes institutions démocratiques du catholicisme du moyen âge, et la continence sacerdotale a été le ver rongeur de l'esclavage. Comment les amis de la liberté ont-ils pu critiquer le vœu de chasteté cléricale?... Ils n'ont pas vu que ces deux institutions se balancent, se corrigent et se complètent l'une par l'autre. D'une part, l'aristocratie féodale héréditaire formant le pouvoir militaire protecteur par l'épée et le gouvernement spontané; d'autre part, le clergé électif célibataire formant l'agent perpétuel de perfectionnement moral et matériel : voilà les deux institutions chrétiennes dont la lutte et le balancement ont fait naître la lumière et le développement de notre civilisation catholique.

Le mariage clérical a été partout un abaissement de niveau moral et politique : la décadence du Bas-Empire, sous l'influence du césarisme et du mariage clérical, est une grande expérience qui ne permet plus le doute. Proclamons-le donc hautement, le mariage clérical est antilibéral; c'est une cause d'oppression. Le célibat religieux est une grande loi de liberté morale et de liberté politique.

Dans le onzième siècle, le mariage clérical était impopulaire, parce que la famille du prêtre était un gouffre absorbant les revenus des biens diocésains destinés à l'entretien des pauvres; parce que le mariage des clercs conduisait à l'hérédité de leurs dignités et de leurs charges. Le mariage clérical excluait les serfs de toute participation au pouvoir. Le mariage du clergé était donc, à tous les points de vue, oppressif et odieux au peuple.

A l'origine du christianisme se rattache la merveilleuse réforme des mœurs qui, d'un côté, établit la famille sur la base du dévouement constant du père et de la mère à l'éducation de l'enfant par le mariage monogame, et qui, de l'autre, fortifie l'apostolat par la chasteté. Mais si le clerc ne pouvait être légalement marié, fallait-il autoriser ou tolérer l'infraction latente aux lois de la continence ? Comment, alors, exiger dans les laïques le respect des lois du mariage monogame, tandis que les règles de la continence auraient été, dans le clergé, violées ouvertement ou frauduleusement? Si la continence cléricale a ses difficultés, le mariage monogame, indissoluble, n'a-t-il pas ses épreuves et ses sacrifices? La chasteté et la monogamie sont deux degrés divers de l'empire sur le même sens.

Poser ces questions c'est les résoudre. Le seul remède à tous ces maux, c'était le célibat clérical absolu.

Il fallait revenir à l'exécution plus sévère, plus générale du canon du concile de Nicée prescrivant la continence, canon appuyé plus tard par les décrétales de saint Sirice et de saint Léon, par les canons des conciles d'Augsbourg en 952, d'Angleterre en 969, de Pavie en 1020. Les évêques les plus vertueux, ceux de Verceil en 959, de Vérone en 975, ne proclamaient-ils pas la nécessité de la continence?

Le onzième siècle fut surtout ému, en 1050, par les écrits du grand apôtre de la chasteté, Pierre Damien ; cet apostolat fut incessant, et, en 1059, le même prélat proclama plus hautement encore qu'en 1050, le besoin et le devoir de la continence sacerdotale.

Rien de vigoureux et de puissant au point de vue moral, rien de *fort*, au point de vue physique, comme la chasteté ! Mais que cette dure loi est difficile à observer! Elle est un des plus sublimes efforts de la vertu chrétienne secondée, exaltée par les grâces de la vie surnaturelle, dont le type est dans la virginité féconde de Marie. Aussi Pierre Damien ne cessa-t-il d'invoquer le *patronage* de la bienheureuse Vierge, et dans les élans de son ardeur pour la continence, il composa les vêpres chantées en l'honneur de Marie.

Aux allégations de la chasteté impossible, les moines pieux répondirent, avec Pierre Damien, par l'exemple de la chasteté observée. Dans leur séquestration, leurs pratiques spirituelles, répétant les prières à la sainte Vierge comme à la patronne de la chasteté ; ils purent faire briller sur le monde barbare et corrompu le flambeau de la continence sous la protection de la virginale pureté de Marie.

Alors la profession monastique, seule défense contre les oppressions de la violence et de la force, seule protectrice de la paix et du travail fécond, fut entourée d'une si brillante auréole de respects, on lui attribua de si beaux priviléges contre les peines de l'autre vie, que les princes voulurent mourir sous l'habit monastique. Cette enveloppe, seule, paraissait donner des droits certains aux félicités célestes. Les mérites et les récompenses étaient attachés et au vêtement monacal et aux legs pieux. Faire une largesse à un monastère, c'était s'assurer de si beaux titres pour le Paradis, qu'une peine redoutée était de rendre un chrétien prévaricateur incapable de faire accepter, par un couvent, ses pieuses libéralités testamentaires.

Lorsque le brigandage était sur les voies publiques une profession avouée; lorsque le pillage était une récolte si légitime, que chaque maison épiscopale était l'objet d'une razzia publique à la mort d'un évêque ; lorsque des voleurs de profession, sous le nom de mansionnaires, établis dans la basilique de Saint-Pierre, vivaient de l'enlèvement des dons offerts par la dévotion des pèlerins, et se disputaient le vol à main armée, jusque dans le sanctuaire ; lorsque les guerres intestines provoquées par la vindicte des querelles personnelles, étaient seulement interrompues par les expéditions contre un ennemi commun ; les monastères devinrent les seules grandes hôtelleries respectées, les seuls asiles où tous les voyageurs cléricaux et laïques trouvaient, avec l'hospitalité, l'exhibition de toutes les perfections de la vie sociale chrétienne.

C'étaient les grandes écoles de science, d'art, d'agriculture, et d'industrie ; c'étaient aussi les bibliothèques et les ateliers de copistes des livres. Grands gymnases de connaissances religieuses et sociales, de disciplines et de pratiques morales : les monastères offraient, avec leurs administrations bien centralisées dans leurs abbés, les seules forteresses capables de prêter un solide appui à l'exécution des décrets pontificaux. Tous les serfs des terres des monastères pouvaient avoir les plus intelligents de leurs enfants élevés dans la science religieuse et être rendus capables d'atteindre à l'horizon sans limites des dignités religieuses. Accroître les ressources d'un monastère, c'était donc agrandir la puissance civilisatrice, c'était renforcer le levier qui soulevait toute la société vers le progrès chrétien le plus général. Chaque monastère qui s'élevait était une nouvelle école, et un nouveau moyen d'affranchissement et de soulagement pour les douleurs humaines. Il méritait bien d'être heureux dans l'autre monde, le pieux bienfaiteur qui, par l'extension ou la fondation d'un couvent, avait rendu le monde actuel moins affligé de misères.

Les Romains élevaient sur leurs champs de bataille des arcs de triomphe, orgueilleux et stériles monuments de leur vertu guerrière. Bien plus humain, bien plus intelligent, le catholicisme du moyen âge transformait le siége de la victoire en théâtre de l'hymne de reconnaissance pour le Dieu des armées et en instrument de progrès moral et matériel. L'arc de triomphe du moyen âge, c'était une fondation d'école monastique. La société barbare chrétienne valait donc bien mieux que la société civilisée païenne.

Guillaume le Conquérant éleva un monastère sur le champ de bataille des Hastings; Philippe Auguste en plaça un autre sur le théâtre de la victoire de Bouvines; Charles d'Anjou consacra le lieu où le sort des armes lui livra les deux Siciles, par un autre monastère. Le roi d'Angleterre, au onzième siècle, le roi de France au douzième, le roi de Naples au treizième, n'illustraient plus, comme les Romains, leur triomphe, par le spectacle des multitudes enchaînées, mais ils en éternisaient le souvenir par l'établissement des moyens de civilisation et d'émancipation. Le trophée chrétien n'était pas un étalage d'esclavage, mais un monument d'affranchissement.

Au reste, ce fut un habile souverain que ce Guillaume le Conquérant : d'un côté, prohibant les guerres intestines, les violences faites aux libres élections épiscopales; et, de l'autre, multipliant les couvents, qu'il appelait ses *forteresses*. C'étaient, en effet, les *télégraphes* et les *postes* de cette époque, que les couvents communiquant entre eux par les voyageurs, échangeant toutes les nouvelles qui intéressaient les progrès de la chrétienté et la situation morale et politique des peuples. Protégés en Allemagne par l'empereur saint Henry et l'impératrice Adélaïde; en France, par le duc Guillaume d'Aquitaine et le roi Robert le Pieux, les monastères fournirent, au onzième siècle, des clercs continents, doctes, intègres, esclaves volontaires et virils des rigueurs de la discipline. Là se trouva la pépinière des archidiacres, des évêques, des légats et des papes; les monastères étaient les véritable *séminaires* et les écoles *spéciales* de l'époque.

Le monastère était l'instrument de l'amélioration universelle.

Le groupement monastique le plus considérable du onzième siècle était celui de Cluny; le foyer était en France et le rayonnement sur tout l'ensemble de la catholicité. — Le monastère le plus important, après la maison mère, était le couvent de la *Cava*, placé à portée du grand siége de Rome. — Le monastère de Cluny, dirigé par de grands saints dont le génie égalait les vertus, saint Mayeul, saint Odilon, saint Hugues, et Pierre le Vénérable, fut aussi l'école d'où sortirent les grands papes.

Hildebrand, fils de charpentier, devenu le grand pape Grégoire VII, promulguant le célibat comme loi rigoureuse universelle du clergé catholique, était sorti de Cluny; il demanda pour auxiliaires les meilleurs élèves de Cluny; et, celui qui fut plus tard le pape Victor II, Odon, élève de saint Bruno, qui devint Urbain II; Rangier, autre élève de Bruno, qui fut promu au siége archiépiscopal de Reggio, avaient été envoyés, ainsi, de Cluny au monastère de la Cava, pour être placés sous la main de Grégoire VII. — Le haut clergé du onzième siècle, imprégné de la science et des vertus de Cluny, ajouta, à la fin du siècle, aux traditions bénédictines, les plus austères pratiques et les sages procédés politiques de saint Bruno. — Ce fut la perfection de végétation carthusienne qui se greffa sur le tronc bénédictin de Cluny.

Les monastères étaient les points d'appui de la réforme morale, et pour établir l'ordre dans l'Église et dans la famille, par la continence, pour faire régner l'ordre public et la justice dans la société par les associations de la paix, la seule organisation politique, la seule force coercitive était celle de la papauté et des dignitaires religieux. Or, les investitures des évêques, des abbés, par les mains des princes, mettaient à la disposition des cours viciées des rois, la nomination des fonctionnaires religieux. La répression de l'incontinence des grands et la libre expansion de l'affranchissement religieux étaient absolument incompatibles avec les investitures par la main des princes ; pour que la censure fût possible devait-on laisser le choix du censeur au gré du censuré ? L'investiture princière était un instrument d'esclavage et de dépravation.

La régénération des mœurs, l'observation des lois du mariage ne devaient-elles pas être observées simultanément par le peuple, par les barons et par les princes ? pour que la famille fût possible, en *bas*, ne fallait-il pas qu'elle fût respectée en *haut ?*

La revendication des investitures religieuses devait être logiquement la conséquence du respect dû aux décrets du chef de l'autorité religieuse. En déniant aux princes le droit d'investiture, Grégoire VII avait pour lui la logique et la nécessité. Il était le véritable défenseur des lois de la démocratie chrétienne et des droits constitutifs de la famille, en poursuivant à la fois l'incontinence des clercs, l'incontinence matrimoniale des grands et les investitures princières.

N'était-il pas encore un grand pontife civilisateur, quand il faisait généraliser de plus en plus les associations contre les guerres intestines, et quand il prohibait le pillage des épaves des naufragés ?

Pendant que la puissante administration monastique de Cluny présentait son appui aux décrets de Grégoire VII, promulguant la régularisation des mœurs, l'empereur Henri IV, enivré de sa victoire d'Hébra, crut pouvoir assurer, à la fois, son despotisme et la libre satisfaction de ses passions brutales; il se hâta d'encourager quelques mauvais évêques, avocats de l'incontinence, résistant à l'exécution du concile de Rome de 1073, qui prescrivait la chasteté cléricale.

Dans la lutte qui s'engagea ainsi entre le pontife vengeur de la morale et protecteur de l'affranchissement populaire, et l'empereur vicieux et despote, la scène de Canosse offrit un grand spectacle.

Le fils du charpentier, devenu successivement le moine savant et austère, puis le grand chef de l'Église d'Occident, vit accourir à ses pieds, à travers les neiges des Alpes franchies au milieu des rigueurs de l'hiver, le souverain ceint de l'épée de Charlemagne, qui justement frappé par l'excommunication de l'Église, était menacé de se trouver bientôt empereur sans sujets.

Le grand juge, représentant la morale divine et le droit populaire, sorti du plus infime rang social, était imploré par l'empereur issu du plus noble sang et commandant les armées. Alors le pape tenant en ses mains deux hosties consacrées... : « Prince, dit-il, jurez comme moi que jamais vous n'avez voulu que le triomphe de la justice. Quant à moi, je le jure et me soumets à l'épreuve du jugement de Dieu, jurez donc et prenez... » Le pape sans hésiter absorba une des hosties...; le prince vicieux n'osa pas ouvrir la bouche.

Henri protesta de la sincérité de son repentir et obtint l'absolution. A peine rendu à ses partisans, il oublia ses serments, et trouvant des appuis, d'un côté, dans le clergé allemand altéré par le césarisme, de l'autre, dans le clergé italien énervé par une sensualité traditionnelle, il descendit jusqu'au dernier abîme où aboutissent fatalement tous les Césars vicieux : il créa un antipape.

Il fallait bien un simulacre de pontife absolvant l'incontinence pour un despote débauché... le sensuel Guibert fut l'antagoniste opposé au sévère et saint Grégoire VII.

O infamie! celui qui n'était ceint de la couronne impériale que comme défenseur de l'Église se faisait le persécuteur de cette même Église. Le pape proclama la déposition de l'empereur, qui voulait *prescrire contre son titre.*

La lutte contre l'incontinence devint une effroyable guerre. Le combat contre les sens devint le combat par l'épée.

La force parut un instant triompher du droit; le pape qui avait aimé la justice avec passion, mourut à Salerne dans les amertumes de l'exil.

Mais la puissance morale des monastères français, la puissance de l'Angleterre, gouvernée par un prince qui avait fait sa conquête comme une croisade, la puissance de Naples entre les mains des Normands convertis, enfin la puissance catholique de l'Espagne, neutralisèrent le succès de l'empereur impie. Les hardies réformes de Grégoire VII, soutenues par les sages mesures des Victor II, des Urbain II appuyées par saint Hugues, inspirées par saint Bruno, eurent raison de l'incontinence couronnée.

Par le célibat clérical, Grégoire VII, pontife ami du peuple, avait créé la milice sacerdotale toujours active; par les associations de la trêve de Dieu, il faisait naître la milice laïque de la chevalerie protectrice du droit et de la faiblesse. Dans le décret du célibat religieux et des investitures, le pape avait lutté contre les attentats du vice puissant; dans la propagation de la trêve de Dieu, il commença à transformer la force féodale en une armée mise au service de l'ordre public et de la civilisation chrétienne. Le résultat immédiat de la terreur imprimée aux barons par la crainte des anathèmes, fut la prospérité des serfs, le développement des richesses créées par l'agriculture et par le commerce. Le plus intelligent et le plus glorieux des souverains contemporains, Guillaume le Conquérant, comprenant très-bien les avantages moraux et matériels de l'association de la trêve de Dieu, s'en déclara le défenseur, en 1080, dans le concile de Lillebonne. Les officiers politiques du prince formant le *ministère public* accusateur, et la force armée publique exécutrice des arrêts des associations de la paix, leur donnèrent une puissance désormais incontestée. La chevalerie chrétienne était développée. Le prince, issu des pirates normands transformés par le baptême, était devenu l'antagoniste des hommes de rapine.

Par l'effet et par le sacre de la chevalerie des associations de la trêve de Dieu, les voyages pieux, la circulation des personnes et des marchandises devinrent possibles, et le grand concours de voyageurs religieux que supposait un concile général devint réalisable en France ; dans ce centre privilégié, la civilisation naissait, sous l'influence des associations de la paix intérieure promulguées par l'Église.

Grégoire VII mourut en 1084, au moment même où saint Bruno, appliquant les principes de la continence et des sacrifices au devoir, se dévouait à la création de l'ordre des chartreux ; préparant par l'exemple de ses austérités, par l'influence de ses prières, par l'immolation au devoir, par les victoires obtenues sur les passions, l'épanouissement complet de la civilisation, objet des désirs du pape Grégoire.

Pour apprécier la réforme due à saint Bruno, il faut connaître l'état général de la chrétienté au point de vue matériel et moral. A la fin du onzième siècle, le sol de la France, qui nourrit actuellement trente-huit millions d'habitants, et qui fait jouir le plus infime des travailleurs des douceurs de l'abondance, ne pouvait pas, dans le dixième siècle, suffire aux premiers besoins d'une population de douze millions. L'agriculture ne produisait pas même le *tiers* des aliments qu'elle nous offre actuellement ! Il y a de ces faits étonnants des preuves incontestables. Les registres des populations n'existaient point, mais il y avait des églises, lieux de réunion obligés qui devaient contenir toute la population, au moins chaque dimanche. Or, la superficie de ces églises ne correspond qu'au tiers des habitants vivant actuellement sur le même territoire. La supputation du chiffre des populations, par l'étendue des églises anciennes, offre une base plus solide que tous les documents écrits et que tous les systèmes plus ou moins habilement arrangés[1]. L'agricul-

[1] Au surplus, cette faible population ancienne correspond au chiffre de ce

ture traditionnelle des Romains était si imparfaite que cette population si peu nombreuse de l'ancienne France éprouvait périodiquement les effets de l'insuffisance des récoltes ! Dans le dixième siècle il y eut dix famines : dans le onzième siècle le nombre des famines s'éleva à *vingt-six*. Entre l'an 1000 et l'an 1100, le fléau de la disette décimait les populations tous les *quatre ans !*

Combien grandes étaient les souffrances de ces disettes répétées du onzième siècle! En l'année 1030, à la fin du règne de Robert le Pieux, des mères, ne pouvant pas nourrir leurs enfants, les jetaient aux portes des abbayes; les monastères se transformaient ainsi en hospices d'enfants abandonnés.

Une mère, dans la fureur du besoin, tua sa fille !... Une partie de la chair de sa chair fut *salée* et mise en vente.

Des hommes, pendant trois ans, se nourrirent de l'herbe des champs, disputèrent aux loups les restes des animaux morts.

Des cannibales armés guettèrent les voyageurs pour les surprendre sur les chemins et dévorer des proies humaines.

L'Église combattit les famines par les abstinences commandées aux riches; elle fit des jeûnes volontaires une source de grâces personnelles et un mérite pieux, qui permit de secourir l'âme et le corps des malheureux torturés par le besoin. Comme dans une ville assiégée mise à la ration, les jeûnes et les macérations permirent de répartir sur un plus grand nombre de têtes la même dose d'aliments : c'était là le remède matériel... mais il y avait aussi le remède moral... Pouvait-on se plaindre des douleurs de la faim, en présence de ceux qui se l'imposaient en renonçant à jouir de l'abondance? La divine récompense, dont

que l'on trouve actuellement en Grèce et en Turquie... Ces peuples sont restés à l'état où nous étions il y a huit siècles.

Tandis que dans l'Europe, actuellement transformée par l'Église, il est rare que l'on puisse constater une mort causée par la faim, le fléau de la famine était autrefois un mal aussi périodique que nos années bissextiles.

Notre situation présente était le rêve doré des saints du temps passé... Ce sont les *larmes*, ce sont les sublimes efforts de la piété qui ont opéré un si magnifique changement !...

l'espérance calme toutes les douleurs, la douce résignation, qui donne au sacrifice l'attrait de la jouissance, n'étaient-elles pas éloquemment démontrées par les enfants de l'Église, s'imposant le plus rigoureux sacrifice présent pour s'assurer le bonheur futur?

Ce n'était pas assez de soulager les maux de la disette, il fallait prévenir leur aggravation et leur retour.

Encourager l'agriculture, développer la production, faciliter les échanges et la circulation, pour que les compensations pussent s'établir entre les inégalités des variations de récoltes... Voilà ce que l'Église réalisait par la grande institution des moines agriculteurs, qui faisaient flotter la sainte bannière de Cluny sur toutes les parties de l'Europe occidentale. C'étaient, à cette époque, les grandes fermes modèles et les grandes écoles d'agriculture. Mais l'accroissement de la production et de l'échange ne pouvait se réaliser que d'une manière lentement progressive. Féconder les champs défrichés, arrêter les rapines sur les fleuves, sur les chemins, c'était un changement si grand, qu'il ne pouvait se produire que bien lentement.

Il fallait des remèdes immédiats. Il était nécessaire que les naissances fussent réglées, que le nombre des enfants fût proportionné à celui des pains qui pouvaient les faire vivre. La continence matrimoniale et le célibat propagés dans les deux sexes, tels étaient les sacrifices à obtenir.

C'est donc alors que l'Église de Dieu fit naître Pierre Damien et le grand pape Hildebrand, le grand promoteur de la chasteté dans le sacerdoce, et de la continence dans le mariage.

A côté du précepte rigoureux parut l'exemple de perfection qui dépassait le précepte et pulvérisait tous les prétextes d'impossibilité humaine. Alors parut saint Bruno, qui réalisa le type exprimé par les décrets d'Hildebrand.

Une impression ineffaçable et détestée de la piraterie intérieure, l'intérêt et les souvenirs les plus amers transmis par la famille monacale, le sentiment des maux présents et la mémoire des tribulations subies faisaient de l'ordre de Cluny le foyer des réprobations lancées sur les pillards et les pirates de toute nature, lorsque saint Mayeul, abbé de Cluny, avait été pillé et pris par les brigands de Fraxynet dans les Alpes.

Les grandes possessions agricoles de Cluny, les colonisations de défricheurs que cet ordre avait distribuées, sous la protection de la croix, devaient faire de cette famille monacale, la protectrice universelle de la charrue pacifique. Comment maintenir l'unité administrative dans ces fermes modèles de l'agriculture internationale, dont le centre était en France, lorsque la circulation était entravée sur tous les chemins?

Comment répartir sur les pauvres de la chrétienté une part des greniers de réserve, ainsi organisés, lorsque les violences féodales exposaient les domaines cluniciens à des razzias pareilles à celles que, jusque dans le douzième siècle, (1115) le comte de Forcalquier, Guillaume de Sabran, exécuta sur les fermes de Pertuis, dépendances de l'abbaye de Montmaiour auprès d'Arles?

Les chrétiens donnent, dans l'Oraison dominicale, au pain de chaque jour un caractère sacré, et les hommes du peuple, toujours préoccupés des besoins les plus élémentaires de leur nourriture, ne prononcent le mot de pain qu'en rappelant avec lui le signe de la GRACE DIVINE. A quelle époque ce caractère sacré pouvait-il être plus honoré que dans le onzième siècle, éprouvé par les tortures de vingt-six famines?

Dans ces dernières calamités, où les intempéries des saisons eurent moins de part que les dévastations des hommes, attacher un prestige religieux aux charrues, était une conséquence naturelle indiquée comme remède de la pénurie alimentaire. Nous l'avons dit, l'année de 1030 avait été le début de la plus horrible famine que la France ait jamais subie; elle sévit trois ans entiers. En 1033, une abondante récolte, après des prières ardentes, dilata tous les cœurs, disposa toutes les populations à suivre les pieux enseignements des ministres de la religion, et à conjurer par la pratique de la vertu le retour des malheurs qu'on venait de subir. Le grand chef de Cluny, saint Odillon, saisit cette occasion favorable pour faire répandre la bienfaisante, la civilisatrice institution qui, sous le nom de *trêve de Dieu* suspendait les funestes effets des rapines et des guerres privées. Déjà décrétée par le concile de Poitiers en l'an 1000, cette grande réforme avait été, par les soins d'Odillon, répétée aux conciles d'Amiens, de Soissons, de Limoges, et elle avait été étendue en Allemagne par l'empereur saint Henri. En 1021, 1023, 1024, 1031, tous les échos religieux avaient retenti de ce grand cri de *paix aux hommes de bonne volonté.* Maintenant, secondé par le zèle des évêques de la France méridionale, par plusieurs évêques du nord, tels que *Richard de Verdun*, *Baudri*, évêque de Noyon, saint Odillon venait de faire proclamer, à Arles, sur la grande artère commerciale du Rhône, le droit de libre circulation des hommes désarmés et des marchandises. Le respect des choses et des personnes, la suspension de toute violence pendant les deux tiers des heures de la semaine, du mercredi soir au lundi matin, étaient jurés par les seigneurs présents au concile; l'observation en allait être garantie par les anathèmes les plus terribles de l'Église.

Ces engagements solennels devaient être répétés tous les cinq ans. Dans l'anarchie générale, dans l'absence du pouvoir central répressif, c'était l'excommunication qui était la véritable force publique de la chrétienté. Lorsque les tribus germaines armées avaient voulu conquérir les Gaules, elles avaient été forcées, pour s'établir, d'accepter la religion populaire du Christ; maintenant, l'homme d'armes allait plus loin, il se faisait, par la trêve de Dieu, le défensur de la civilisation chrétienne. Ce qui n'avait été d'abord qu'une *adhésion* devenait maintenant un *patronage*.

Les serments dictés par l'enthousiasme du bien-être de 1033 pouvaient bien être oubliés, quelquefois, avec l'impression des malheurs qui les avaient précédés... Cette observation critique, faite par l'évêque Gérard de Cambrai, ne devait évidemment pas empêcher le concile d'Arles de poursuivre la réalisation de l'idéal de la civilisation chrétienne dans toutes les Églises d'Occident... car, plus tard, cette belle utopie devait devenir et est devenue le fait accompli. Odillon annonça cette glorieuse propagande au clergé italien; une lettre fut adressée, au nom du clergé des Gaules, par les évêques *Raimbaud*, d'Arles, *Benoît*, d'Avignon, *Nitard*, de Nice.

Voici les principaux passages de ce manifeste :

« Au nom de la sainte Trinité, de la sainte Vierge, du chœur des vierges, de saint Michel, du chœur des anges, de saint Pierre et de tous les saints ; nous vous ANNONÇONS la *trêve de Dieu* comme une *bonne nouvelle* venue du ciel, comme une *révélation* de Dieu à son peuple ; car rien de bon ne se passait dans les Gaules avant cet *heureux remède.*

« Nous vous prions que vous rejetiez les *voleurs* QUELS QU'ILS SOIENT, que vous les vouiez à la *malédiction*, à l'*excommunication* de la part des saints.

« Que le violateur de la trêve soit, comme JUDAS, précipité dans les *enfers*, qu'il soit, comme PHARAON, noyé au milieu de la mer.

« Que chacun puisse se livrer à ses affaires, à l'abri de toute crainte de ses ennemis, sous la *protection* de cette paix et de cette *trêve.* »

Le cri de la civilisation, poussé d'abord comme un gémissement, en 988, du monastère clunicien de Charroux, avait excité l'attention et mérité la protection du pieux Guillaume, duc d'Aquitaine. Puis, en 996, il avait été répété solennellement dans une lettre pastorale du pape français Sylvestre II, illustre champion de la cause des sciences, savant auteur de notre premier ouvrage de mathématiques, publié dans la catholicité occidentale, et exécuteur des plus belles mécaniques de son temps.

Maintenant, reproduite par le concile d'Arles, la proclamation de la civilisation chrétienne avait des échos dans les deux mille monastères cluniciens qui couvraient la chrétienté d'Occident d'un pacifique réseau, et qui donnaient à toutes les améliorations un coopérateur international; l'abbé de Cluny, saint Odilon, fit ainsi publier partout la belle déclaration du concile d'Arles; il fut un tel propagateur de la trêve de Dieu, qu'on lui a donné l'honneur de cette invention. C'est là l'erreur des historiens Hurter, Fleury et Godescard; ils ont confondu le propagateur avec l'inventeur.

Depuis le concile d'Arles jusqu'à sa mort, saint Odillon ne discontinua jamais son utile entreprise; jamais il ne cessa de provoquer des réunions, des conciles où le canon de la trêve de Dieu était promulgué pour être mis immédiatement en pratique.

Richard de Verdun, abbé de vingt-deux abbayes, se déclara son zélé coopérateur pour la Neustrie, pendant que le saint abbé de Cluny se faisait le missionnaire de l'Austrasie; ce partage des missions de la *trêve de Dieu* eut lieu dans le concile de Tuluges en 1041. C'est dans cette dernière réunion que les priviléges et les moyens d'exécution de la trêve de Dieu furent nettement exprimés. Dans l'épidémie des *Ardents*, Richard de Verdun opéra tant de miraculeuses guérisons sur ceux qui adhéraient, par serment, à la trêve de Dieu, que les associés de la paix formèrent bientôt des masses imposantes.

Mais deux autres champions de la civilisation chrétienne se formaient dans l'ombre, pour lui offrir bientôt un champ bien plus vaste, et faire naître de cette étincelle un grand embrasement.

L'un de ces hérauts se chargea d'être la trompette retentissante de la civilisation. Celui-ci, nous l'avons déjà nommé, c'était le fils du charpentier, Hildebrand, devenu plus tard le célèbre pontife Grégoire VII.

L'autre champion de la cause civilisatrice chrétienne prit le rôle modeste de missionnaire silencieux, marchant sans éclat vers le but, s'y dévouant toujours, et ne le disant jamais qu'à l'oreille du pape, qui le prit pour guide et pour inspirateur : c'était saint Bruno, qui emprunta la bouche de son élève, le grand pontife français, Urbain II.

Par une circonstance providentielle bien digne d'être remarquée, ce fut précisément, dans la période du grand travail de la propagande de la trêve de Dieu exécuté par saint

Odilon sur les bords du Rhône, de 1030 à 1033, que naquit Bruno, sur la rive du Rhin.

La vallée du Rhin voyait ainsi apparaître celui qui devait donner le plus magnifique accomplissement à l'oracle de la paix, proclamé dans la vallée du Rhône.

Après que saint Bruno eut successivement dirigé les écoles de Reims et fondé, en 1084, la Chartreuse, il fut appelé, par son élève, Urbain II, à prendre part au gouvernement de l'Église, et à devenir le conseiller permanent du pontife civilisateur. Quel était cet auxiliaire indispensable au pape?

La vie de saint Bruno se composa d'études, d'enseignement et d'administration diocésaine, de prédication, de fondations cénobitiques, d'administration supérieure de l'Église pour retourner enfin à la pratique des hautes perfections de la vie solitaire.

Le génie littéraire, la vive intelligence de Bruno se manifestèrent avec éclat dans ses premières études, et l'évêque de Cologne, sa ville natale, témoin des succès de Bruno, changea l'habit de l'étudiant applaudi, en robe de chanoine.

Après avoir épuisé toute la provision de science des professeurs de sa patrie, Bruno parcourut les établissements scolaires des plus célèbres cathédrales de France; il vint à Reims, où était alors l'école la plus illustre. Bruno mêla à ses études sérieuses des développements poétiques qui charmèrent ses maîtres et ses camarades. Revenu dans sa ville natale, il reçut l'onction sacerdotale et put se livrer à l'apostolat des campagnes.

Le gracieux poëte, le savant théologien, se sentait attiré vers le spectacle des champs, et une irrésistible sympathie entraînait vers lui les âmes simples et naïves. Bruno sentait et peignait la création comme David la décrit dans ses odes sacrées, comme les pasteurs et les laboureurs la voient avec une prédilection instinctive et attrayante. Il n'est donné qu'au génie de réduire à de simples exposés les plus hautes vérités, et le jeune prédicateur produisit une impression si vive, que ses succès retentirent jusque dans les grandes villes, jusqu'à Reims. La renommée se propage ordinairement des villes aux campagnes; celle de Bruno eut la puissance d'avancer par la voie opposée, des campagnes à la ville.

L'archevêque Gervais, digne successeur de Remi, le grand apôtre des Francs, réclama le concours de celui qui avait été l'élève le plus brillant, le plus remarqué de sa cathédrale; Bruno devint successivement le chancelier des écoles du diocèse de Reims, puis chanoine théologal.

Le glorieux élève, l'entraînant missionnaire, eut à diriger les progrès de l'enseignement de ses anciens maîtres, et à veiller sur la transmission de la science théologique dans toute sa sublimité et sa pureté. Celui qui avait catéchisé les *simples*, dut veiller sur la doctrine des *habiles;* il eut à exposer, lui-même, les plus hautes théories de la science sacrée. Au milieu de la gloire de son enseignement, bien loin d'être enivré par le succès de ses paroles, il aspirait à un professorat bien plus efficace; il voulait agir par l'apostolat de l'exemple; il était froissé par le contact d'une société laïque, où la violence s'affichait avec audace, où les saintes relations matrimoniales étaient altérées par les tristes exemples des souverains et des grands, où le clergé séculier, lui-même, était souvent souillé par la lèpre de l'incontinence, et par l'avidité des biens terrestres, tandis que le clergé régulier se laissait amollir par les richesses accumulées dans les monastères.

L'Église, sortie des terreurs de l'an mille, où l'on avait craint la fin du monde,... subissait la triple crise de la confusion et de l'anarchie politique, des calamités physiques, intempéries et disette de 1030, et enfin de l'épreuve la plus grande, de la corruption morale; mais, après les éloquentes apologies du célibat clérical publiées par Damien, l'exaltation d'Hildebrand au trône pontifical était une vive espérance, une grande consolation pour les âmes pures. Mais une âme aussi ardemment vertueuse que celle de Bruno devait être bien affligée de la vue des scandales qu'il faut ici retracer encore : L'illustre pontife Grégoire VII poursuivait la *Simonie* et l'*Incontinence* dans le clergé, pour avoir raison aussi des infractions au mariage commises par les princes et les hommes puissants; il voulait supprimer les violences sous toutes leurs formes.

Sur le trône d'Angleterre s'asseyait le célèbre fruit d'une union illégale, Guillaume le Conquérant; sur le trône de France, l'épouse légitime était écartée par Philippe Ier; il s'était trouvé des mains sacerdotales assez complaisantes pour ceindre la royale couronne de France sur la comtesse d'Anjou, ravie à son époux,... tandis que l'empereur d'Allemagne, Henri IV, livrant son épouse Adélaïde à des outrages abominables, osait investir des saints attributs de l'épiscopat les infâmes serviteurs ou instruments de ses vices... Le déréglement impérial aboutissait, enfin, à la création d'un antipape, combattant, au centre même de l'Italie, le gouvernement du véritable possesseur des droits de saint Pierre. L'Empereur, par le serment du sacre, défenseur obligé du christianisme, avait les vices et les fureurs persécutrices des Césars païens.

Il se trouvait, dans ces tristes conjectures, en Allemagne, en Italie et en France même, beaucoup de membres du clergé qui déclaraient hautement la continence une impossibilité chimérique, dont la règle surhumaine ne devait pas être acceptée... Jusque dans le sanctuaire régnait la révolte de l'esprit et des sens. Pour dernier trait à ce sombre tableau, ajoutez la famine tous les quatre ans, les guerres privées étant le droit commun de tous les seigneurs, et le pillage et la rapine considérés comme le légitime exercice de la profession des armes. Pour échapper aux vertiges et aux accablants dégoûts d'une telle société, il fallait fuir dans le désert.

Puisque la vertu était déclarée impossible, il fallait la montrer avec toutes les splendeurs de sa beauté et toutes les douces joies de ses sacrifices. En face de l'impureté, il fallait établir la chasteté sans tache; vis-à-vis de l'avidité sans frein, il fallait montrer la pauvreté et l'abstinence perpétuelles; aux tyranniques séductions du vice, opposer les grâces continues de la prière.

Dans les gorges sombres redoutées des voyageurs, établir des cénobites dévoués toujours prêts à arracher le pain de leur bouche pour satisfaire aux besoins des pauvres et de l'étranger obligé de parcourir la terre.

Aux misères de l'ignorance, il fallait opposer la propagation des livres sacrés, en chargeant du rôle de copistes toutes les mains pieuses; il fallait, enfin, sur la terre troublée, attirer la paix par la *prière* et par l'*exemple*.

Telles étaient les conclusions que répétait sans cesse Bruno dans ses leçons, dans ses prédications, avidement écoutées par *Odon*, de Châtillon-sur-Marne; *Hugues*, du Dauphiné; *Rangier* et *Raoul le Vert* [1], tous amis et disciples dévoués de l'éminent docteur de Reims, entraient dans ses projets de réforme... et se promettaient d'aller avec lui montrer que la faiblesse humaine peut, dans la solitude et la prière, se maintenir constamment à la hauteur de tous les sacrifices évangéliques.

A l'autorité des décrets du pape, ordonnant le détachement des richesses et la pureté de la vie sacerdotale, on ajouterait ainsi l'éloquence d'un modèle. En chantant constamment la gloire du Créateur, au milieu de toutes les douleurs de la pauvreté, ne donnerait-on pas le plus solide appui au Pontife qui voulait élever les cœurs? Bruno et ses amis voulaient reproduire le type de la sainte vie réclamée par Grégoire; le pape traçait le type, Bruno créerait une réalité. Les douces joies de la solitude et du sacrifice entrevus dans le désert, trouvèrent un écho puissant dans *Séguin*, abbé de la Chaise-Dieu, qui donnait des avis sur les meilleures pratiques et sur les lieux les plus favorables aux saintes retraites. — Possesseur de forêts sur les bords du Rhône, l'abbé Séguin en décrivait la solitude et les belles horreurs.

Les magnifiques gorges des Alpes, la sublimité des paysages, dignes d'être les emblèmes des élévations de la pensée, étaient l'objet de ses conversations, toujours terminées par des aspirations vers un asile qui épargnerait la vue des dé-

[1] Avec ces élèves destinés, le premier aux difficiles gloires de la tiare, les trois autres aux honneurs de l'épiscopat, se plaçaient *Fulcius*, *Lambert*, *Pierre Landuin* (de Toscane), et un autre, *Hugues*, nommé plus tard *Hugues* le Chapelain.

goûtantes plaies de la société ; ce serait un lazaret où l'on se purgerait des miasmes du navire.

A ces tableaux de vie érémitique, de tristes événements vinrent ajouter de nouveaux attraits. L'archevêque Gervais mourut, et un homme corrompu, du nom de Manassès, achetant les suffrages, usurpa l'archevêché de Reims... Saint Bruno, après lui avoir résisté avec douceur, fut obligé de recourir aux dernières extrémités. Cette âme, profondément chrétienne, pouvait-elle transiger avec le devoir? Bruno dénonce hautement la simonie de Manassès, et Hugues de Die, légat du Pape, assigne le prélat devant le concile d'Autun, pour être jugé, après les débats contradictoires.

Trois accusateurs de Manassès se présentent au concile d'Autun : ce sont Bruno, le prévôt du chapitre et un chanoine de Reims. Avant le départ de Reims, mille tracasseries, bien des violences avaient été dirigées contre eux par l'usurpateur du siége. Bruno et ses collègues surent souffrir néanmoins et comprimer leur ressentiment. Leur accusation ferme ne cessa pas d'être calme ; le prélat simoniaque évita la honte de la confrontation... Il fut suspendu. Pendant qu'on jugeait ses méfaits, le coupable commettait des crimes. — Manassès faisait enfoncer les portes des maisons des accusateurs, pillait leurs biens, vendait leurs prébendes.

Cité devant le concile de Lyon, l'archevêque simoniaque hier et aujourd'hui pillard, ne comparut pas davantage... La sentence de déposition fut prononcée par Hugues de Die, légat de Grégoire VII. Plus tard, Manassès ne se soumettant pas à la condamnation décrétée contre lui, il fut excommunié et vint accroître à la cour de l'empereur Henri IV le cortége des vicieux courtisans.

Pour remplacer Manassès, Bruno fut proposé... et le légat le recommandait au pape : « Ses mœurs sont irréprochables, et il a souffert pour le nom de Jésus-Christ, » disait Hugues de Die au Pontife. « Il est doux, humain, savant, éloquent, riche et puissant, tous les suffrages s'adressent à lui, » disait un auteur contemporain.

Mais les mœurs sociales qui admettaient de si graves

écarts, étaient antipathiques à celui qui appréciait surtout la douceur, pour qui la divine paix avait tant de charme; il était plus important, en effet, de transformer que de régir de tels hommes. Quant à la gloire de dominer... n'avait-elle pas de bien dangereux enivrements?... Pouvait-on comparer de faux *plaisirs*, de vains biens terrestres aux délices éternelles; des joies toujours troublées au bonheur toujours serein de la patrie céleste? Ce qu'il fallait populariser, ce n'était pas la discipline imposée, c'était le devoir, le sacrifice désirés. Jésus-Christ ne s'était pas armé d'une épée, pas même d'un bâton pastoral, il s'était couché sur une croix, en disant heureux ceux qui souffrent et s'immolent pour les autres hommes. Plein de ces pensées, Bruno s'épanchait, par une belle soirée, dans un jardin de Reims, avec ses amis *Raoul le Vert* et *Fulcius* : « *Jurez donc avec moi*, leur dit-il, que nous irons bientôt renouveler dans le désert de la France les sublimes austérités de la Thébaïde. » Ils le jurèrent, en élevant vers le ciel des regards brillants des feux de l'extase.

Le vœu monastique était prononcé. Fulcius fut appelé à Rome; Bruno, en butte à des sollicitations, chaque jour plus vives, pour accepter le siége de Reims; se déroba aux honneurs, en venant consulter, autour du centre lettré de la capitale française, les meilleurs recueils des règles cénobitiques. Presque tous accomplirent ensuite leurs vœux.

Odon de Chatillon alla s'enfermer dans un cloître de Cluny, comme Hildebrand; il sortit du monastère pour entrer dans le palais pontifical... il devint le pape Urbain II; mais il ne prit la puissance que pour appliquer les maximes et les conseils de Bruno, son maître chéri et vénéré. Rangier entra aussi dans la famille clunicienne, et plus tard il passa au monastère de la *Cava*.

Quant à Bruno, il alla puiser la doctrine cénobitique dans le monastère de Molesme, sous la direction de saint Robert, futur fondateur de l'ordre de Cîteaux. Toujours prenant le rôle le plus bas et le plus humble, le modeste fondateur carthusien se faisait le docile disciple du fondateur cistercien, et celui des deux créateurs d'ordre qui s'abaissa davantage produisit l'œuvre la mieux étudiée et la moins altérable. Toujours suivi de quelques fidèles disciples de Reims, Bruno s'assura à Molesmes de la connaissance des règles de la perfection cénobitique, et apprit à éviter, dans l'ordre nouveau qu'il méditait, les deux causes des relâchements funestes à la tribu de saint Benoît : l'appareil des somptueuses dignités, et les dangers d'une richesse gérée au milieu des distractions de la vie agricole. *Pierre* et *Lambert*, deux disciples de Bruno, crurent avoir trouvé, à *Sèche-Fontaine*, dans les forêts du plateau de Langres, une solitude convenable. Ils s'y arrêtèrent et établirent un monastère.

Bruno voulait cacher sa retraite aux âpres solitudes de plus grandes montagnes ; il ne pouvait la trouver convenable que dans les Alpes.

Un autre disciple de Bruno avait été envoyé vers le Dauphiné comme un précurseur de la tribu carthusienne[1], et élevé sur le siége de Grenoble. C'était saint Hugues.

Ce prélat était toujours épris de l'exécution des desseins de Bruno. Une vision lui apparut au milieu des rochers menaçants et des sombres forêts qui environnaient son chef-lieu épiscopal: il vit s'élever un temple splendide couronné d'une pléiade de sept étoiles brillant de la plus douce lumière.

Bruno, sachant bien que saint Hugues lui préparait le meilleur des asiles, s'avançait, en passant par Reims et par Valence, prêchant partout les mérites et les douceurs de la vie monastique, et entraînant avec lui, par son éloquence inspirée, deux nouveaux prosélytes pris parmi ses élèves de Reims ; à Valence, il conquit deux chanoines de Saint-Ruf. Avec six compagnons, Dieu lui dit qu'il serait assez fort pour vaincre les obstacles d'une fondation; l'apparition de trois anges le lui assura, et il vint se présenter à l'évêque de Gre-

[1] Adressé à l'abbé *Séguin*, vieux ami de Bruno, Hugues (de Grenoble) passa un an dans le monastère de la Chaise-Dieu, sous la direction de Séguin ; il parcourut les montagnes des Alpes dépendantes de l'abbaye, trouva dans la partie la plus inaccessible un désert conforme aux désirs de saint Bruno... Pour mieux aider à l'exécution du plan de saint Bruno, il avait consenti à être évêque de Grenoble, et il avait obtenu l'assentiment de Séguin et d'autres seigneurs pour faire concéder le terrain de la Chartreuse projetée.

noble; celui-ci reconnut la réalisation de sa vision : saint Bruno amenant six compagnons, n'était-ce pas une constellation des sept foyers de lumière, qui se levait au-dessus du sublime autel des cimes alpines?

A l'évêché de Grenoble, accueillie comme par un frère, la petite famille de Bruno suivit le saint prélat, qui la guidait vers le centre des plus horribles montagnes comme vers une terre promise.

Dans la gorge nommée la Chartreuse, ne s'ouvrant vers les deux vallées du Rhône et de l'Isère que par deux étroits défilés, abîmes effroyables où mugissent des torrents écumeux, se trouve, vers l'orient, un entassement confus de grands débris rocheux, témoins éloquents des plus terribles crises de l'enfantement de la terre. Au pied de ce barrage naturel, Bruno fit découvrir une claire fontaine. Pour les anachorètes; de l'eau, des fruits sauvages, des herbes, des racines, c'était assez... Là fut plantée la tente de la nouvelle et sainte tribu.

Le jour de la Saint-Jean, de l'an 1084, les accents du *Te Deum* et les glorieux chants du *Magnificat* furent, pour la première fois, répétés par les échos des majestueuses cimes des Alpes les plus abruptes. Ainsi fut inauguré, avec les bénédictions du prélat de Grenoble, le merveilleux sanctuaire de prière placé aux pieds des flèches d'une magnifique cathédrale de rochers! édifice du premier architecte du monde, monument dont les larges assises sont dessinées par des lignes de sombres sapins!... De tous côtés les aiguilles verdoyantes des grands arbres s'harmonisent avec les obélisques des montagnes, comme pour figurer sur les pierres et sur les plantes les élancements de la prière vers les cieux! Combien était heureux le choix de l'année de la grande fondation carthusienne! C'étaient les mêmes soleils de l'année 1084, qui éclairaient d'un côté la sévère cellule de Bruno, s'élevant sur les hauteurs, et de l'autre côté dans la vallée du Rhône, le grand développement donné par le dévoué Sibert aux constructions des hospices, des ponts par les frères *Pontifices*, gardiens protecteurs des passages des rivières. Quand l'un édifiait le monument du sacrifice civilisateur sur les fleuves, l'autre incrustait le dévouement et la prière sur les rochers alpestres. Le secours matériel dans la plaine, le rayonnement de l'idéal sur la montagne, c'était l'amélioration et le progrès chrétiens sous ses deux formes opposées.

Le patronage de saint Jean convenait bien sur ce désert profond, sur ce camp retranché de la Chartreuse, hors de l'insulte de l'homme de proie, au-dessus des troubles de la société agitée. Le patronage de Jean, prophète de la solitude, précurseur et préparateur de l'annonce prochaine de la bonne nouvelle, devait couvrir la famille cénobitique, sainte association de soupirs après la paix du désert, et d'ardentes prières pour le triomphe de l'apostolat civilisateur du Christ. L'autre protection céleste de la famille de saint Bruno était celle de la Vierge, modèle et patronne de la continence, la plus belle et la plus difficile des épreuves religieuses.

Le prélat, saint Hugues, avait d'avance aplani tous les obstacles à l'établissement de saint Bruno; les possesseurs des forêts inaccessibles, l'abbé de la Chaise-Dieu, les seigneurs des domaines contigus s'empressèrent de donner des précipices sans revenus pour eux, et de les échanger contre les grâces des prières promises par les solitaires.

Avec le concours de l'évêque, chaque religieux put avoir bientôt une cellule placée au pied de celle de saint Bruno, et une chapelle dédiée à la sainte Vierge et à saint Jean-Baptiste, qui est devenue Notre-Dame de *Casalibus*.

Les humbles édifices de bois de la Chartreuse fournirent fréquemment une délicieuse retraite à l'évêque de Grenoble, venant humblement abaisser son éminente dignité sous la direction de son ancien maître et docteur des écoles de Reims. Saint Bruno, souvent, s'enfonçait seul dans l'isolement des forêts; il en revenait toujours avec des lumières nouvelles. — Il rapportait de ses méditations des inspirations pour son ordre ou de bons avis pour l'évêque.

Trois ans s'étaient à peine écoulés depuis la mort de Grégoire VII, quand après ces trois années remplies par le pontificat pacifique de Victor II, arrivait aux premiers mois de

1088 l'exaltation d'Odon de Châtillon, cet éminent élève de Bruno déjà signalé plus haut et nommé Urbain II.

Immédiatement le pape réclama les conseils de son maître de Reims; il ne voulut plus que les consultations écrites de saint Bruno; le pape réclama l'assistance continue du saint cénobite; il le voulut toujours auprès de lui, dans son propre palais. Dès l'année 1090, obéissant à l'ordre du pontife, saint Bruno devint l'inspirateur constant des œuvres d'Urbain II. Le pape, persécuté à Rome, chercha un appui chez les Normands de Naples. Amenant Bruno avec lui, il fit la tournée des États de Naples, où l'ordre et la vertu catholique avaient été plus altérés qu'ailleurs par la domination des Grecs et des musulmans; après les prêtres grecs mariés, après les marabouts mahométans chefs de famille, le sacerdoce avait besoin de réforme.

Saint Bruno refusa dans ce pays le brillant archevêché de Reggio, comme il avait déjà refusé celui de Reims; sa modestie ne voulait que les utilités du sacrifice, et jamais les passagères et dangereuses jouissances des dignités.

Il fit placer sur le siége de Reggio le bénédictin Rangier, cet autre de ses élèves, qui, sur l'invitation de Grégoire VII, était venu joindre Odon, quand il était abbé de la Cava... Trois siéges étaient alors gouvernés ou dirigés par les diciples de l'humble Bruno; on voyait Raoul le Vert, prévôt, puis archevêque de Reims; Hugues, évêque à Grenoble; Rangier, archevêque à Reggio; et, au-dessus de tout, l'éminent disciple ceint de la tiare; tandis que Landuin, de Toscane, était par Bruno préposé à la grande Chartreuse.

Le but de l'Église était la civilisation pacifique inaugurée par la *trêve deDieu*. Sous ce titre, les conciles siciliens, sous l'influence de saint Bruno, décrétèrent l'ordre public qui était le but constant des aspirations du saint chartreux. — Désormais, sur tous les lieux où se fera sentir l'influence de l'école de Bruno, la trêve de Dieu sera proclamée.

Bruno acquit par ses vertus, ses sages conseils, et la douceur de ses procédés, un tel ascendant sur le roi Roger, souverain de Naples, il lui montra si bien que l'intérêt des institutions chrétiennes était celui de son autorité, que Roger devint à la fois le généreux bienfaiteur des fondations cénobitiques de Bruno, et le *défenseur* hautement proclamé de l'Église chrétienne, et par conséquent de la trêve de Dieu, formule de la civilisation de ce temps. Le titre d'*Adjutor christianorum* fut pris dans les actes publics par le guerrier normand, souverain de Naples.

Au moment où les armes de l'Empereur débauché, unies aux intrigues de l'antipape Guibert, forçaient le pape Urbain à quitter Rome, la solennelle protection de Roger était un avantage décisif obtenu par la piété, la douceur et l'habileté du modeste Bruno; celui-ci eut une retraite auprès du prince par la fondation du monastère de la Tour.

La paix publique, l'ordre universel, le respect des personnes et des choses, l'observation des règles de la continence cléricale et laïque furent obtenues à Naples... et bientôt par la force armée normande, unie aux sages combinaisons conseillées par Bruno, le pape put reprendre à Rome son siége.

L'influence secrète de l'ancien chef des écoles de Reims s'exerça sur l'ensemble de l'Église et sur les détails de l'administration des grands diocèses. Pour remplir le rôle efficace de promoteur de toutes les améliorations de la chrétienté, il fallait que, comme la force cachée de la gravitation qui régit le monde matériel, l'action du docte cénobite sur le monde moral demeurât toujours *latente*. Tous les mémorables actes du pontife Urbain II furent les manifestations des hautes pensées du fondateur carthusien.

Les deux grandes plaies de la société du onzième siècle, l'incontinence dans l'Église et hors de l'Église, le désordre et la violence dans la société politique, furent attaquées avec une persistance inébranlable, une sage douceur et une habileté merveilleuse.

Dans les trois conciles tenus dans le royaume de Naples, l'un à Melfe, l'autre à Troyes en Pouille, et le dernier à Bénévent, la régularité de la vie claustrale fut décrétée par les conseils de Bruno, tandis que l'épée du roi Roger pourvoyait à l'ordre public.

Le grand et terrible ennemi de la continence et de l'ordre social était, en Italie, l'empereur Henri IV, dont l'autorité dépravait le clergé, travaillé aussi par l'antipape Guibert.

Bruno, respectant l'autorité dans la famille de Henri IV, sut mettre aux mains du pape la protection de l'épouse et des enfants de Henri IV, abreuvés d'infâmes outrages. Le despote dépravé trouva ainsi la résistance dans sa famille elle-même, qui souffrait aussi de sa corruption et de ses dérèglements tyranniques.

Par l'impulsion partie de Rome, Conrad, fils de Henri IV, fut couronné et reçut l'onction des mains de l'archevêque de Milan, dévoué au souverain pontife légitime de l'Église. L'épée impériale était enlevée à Henri IV avec l'assentiment de tout le peuple irrité de ses débordements et de son oppression. La vertu et la douceur persévérante de la cour pontificale, dirigée par Bruno, triomphaient de celui qui avait résisté aux anathèmes de Grégoire VII.

Le pape ne se présentait plus comme un souverain qui donne ou enlève les couronnes suivant son gré, mais comme un vengeur inébranlable de la morale méconnue, des droits du peuple foulés aux pieds et de la famille outragée.

Malgré l'empereur et grâce à l'influence des fils et de la femme opprimés par l'empereur Henri IV, le pape put réunir à Plaisance, dans les États mêmes de l'empereur, un grand concile, où les règles de la continence matrimoniale et cléricale furent hardiment proclamées par l'influence de saint Bruno. Les conseils adressés de la grande Chartreuse au pape, en 1088, étaient mis en pratique, et les violences infâmes que Henri IV avait prodiguées à l'impératrice Adélaïde, les souillures que l'empereur avait infligées à sa propre famille, avaient trouvé un vengeur. L'incontinence fut punie, au sein même de l'Italie, dans le clergé et sur le trône... et cela par la voix du peuple et du sacerdoce. Dans le concile de Plaisance, concile bien solennel, où se trouvaient réunis des prélats de France à ceux de l'Italie et trente mille laïques, l'affluence fut telle, que saint Bruno, enhardi, alla plus loin. L'empereur, terrible adversaire de Grégoire VII, le souverain puissant qui avait fait mourir en exil le pape Hildebrand, qui le déposait, fut vaincu presque sans bruit, par la douceur prudente du pieux cénobite.

L'héritier de Henri IV épousa la cause du pontife de Rome; le père tyrannique et le mari coupable, devenu odieux à tous ses officiers en même temps qu'à sa famille, finit par être détrôné en 1095. Le fils, reconnaissant de l'appui moral prêté par la cour pontificale, se désista de toutes les usurpations commises dans le choix des évêques, et des prétentions aux investitures sacrées.

La continence, hautement proclamée au concile de Plaisance, avait un type humain et une céleste protection auxquels s'attachaient toujours les regards du pieux fondateur de la Chartreuse.

La chasteté devait être placée sous le patronage de la pureté de la Reine des anges. Saint Bruno venait de contribuer à rédiger la préface des fêtes de Marie, qui glorifie la virginale maternité du Sauveur, avec cette élégance de langage et cette délicatesse d'expressions qui caractérisent l'éloquent docteur de Reims[1]. Le cénobite, toujours humble, cacha sa plume sous le manteau du pontife, qui fit décréter, par le concile, cette préface, comme un hommage et un appui éclatants donnés désormais aux lois religieuses de la continence.

Dans le court espace de cinq années, la prudence, la pénétration et l'énergie du travail occulte de saint Bruno, avaient transformé l'Italie. Il ne restait plus ici qu'à maintenir les conquêtes, les améliorations obtenues, en neutralisant de plus en plus l'influence délétère de l'antipape Guibert; mais en France, il fallait aller déployer largement le

[1] « Virgo Maria, quæ et unigenitum tuum Sancti Spiritus obumbratione concepit, et virginitatis gloria permanente lumen æternum mundo effudit, Jesum Christum Dominum nostrum. »

Nous vous louons, bénissons et glorifions hautement dans cette fête de la bienheureuse Marie, qui a reçu le double privilége et d'avoir conçu votre Fils unique par le rayonnement du Saint-Esprit, et de conserver intacte sa glorieuse virginité en répandant sur le monde la lumière éternelle de Notre-Seigneur Jésus-Christ.

drapeau de la civilisation, en faisant de la promulgation de la paix publique, de l'ordre intérieur, une grande et universelle loi de la chrétienté, et en portant en même temps un grand coup à l'incontinence du prince. Comme c'était au sein même des États de l'empereur que saint Bruno avait fait condamner son libertinage, c'était au sein de la France qu'il fallait faire flétrir l'adultère du roi de France.

Un pèlerin, revenu de Jérusalem, était venu faire au pape de Rome un lugubre tableau des avanies infligées aux chrétiens par les musulmans. Le pèlerin était un Français éloquent, saint Bruno saisit l'occasion d'en faire un ardent missionnaire de la paix de la chrétienté, en lui donnant le caractère d'un prédicateur d'une expédition sainte. Déjà, en 1066, la conquête de l'Angleterre, faite comme une première croisade, sous la bannière de saint Pierre, n'avait-elle pas montré qu'on pouvait faire surgir, de divers points de la France, une redoutable armée de chevaliers? Le chef de la chevalerie chrétienne n'avait-il pas fourni à Grégoire VII le meilleur et le plus solide défenseur de ses décrets civilisateurs pour la protection des clercs et de tous les voyageurs? On a vu plus haut qu'au concile de Lillebonne, en 1080, Guillaume le Conquérant s'était, en effet, déclaré, avec tous ses officiers, le défenseur de la trêve de Dieu.

Une expédition lointaine était un moyen assuré de détourner de leurs querelles, les guerriers impatients du repos et perturbateurs incessants de l'ordre : c'était, comme dans l'expédition anglaise, créer des défenseurs de l'ordre religieux avec les hommes de désordre.

D'après ces sages projets, envoyé de diocèse en diocèse, d'abbaye en abbaye, avec tous les priviléges d'un missionnaire pontifical, Pierre l'Ermite fut le préparateur du grand concile qui devait réunir à Clermont, au centre de la France, les prélats, les abbés, les barons et les plus zélés des laïques... La présidence du souverain pontife était annoncée.

Plus tard, le pape devait assurer, à son tour, le grand mouvement, en faisant la visite des grandes cités, Limoges, Tours, Saintes, Bordeaux, Montpellier, Nimes ou Arles, pour veiller partout à la stricte exécution des décrets de paix intérieure qu'on devait proclamer à Clermont. — L'exécution de ce plan exigeait un an de voyage de la part du pape, et il fallait que, pendant qu'il serait absorbé par la préparation de la croisade, il fût bien prémuni contre les périls que pourraient courir et le siége de Rome et les améliorations déjà obtenues en Italie.

Saint Bruno pour les affaires administratives, Roger, roi de Sicile, pour la défense militaire, — Saint Bruno et son royal ami le roi de Naples offrirent à l'heureuse exécution de ce plan sage et hardi toutes les garanties désirables. La profonde sagesse du fondateur de l'ordre incorruptible éclate dans cette combinaison.

On voit comment se partagèrent les rôles entre Urbain II et son ancien maître, aussi modeste qu'habile. C'était Bruno qui restait au foyer des difficultés, auprès du siége de l'autorité, à Rome, point de mire des attaques souterraines de l'antipape Guibert et de son méchant protecteur Henri IV. Bruno, l'inspirateur de la croisade, restait éloigné de toute son élaboration apparente; à Bruno, le rôle caché de la prudence et de la vigilance; au pape, la mise en jeu de tout le prestige de sa suprême dignité, en face du roi de France, des évêques et des barons.

Saint Bruno resta à Rome en 1095 pour veiller à l'administration centrale, pendant que Urbain II, s'inspirant des idées du fondateur carthusien, venait promulguer la croisade dans le centre de la France.

Les états généraux de la chrétienté, convoqués à Clermont, en Auvergne, offrirent, en novembre, malgré la rigueur de l'hiver, la plus brillante réunion chrétienne qui, depuis Constantin, eût été vue. Deux cent trente-neuf archevêques et évêques, quatre-vingt-dix abbés portant crosse formèrent, avec les autres membres du clergé, une réunion de quatre cents personnes revêtues des insignes de la Prélature.

L'assemblée s'ouvrit le 18 novembre 1095.

Dans cette réunion solennelle, saint Bruno, absent, était représenté par un de ses plus dévoués élèves de Reims, par

Rangier, qu'il avait fait élever à sa place à la dignité archiépiscopale de Reggio. Avec le pape étaient encore Jean de Porto, Gautier d'Albano, Brunon de Segni, Daïmbert de Pise, Grégoire de Milan, tous prélats illustres par leur sagesse et leur ferme dévouement à la régénération morale de la chrétienté : c'était Grégoire de Milan qui avait secondé le pontife de Rome en consacrant, comme roi d'Italie, Conrad, fils de l'empereur Henri IV ; c'était Daïmbert de Pise qui avait soutenu courageusement la papauté contre les entreprises de l'empereur.

Pour compléter le cortége et le solide appui de l'élite de la prélature italienne, Jean de Gaëte accompagnait le pape comme chancelier.

D'Espagne étaient venus le primat de Castille, Bernard de Tolède, et l'évêque distingué Bérenger de Tarragone.

Quoique arrivant en seconde ligne dans le clergé de France, on y voyait briller, par son mérite et ses vertus supérieures, le grand propagateur actuel de la *trêve de Dieu*, l'abbé de Cluny saint *Hugues*, puis l'évêque protecteur de la *trêve de Dieu*, saint Yves de Chartres, et cet autre élève, ami bien tendre de saint Bruno, saint Hugues de Grenoble ; on y vit aussi l'archevêque de Reims, admirateur de l'ancien chef des écoles de Reims, qui avait placé Raoul le Vert, chéri disciple de Bruno, auprès de lui comme prévôt.

L'esprit de saint Bruno planait sur tout le concile, depuis le pape jusqu'aux prélats influents.

A cette grande assemblée manquaient seulement des prélats de Germanie, retenus encore par l'oppression impériale. A l'aréopage destiné à venger la cause de la morale et de l'ordre, les créatures de l'empereur Henri IV ne pouvaient pas prendre séance.

Mais pourquoi dans le brillant cortége venu d'Italie avec le pape, Bruno n'avait-il pas pris sa place comme il l'avait eue à Plaisance, à Bénévent? Pourquoi Bruno ne pouvait-il pas accompagner son ami Rangier, venir embrasser ses chers enfants de la grande Chartreuse, son ami le prélat de Grenoble? Plus était grand le vide laissé en Italie par les prélats venus à Clermont, plus au delà des monts la présence de saint Bruno était donc nécessaire!

C'était Bruno qui, en combinant sagement toute l'organisation du concile de Clermont, consentait à sacrifier ses plus naturelles et pieuses affections pour remplacer, en Italie, à la fois l'administration pontificale et celle des prélats. Le dévoué et humble organisateur de la paix se dérobait à l'ovation de la paix! Sa sagesse seule suffisait pour rassurer, en Italie, contre toutes les éventualités fâcheuses de l'absence des grands fonctionnaires de l'Église.

Quel autre que Bruno était aussi capable de suggérer de sages et prudentes combinaisons? Qui mieux que lui pouvait faire appuyer l'intérim pontifical par les armes du prince normand Roger, ami du saint anachorète et défenseur de l'Église? On ne craignait ni l'antipape Guibert, ni les trames de l'empereur. — Bruno et Roger étaient là.

Pierre l'Hermite venait de parcourir l'Europe... Partout ce Jérémie français avait ému les cœurs par le navrant tableau des douleurs des pèlerins en terre sainte, et des désolations du tombeau du Christ; maintenant cet ardent missionnaire arrivait, escorté d'un grand nombre d'hommes armés du bourdon de pèlerin ou de l'épée du chevalier: tous venaient avec empressement participer à ces brillantes assises, inaugurant la renaissance de la civilisation, et de toutes les âmes partait le cri de réprobation contre les violences, les oppressions et les pirateries des disciples de Mahomet.

Le pape, enfant de la France, n'avait pas pu venir sans escorte, car l'Italie exécutait imparfaitement la trêve de Dieu; elle était encore infestée par les vices barbares de l'empereur Henri IV et les pernicieuses influences de l'antipape impérial Guibert... Il avait fallu que le souverain pontife atteignît le sol de la France avec la protection d'une escorte armée donnée à Bologne; mais rien n'avait arrêté le pape. Intrépide soldat de Dieu, il venait, malgré les fatigues et les obstacles multipliés, faire briller l'étendard empourpré du sang du Calvaire sur les neiges des montagnes de l'Auvergne. — Tout était frémissant comme le sol que l'on foulait, suspendu sur les fournaises volcaniques ; on pressentait qu'un nouveau Constantin allait, encore une fois, après un intervalle de sept siècles, donner le signal du départ à une nouvelle armée chrétienne gauloise, prête à marcher à la conquête de la liberté de la croix.

L'on promulgua tous les décrets déjà élaborés, sous l'influence de saint *Bruno*, à Melfi, à Troyes, à Bénévent et à Plaisance. La chasteté cléricale et l'ordre dans l'Église furent ainsi adoptés.

Le premier travail du concile fut ensuite la généralisation de l'application de la trêve de Dieu et la punition des violateurs de cette grande institution de la civilisation chrétienne.

En France, une seule infraction notable avait été commise, elle fut immédiatement frappée d'une punition exemplaire.

Garnier, seigneur de Provins, avait arrêté l'évêque d'Arras, se rendant au concile, et voulait le rançonner. Frappé par l'excommunication, Garnier, abandonné de ses vassaux, fut obligé de lâcher sa proie. Humble pénitent, il vint, pieds nus, derrière l'évêque d'Arras et son clergé, réduit à servir ignominieusement ceux qu'il avait chargés de chaînes.

L'infraction à la paix, à l'ordre public, à la liberté de circulation, aussi solennellement punie, n'était-elle pas une éclatante confirmation de la règle? L'excommunication ne se montrait-elle pas ainsi le moyen souverain de répression efficace, la sauvegarde des faibles et des désarmés? Alors que la justice politique faisait défaut, c'était la puissance de la foi qui créait ce que l'on a appelé plus tard la force de l'opinion publique et l'armée de l'ordre.

Une autre répression courageuse atteignit un coupable bien plus haut placé que le seigneur de Provins. Le pape, élevé à l'école de chasteté de saint Bruno, fut inexorable pour les écarts du roi de France lui-même. Le prince souverain de l'Auvergne fut frappé d'interdit par le pontife qui était venu au sein de ses États; et l'interdit fut maintenu jusqu'à ce que, quelques mois après, au concile de Nîmes, le souverain adultère repentant, eût promis de rendre à la reine délaissée, à l'épouse outragée, les droits qui avaient été méconnus.

Ainsi tous les torts faits à la faiblesse, au voyageur paisible, à la femme et au prêtre, furent réparés d'une main ferme; la croix refoulait la barbarie et la violence sous toutes ses formes et dans toutes les classes.

La paix de Dieu fut décrétée, à Clermont, avec un caractère d'extension jusque-là inconnu; elle fut proclamée, sans INTERRUPTION, pour TROIS ANS ENTIERS, en faveur des MARCHANDS et des PAYSANS! — Remarquable affranchissement des entraves de l'agriculture et du commerce!!! Grand progrès motivé sur la disette dont la France était alors affligée! C'était un bon jalon planté pour une nouvelle extension à donner à l'ordre public dans les crises alimentaires qui se manifesteraient à l'avenir. — Jusqu'ici la trêve de Dieu n'avait eu pour elle que des jours, maintenant on lui accordait des ANNÉES.

Mais l'ordre public attendait une bien plus grande confirmation et un plus solennel développement. Ce n'était pas assez d'avoir promulgué les décrets qni consacraient le respect et les droits du mariage et du sacerdoce, des voyageurs, des cultivateurs de la terre et des utiles intermédiaires de l'échange commercial. — Il fallait créer une grande armée de l'ordre chrétien, en éteignant le foyer des violences et des rapines, en déclarant à la piraterie une guerre civilisatrice soutenue par toute la chrétienté.

Les ennemis que combattait la trêve de Dieu c'étaient les guerriers impatients du repos, avides de gloire ou de richesse.

Une rivalité constante, une opposition permanente de passions et d'influence, de droits et de devoirs éclataient, à chaque pas, entre l'évêque lançant son anathème et le baron brandissant son épée. Mais il y avait un terrain commun, où le dignitaire élu par les chrétiens et où le seigneur investi de la puissance par droit d'hérédité, où la croix et l'épée se prêtaient un mutuel appui en défendant un bien commun, la patrie spirituelle et la patrie terrestre : c'était la lutte contre les enfants de Mahomet qui formait cet intérêt général. Le baron n'avait-il pas besoin du dévouement de ses vassaux pour soutenir le combat contre les Musulmans? Comment enflammer le cœur des vassaux, soutenir leur courage jusqu'au sacrifice de la vie, sans les religieuses perspectives du bonheur céleste? La religion et l'intérêt féodal étaient ici d'accord. Voilà pourquoi le concours du clergé et des seigneurs fut si vite compris, si complet, si spontané, dans les conciles du Roussillon de la fin du neuvième siècle. On était sur le théâtre des luttes avec l'infidèle, maître de l'Espagne. Il fallait bien que le baron fût défenseur de la croix, pour éviter la servitude du croissant. Voilà pourquoi ce fut, en 1033, à Arles, exposé aux pirates envahisseurs des bouches du Rhône, en 1041, à Tuluges, dans le Roussillon, au pied des Pyrénées, que furent complétement promulgués, par un concile, les premiers canons complets de la trêve de Dieu, canons confirmés par l'adhésion et le serment des seigneurs voisins, et six ans après, jurés de nouveau par les seigneurs DE VILLENEUVE, dans le synode d'Elne, en 1047.

Dès l'année 1050, l'idée de la trêve de Dieu était associée à celle de la croisade. La peine infligée au violateur de la trêve de Dieu était le pèlerinage de JÉRUSALEM. La croisade n'était donc que le pèlerinage de Jérusalem agrandi et se rattachant à une trêve de Dieu générale.

Déjà, à trois reprises, dans la période de 1030 à 1064, des seigneurs pèlerins, invoquant pour eux-mêmes les priviléges de la trêve de Dieu, avaient été chercher, dans les lieux saints, le pardon de leurs forfaits. Et, dans la dernière période de 1064, le nombre de ceux qui formaient la pieuse caravane s'élevait à 7,000.

Maintenant, les prédications et les récits de Pierre l'Hermite venaient d'échauffer tous les cœurs, l'occasion était belle pour une grande manifestation de la civilisation chrétienne et pour faire éclater l'adhésion des barons aux aspirations de la foi, par la guerre déclarée aux ennemis de la chrétienté. Les glorieux coups d'épée contre les infidèles,

les aventures lointaines, les dépouilles et les opulentes villes à conquérir, l'acquisition de reliques qui, comme des talismans précieux, écartassent tous les maux et tous les périls, voilà ce qui séduisait les imaginations et les âmes des chevaliers, espérant, dans la même entreprise, gagner et les biens de la terre, et les droits aux félicités du ciel ; tandis que le peuple souffrant était surtout touché par le récit des douleurs et des avanies infligées aux malheureux chrétiens qui étaient allés chercher des consolations sur le théâtre des souffrances de la Passion.

Dans cette émotion universelle, élevant la voix au-dessus de l'assemblée générale réunie sur la grande place de Clermont, au-dessus de cette réunion compacte de prélats ornés de croix, de barons armés d'épées, et de pauvres chrétiens à genoux, le pontife de Rome s'écrie :

« Vous qui êtes ceints de ce magnifique appareil des « armes, vous déchirez vos frères et vous vous égorgez les « uns les autres. Non, elle n'est pas la milice du Christ, « cette milice qui détruit le bercail du Rédempteur... Non, « non, vous ne suivez pas le chemin qui vous conduira au « salut et à la vie, vous, oppresseurs des orphelins, vous, « ravisseurs de la veuve, vous, homicides, sacriléges, vous « qui pillez le bien d'autrui, vous qui, pour répandre le sang « chrétien, attendez le salaire ordinairement réservé aux « brigands ; semblables aux vautours flairant les cadavres, « vous cherchez en tout lieu des guerres et des batailles; « certes, cette vie est détestable, et complétement réprouvée « de Dieu.

« Si vous voulez prendre soin de vos âmes, cessez ces luttes « impies, élancez-vous pour la défense de l'Église d'Orient; « car c'est d'elle qu'est émanée toute la joie de notre salut.

« La terre actuelle ne vous suffit plus, allez conquérir « d'autres campagnes. Il serait beau d'aller mourir dans « cette ville, où le Christ est mort pour vous. Si la mort vous « atteint auparavant, si vous succombez dans ce pèlerinage, « le Christ vous trouvera dans sa milice; — Dieu récom- « pense la première et la dernière heure.

« Il est horrible, frères, il est horrible de vous voir « étendre une main avide sur les chrétiens ; il est très-« louable, au contraire, de lever le glaive sur les Sar-« rasins. »

Dieu le veut... fut le cri unanime qui répondit à la harangue de l'orateur pontife, et l'écarlate de la croix brilla sur toutes les poitrines.

Dieu le veut, reprit le pontife, voilà une noble devise, bien digne de *guerriers chrétiens* exécutant une sainte expédition ; désormais donc vous serez les soldats de Dieu dans la terre sainte ; votre cri de guerre sera : Dieu le veut.

Puis tous les pèlerins, tous les guerriers de la croix tombèrent à genoux, frappant leur poitrine, pendant que le prêtre du Dieu sans péché faisait la lente énumération des infractions à la loi divine... après le général examen de conscience, après l'intime aveu des faiblesses et des forfaits, une solennelle absolution fut prononcée par les lèvres pontificales. Les douces joies de l'innocence recouvrée furent répandues sur tous les visages avec la rosée des bénédictions du grand pasteur des âmes. Sublimes émotions, préludes du paradis pour ceux qui promettaient d'affronter le martyre ! Avant la lutte des armes commençaient la paix et la justice dans la famille chrétienne !

Après cette grande inauguration de la paix dans la patrie, et de la guerre au loin, bien loin, le grand prêtre de Dieu marcha de monastère en monastère, d'église en église, de château en château, malgré le froid, malgré les chaleurs, parcourant la France pendant huit mois, bénissant des croix et des épées, et prêchant cette parole civilisatrice du chevalier chrétien : Paix aux chrétiens, guerre aux infidèles.

Le pape exécutait une mission et donnait l'ordre à chacun des évêques de la reproduire dans son diocèse. Le cri de la paix chrétienne et de la guerre aux infidèles fut répété dans toutes les chaires des deux cent trente-neuf évêchés.

Le pontife, dévoué à la paix publique, était aussi le ferme protecteur des lois du mariage, lorsqu'au mois de mars il vint à Tours ; il harangua, en plein champ, sur les bords riants de la Loire la foule que les églises ne pouvaient plus contenir : et lorsque le peuple et des évêques lui demandèrent d'ajouter à sa bénédiction l'absolution du roi de France, maître du terrain qu'il foulait, et dont la résidence était si voisine; le pontife répondit qu'il n'absolvait que les pénitents.

En sanctionnant les canons du concile de Plaisance, le concile de Clermont avait promulgué, pour toute la chrétienté, l'hommage rendu à la virginité de Marie par la belle préface, fruit de la pieuse éloquence de Bruno, et insérée dans toutes les messes pour la Mère de Dieu.

Mais il fallait encore un autre hommage à la protectrice de la continence, lorsque les licencieux enfants de Mahomet allaient être frappés. Il fallait que l'étendard de la virginité fût déployé par les guerriers qui allaient conquérir le sol témoin des gloires de l'incarnation divine.

Marie, la Vierge sans tache, fut proclamée par le pape comme la Dame de la croisade : à elle l'honneur du succès des armes des chevaliers de la croix. Ainsi la pensée du fondateur carthusien, de l'organisateur secret de la paix publique, par deux fois se révélait, à Plaisance et à Clermont, par les honneurs rendus à la céleste et gracieuse protectrice.

Désormais, la pensée de Bruno, de la continence, se reflétait et dans la messe et dans les vêpres de la Vierge.

Après le décret de la préface de la Vierge, promulgué à Plaisance par les conseils du silencieux cénobite, un nouvel hommage à Marie, à la mère du Roi pacifique, devait être proposé au concile de Clermont.

L'office de la sainte Vierge, composé par Damien, adopté par Bruno, fut indiqué à la piété des chrétiens, par le pape Urbain II. C'était avec des prières adressées à Marie que désormais les armes des guerriers auraient à exercer leur protection civilisatrice.

Cette institution, aujourd'hui universelle, de l'office de la sainte Vierge, n'avait été jusque-là qu'une pratique particulière aux chartreux. Cette gracieuse institution en faveur de celle qui fait l'honneur et la force du sexe faible, est restée un trait d'union de plus entre l'esprit chrétien de la croisade et l'esprit de sacrifice de l'ordre carthusien. — L'humble Bruno se cache sous toutes ces efflorescences de la piété chrétienne, qui couvrent un grand progrès de nos mœurs civilisées par la foi. — A huit mois d'intervalle, à Plaisance d'abord, à Clermont ensuite, c'étaient deux triomphes à la pureté et à la paix que saint Bruno faisait décerner :

« Dès que l'armée des croisés se fut mise en marche, le « matin, à l'aube du jour, le soir à son déclin on sonna « trois coups de cloche dans toutes les villes, dans les « moindres hameaux, afin d'engager le peuple à prier « pour les pieux guerriers. A peine la note connue avait-elle « retenti au beffroi de l'église, au clocher du moustier, « qu'aussitôt villageois et citadins, les yeux tournés vers « l'Orient, laissaient voler leur pensée auprès de leurs frères « qui s'acheminaient à travers les pays lointains vers la ville « sainte.

« A la pensée des fatigues encore à affronter, l'âme s'éle- « vait vers le ciel et priait le Dieu des armées de ne pas ou- « blier les croisés. Que d'aspirations brûlantes s'échappaient « alors du cœur d'une mère, d'une sœur, d'une épouse, en « songeant à ceux qu'elle craignait de ne plus revoir !

« Ce fut l'origine de la prière de l'*Angelus*. Louis XI, par « une ordonnance du 1er mai 1472, prescrivit le maintien « de l'usage de sonner l'*Angelus* dans tout le royaume. On a « reproché aux croisades la petitesse des résultats comparés « à la grandeur des sacrifices. Grossière erreur, les résul- « tats ont été immenses pour la civilisation chrétienne [1]. »

Pendant que les croisés adoptaient les prières des chartreux, les chartreux priaient *pour les Croisés*. La supplique pour la croisade interrompait le silence des déserts carthusiens dans les Alpes et en Calabre.

La prodigieuse conflagration partie des cratères de l'Auvergne, couvrit de ses ardeurs tout le pays de France... Jamais

[1] De Brimont, *Histoire d'Urbain II*.

la pensée n'avait mieux dominé la matière!... Désormais, ce n'était plus le fier musulman qui allait attaquer et torturer le chrétien; c'était l'humble fils de la croix qui avait armé, pour en faire le ministre de ses justes vengeances, le terrible aventurier Normand converti... et, dès ce jour, l'affranchissement de la chrétienté était proclamé. Depuis cette heure solennelle, la croix est devenue le signe de l'honneur et de la gloire... Sous Constantin, la croix était devenue le signe de la puissance; maintenant elle devenait, en outre, le symbole de la paix intérieure. Il fallait qu'aucune illustration ne manquât au signe de l'immolation de l'Homme-Dieu... Par un prodige plus éclatant que tous les miracles antérieurs, les hommes de violence, respectueusement inclinés à la voix du vicaire de Jésus-Christ, formèrent l'armée destinée à assurer le *règne de l'ordre et de la paix dans l'Occident*. — Les hommes de rapine transfigurés, se firent les soldats de Dieu!... Cette première armée de chevaliers chrétiens se groupa sous la bannière sacrée arborée par le souverain pontife et tenue par la main de deux chefs : l'un, pour commander les combats; l'autre, pour unir et bénir. — Le comte de Toulouse fut le chef militaire, et le vertueux Adhémar, évêque du Puy, fut le chef religieux de la grande entreprise. Il y avait dans la croisade une âme et un bras.

Les mains robustes détournées des pillages intérieurs se levèrent contre les grands pirates du monde, contre les voluptueux disciples du Coran, et l'épée se fit civilisatrice comme la croix du missionnaire.

Les guerriers croisés et leur immense cortége populaire furent, dès lors, environnés de tous les prestiges et de tous les priviléges sacrés attachés aux voyages des clercs et des pèlerins. — La libre circulation, la protection universelle de la trêve de Dieu fut ainsi revendiquée par ceux-là même qui l'avaient auparavant combattue... Il n'y avait plus de droits, de rançon à payer pour les marchandises et les personnes croisées.

Non-seulement les biens ecclésiastiques étaient désormais couverts de l'inviolable manteau de la religion, mais encore les familles, les serviteurs, les vassaux, les serfs, les maisons, les métairies, les troupeaux, toutes les possessions des guerriers croisés. — Le signe de la croisade, comme une imposante enseigne d'assurance pacifique, couvrit de ses garanties toute la patrie des croisés; la protection de l'épiscopat leur était assurée par une disposition énergique du concile. La peine de *suspension* était décrétée contre le prélat qui manquerait d'excommunier les violateurs des priviléges et de la protection due aux personnes et aux biens des croisés. Les voyages des croisés, comme leur maison, ne devraient jamais, à aucun prix, être troublés, la croix rouge de la croisade équivalait à une onction sacrée. Ce furent les hommes des Gaules qui, sous le nom de *Francs*, devinrent, aux yeux des infidèles, les véritables représentants de la chrétienté catholique.— La civilisation chrétienne eut désormais au dehors un nom et une tête de colonne composée par les guerriers français, et au dedans un signe de fraternité et d'alliance pacifique.

La trêve de Dieu s'était d'abord montrée comme une série d'associations partielles entre le clergé, les peuples et les barons religieux; mais la croisade devint une colossale trêve de Dieu, une association universelle pour la défense de l'ordre, formant une armée obéissante à l'ordre du chef religieux de la chrétienté.

Les barons, qui avaient été antérieurement les remparts inexpugnables de l'indépendance nationale, devinrent aussitôt les défenseurs de la religion et les *ouvriers* de la civilisation. Sans doute les vieux instincts de la force brutale durent apparaître encore plus d'une fois; mais la civilisation chrétienne a de telles douceurs, que les lèvres qui s'y sont trempées reviennent invinciblement à ce breuvage enchanteur; et, à travers d'incessantes oscillations, il y eut toujours des pas définitivement faits. Immenses furent dès lors les progrès de la paix intérieure! Les chevaliers croisés en voyage allèrent demander l'hospitalité aux monastères qu'ils voulaient auparavant piller; ils établirent eux-mêmes la sécurité de la circulation. Pour obtenir des soldats plus nombreux, pour avoir de leurs vassaux plus de chevaux, plus de provisions de campagne; ils multiplièrent les aliénations de droits et les franchises. La liberté des personnes suivit l'acheminement vers les améliorations générales.

Le roi de France, lui-même, l'indolent et voluptueux Philippe Ier, sorti de sa torpeur, promit de se ranger sous les lois de la continence matrimoniale, et renonça aux investitures épiscopales qu'il avait usurpées, surtout pour éviter d'avoir dans les prélats des censeurs de ses mœurs. — Tout ceci fut réalisé au concile de Nîmes, avant même que le pape eût quitté le sol de la Provence, pour aller reprendre l'administration de Rome, et pour rendre à saint Bruno la liberté de goûter encore, loin des honneurs et des soucis de l'administration, la paix de la solitude.

Urbain II avait mené à fin la plus grande œuvre de la civilisation chrétienne; depuis la conversion du paganisme; rien d'aussi considérable n'avait été entrepris. Le premier fruit de la pensée de la croisade était *trois ans de paix* et de *libre circulation*. L'ordre public intérieur de la chrétienté avait été décrété; plus de péages, plus d'avanies, plus de rapines contre le *croisé*. Le *libre échange* des marchandises; la *libre circulation* des personnes, le respect de toutes les faiblesses couvertes du simple signe d'une croix écarlate, avaient été acceptés avec un enthousiasme unanime par le peuple, par les guerriers et par les clercs. Ce qui, en 1030, à soixante-six ans seulement d'intervalle, n'apparaissait que comme une utopie désirable, une aspiration rêveuse, était devenu une prodigieuse réalité. La civilisation chrétienne remportait sur la barbarie une éclatante victoire dans deux tiers de siècle de lutte.

Les effets de cette liberté des communications, de cette confiance dans les moyens d'existence pour l'avenir furent tels, que l'*abondance succéda immédiatement* à la DISETTE.

Le droit public nouveau, inauguré par les croisades, avait tout transformé; le miracle de la multiplication des pains semblait s'être reproduit ! ! !

C'est que les famines, comme les autres misères humaines, sont bien plus encore des plaies morales que des désastres physiques. Avant la croisade, la circulation impossible rendait chaque chef de famille timide;... dans la vente de ses grains, chacun voulait garder plus que son approvisionnement, parce qu'il regardait le moindre déficit comme impossible à recombler par un rachat... La confiance réciproque et la facilité des circulations de denrées faisaient, depuis le concile de Clermont, disparaître ces craintes et rendaient les précautions inutiles.

Quelques seigneurs vendirent à vil prix leurs bestiaux et leurs excédants de grains, pour acheter des armes et se faire un pécule de voyage. D'ailleurs, on vendit facilement dès que l'on vit que l'on pourrait racheter sans peine.—La sécurité des labours et celle des moissons, mises désormais à l'abri des incendies et des dévastations, ne faisait-elle pas espérer une nouvelle récolte dans quelques mois? les labours des champs, exécutés sans entraves et protégés par la paix, n'allaient-ils pas donner des ressources inconnues? Enfin, de nombreux départs pour les Lieux saints laissèrent bien des rations de pain sans consommateurs. Les bestiaux n'étaient-ils pas d'ailleurs une grande ressource dont on pouvait user comme d'une provision alimentaire ultérieurement renouvelable?

Le mouvement de la croisade était un entraînement aussi populaire qu'aristocratique. N'était-ce pas un heureux et universel affranchissement du peuple que celui qui mettait le plus humble vassal, lui et sa famille, à l'abri de toute avanie, de tout abus de la force, dès qu'il avait placé sur sa chaumière le signe du croisé? — Aussi le nombre des croisés fut prodigieux parmi les serfs. L'armée des roturiers croisés, commandée par Gautier sans Avoir, et par Pierre l'Hermite, fut bien plus nombreuse que celle des barons;... elle s'éleva à plus de deux cent mille personnes;... il y eut même beaucoup de femmes... et pouvait-on les exclure de la conquête du paradis tentée sous les auspices de la Vierge?

L'enivrement était tel, qu'on se mit en marche sans provisions assurées, à travers l'immense circuit de la vallée du Danube et de l'Asie Mineure. — Bientôt, ces masses affamées eurent de terribles luttes à soutenir pour obtenir du pain, et elles jonchèrent de leurs cadavres la route parcourue. Mais au-dessus de ces misères elles-mêmes, s'élévait UN IMMENSE PROGRÈS ACQUIS; par la croisade, un empire plus vaste que celui de Charlemagne s'était reconstitué par la foi.

La sainte alliance des peuples catholiques, la grande fédération chrétienne qui venait d'être spontanément jurée sur la montagne de l'Auvergne, ne mettait-elle pas en commun les biens et la richesse? La fraternité et la charité chrétiennes avaient fait disparaître les sensualités égoïstes, les consommations excessives de l'opulence, qui sont des privations imposées à la pauvreté!

La croisade fut l'immense amélioration du présent, la préparation d'une transformation définitive et durable dans l'avenir.

L'armée formée, une première fois, pour faire régner l'ordre, au nom de la souveraineté *spirituelle* et *morale*, représentait *un grand principe*. Les gendarmes actuels, nos agents de l'ordre public, ne sont pas autre chose que les continuateurs de l'œuvre des chevaliers croisés :... à travers les variations de la forme, l'identité de l'idée se trahit.

Voyez la logique filiation des institutions chrétiennes; — Charlemagne fait de l'empereur d'Occident le fidèle soldat du vicaire de Jésus-Christ, le défenseur du souverain pontife. L'empereur est le premier chevalier de la première Église. Chaque centre de défense s'organise d'après le même modèle; chaque unité féodale se compose d'une église et d'une forteresse, d'un foyer de religion protégé par un chevalier.

Le type religieux militaire de Rome et de l'*empire* se répète dans chaque *château*. — Chaque diocèse, chaque église, chaque monastère, reproduisent le même modèle : un centre de vie religieuse et un défenseur armé.

La grande famille monastique de Cluny conçoit la grande pensée de réunir ces unités féodales incohérentes, en faisant naître la sécurité de la circulation par les associations de la paix. A chacune de ces associations civilisatrices sont attachés des guerriers en armes. — C'est encore la donnée primitive appliquée à un besoin social, et il était naturel que ce besoin fût surtout exprimé, et que cette institution fût propagée par les moines de Cluny. Pour leurs maisons, dispersées en immense réseau sur toute la catholicité, le besoin des communications faciles et sûres était plus largement et plus impérieusement senti. — Vers 1040 à 1047, ainsi naît la chevalerie gardienne de la foi, protectrice de la justice, de la faiblesse, sentinelle vigilante placée sur les routes et les rivières pour assurer la circulation.

Elle est encore un développement du même germe primitif, l'Église et son défenseur. Le seigneur n'avait été que le protecteur des biens du château; il devient, à cette heure, le patron de la libre circulation.

II

CROISADES ET ORDRE PUBLIC

Les frères pontifices, se chargeant de protéger les voyageurs, complètent l'institution de la trêve de Dieu. Vœu de continence et consécration du chevalier. — La chevalerie instituée par les croisades. — Prières perpétuelles des chartreux pour le succès des croisades. — L'ordre public général s'établit par les croisades. — Rapports entre le chartreux et le chevalier. — Remarquable association entre Urbain II, saint Bruno et Roger, roi de Naples. — La royauté française développe l'influence de la trêve de Dieu et des croisades. — Le concile de Soissons, en 1155, prépare la destruction définitive du droit féodal des guerres privées par l'institution de la cour des pairs. — Développement général des institutions chrétiennes du onzième siècle. — Rôle des diverses parties de la chrétienté d'Occident.

A la fin du dixième siècle[1], à l'instant où naissait la belle institution de la trêve de Dieu, vers la fin de la deuxième race royale, l'institution complémentaire de la *libre* et de la facile circulation des voyageurs se constituait pour offrir des asiles aux infirmes et des protecteurs armés aux personnes avec les moyens de franchir les obstacles des rivières et des défilés des montagnes. Ces religieux protecteurs des voyages établirent des ponts et des bacs sur les diverses rivières. On les appela les frères constructeurs de ponts, ou frères pon-

[1] Ducange, *Glossaire de la haute et basse latinité.*

tifices. En 1084, *Sibert*, remarquable supérieur de cet ordre, dirigeait l'établissement de *Bon-Pas*, auprès d'Avignon, au moment même où saint Bruno fondait la Grande Chartreuse. — Le dévouement se manifestait simultanément sous deux formes, le service de la prière et le service des bras... le type de l'austère immolation et le type du concours matériel. *Sibert* eut la hardiesse de jeter un pont sur la terrible Durance. Après l'établissement de Bon-Pas, le frère *André* vint fonder à *Sylvacanne*, sur la rive gauche de la Durance, près de Lambesc, une colonie de la même famille religieuse et, après avoir chassé les brigands, il éleva un hospice.

Cette belle institution se répandit bientôt dans toute la France, en Italie, en Espagne, en Allemagne, en Pologne; le pape Clément III, en 1190, sanctionna cette utile corporation, premier germe de nos ingénieurs des ponts et chaussées... L'approbation pontificale fut adressée à Raymond, prieur de Bon-Pas, et accompagnée de nombreux priviléges.

En 1177, saint Benezet complétait l'illustration de ce corps par l'étonnante construction du pont d'Avignon.

Des legs, des dons de toute espèce, des prestations en nature, des exemptions de péages, des priviléges de toute nature furent attachés à l'entretien de ces ponts. De *pieuses* indulgences étaient le prix de tous les bienfaits versés sur les ponts.

Dans le treizième siècle, le pont de Saragosse, fait par les frères pontifices, reçut le legs ou le don d'une seigneurie. Ce n'était plus une tour guerrière qui était le signe féodal, c'était un pont !!! Le monument de la guerre était remplacé par l'appareil de la circulation pacifique, et les tributs auparavant destinés à soutenir des combattants étaient maintenant apportés à des *constructeurs*, à des *infirmiers* et à des *sauveteurs*. — La transformation féodale et l'amélioration sociale obtenues par l'esprit civilisateur chrétien étaient complètes!

Vers 1284, deux cents ans après le priorat de Sibert, et pendant que toutes les ressources des pontifices étaient appliquées à la construction du pont Saint-Esprit, le priorat de Bon-Pas fut cédé à d'autres gardiens des voyageurs, aux chevaliers hospitaliers, remplaçants naturels des frères veillant sur la sécurité des routes, la *gendarmerie* de la croisade héritait de la gendarmerie de la première trêve de Dieu.

Sur chaque grand pont s'élevait une église, non loin d'un hôpital, d'un corps de garde et d'une école d'ingénieurs; toutes les ressources et les instruments de la civilisation catholique se réunissaient et s'appuyaient sur la croix, signe du dévouement... Ce dévouement s'est, plus tard, transformé en se généralisant, mais le principe intrinsèque est toujours le même.

Lorsque les frères pontifices cédèrent Bon-Pas en 1284, pour le remettre aux chevaliers hospitaliers devenus les protecteurs de la sécurité des routes, les enfants de saint Bene zet allèrent porter sur d'autres points leur dévouement et leur habileté dans l'art des constructions fluviales. En 1255, ils établirent l'hospice du Saint-Esprit sur les bords du Rhône et commencèrent le pont qui a retenu le nom du céleste patron de l'hôpital et qui ne fut achevé qu'en 1309.

Un autre pont, toujours accompagné de l'hospice destiné à être l'asile et la maison de santé des voyageurs, fut établi à Vienne, au-dessous de Lyon.

Les guerres anarchiques, le vandalisme des quatorze et quinzième siècles firent disparaître une partie des œuvres utiles des pontifices... Le pont d'Avignon, quasi-merveille de grande difficulté vaincue, célèbre dans les traditions, les chants et les légendes populaires... fut coupé... en 1395, par des Aragonais. En 1517, les pontifices, réduits à des ressources bien au-dessous des besoins, furent incorporés aux hospitaliers, qui continuèrent le ministère d'assistance des voyageurs contre les dangers et les fatigues des voyages.

Ainsi se transforma l'œuvre inspirée en Provence dans le dixième siècle, comme le complément de la protection établie contre les pillages et les obstacles des voyages.

Dans les épanouissements successifs de la chevalerie depuis Charlemagne jusqu'aux chevaliers croisés, c'est toujours une immolation que l'Église d'Occident a substituée à un appétit égoïste, et toujours la transformation surnaturelle a fini par se réaliser, et la pieuse utopie a fini par devenir le fait accompli. Le chevalier, d'abord protecteur armé de la chapelle féodale, puis sentinelle veillant sur le salut des voyageurs, ensuite voué à la construction des moyens de circulation, est devenu le vengeur désintéressé de la violence exercée sur la faiblesse des femmes. Le suprême rédacteur du code de la chevalerie fut le plus ardent des moines du douzième siècle, saint Bernard, et il osa imposer au chevalier les règles et les austérités monacales. Les vœux de pauvreté et de continence perpétuelle ont été demandés à l'élite de la chevalerie de la croisade perpétuelle, aux chevaliers hospitaliers et templiers. Cette dernière promesse, si difficile à tenir pour l'homme vivant dans les ivresses des batailles, dans les exaltations de la force et du courage; cette promesse incroyable a pû être souvent accomplie: demander qu'elle l'eût été toujours, c'est méconnaître la fragilité humaine. On a vu le prodige de chevaliers anachorètes pudiques comme les Gérard *Tenque*, les Raymond Dupuy, les saint Elzéar, les Hélion de Villeneuve, dont le type honoré s'est reflété plus tard dans les du Guesclin, les Bayard, les Turenne, magnifiques incarnations de l'idée chrétienne, qui s'est enfin stéréotypée dans la sévère discipline de la gendarmerie moderne.

L'idée du chevalier est exclusivement attachée à la perfection de la morale chrétienne. Saint Louis dans les fers, sommé par un chef musulman de le recevoir *chevalier*... lui répondit : « Fais-toi *chrétien*, je te *ferai chevalier.* » Noble et sage parole : la chevalerie n'est possible qu'avec le dévouement chrétien.

Comme une merveilleuse exception, l'antiquité avait vanté la chaste réserve d'un Scipion; la chevalerie chrétienne a produit des milliers des guerriers qui n'ont pas eu seulement pour mission de respecter le sexe, mais de le faire respecter et de s'abstenir toujours des richesses et des sensualités. Pour résumer toutes les transformations merveilleuses opérées par la chevalerie chrétienne sur la féodalité, il suffit de comparer le Guillaume de Sabran de 1115, pillant les métairies des Cluniciens à *Pertuis*, au chaste chevalier saint Elzéar de Sabran faisant, vers 1315, de son château d'Ansouis, auprès de Pertuis, l'asile de tous les pauvres, leur distribuant les richesses de son patrimoine et les soins de sa main. Quelle métamorphose accomplie dans les deux siècles de croisades !

Le sacre du chevalier était mis, comme le sacre des rois, au nombre des fonctions exclusivement réservées aux évêques, les prélats avaient seuls le droit de donner l'onction sainte aux prêtres, aux chevaliers et aux rois. Cette haute estime attachée à la réception du chevalier par le ministère de l'Église est constatée par le décret du concile de Londres de 1102. Seize ans avant l'institution écrite des Templiers et des Hospitaliers, la grande importance que l'Église donnait au sacre du chevalier ne pouvait, en 1102, être que la conséquence des devoirs du chevalier considéré comme défenseur des associations de la paix ou de la trêve de Dieu.

L'idée de la chevalerie a eu sa grande part dans le mouvement progressif de la civilisation.

On s'est fort appesanti sur les méfaits des chevaliers, mais leurs déviations elles-mêmes prouvent le beau type auquel la religion nous a conduits. Quelle noble idée n'a-t-elle pas donnée des devoirs du protecteur armé de la vertu publique et des droits imposés au respect du soldat victorieux! C'est la croisade qui a inventé ce magnifique modèle du guerrier civilisé; depuis ce grand mouvement religieux, le rôle chevaleresque est devenu assez populaire pour former le symbole vulgaire de l'honneur.

Reconnaissons donc, dans l'institution de la chevalerie, une création chrétienne d'une grande valeur et une amélioration sociale tellement éminente, qu'il n'a existé nulle part, en aucun lieu, en aucun temps, un si bel idéal des devoirs imposés à l'homme sous les armes.

Dans l'élan civilisateur de la croisade, la religion chrétienne de l'Occident a SEULE inventé le type de la chevalerie; elle seule l'a gravé dans les cœurs et l'a imprimé, en caractères indélébiles, jusqu'au fond de nos langues modernes. Les modifications de la chevalerie se sont faites successivement autour de la même pensée religieuse, représentée par le grand signe du dévouement, par la CROIX. Depuis le grand empereur chevalier Charlemagne, jusqu'à la chevalière hospitalière de Saint-Jean, depuis Bayard et Turenne jusqu'à Jeanne d'Arc et à l'humble sœur de charité devenue chevalière aussi, c'est toujours l'idée de l'immolation au devoir, pour tous les sexes, qui fait le fond de la chevalerie. Le onzième siècle a développé ce type, en y ajoutant les deux nouveaux traits, la protection et le soulagement spécial des *pauvres*, et enfin la chasteté, surtout difficile pour l'homme des camps... la charité, la pauvreté et la continence : voilà le prêtre et le chevalier ! Ceux qui ont censuré les croisades n'ont aperçu ni le vrai mobile de cette grande impulsion chrétienne, ni les grands résultats obtenus à l'intérieur et à l'extérieur, dans les esprits et dans les choses ; ni les trésors que les arts et les sciences ont récoltés. Sous des défaites apparentes, se sont cachés de véritables succès, et des malheurs superficiels ont été des prospérités intérieures. A cette heure, qui oserait dire que la civilisation chrétienne ne triomphe pas sur tous les points ?

Honneur donc à saint Bruno d'avoir poussé constamment son élève Urbain II à cette grande entreprise ! Lorsqu'il fut appelé à Rome en 1090, Bruno devint le préparateur secret et modeste de l'œuvre de son auguste élève, et en ce moment encore, l'aspiration de saint Bruno vers la croisade se révèle chaque jour, dans les vœux de ses enfants, en faveur de la lutte permanente de la chrétienté contre les ennemis de la foi... Chaque messe solennelle carthusienne répète la supplique qui, en 1096, fut prononcée sur tous les autels catholiques ; chaque jour, le vœu de la glorification de la société chrétienne, s'élève des gorges de la Grande-Chartreuse, comme la légère et douce ondulation des fumées de l'encens... le chartreux, à l'autel du sacrifice, levant les mains vers le ciel, s'écrie en demandant la gloire non pour lui, mais pour son Dieu :

« *Délivrez, ô mon Dieu, de l'étreinte païenne cette terre* « *promise, illustre théâtre des mystères de notre Rédemption,*

« *rendez-la au culte chrétien, et que votre peuple fidèle jouisse* « *à la fois du spectacle des merveilles de votre puissance et* « *de celui de la confusion des incrédules.* » (Traduction de l'*Oremus* du rituel carthusien.)

Et ce vœu, comme toutes les justes prières, est bien exaucé!... Ne voyons-nous pas l'islamisme sans force, ne vivant que des grâces obtenues des diverses nations chrétiennes?

C'est le christianisme dont le drapeau victorieux flotte sur la terre d'Afrique, où la piraterie a subi ses dernières défaites... C'est le génie chrétien qui enfante ces merveilles et produit ces transformations sur le royaume des Pharaons. Désormais, la civilisation chrétienne viendra étaler ses plus grands trophées sur les plages de la mer Rouge, et plantera son glorieux drapeau sur les hauteurs vénérées du Sinaï; tandis que les enfants et les filles dé saint Vincent de Paul continueront de cultiver la vigne de la terre promise, pour lui restituer la fécondité de la séve divine.

La croisade est perpétuelle, et chaque jour apporte un nouveau progrès latent de la foi, constaté par quelque nouveau cri de la rage cruelle, mais bientôt impuissante, des peuples ennemis de la religion du Christ.

C'est la prière solitaire du cénobite qui remue les peuples comme l'attraction dirige la terre dans l'espace, sans que l'impulsion se laisse voir. L'influence secrète de l'esprit de sacrifice est irrésistible; *c'est une éloquence* persuasive qui domine sur toutes les âmes; les aspirations, les célestes visions des enfants des saintes solitudes, deviennent peu à peu les réalités de la société. Est-ce que la paix intérieure, la circulation facile et libre des voyageurs, des marchandises, ne se sont pas singulièrement accrues depuis la première croisade? est-ce que l'abondance actuelle n'a pas bien remplacé les anciennes disettes? Seulement, dans notre calme jouissance des bienfaits acquis, nous oublions de songer à l'instant où ils ont apparu, à la source d'où ils découlent.

Le premier fruit de la croisade, la paix intérieure, la liberté de la circulation, étaient-ils des résultats inattendus dépassant la pensée d'Urbain II? pouvait-elle être en dehors des prévisions du profond, du perspicace et du sage saint Bruno? Nullement. Voyez le souverain pontife commençant la grande œuvre du concile de Clermont par la punition de l'infraction de la trêve de Dieu, sur la personne du seigneur de Provins; voyez-le généralisant à toute la chrétienté le règlement civilisateur de la *trêve de Dieu;* voyez-le décrétant la *paix universelle* et la *libre circulation* pour *trois ans*... Ce n'est qu'*après* avoir assuré pleinement ces *améliorations essentielles*, après avoir atteint ce but *principal*, qu'il promulgue sa croisade.

La proclamation de la croisade n'est que le dernier *complément* de la grande œuvre entreprise,... elle n'en est pas le *principe essentiel*. C'est lorsque la croisade est devenue, à la voix de Pierre l'Hermite, un grand et universel désir, que l'habile et saint pontife sanctionne cette aspiration générale, à condition qu'elle sera le *moyen* d'obtenir une grande amélioration dans toute la société chrétienne : la croisade, loin d'être le *but*, n'est que le *moyen*... C'est la paix intérieure, c'est le progrès de la foi et de la civilisation catholique qui est le véritable mobile d'Urbain II. Ce but ne pouvait pas être atteint avec plus de sagesse et de prudence.

La belle harangue du pontife est une invective perpétuelle, et un anathème énergique lancé à la piraterie et aux guerres intérieures; la croisade n'est indiquée que comme un dérivatif destiné à donner satisfaction aux besoins d'aventures qui tourmentaient la milice féodale.

La destruction des guerres et des rapines intérieures est donc la pensée *dominante* d'Urbain II.

Comme on reconnaît bien, dans cette habile et pieuse conduite du pape, les sages conseils de saint Bruno! comme on y retrouve la douceur pratique des procédés du cénobite qui a pour devise BONITAS, LA BONTÉ!

Bien insensés, bien *irréfléchis* sont ceux qui ont vu dans la proclamation de la croisade un acte non *calculé?*... un aveugle fanatisme!... Les bras qui exécutèrent étaient certes bien peu éclairés par la méditation silencieuse; mais la tête qui conçut avait reçu toutes les lumières de l'esprit qui éclairent le pieux solitaire priant dans le désert. L'auteur de la croisade était un éminent pontife, s'inspirant du plus éminent des chartreux !

Oublierait-on que saint Bruno, toujours occupé des grands intérêts de la chrétienté fit décréter la trêve de Dieu par tous les conciles auxquels il assista ? que la grande institution de l'ordre public chrétien fut sanctionnée par les conciles siciliens ? qu'ainsi se firent sentir dans ces conciles les deux influences unies de Urbain II et de saint Bruno ; ce dernier restant le silencieux directeur de la politique pontificale ?

Plus tard encore, à Plaisance, au milieu du solennel concours de trente mille assistants, la trêve de Dieu fut proclamée. Pour assurer mieux que jamais le succès de cette institution, le secours de la sainte Vierge, de la patronne de toutes les faiblesses, fut invoqué ; le culte et l'office de la Bienheureuse Vierge, déjà mis en pratique dans l'ordre naissant de saint Bruno, furent promulgués en même temps que la belle Préface exaltant sa gloire virginale. Cette Préface est attribuée à saint Bruno par les auteurs les plus dignes de foi ; d'autres en reportent l'origine au synode de Guastalla, tenu peu de temps avant celui de Plaisance. On veut en réserver le mérite au pape lui-même qui la promulgua. L'humilité extrême de saint Bruno, son ardente dévotion à la sainte Vierge, son assistance auprès du pape dans toutes les réunions solennelles du clergé d'Italie pendant l'année 1094, portent à croire que le fondateur carthusien fut l'auteur secret, ou du moins le coopérateur principal de cette remarquable Préface. Urbain II et saint Bruno son fidèle conseiller voulaient que les grâces de la virginité fissent descendre sur la terre chrétienne les douces rosées de la paix intérieure.

Tous les conciles d'Italie et de Sicile auxquels assista saint Bruno offrent les traits caractéristiques du fondateur carthusien : on y retrouve son ardent prosélytisme pour le culte de *Marie*, sa prédilection pour la vertu *virginale*, et enfin son aspiration constante vers la *paix intérieure*. Les préliminaires de la croisade publiée à Clermont offraient l'empreinte de Bruno, reproduite fidèlement par les dignitaires ses élèves, membres influents de l'assemblée. Ces hommes éclairés, guidant nos pères vers la terre promise de l'ordre public chrétien, n'en purent voir que les lointaines perspectives. Mais on resta fidèle au programme de l'ordre public à établir par la croisade, quand les chevaliers templiers et hospitaliers furent postés sur les points difficiles des routes pour protéger les voyageurs; quand on fonda, en 1517, les *pontifices* préposés à la libre circulation avec les hospitaliers, guerriers de la croix.

Urbain II, après avoir poursuivi sans relâche toutes les œuvres civilisatrices chrétiennes de Grégoire VII : célibat clérical, investitures cléricales, pacification et libre circulation intérieures, après avoir créé la croisade qui était le complément de ses œuvres, tomba épuisé par son laborieux apostolat. Couché sur son dernier lit de repos, pour finir ses jours avec la dernière année de son siècle, il entendit, à travers ses organes affaiblis, un dernier frémissement joyeux..., c'était l'écho du lointain chant de victoire des croisés devenus maîtres de la cité sainte. Jérusalem avait été prise le 15 juillet 1099... il mourrait le 29, exhalant son dernier souffle avec les accents de l'hymne de reconnaissance du vieillard Siméon, lorsqu'il saluait le Messie, faible enfant au front rayonnant d'espérance, et reposant sur ses bras débilités par les années. En 1101, deux ans plus tard, mouraient, à peu de mois d'intervalle l'un de l'autre, le souverain de Naples, Roger, et le saint cénobite Bruno. Grande triade qui représentait les étonnantes transformations du onzième siècle, le saint *anachorète*, le grand *pontife* et le glorieux *guerrier* normand allaient s'embrasser dans le ciel, après avoir uni leurs efforts sur la terre, et y avoir laissé d'impérissables monuments de leurs utiles sacrifices au devoir et à la charité!

Parmi ces monuments, le plus durable a été l'édifice de saint Bruno. L'œuvre utile de Roger s'est transformée dans l'ordre public actuel. Urbain II fut l'exécuteur des pensées de Bruno : c'est donc sur Bruno que les regards doivent se fixer.

Les actes des conciles postérieurs à celui de Clermont démontrent que l'on voulait bien plus une ligue contre les rapines intérieures qu'une guerre contre les infidèles étrangers. L'établissement de la paix intérieure, de l'ordre public et de l'anéantissement du pillage, était si bien la grande pensée de l'Église catholique la préoccupation générale du souverain pontife et des prélats, que ce fut la trêve de Dieu dont on reproduisit la formule dans tous les synodes, dans tous les mandements pastoraux postérieurs au concile de Clermont. A peine revenu de Clermont, l'évêque de Rouen, en 1096, réunit un synode; et non-seulement ce synode publia l'institution civilisatrice de Clermont, mais il lui donna encore une nouvelle extension en ordonnant de la faire jurer par toutes les personnes adultes. En 1102, à Saint-Omer, autre synode et autre publication de la trêve de Dieu et de la paix décrétée à Clermont. En 1102, à Rome, à peine monté sur le trône pontifical, Pascal II continua l'œuvre de son prédécesseur Urbain, en faisant promulguer par son légat Guillaume, la trêve de Dieu décrétée aux conciles de 1094 à 1095. Ce n'était plus la croisade que l'on prêchait lorsque Jérusalem était conquise, mais toujours c'était l'ordre public qu'on réclamait.

L'œuvre de la civilisation religieuse était chaleureusement poursuivie. L'évêque de Chartres, saint Yves, prélat éminent par ses lumières et par son dévouement à l'amélioration sociale, ne cessa de demander l'exécution de la trêve de Dieu à l'indolent Philippe Ier... La lettre épiscopale de 1105 montre toute l'ardeur du pasteur veillant sur la paix du bercail. Enfin, en 1108, Louis le Gros, succédant à Philippe, comprit la portée politique des vœux de saint Yves et la gravité du devoir imposé par le sacre : il se déclara le chevalier de la trêve de Dieu et devint ainsi le protecteur et le promoteur des associations diocésaines et communales pour la paix. Pendant toute la durée du règne du sage et du civilisateur Louis le Gros, la trêve de Dieu est répétée dans toutes les solennités. En 1119, elle est décrétée par Calixte II, venu de Rome, présider au concile à Reims. Ce pape répète ensuite pour les mêmes formules dans le concile de Latran de 1123.

En 1136, le pape Innocent II vient encore renouveler les mêmes décrets au concile de Reims, d'abord; puis, dans la même année, au concile de Rome; car toujours de la France partait le premier cri de la civilisation chrétienne. A Rome, en Italie en général, la trêve de Dieu, l'abolition des violences et des pillages encouragés par les empereurs allemands, étaient si difficiles à obtenir, que le même pontife dut fulminer encore une fois dans le concile de Latran, de 1139, les peines déjà édictées, trois ans auparavant, contre les violateurs de la paix intérieure.

Mais, en France, les associations de la trêve de Dieu se ramifièrent sans cesse, en produisant des fruits merveilleux; l'association pacifique, diocésaine d'abord, se subdivisa comme les seigneuries, comme les paroisses, comme les corporations. Chaque unité sociale avait un patron céleste pour obtenir la paix du ciel, et un patron terrestre pour obtenir la paix de ce monde... les paroisses formèrent les sociétés de paix où l'ordre public, défendu en *commun*, donna leur nom aux *communes*. Une grande et libre organisation communale sortit de la proclamation du grand principe de l'association de la trêve de Dieu au concile de Clermont.

Le noble rôle de prince civilisateur, si dignement rempli par le prince normand régnant dans les États de Naples, fut donc ensuite revendiqué par les rois de France. De l'avénement de Louis le Gros, en 1108, jusqu'à la mort de saint Louis, les souverains français ne cessèrent jamais de se montrer les *chevaliers les plus dévoués* à l'observation de la trêve de Dieu. — L'association établie, en 1155, dans le concile de Soissons, sous les auspices du roi de France, forma ce grand pouvoir judiciaire de la paix ou de l'ordre public, ce tribunal si élevé, si utile à l'extension de la prérogative royale, qui s'est, plus tard, appelé la COUR DES PAIRS.

Dans cette solennelle réunion de Soissons, l'esprit de la civilisation chrétienne présida à un immense progrès. Le prestige attaché à l'idée du sacrifice alla si loin, que les grands vassaux de la couronne, avec les seigneurs de tous les rangs, RENONCÈRENT solennellement au droit de guerre privée, s'obligèrent à soumettre leurs litiges à des arbitres, à leurs *pairs*.

L'abnégation alla plus loin encore ; les barons promirent d'être les défenseurs de tous les travailleurs, de tous les voyageurs; et les protecteurs de tous les biens ecclésiastiques, et bientôt ils devinrent RESPONSABLES de toutes les violations de l'ordre public.

On eût dit que l'esprit de sacrifice était sorti des chartreuses pour s'emparer de tous les châteaux ; il faut voir comment se réalisa cette magnifique abdication.

En 1155, de plus en plus pénétré de ses devoirs de prince chrétien, après avoir épousé Constance de Castille, et fait le pèlerinage de Saint-Jacques, en Galice, Louis VII, déjà éclairé par les observations et l'expérience, fruits de sa pénible croisade, voulut faire régner l'ordre public, dont l'administration de Suger avait fait briller les merveilleux résultats. Un concile à Soissons fut indiqué ; le roi de France y appela, avec les ÉVÊQUES, le duc de *Bourgogne*, les comtes de *Flandre*, de *Champagne*, de *Nevers* et de *Soissons;* et, à côté de ces GRANDS VASSAUX de la couronne, TOUS les *barons* et *seigneurs* sur lesquels l'autorité du roi ou le sentiment des *devoirs religieux* purent exercer alors quelque influence sérieuse. En présence des évêques, à l'exemple du roi, et *sous peine d'être frappés de l'excommunication de l'Église* et de tomber sous les coups de l'armée du prince, tous *jurèrent* d'observer une trêve de DIX ANS, d'assurer aux vassaux des *églises* leurs *possessions;* aux habitants des campagnes leurs *moissons* et leurs *troupeaux;* aux marchands la *liberté du commerce* et des *chemins ; à tous* les citoyens la *justice*, la *paix* et la *tranquillité*. RENONÇANT AU DROIT DE GUERRE PRIVÉE, les seigneurs prêtèrent serment de faire régler leurs litiges par des *arbitres*. Comme son père, Louis VII fut le grand *promoteur* et le zélé *défenseur* de l'institution civilisatrice de la trêve de Dieu.

La paix publique, l'ordre intérieur furent ainsi assurés dans toutes les parties de la France placées hors de la dépendance immédiate de l'Angleterre. Louis VII établit pour dix ans, ce qu'en 1257 Louis IX prescrivit pour *toujours*. Déjà, en 1157, le concile de Reims alla bien plus loin que l'assemblée de 1155 : — les barons devinrent RESPONSABLES des violations de la trêve de Dieu commises sur leurs terres.

En se reportant à ce qui a été déjà dit, on voit que la transmission du titre de roi était si bien attachée à l'accomplissement préalable des devoirs de la défense chrétienne, que les six premiers héritiers du sang de Hugues Capet n'ont pu être assurés de porter la couronne qu'en se faisant sacrer pendant la vie du père royal. L'onction épiscopale, le serment solennel du sacre étaient donc les obligations qui précédaient la mise à profit du titre héréditaire... Le service de Dieu et le sacrifice pour le bien de la chretienté ont été les bases sur lesquelles est fondée toute la dynastie capétienne. En se faisant le gendarme de l'action civilisatrice de l'Église, l'autorité royale s'est graduellement développée.

La grande pensée de l'ordre public par la chevalerie de la croisade, intérieure ou extérieure, s'est ensuite appliquée.

L'ordre carthusien, la chrétienté et la royauté dérivent d'un principe commun; celui du sacrifice pour le plus grand bien de la chrétienté.

Ainsi la royauté française n'a grandi qu'en appliquant l'idée chrétienne de la chevalerie gardienne de l'ordre public.

De l'avénement de Louis le Gros jusqu'à la mort de saint Louis, dans les cent soixante-quatre années écoulées de 1108 à 1272, le roi de France a été constamment le *chevalier de l'Église sous les armes*, tantôt défendant la paix des communes comme Louis le Gros; tantôt portant l'insigne du croisé, soit contre les musulmans, soit contre les excommuniés rebelles à l'Église et à l'ordre public, tels que les Albigeois. C'est ainsi que la royauté française a acquis le Languedoc, préparé l'annexion de la Provence; ainsi elle a détruit le droit féodal des guerres privées, en fondant la justice du roi par la main de SAINT Louis, avec l'appui du haut tribunal appelé la *cour des pairs*, qu'il serait plus juste et plus beau d'appeler la *cour de la trêve de Dieu*. — Existe-t-il un nom plus beau que celui qui rappelle les délices de la céleste paix, récompense ineffable du devoir accompli?

Depuis la grande croisade, l'intervention religieuse en faveur des *voyageurs*, de la *veuve*, de l'*orphelin*, du *voyageur sur terre* et sur *mer*, est demandée chaque jour par la bouche du prêtre chargé de la prière publique; cette touchante supplique, où se reflète une efflorescence de la civilisation chrétienne, fait partie du *prône paroissial*.

Hors de la protection religieuse, aucune circulation désarmée n'aurait été possible : la violence, ordinaire à cette société encore imprégnée de barbarie aurait foulé aux pieds toutes les faiblesses. Mais une voix religieuse suppliante, et une croix élevée vers le ciel faisaient toujours apparaître une épée dévouée pour la défense du droit méconnu.

Les premières sonneries de l'*Angelus* furent instituées aussi pour indiquer les asiles aux croisés égarés et pour implorer les faveurs de la chevalière de la croisade, *Marie advocate*.

La croisade est donc devenue le point de départ de toutes les institutions de progrès, d'affranchissement et de protection contre les abus de la force. — L'ancien esclavage, brisé jusqu'à ses derniers anneaux, a fait place à la liberté des enfants de la croix. — Le principe de l'égoïsme a fait place à la loi du sacrifice, devenue la base de toutes les institutions. — Les peuples, en prenant la croix pour leur drapeau, ont explicitement ou implicitement accepté la loi de l'abnégation, et cette loi a présidé à tout le bonheur social.

Un coup d'œil jeté sur l'ensemble des progrès de la société chrétienne dans le onzième siècle, fait immédiatement reconnaître que tout l'élan de la civilisation se fit alors sous l'influence de l'Église et que si ce siècle a été, plus que tous les autres, le siècle *initiateur* par excellence, cette glorieuse primauté sur tous les autres siècles lui a été donnée par l'esprit du sacrifice chrétien, poussé jusqu'à ses dernières limites. Le onzième siècle a eu la *sublime ivresse de l'*ABNÉGATION! La naissance de l'ordre carthusien n'aurait pas pu se produire dans une autre période. L'ordre type de l'esprit de sacrifice ne pouvait apparaître que dans le siècle où l'abnégation avait son plus splendide épanouissement. En vain le saint fondateur carthusien allait-il cacher son ardeur pour le sacrifice au fond des rochers les plus inaccessibles ; l'œuvre divine exigeait la main d'un tel coopérateur ; l'heure du travail *extérieur* de saint Bruno sonna quand la principale portion de la création intérieure de l'ordre monastique nouveau eut été réalisée ; et quand la mission apparente de saint Bruno ne pouvait que servir à consolider sa création latente.

Avec des ouvriers tels que Grégoire VII, saint Bruno et Urbain II ; la marche des améliorations successives eut une promptitude merveilleuse. De 1073 à 1100 ; on vit établir : 1° le *célibat clérical;* 2° les *investitures cléricales;* 3° l'*indissolubilité* du mariage chez les *princes;* 4° la *trêve de Dieu* et 5° les *croisades;* dans les dix-huit années qui suivirent, l'organisation des *communes*, celle du *célibat chevaleresque* vinrent compléter les précédentes institutions.

Chaque commune rurale exigeait un défenseur armé, l'organisation des communes fut la conséquence de l'extension que prit la portion de la féodalité qui se voua à la défense de la trêve de Dieu, et la croisade fut le plus grand développement donné à la trêve de Dieu. On voit comment la multiplication des chartes des communes rurales se rattache par un lien secret, mais très-intime, à la période des entreprises des croisades. Les ressources en frais d'équipement, en pécule de campagne qu'il fallut obtenir des sujets des seigneuries, amenèrent des concessions nombreuses en faveur des vassaux : ainsi l'esprit de la croisade, et les conséquences matérielles des croisades contribuèrent au développement des libertés communales.

Après la conquête de Jérusalem, il fallut défendre les lieux saints par une croisade permanente, au lieu de l'engagement des chevaliers pour une campagne de trois ans, il y eut un service perpétuel exigé. La perpétuité de la campague força la gendarmerie religieuse à renoncer à la famille... le célibat chevaleresque apparut donc comme une conséquence inévitable de la croisade perpétuelle avec résidence en pays lointain. — La croisade avait créé l'armée de l'Église chrétienne d'abord pour trois ans, puis une armée permanente vivant sous la dure loi du célibat militaire. Le gendarme en prenant la croix avait sacrifié à l'Église la force de son épée, par le célibat il sacrifia l'attrait le plus impérieux des sens. Le vœu de chasteté chevaleresque bien difficile à observer au milieu des vicissitudes du régime militaire, ne pouvait pas être une institution bien durable, mais il fut le plus merveilleux effort imposé à la nature. Les tentatives de réalisation d'héroïques sacrifices laissent toujours quelques résultats utiles à la civilisation générale.

Lorsque Grégoire VII soutenait une si terrible lutte pour faire accepter la chasteté complète dans tout le clergé, aurait-il osé espérer que la continence absolue serait dans moins du demi-siècle imposée à des légions armées? Voilà pourtant les progrès que fit l'ardeur pour le sacrifice dont le fondateur carthusien avait voulu fonder le type le moins altérable dans sa retraite silencieuse.

Les grandes institutions de la civilisation chrétienne eurent immédiatement leurs conséquences dans la consécration du droit international proscrivant les pillages, jusque dans les épaves des naufrages; et dans la multiplication des associations pour le développement des constructions, de l'enseignement littéraire et scientifique; enfin, dans la naissance des congrégations artistiques de toute nature.

Jamais fit-on autant de choses dans aussi peu de temps? Lorsqu'à la fin du quinzième siècle, on éprouvait l'éblouissement vertigineux des découvertes successivement accumulées, le mouvement intellectuel était loin d'avoir la vitesse des progrès correspondants à la période des quarante-cinq années placées entre 1073 et 1118.

Sans doute, les fondations du onzième siècle n'ont pas obtenu immédiatement une solidité complète... Pour les asseoir définitivement, il a fallu encore cent cinquante ans de combats avec des succès mêlés de revers : mais les principes étaient formulés, édictés, et leur universelle mise en pratique n'était plus qu'une question d'horloge.

Les plus fécondes institutions pour le relèvement de la

classe inférieure furent celles du célibat clérical, du mariage monogame laïque et du célibat chevaleresque; au point de vue politique, le célibat clérical établissait l'ascension constante de la classe inférieure aux dignités religieuses et le balancement des déviations de l'hérédité aristocratique était établi par le contre-poids des dignitaires religieux sortis des entrailles du peuple. — Le célibat chevaleresque, outre son opportunité militaire et religieuse, était aussi une cause d'extinction et un moyen d'accession à l'égard de la classe élevée.

Le respect du mariage exigé non-seulement chez l'indolent Philippe Ier, mais encore chez le glorieux conquérant Philippe Auguste, posa l'institution de la famille chrétienne sur des bases désormais inébranlables. Les grandes conquêtes sociales ne purent s'effectuer qu'en prohibant aux souverains les investitures épiscopales. Pour que la censure des mœurs des princes pût s'exercer librement, ne fallait-il pas que le choix des censeurs religieux fût indépendant du pouvoir politique?

L'organisation de l'ordre public par l'influence et par l'application de la trêve de Dieu fut une série de sacrifices successivement obtenus par l'Église chrétienne. Voyez la progression des sacrifices réalisés ou imposés par l'Église pacifique à la féodalité armée.

En 1033, 1047, 1066 et 1080, des barons de plus en plus nombreux acceptent l'obligation de la défense de l'ordre public. En 1096, le sacrifice va presque à la formation d'une armée recrutée dans toute la chrétienté pour attaquer les grands perturbateurs extérieurs de la paix et les plus grands ennemis de la croix.

En 1155, l'aristocratie *renonce* à celui de tous ses droits qui flattait le plus son orgueil, elle *abdique* le droit des guerres privées, elle *jure* de se sacrifier à la protection de toutes les faiblesses et d'obéir aux décisions du grand tribunal arbitral de la cour des pairs.

En 1157, l'aristocratie reçoit le mandat, non plus seulement d'EMPÊCHER les violences, mais encore de les RÉPARER.

Les grandes promesses de l'aristocratie n'avaient été que

des concessions faites pour des espaces de temps limités ; mais, en 1257, le principe des guerres privées féodales fut complétement extirpé, à *perpétuité*, par saint Louis établissant une juridiction royale régulière pour vider les litiges de l'aristocratie.

L'ordre public recevait ainsi une organisation définitive par les mains du souverain chrétien, le plus saint et le plus ardemment dévoué à tout ce qui lui paraissait juste et bon.

Remarquez encore l'influence secrète des croisades dans l'abolition du droit des guerres privées. Avant la croisade de 1248, les barons firent un suprême effort pour ressaisir le droit des guerres privées. Ils tentèrent une redoutable association pour résister à l'épiscopat et à la justice royale : l'Église anéantit leur ligue.

Après les *malheurs de la croisade*, après les désastres causés par l'indiscipline des hommes d'armes, après la réaction populaire manifestée par l'émeute des pastoureaux en 1250, — saint Louis n'éprouve plus aucun des obstacles qui l'avaient jusque-là empêché de réaliser le plus grand progrès de la civilisation chrétienne, celui de la suppression du droit de guerres privées.

A un siècle d'intervalle, Louis VII et Louis IX ont réalisé deux prodiges ! Après les malheurs d'une croisade, chacun de ces souverains posséda une puissance plus incontestée ; tous deux purent imposer aux barons le plus dur sacrifice à l'ordre public au retour des désastreuses campagnes faites pour la foi ; le chemin de la croix est la voie du progrès civilisateur !

Depuis leur origine jusqu'à leur terme, les croisades ont donc été une marche ininterrompue dans la série des sacrifices obtenus pour le développement de la civilisation chrétienne. On voit comment à la fin du treizième siècle, ont été complétement et solidement établies les institutions civilisatrices que le onzième siècle avait commencé de bâtir sur le sol fécondé par la loi de l'abnégation.

Dans les remarquables améliorations obtenues par l'Église, le rôle glorieux de la France se montre toujours avec éclat.

C'est d'elle que sortent toutes les initiatives de l'esprit de sacrifice, elle est à la fois le foyer principal des chartreuses et des croisades. Elle s'immole silencieusement à l'intérieur, elle va affronter à l'extérieur le martyre sur le tombeau du martyr divin en faisant retentir la terre de ce cri sublime : *Dieu le veut*.

Le christianisme d'Occident se manifeste sous trois formes principales : il est imprégné en Allemagne de l'influence politique des souverains.

Il est toujours mêlé des réminiscences de la civilisation païenne en Italie.

Il est en France toujours pénétré de l'idée du dévouement pour le plus grand nombre qui va jusqu'aux excessives oscillations caractéristiques de la démocratie, la population chrétienne est *césarienne* en Allemagne,

Souvent infectée de paganisme en Italie,
Chevaleresque et démocratique en France.

L'esprit de sacrifice même, avec des ivresses et des oscillations pénibles, semble être plus complétement la mission des chrétiens *francs-gaulois*.

III

INFLUENCE SOCIALE DES CROISADES

Améliorations intérieures dues aux croisades. — Améliorations morales, politiques. — Améliorations dans la richesse générale. — La sécurité et la richesse prouvées par le développement des ordres mendiants, par la rareté des disettes. — Progrès de la géographie. — Progrès littéraires et scientifiques. Fondations d'universités. — Effets du contact des écoles grecques et arabes. — Littérature des troubadours et des trouvères. — Offices judiciaires. Police et tribunaux. Ces tribunaux s'appliquent jusqu'aux querelles des souverains. — Grands congrès diplomatiques des conciles. — Progrès agricoles, irrigations, machines hydrauliques, moulins, vignobles et drainage. — Endiguements, polders. — Garance. Culture triennale. Cultures industrielles, lin, chanvre. — Dauphiné, Provence, Flandre. Soies. — Industrie des verres, des étoffes. — Fers et aciers : France, Italie, Allemagne. — Accroissement du chiffre des populations. — Services agricoles, industriels des chartreux. — Impulsion commerciale des croisades. — Application de la trêve de Dieu à la police des mers. — Transformation de toute l'armée de terre et de mer par les croisades. — Institution des foires. La plus grande foire se place à côté du grand siége pontifical d'Avignon. — Foire de la vallée du Danube. — Affranchissements favorisés par les centres de commerce. — Grands voyages motivés par le prosélytisme chrétien. — Progrès des mathématiques, de l'astronomie et de l'horlogerie. — Résumé de l'impulsion civilisatrice due aux croisades.

Lorsque les lieux saints eurent été conquis dans le onzième siècle, on sentit bientôt les effets corrupteurs d'une possession qui mettait la civilisation chrétienne dans un état de contact et de mélange perpétuel avec le sensualisme mahométan et avec le césarisme byzantin. De ce mélange, il résulta la corruption des pratiques chrétiennes et l'altération des doctrines orthodoxes. Les vices de la sensualité et les erreurs des hérésies se multiplièrent. De terribles discordes entre les deux ordres de la chevalerie chrétienne, les Templiers et les Hospitaliers ; des querelles entre les princes croisés, des rivalités d'ambition et d'orgueil, des luttes envenimées, des trahisons infâmes éclatèrent autour du tombeau du Dieu d'abnégation, de sacrifice et de vérité.

Il devint évident que la rédemption n'est pas encore commencée pour la triste Judée, et que l'anathème divin pesant sur la terre du déicide, manifeste toujours sa lugubre influence. Sur cette terre aride et désolée, on cherche vainement les douceurs de la civilisation et les efflorescences de la végétation.

Dans le treizième siècle, la discipline générale était encore trop faible dans la chrétienté; la fougue indocile des chevaliers croisés compromettait toutes les combinaisons militaires tentées aux abords de la Palestine, un découragement général fut le résultat des revers des deux expéditions conduites par le prince le plus pieux et le plus intrépide qui ait jamais illustré le trône. Ces revers eurent néanmoins de grandes conséquences pour la civilisation générale, en diminuant l'ascendant et le prestige des gendarmes violents, les désastres des hommes d'armes offrirent le moyen déjà signalé plus haut, de rehausser l'ascendant du pouvoir central qui pût éteindre le droit de guerre privée. Les revers de la haute milice firent aussi accroître l'influence militaire de l'infanterie recrutée dans la masse des populations. Les déviations de la féodalité furent donc corrigées et en partie réformées par les conséquences des malheurs des croisades d'Orient.

Quel contraste entre les insuccès de la croisade de Jérusalem et les triomphes merveilleux, les progrès incessants de la croisade espagnole?

Pourquoi donc n'a-t-on pas appliqué à la croisade orientale cette marche soutenue de conquêtes successives qui a si bien réussi à la croisade occidentale?

Le césarisme des empereurs germains, la lutte perpétuelle de ces souverains d'Allemagne contre les papes, expliquent l'avortement des croisades dirigées vers l'Asie.

Si les monarques allemands eussent porté, vers l'occupation de la vallée du Danube, la centième partie des efforts qu'ils ont employés à conquérir et à dominer l'Italie, ils auraient été bientôt définitivement maîtres de Byzance, et de là, ils auraient étendu leur domination jusqu'à Jérusalem.

Toutefois, il faut reconnaître que la croisade contre l'islamisme asiatique prit, plus tard, une nouvelle direction. Elle cessa d'être terrestre en 1309 par la prise de possession de Rhodes; elle devint maritime. A partir de cette époque et de cette transformation, la croisade contre l'islamisme oriental n'a pas cessé d'ajouter chaque jour de nouveaux lauriers à ses anciens trophées. Après les victoires navales de Rhodes et de Smyrne, est venu l'éclatant triomphe maritime de Lépante où la marine musulmane écrasée a offert le glorieux prélude de la conquête d'Alger.

Cette inauguration de l'heureuse croisade maritime chrétienne s'ouvre avec le *Priorat* de sainte Roseline et bientôt se développe avec l'organisation de la chevalerie maritime par le frère de la sainte.

Pendant que le droit des guerres privées s'eteignait, que l'ordre public s'établissait de plus en plus, par l'influence de tribunaux étendant leur juridiction sur toutes les classes de l'État; le droit international s'établissait sur terre et sur mer, par l'influence de la chevalerie chrétienne attaquant, combattant la piraterie *maritime* après avoir abdiqué, pour elle-même, le droit à la piraterie *terrestre*.

Ces observations faites, constatons les grands résultats

obtenus par toutes les institutions civilisatrices de la quatrième période de la civilisation chrétienne.

Après la lamentable clôture des grandes croisades d'Orient, n'était-il pas prouvé que la jouissance immédiate des Lieux saints étaient le fruit défendu? Le jugement de Dieu était prononcé, la récompense du dévouement chrétien était ailleurs que dans la possession de la plus désirable des reliques! Le sang des croisades a été le grand sacrifice, la méritoire passion de nos pères chrétiens! Les croisades ont été une solennelle répétition de l'immolation du Calvaire, et la grande armée du saint roi a été le patient mis sur la croix. La croisade, qui voulait posséder le monument du grand sacrifice, en a imité les douleurs et en a reproduit les bienfaits.

Aussi, soit qu'on la juge au point de vue humain, soit qu'on la considère au point de vue mystique et religieux, les croisades ont été les moyens d'initiation à la civilisation et elles ont assuré le triomphe de la chrétienté; triomphe dont nous savourons les fruits, alors même que nous poussons l'ineptie et l'ingratitude jusqu'à censurer nos pères, auteurs de ces bienfaits. On a appelé les croisades une folie, mais la croix a été appelée aussi une *folie*.

Les croisades ont réussi, puisqu'elles ont fait naître l'ordre public et une prospérité universelle : s'il est vrai, a dit un éminent historien, que l'établissement des communes fut l'ouvrage des croisades, on ne peut nier que ces guerres saintes n'aient contribué au progrès de la civilisation. Or les communes et les associations, l'abolition du droit de guerres privées, ont été indubitablement le résultat des croisades, et elles en ont été un des *résultats attendus*.

Dès le retour de la première croisade de saint Louis, les heureuses conséquences intérieures des croisades furent très-apparentes.

Saint Louis indemnisa les barons qui avaient vendu leurs biens pour se racheter de captivité, ses soins atteignirent les serfs victimes de la sainte expédition. Les serfs, disait saint Louis, appartiennent à Jésus-Christ comme nous, et dans le royaume chrétien nous ne devons pas oublier qu'ils sont nos *frères*. Et cette bouche qui proclamait la fraternité de tous, ce n'était pas celle seulement d'un moine, c'était la bouche du premier seigneur féodal de la terre, c'était celle du plus grand souverain de son temps ! Cette parole fraternelle caractérisait un immense progrès réalisé. — L'effet du retour de saint Louis a été décrit par un ancien historien en ces termes :

« Quand le saint roi fut revenu, il se trouva être *plus* « *homme de bien*. Ayant cru en zèle, modestie, prudence, « diligence, il fut plus aimé et honoré des siens, qu'il n'avait « oncques été avant son départ. Il parut sur la terre, en- « touré d'une universelle et singulière admiration, pour sa « bonne vie et constance, au milieu des plus grands dan- « gers, comme un miracle entre les rois[1]. »

Depuis qu'il avait fait la guerre aux musulmans, il ne pouvait plus souffrir qu'on versât dans les combats le sang des chrétiens. Dans tous les domaines de la couronne, les guerres entre particuliers furent défendues. — L'ordre et la paix dans toutes les provinces se propagèrent à l'appui de cet exemple.

Il fallait que l'on apprît à posséder le Dieu incarné par l'*esprit* et non par les pierres qui avaient recouvert son corps. On avait à reconnaître que l'infini, le Verbe divin n'est pas contenu dans la terre effleurée par ses pieds, mais que nos aspirations doivent aller le chercher dans le ciel.

Il fallait que le progrès chrétien s'établît par de solides conquêtes morales, avant d'obtenir les triomphes matériels destinés à être seulement le surcroît des premières.

Pour le moment, il suffisait de constater que la religion de l'esprit, lorsqu'elle était un seul instant pratiquée par les peuples, les conduisait à la victoire des adorateurs de la puissance matérielle du sabre, il suffisait aussi que les revers eux-mêmes conduisissent la chrétienté à des progrès nouveaux.

Au point de vue du développement moral intellectuel et matériel, les croisades furent une école bien féconde.

[1] Jean de Serres, historien protestant.

Déjà, dès le douzième siècle, le travail, devenu moins troublé dans les campagnes de l'Occident, avait prodigieusement accru le bien-être général. Dans la période totale des grandes croisades, entre 1096 et 1273, la richesse générale, fruit de la libre circulation et du travail pacifique, avait centuplé... Déjà, en l'année 1200, les monastères clunisiens étaient devenus si riches que les ordres mendiants des franciscains et dominicains parurent comme une innovation nécessaire.

Le pieux monarque ne négligeait rien pour connaître les usages et les coutumes des contrées qu'il visitait. Les assises du royaume de Jérusalem lui servirent de modèle, pour élaborer la législation qui fit, dans la suite, la gloire de son règne. A son retour, il réforma aussi les monnaies et frappa des parisis et de gros tournois avec des chaînes, signes de la captivité subie.

Quel prince que celui qui plaçait les chaînes de sa prison au milieu des fleurs de son blason royal?

Il voulut voir toute l'administration par lui-même, une négligence lui paraissait impardonnable dans un roi. Il répara les fautes, détruisit les abus :

Finalement, le royaume de France se multiplia tellement par la bonne justice et droiture qui y régnaient, que les domaines censifs, rentes et revenus, croissaient d'un an de moitié et en amenda moult le royaume de France.

Ce fut le glorieux prestige des vertus héroïques de saint Louis, brillant d'un éclat inattendu après les désastres de la bataille de la Massoure, qui firent taire désormais devant lui toutes les mutineries et les ambitions des grands vassaux. L'autorité surnaturelle qu'avait conquise le saint roi lui permit de promulguer et de faire exécuter l'édit d'abolition des guerres privées. Cet édit, avant les croisades de 1248, aurait donné lieu à une révolte ; en 1257, il fut accepté comme un arrêt divin. Après les malheurs de la pieuse entreprise, la pensée du sacrifice occupa tous les cœurs, subjugua les égoïsmes.

Du onzième au quatorzième siècle, les édifices religieux

furent multipliés, et furent l'expression de tous les développements, de tous les besoins de la civilisation de cette époque.

Ces édifices étaient des instruments de salut religieux et des moyens d'amélioration politique.

La cathédrale était le pivot de l'action municipale[1] : « le « chrétien y priait, la commune y délibérait, la cloche était la « voix de la cité, elle présidait aux travaux des champs, aux « affaires civiles et quelquefois aux batailles de la liberté. »

L'église était l'asile inviolable dans les désastres de la guerre. L'art encyclopédique du moyen âge s'étala dans la cathédrale.

Il fallait la faire belle, parce qu'elle résumait les gloires et les richesses du pays; il la fallait grande pour qu'elle pût contenir tout le peuple, hommes et femmes, vieux et jeunes.

La Grèce poétique nous annonce que les murs de Thèbes s'élevèrent aux sons de la lyre d'Amphion; mais l'histoire chrétienne, bien plus largement et plus véritablement poétique, nous déclare que des centaines de majestueuses basiliques, ont élevé vers le ciel leurs flèches innombrables au concert des hymnes de la gloire divine.

En 1237, Louis IX, échappé au fer des assassins du vieux de la montagne, commença l'érection d'un monument religieux, expression de sa pieuse reconnaissance pour la grâce qu'il venait de recevoir. — Ce monument remarquable de l'architecture gothique la plus ornée, connu sous le nom de Sainte-Chapelle, était enrichi du dépôt de la sainte couronne d'épines, achetée par saint Louis du Vénitien *Quirino*, la tenant comme garantie d'un emprunt de l'empereur de Constantinople, Baudouin.

Notre-Dame de Paris avait été construite entre 1180 et 1230, du pontificat d'Alexandre III à celui de Grégoire IX, de l'avénement de Philippe Auguste au commencement du règne de saint Louis. Pendant que Notre-Dame de Paris s'achevait, en 1215, commençait une cathédrale à Auxerre, en 1228 une autre à Amiens, en 1235, celle de Reims, en 1250 celle

[1] Michelet.

de Beauvais, en 1260 celle de Chartres. Vers la même époque, en 1232, s'élevaient les grandes cathédrales de Burgos et de Tolède ; vers 1226, Sainte-Gudule à Bruxelles, Saint-Rombaud à Malines ; tandis que l'Angleterre bâtissait, en 1212, la nef de Durham, en 1220 l'église de Salisbury, en 1227 celle d'York, en 1247 celle de Westminster ; en 1246 la cathédrale de Cologne. L'esprit de foi chrétienne, dans le treizième siècle, lançait des vaisseaux de bois sur les mers, et élevait des vaisseaux de pierre dans les airs. Partout éclatait l'ardeur au travail pieusement civilisateur.

Le seul fait de l'apparition des ordres mendiants était une preuve éclatante de l'accroissement des produits alimentaires. Pour que des corps monastiques de 10,000 personnes pussent subsister régulièrement d'aumônes, il fallait qu'il y eût déjà bien des familles pouvant faire l'aumône incessante. Il fallait aussi que l'ordre public eût fait d'immenses progrès, pour que des moines désarmés pussent aller sur tous les chemins et sillonner toutes les routes, en y recueillant leur pain de chaque jour ; et sans que leurs besaces remplies de provisions leurs fussent enlevées par des pillards ! On était donc déjà bien loin de cet état cultural où Urbain II déclarait que la terre ne suffisait pas à nourrir ses habitants.

La richesse publique ne se borna pas à entretenir de nombreux religieux sans métairies, sans terrains cultivés, il y eut assez de superflu d'aliments approvisionnés, pour que de nombreuses journées de travail d'hommes et de bêtes de somme pussent être consacrées à la mise en œuvre des colossales masses de matériaux exigés par l'érection des magnifiques cathédrales gothiques. Tout cela fut, à la suite des croisades, et, dans le treizième siècle, l'effet de dons volontaires; c'était l'ouvrage de pieuses caravanes allant au chant des cantiques exécuter des travaux pénibles, et laisser sur ces monuments de leur dévotion la trace de leurs sueurs, avec le produit de leurs épargnes.

En faveur des monastères, comme pour les cathédrales, les dons se multiplièrent en terres, en redevances, en contributions de toutes sortes. De la part des grands et de la part du peuple, c'était une lutte de pieuses générosités. Le tableau chronologique de l'érection des chartreuses monastiques en offre une preuve incontestable.

L'ordre carthusien comptait deux établissements à la fin du onzième siècle.

Soixante-huit établissements furent fondés et dotés dans le douzième et le treizième siècle, mais dans la durée du quatorzième siècle, les fondations purent s'élever à *cent neuf établissements nouveaux*, outre l'accroissement de l'importance des anciens monastères, enrichis par de nouvelles concessions, et augmentés de grandes constructions.

La fin du *treizième* siècle et le commencement du *quatorzième* indiquent une augmentation de richesses et de piété, plus que double de l'accroissement des temps précédents.

Après cette remarquable époque, il y eut, au contraire, dans la France, bien des édifices religieux ruinés, des monastères abandonnés; le développement ne se continuait qu'en Espagne, où la lutte contre les Maures était de plus en plus triomphante.

Il suffit de comparer les dimensions et la richesse de décoration des édifices religieux du treizième et du quatorzième siècle, avec ceux du onzième siècle, pour apprécier toute l'augmentation numérique des populations et toute la richesse acquise due à l'impulsion des croisades.

Au point de vue des arts, des sciences, des lettres, de la navigation, de la géographie, du commerce, des mathématiques, de la philosophie, de l'agriculture, de la législation politique, tout fut perfectionné simultanément par l'influence des croisades.

La géographie était inconnue avant les grandes expéditions qui poussèrent nos guerriers jusque dans la vallée de l'Euphrate, et qui lancèrent les hardis missionnaires jusqu'au Thibet, jusqu'à la Chine; tandis que le commerçant vénitien Marco Polo explorait lui-même les contrées les plus orientales de l'ancien monde. Si le voyage de Colomb fut une découverte de l'Amérique: en 1096, la *croisade* fut une véritable découverte de l'Asie. La croisade fit naître tous les progrès de la navigation, la boussole, les navires de grandes dimensions. Chaque année, les ordres des Templiers et des Hospitaliers faisaient voyager par des navires régulièrement partant de Marseille : — douze mille pèlerins allant et venant de la Palestine ; — saint Louis envoyait des missionnaires ambassadeurs jusqu'à Koubi-laï, au Thibet. Ce furent les progrès de la navigation de la croisade du onzième siècle qui rendirent possible les découvertes faites par la navigation du quinzième siècle. La propagande littéraire s'épancha des couvents en fondations universitaires dont voici le tableau chronologique :

FONDATIONS D'UNIVERSITÉS.

1209. Salamanque.
Compostelle.
Valence.
1220. Salerne.
1222. Naples.
1222. Padoue.
1228. *Toulouse.*
1240. Aberdeen.
1248. Séville.
1249. Oxford.
1266. Sorbonne à Paris.
1280. Coïmbre.
1279. Cambridge.
1289. *Montpellier.*
1290. Lisbonne.

1303. *Avignon.*
1305. Orléans.
1309. Pérouse.
1316. Ferrare.
1320. Dublin.
1332. *Cahors.*
1339. Grenoble.
1339. Pise.
1346. Heidelberg.
1346. Valladolid.
1348. Prague.
1349. *Perpignan.*
1349. Florence.
1354. Huesca.
1354. Avila.
1354. Palencia.
1358. ...
1361. Pavie.
1364. Cracovie.
1364. Angers.
1364. Palerme.
1365. Vienne.
1365. *Orange.*
1365. Genève.
1387. Sienne.
1388. Cologne.
1388. Lincoln.
1391. Erfurth.

1405. Turin.
1408. Leipsig.
1409. Aix.
1426. Dole.
1426. Louvain.
1431. Poitiers.
1431. Saint-André (Écosse).
1450. Lérida.
1452. Valence F.
1452. Caen.
1454. Glascow.

1454. Édimbourg.
1460. Nantes.
1460. Bale.
1463. Fribourg.
1465. Bourges.
1470. Valence (Espagne).
1472. Trévise.
1472. Ingolstad.
1473. Bordeaux.
1476. Upsal (Suède).
1477. Tubingen (Wurtemberg).
1482. Mayence.
1482. Parme.
1490. Rostock (Saxe).
1499. Copenhague.
1499. Tolède.

1502. Witemberg.
1504. Séville.
1506. Francfort.
1517. Alcala.
1517. Siguença.
1517. Ximenès.
1526. Marburgh (Hesse).
1536. Oviédo.
1537. Saragosse.
1537. Grenade.
1537. Messine.
1538. Strasbourg.
1542. Elbing.
1542. Coïmbre.
1543. Ognate (Biscaye).
1544. Kœnisberg.
1547. Poméranie.
1547. Griphwald.
1548. Reims.
1549. Ossone (Andalousie).
1549. Dilingen (Souabe).
1550. Evora (Portugal).
1550. Lawingen.
1551. Mexico.
1558. Iéna.
1562. Douai.
1562. San Domingo.
1573. Pont-à-Mousson.
1575. Leyden.
1576. Helmstadt.
1579. Wilna.
1585. Franeker.
1586. Quito.
1591. Dublin.
1592. *Paderborn.*

1603. La Flèche.
1607. Giessen.
1607. Wissembourg.
1608. Pampelune.
1609. Lunden.
1614. Lima.
1614. Groningen.
1622. Altorf.
1628. Guatimala.
1628. Derpt (Suède).
1636. Utrecht.
1640. Fondation de Richelieu.
1648. Abo (Suède).
1648. Herderwick.
1651. Sainte-Foi (Nouv. Grenade).
1669. Kiel.
1668. Siegen.
1694. Halles.

Le mouvement scientifique et littéraire excité par les croisades fut très-prononcé, dès que l'ordre public eut commencé à naître, à la fin du douzième siècle. Avant l'année 1200, il n'existait, en Europe, que trois universités : celle de Rome, fondée dès le premier siècle; celle de Bologne, qui fondée en 473, fut remise en pleine activité en l'an 1000; puis, celle de Paris, fondée vers l'an 1100. Mais, dans le treizième siècle, les fondations d'établissements universitaires s'élevèrent à 15, et dans le quatorzième siècle ces fondations atteignirent le chiffre de 28 : c'était treize fondations par demi-siècle ; mais dans le quinzième siècle, le mouvement se ralentit pendant la période du schisme pontifical. C'est dans la fondation des universités et dans celle des chartreuses le même arrêt, après les mêmes progrès. Après le schisme, la marche ascendante se rétablit.

On voit donc le plus grand élan scientifique et littéraire se manifester à la dernière période des croisades, au treizième siècle : les fondations universitaires, qui n'étaient d'abord que de une par siècle, montérent à un chiffre quatorze fois plus considérable. L'exposition de la science théologique, mathématique et physique, s'éleva à son apogée dans saint Thomas d'*Aquin ;* l'influence des sciences et des lettres des Orientaux se signala par la traduction des auteurs et des traducteurs des Arabes : leurs mots se reflétèrent dans notre langage scientifique : nous eûmes l'Al-gèbre, l'Al-chimie, l'Al-kali, et nous apprenons d'eux l'art de distiller l'Al-cool, à l'aide de leur Al-ambic, et de vernir les poteries avec l'Al-quifoux : les origines arabes se trahissent par l'article Al.

Tous les progrès sont l'effet du double contact avec les Arabes, ennemis de nos croisades, dans la Palestine et en Espagne.

Des croisades aussi datent nos premières productions littéraires. Les mémorables faits des grandes expéditions des chevaliers chrétiens trouvent des interprètes et des biographes. Albert d'Aix, Villehardouin, Guillaume de Tyr, sire de Joinville.

Les chants des troubadours peignent les mœurs chevaleresques de l'armée transformée par l'esprit chrétien. Jusqu'à ce que puissent éclore avec le quatorzième siècle, les grandes compositions du Dante, sévères épopées qui résument la religion et l'histoire. Plus tard, les compositions de Pétrarque et de Boccace reflètent les mœurs affaiblies par la prospérité que les croisades avaient fait naître. — La musique sacrée avait commencé à se vulgariser et à se perfectionner dès le onzième

12

siècle. L'écriture des notes musicales, découvertes par le bénédictin Guy d'Arezzo, contribua beaucoup à ce progrès, auquel l'exécution des grandes cathédrales donna un nouvel élan. Toutes les pompes du culte ne devaient-elles pas se traduire en chants de gloire et en mélodies pleines de grâce?

Dans le milieu du douzième siècle, saint Bernard regrettait vivement le temps employé par le souverain pontife à juger les procès... car à Rome était le sanctuaire de la justice réglée par des formes préservatrices de l'erreur. Le système de la publique et contradictoire défense et de l'application d'une loi écrite était inauguré alors par la cour romaine pour détruire le barbare procédé des épreuves judiciaires; et pour faire disparaître l'arbitraire qui se glissait dans les justices seigneuriales à la faveur de l'incertitude de la tradition des coutumes.

Dès qu'à l'exemple des souverains pontifes, et qu'à l'imitation des assises de Jérusalem et des établissements de saint Louis, des justices régulières eurent été établies auprès des souverains, l'Église put être progressivement délivrée du fardeau de la justice civile.

La magistrature laïque se forma; avec tout le cortége des officiers publics, son accessoire obligé, les notaires, les avocats, les avoués, les huissiers. Vers le milieu du treizième siècle, la rédaction des testaments put être enlevée au clergé, qui avait auparavant la malheureuse obligation de régler simultanément la préparation spirituelle des mourants, avec la rédaction de la disposition de leurs intérêts matériels!

La possibilité d'instituer des avocats et des officiers publics laïques, n'existait pas avant le treizième siècle; il n'y avait des notions suffisantes de médecine, de droit et des lettres, en général, que dans les membres du clergé. Mais les canons répétés des conciles, ordonnant l'instruction publique gratuite, avaient, dans le douzième siècle, préparé les éléments littéraires qui furent mis en œuvre dans le treizième siècle. Le vœu de libérale diffusion de l'instruction, si énergiquement formulé par le pape Innocent III, était exaucé; l'interdiction d'exercer les fonctions d'avocat édictée par les conciles contre les clercs put être exécutée : chaque notion nouvelle apportée par les pèlerins et les croisés, chaque livre nouveau traduit, surexcitait l'ardeur d'apprendre à laquelle l'ordre public croissant permettrait de se livrer.

Ainsi la contradictoire défense, ainsi le jugement par les pairs consacré dans le royaume né des croisades, dans la législation des assises de Jérusalem, s'est conservé avec le nom des assises jusque dans les plus récents perfectionnements judiciaires. Aux croisades se trouve l'origine de la justice civile, du droit international et de l'ordre public général.

Le fond de la législation de Justinien amélioré de plus en plus par les principes chrétiens était la base des jugements du grand et du souverain tribunal que les pontifes chrétiens dirigeaient à Rome. La Cour romaine était une *curie* suprême (Curia), et la cour d'appel de toute la catholicité, dans le douzième et le treizième siècle, là se décidaient pacifiquement tous les grands litiges. Là se rendaient les ambassadeurs des têtes couronnées pour faire décider leurs différends. Le concile de Latran tenu en 1215 est un type remarquable de l'application de cette magnifique institution judiciaire sortie de l'alliance chrétienne du moyen âge. L'interdit, l'excommunication, la pénitence, le pèlerinage, étaient les moyens correctifs et répressifs. L'armée de la croisade formait la force armée publique de cette grande magistrature. Belle *pensée civilisatrice*, qui pouvait en ses applications tomber dans des abus et des excès, mais la grandeur de l'œuvre ne peut pas être méconnue : non-seulement la trêve de Dieu arrêtait les guerres partielles des seigneurs, mais encore une suprême trêve de Dieu planait au-dessus des querelles des puissants souverains. On a pu voir, dès l'époque des croisades, les types des grands congrès politiques et de la sainte alliance des nations auxquels la civilisation chrétienne doit s'efforcer d'aboutir. Cette pensée était si bien comprise, si bien acceptée par les souverains et les princes, que Philippe-Auguste s'abstint de soutenir les prétentions de son fils à la couronne d'Angleterre à cause de l'arrêt prohibitif du concile de Latran, et que Raymond Bérenger, comte souverain de Provence, ordonna qu'on déférât à la Cour romaine sa fille héritière et quelle fût frappée de déshérence par cette Cour, si elle n'exécutait les legs pieux de son testament.

Lorsque le pape jugeait les litiges des souverains, les évêques surveillaient l'administration de la justice par les serfs et les clercs.

Au moment où l'autorité impériale s'efface, les droits impériaux passent aux possesseurs de fiefs, chargés de suppléer à l'autorité souveraine, et héritant simultanément des *devoirs* et des *droits* de l'empereur.

Le devoir du seigneur est celui de la *défense* extérieure, de l'administration de la justice, du maintien de l'ordre public.

Le droit est celui de la déclaration de la paix et de la guerre, — de la levée de la milice et de la perception des impôts. Les impôts appelés *droits impériaux* sont : 1° les frais pour armer les seigneurs chevaliers ; 2° les frais de rançon lorsqu'il est fait prisonnier de guerre ; 3° les frais pour armer chevalier le fils du seigneur ; 4° pour marier sa fille à un autre seigneur.

Alors les patrimoines diocésains deviennent nécessairement des *fiefs*, avec les mêmes priviléges pour les seigneurs *évêques*, que ceux qui étaient dévolus aux *seigneurs laïques ;* seulement pour la défense armée, le *seigneur évêque* était remplacé par le seigneur *vidame ou* le seigneur *avoué*.

La juridiction épiscopale se maintient d'ailleurs, avec toutes les attributions qu'elle avait sous les empereurs, elle est la loi *supérieure* aux juridictions laïques.

En 1084 lorsque saint Bruno vient fonder la grande Chartreuse, c'est l'évêque de Grenoble qui le soutient et le protége par sa *suprême juridiction ;* en 1116, lorsque se fonde la chartreuse de *Durbon* dans le Gapençais, l'évêque de Gap cède les droits réels et non réels qu'il possède sur le territoire de Durbon, en présence du clergé, solennellement assemblé en synode.

De même le patrimoine devenu fief de l'évêché de Marseille, s'étendait au commencement du douzième siècle jusque dans la vallée du Gapeau, sur les communes de Signes, Méounes, Belgentier.

En 1117, Raymond II, évêque de Marseille, appela les religieux chartreux à remplacer les cassianites de Montrieux, pour faire fleurir l'austère discipline carthusienne sur les lieux où la règle de saint Benoît venait de se relâcher. La DONATION faite par l'évêque de Marseille fut confirmée par son successeur Raymond III dans le synode solennellement assemblé l'an 1136. Les formes de la juridiction diocésaine de Gap, déployées à la Chartreuse de Durbon en 1116, ont été reproduites à la Chartreuse de *Montrieux*, dans le diocèse de Marseille. En 1174, l'évêque de Marseille, juge diocésain, père commun des *fidèles* de son épiscopat, fit un acte solennel de sa suprême juridiction en ordonnant aux habitants de Méounes de cesser de *troubler les hermites* de *Montrieux*.

« Si une femme, dit-il, entre dans le territoire de Mon-« trieux, elle sera enfermée dans le CHATEAU de Méounes, soit « par l'AUTORITÉ CONSULAIRE, soit par celle du *seigneur;* ou bien « elle payera une amende de 5 sols au *profit du château*[1]. Un « voleur de nuit sera puni de l'amende de 5 *sols.* »

L'évêque continue ainsi : « si un homme entre seul ou avec ses bêtes dans ce territoire (des Chartreux), malgré ce que nous avons ordonné et qu'il y fasse quelques dégâts, on évaluera le dommage, et il sera fixé par la *justice consulaire*, ou par celle du SEIGNEUR de MÉOUNES. L'auteur du dégât sera tenu de le réparer, et, par dessus cela, de payer une amende de 12 deniers au profit de la COMMUNAUTÉ de *Méounes.* »

Si on refusait de rendre justice aux solitaires, lorsque quelqu'un aurait transgressé la sentence, les Chartreux devaient porter leur plainte au chapelain qui desservait l'église de *Méounes*.

Que si, après cette requête, on ne leur rendait pas justice dans vingt jours, le coupable auteur du dommage devait être EXCOMMUNIÉ, et TOUT MÉOUNES SOUMIS à L'INTERDIT *jusqu'à ce que justice* eût été *rendue*.

[1] Le prison faisait partie du bâtiment du château.

Cette mémorable sentence retrace fidèlement toutes les institutions du temps. 1° *juridiction consulaire* ou de police *communale;* 2° *juridiction seigneuriale*, et par dessus tout la *juridiction ecclésiastique* disposant des censures religieuses pour sa suprême sanction.

Ce verdict fut prononcé le vendredi 7 juin 1174, dans le cloître de la Chartreuse, en présence du *prieur*, des solitaires, des donnés et de plusieurs témoins ecclésiastiques et laïques.

Les religieux de Montrieux assistant à ce jugement étaient : sept pères; neuf frères convers; trois frères donnés.

Les ecclésiastiques étaient Désidérius prieur de la Verne; Geoffroy, prévôt de l'église de Toulon ; P. Bounnety, chanoine de Toulon ; quatre chanoines de l'église de Marseille; Hugues de Tretz, médecin; Coulomb et Armand de la suite de l'évêque de Marseille; en outre Barnier, chapelain d'Evenos.

Les laïques qui entendaient sans murmures proclamer ainsi la suprématie de la juridiction diocésaine et qui la confirmaient par leur *assentiment public* étaient : Bertrand de Marseille, Geoffroy d'Almes, *Guy de Méounes*, *Bertrand* d'*Ollioules*, *Bertrand Sinoretti*, *Guillaume de Valbelle*, *Guillaume de Boset*, *Pierre de Thorame*, *Rodolphe Catalan*, *Guillaume Gantelmi*, *Bertrand Aicardi* du Castelet. — Onze *personnages importants*.

Enfin un LÉGISTE nommé Rostagni et Pons de saint Gilles.

Cette sentence a été le fondement des arrêts rendus postérieurement en faveur des Chartreux; elle avait d'ailleurs été confirmée par d'autres décisions rendues par le même prélat *Foulques*.

Ces temps que l'on nous peint sans juges et sans lois n'ayant d'autres instructions juridiques que les barbares épreuves de l'eau et du feu, étaient, au contraire, parfaitement organisés, au point de vue judiciaire; il y avait la compétence communale, la compétence seigneuriale, l'une et l'autre dominées et régularisées par la juridiction ecclésiastique.

Il y avait des Universités où l'on enseignait le droit; il y avait des *légistes* et les jugements ecclésiastiques étaient si nombreux qu'en 1140 saint Bernard, comme on l'a indiqué, reprochait au pape Eugène de donner trop de temps à rendre la justice. La supériorité de la *juridiction ecclésiastique* décrétée par *Constantin*, développée par *Valentinien* en 365, appliquée sous les *Mérovingiens*, traverse l'époque *Carlovingienne* et l'avénement *Capétien*, elle est en pleine vigueur sous Philippe Auguste et les comtes de Provence. On protégea les communes par l'application de la *trêve de Dieu;* il y eut de même les chevaliers défenseurs des maisons religieuses. Ainsi ce Bertrand de Marseille qui assiste au jugement du 7 juin 1174, rendu à Montrieux par l'évêque de Marseille, nous paraît être un des aïeux du noble *Bertrand* de Marseille nommé en 1308, par Charles II, *Conservateur* de la maison de Montrieux et son défenseur contre les violences du voisinage.

Il y avait donc, sous les violences féodales agitant la superficie de la société, les institutions de l'ordre et de la justice.

On remonte ainsi, avec une organisation sociale toujours complète en Provence, et toujours progressivement perfectionnée dans l'Europe septentrionale jusque aux curies romaines transformées par le *Christianisme*. A quelle époque placerait-on la naissance des communes de Marseille, d'Arles? n'ont-elles pas toujours eu leur édilité et par dessus leur édilité, leur justice diocésaine? Les communes italiennes se fondèrent plus tard. Les Chartes des communes étaient en France des transactions entre les communistes et les seigneurs. Les communautés préexistaient.

Le système de justice régulière avait en Alsace d'autres formes que dans la France méridionale, mais il répondait aux mêmes besoins de justice pour les vassaux.

A l'égard des seigneurs féodaux, le système électoral fut légalement établi par les capitulaires impériaux de Louis le Débonnaire et de Charles le Chauve[1]; ce fut par conséquent la règle authentique de l'organisation défensive de toute la chrétienté d'Occident. Le produit du fief féodal et le cens,

[1] Voir Montesquieu, *Esprit des lois.*

formaient un revenu et un tribut correspondants au salaire actuel des fonctionnaires. Cette institution générale de la féodalité par l'élection était constatée en Alsace par des écritures solennellement établies comme des contrats synallagmatiques obligatoires pour les électeurs et pour les élus. M. l'abbé Kanauër vient de rendre très-heureusement à la lumière, ces constitutions féodales consignées dans les *Rothules* de l'Alsace et dont on retrouve les traces, soit dans les Chartes postérieures, soit dans des jugements, rendus en Provence, comme dans le reste de l'Europe.

Voici quelques formules de ces remarquables constitutions; elles sont empruntées à l'intéressant résumé des constitutions alsaciennes fait par M. de Ribbe. « *De notre avis, notre seigneur de Falkenstins est prévôt légitime non de naissance mais d'élection. C'est parce qu'il distribue justice égale aux hommes de la marche, qu'ils l'ont en affection. S'il ne distribuait pas justice égale ils pourraient bien en faire un autre*[1]. *Ailleurs « si N. G. S. de Hanaux avait une guerre et réclamait « le concours des gens du pays nous devrions lui obéir pour qu'il « pût mieux protéger sa seigneurie et nous, et se défendre « contre ses ennemis*[2]. »

Le patronage était donc juridique et militaire. C'était le pouvoir exécutif complet; sous le titre d'avoué, d'avocat; on trouvait les fonctions du ministère public et de la gendarmerie... L'avocat était vraiment un chevalier, un défenseur dévoué... C'est en ce sens, que dans les Litanies, le titre d'*avocat* est donné à la sainte Vierge protectrice des faibles humains.

Voici des textes qui complètent les règles des droits et des devoirs réciproques des vassaux et des seigneurs alsaciens. « *Si l'avoué mettait de la négligence dans sa conduite, il aurait « à se démettre de son advocarie.*

« *Avec les redevances, l'avoué fera la guerre, et si elles ne « suffisent pas il y consacrera son propre bien.* »

D'après les décrets impériaux, au dessus des attributions

[1] Voir Michelet, *Origines du droit français.*
[1] Hanauër, *Constitutions rurales de l'Alsace.*

des assemblées des vassaux forment des conseils régis par des *consuls* dans la France méridionale, par des *maires* dans l'Alsace; au dessus de toutes ces institutions planait le tribunal d'appel de l'évêque. C'était cette juridiction épiscopale pratiquée avec l'administration des biens communs, dès les premiers siècles de l'Église, qui protégeait contre les violences, par le droit évangélique et contre les étreintes de la misère, par les aumônes prises sur les revenus des biens diocésains.

La similitude était donc complète entre les élus avec les obligations féodales et entre l'élection impériale, avec l'obligation de défense de la société chrétienne. Le christianisme appliquait le grand principe du *sacrifice*, dans toutes ses souverainetés grandes et petites qui s'organisaient spontanément dans le huitième siècle, et qui furent un grand progrès relativement aux institutions romaines, — plus tard, d'autres améliorations sont survenues et ont amené les populations à l'état actuel de bien-être et de complète protection, contre les abus de la force.

A l'époque des croisades, les cultures se perfectionnèrent à la vue des merveilles créées par les irrigations de la vallée du Nil et par celle des Maures, en Espagne.

L'art des dérivations introduit en Europe, s'appliqua, dans le douzième siècle, en Lombardie, et se propagea sur tout le littoral de la Méditerranée, en Provence; dans les possessions des Pisans et des Génois. Dès le douzième siècle, un évêque d'Arles conçut le projet de dériver la Durance pour arroser la Crau. Les notions géométriques des nivellements avaient donc été élevées déjà à une perfection inconnue des Romains. Les rizières furent transportées du Delta du Nil à la vallée du Pô.

Les ingénieuses machines élévatoires de l'Égypte, de la vallée de l'Euphrate, connues sous le nom de *Norias* ou de *Pouzzaraques*, furent usitées et multipliées auprès des grandes cités commerçantes : de la *Huerta*, de Valence, elles passèrent aux jardins de Marseille.

Les moulins à vent des contrées sèches de l'Orient: les

moulins à eau mus par les belles sources de la Grèce, furent multipliés par les croisés revenus des conquêtes de Jérusalem et de Constantinople; les moulins à eau de la Provence, de la Ligurie, sont restés, jusqu'à ces derniers temps, la copie des moulins destinés à la mouture du blé et à la fabrication de l'huile dans la Grèce... c'est une importation orientale évidente.

La culture des vignobles, déjà propagée par les monastères, pour satisfaire aux doubles besoins du culte et de la table, prit, à la faveur de l'ordre public, une extension imprévue en Bourgogne, en Guyenne : la vigne était cultivée, en 1178, aux environs de Paris, notamment à Poissy.

La culture des prairies artificielles, inaugurée dans le Languedoc, au contact des Maures, exigea, en même temps que la culture de la vigne, les travaux d'assainissement dont on trouvait des modèles en Orient, en Égypte, en Perse, et dont on retrouvait les restes dans les campagnes des Romains. Ces perfectionnements, appliqués par les monastères, fermes-modèles de cette époque, ont été successivement vulgarisés et améliorés.

Les embucs d'Aubagne et de Cuges, en Provence, ont été appliqués par les évêques, qui ont imité les assainissements orientaux établis par des puits absorbants.

Les étoffes de soie étaient apportées de la Chine par les caravanes asiatiques, ou livrées par les manufactures de Bysance, et appliquées d'abord à l'ornement des églises. On essaya dans les monastères catholiques, la culture des mûriers et le tissage des précieuses étoffes, qui furent ornées des fleurs et des figures symbolique de l'histoire religieuse. Les mûriers passèrent aux États de Naples, puis dans l'Italie septentrionale et la Provence.

Les belles couleurs d'écarlate et de poupre, caractérisées par le nom de *rouge* d'Andrinople, frappèrent vivement les pèlerins et les guerriers chrétiens. — La culture de la garance, observée à Andrinople par les croisés, fut importée dans le treizième siècle jusqu'à Paris. L'abbé de saint Denys percevait une dîme en garance.

La canne à sucre, trouvée en Asie, fut transportée dans le midi de la France, dans l'Espagne et à Madère, c'est de là qu'elle est passée en Amérique. — Les Cluniciens apportèrent de leurs monastères, propagés jusqu'en Asie, la culture des fleurs et l'extraction des parfums et les installèrent auprès du grand centre agricole industriel des Lérins.

En Provence, la culture garda les traditions romaines; le métayage remplaçant la servitude, mais conservant le système de culture biennale, concordant avec la culture simultanée des céréales, des vignobles et des oliviers. Les chartreux des forêts de l'Arverne et de Montrieux, fondèrent les premières exploitations de résines, de poix et de liége, réclamés par les peintures naissantes et par les besoins de la marine, née des croisades.

Dans le nord de la France, il sortit des monastères agricoles un notable perfectionnement inconnu des Romains : ce fut la culture triennale, où la jachère est réduite à un tiers de la surface : ce fut un bénéfice et un surcroît de produits d'un *sixième*.

Les draperies, les fabrications de toile, de dentelles, pour l'ornement des autels, étaient développées par les monastères et par les bourgeois des communes de Flandre, dès le treizième siècle. Les cultures de lin se multiplièrent à cette époque, et l'application des engrais se fit avec un soin jusque-là inconnu.

Le grand principe de la culture alterne se trouve en germe dans les perfectionnements agricoles, dont les croisades et les ordres religieux sont le point de départ et les auteurs. Le plus ancien drainage par tuyaux, dont on a retrouvé la trace, avait été exécuté dans les terres d'un monastère près de Maubeuge.

La nombreuse émigration orientale de seigneurs flamands, provoquée par les grandes conquêtes de Jérusalem et de Constantinople, qui avaient eu pour principaux chefs des seigneurs de Flandre, laissa l'exploitation rurale plus complétement entre les mains du clergé. Celui-ci, en développant les affranchissements, donna naissance à cette classe nombreuse de bourgeois et gens de métier de Flandre, fréquemment révoltée contre les souverains qui, par leurs alliances avec la France, interrompaient les arrivages des laines anglaises et irlandaises nécessaires aux draperies. Les guerres des Flamands, leurs insurrections, à dater de 1302, furent des guerres causées par des intérêts industriels et agricoles, que les croisades avaient fait naître.

Les besoins de la marine développés dans les ports de Gênes, de Venise et de Marseille, propagèrent la culture du chanvre dans la vallée du Pô et dans la vallée du Rhône.

Puisque les progrès de l'agriculture, dont les croisades ont été le point de départ, ont permis de nourrir une population triple, tout se passe comme si les croisades nous avaient donné un sol trois fois plus étendu que notre ancien territoire.

Les progrès pacifiques de la culture ont suppléé, après les croisades, aux conquêtes des terres et d'aliments que l'on voulait obtenir par l'épée. Après les croisades, non-seulement, les famines ont diminué, mais cette population déclarée *exubérante* à la fin du onzième siècle et *supérieure* aux ressources alimentaires de l'Europe; au treizième siècle, cette population put être nourrie, lors même qu'elle se fut notablement accrue. Depuis cette époque, la population croissante est de plus en plus inférieure aux ressources alimentaires, et les bras, loin d'être superflus, sont au-dessous des exigences de main-d'œuvre de nos arts perfectionnés.

D'après un principe de Malthus, les subsistances ne croissent qu'en progression *arithmétique*, et la population ne s'augmente qu'en progression *géométrique;* de sorte que, lorsque une population aurait *doublé*, les aliments ne se seraient augmentés que de *moitié*. Il en résulterait que le monde serait destiné à passer par des famines périodiquement croissantes, jusqu'au moment où la disette serait devenue l'état permanent.

Le principe paradoxal de Malthus a été adopté par de Maistre, oubliant d'observer que les produits agricoles croissent plus RAPIDEMENT ENCORE que l'augmentation de la main-d'œuvre. — Sur le lieu où existent deux bras, on peut faire naître un pain, à la seule condition que la société soit paisible et morale. C'est de la moralité, c'est de l'intelligence que l'aliment peut toujours sortir... L'expérience ne le démontre-t-elle pas avec un éclat éblouissant? C'est par la parole de Dieu, civilisant et éclairant le monde, que toujours la merveilleuse multiplication des pains se produira.

En comparant l'étendue cultivable au chiffre des habitants, on voit, d'après les résultats présentés par la population française, que la terre pourrait nourrir, 12 milliards 704,000 habitants; elle n'en a actuellement qu'un milliard... La population terrestre pourrait donc être DOUZE FOIS plus grande. — Dans ce calcul, on a supposé une population de 100 habitants par kilomètre carré; — mais avec son sol de nature médiocre, fertilisé seulement par l'industrie des Flamands, la Flandre française nourrit 200 habitants par kilomètre carré... D'après cette donnée, la population humaine de la terre pourrait être vingt-cinq fois plus forte,... et la population actuelle de la France pourrait être triplée, sans que les aliments pussent faire défaut... Encore ne comptons-nous pas tout ce que peuvent offrir de ressources, à peine soupçonnées, les exploitations sous-marines des coquillages et des poissons.

Dieu offre à l'industrie humaine, au développement des individus, des ressources immenses, dont l'immoralité et l'ignorance peuvent seules rétrécir les limites. Au temps des croisades, comme dans l'avenir, avant les conquêtes physiques, il faut rechercher les AMÉLIORATIONS MORALES qui suffisent pour produire les lumières et le travail capables de satisfaire à tous les besoins. Ce n'est pas la terre qui fait défaut, c'est la vertu. La population de 100 habitants par kilomètre carré, correspond, pour un degré carré, à 1,232,100 habitants; — et la surface du sol terrestre est de 10,315, à 10,320 degrés carrés. L'humanité peut donc bien se multiplier!

Les établissements destinés à la fabrication du fer, ont été fondés dans le département de l'Isère, vers le *onzième* et le *douzième siècle*, et ils ont été d'abord des fabriques d'épées, appelées des *épéeries*. Les renseignements transmis par notre savant camarade, l'ingénieur en chef des mines Gueymard, ne permettent pas de douter que la fabrication des armes des croisés, n'ait été en France, comme en Allemagne, la cause première de l'introduction des *usines à fer*.

Les chartreux ont été les premiers ingénieurs des fabriques de fer du Dauphiné ; leur plus ancien établissement, situé à Fourvoirie, mis en mouvement par les eaux du Guier mort, avait des fourneaux alimentés par des minérais extraits des filons d'Allevard, mêlés à des minerais de fer des Cavernes de la chaîne du grand Som. — L'art des mélanges et le secret de leur composition, destiné à assurer le succès des fontes, étaient une des traditions de la communauté. Hors de l'ordre carthusien, ceux qui possédaient les secrets des fourneaux à fer, les transmettaient à leurs enfants comme un héritage de famille.

Au surplus, l'art était encore si imparfait, que, vers 1820, on brûlait 300 kilogrammes de charbon de bois pour 100 kilos de fonte obtenue; dans les derniers temps, il ne fallait que 95 kilos de charbon pour 100 kilos de fer. La consommation, en quarante ans, s'était réduite à 32 pour 100 de son chiffre ancien.

Il était judicieux de placer les usines à fer auprès des forêts de la grande Chartreuse, lorsque la consommation du combustible représentait un poids plus fort que celui du minerai. Les établissements à fer ont pu se déplacer lorsque les éléments économiques ont varié ; mais le *fer de Chartreuse* était le meilleur fer connu sur le marché de Lyon. Les chartreux de Durbon exploitaient le fer des mines de *Menc* avec les bois de Durbon ; et, d'après la charte des concessions de droits sur la forêt d'Orves, donnée par l'évêque de *Marseille*, dans le treizième siècle...

Les chartreux avaient *aussi* le secret de fabriquer le verre. — Ce secret, possédé par les moines de Montrieux, était encore une importation industrielle des croisades.

Le fer, le verre, grands produits industriels qui venaient des croisades! et les chartreux, qui avaient fait naître les croisades, étaient aussi les moines qui appliquaient largement et vulgarisaient les arts agricoles et industriels révélés par les expéditions civilisatrices.

Les exploitations minérales du mercure, du plomb, du fer, furent étudiées en Orient par les Vénitiens, et introduites dans leurs montueuses possessions d'Italie. Là se fabriqua l'acier par la méthode orientale dite Bergamasque, tandis que les forges Catalanes furent, dans les Pyrénées, une application du procédé des Maures. L'immense consommation de fer et d'acier des croisades fut le grand stimulant de ces industries.

Les verreries furent importées de Bysance à Venise. Alimentées par le natron d'Égypte, elles furent, avec les savonneries, exclusivement florissantes dans les États vénitiens, jusqu'au moment où Pise, Gênes et Marseille revendiquèrent leur part de ces industries. Elles furent, plus tard, attirées vers la France septentrionale, par les bienfaits de Charles V et de Charles VI. La distinction la plus élevée fut attachée, à la fin du quatorzième siècle, aux importateurs de l'industrie minérale. Ils furent déclarés NOBLES.

Les deux préoccupations principales de l'Église ont été la distribution des fêtes mobiles dans le cours de l'année, et la distribution exacte des heures de la journée dans les monastères; l'astronomie et l'horlogerie ont été encouragées dans leurs progrès, à cause de ce double besoin.

La fixation de la fête de Pâques, point de départ de toutes les autres fêtes mobiles, exige la solution d'un des plus difficiles problèmes de l'astronomie. La relation entre les époques de pleine lune, et la révolution annuelle du soleil, revenant à l'équinoxe du printemps. Dès 1257, on reconnut que l'année Julienne était inexacte, et qu'il fallait réformer le calendrier : cette réforme fut réclamée, il fallait de grands travaux pour l'exécuter; le clergé les poursuivit pendant trois siècles, et l'un des ouvriers de cette élaboration fut le *chanoine* COPERNIC.

Le progrès commercial, fruit de la liberté de la circulation des choses et des personnes, ne pouvait pas manquer de se développer sous l'influence de la trêve de Dieu agrandie sous le titre de *croisade*.

L'*Église* ne se contenta point de décréter, de protéger la liberté de la *circulation commerciale*, elle fournit de plus la matière commerciale dans le transport des approvisionnements et du personnel des armées des croisés. Tout ce qui se rattachait au mouvement des objets destinés à la guerre sainte, était placé sous la sauvegarde des anathèmes de l'Église.

Si la chevalerie avait été instituée pour protéger les voyageurs terrestres à travers les défilés et les montagnes, il fallait bien aussi que l'institution chevaleresque étendît sa bienfaisante et féconde influence sur les mers parcourues par les forbans musulmans qui faisaient, en pillant les navires chrétiens, une action utile à leur fortune et un acte méritoire à l'égard de leur culte.

Cette fondation de la *croisade maritime* fut l'apanage des chevaliers Hospitaliers devenus, par la prise de Rhodes en 1309, possesseurs d'une admirable échelle et d'une excellente forteresse maritime.

Le frère de Sainte-Roseline Hélion de Villeneuve fut providentiellement destiné à développer la transformation maritime de la chevalerie terrestre.

Ainsi, ce fut le frère bien-aimé et inspiré par notre sainte carthusienne, qui fonda la sécurité du pavillon chrétien à travers la méditerranée, ce fut lui qui consolida la possession de Rhodes par la conquête du port continental de Smyrne ; entre le rivage d'Europe et le rivage d'Asie, il y eut un pont méditerranéen jeté par la chevalerie de la mer.

Le développement que prit entre le quatorzième et le seizième siècle tout le mouvement commercial de la méditerranée; la libre circulation faite sous la protection de la gendarmerie navale permit à tous les ports, à tous les rivages de la chrétienté de lancer des navires sur les mers du Levant, de former un personnel maritime aguerri dans les luttes sur les flots et habitué aux manœuvres des vaisseaux.

Tout cela fut la conséquence de l'institution chevaleresque qui prit successivement les noms de *Rhodes* et de *Malte*.

Certes, la France ne peut pas l'oublier, le plus grand de ses derniers capitaines de marine appartenait à ce glorieux ordre de la chevalerie maritime, qui se rattache aux inspirations et aux prières de la sainte chartreuse de Celle-Roubaud.

C'est la chevalerie maritime de Rhodes et de Malte, qui a bien évidemment présidé à la construction de ces navires nombreux, à l'éducation de ces intrépides marins chrétiens, dont la croisade triomphante à Lépante, a assuré et consacré la domination de la chrétienté sur l'islamisme.

La première croisade fit éclore la prière de l'*Angelus*, l'office de Marie et la poétique préface de la mère virginale de Bruno. La croisade maritime eut pour chant de triomphe la touchante prière du *Rosaire* : ce fut le bouquet de la virginité sous la forme des roses qui rappellent aussi le nom de Roseline.

La préparation du triomphe définitif de la croix sur le croissant, de la civilisation chrétienne sur la barbarie infidèle, remonte, comme point de départ, à l'humble vierge de Celle-Roubaud, jetant, d'après la pittoresque expression du cantique populaire, jetant son *tablier* sur la mer pour y faire passer son frère organisateur de la chevalerie maritime.

Ce tablier merveilleux de la religieuse chartreuse, consistait dans les lumières de sa sagesse et la protection de sa sainteté; toutes les deux mises au service de l'ordre chevaleresque gouverné par son frère, pour préparer, assurer la bienfaisante domination de l'Église civilisatrice.

Saint Bruno avait été le promoteur persévérant de l'ordre public, de la chevalerie protectrice de la circulation terrestre. Il avait été l'inspirateur et le coopérateur puissant et silencieux de la croisade civilisatrice.

Sainte Roseline prit le patronage de l'ordre public et de la libre circulation sur les mers et de la chevalerie navale; elle fut l'inspiratrice du premier organisateur de la croisade maritime. Cette dernière a abouti aux plus heureux résultats, aux triomphes les plus éclatants et les plus soutenus. La pieuse chartreuse a achevé l'œuvre du fondateur de son ordre monacal; la famille carthusienne des deux sexes a bien mérité de la chrétienté.

Les relations commerciales commencèrent à s'établir entre Venise et Constantinople; dès l'époque de la fondation de l'empire de Charlemagne : les navires italiens allèrent chercher ce que les navires byzantins n'apportaient plus. En 828, les navires vénitiens avaient apporté d'Alexandrie dans leur patrie le corps de saint Marc et leur cité naissante se plaça sous ce patronage.

La soif de l'or caractéristique de toutes les populations vivant du commerce, leur fit oublier plus d'une fois les devoirs chrétiens. Vers l'an 900, et aussi en 1307, les marchands vénitiens furent justement frappés des foudres de l'Église, pour avoir fait le trafic des femmes esclaves, portées aux *harems* des Sarrasins d'Espagne et d'Afrique sous la bannière de saint Marc. L'Église chrétienne stigmatisait et punissait ainsi les outrages faits à la morale et à la liberté.

Les principales villes commerçantes de la Méditerranée étaient : Venise, Gênes, Pise, Marseille. — Bari et Amalfi, dans les États de Naples n'avaient qu'un rôle très-secondaire, après la supériorité vénitienne. Parmi les quatre grandes métropoles du négoce, Venise avait une suprématie fondée d'une part sur ses traités avec les empereurs de Byzance, de l'autre sur ses débouchés faciles avec la Lombardie et avec l'Allemagne, dont les armées circulant sans cesse entre Vienne et Rome, permettaient de répandre les produits du commerce, à l'abri des caravanes armées.

Toutes ces relations commerciales prirent un essor immense à l'époque des croisades. La circulation des pèlerins déjà commencée dans le onzième siècle, devint énorme. Le transport et l'entretien des armées, celui des ordres chevaleresques des Hospitaliers et des Templiers, donnèrent lieu à une navigation très-active. Le développement maritime devint grand, surtout à Marseille, port d'arrivée et de départ des chevaliers de la Provence, du Dauphiné et du Languedoc. Ces lieux avaient produit les premiers fondateurs; puis ils fournirent les principales recrues des deux ordres religieux militaires.

Les services rendus à la défense des Lieux saints, et les

secours venus sur les navires marseillais, furent si importants que les rois de Jérusalem multiplièrent les édits, accordant priviléges sur priviléges aux négociants marseillais. En 1117, Baudoin II; en 1152, Baudoin III; en 1190, Lusignan concédèrent aux Marseillais, une *curie à Saint-Jean d'Acre*, des exemptions de péages, et des droits sur d'autres places de la Palestine.

En 1190, les navires marseillais furent assez nombreux pour suffire au transport de toute l'armée anglaise, conduite en Palestine par Richard Cœur-de-Lion, tandis qu'une flotte génoise transportait les croisés français commandés par Philippe Auguste.

Gênes et Marseille étaient donc les deux villes qui se partageaient les priviléges, les bénéfices des établissements des saints Lieux et des voyages des armées chrétiennes; mais il y avait une prédilection du roi de France pour la marine génoise. Cette préférence se montra jusque dans l'expédition de saint Louis, en 1270; et elle nous semble avoir pour cause les allures superbes des Templiers qui exerçaient une domination trop marquée dans le port de Marseille. Les chevaliers Hospitaliers avaient des points de départ maritimes spéciaux auprès de leur principal prieuré de Saint-Gilles, vers Aigues-Mortes, Maguelonne et Cette.

Sous le règne de saint Louis, les Vénitiens occupaient toutes les échelles de la Morée et des environs de Constantinople. En 1303, ils avaient dirigé, vers la capitale de l'empire grec, toute la croisade de Baudoin comte de Flandres, et avaient partagé avec les seigneurs flamands la conquête et les dépouilles de l'empire byzantin.

Aucun secours ne fut donné aux croisades de Jérusalem par les empereurs byzantins, de race flamande, continuellement occupés par les guerres des princes grecs, Lascaris, qui, refugiés à Nicée, s'efforçaient de reprendre le trône de Constantinople. Les Vénitiens ne jouèrent aucun rôle utile dans la première croisade de saint Louis. En 1261, peu d'années avant de venir transporter la deuxième croisade de (1270) saint Louis, les Génois avaient aidé le prince grec schismatique

Michel Paléologue, à reprendre Constantinople sur les seigneurs flamands. Pour enlever aux Vénitiens leurs places de commerce dans la Morée et la mer de Marmara, les Génois n'avaient pas hésité à s'allier avec les souverains schismatiques. Les Lascaris restaurés ne manquèrent pas de payer les secours donnés par les Génois, en donnant à ces derniers les échelles commerciales des Vénitiens. Ces derniers ne gardèrent que leurs places de la mer Noire, étendues jusqu'à la mer d'Azof.

On voit que l'avidité pour le lucre et les rivalités commerciales ne respectaient aucune des barrières établies par les lois de l'Église. Ni la violation des principes de l'orthodoxie chrétienne, ni le trafic honteux de la liberté de l'homme et de la femme ne mettaient des bornes à l'avarice... des marchands. La rivalité des capitales du commerce les porta à des guerres désastreuses... PISE, souvent alliée de Venise, fut l'objet d'une hostilité acharnée de la part de GÊNES. En 1284, les *Génois* détruisent la flotte des *Pisans* et frappent d'un coup mortel la puissance commerciale de PISE. Un siècle après, en 1382, GÊNES est, à son tour, accablée par VENISE. Cette dernière garde la suprématie des mers jusqu'au moment où le Génois Cristophe Colomb, en vengeant sa patrie, transporte l'activité de la navigation sur les côtes de l'Océan, et, découvrant le nouveau monde, en 1494, permet la formation espagnole d'une nouvelle puissance maritime.

En 1271, la dernière croisade de saint Louis avait abouti à un traité passé avec la souveraineté de Tunis, qui stipulait :

La suppression de la piraterie, la délivrance des captifs chrétiens, la liberté du commerce;

Avec le libre exercice du culte chrétien,

Pour toutes les nations chrétiennes qui aborderaient le port de Tunis.

Le fils de saint Louis, en faisant jouir toutes les nationalités de l'Église des priviléges qu'il obtenait, préludait dignement à l'œuvre civilisatrice, complétée six siècles plus tard par le roi de France, héritier du sang et de la pensée de saint Louis, et destructeur de la piraterie algérienne. Une libre circulation maritime a été ainsi accordée, non plus seulement aux navires français, mais à tous les navires chrétiens, à tous les navires du monde.

Les villes maritimes méditerranéennes du treizième siècle, obligées de tirer leurs céréales de l'Afrique, se disputaient les froments de Barbarie vendus à Tunis.

En 1230, Tunis faisait à ce sujet un traité avec les Pisans.

En 1251, un traité analogue s'établissait avec les Génois.

En 1256, Tunis et Tripoli signaient un traité du même genre avec les Vénitiens.

Les croisés de 1271 s'étaient promis de revenir dans quatre ans et de mettre à profit les concessions obtenues de Tunis, en poursuivant l'œuvre de la croisade, peut-être même était-ce pour assurer des vivres à l'armée de la croix que l'expédition tunisienne avait été faite? — Cette espérance de retour, de la part des croisés, ne se réalisa pas. — Désormais, la lutte des croisades sembla oubliée, mais la piraterie fut toujours combattue.

Une grande ligue contre la piraterie des mers fut pour les voyages maritimes la répétition des bienfaits de la *trêve de Dieu* à l'égard de la circulation terrestre. Au commencement du règne civilisateur de saint Louis, cette ligue, formée en 1241, entre Hambourg, Lubeck, Brême et Dantzig, couvrit de sa protection toutes les villes commerçantes qui naissaient sur les bords de la Baltique, vers l'embouchure des fleuves.

Cette alliance du commerce chrétien, nommée ligue hanséatique, s'étendit sur les bouches du Rhin et de l'Escaut, à Amsterdam et Anvers. Elle se développa sur le cours du Rhin jusqu'à Cologne. Au moment où saint Louis, revenu de Jérusalem, écrivait sa législation des établissements, en 1255, quatorze ans après la naissance le la ligue hanséatique, le droit maritime se développait sur les bords de la Méditerranée. D'abord, sur les ports de la Catalogne, sous le nom de *Consolato de la mar*, puis adoptée par Venise et par Marseille, au moment où les princes de Barcelone régnaient sur la Provence. La diplomatie maritime fut, dans les relations de la civilisation commerciale, le pendant de la civilisation terrestre due aux assises de Jérusalem et aux sages ordonnances de saint Louis. On poursuivait l'extinction des guerres et des rapines privées sur terre et sur mer; suivant le programme secret de la croisade.

De grands congrès commerciaux, sous le nom de FOIRES, furent la naturelle conséquence de ce double mouvement civilisateur terrestre et maritime. — Ainsi furent fondées la grande foire de Beaucaire, en Provence, et les quatre grandes foires de Lyon. En 1315, les Vénitiens eurent un établissement à Nîmes. Ils portèrent leurs métiers de soie à Nîmes, à Avignon, et jusqu'à Lyon.

La foire de Beaucaire, universelle exhibition internationale des arts et des produits du moyen âge, s'établit sur la belle artère commerciale du Rhône, auprès du nouveau siége de la papauté installée à Avignon. Les grandes institutions de la civilisation chrétienne étaient toujours attirées vers le centre des lumières et de l'organisation catholique. — C'était là que se trouvait le foyer de tous les progrès pacifiques.

Les foires secondaires s'établirent à la suite de celle de Beaucaire, les unes pour en préparer les matériaux, les autres pour en distribuer les produits... Ainsi naquirent la foire d'Alais, au pied des Cévennes, et de Marseille, sur le port des grandes expéditions maritimes.

Dans ces institutions qui nous paraissent actuellement incohérentes, il y avait donc à l'origine une grande unité. — Les changements survenus dans la circulation et les procédés industriels ont modifié et brisé ce qui formait alors un bel ensemble.

Les pompes religieuses de la cour pontificale établie à Avignon, depuis 1309, motivèrent l'érection de fabriques de riches étoffes auprès du lieu où elles étaient mises en usage.

Les Lucquois, grands artistes en soieries dans la période correspondante à 1309, avaient porté à Venise les derniers perfectionnements de leur industrie.

Pendant les désastres et les troubles de la grande famine

de 1314, les manufactures des Lucquois avaient été pillées et détruites.

Les ouvriers de ces métiers durent se disperser, et vinrent fonder des établissements à Florence, à Milan et à Bologne.

Les Vénitiens fondèrent eux-mêmes, vers 1315, à Nîmes et à Lyon, des établissements destinés à fournir aux besoins du comtat Venaissin et de la Provence par la première de ces deux villes, et aux besoins de l'intérieur de la France par les métiers de la cité lyonnaise.

Des institutions analogues à celles de la vallée du Rhône s'étaient fondées dans la vallée du Danube sous Charlemagne. Le courant commercial de cette grande vallée européenne avait ses entrepôts à *Ratisbonne* et dans les abbayes de *Lorich*, sur l'Inn, et de *Bardowich*, près de Lunebourg.

Les Hongrois obtinrent, plus tard, une église à Constantinople : alors la *liberté* du commerce avait pour signe le monument de la *liberté* du culte. Les négociants de Hongrie devinrent les agents du commerce danubien, qui produisit les grandes foires et les grandes industries de *Nuremberg* et de *Leipsig*. — Ces assemblées commerciales mirent en relation les marchands des villes hanséatiques de la Baltique avec tous les centres industriels de l'Allemagne, et avec les commerçants hongrois faisant le trafic sur Constantinople. — Les bienfaits du travail pacifique et de l'unité politique se faisaient sentir depuis le passage des grandes caravanes de *libres croisés*, conduites par Pierre *l'Ermite*, par Godefroy de Bouillon, par l'empereur Conrad et par le roi de France, Louis le Jeune.

Les chevaliers teutoniques, toujours sur la route du centre de la Germanie à la terre sainte, furent, pendant le premier siècle des croisades, les protecteurs-nés de la sécurité des voyages pieux et de la circulation commerciale. La chevalerie *teutonique* rendit en Allemagne une partie des services que la civilisation chrétienne occidentale obtint des chevaliers *hospitaliers*.

Une énorme consommation de fer résulta des besoins de ces chevaliers couverts de métal. Pour fabriquer les armes des croisés, les aciéries des bords du Rhin se fondèrent sur le modèle de celles de Damas, en Syrie.

Saint Louis, à la Massoure, armé d'une bonne et belle épée allemande, parvenait à mettre hors de combat six adversaires lancés à la fois contre lui.

« Les hommes naturellement libres, n'ont été soumis au « joug de l'esclavage que par la loi païenne; et ceux-là feront « un acte utile à leur salut qui par l'affranchissement les ren-« dront à la liberté. »

Tels étaient les titres à la liberté universelle proclamés, dès l'année 590 par le grand pontife Léon. — L'esclavage était déjà transformé par le *servage*, dès le neuvième siècle, et cette première libération allait toujours se développant. Pendant leurs fréquentes querelles, les seigneurs affaiblissaient leurs adversaires en donnant asile à leurs serfs. Mais il y eut mieux que cela, « lorsque les villes principales de « Provence, après avoir repris leurs municipalités furent « devenues de petites républiques gouvernées par des lois « égales pour tous les citoyens. La liberté était regardée « comme une partie si essentielle de leur constitution qu'un « serf qui s'y réfugiait et que son maître ne réclamait pas « dans l'intervalle d'une année, était aussitôt déclaré libre « et admis au nombre des membres de la communauté. « L'esprit de religion, qui luttait contre l'injustice du monde, « contribua plus qu'aucune autre chose à la liberté des es-« claves [1]. »

Les villes commerçantes, premiers asiles de la liberté civile, firent appel aux habitants des campagnes pour trouver des bras qui pussent suffire aux progrès du négoce et de l'industrie. Elles attirèrent les serfs par l'appât de la liberté, en proclamant le principe que le LIEU fait LIBRE; ainsi, à Brisac, tout serf venu en ville et non réclamé par sept proches parents était libre après un an et un jour. La prescription pour la liberté avait la même durée que la prescription pour la possession de la terre. Ces privilèges des

[1] Papon. — Histoire de Provence.

villes qui donnaient naissance aux *francs bourgeois*, furent étendus jusques aux faubourgs. La libération des serfs fit de tels progrès que Rodolphe de Habsbourg empereur germain exprimait sa mauvaise humeur contre ces faciles affranchissements par les villes.

La marine, les travaux du commerce et de l'industrie urbaines étaient des asiles toujours ouverts à la libération des serfs, poussés aussi à l'affranchissement par les immunités et les dignités de l'Église.

L'ordre public sur terre et sur mer, où la trêve de Dieu de plus en plus généralisée, fit naître à la fois la prospérité commerciale et le développement industriel, en même temps que la richesse agricole. La liberté de circulation produisit l'institution des grandes foires, conséquences obligées des longs et paisibles voyages sur *mer* et sur *terre;* et des échanges industriels entre les diverses contrées. Toutes ces améliorations émanées du même principe d'ordre public, produisaient des moyens nouveaux d'affranchissement. La civilisation, avec tous ses épanouissements variés, sortait du germe fécond universellement semé par les croisades.

C'était là le fruit des efforts faits par l'école de saint Bruno pour faire cesser les guerres intestines.

En 1257, Saint Louis rendait un double hommage à saint Bruno, en établissant dans la capitale de la France une colonie Carthusienne, dans le moment même, où il signait l'édit d'abolition des guerres privées ; ce saint roi appelait auprès de lui, les enfants de la Paix, lorsqu'il accomplissait les vœux du fondateur de la famille Pacifique.

Soixante ans plus tard, les chevaliers hospitaliers, patronés par la chartreuse Roseline et protégés par le pape grand ami des chartreux, établirent dans leur conquête de Rhodes, le corps de garde destiné à la défense des navigateurs chrétiens. La pensée civilisatrice qui avait déterminé la proclamation des croisades, se reproduisait plus complétement à leur cessation apparente.

Les services terrestres rendus à l'ordre public par la chevalerie chrétienne, furent fort affaiblis par l'anarchie catholique que produisit le schisme pontifical ; les chevaliers furent remplacés alors sur terre vers 1450, par la gendarmerie permanente du souverain ; mais le rôle civilisateur maritime de la chevalerie fut continué, sous les noms des chevaliers de Rhodes et de Malte, jusqu'au moment où les marines militaires des souverains vinrent faire régner la sécurité et la justice internationale sur l'immensité des mers de tout le globe terrestre.

La guerre n'avait pas été seulement transformée dans son but lorsque la chevalerie était venue substituer ses généreuses inspirations aux entraînements de la violence, mais l'armée était aussi changée dans sa constitution même.

Au lieu du service temporaire et alterné par période de quarante jours entre le travail pacifique et le métier des armes, on eut des armées régulières organisées pendant trois ans, terme commun des croisades, et dans ces corps d'armée, l'infanterie eut à jouer un rôle de plus en plus important. En Palestine, dès 1190, des archers anglais vainquirent les cavaliers musulmans.

La force spéciale aux combats passait dans les masses : pendant que la chevalerie était la gendarmerie permanente proposée à l'ordre public.

Vers 1250, apparut le rôle du prosélytisme civilisateur que la France a eu la gloire de renouveler en ces derniers temps, dans la belle institution de l'œuvre de la PROPAGATION DE LA FOI. Guidés par un religieux franciscain ambassadeur de saint Louis, des moines italiens, français et flamands furent envoyés au Grand Khan. Un franciscain napolitain fut archevêque de Peking et son successeur fut un professeur de théologie pris dans cette savante Sorbonne que saint Louis fondait alors à Paris. A leur tour, des Mongols vinrent saluer le grand pontife de Rome et visitèrent *Paris*, *Londres*, *Barcelone*, Lyon, Valence et Northampton, les capitales, les grandes villes de la chrétienté. Les rapports se multiplièrent tellement avec la Tartarie, qu'on pensa à établir à Paris, une chaire de langue tartare.

Le mélange des populations de l'Orient et de l'Occident fut

étonnant; il était évident que l'impulsion des croisades avait fait naître un besoin universel d'aventures et de voyages. Un cordelier flamand rencontra en *Tartarie*, une femme croisée, enlevée en Hongrie, un *chantre* nommé Robert qui revint mourir à la cathédrale de Chartres, un *Rouennais* qui avait assisté à la prise de Belgrade dans la croisade, un Parisien orfèvre, plusieurs Flamands, des Hongrois et des Russes. Jean de Plancarpin suivi de marchands de *Venise*, de *Gênes*, de *Pise*, de Breslau, de *Pologne*, d'*Autriche*, trouva, auprès du prince tartare Gago-enk, un noble russe remplissant le rôle d'interprète; des marchands de Venise apportèrent au pape des lettres du Grand Khan, reportèrent en Tartarie la réponse du pape, et revinrent enfin à *Venise*. Le trafic se faisait avec ces caravanes voyageuses; *soiries*, *étoffes diverses*, *diamants* et *perles*, venaient en Europe éblouir les yeux de ceux dont les oreilles étaient enchantées par l'étrangeté des aventures, des contrées et des mœurs décrites par les voyageurs orientaux. Les aspirations du prosélytisme chrétien étaient d'accord avec le plaisir d'apprendre. Tels étaient les mouvements de la société en 1250. L'un des marchands missionnaires était le père de ce Marco Polo, qui fit en 1270, le fameux voyage de découvertes asiatiques. L'on parla alors, du *Zipangu*, comme d'un autre pays à découvrir. C'est ce *zi-pangu* ou Japon que, deux siècles plus tard, Christophe Colomb allait chercher les explorations, que les croisades de la fin du treizième siècle avaient fait naître, excitant un enthousiasme universel, préludant à la magnifique découverte géographique accomplie deux cent vingt deux ans plus tard. En 1492, Christophe Colomb, lui aussi, entreprit une croisade, car son âme chrétienne aspirait à initier aux lumières de sa foi, les sauvages qu'il avait révélés à la curiosité publique.

Dès cet instant, les études astronomiques et celles des sciences mathématiques, exigées par l'observation des astres, furent ardemment poursuivies sous l'impulsion de l'Église. Au commencement du onzième siècle, un illustre pape, Français, Silvestre II (Gerbert), avait publié le meilleur traité d'arithmétique qui existât. Ce manuscrit, bien supérieur à tout ce que les Arabes ont jamais possédé, vient d'être retrouvé à la bibliothèque impériale, et il est démontré que les chiffres, dont on a attribué l'invention aux Arabes, ont été connus des Grecs et des Romains, et que tous les perfectionnements des principes de l'arithmétique et des méthodes d'opération, sont des progrès postérieurs au dixième siècle : ce sont donc des inventions de la chrétienté, dues à l'impulsion scientifique de la période des croisades. Vulgarisée sous le nom d'*abaque*, l'arithmétique de Silvestre II, était le guide lumineux des études du calcul numérique ; elle resta jusqu'au seizième siècle, jusqu'au schisme de Luther, l'ouvrage classique par excellence. On ne la mit alors en oubli, que parce que les hérétiques cherchaient, par tous les moyens, à voiler les services rendus à la civilisation par les chefs de la catholicité? — Les préjugés et les passions des ennemis de l'*unité* chrétienne, ont ainsi confondu, dans un mépris injuste et aveugle, les bienfaits scientifiques des onzième, douzième, treizième et quatorzième siècles de l'Église. Au lieu de mettre en relief les origines de la civilisation chrétienne, on les voua au mépris, sous le nom absurde de *ténèbres du moyen âge.* Comme si la civilisation actuelle essentiellement supérieure à la civilisation païenne, par ses principes d'affranchissement général et de dévouement, pouvait être un *effet sans cause.*

Au douzième et au treizième siècle, les ouvrages scientifiques des Arabes furent traduits, quoique ces livres arabes ne fussent que des compilations des ouvrages scientifiques des Grecs et des Romains et de leurs œuvres philosophiques ; néanmoins, ils furent une première initiation qui permit de s'élever jusqu'au plus haut niveau des connaissances des Arabes.

L'instruction du treizième siècle fut donc, d'abord, une éducation *arabe*, faite à l'aide des CROISADES. Bientôt l'incubation hardie et élevée de l'esprit chrétien, fit sortir de ces germes les remarquables encyclopédies scientifiques d'Albert le Grand, de saint Thomas d'Aquin. Les grandes élaborations des génies chrétiens éclos du mouvement des croisades, sont d'éclatantes tentatives d'établissement de l'unité de principes dans les sciences physiques, philosophiques et théologiques, unité à laquelle il faut, à présent, revenir, en coordonnant, les nombreuses observations de la science moderne.

Dès que le malheureux schisme pontifical eut été éteint, les chefs de la catholicité reprirent l'impulsion astronomique par eux commencée dès le onzième siècle, et ce fut le pape Nicolas V qui, en 1450, traduisit *Archimide*. Au moment même où le patriarche de Byzance, chef du schisme grec, tombait sous le joug de l'ignorance et du servilisme mahométan, le chef de la catholicité ouvrait les trésors de la science à tous les chrétiens d'Occident. Pendant que le cardinal Cusa encourageait les théories astronomiques, par ses œuvres étonnantes sur la constitution du soleil, et que l'enseignement supérieur de l'astronomie, établi à Rome par les papes, y faisait entendre les leçons des plus grands représentants de la science, tels que Regio — Montanus et Copernic.

Chaque grande cathédrale avait un cadran solaire, et plusieurs d'entre elles eurent un GNOMON qui permit de mesurer les variations de l'inclinaison de l'écliptique, de sorte que chaque église était à la fois un *observatoire* des astres et un conservatoire des *arts et métiers*.

Pour se livrer sans obstacle à l'étude des problèmes astronomiques, Copernic reçut le bienfait d'un canonicat, et ce fut le cardinal de Schomberg qui le détermina à publier ses œuvres. Les résultats de l'astronomie, constamment excités par la voix puissante des dignitaires de l'Église, aboutirent à la belle réforme du calendrier de 1582, réforme à laquelle le jésuite *Clavius* donna ses soins scientifiques, le pape Grégoire XIII, exécutant le décret du concile de Trente, prêta l'autorité, et le prestige de sa suprême dignité à cette application de la science astronomique.

Du onzième siècle jusqu'au seizième, depuis les *croisades* jusqu'à la réforme du calendrier, l'impulsion de l'Église a toujours excité les découvertes astronomiques. Si, plus tard, des malentendus se sont élevés entre la science de Galilée, de Kepler, de Newton, de Laplace et la science théologique, c'est que le *schisme*, dans la science, a été la conséquence des passions nées du *schisme* religieux.

Les règles religieuses doivent être guidées, dans leur application, par les divisions les plus exactes du temps... Le soin des horloges a été une des grandes préoccupations des chefs des monastères... Par les soins des religieux réguliers, les meilleures horloges des Arabes mises en mouvement par l'eau, furent vulgarisées et devinrent un bienfait universel des croisades.

Vers 1320, un moine anglais, Wadingfort, apporta aux horloges un grand perfectionnement en substituant au moteur hydraulique, un poids qui, remonté à des intervalles éloignés, produisait une impulsion constante : l'horloge nouvelle avait pour devise les mots anglais *all-by-one*, *tout par un seul moteur*. Cette substitution, fut une révolution complète dans l'horlogerie ; elle préludait aux horloges à ressort, dernières transformations de l'horlogerie faites à Nuremberg, permettant à chacun d'avoir, dans sa poche, un soleil régulateur de ses heures.

L'Église installait l'ordre dans les monastères pour y montrer les modèles d'ordre et de travail sur lesquels la société civile devait se façonner.

Les cloches étaient la voix retentissante qui transmettait les signaux. Au haut des grandes tours des cathédrales se trouvaient réunis, l'œil vigilant des sentinelles qui signalaient au loin la poussière des escadrons ennemis, et la sonnerie de l'horloge dont les carillons marquaient par la variété de leurs harmonies, les diverses périodes de la journée consacrées à la prière du moine et aux labeurs de l'agriculture. Depuis la durée du quart d'heure, jusqu'aux grandes divisions de minuit et de midi, tout était signalé aux oreilles par des concerts et rendu visible par des mouvements de figures symboliques. Les phases du ciel et les traits populaires de l'histoire religieuse étaient représentés par des chefs-d'œuvre mécaniques, ornements de l'horlogerie des monuments religieux.

Chaque perfectionnement de l'astronomie provoquait un progrès du mécanisme destiné à figurer les phénomènes célestes. Le résumé de toutes LES SCIENCES, de tous LES ARTS, se trouvait exposé à tous les regards, dans les imposants édifices sortis de l'impulsion que l'Église avait donnée par les croisades.

Lorsque le mouvement dérivatif de l'ardeur guerrière fit défaut, au moment où s'arrêtèrent les grandes croisades d'Orient, éclatèrent les déchirements des guerres intestines du quinzième siècle, avec le déplorable schisme pontifical. Lorsque la souveraineté de l'Église catholique manqua d'UNITÉ, les États catholiques manquèrent d'*ordre public;* mais l'exemple salutaire avait été donné, les doux fruits de l'ordre public et du travail pacifiquement organisés avaient été goûtés, et un attrait invincible devait ramener vers ce bonheur momentanément troublé.

En résumé, dans l'intervalle de 1233 à 1271, la période du règne de saint Louis, est celle du plus brillant élan de la civilisation chrétienne, produite par l'impulsion des croisades.

Le progrès de l'ordre public fut universel en FRANCE. En 1241, le respect de la trêve de Dieu pour les marchands était imposé au seigneur de Vernon ; la peine de la violation du respect des personnes était infligée au sire de Coucy, en attendant que, par l'ordonnance de 1257, le droit des guerres privées fût absolument détruit par l'appel au roi des litiges seigneuriaux. En 1252, en *Provence*, les franchises communales, les droits de changer de domicile et de tester, le droit d'être jugé par un jury indépendant, étaient consacrés, d'après la charte venue jusqu'à nous, sous le nom de Statuts de Castellane. — Les droits de la trêve de Dieu étaient constatés par le testament de Romée de Villeneuve (1250).

Dans la même période, naissaient le droit de libre circulation maritime, au nord, sous le titre de ligue *hanséatique*, 1241; au midi, sous celui de *consolato de la mar*, 1255. La piraterie était partout frappée alors, les navires vénitiens et catalans s'élançaient vers de grands voyages maritimes, guidés par la boussole, pendant que les grandes expéditions pacifiques terrestres vers l'extrémité de l'Asie s'accomplissaient.

C'était la géographie et la navigation qui grandissaient.

Les progrès scientifiques et artistiques étaient contemporains des améliorations de la société politique.

Saint Thomas d'Aquin venait d'abord puiser la science théologique à Paris, pour aller achever son éducation sur les sciences *physiques* et *mathématiques*, auprès de l'évêque allemand, dominicain, Albert le Grand, et pour nous donner plus tard, une grande encyclopédie, dans ses traités de physique générale et dans sa Somme théologique.

En Castille, le juif converti Ben-Saïd, publiait, par la munificence du roi Alphonse, les célèbres tables *Alphonsines*, grand monument astronomique de ce siècle.

En Italie, Gérard Sabionette de Crémone, donnait, aux frais de l'empereur Frédéric II, la traduction du plus grand ouvrage astronomique connu, de l'Almageste de Ptolémée, traduction bientôt accompagnée du commentaire de l'évêque Nicolas Cabasilla.

En Angleterre, Sacro Bosco (ou Holywood), livrait le traité de la Sphère, ouvrage resté classique dans le moyen âge, et l'archevêque de Cantorbery, Thomas Peccais, ancien franciscain, donnait un traité d'optique et de perspective; un autre franciscain de génie, Roger Bacon, découvrait la poudre à canon et demandait la réforme du calendrier. Il fondait cette dernière réclamation sur la discordance qu'il reconnaissait entre la période terrestre du retour de l'équinoxe et la durée officielle de l'année ; un inconnu inventait les lunettes.

En même temps, l'architecture gothique arrivait à son dernier épanouissement avec le style gothique flamboyant, dont la sainte Chapelle, la façade de Notre-Dame de Paris, et la chapelle de Vincennes offrent les modèles. Grâce au grand mouvement des croisades, l'impulsion du perfectionnement était, dans la chrétienté occidentale, sur tous les lieux et chez tous les peuples, et dans tous les arts libéraux. Dans la justice, dans l'armée, dans les sciences, dans les lettres, dans l'agriculture et dans le commerce.

Pendant que se fondaient de plus nombreuses chartreuses, pendant que s'élevaient de plus en plus de brillantes cathédrales, se fondaient en même temps les grandes écoles universitaires.

C'était la période générale des fondations de la piété et de la science, dont l'aurore s'élevait sur la société transformée, comme si cette résurrection, si cette vie nouvelle, dont le type est au Saint-Sépulcre, s'était insinuée dans les artères du corps social chrétien, rassuré contre les violences par la chevalerie chrétienne.

Sous la protection efficace de la croix, les institutions monastiques osaient s'établir au milieu des rases campagnes pour y étaler la douce conquête du travail libre et pacifique.

Concluons donc que la période du règne de saint Louis a été celle de l'apogée de l'élan civilisateur des croisades. Le roi le plus saint du moyen âge, Louis IX, a été le plus zélé pour les croisades, et le plus dévoué aux progrès de la civilisation chrétienne ; c'est celui qui a le plus fait pour l'organisation de *l'ordre public*, base de toute amélioration pacifique de la société.

Les barons les plus rebelles à cette organisation que l'épée royale leur imposait par la trêve de Dieu, exaspérés par les mesures que l'Église et la royauté prenaient ensemble, formèrent une ligue contre cette institution en 1245... Condamnés par les anathèmes des conciles...., ils furent frappés aussi par les arrêts de la justice royale.

On les entraîna vers les expéditions saintes pour livrer un libre champ à leur activité inquiète.

Les bienfaits intérieurs qui étaient sortis de la première croisade de saint Louis, malgré les malheurs des armes, contribuèrent peut-être à déterminer le roi grand justicier à entreprendre sa deuxième expédition..... Cette grave raison politique et sociale de l'amélioration intérieure due aux guerres lointaines des croisades, n'a pas été soupçonnée par ceux qui ont critiqué plus amèrement la croisade de

Tunis. Mais les avantages de l'accroissement de l'autorité centrale ne sont-ils pas devenus évidents par la grande prépondérance du pouvoir central, qui devint manifeste sous Charles Ier, sous Charles II de Provence, sous Philippe IV et Louis X, rois de France dès la première année du quatorzième siècle?

En donnant la consécration religieuse à toutes les fonctions, à toutes les améliorations, le christianisme a fait éclore de la barbarie la civilisation actuelle et l'ordre carthusien en favorisant les croisades, en reproduisant le TYPE DE L'ESPRIT DE SACRIFICE et du bonheur dans la paix de l'âme dans la prière, a offert un grand point d'appui à ce développement civilisateur.

L'ordre carthusien, restant fidèle à la conservation de la grande idée du sacrifice, a donné aussi une coopération bien considérable à la réalisation du progrès chrétien par son influence sur les institutions d'ordre public sur terre et sur mer, par ses travaux agricoles et industriels... Son rôle civilisateur doit être signalé avec d'autant plus de gratitude que ce mérite éminent avait été toujours plus modestement voilé.

Après avoir considéré et exposé l'influence politique qu'exerça l'*École* de saint Bruno, *éloquent professeur* et *ardent missionnaire*, l'heure est venue de montrer ce que le saint cénobite a créé dans l'ordre monastique; il faut voir comment des principes posés par le fondateur des Chartreux, est sortie la vierge carthusienne dont on veut faire connaître ici l'histoire.

Cette vie se rattache à la quatrième période de la civilisation chrétienne, — elle en est comme un extrême complément ou comme la deuxième partie.

VIE

DE

SAINTE ROSELINE

DE VILLENEUVE

AVANT-PROPOS

NOTICE SUR LES INSTITUTIONS

ET LES

MONASTÈRES DES RELIGIEUSES CHARTREUSES

La loi du sacrifice chrétien, substituée au principe de l'égoïsme païen, se montre dans chacune des phases de la civilisation. — Dernier progrès qui reste à accomplir dans la transformation de la souveraineté. — Solidarité des mérites religieux. — Appréciation du génie de saint Bruno et de sa création monastique. — On y retrouve l'empreinte de la passion du saint cénobite de la paix. — Les vierges carthusiennes sont la plus belle expression de l'ardeur des chartreux pour l'application de l'esprit de sacrifice. — La vie contemplative et la doctrine dans les couvents. — Harmonie entre les établissements carthusiens des deux sexes. — La Grande-Chartreuse et Beauregard. — La création des couvents des religieuses chartreuses fut une compensation à la perte du monastère contenant la dépouille de saint Bruno. — Fondation successive des couvents de chartreuses de Saint-André-de-Ramires, de Berthaud et de celle de Roubaud. — Détails sur les institutions des vierges carthusiennes. — Leurs austérités; leurs exercices; leurs chants. — Leurs prières sont un service social. — Leur costume. — Dispersion des vierges chartreuses en 1792. — Restauration des monastères de chartreuses. — L'époque de sainte Roseline avait fourni le plus grand nombre de chartreuses.

La civilisation chrétienne est le résultat de la loi du sacrifice, substituée au principe païen de l'égoïsme... Cela a été démontré dès la première période de la civilisation chrétienne, qui a remédié aux misères, au paupérisme de l'empire romain... — Le *triomphe de la loi du sacrifice* a été complet, puisque la civilisation païenne, grecque et romaine, était le suprême épanouissement de l'égoïsme élevé à sa plus haute expression dans le patriotisme ancien.

Dans la seconde période, c'est l'*esprit de sacrifice* inauguré dans l'armée chrétienne, et remplaçant la cupidité et la violence dans les soldats électeurs privilégiés de la souveraineté.

Dans la troisième période, c'est l'esprit d'abnégation et de sacrifice allant plus loin encore, — puisque l'armée abdique son droit électoral en faveur des pontifes élus, et la souveraineté elle-même devient un service dirigé par l'*esprit de sacrifice*.

Enfin dans la quatrième période, c'est l'esprit de sacrifice qui se manifeste dans le sacerdoce célibataire, dans l'aristocratie militaire, transformée en chevalerie chargée au dehors de la défense de la croix, au dedans de la répression des violences anarchiques qui attentaient à l'ordre public.

Après l'abolition du droit de guerre entre les barons chrétiens, consacrée par la haute juridiction d'une cour de *pairs*, il fallait obtenir l'abolition des guerres des souverains, à l'aide d'une cour formée de princes, appuyant son pouvoir exécutif sur une armée internationale. Ce noble but fut le terme de l'ambition des grands pontifes. On a déjà vu Innocent III réalisant une partie de ce programme.

Dans le concile de Latran, en 1215, la compétition à l'empire fut jugée en faveur de Frédéric. Philippe Auguste subit la décision qui lui interdisait de soutenir à main armée la tentative que faisait son fils pour s'emparer du trône d'Angleterre.

Mais, pour que cette extrême conséquence logique du principe de la trêve de Dieu pût être toujours obtenue, il aurait fallu que le chef du Saint-Empire romain en comprît les devoirs et les nobles prérogatives comme Charlemagne...

Malheureusement, les aveugles passions, l'égoïsme étroit des empereurs ne purent s'élever à des pensées aussi élevées et à des sacrifices aussi chrétiens.

Ce sera l'éternel honneur du treizième siècle d'avoir posé la première formule du congrès de la chrétienté et de l'abolition des guerres des nations. Ce sera aussi une suprême gloire, pour certains papes, d'avoir pacifiquement arbitré des débats de souverains; mais ce n'est que dans une civilisation chrétienne plus avancée que pourra être obtenue la formation d'une cour et d'une armée internationales, dont les conciles et la chevalerie du treizième siècle offrirent les premiers spécimens.

Les grandes guerres entre les souverains chrétiens commencèrent dès que l'esprit des croisades et la prépondérance des souverains pontifes eurent été affaiblis. La plus remarquable de ces guerres fut celle de la compétition à la couronne de France de la part des rois d'Angleterre entre 1337 et 1453. La sanglante lutte de ces deux souverainetés montra tout ce qu'il y a de désastreux pour les peuples dans l'abandon du grand principe du sacrifice religieux imposé à la royauté. L'armée de la chevalerie maritime internationale continua seule les traditions de la croix civilisatrice protégeant la circulation chrétienne étalée sous les pavillons les plus variés.

Heureuse l'époque où l'on appliquera de nouveau toutes les armes de la civilisation de la croix au refoulement de la barbarie! voilà le but que les peuples devraient assigner à l'ambition et à la soif de gloire militaire qui tourmente trop souvent les souverains.

Les nobles exhortations d'Urbain II, contenues dans la mémorable harangue du concile de Clermont, ne s'adressent plus aux barons, mais elles s'appliquent encore aux monarques ambitieux.

La belle transformation des institutions politiques, réalisée pendant la quatrième période, n'a été que l'application toujours nouvelle et toujours féconde du grand principe du SACRIFICE chrétien si bien représenté dans l'ordre carthusien.

Cet ordre, en conservant l'idéal du sacrifice à l'abri de toute altération, aurait donc déjà, et par cela seul, *bien mérité* de la civilisation.

Ici, cependant, le mérite est allé plus loin, puisque le fondateur carthusien a uni son impulsion personnelle à l'action sociale pour en faire sortir l'ordre public, une des plus grandes manifestations du principe civilisateur chrétien.

Si l'on ne savait pas que le souverain pontife, promulguant la croisade, était inspiré par les anciennes leçons et guidé par les récents conseils de saint Bruno; on le reconnaîtrait bien au patronage de la Vierge Marie invoqué pour la croisade, et aux grands principes de pacification intérieure qui furent proclamés. Le concile de Clermont représentait l'École de Bruno absent et remplacé par ses disciples. Il l'avait préparée dès 1093, par une alliance matrimoniale ménagée en Italie, avec une incomparable habileté. Les armes du prince normand de la Sicile s'unirent ainsi à celles de Conrad, pour permettre au pape de laisser l'Italie pacifiée. C'était la comtesse Mathilde qui était le négociateur apparent, mais c'était Bruno qui était le vrai diplomate des princes normands... Ceux-ci allaient jusqu'à prendre Bruno pour parrain de leur enfant.

Depuis la proclamation de Clermont, la pacification s'est établie au dedans à un degré inespéré. Maintenant la chrétienté jouit du bonheur de l'ordre public et du droit des gens appliqué sur terre et sur mer sans savoir d'où il lui vient. Cet ordre intérieur, cette paix dans les campagnes sont sortis des monastères pour s'épancher sur la société comme la lumière diffuse... On marche à sa lueur sans discerner le foyer d'où elle est partie.

Mais si nous sortons de notre société chrétienne pour parcourir les parties de l'Asie où l'un des divertissements populaires consiste à livrer de pauvres enfants à la dent des tigres, où les plus humains se contentent de jeter les enfants vivants dans des puits; si l'on aborde ces parties de l'Afrique, où l'on adore des fétiches, où *un passe-temps royal* est de voir tomber des milliers de têtes sous le fer des bourreaux; et où l'on organise des chasses d'hommes pour trouver des esclaves à vendre, alors nous nous faisons une idée des déplorables calamités, des horreurs que fait naître encore l'esprit brutal de l'égoïsme idolâtre. Alors on conçoit tout ce que nous devons, dans notre société actuelle, à l'esprit de SACRIFICE.

Alors on comprend tout ce qu'il y a de profondément civilisateur dans l'esprit d'immolation et d'abnégation dont l'ordre carthusien est une image perpétuellement vraie; une expression constamment retracée en caractères fortement imprimés dans notre milieu social.

Les services rendus à la civilisation chrétienne, fondée sur le sacrifice, ressortent donc avec évidence de l'esprit de *sacrifice stéréotypé dans les* CHARTREUX.

L'ordre carthusien a été une croix toujours tenue DEBOUT sur le chemin de l'humanité depuis huit siècles.

En voyant cette croix lumineuse, nous concevons tout ce qu'il y a de parfaitement logique dans l'idée de la solidarité des mérites. Est-ce que la vue des grands exemples n'est pas la plus persuasive des leçons? — Est-ce que l'idée de la *réversibilité des grâces* n'est pas une vérité sentie par toutes les âmes qui se rapprochent d'un type de sainteté? — Je ne crois pas qu'il y ait au monde une seule personne qui ait pu se soustraire à l'influence surnaturelle des mérites exceptionnels. Si l'on proclame la contagion du vice, c'est parce qu'on reconnaît les saintes expansions de la vertu.

Dans les âges modernes où l'idée de l'ordre a pu frapper la grande majorité des esprits, on a pu diminuer les clôtures et laisser la faiblesse des vierges s'exposer aux dangers de la rue sous la forme bénie des sœurs de charité, des petites sœurs des pauvres. — Grâces aux bienfaits de l'ordre public de la société du dix-septième siècle, les filles de Saint-Vincent de Paul ont été créées au moment même où de saintes mères de famille, des veuves, des filles infirmes venaient s'abriter sous les rigueurs claustrales adoucies par saint François de Sales. La sainteté a été alors mise à l'œuvre sous toutes ses formes.

Pour apprécier la création monastique de saint Bruno, il faut étudier son esprit. Saint Bruno fut un grand saint et un grand génie et les résultats civilisateurs de la croisade étaient dans les prévisions de cette vaste intelligence, comme ils étaient dans les vœux et les prières de ce grand cœur. En faisant promulguer la croisade et en créant l'ordre carthusien, saint Bruno a rendu deux grands services à la civilisation chrétienne.

Les beautés de la création étaient vivement senties par

saint Bruno, qui les décrivait avec une exquise poésie. La peinture du site de la Chartreuse de la Tour va nous permettre d'apprécier les grâces de l'esprit du sévère cénobite.

« Cette solitude est dans une position riante, l'air y est « doux et pur. La plaine spacieuse qui l'entoure s'étend « gracieusement au milieu d'une vaste enceinte de montagnes : « elle est couverte de prairies verdoyantes et de pâturages « émaillés de fleurs. Comment pourrais-je décrire cette per- « spective qu'offrent les collines s'élevant en pente douce les « unes au dessus des autres ? ces vallons retirés tout couverts « de fraîcheur, ces ruisseaux qui sillonnent la campagne, ces « jardins toujours arrosés par de petits canaux; ces arbres « chargés de fruits si beaux et si variés ?... Pourquoi nous « arrêter si longtemps à de pareilles descriptions ?... Les oc- « cupations qui ont Dieu pour objet ne sont-elles pas plus « agréables et plus utiles ? »

« Reconnaissons cependant que ces admirables spectacles « de la nature délassent et raniment nos faibles esprits, fa- « tigués par l'observance d'une règle sévère et par des exer- « cices spirituels souvent répétés... L'arc toujours tendu perd « sa puissance. »

A travers ces charmantes paroles ne discerne-t-on pas un léger sourire de paix et de bonheur même sous la couronne d'épines de l'anachorète ?

Faut-il peindre la paix du pieux solitaire, écoutez les placides réflexions de saint Bruno sur le calme du désert : « Là, Dieu récompense les travaux de son athlète par cette « PAIX « que le monde IGNORE et par la joie dans le Saint-Esprit. »

« Là, on trouve cette belle Rachel, plus aimée de Jacob que « Lia quoiqu'elle soit moins féconde. Là, est encore cette « MEILLEURE PART que Marie a choisie et qui ne lui sera pas « ôtée... Là, on peut avoir quelque avant-goût de ces fruits « dont on ne se rassasie pleinement qu'au paradis !

« Plût au ciel, frère chéri (Raoul le Vert), que cet amour « de Dieu dans la solitude pût vous réchauffer de ses chastes « ardeurs ! alors la GLOIRE du monde, cette grande *séductrice* « vous paraîtrait vile... alors vous briseriez les liens des

« RICHESSES qui ne sauraient vous sauver d'une indigence éter-
« nelle, alors vous ne seriez pas retenu par les DIGNITÉS ecclé-
« siastiques qui chargent votre âme d'une si périlleuse res-
« ponsabilité. »

Après avoir entendu si bien caractériser les dangereuses vanités de la *gloire*, des *richesses*, des *dignités*, quel est l'homme qui ne leur préférerait pas les charmes du désert de Bruno?

Il faut avouer que la poésie, la haute raison du pieux orateur prêtaient des attraits séduisants aux solitudes et à la prière. On conçoit bien les regrets des ermites de la grande Chartreuse subitement sevrés des charmes d'une éloquence si pieusement persuasive... Quelle privation pour eux d'être éloignés des lèvres souriantes qui énonçaient de si gracieuses pensées! quel puissant apôtre de la paix, était saint Bruno, au milieu de tous ces tumultes de tous ces déchirements du moyen âge! — et comme on reconnait bien l'écho des paroles pacifiques de Bruno dans la harangue chaleureuse d'Urbain II flétrissant du haut des montagnes de l'Auvergne les rapines et les violences de son siècle! Nul religieux du moyen âge n'a, autant que Bruno, montré d'avidité pour les douceurs de l'ordre et de la paix. C'est à cause de cette sainte passion pour la paix qu'il est allé la chercher dans les plus impénétrables retraites.

Par la croisade il a fait inoculer l'esprit de sacrifice à la cause de la chrétienté dans l'âme des guerriers : par l'ordre carthusien il a montré, de la manière la plus durable, l'exemple du bonheur que la paix et le sacrifice toujours renouvelé produisent au milieu des austérités de l'anachorète et du cénobite. Grâce à lui, cet esprit de sacrifice n'a plus cessé de briller sur la chrétienté catholique. De cet esprit de sacrifice il a donné sur sa personne la plus éclatante manifestation, quand il a consenti à abdiquer même les prérogatives de chef et de fondateur, quand il s'est résigné à vivre loin de ses enfants les plus chéris!... Aussi, voyez, à travers les nombreuses vicissitudes de l'Église, voyez avec quelle inaltérabilité s'est maintenue la fondation carthusienne! voyez comme l'esprit d'abnégation s'est révélé de la manière la plus héroïque dans l'abdication des chartreuses où l'observance des règles ne pouvait plus être maintenue!!!

Et ces miracles sont essentiellement civilisateurs. — La civilisation est l'œuvre de la société : or, l'orgueil est répulsif, antisocial : il est donc anticivilisateur; c'est la modestie, l'humilité qui sont douces, symphatiques et sociales. L'humilité est donc *civilisatrice*. La charité ou le dévouement est à son tour le grand instrument de la civilisation. C'est la charité, c'est la justice qui seules rendent possible l'association de ceux qui travaillent par le bras ou par la tête, et les vertus donnent seules ses liens et sa fécondité à l'association. La morale chrétienne est donc la cause première de toutes les associations et de tous les progrès. Pauvres intelligences, étroits esprits que ces *Enfantin*, ces *Fourier*, ces *Comte*, ces apôtres du *progrès* qui ont méconnu la véritable cause du progrès, si bien sentie, si bien mise en action par les saints tels que Bruno! Si vous créez des chemins de fer, c'est avec l'ordre public, avec la paix de Bruno, c'est avec l'association des travailleurs, fondée non sur les appétits rivaux et luttants, mais avec les efforts sympathiques. Vous ne marchez qu'avec l'Évangile, dont l'atmosphère vous éclaire partout comme d'une lumière diffuse; vous marchez, sans songer que cette lumière a un splendide foyer. Vous pensez être des créateurs, des guides, et c'est vous, ingrats, qui avez été enfantés; c'est vous, aveugles, que l'on guide. O illusions fatales de l'orgueil, faites place aux services de l'immolation!

Quand vous avez voulu faire une société, vous n'avez produit que des luttes et des déchirements, vous n'avez pas même pu faire vivre quelques années un petit phalanstère, et Bruno fait vivre depuis huit siècles des phalanstères qui s'appellent chartreuses.

Tout phénomène a ses causes : l'insuccès des Fourier, des Enfantin et des Comte a des causes; le succès du christianisme de Bruno a son explication. Le cénobite a fondé sur le principe d'association et de dévouement; vous avez voulu bâtir sur le principe de dissociation et d'égoïsme.

L'ordre carthusien est essentiellement destiné à la prière.

C'est là son action supérieure, son utilité spéciale; aux enfants des autres ordres l'action, aux enfants de Bruno la *prière*.

La prière, c'est *l'humilité* devant la puissance, l'*admiration* devant la grandeur, la *soumission* filiale et l'affection devant l'autorité créatrice et aimante. C'est l'*amour*, pour Dieu, beauté suprême, pour nos semblables venus de la même origine. C'est tout cela que dit la prière chrétienne, par ces simples mots : Notre *Père* qui êtes aux cieux. C'est une supplique pour le règne universel de l'ordre, de la justice et de la paix... Nous ne demandons notre bonheur qu'après le bonheur général, notre bonheur individuel qu'autant qu'il s'accorde avec le plan divin, avec la volonté de l'être infiniment sage et bon. La prière est une méditation sur les perfections divines et sur les vertus humaines. Celui qui prie et qui médite se perfectionne et donne l'exemple du perfectionnement. La prière est donc civilisatrice d'une manière énergique, immédiate, d'une manière individuelle et générale. La prière est une supplique adressée à l'action divine toujours libre, et une consolation pour celui qui souffre et qui sera récompensé de ses douleurs.

Un ami puissant peut vous obliger, doit-il rejeter une *juste* demande partie d'un cœur dévoué? Déduisez de ce principe la loi; par voie d'induction, passez du petit au grand, du grand à l'infini, et vous concluez *nécessairement* à l'efficacité de la prière, comme à une loi générale supérieure; ainsi que, par voie d'induction, l'idée de cause vous a mené à *Dieu infini*.

Telle était la grande chartreuse en 1084; telle elle s'est trouvée en 1785 lorsque Ducis la visitait; telle elle s'est retrouvée en 1792 lorsque l'on a dispersé ces constants observateurs de l'orthodoxie. Tels on les vit revenir en 1816, pour rentrer dans leur pacifique prison.

La prière carthusienne s'est donc bien montrée *efficace* et *conservatrice*. Après les spoliations que l'impiété a fait subir à la grande Chartreuse, après la perte des richesses que les actifs cénobites avaient créées, cet ordre, doué d'une merveilleuse énergie retrouve, en 1865, de beaux revenus avec son industrie de liqueurs distillées.

Les richesses ainsi obtenues ne servent aux chartreux qu'à répandre les bienfaits et les arts sur tout ce qui les environne. Il est beau de voir le chartreux, réduisant son entretien à la dépense de soixante centimes par jour, vêtements compris, créer des hôpitaux, des écoles, des églises; répandre de tous côtés les secours pour les œuvres pieuses et utiles, l'aumône pour les vieillards et les enfants, les asiles et les secours pour les malades : il est pauvre pour lui, riche pour les malheureux.

Le chartreux de nos jours a conservé en entier l'esprit du cénobite du onzième siècle; et, chose bien merveilleuse, le père dom Garnier, le créateur de cette riche industrie qui a donné des millions à l'ordre carthusien, revêtu au monastère des plus simples attributs, vit dans l'obéissance volontaire, l'humilité et la pauvreté du plus infime des chartreux! Celui qui créa l'opulence, celui qui répand la vie se présente sous les dehors du serviteur uniquement apte aux plus simples travaux!

Sous le général dom Nicolas de Geoffroy, en 1785, plus de sept siècles après la fondation de l'ordre des chartreux, vers la dernière moitié du dix-huitième siècle, et dans tout le *trouble* des impies et fébriles excitations voltairiennes, le poëte Ducis visita la grande chartreuse et il écrivit l'impression produite sur son âme par l'observation de l'œuvre de saint Bruno.

« J'ai vu (disait Ducis), j'ai vu son désert, sa fontaine, « sa chapelle, la pierre où il s'agenouillait devant ces mon« tagnes effrayantes sous le regard de *Dieu*. J'ai visité toute « sa maison, j'ai vu les solitaires à la grand'messe; j'ai « causé avec un des plus jeunes dans sa cellule : tout m'a « fait un plaisir profond et CALME. Les AGITATIONS humaines ne « montent pas là. Ce que je n'oublierai jamais, c'est le con« tentement céleste qui est visiblement empreint sur le vi« sage de ces religieux.

« Le *monde n'a pas d'idée de cette* PAIX; c'est une autre « terre, une autre nature. On la sent, on ne la définit pas, « cette PAIX QUI VOUS GAGNE. J'ai vu le rire et l'ingénuité de

« l'enfance sur les lèvres du vieillard, la gravité et le re-
« cueillement de l'âme dans les traits de la jeunesse. J'ai eu
« ma cellule où j'ai couché deux nuits, et c'est avec regret
« que je me suis éloigné de cette maison de PAIX.

« Je vous assure, mon cher ami, que toutes ces idées de *for-*
« *tune*, de *succès*, de *plaisirs*, tout ce TUMULTE DE LA VIE, tout ce
« TAPAGE qui est dans nos yeux, nos oreilles et notre imagina-
« tion, restent à *l'entrée de ce désert*, et que notre âme nous
« ramène alors à la nature et à son *auteur*... » La vie ordinaire, la vie du monde, c'est le *fracas* du torrent de saint Laurent; la pacifique existence du moine, c'est le calme du désert carthusien : entre le lieu et l'institution, l'harmonie est complète.

Quelle admirable peinture de la paix du chartreux ! quelles douces et souriantes paroles l'observation du monastère fait naître sur les lèvres ordinairement sévères du poëte tragique ! Après plus de sept cents ans, la pensée de *Paix* que saint Bruno avait stéréotypée dans son ordre, était donc bien merveilleusement conservée sur le frontispice de son monastère principal ! La paix, la douce paix, la paix céleste, c'est la note fondamentale de toute cette création harmonique : c'est un délicieux écho du concert qui fut entendu dans les cieux par les bergers de Bethléem, il y a près de dix-neuf siècles : « *Gloire à Dieu* infiniment grand, *paix aux hommes* de bonne volonté. »

L'homme qui a fait une œuvre telle que la Chartreuse fut un grand bienfaiteur des autres hommes, parce qu'il fut un grand serviteur et un grand imitateur de Dieu.

Le plus beau livre de piété sortit de la main des hommes à l'issue de tous les troubles du sacerdoce dans le schisme pontifical, la plus belle institution religieuse de la paix naquit dans les troubles de la société du onzième siècle. Entre ce livre de l'*Imitation de Jésus-Christ* et l'ordre carthusien éclatent les plus remarquables analogies d'origine, et d'effets et de but. La famille des chartreux est l'IMITATION mise en institution monastique. A Kempis a *écrit* comme saint Bruno avait *créé* avant lui ; chacun d'eux a fait un grand prodige de civilisation chrétienne. Le créateur du monastère n'a été sanctifié que bien tard, le créateur du livre ne l'est pas encore. Mais on peut bien ici répéter la profonde réflexion de Jean XXII à qui l'on objectait que Thomas d'Aquin n'avait point fait de miracle : chacun de ses versets est un miracle, chaque monastère carthusien est un miracle : comme chaque chapitre du livre de l'*Imitation*.

Saint Bruno n'a fondé son ordre que dans la maturité de l'âge, après avoir pratiqué la vie monastique depuis plus de dix ans, après avoir acquis dans le monastère une grande expérience, après avoir reçu les lumières des chefs d'ordre, après avoir conversé avec les princes des administrations séculières et régulières.

Il connaissait les limites où s'arrêtent les forces humaines et évitait à la fois les austérités accablantes et les délicatesses corruptrices. Guidé par son exquise prudence, il ne voulut fonder d'abord que des coutumes pour ne convertir en règles écrites que les prescriptions recommandées par les heureux fruits de l'expérience.

Saint Bruno, comparant la vie contemplative à la vie active sous la gracieuse et poétique image de la belle *Rachel* et de la féconde *Lia*, dévoile clairement sa pensée sur les fruits plus abondants des institutions religieuses *actives;* néanmoins il montre toute sa prédilection pour cette vie *contemplative* appelée à de plus hautes destinées intrinsèques que les institutions destinées à l'action extérieure.

Ce qui doit se mêler à l'action sociale est *essentiellement mobile* et destiné à se transformer comme la société, toujours *changeante*, sur laquelle l'action s'établit.

Ainsi, il ne faut point s'étonner que des ordres éminemment actifs : tels que les Franciscains, les Dominicains, aient dû subir des modifications; la complète inaltérabilité, en se rapprochant davantage de l'état céleste, a nécessairement une action moins visible et des manifestations moins apparentes que celui des ordres *actifs*. Ainsi la fécondité matérielle des œuvres a été très-naturellement plus visible dans les ordres altérables, tandis que les fruits de l'ordre incorruptible ont été plus dérobés aux regards, parce qu'ils tenaient davantage à l'influence secrète sur les esprits.

Les principes des instituts carthusiens peuvent se résumer dans quelques observances fondamentales.

Le plus pénible de tous les renoncements, l'HUMILITÉ, a été toujours pratiqué chez les Chartreux. Toute espèce de pompe et de distinction extérieure a été bannie du monastère carthusien, les supérieurs des maisons ont refusé même le titre d'abbé.

Les austérités, les privations, les jeûnes observés pendant les deux tiers de l'année, ne sont pour eux qu'une pratique commune.

Chez eux, toujours la vieille hospitalité est exercée, les richesses traversent leurs maisons sans les entacher; avares pour eux-mêmes, ils sont généreux pour les autres, prodigues pour les œuvres pies...

Pendant qu'ils se réduisent à une existence misérable à la Grande-Chartreuse, ne les voit-on pas doter d'une belle église gothique la paroisse de Saint-Laurent du Pont? La direction du chantier dirigé par un frère carthusien offre le type de la discipline et du travail conduit sans tumulte, sans vociférations, sans désordre, sans rébellion et sans blasphème. Les ouvriers respectent toujours le chef qui s'immole pour leur donner le pain de chaque jour. Un atelier carthusien transforme une réunion d'ouvriers en une admirable ruche à miel. Les dociles travailleurs des chantiers monastiques ne sont point jaloux des bénéfices des chefs, dont les gains ne servent point à assouvir des passions égoïstes, mais à soulager la misère. Les tiraillements des ateliers ordinaires ne sont en définitive que des luttes d'égoïsme, et il n'y a dans l'esprit carthusien que l'émulation des sacrifices.

Le sacrifice poussé au degré le plus héroïque dans la virginité la plus pure, dans la classe la plus élevée, le sacrifice dans ce qui est le plus attrayant pour les sens, dans ce qui est le plus infirme par l'organisation, voilà l'immolation héroïque que l'ordre carthusien a réalisée dans ses monastères de vierges religieuses vouées volontairement à la vie la plus austère, à la séquestration la plus étroite.

Oser prononcer les vœux carthusiens était déjà pour une

jeune vierge un acte de *vertu héroïque*; la tenir jusqu'au dernier jour, en avançant à chaque heure d'un pas de plus dans la vie contemplative a été une suite d'*héroïsmes*... — En passant par les sublimes cérémonies de la consécration virginale et du mariage mystique, la vierge carthusienne donne à son merveilleux sacrifice le dernier degré de sublimité. Acceptée pour le bonheur de tous, combien cette immolation est méritoire pour celle qui y trouve le bonheur, sanctifiante pour ceux qui en reçoivent les émanations ! quelles rosées de grâces doivent descendre du ciel sur l'autel d'où s'exhalent les fumées de l'holocauste de ces *victimes sans tache !* Chaque vierge carthusienne est comme un Isaac rayonnant de tous les attraits de la jeunesse et de l'innocence venant se placer sous le couteau du sacrificateur : c'est le crucifiement du Calvaire appliqué sur la jeune vierge pleine de grâces.

Les grandes immolations des vierges carthusiennes avaient surtout une grande opportunité quand cet ordre fut créé.

Aux ardeurs bouillonnantes des passions du moyen âge, il fallait opposer de tels spectacles pour produire l'apaisement.

Plus il y avait encore de sauvages emportements dans ces barbares à peine lavés par l'eau baptismale; plus il fallait des saintetés intrépides, des abnégations héroïques, pour calmer les passions véhémentes. A toutes les violences des passions humaines, il fallait bien opposer toutes les séductions des vierges passionnées pour le service de Dieu.

Le sacrifice de la vierge carthusienne apparut donc à son heure pour adoucir les mœurs et plier l'impétuosité féodale sous le joug de la *civilisation ;* on eut alors toute la brillante effervescence de l'*immolation...*

C'est là l'idéal de l'institution, dont l'exposition des règles des religieuses chartreuses complétera le tableau...

Comme on avait méconnu l'esprit qui a présidé à l'institution des croisades, en affirmant sans examen qu'elles n'avaient eu rien de commun avec l'établissement de l'ordre public, on a aussi complétement ignoré les fondements des créations monastiques, lorsqu'on a pensé que la conservation des lettres avait été un effet imprévu, un résultat inespéré de la création des monastères.

On a dit et on a cru que la conservation des lettres et des sciences dans les monastères avait été un service *fortuit*, *inespéré*, rendu par les cénobites. Erreur singulière, incroyable, surtout de la part des hommes vraiment imbus de l'esprit chrétien! L'enseignement, la propagation de l'instruction a toujours été et sera toujours la première œuvre du christianisme.

Quelle est la première parole de la mission apostolique formulée par notre divin Rédempteur : *Euntes* DOCETE... *Allez* ENSEIGNER.

L'enseignement, la *science* sous toutes ses formes, *divine* d'abord, *humaine* ensuite, forme donc le premier devoir, le premier travail de l'apostolat et du ministère chrétien. Comment faire pratiquer la loi sans la faire *connaître*, sans la faire *lire*, sans la faire *écrire*? Encore aujourd'hui, comme aux premiers jours de l'apostolat chrétien, la première œuvre de nos missionnaires n'est-elle pas dans l'établissement des écoles chrétiennes des garçons et des filles? Les deux établissements qui suivent nos apôtres modernes, ne sont-ils pas nos établissements scolaires de frères de la doctrine chrétienne et des sœurs de Saint-Vincent de Paul?

L'enseignement a donc été constamment, depuis celui de Notre-Seigneur, dans le temple, dès l'âge de douze ans, jusques aujourd'hui, la première œuvre du christianisme. Avant, bien avant de faire le premier MIRACLE matériel, Notre-Seigneur avait fait le PRODIGE doctrinal à douze ans dans le temple... L'enseignement fut la première œuvre de la régénération chrétienne.

Comparons le prodige de l'enseignement fait à douze ans dans le temple, avec le miracle bien postérieur du changement de l'eau en vin.

La *première* manifestation de la divinité de Notre-Seigneur s'est faite par l'*enseignement*, la manifestation par la *puissance* n'a été que la seconde... L'enseignement divin s'est fait *spontanément*, comme l'effet le plus naturel de la Divinité; bien au contraire, la manifestation de la puissance ne s'est faite qu'*à la prière d'une mère;* il fallait la plus tendre des sollicitations en faveur des besoins pour que, *comme à regret*, se fît, pour les sens, un premier prodige. Le *prodige matériel* est une concession à notre infirmité et à nos besoins corporels.

La supériorité de la pensée et des merveilles, voilées sous les apparences ordinaires, n'éclate-t-elle pas dans les diverses péripéties qui précèdent et qui suivent la Passion divine?

Avant le prodige de la résurrection, où les lois de la matière et de l'organisme humain sont complétement vaincues, il s'opère une merveille bien plus grande dans la surnaturelle transsubstantiation qui donne au pain et au vin de la Cène toutes les vertus latentes du corps et du sang du Sauveur, s'assimilant dans l'individualité de chaque disciple. Toujours donc le prodige spirituel précède le prodige physique. Le dernier n'est destiné qu'à être accidentel et temporaire, le prodige spirituel doit être perpétuel.

Le prodige de la haute doctrine est la plus élevée de toutes les manifestations divines; c'est le plus grand de tous les dons accordés à la méditation et à l'humble prière, à celle dictée par l'esprit d'abnégation absolue. C'est parce qu'il prie sans cesse, parce qu'il prie beaucoup, parce qu'il prie bien, que le chartreux devient immédiatement plus éclairé; il reçoit l'effet surnaturel de la sagesse et de la science divines, bien plus étonnant aux yeux des hommes réfléchis, que ne le pourrait être la suspension momentanée des lois de la création matérielle.

Le prodige de l'incorruptibilité morale de l'ordre carthusien est donc une manifestation de la science divine infusée dans les membres de cette noble famille. — Il y a là un miracle incessant bien plus frappant que des visions, des guérisons surnaturelles.

Pour les esprits sérieux, la DURÉE greffée sur l'infirmité, sur l'instabilité humaines, l'INALTÉRABILITÉ établie sur l'inconstance et la fragilité forment le miracle le plus étonnant.

Le législateur profond qui a réalisé cette merveille a mieux connu que tous les autres législateurs religieux, les secrètes harmonies de la religion et de l'humanité. L'humble Bruno a surpassé les grands thaumaturges; ceux-ci ont pu produire un plus grand mouvement dans la société contemporaine, saint Bruno a exercé une plus grande action séculaire. — Il s'était mieux approprié les secrets que la contemplation ne livre qu'à ceux qui s'approchent plus près de Dieu.

Saint Bruno a donc été le plus grand maître de la vie contemplative, et cet heureux privilége de sa doctrine a dû refléter son influence sur ses enfants.

L'affranchissement ou la libération a été toujours le but de l'Église : car nous devons *tous*, d'après saint Paul, devenir les enfants de la femme *libre*.

Or, les œuvres *serviles* sont caractérisées par l'Église comme celles qui sont étrangères à la science.

Les œuvres de *science* sont donc essentiellement les œuvres de liberté. La doctrine aux yeux de l'Église est un affranchissement.

Dans les monastères, les œuvres *serviles* étaient le partage des ignorants.

Puisque la doctrine affranchit et que l'Église veut *affranchir*, l'Église est essentiellement dirigée par cet esprit de doctrine.

Jamais a-t-on pu imaginer un plus beau privilége, un plus puissant encouragement pour la *Doctrine* que celui de lui attribuer le royal privilége de l'*affranchissement?* reléguer parmi les *œuvres serviles*, le travail de l'*esclave*, l'œuvre matérielle des mains ignorantes, n'est-ce pas immédiatement placer la *science* au sommet des aspirations chrétiennes? Ainsi, dans les monastères, les œuvres *serviles continues* sont l'apanage secondaire des *frères* donnés, des *frères convers*, malheureusement inaptes aux travaux de la pensée et de la science, aux *œuvres libres*. Ainsi le jour réservé au Seigneur est celui de l'interdiction des *œuvres serviles;* mais l'exécution du travail de la pensée est l'œuvre *sainte* et *libre*.

Chaque monastère complet est nécessairement une école; point de monastère possible sans *noviciat*, le noviciat est toujours une ÉCOLE, et avec une école il y a toujours une *bibliothèque* et un *maître*. Chaque fondation de monastère fut donc un foyer de lumière. Le Sauveur s'est appelé la *lumière*, et les chrétiens ont appelé les *connaissances*, des *lumières*. L'éminent esprit de saint Bruno, en composant la Préface de la sainte Vierge en 1095, ne manque pas de donner le beau titre de *lumière éternelle* du monde, au céleste Messie qui nous a préparés à recevoir *l'esprit de science*. « C'est la glorieuse et féconde virginité de Marie, qui a épanché sur le monde la *lumière éternelle* »

La *conservation*, puis la *diffusion* des sciences par les cloîtres, sont donc les conséquences nécessaires du mouvement que les monastères imprimèrent vers la perfection chrétienne ou vers le progrès de la civilisation de l'Évangile. Enseigner est le premier devoir de la religion, qui est la *doctrine des doctrines*, la *science des sciences*, et la cause ESSENTIELLE de tous les progrès. Maintenant l'organisation de la société s'est moulée silencieusement, sans qu'on s'en doute, sur l'organisation, sur l'ordre des monastères; la société chrétienne, en nous délivrant de la violence brutale, s'est faite à l'image des associations claustrales; et les écoles sont sorties des couvents pour se répandre dans les populations séculières; avec les *frères*, avec les *sœurs*, des divers ordres religieux, avec les membres des *universités*. Quoique des enfants ingrats méconnaissent quelquefois la religieuse maternité de la science, cette maternité n'en existe pas moins. Les lumières *anciennes* ont engendré les *lumières nouvelles*, et dans ce qu'elles ont de pur, d'essentiellement *vital* et véritable, et *toutes* sont sorties du *sein* de la religion.

Dire avec M. Albert Dubois (Tableau historique de la grande Chartreuse), que les résultats de la vie cénobitique relatifs à l'établissement des asiles pour les lettres et les sciences, n'entraient point dans les vues de saint Benoît, quand il écrivit *sa Règle*, déclarer que *ce saint* n'avait *d'autre but* que de *conduire à la perfection évangélique*, c'est prêter à saint

Benoît une *inconséquence* et une *absurdité.* Cessons donc de supposer du béotisme, de la stupidité, aux maîtres les plus éminents de l'intelligence éclairée par la foi... La perfection évangélique n'est-elle pas d'abord la perfection *de la connaissance* de Dieu, pour devenir ensuite la *perfection* de son amour et de la pratique de sa *loi?* La gloire de la science bénédictine n'a été nullement un résultat *inespéré* et *fortuit;* comme aussi la glorification de la prière méditant dans le désert, de l'humilité, de la virginité, la fécondité dusa crifice pour le développement de la société chrétienne, n'ont nullement été des pensées étrangères aux combinaisons du profond, du docte, du sage saint Bruno.

Les chartreux, suivant les préceptes de saint Bruno, ont été d'infatigables copistes de livres, lorsque les livres étaient rares. Le travail même de leurs mains était une propagande scientifique; tandis que leurs usines à *fer*, à *verre* appliquaient les secrets industriels les plus rares.

La loi permanente du sacrifice, le type inaltérable de l'empire exercé par la pensée sur les sens, semblait être le dernier terme du triomphe possible de l'esprit sur la chair... dès qu'il était réalisé dans la partie virile de l'humanité. Cela paraissait suffire. N'était-ce pas assez de répondre, par l'exemple des vertus des chartreux, au clergé allemand, dont la corruption rejetait, en 1074, parmi les chimères, parmi les utopies irréalisables, le magnifique décret de Grégoire VII sur la continence sacerdotale? Si la continence, si le sacrifice, sont les vertus de l'homme transformé par la rédemption, ils sont aussi la perfection de la femme. La fille d'Ève révivifiée par la foi ne doit-elle pas atteindre à toutes les grandeurs de l'homme? La réhabilitation complète de la femme chrétienne ne devient manifeste que lorsqu'elle peut atteindre aux plus hauts degrés de la vertu masculine, et pour que toutes les servitudes fussent détruites sans retour, il fallait que les mêmes perfections pussent être obtenues dans tous les rangs de l'humanité et dans les deux sexes qui la partagent. L'ordre carthusien a donc entrepris avec un noble courage de fonder l'*inaltérabilité* sur les mobiles impressions du sexe faible; d'établir la *méditation* de la prière sur les organisations les plus dominées par les sens, d'imposer toutes les *austérités* du sommeil interrompu, de la nourriture la plus frugale, des jeûnes réitérés au sexe le plus *infirme*.

Il a été tenté de faire régner toute la gravité du silence de la vie érémétique la plus solitaire sur les lèvres si facilement agitées par les grâces du sourire ou par les vibrations de la parole; de faire émaner les plus doux parfums de la prière cénobitique des bouches virginales les plus pures.

Ces prodigieuses difficultés ont été vaincues et le miracle de la vierge carthusienne s'est produit. L'ordre carthusien est devenu le type de l'incorruptibilité dans les deux sexes, de l'invariabilité des principes chrétiens et de la vigueur humaine. Depuis sept cent vingt ans, nous sommes témoins de ces merveilleux concerts de la prière du chartreux accompagnée par la douce voix du chœur des vierges.

La persévérance des filles de Bruno, leur ardeur pour le sacrifice est aussi constante que la ferme incorruptibilité des héros carthusiens. Lorsque la tourmente politique de la France calmée a permis aux chartreux de revenir retrouver dans leur désert, les joies sereines de la prière et de la méditation sur les beautés de Dieu, de suite ont reparu les vierges qui sont aussi venues redemander, avec le visage souriant, de reprendre les douceurs du sacrifice et de répandre autour d'elles les plus séduisantes efflorescences de la prière. L'ordre carthusien s'est ainsi montré une digue inébranlable contre tous les relâchements de doctrine et de pratique.

A cette heure encore, dans les saintes montagnes, les sublimes harmonies de la harpe de David qui retentissent dans les chœurs des cénobites de saint Bruno, sont scrupuleusement reproduites dans les chants des religieuses de l'ordre carthusien. Ce sont des frères et des sœurs qui se répondent en reproduisant la pieuse langue d'une famille saintement unie. Aux mêmes heures du jour, aux mêmes phases de la nuit, les enfants de Bruno des deux sexes répètent les mêmes chants. On peut croire que les mâles accents partis des sévères gorges de la Grande-Chartreuse, sont renvoyés par les fières pyramides du grand Som, comme par un écho fidèle, pour venir expirer en sons doux et plaintifs sous les feuillages des noyers de Beauregard, courbés en berceaux charmants.

Heureuses nuits des Alpes, où les grandeurs et les magnificences de la création, les secrètes puissances de la prière, les merveilleuses fécondités du sacrifice sont célébrées par les concerts des séraphins, accompagnés jusqu'à l'aurore par les mélodieux soupirs des humbles vierges sans souillures! Que le sommeil est paisible et doux lorsque le murmure des chants célestes nous atteste que des anges gardiens veillent sur nous!

Ces doux concerts des virginités perpétuellles et des immolations incessantes des deux sexes, cette harmonie qui nous enchante aujourd'hui entre la Grande-Chartreuse et Beauregard, étaient dès l'origine un besoin si naturel, un élan si divinement inspiré et si religieusement poétique, qu'il fut un mouvement produit dès les premières heures de la naissance de l'ordre carthusien. De saintes jeunes filles furent jalouses du bonheur des élus de saint Bruno ; elles demandèrent les mêmes grâces, avec l'ardeur impatiente, entraînante, de leur organisation si bien caractérisée par le proverbe courtois : *Ce que femme veut, Dieu le veut.* Si c'est une Ève qui a failli nous perdre à jamais, n'est-ce pas une Vierge Marie qui a voulu nous sauver? n'est-ce pas la vierge de Domremy qui a sauvé la France catholique? Il fallait donc bien que le type parfait de la vierge carthusienne parût, et c'était *Roseline* qui devait avoir ce beau rôle... A la jeune châtelaine du château des Arcs, à la cousine du chaste Élzéar de Sabran, échut le mandat pieusement civilisateur de produire les immolations de la continence absolue, de l'amour divin et de la charité envers les malheureux, avec l'abdication de toutes les sensualités, pour manifester le sacrifice virginal sous ses formes les plus élevées, les plus attrayantes; comme saint Bruno avait été la manifestation du sacrifice viril le plus sublime.

Le mouvement d'expansion de la famille carthusienne ne pouvait se faire que d'une manière lentement progressive; il fallait que la salutaire contagion de l'austérité érémitique et de la continence cléricale remplît les monastères de nouveaux profès, que le désir de participer aux mérites des vertus de l'ordre attirât des donations suffisantes pour nourrir les membres des nouveaux monastères, et enfin il fallait que de puissants défenseurs missent la paix des déserts carthusiens à l'abri des violences et des troubles des guerres intestines. Chaque triomphe des idées civilisatrices représentées par la papauté, chacune des réconciliations des empereurs avec les pontifes devait faire épanouir une nouvelle fleur carthusienne.

Dans toutes les luttes du sacerdoce et de l'empire, l'ordre carthusien fut invariablement attaché à l'idée de réforme sociale et religieuse qui avait présidé à sa naissance. L'indépendance du pouvoir spirituel, c'est-à-dire la prohibition des investitures impériales et l'observation des canons sur les mœurs, la continence cléricale et l'ordre public ont été le drapeau toujours invariablement défendu par les Chartreux. Les créations impériales des antipapes ont été repoussées par la famille carthusienne avec une fermeté inébranlable. Aussi tous les papes, solides appuis de la civilisation chrétienne, ont-ils manifesté hautement leur estime et donné leur énergique protection aux enfants de Saint-Bruno.

Dès 1101, Pascal II annonce à Landuin, général des chartreux, qu'il héritera auprès du saint-siége de toute l'influence qu'avait possédée saint Bruno.

Avec la protection religieuse, il fallait un *défenseur* temporel pour chaque fondation. La première chartreuse avait pu s'établir à Grenoble parce que l'évêque de cette cité était, à la fois, prélat et seigneur... La fondation de la Tour, en Calabre, s'était faite sous la double protection du pape Urbain et du souverain politique Roger.

Dès que, en 1112, l'empereur Henri V se fût réconcilié avec Pascal II, les fondations carthusiennes purent s'étendre dans les États de la Provence, du Dauphiné encore soumis à l'influence impériale. Aussi, en 1116, les seigneurs de *Beldisnar*, entrant dans les vœux de l'évêque de Gap, donnent leur forêt et leur *protection* sur le territoire de Durbon, dans les hautes Alpes, à une colonie de chartreux conduite par dom Lazare. Bientôt, en 1121, les seigneurs de *Flotte* ajoutent leurs propres donations à l'appui de leur *épée*.

En 1117, dans cette même période, dans la gorge de Belgentier, s'élève une autre chartreuse sous la double protection de l'évêque de Toulon et de Baron de Solliès. Déjà ralenties pendant la croisade de 1147, les fondations s'arrêtent pendant la grande lutte de l'empereur Frédéric Barberousse avec les papes.

Dans les actes publics de 1150 à 1166, pendant les luttes de l'empereur contre les papes, c'était le chef de l'Église qui était proclamé le véritable souverain de la chretienté et les actes portaient dans le diocèse de Gap... ce bel hommage à la religion : *Regnante Christo Domino ;* et tant que les excommunications furent respectées, c'était bien le Christ qui était la grande autorité invoquée pour le maintien du droit et de l'ordre public.

L'exercice de cette autorité civile était une dangereuse tentation et une épreuve difficile pour le pontife : aujourd'hui le Christ règne d'autant plus réellement encore qu'on l'avoue moins. — Car l'autorité religieuse perd toujours la fleur de sa pureté céleste dans l'application aux intérêts matériels... Que d'autres mains gouvernent donc, pendant que les ministres des autels inspirent les vertus sociales, bases indispensables du gouvernement.

Pendant la grande lutte contre Barberousse, le pape Alexandre III, charmé de l'appui énergique que lui donnent les chartreux contre les investitures impériales, prend la famille carthusienne sous sa protection apostolique. En 1169, il défend de troubler le silence des déserts des chartreux : les constructions et les concessions d'autres ordres devront être portées à une demi-lieue de distance des frontières des chartreux. Les femmes ne pourront passer sur les terres carthusiennes que pour les besoins du transit; les peines les plus terribles de l'Église sanctionnent ces priviléges.

Lorsqu'en 1176, la victoire des Lombards détermina la réconciliation de Barberousse avec le pape, le double appui du pontife et de l'empereur vint donner une étonnante impulsion aux fondations carthusiennes ; dans le court espace de 1168 à 1178, il y eut *quatorze* fondations de nouvelles maisons, et des dons importants ajoutés aux possessions des anciennes chartreuses.

Parmi les produits nouveaux de cette heureuse période apparurent la chartreuse de Scillon, en Bresse, et de la *Verne*, en Provence. A la chartreuse de Laverne était attachée la double protection religieuse des évêchés de Toulon et de Fréjus, avec la protection féodale de la famille de Villeneuve, qui venait de s'établir en Provence, au château des Arcs, pour couvrir de son épée les institutions religieuses du diocèse de Fréjus.

Parmi les anciens monastères développés, la chartreuse de *Durbon*, créée en 1116, est, en 1178, l'objet des faveurs de l'empereur Barberousse et de l'impératrice, venus en voyageurs dans la France méridionale. A la traversée des montagnes de Gap, émus des austérités et des privations courageusement endurées par les chartreux de *Durbon*, les époux impériaux demandent à participer à leur mérite cénobitique. On voit les fondations carthusiennes se propager à chaque période de réconciliation des empereurs avec les souverains pontifes. Dans la première période de 1112 à 1125, deux grandes fondations surgissent aux deux extrémités du sud et du nord de la Provence.

Dans la deuxième période de conciliation de l'Empire et l'Église, entre 1177 et de 1188, les fondations se développent plus que jamais.

Les époux impériaux accordent au couvent de Durbon leur protection spéciale, confirment toutes les terres déjà concédées, et frappent de l'amende énorme de soixante livres d'or ceux qui oseraient tourmenter ou troubler la maison de DURBON. L'empereur songeait alors à accomplir le vœu de la croisade, qui lui avait été inspiré par le souverain pontife, et dont les héritiers de la piété de Bruno excitaient toujours la pensée. Il sentait le besoin des prières et faisait appel au pieux concours des guerriers.

Pendant que Barberousse exécutait la croisade, en 1188, son fils Henri VI, roi des Romains, venu à Lyon, implorait pour les armes de son père, le secours religieux des chartreux, en renouvelant les priviléges accordés aux couvents carthusiens.

La protection impériale autorisa et éveilla celle des comtes placés sous leur suzeraineté. Déjà en 1150, Raymond Bérenger, souverain de Provence, s'était déclaré *protecteur* de la chartreuse de Montrieux, et, en 1193, Alphonse II, comte de Provence, étendant son appui pour les chartreux jusqu'aux limites septentrionales de ses États, « prit la chartreuse de « DURBON sous sa protection, ordonna à ses officiers de dé- « fendre le couvent absolument comme s'ils défendaient ses « biens à lui, et donna aux religieux le droit de passage par « terre et par eau dans toute l'étendue de ses Etats. » Cette protection politique était la plus puissante et la plus efficace de toutes celles que pouvaient obtenir les chartreux, souvent en butte aux violences et aux tracasseries des barons montagnards, dont les troupeaux disputaient les pâturages à ceux qui donnaient leur lait et leur laine aux chartreux. L'industrie pastorale des chartreux, la seule permise dans les forêts et les déserts, les exposait sans cesse aux aigres litiges des limites incertaines des pâtures, et aux disputes, qui s'exaltaient surtout dans les périodes où les frimats alpins de *Durbon* rendaient les herbages moins abondants. Mais grâce à ces fortes protections, à cet ensemble de faveurs et de priviléges, le monastère de Durbon forma alors la plus importante des maisons de l'ordre, après la Grande-Chartreuse.

C'était le moment où s'éteignait la seconde fondation de saint Bruno. La maison honorée de la relique du fondateur, tombée dans un relâchement auquel la Grande-Chartreuse ne pouvait pas remédier par son éloignement, demandait au pape Célestin III d'être annexée à l'ordre cistercien, possesseur de maisons voisines. Cette autorisation fut accordée d'autant plus facilement par le pape que le prieur général des chartreux ne fit à cette douloureuse, mais nécessaire séparation, aucune difficulté.

Les circonstances politiques étaient défavorables pour les moines du couvent de la Tour. Henri VI enlevait le royaume de Naples aux successeurs de Roger, fondateur du monastère. Il leur fallait absolument changer de drapeau et oublier leurs traditions.

En 1195 fut donc consommée la première et la plus grande des abdications carthusiennes... Il fut d'ailleurs bien reconnu que si, dans l'avenir, un religieux cistercien devait entrer dans un ordre plus élevé, c'était aux chartreux qu'il devait s'adresser... comme à l'ordre le plus parfait de tous... Ainsi la perfection carthusienne fut *constatée* par le sacrifice auquel la famille de saint Bruno se résigna en se séparant de la dépouille de son fondateur. Deux siècles et demi plus tard, en 1448, le pape Nicolas V proclama de nouveau, hautement, la supériorité CARTHUSIENNE.

Pendant que le monastère de la Tour, placé sous le plus heureux climat et sur la végétation la plus riante, subissait les effets du relâchement : la chartreuse de Durbon, dont la terre était la plus désolée, était celle où la piété la plus constante attirait les plus hauts bienfaits. La plus dangereuse des épreuves de la piété n'est pas la lutte, mais le bonheur facile.

En sortant, dès 1178, des étreintes des premiers besoins, en voyant se multiplier dans son sein les professions et le prosélytisme, la chartreuse de Durbon put donner à la tribu de saint Bruno son plus gracieux et son plus merveilleux épanouissement en développant l'institution des vierges carthusiennes.

En 1188, Durbon fit éclore la maison des religieuse chartreuses de Bertaud. Ce furent les cantiques des chastes filles qui préparèrent la plus efficace consolation aux tristesses de la ruine de la maison de la Tour consacrée par les derniers moments de Bruno. L'ardent apôtre de la vierge, celui dont les lèvres défaillantes sous l'étreinte de la mort ne retrouvaient de la force qu'en exprimant ces belles paroles : « Je professe la *virginité* de Marie pendant la conception ; sa *virginité* pendant l'enfantement ; encore sa *virginité* perpétuelle après l'enfantement du Dieu Sauveur ; » celui-là ne semblait-il pas sortir de sa tombe lorsque les vierges de Bertaud firent retentir, en 1188, pour la première fois, du glorieux *Te Deum* de leur fondation, les plus rudes rochers des majestueuses masses alpestres?

D'où venaient donc les premières vierges carthusiennes, fondatrices de la maison de Bertaud? Sur la lisière qui sépare la vallée de la Durance de celle du Rhône, aux sources de la Drôme, de l'Aigues et de l'Ouvèse, s'étend un plateau montagneux qui était placé sous la dépendance féodale des seigneurs d'Agoult, placés au premier rang dans l'aristocratie provençale... Dans le douzième siècle, ce plateau, élevé à la hauteur de 600 mètres, hérissé de forêts, avait été fertilisé par les travaux de monastères bénédictins bravant de rudes hivers et vivant sous la direction de l'abbé de l'Ile-Barbe, à Lyon. Depuis Saint-André de Ramires, Prébayon, Le Buis, jusques à Saint-Sauveur et Cornillon et Val Sainte-Marie, se trouvaient échelonnés des établissements religieux.

De cette oasis de la piété devaient sortir les premières vierges carthusiennes. Pendant que les guerriers étaient appelés en grand nombre à la croisade prêchée par saint Bernard, de nombreuses jeunes filles aspiraient à leur tour au mérite du sacrifice. En 1144 s'était établie à Val-Sainte-Marie une colonie de moines venus de la chartreuse de Durbon ; c'étaient les premiers ouvriers destinés à prêcher le bonheur des filles de saint Bruno. Dirigées par ces pères du désert, des vierges pieuses formèrent, à Saint-André de Prébayon, la première maison de chartreuses... C'était en 1145... lorsque sous une main aussi habile et aussi sainte que celle de saint Anthelme, cinquième général carthusien, la famille de saint Bruno avait acquis une grande célébrité.

Pour les pieuses vierges aspirant à la perfection des enfants de Saint-Bruno, il fallait des règles. Saint Anthelme chargea le bienheureux *Jean l'Espagnol* de rédiger les statuts de cette nouvelle portion de la tribu carthusienne. Parmi les plus grandes œuvres de saint Anthelme, il faut donc placer la fondation des religieuses de Saint-Bruno; et il faut associer à cet insigne honneur le B. Jean l'Espagnol; devenu prieur, fondateur de la chartreuse du Reposoir en Faucigny (vers 1148), après avoir été profès vers 1140 et prieur de la chartreuse de Montrieux vers 1146.

Saint Jean d'Espagne fut donc le LÉGISLATEUR de la tribu virginale carthusienne, dont saint Anthelme fut le FONDATEUR.

La fondation de Saint-André de Prébayon subit une inondation du Trinion qui força les religieuses chartreuses à se réfugier à Vaison. Elles y furent reçues avec une bonté paternelle par l'évêque. Le prélat fournit, non-seulement aux frais de leur entretien, mais encore à ceux de la réparation du monastère, dont Éliane ou Adrienne était la vénérable prieure.

Les inondations terribles et toujours menaçantes, et les autres inconvénients du site de Prébayon ne permirent pas au monastère un établissement à l'abri de dangers. Pour favoriser la création d'un asile sûr, les moines bénédictins de Montmayeur, près d'Arles, cédèrent, aux filles de Saint-Bruno la gracieuse campagne de Ramires, sur les rives de l'Ouvèse. — La chartreuse de Saint-André de Prébayon se transforma en celle de Saint-André de Ramires.

Cette migration eut lieu en 1228.

J. M. Suarès, évêque de Vaison, de 1633 à 1666, a décrit l'établissement des Chartreuses à Saint-André de Ramires dans les vers latins que nous plaçons ici :

Sancti Andræ de Rameria et pratum Bayonis
Virgineæ turmæ, niveus quem vestit amictus,
Carthusiæ ritu, nobile cœnobium,
Ovasii ripas inter virgulta decorat;
Andreæ sacrum et Rameriam vocitant.
Bayonis a Prato, quod aquæ Trinionis inundant,
Commigrasse ferunt, hancque habitasse domum,
Quam cessere pii Majoris Montis alumni,
Observant leges qui, Benedicte, tuas.

Voici la traduction : « Heureuses rives de l'Ouvèse, riants bocages de Ramire consacrés à saint André, les blanches cohortes des vierges carthusiennes ornent la verdure de vos feuillages. On dit que, fuyant la fureur des eaux du Trinion, les pieuses cénobites de Prébayon dévasté vinrent chercher ici un asile gracieusement offert par les enfants de Mont-Majour soumis aux lois bénédictines. »

En 1336, les religieuses de Ramires se permirent de modifier et d'altérer plusieurs parties essentielles du règlement carthusien ; alors les chartreux renoncèrent à leur direction. — Ainsi fut abdiquée la première et la plus ancienne des maisons de dames chartreuses, car l'inflexible incorruptibilité carthusienne n'a jamais reculé devant un pénible sacrifice ; mais, bien avant de périr, la maison des Chartreuses avait donné des rejetons.

En 1188, les chartreux du Val Sainte-Marie, n'ayant que des moyens d'existence incomplets, ne pouvaient guère suffire à la délégation et au démembrement exigés par la direction des chartreuses de Saint-André de Prébayon. Il y fallait deux pères et plusieurs frères convers pour la surveillance religieuse et l'administration rurale. Toutes les ressources supplémentaires de personnel et de ressources matérielles devaient venir de Durbon ou d'autres maisons de l'ordre.

Dès que, avec la protection impériale de Frédéric Barberousse, en 1178, et de son fils, en juillet 1188, furent arrivées la sécurité et la prospérité pour le couvent de Durbon, les pères chartreux de ce dernier monastère arrêtèrent la fondation d'une maison de religieuses chartreuses aux environs immédiats de leur monastère.

Moins de deux mois après, l'acte de protection du roi des Romains, Henri VI, les chartreux de Durbon obtenaient, dans le mois de septembre, d'Adélaïde de *Flotte*, femme d'Arnaud de Flotte, et de ses quatre fils, seigneurs de *Montmaur*, la donation du territoire de Bertaud, situé, à vol d'oiseau, à 12 kilomètres au nord-est de Montmaur, et à 20 kilomètres seulement à l'est de Durbon. Les limites principales de cette concession furent le mont Aurouze et les territoires de Rabou et du Devoluy.

La donation fut faite en faveur des religieuses de Saint-André de Prébayon. Une colonie de Chartreuses, partie de Prébayon, vint immédiatement occuper le couvent de Bertaud.

Les religieuses de Bertaud, placées dans un lieu d'accès difficile, avaient à ajouter aux épreuves naturelles de leur résidence les conséquences d'une situation bien plus épineuse encore au point de vue politique. Établies sur la limite de deux comtés souverains, celui de Provence et celui de Dauphiné, elles avaient un égal besoin de la protection des deux princes voisins, et ce besoin était d'autant plus vif que les guerriers des montagnes frontières vivaient dans cet état d'indépendance et de brigandage habituel que l'on trouve ordinairement dans les habitants des nids d'aigles.— En 1175, Bertrand Tardif avouait avoir à racheter des violences et des INCENDIES commis contre les Chartreux. En 1214, Milo de la Roche s'accusait des mêmes forfaits envers les religieux et envers les faibles religieuses. La protection du comte de Provence, assurée par la charte de 1193, avait été donnée pour avoir un droit aux prières des Chartreux des deux sexes, équivalent aux mérites de la croisade. Une protection plus immédiatement efficace naquit de la vue des austérités des Chartreuses. Le premier samedi de carême, en 1214, vers la fin de février, le plus mauvais mois de l'année dans les hautes Alpes, étaient en voyage quatre chevaliers, tous frères, *Raimbaud d'Orange*, *Guiraud de Simiane*, *Rostan* et *Raimbaut d'Agout*, propriétaires de terres considérables autour du monastère.

Pour entendre l'office divin le lendemain dimanche, ils s'arrêtèrent au couvent de Bertaud; le temps, devenu tout à fait mauvais, les neiges et la tourmente les empêchant de se remettre en route, les forcèrent à examiner l'asile qui les abritait et les pieux usages des vierges qui l'habitaient..... Voici ce qu'ils déclarèrent, dans un acte de donation envers le couvent, donation dont la vue des édifiantes austérités monastiques leur inspira la généreuse pensée.

« *Nous avons vu les saintes filles mener, sous un dur et gros-*
« *sier habillement, la vie monastique la plus austère.*

« Le jour et la nuit nous les avons entendues, pendant des « heures entières, chanter les louanges de Dieu à voix haute « et grave.

« Forcés, par l'aspérité des temps, à demeurer dans ce « monastère, nous avons appris, à l'aspect des *gorges af-* « *freuses*, des *rochers abrupts*, des montagnes terribles qui « nous entouraient, dans quelles *continuelles privations*, dans « *quel rude climat souffraient ces vierges.*

« Alors, nous, touchés de pitié et de compassion, nous « rappelant le mot de l'Évangile : *Heureux les miséricordieux !* « nous avons voulu donner à ces religieuses un peu de notre « superflu. » (Charronnet, monastères de Durbon et de Bertaud, page 6.)

Ce ne sont pas seulement des terres que l'on donne au couvent; devant lui sont supprimées toutes les barrières, toutes les exactions, les extorsions qui se dressent aux frontières des petits États, des seigneuries et des corporations subdivisant l'ancienne France en parcelles sans nombre, arrêtant tous les voyages, et s'opposant à la libre circulation des personnes et des choses.

Les comtes de *Provence*, de *Die*, de *Forcalquier*, les *Dauphins*, les chevaliers du Temple stationnés à Luz, sur le passage de la Provence au Dauphiné, l'évêque de Gap, tous les seigneurs voisins veulent s'associer aux pieux mérites des enfants et des filles de Saint-Bruno. — Tous accordent le libre passage sur leurs terres; aux Pères, aux Religieuses, aux Serviteurs, et pour les troupeaux comme pour les marchandises appartenant à l'ordre des Chartreux. C'est la croix qui apparait pour inaugurer les prises de possession de la civilisation, et pour frayer le chemin des premières libertés de la circulation et de l'échange.

La crainte des peines de l'autre vie était, à cette époque, la plus grave des considérations qui portaient aux bonnes œuvres; pour sauvegarder les biens de l'avenir, on employait les biens présents en œuvres utiles à la société. L'amour de

Dieu ne pouvait encore remuer les âmes incultes : la crainte de Dieu était déjà un immense progrès sur la barbarie. — C'était la sympathie pour les victimes du sacrifice volontaire qui encore faisait disparaître l'amour du lucre, les enflures de l'orgueil et de la domination. Qui n'eût été frappé, comme par une vivante démonstration, des peines réservées à la vie future des pécheurs, lorsque l'on voyait tant d'expiations subies pour éviter les supplices éternels?

Avec empressement, on accordait les droits de faire dépaître, sur les propriétés voisines, les bestiaux dont le laitage forme la frugale nourriture de la famille chartreuse; le droit de prendre du bois pour construire les pieuses maisons, pour réchauffer les membres glacés dans les veilles nocturnes et dans l'immobilité de la prière; avec la pêche pour fournir le poisson exigé par le maigre perpétuel. On cédait des revenus, des priviléges, des pensions. Des familles entières se donnèrent aux couvents, avec tout ce que ce monde pouvait produire : ce fut la belle contagion du *sacrifice*, qui gagna tous ceux qui en furent les témoins.

Pour *vivre dans un pareil climat*, *soumises à l'austérité* de la règle, il fallait, à ces faibles vierges, *un bien grand courage*. Ces pauvres femmes ne pouvaient pas toujours surmonter leurs angoisses; elles demandaient parfois à changer de couvent pour descendre dans la midi.

Un an après que la visite à la Chartreuse des dames de Bertaud eut produit une si vive impression de pitié dans l'âme des quatre vigoureux chevaliers appartenant à la grande famille d'Agoult; — la détresse d'une pauvre religieuse lui fit crier merci.

En 1215, la sœur Monteyglin demanda à sortir du couvent à cause de la dureté de la règle; il y eut à résoudre une question difficile; quelle dot devait-on lui accorder pour qu'elle pût jouir de la permission accordée par l'évêque d'aller habiter un autre monastère?

Cet incident était une éloquente confirmation du tableau des douleurs acceptées par les saintes filles de Bertaud.

Il fallait bien chercher un asile contre les rigueurs d'un

climat que certaines organisations ne pouvaient pas supporter. Le besoin de colonies de chartreuses établies sous un climat plus doux, fit rechercher l'occasion d'acquérir une maison en Provence. L'acte d'acquisition du monastère de Celle-Roubaud fut, en 1260, la satisfaction donnée à cette grande nécessité, et Jeanne de Villeneuve fut envoyée pour le gouverner.

Ainsi, *Prébayon*, première maison de chartreuses, avait été transféré à *Saint-André de Ramires*, après avoir donné naissance à la grande maison des chartreuses de *Bertaud*. — Et *Bertaud* prenait pour colonie le monastère de *Celle-Roubaud*. — Passer par ces diverses maisons, c'était s'initier aux traditions des moniales carthusiennes prises dans leurs sources et dans leurs dérivations successives.

Chaque maison religieuse devait avoir un chevalier protecteur toujours armé pour faire respecter le droit consacré par la religion.

Le premier protecteur de la Chartreuse de Durbon et des religieuses de Bertaud était le pape.

Cette protection, étendue à tout l'ordre des Chartreux, avait été formulée en termes énergiques par Alexandre III, qui avait donné aux chartreux un témoignage d'estime bien mérité pour l'appui qu'ils lui prêtaient contre l'antipape soutenu par l'empereur.

A côté de cette autorité religieuse il fallait un défenseur guerrier, et ce défenseur fut le comte de Provence. En 1195, par une charte donnée au mois d'août, Alphonse II donna le droit de passage aux religieux par terre et par eau dans tous ses États.

Pour les établissements et les colonisations des chartreuses au moment où nous sommes, nulle autre contrée que le comté de Provence ne pouvait offrir autant de chances de sécurité, autant de garanties protectrices. Depuis 1223, le roi de France s'était fait le défenseur, armé de l'orthodoxie contre le comte de Toulouse, souverain des Albigeois ; le comte de Toulouse possédait les terres de la haute Provence, dans lesquelles se réfugièrent les hérétiques poursuivis en 1226 par le roi de France ; lorsque le frère de saint Louis devint vers 1245 le comte de Provence, il se trouva naturellement le chef et le chevalier de la catholicité du Midi : c'est donc, à partir de 1245, le souverain provençal qui dut être imploré par les chartreux et les chartreuses, en butte à toutes les animosités des ennemis de la foi orthodoxe : les nouvelles colonies carthusiennes sorties de Bertaud devaient aussi se diriger sur la Provence ; et, pour préparer cette colonisation, les chartreux de Provence avaient envoyé vers Bertaud, pour y faire son noviciat, la sœur du châtelain des Arcs, Jeanne de Villeneuve.

L'acquisition de Celle-Roubaud, en Provence, par le monastère de Bertaud, se rattachait donc à l'entretien du protectorat du souverain de Provence pour les chartreux de Durbon et pour les chartreuses de Bertaud. La correspondance entre Bertaud et la colonie de Celle-Roubaud devait être un moyen constant de faire connaître au prince provençal les plaintes et les griefs de Bertaud et de Durbon.

Le seigneur de Villeneuve, déjà protecteur du monastère de la Verne, pouvait avoir immédiatement, presque à l'ombre des murailles de son château des Arcs, la colonie des dames carthusiennes qu'il fallait protéger bien plus vigoureusement encore qu'un couvent de pères chartreux.

La fondation carthusienne de Celle-Roubaud était à la fois une bonne inspiration religieuse pour la Provence, une combinaison habile et prudente pour la protection des chartreuses de Durbon et de Bertaud. Car il importait d'entretenir des relations perpétuelles et une constante affection de famille religieuse entre les deux chartreuses : entre la fille placée au siége de la force défensive et la mère placée au point de mire des agressions.

Quelque temps après avoir reçu le domaine de Bertaud-le-Rabou, les religieuses chartreuses reçurent d'autres terres auxquelles par contraction on appliqua le nom de *Bertaud;* on nomma terre de Bertaud toutes les propriétés rurales qu'on aurait dû désigner par la périphrase de *terres du monastère de Bertaud.* C'est ainsi que l'on a été amené à penser que la terre appelée Bertaud dans la commune de Ventavon avait été le siége du monastère, tandis que Bertaud de Ventavon n'a jamais été qu'une ferme habitée et administrée par quelques frères convers dirigeant l'exploitation rurale.

Dans un mémoire *imprimé* du dix-huitième siècle, les religieuses déclarent qu'elles n'étaient jamais *venues habiter* leur grange de *Ventavon* et qu'elles *n'y pouvaient venir.*

L'auteur de ces lignes a visité, en 1851, le Bertaud de Ventavon converti en ferme modèle, et il n'y a point vu les restes d'un grand établissement monastique : ce n'était donc pas le siége de la maison religieuse.

La tradition et les ruines d'un grand couvent reportent, au contraire, le siége du monastère des chartreuses au Bertaud de Rabou. Donc : 1° les traditions; 2° les indices; 3° les chartes ; 4° les indications fournies par le tableau des établissements carthusiens, sont d'accord. La légende accompagnant le tableau des chartreux rapporte sa fondation à la date de 1188, et au lieu du Rabou ; les doutes qui avaient été émis par M. Gautier, secrétaire général de la préfecture de Gap... en 1845, sont à cette heure très-bien éclaircis par l'examen des chartes qu'a fait et publié M. Charronnet.

L'acte de cession de Celle-Roubaud, relaté en deux passages différents de la *Gallia christiana*, article Diocèse de Gap, a été rapporté par les Bollandistes, et M. Charronnet en a trouvé plusieurs expéditions (archives de Gap, chartes et titres de Durbon).

Les considérants et les titres de droit qui présidèrent à l'acte de cession de Celle-Roubaud fait par le couvent bénédictin de Souribes en faveur du monastère de Bertaud, sont dignes de remarque. Le relâchement rendu irremédiable par la misère et l'éloignement motivent la cession. On voit que le couvent de Souribes lui-même n'a que neuf sœurs venues de Marseille et de lieux éloignés, et, comme une des conditions imposées aux acquéreurs, une restauration religieuse par les chartreuses est promise à la pieuse abbesse bénédictine.

L'abbesse *Indie*, du monastère de Souribes, expose la décadence religieuse du monastère de Celle-Roubaud, couvent autrefois illustré par la piété bénédictine ; elle énumère les obstacles insurmontables que lui opposent, et la détresse financière, et l'éloignement du couvent qu'elle voudrait ramener aux primitives observances.

Le 5 mars 1260, l'abbesse Indie, agissant dans sa pleine liberté et avec le complet assentiment des dames religieuses ses sœurs : *Mathilde*, sacristaine ; *Bertrande de Roquebrune*, *Aulaï de Tranibus*, *Aicelane*, *Bertrande*, de Marseille ; *Folcoline*, *Ébincusarde*, de Marseille : *Marie-Ébincusarde*, prieure de l'église, et *Béatrix Baudoine ;*

Avec l'approbation de Mgr Othon, évêque du diocèse de Gap ;

Donne l'église de Sainte-Marie de Celle-Roubaud, avec toutes ses dépendances, prés, forêts, terres cultes et incultes avec ses décimes, ses prémices et ses oblations, enfin avec tous ses droits quelconques y attachés, *corporels et incorporels*, *en l'*HONNEUR DE DIEU *et de sa* GLORIEUSE MÈRE, à l'ordre *carthusien*, et spécialement à la maison monastique de *Bertaud*, et au frère DURAND, procureur général de cette maison, présent et acceptant : sous la réserve d'une rente annuelle de 5 sous tournois (valeur cinq francs poids réel et environ *cinquante francs* valeur d'estime), et en outre de l'entretien viager de deux religieuses bénédictines existant à Celle-Roubaud.

Frère Durand accepte cette cession avec les conditions énoncées, et au nom de l'ordre carthusien, spécialement en celui de *Élisabeth*, prieure de Bertaud ; il s'OBLIGE envers l'abbesse Indie à *édifier un monastère où des religieuses et dames de l'ordre carthusien puissent mener une vie régulière*, suivant l'intention de l'abbesse cessionnaire. L'acte est passé dans l'*église de Saint-Pierre* de Souribes, en présence des témoins inscrits ici : *Durand Maurin*, chapelain du monastère ; *Antoine*, diacre ; *Jean Garcin*, *Jacques Arnaud*, *Arnulphe*, *Pons*, *Ivand*.

L'abbesse, après avoir juré l'observation de l'acte, la main appuyée sur les Évangiles, ordonne d'y apposer son sceau, et prie les évêques du diocèse de Gap et du diocèse de Fréjus, de *confirmer et d'avérer* par leurs sceaux cet acte de cession.

Dans cette pièce, on retrouve la formule générale des actes carthusiens... : pour honorer *Dieu* et la glorieuse Vierge *Marie*. Le culte virginal est toujours la préoccupation principale de l'ordre. La promesse de faire refleurir la religion dans le monastère de Bertaud fut immédiatement tenue. Jeanne de Villeneuve, professe de Bertaud et tante de sainte Roseline, vint, dans l'année 1261, installer l'institut carthusien dans le couvent cédé par l'abbesse de *Souribes*.

La fondation d'un nouveau monastère de chartreuses fut toujours dans l'ordre carthusien une affaire très-grave. L'absence d'aumônes et de quêtes, qui fait partie des traditions carthusiennes, a toujours eu pour conséquence la nécessité d'assurer un patrimoine suffisant aux religieuses carthusiennes qui ne peuvent exercer aucune industrie lucrative...; cette obligation matérielle limitait les fondations.

La direction religieuse de ces religieuses exigeait des dispositions spéciales dans le vicaire chartreux qui en était chargé. Il fallait qu'il suffît à une administration spirituelle difficile et à l'administration du temporel du couvent. Habile confesseur de dames, habile administrateur et chartreux éloigné de toute communication avec d'autres chartreux, n'ayant à côté de lui qu'un père et quelques frères, il était dans une situation exceptionnellement délicate et épineuse, et devait réunir un ensemble de qualités ordinairement opposées les unes aux autres.

Aussi, tandis que le nombre des monastères de chartreux semés dans la chrétienté s'élevait à 170, les monastères de religieuses chartreuses n'ont-ils jamais dépassé le nombre de *dix* : neuf en France et un en Belgique, à Bruges. — En 1789, ces dix maisons de religieuses étaient réduites, par une série d'abdications, à cinq couvents de chartreuses, dont le gouvernement faisait naître encore tant de difficultés, que les chartreux nommaient les monastères de vierges, leurs *cinq épines*. Aujourd'hui, les monastères de vierges chartreuses se réduisent à deux : Sainte-Croix de Beauregard, près Voiron, et Saint-Pierre-la-Bastide, près Montauban. L'administration en a été bien simplifiée, depuis que l'on est parvenu à faire tenir la comptabilité monastique par les chartreuses elles-mêmes.

Les chapitres généraux de l'ordre carthusien ont décidé que les maisons de religieuses chartreuses seraient toujours réduites à un petit nombre.

Entrons dans les détails de l'institution d'un couvent de chartreuses.

La vue d'un monastère de chartreux, complétée à quelques lieues de distance par la visite d'un couvent de vierges chartreuses, forme l'ensemble d'un spectacle plus persuasif, en faveur des pratiques religieuses, que les plus entraînantes harangues des prédicateurs. On conçoit la grande pensée de saint Bruno : il a voulu mettre sous les yeux le type du sacrifice chrétien, et montrer à quelle perfection évangélique l'homme peut aspirer, en cherchant et rencontrant le bonheur dans la sérénité de l'âme, dans la paix du cœur, pendant qu'il s'immole en esprit et par la prière, pour le bonheur de ses semblables : hostie vivante et silencieuse, comme celle qui vient sur l'autel se couvrir du voile eucharistique.

L'immolation de Bruno s'applique aux deux sexes ; mais peut-être sa plus haute merveille est celle qui se réalise dans la vierge carthusienne. Nul apôtre de la continence et de la virginité ne l'a plus exaltée que saint Bruno, que cet amant de la paix universelle, de la solitude, qui ne cessait de chanter les gloires de la virginité de Marie, au milieu des débordements des grands et des infirmités charnelles du clergé du onzième siècle ; et il est beau de voir les chastes et sublimes élans de l'âme de Bruno se communiquer à des cœurs de jeunes vierges.

Qui eût pensé que de faibles femmes pourraient trouver le bonheur dans une séquestration absolue, un silence presque perpétuel, dans des jeûnes multipliés, des macérations constantes, dans l'abstinence continuelle du gras, des aliments qui flattent les sens ou soutiennent la faiblesse ? que des jeunes filles souriantes cacheraient leurs grâces sous les plis de la robe carthusienne, comme dans un nuage de modeste chasteté! qu'on les verrait ceindre leurs reins d'un cilice; subir les continuelles aspérités d'un vêtement grossier!...

Qui eût osé croire que l'on verrait ces délicates organisations triompher, chaque nuit, des douceurs du sommeil, au milieu des accablements de l'été ou des rigueurs de l'hiver, et, vierges pleines du courage, traverser les effrayantes horreurs des ténèbres, se réunir, pour chanter les louanges de Dieu, jusques à l'heure où le concert des oiseaux commence dans les champs? Ce qui paraît si difficile aux plus mâles tempéraments est réalisé par la délicatesse féminine, et il sort de cet excès de sacrifice, vaillamment accepté, un tel contentement de la conscience, un sentiment constant de bonheur intérieur si inattendu, que l'on subit la séduisante ivresse de ces parfums de vertu, de paix et de joie céleste! Les plus charmantes fleurs veulent donc éclore et s'épanouir au milieu des épines!

Pour anéantir les prétentions d'infirmité de ce que l'on appelle les petites-maîtresses, voyez donc les religieuses chartreuses, voyez ces humbles femmes, d'un extérieur si frêle, et d'une âme si forte! Ne puisent-t-elles pas une secrète et mystérieuse vigueur dans leurs austérités? La mollesse du régime du corps n'a plus d'excuse, quand on voit de tels effets de l'énergie de l'âme!

Si la prière infuse de telles forces dans des corps si infirmes, quelle objection pourront alléguer les organisations viriles lorsqu'il s'agira d'exécuter les utiles préceptes de la morale? Les mâles vertus des vierges carthusiennes sont plus persuasives que toutes les déductions de la logique; chacune de ces saintes filles est un miracle vivant de la transfiguration de l'humanité par l'Évangile. Et des miracles pareils se renouvellent constamment depuis sept siècles. De 1148 à 1865 le prodige est incessant!!!

Cette vigueur des vierges chrétiennes, que l'on admirait dans les monastères dirigés par saint Jérôme dans le quatrième siècle, que l'on retrouve à Bertaud, dans les Alpes, aux Arcs, en Provence, dans le treizième et le quatorzième siècle, qui nous enchante encore dans le dix-neuvième siècle à Sainte-Croix de Beauregard, ne laisse aucune place aux objections de faiblesse du corps et de la diminution prétendue de la force humaine. Toutes les recherches historiques sur la conformation des anciens peuples hébreux, égyptiens, grecs et romains, moyen âge, toutes les dépouilles humaines le prouvent surabondamment, l'humanité n'est pas plus faible. Si l'Église a adouci certaines abstinences, c'est parce qu'elles ont moins d'utilité, le jeûne a moins d'opportunité quand le pain manque moins ; et Dieu autorise des adoucissements compensés par d'autres sacrifices ; la vierge carthusienne est le trait d'union de la constitution religieuse et physique du temps passé avec les conditions du temps présent.

La sœur de charité a des épreuves toutes différentes de celles de la chartreuse ; l'une a le mérite tout intérieur, tout spirituel de *Marie*, sœur de Lazare, l'autre a l'apanage extérieur de *Marthe*. A la chartreuse, la grâce de la prière, de la méditation qui domine les sens, tandis qu'à la sœur de charité appartient le mérite des bonnes œuvres et de l'exécution. La contemplation est le rare privilége de quelques esprits, les œuvres sont l'attribut le plus général. La chartreuse a les grâces plus exquises et plus sublimes, la fille de Saint-Vincent de Paul a les grâces les plus sensibles et les plus accessibles; la loi du sacrifice est le fondement commun de ces vertus diverses. La chartreuse est Jésus-Christ dans le désert ou dans l'immolation mystique de la Cène ; l'autre est Jésus-Christ dans l'œuvre de la prédication miraculeuse et de la passion laborieuse.

D'abord la *méditation* et la *pensée*, puis la pratique ou l'action. La pensée a-t-elle moins de *prix* aujourd'hui où les merveilles de l'intelligence sont plus *fréquentes*, où les prodiges de l'esprit gouvernant à son gré la matière heurtent chacun de nos pas? Le progrès matériel est-il donc autre chose qu'une manifestation de l'empire de la pensée, qui pénètre de plus en plus dans les secrets de l'intelligence de la création ? Les institutions de l'ordre public ont rendu les études possibles.

Sans écoles paisibles, Descartes, Pascal, Newton, n'auraient pas pu résoudre leurs problèmes; sans les Descartes, les Pascal, les travaux chimiques de Lavoisier, les découvertes de la force de la vapeur, de l'électricité, de la lumière, de Papin, de Watt, d'Ampère, de Daguerre, eussent été impossibles; tous les progrès, avant d'être des œuvres, ont été des pensées.

La pensée a une haute prééminence. L'action est l'attribut plus universel. C'est la méditation des lois du Créateur qui précède et dirige les progrès matériels exécutés par les praticiens.

Que la claustration soit généralement moins indispensable, depuis que l'ordre public établi par le christianisme est devenu plus universel, c'est là une conséquence nécessaire, évidente. Mais que de troubles encore, que d'injustices, que de soucis, que de désenchantements, de dangers, dans la vie ordinaire telle que nous l'avons encore! — Les esprits méditatifs ont besoin de paisibles retraites pour nous continuer leurs prières et leurs muettes leçons; tant que la société humaine sera imparfaite, il faudra, pour viser à la perfection ou au progrès, continuer des séquestrations. Le désert aura donc toujours son utilité!

La religieuse carthusienne a été le produit d'une grande nécessité dans le passé, elle a été la plus séduisante incarnation de l'empire sur les sens, des douceurs de la paix intérieure, et elle restera toujours la personnification de la prière et de la contemplation.

De ces considérations générales sur les vierges carthusiennes, il faut descendre à l'examen détaillé de leur constitution intime.

On va voir, que dans le régime carthusien, le fractionnement des exercices est un principe habilement pratiqué, et dans la pratique des religieuses de chœur, et des sœurs converses. — On reconnaîtra que la prière *chantée*, la prière *récitée* et la *méditation* sont très-judicieusement alternées avec le travail manuel; que l'administration des chartreuses, merveilleuse combinaison d'obéissance, d'humilité et d'austérité, est un modèle de gouvernement démocratique. On verra combien leur simple cellule est sévèrement fermée à toute dissipation, combien leur vêtement est modeste et ascétique, combien tout ce qui est relatif à la profession est sérieux, simple et frappé du cachet de l'humilité; combien est sagement conçue l'austère sobriété de nourriture, austérité pleinement conforme aux découvertes de la physiologie la plus scientifique; combien enfin est prudente leur *séquestration dans les constructions de leurs cloîtres*.

Les journées ordinaires sont distribuées chez les chartreuses entre huit heures de sommeil ou repos total, partagées en deux portions à peu près égales par l'office nocturne, et entre seize heures d'exercices. Les seize heures de veilles se répartissent en onze heures de prières et de méditations, et en cinq heures accordées au travail des mains, à la récréation et aux deux repas.

La répartition des onze heures de prières est à peu près celle-ci :

Trois heures de prières conventuelles, chantées en commun;

Quatre heures de prières solitaires récitées en cellule;

Quatre heures de méditations.

Le travail manuel est d'environ trois heures.

Il y a, pour l'ensemble des récréations et promenades, une heure un quart, et pour les deux repas, environ trois quarts d'heure.

Les jours fériés et les dimanches, le travail manuel supprimé est remplacé par les offices religieux conventuels plus prolongés.

Les alternances de tous ces exercices, fractionnées en petites durées de un *quart d'heure* à une *heure*, introduisent une grande variété dans les périodes de la journée carthusienne.

Le chant en commun, la méditation solitaire, et le travail matériel, par leurs alternatives habilement réparties deviennent des délassements ou des plaisirs relatifs... Le sommeil carthusien est lui-même *subdivisé*. Le détachement obligé, même des occupations les plus attrayantes, constitue, ainsi, un principe universellement appliqué. La tension prolongée vers une idée fixée, ce danger de la solitude et du silence, qui conduit au trouble cérébral, est très-sagement évité par la *subdivision*.

L'interruption du repos nocturne, régulièrement établie, finit par devenir une facile habitude pendant la belle saison, mais c'est toujours une rude pratique pendant les rigueurs de l'hiver.

Pour les converses il y a moins de prières, et ces prières sont des récitations dont la brièveté est compensée par de longs travaux manuels... Parmi ces derniers est comprise la culture du jardinage, exécutée dans l'étendue de la clôture où se passent les récréations des religieuses.

Mais lorsque ces travaux des mains sont suspendus par les dimanches et les fêtes, les sœurs converses assistent à tous les exercices religieux conventuels, même à ceux du milieu de la nuit.

Tous les travaux qu'exige la vie monastique et l'entretien complet de la maison sont exécutés dans l'intérieur de la clôture; aussi bien la boulangerie que le lavage des diverses étoffes. La séparation des hommes est complète. Il n'y a d'exception que pour le fauchage du pré de l'enclos et pour la taille des arbres, exercée à de longs intervalles et par des hommes d'un âge et de mœurs qui inspirent toute sécurité morale.

La prière, c'est la vie des chartreux des deux sexes; la prière chantée ou lue et la prière méditée ou la contemplation se partagent les heures de la journée carthusienne.

Sur la journée active de seize heures à seize heures un quart..., il y a onze heures de prières... autant de prières que d'heures de travail pour l'élève de l'École polytechnique; autant de temps donné par le chartreux à résoudre les grandes questions de la vie morale, que le mathématicien de profession en met à résoudre les problèmes du monde matériel.

La prière *chantée* en commun forme l'office canonial *conventuel*, la prière *récitée* dans la solitude correspond principalement à l'office de la bienheureuse Vierge Marie. La prière silencieuse ou la contemplation complète les deux autres prières.

Pendant la semaine et les jours non fériés, l'office conventuel, chanté *recto-tono*, produit une mélodie plaintive qui charme les oreilles : 1° à sept heures du matin, à la messe ; 2° aux vêpres à deux heures trois quarts ; et 3° à minuit, dans les matines et les laudes ; tous ces offices occupent trois heures et demie.

Les dimanches, la messe et les vêpres peuvent être entendues par le public occupant deux compartiments, séparés par des grilles à droite et à gauche du chœur des Pères.

Les chants des chartreuses exécuté avec une précision, un ensemble parfaits, avec une onction qui révèle un étonnant sentiment des cantiques en langue latine, produisent sur l'âme des auditeurs une profonde impression.

Les accents des chartreux sont plus graves et plus solennels, ceux des chartreuses sont plus sympathiques et plus touchants... Heureux ceux qui peuvent comparer les impressions de ces deux concerts... qui caractérisent les deux parts de l'humanité, le courage viril du martyre et les mélancoliques soupirs qui de la vallée de larmes s'élèvent vers la céleste patrie !

Quels yeux ne seraient pas gonflés de pleurs, lorsqu'on pense qu'au milieu des frissons des nuits glacées, des vierges angéliques, surmontant toutes les infirmités de leur sexe, s'élancent avec empressement de leur couche tiède pour faire monter vers le ciel leurs supplications en faveur de l'humanité oublieuse ou coupable ! Celles qui souffrent avec courage prient pour ceux qui jouissent et qui s'enivrent de voluptés.

Les chants des chartreuses sont bien plus intéressants encore dans les offices solennels exécutés avec la note du rhythme carthusien. Quelle simplicité dans cette suave musique qui ne fait naître que des impressions pieuses !... C'est bien un chœur séraphique dont on entend les plus mystérieux frémissements! C'est aussi parmi les vierges de saint Bruno que les lamentations sublimes de Jérémie, les poétiques élégies de Job ont leurs échos les plus sympathiques... Cette fleur virginale, qui n'exhale ses parfums passagers que dans le sanctuaire, est bien le symbole de la vie que Job nous montre, éphémère comme une fleur.

Les religieuses de saint Bruno, n'admettant que la virginité absolue, et repoussant même les veuves les plus irréprochables, ont un parfum de chasteté hors ligne, et qui donne, chez ces vierges, au culte de la glorieuse virginité de Marie, une valeur incomparable. Dans aucune autre famille de femmes religieuses la virginité ne reçoit d'aussi grands honneurs.

Saluée dans les *Angelus* des trois divisions de la journée, Marie, vierge et mère, est invoquée par les chartreuses pour assister à leur dernier soupir; elle est honorée dans le culte des prières récitées dans son office complet de chaque jour.

Puisque la prière alternativement cénobitique et érémitique, en d'autres termes, tantôt simultanée, tantôt solitaire, est l'œuvre principale des religieuses chartreuses, on sent le besoin d'en faire connaître la cause et la valeur... Pourquoi la prière est-elle un élan spontané universel? est-elle une œuvre d'utilité personnelle? est-elle aussi une œuvre d'utilité générale?

La méditation carthusienne est-elle une lumière? est-elle un utile exemple?

« Seul entre tous les êtres ici-bas, l'homme PRIE. Parmi « ses instincts moraux il n'en est point de plus *naturel*, de « plus universel, de plus *invincible* que la prière. L'enfant « s'y porte avec une docilité empressée. Le vieillard s'y re« plie comme dans un refuge contre la décadence et l'isole« ment. La prière monte d'elle-même sur les jeunes lèvres « qui balbutient à peine; le nom de DIEU est sur les lèvres « mourantes qui n'ont plus la force de le prononcer.... »

« Partout où vivent des hommes, dans certaines circon« stances, à certaines heures, sous l'empire de certaines « impressions de l'âme, les yeux s'élèvent, les mains se joi-

« gnent, les genoux fléchissent pour implorer, pour rendre « grâce, pour adorer et pour apaiser. Avec transport, ou avec « tremblement, publiquement ou dans le secret de son cœur, « c'est à la prière que l'homme s'adresse, en dernier recours, « pour combler les vides de son âme ou porter les fardeaux « de sa destinée.

« Personne ne méconnaît la valeur morale et intérieure « de la prière. Indépendamment de son efficacité quant à « son objet, par cela seul qu'elle prie, l'âme se relève, s'a- « paise et se fortifie. Elle éprouve, en se tournant vers Dieu, « ce sentiment de retour à la santé, au repos, qui se répand « dans le corps quand il passe d'un air orageux et lourd à « une atmosphère sereine et pure. »

« C'est Dieu qui règne et agit. Il y a, dans l'acte naturel et « universel de la prière, une foi naturelle et universelle. « Dans cette action permanente et toujours libre de Dieu sur « l'homme, et sur sa destinée, nous *sommes ouvriers avec « Dieu*, dit saint Paul. Par la prière l'homme participe au « gouvernement du monde. » (M. Guizot.)

La méditation prolongée est la partie caractéristique de la vie des chartreuses : la fille de saint Bruno est la plus infatigable des *ouvrières de Dieu !*

Saint Bruno nous fait admirer la grandeur intellectuelle de la femme, dont saint Vincent de Paul nous a fait plus tard apprécier la prodigieuse et délicate charité.

On est souvent étonné de la sagacité des paroles des solitaires ; leur calme intuition pénètre dans le fond le plus intime des choses humaines. Ils découvrent les liens cachés qui rattachent les effets apparents à leurs causes invisibles; lorsque cette réflexion de la solitude est dirigée par la délicatesse d'une âme virginale, elle atteint à un degré étonnant de spirituelle appréciation, à une pénétration surnaturelle.

Les yeux de la pieuse vierge voient ce que nos yeux sont incapables de discerner ; ils lisent, sur les traits du visage, les secrets qui paraissent ensevelis sous les plis de la conscience ; ses oreilles entendent, dans les accents de la voix, ce que les artifices de la parole s'efforcent de désavouer; ce qui, pour le vulgaire, est la folie de la croix, est pour la vierge contemplative, le triomphe de l'amour ; et à travers tous les désordres humains, elle admire les prodiges de la sagesse divine. Unie avec Dieu par la passion, par le sacrifice accepté, elle sait que l'exemple est la plus éloquente des prédications.

Quoiqu'elle proclame souvent le contraire, l'humanité vit bien plus de la pensée de Dieu que du pain de froment ; et la vierge carthusienne sait bien qu'elle aime les hommes, qu'elle les sert par ses prières et sa charité, alors même qu'elle est pour eux l'objet d'une insultante pitié. — Elle est le Christ toujours vivant, attaché volontaire sur la croix et entendant les passants lancer la dérision sur le sacrifice subi pour les racheter.

La vie sociale est un ensemble de devoirs et de résignations. Et qui pourrait se plaindre de la part qui lui est faite ici-bas, par l'ordre divin, lorsque la vierge privée de toutes les satisfactions des sens, s'y résigne si bien ? La prière, l'action de grâces de la vierge sans tâche, dans son martyre volontaire, jouissant des félicités de la contemplation, est le plus EFFICACEMENT CIVILISATEUR DE TOUS LES SPECTACLES : parce que c'est le plus persuasif de tous les enseignements du devoir et de la résignation.

La prière bien méditée, bien réfléchie, est *toujours exaucée*, lorsqu'elle est conforme à l'esprit de la législation chrétienne. — Que demande la prière de l'âme juste ? La réalisation du plan divin, le règne de Dieu sur la terre comme aux cieux. Or, ce règne se manifeste toujours, les œuvres des méchants ne l'empêcheront jamais, et les entreprises des justes y amèneront constamment ; l'expérience et la raison démontrent la manifestation progressive de la volonté de Dieu sur le monde. Toujours la prière chrétienne est exaucée, car la volonté de Dieu s'exécute sans cesse.

Le travail des mains carthusiennes est partagé à peu près en trois séances, d'une heure chacune, employées en coutures, filatures, bouquets d'autels, quelques ornements de reliquaires.

Le modèle du travail manuel des religieuses chartreuses est celui de la femme forte du livre de la *Sagesse :* elles savent *que la grâce des formes est trompeuse, que la beauté est une vanité éphémère, que la femme craignant Dieu est seule digne d'éloges et que sa lumière ne doit point cesser de briller même pendant la nuit... le soin de son divin époux, les besoins de ses serviteurs et les nécessités des pauvres sont toujours présents à la pensée de la* (*chartreuse*) *femme forte* [1].

L'époux carthusien, c'est le Seigneur lui-même.

Le soin des autels, celui des ornements sacrés, des livres de piété, sont les objets du premier travail des chartreuses. Autrefois, la rareté des livres exigeait de nombreux copistes; alors les chartreuses copiaient les livres sacrés; dispensées maintenant de ce soin par l'imprimerie, elles donnent plus de temps à l'habillement des pauvres filles. Elles filent, elles cousent pour vêtir celles qui souffrent de la nudité et du froid... Les travaux futiles, les petits présents, les broderies sont défendus par la prieure; elle veut que, toutes les heures, toutes les forces soient appliquées pour Dieu et pour l'utilité des hommes.

En implorant comme une faveur la direction spirituelle des chartreux, les dames chartreuses administrent leur temporel de la manière la plus indépendante. Le Père vicaire, directeur spirituel du couvent, n'a pas à s'immiscer dans les questions financières du monastère. Il n'est plus même, comme autrefois, chargé de la comptabilité, et le mandataire à l'extérieur de la prieure. La comptabilité est tenue, à présent, par les religieuses, et la responsabilité légale remonte toujours vers la prieure.

Cette indépendance financière des religieuses a été prudemment sanctionnée par la sage mesure que les chartreux ont prise récemment en initiant les religieuses à la tenue de leur propre comptabilité... la direction religieuse du Père

[1] Gratia fallax vana est pulchritudo... mulier timens Dominum ipsa laudabitur... non extinguetur in nocte lucerna ejus... nobilis in portis vir ejus... domestici ejus vestiti sunt duplicibus..., palmas suas extendit ad pauperem... (*Liber Proverb.*, cap. XXXI, *passim.*)

vicaire est d'autant plus parfaite, qu'elle est moins troublée par des soins matériels. Cette direction est du reste toujours placée sous la subordination et sous la surveillance de l'évêque diocésain, chef ordinaire.

On le voit, toutes les relations religieuses sont ici des actes de subordination volontaire qui n'ont leur principe que dans la piété. Les chartreux ne dirigent les religieuses que parce que les chartreuses sont heureuses de mériter de faire partie de l'ordre angélique de saint Bruno... merveilleuse organisation de la famille religieuse, où la soumission est implorée comme une grâce, où l'autorité est exercée comme une *servitude dévouée*. C'est ici que l'on applique la maxime admirable du divin révélateur : que celui d'entre vous qui veut être le plus grand dans le ciel se rabaisse sur la terre jusqu'à servir les autres, jusqu'à devenir le plus petit de tous sur la terre. C'est ici enfin, que l'on trouve dans sa réalité la sublime politique du règne de Jésus-Christ.

Les dignitaires chartreuses, élues par la communauté et soumises à l'approbation du chapitre général de l'ordre, donnent leur démission à chacune des réunions du chapitre général de l'ordre. Ces réunions, annuelles autrefois, sont maintenant triennales.

Les dignitaires démissionnaires, en langue carthusienne les officières, demandant *miséricorde*, ne continuent leurs fonctions qu'après avoir été de nouveau confirmées par le chapitre.

Ce renouvellement fréquent de pouvoirs qui n'ont aucun privilége susceptible de rendre la vie plus commode et plus honorée ; ces dignités, toujours précaires, qui n'offrent que des peines plus grandes, une responsabilité plus lourde, qui n'ajoutent aux austérités communes que des peines et des anxiétés spéciales, sont le trait le plus éminemment sage et conservateur de la piété carthusienne, parce que les *dignités* chez les chartreux sont véritablement des *charges*, parce que l'on ne les accepte que comme un devoir pénible ; on en sort avec empressement, et l'abdication acceptée est appelée chez eux une *grâce* ou une *miséricorde* obtenue. La solution du grand problème de l'exercice d'un pouvoir électif sans cabales ambitieuses, sans révoltes anarchiques ; le rare phénix d'un gouvernement démocratique sans trouble se rencontre dans l'ordre religieux incorruptible qu'on appelle la tribu carthusienne. Le problème du progrès démocratique est donc celui du progrès religieux. Cette déduction de la politique transcendante est ici confirmée par une saisissante réalité.

La vie carthusienne est la fusion de la vie solitaire, érémétique, des anachorètes de la Thébaïde et du régime cénobitique régularisé par saint Benoît dans la vie en commun du couvent. La majeure partie de la journée de la chartreuse se passe dans la silencieuse retraite de la cellule, pour remplacer les paroles oiseuses et dangereuses par l'exercice de la pensée.

Le dortoir des religieuses de chœur se compose de cellules bien aérées, meublées chacune des objets suivants :

D'un lit composé d'une paillasse, de draps de laine, d'une couverture de même étoffe, d'un ciel de lit avec rideaux de toile blanche, d'un prie-Dieu avec un Christ, d'une stalle et d'un prie-Dieu en bois blanc, d'une chaise, d'une table accompagnée de l'assortiment nécessaire à l'écriture, d'un petit tabouret en bois, d'un petit placard, contenant la lanterne que l'on porte aux offices de nuit. Un tour près de la porte est destiné à placer le linge, que changent les lingères, car *personne ne doit franchir le seuil de la porte d'une chartreuse.* Une corbeille à ouvrage, les instruments indispensables à la propreté, complètent ce simple mobilier.

Quelques petits tableaux pieux décorent cette humble retraite. Le lit de paille ne reçoit le luxe d'un matelas et de draps de toile que dans le cas de maladie.

Les cellules des sœurs converses sont distribuées dans un autre dortoir.

Les repas et la récréation en commun, tous les jours, sont les seuls adoucissements à la règle érémitique des chartreux qui aient été introduits dans le régime des religieuses. Encore la récréation en commun ne date-t-elle que du concile de

Trente, qui ordonna la claustration absolue de toutes les religieuses liées par des vœux perpétuels; la récréation en commun fut alors chez les chartreuses substituée à la promenade extérieure correspondante au spatiement des chartreux.

La robe de laine blanche des chartreuses ressemble au froc du moine attaché par une ceinture et surmonté des grandes poches de la cuculle. La parole de la vierge de Bruno est un cantique immaculé comme sa robe.

La plus stricte modestie règne dans le costume de la vierge carthusienne : entre la guimpe qui couvre le cou et le voile, il n'existe point de vide; le voile de laine blanche offre une pointe qui peut se rabattre sur le visage; au-dessus de ce voile se pose un autre voile, *blanc* pour la professe et *noir* pour la vierge consacrée; un manteau de cérémonie formé de drap blanc est ajouté au costume dans les grandes cérémonies.

Les chartreuses ne portent les ornements complets de leur *consécration* que le jour du *jubilé*, à la cinquantième année de leur profession; à leurs funérailles, elles sont aussi couvertes des mêmes vêtements d'honneur, mais en substituant le noir à la *couleur blanche;* leur diadème virginal orne leur tête comme une couronne triomphale. Aux offices, l'*étole* et le *manipule* ornent la vierge consacrée qui chante l'épître aux messes conventuelles, et aussi celle qui, le jeudi saint chante l'*évangile* du lavement des pieds, ou le *mandatum*.

En dehors de ces occasions solennelles, la vierge consacrée ne se distingue des autres professes que par le *voile noir* et par l'*anneau*.

Du reste, l'égalité dans le costume, dans les austérités, est si complète dans les divers étages de l'ordre carthusien, que la vénérable mère prieure elle-même ne porte *aucun signe distinctif de sa dignité* et ne s'exempte d'aucune austérité...

La communauté forme trois divisions :

1° Les religieuses de chœur consacrées.

2° Les *professes*, sœurs *consacrées*, les *novices* et les *postulantes*.

3° Les sœurs *converses* liées par des vœux et ayant la robe blanche, et les *données* qui n'ont point encore prononcé de vœux et portant la robe brune.

Les diverses divisions ne doivent point avoir de communication entre elles, quoi qu'elles prennent leurs récréations dans le même enclos.

Les *postulantes* conservent l'habit séculier pendant un mois; un manteau noir est seulement, pendant les offices, posé sur ces vêtements. La prise d'habit ne se fait qu'après un mois de postulation... Entre le début d'une postulation et la profession il s'écoule *deux ans*.

La professe ne peut être consacrée avant l'âge de vingt-cinq ans révolus. Autrefois il n'y avait pas d'intervalle fixé entre la profession et la consécration; maintenant l'intervalle entre ces deux degrés est au moins de *quatre années*. Il y a une prieure, une sous-prieure, une directrice du noviciat.

Les sœurs converses chargées de toutes les œuvres du service matériel, ne doivent leur situation inférieure qu'à l'imperfection de leur éducation.

Leur noviciat se fait en robe brune ; elles sont admises à la *profession* et à la robe blanche, après la période totale de quatre ans de noviciat. Elles n'arrivent jamais à la consécration, la forme des vêtements des converses offre des différences assez légères avec la coupe des vêtements des religieuses de chœur.

L'absence de quêtes et de courses à l'extérieur est le caractère essentiel qui distingue les tribus des deux sexes de saint Bruno. On évite ainsi les religieux hybrides, que saint Bruno appelait *gyrovagues*, *quêteurs et quêteuses*, dont la moralité, échappant à tout contrôle, est exposée à trop de chutes.

Toutes les religieuses de chœur et converses portent un chapelet orné d'une médaille, avec l'effigie de saint Bruno d'un côté et celle de sainte Roseline de l'autre côté; le chapelet de religieuses de chœur a ses grains blancs en os, celui des converses en brun ou noir.

Dans les cérémonies de la prise d'habit, de la profession et de la consécration de la religieuse chartreuse, on ne voit pas le lugubre appareil qui domine comme dans d'autres ordres de religieuses ; rien ici ne ressemble à des funérailles, c'est plutôt une apothéose précédée d'une démonstration d'humilité. La religieuse chartreuse se retire de plus en plus de la terre pour marcher vers le ciel ; elle *prie* pour qu'on lui accorde l'habit, elle *prie* et *s'humilie* davantage pour obtenir la grâce d'être admise à la profession ; elle *s'humilie* bien plus encore pour obtenir le suprême honneur de la consécration.

Toutes ces cérémonies, depuis la prise d'habit jusqu'à la consécration, s'accomplissent dans une retraite impénétrable à la vue des parents et des amis. A la prise d'habit, la novice peut encore parler aux parents au parloir ; mais aux grandes journées de la profession et de la *consécration*, le bruit et les affections extérieures ne doivent plus troubler les contemplations et les ravissements de l'épouse indissolublement unie à l'époux divin, bien-aimé.

Une des plus grandes peines réservées aux manquements les plus solennels aux règles consiste dans la privation temporaire du voile des professes et de l'anneau des vierges consacrées. Ce sont là les pénitences solennellement imposées par la prieure. La description des cérémonies : 1° de la prise d'habit ; 2° de la profession ; 3° de la consécration des vierges carthusiennes est reproduite en détail dans la Vie de sainte Roseline... Inutile de la donner ici.

Pour les chartreuses comme pour les chartreux, le maigre constant ne cesse jamais d'être obligatoire, même en temps de maladie. L'abstinence des aliments gras, prescrite pour les chrétiens ordinaires pendant le carême, l'avent ou les deux derniers jours de la semaine, est remplacée, dans le régime carthusien, par l'abstinence des œufs et du laitage.

Pendant toute l'année, les repas se réduisent à deux : le dîner et le souper. Ces repas sont non-seulement limités pour la *qualité*, pendant les abstinences, durant huit mois de l'année, mais encore diminués de quantité.

Ainsi, pour les jours ordinaires, il y a, au dîner, un potage, deux plats et un dessert ; au souper, un plat et un dessert. Les jours d'abstinence, on supprime un plat au dîner et au souper. Rien n'est donné aux sensualités, dans ce régime, et toutes les exigences naturelles sont remplies.

La quantité ne laisse jamais en souffrance les besoins véritables et les nécessités de la nature; mais aussi jamais il n'y a cette surexcitation de l'appétit qui produit un grand nombre n'infirmités et abrége la vie des personnes aisées. Le régime chartreux est la remarquable application des préceptes de frugalité déduite des observations physiologiques du savant Flourens; préceptes dont le résultat est de conserver, de prolonger la double santé de l'esprit et du corps. Mens sana in corpore sano. Seulement les prescriptions de la doctrine physiologique ne sont données aux laïques qu'au nom de l'intérêt matériel de la vie présente; pour allonger l'existence, on la décolore par des calculs qui en attristent tous les moments. La règle carthusienne est au contraire un devoir récompensé par les merveilleuses jouissances du sacrifice, du dévouement de la charité pour les autres hommes, et du bonheur céleste mérité pour nous-mêmes. L'austérité carthusienne associe l'*utilité* pour les autres et pour soi aux plus sublimes aspirations vers la beauté divine; chaque nécessité matérielle satisfaite est transformée en douce jouissance spirituelle, lorsqu'elle se présente avec l'attrait du devoir et du dévouement accomplis.

N'est-il pas remarquable qu'en ne visant qu'à la perfection morale, Bruno ait rencontré les véritables lois de l'utilité et du régime sobre pour l'organisation humaine? Quelle analogie inattendue entre le livre de la frugalité carthusienne et le livre intéressant de *la Longévité humaine!*

L'homme est un animal essentiellement frugivore... c'est là ce que proclame la physiologie moderne, comme le résumé de la conformation de la bouche et de l'estomac de l'homme: Donc la nourriture maigre, c'est-à-dire le régime essentiellement végétal, peut suffire à l'homme qui dépense peu de force; et la quantité d'aliments doit être d'autant plus réduite que les exercices matériels sont plus circonscrits. Ces deux grands principes hygiéniques sont la confirmation de la règle des chartreuses.

Les résultats en sont incontestablement heureux. Lorsque le concile de Trente voulut améliorer, adoucir le régime carthusien, les religieux ont supplié qu'on ne changeât rien à la règle, et, à l'appui de leur prière, ils ont montré au concile les visages frais et riants de leurs beaux vieillards.

L'ensemble d'un monastère de chartreuses offre deux divisions bien distinctes : l'établissement des religieuses et la maison du vicariat, foyer de la direction spirituelle. Le vicariat est habité par deux pères chartreux et un ou plusieurs frères convers attachés au service des pères. La séparation du couvent des dames et de la maison des pères est complète, depuis le sol jusqu'à la toiture. Cette division se reflète dans tous les détails du service religieux, même dans les doubles grilles et le rideau qui, à l'église, séparent le chœur des religieux de celui des religieuses, et dans le confessionnal, dont la porte est hors de l'église des religieuses.

La maison monastique des religieuses est formée de l'église, des cellules, du réfectoire et de l'enclos.

Le service religieux se subdivise entre deux enceintes : celle du chapitre et celle des offices conventuels.

Pour les offices conventuels, on partage l'église en deux divisions : celle du sanctuaire, formée de l'autel et du chœur du pères chartreux ; puis celle du chœur des vierges, séparée du sanctuaire par la double grille déjà indiquée. Le rideau placé devant le grillage est plié pendant les offices où la vue des religieuses doit atteindre l'autel.

Le chœur des religieuses est, lui-même, séparé en deux parties par une cloison percée d'une grande ouverture par son milieu, ouverture toujours libre.... la division la plus éloignée de l'autel forme le chœur des converses. Au-dessus du chœur des religieuses, une tribune permet aux religieuses de l'infirmerie de participer aux offices divins.

Autour du sanctuaire et du chœur des religieux règne une galerie grillée, destinée à permettre au peuple de venir entendre la messe du dimanche. — Cette galerie est séparée en deux pour isoler les deux sexes : à gauche de l'autel, la galerie des hommes ; à droite, celle des femmes. Sur les deux murs latéraux du sanctuaire sont deux images saintes : la sainte Vierge et saint Bruno. La chapelle du chapitre est divisée en trois — la partie médiane, où se trouve l'autel sur lequel des pères célèbrent la messe basse entendue chaque matin par les converses placées derrière le célébrant et séparées de lui par une grille ; devant le célébrant est une seconde grille, qui isole le compartiment réservé aux religieuses de chœur. Le rideau placé devant cette dernière grille est orné de l'image de sainte Roseline. Par une combinaison bien ingénieuse, le rideau est donc le tableau de l'autel.

Au chapitre se tiennent les assemblées monastiques ; là se font entendre les paroles gracieuses ou les avertissements sévères de la vénérable mère prieure.

Les novices ont aussi leur chapelle spéciale. La sobre ornementation de toute l'église est rehaussée par l'exquise propreté qui caractérise tout ce qui concerne le service divin de la maison. La piété du cœur y surexcite l'activité des mains.

Dans les premiers temps, les chartreux et les chartreuses recevaient leurs aliments non préparés, ils devaient les faire cuire dans leur cellule. Les chartreuses étaient distribuées de deux en deux dans une même cellule. Dans ce système, la solitude était moins complète, et il y avait une grande perte de temps et de combustible exigée par toutes ces cuisines isolées.

Les repas des chartreuses sont maintenant servis dans le réfectoire. Pendant le dîner, une lecture pieuse ne laisse jamais négliger le soin de l'âme pendant qu'on satisfait aux besoins du corps.

Le réfectoire des converses, contigu à celui des religieuses de chœur, communiquant avec lui par une large ouverture, permet que la lecture de la religieuse lectrice profite à toute la communauté silencieuse et recueillie.

La durée de chaque repas est de moins de une demi-heure.

Il est inutile d'insister sur les détails de la construction du parloir et des cellules. Quant au parloir, il ressemble à celui d'une communauté ordinaire de religieuses cloîtrées : il y a une grille en fer, puis un châssis en bois pouvant s'ouvrir comme une porte à claire-voie, seulement dans les cas prévus par les statuts. Derrière le châssis, un rideau... puis enfin un tour pour recevoir ou donner.

L'enclos est fermé par des murs de 4 mètres de haut. Il offre les allées pour la promenade, le jardin potager et fleuriste, cultivé par les sœurs converses, aidées quelquefois par les dames religieuses... c'est ici l'exercice qui remplace celui des Pères chartreux dans le petit jardin attenant à leur cellule.

On trouve, en outre, dans l'enclos, trois chapelles : l'une pour la sainte *Vierge*, l'autre pour saint *Joseph*, et la troisième dédiée au patron spécial de l'ordre, à saint *Bruno;* le cimetière avec ses murailles, est le complément du cloître carthusien.

Une petite vigne cultivée dans l'enclos fournit le vin réservé pour le saint sacrifice : vin dont la pureté est ainsi au-dessus de tout soupçon.

On voit que tous les détails de l'organisation carthusienne sont sagement calculés pour conduire la vierge chrétienne à la perfection de vertu solitaire et de l'immolation silencieuse.

Combien sont peu initiés aux douces joies de l'âme paisible qui vit dans la contemplation des perfections divines, ceux qui jugent la vie des enfants de saint Bruno propre seulement à de grands pécheurs, troublés par des remords qui ne pourraient s'apaiser que par l'excès des expiations. — Quel peut être le remords de filles sans souillures ?

La vie contemplative n'est faite, au contraire, que pour les âmes d'élite dont jamais les fumées du vice n'ont obscurci les regards sereins et la vue pénétrante. A ces âmes virginales seules il appartient de connaître les élancements de la prière qui les met en perspective des perfections divines ; à elles appartient le bonheur de comprendre qu'en priant pour leurs semblables, elles ont l'insigne privilége de travailler à leur bonheur et d'appliquer aux vices la *solidarité* de leurs vertus.

La joie sereine qui se décèle dans l'accent de leur voix, trahit le bonheur céleste qui habite dans leur cœur et laisse deviner la douce expression de leurs traits cachés sous la blancheur de leurs voiles, expression de félicité *bien retracée* dans l'angélique portrait de sainte Roseline.

Au mois d'octobre 1792, au nom de la liberté, la vie de prières et de sacrifices fut prohibée à la Grande-Chartreuse, et le général dom Nicolas de Geoffroy, après avoir donné avec une fermeté égale à son intelligente piété, la dernière direction à ses frères religieux, alla mourir, en 1801, dans la chartreuse de Sainte-Marie-des-Anges à Rome, et l'ordre fut gouverné jusqu'en 1815 par trois vicaires généraux.

En 1815, dom Romual *Meissonnier*, second vicaire général, fut secondé par dom *Ephrem Coutarel*, brebis hors du bercail, qui n'avait jamais cessé d'errer autour de la maison dont il était profès, et leurs supplications réunies pour obtenir la remise du monastère délabré furent couronnées de succès.

Au milieu de juillet 1816, les survivants des diverses chartreuses de France rétablirent le premier noyau de la famille carthusienne : en 1816, comme en 1084, les chartreux étaient sans patrimoine, tous les biens matériels avaient sombré dans le naufrage politique, mais les vertus s'étaient accrues dans la persécution et la proscription : on eût dit que les anciens compagnons de Bruno se réveillaient après un sommeil de 732 ans ; l'incorruptibilité carthusienne eut un éclatant triomphe. Aux acclamations des peuples voisins, pleins des souvenirs des anciens bienfaits, les saintes inspirations du désert retrouvèrent leurs interprètes. La croix triomphante, de nouveau élevée sur le grand Som, fit resplendir sa lumineuse devise : *Stat crux dum volvitur orbis;* la terre avait fait une révolution, et la croix reparaissait debout sur le rocher !

Ensuite quatre autres sanctuaires de religieux carthusiens se relevaient successivement pour attester la constante vertu du précieux ferment laissé par Bruno ; cette résurrection s'opérait précisément sous le gouvernement de Juillet, inauguré au nom des passions antireligieuses. Alors apparurent successivement les chartreuses de Bosserville (Lorraine), en 1833, de Valbonne près Pont-Saint-Esprit (Languedoc), en 1836; de Mougères, près Pézenas, en 1843; et de Mont-Rieux, près Toulon, en Provence, dans cette même année. Dix ans du régime hostile de Juillet faisaient reparaître plus de couvents que quinze années de l'apparente faveur de la Restauration : c'est donc toujours le triomphe par la lutte !

Les rares survivantes des anciennes religieuses chartreuses de Prémol, de Mélan, de Salettes et de Gosnay, redemandèrent aussi la vie contemplative des saints ermitages; elles purent, en 1820, se réunir à Lozier, sur la paroisse de Vinay, diocèse de Grenoble, dans un ancien monastère célèbre par les pèlerinages qu'attirait le sanctuaire dédié à la sainte Vierge. Mais elles ne trouvaient point en ce lieu la solitude nécessaire à la paisible méditation carthusienne...; leurs ressources accrues leur permirent d'acquérir et de rendre habitable, dès le 6 juin 1822, jour de la Fête-Dieu, le château de Beauregard, paroisse de Coublevie, près Voiron.

Le nouveau monastère des chartreuses de Sainte-Croix-de-Beauregard, successivement agrandi, est placé à mi-coteau au-dessus des magnificences de la végétation arrosée par l'Isère, dans la direction de Voreppe à Saint-Marcellin.

L'œil découvre, de la terrasse du monastère, vers le midi et vers l'est, les merveilleuses aiguilles des Alpes; au couchant et au nord, les masses volcaniques et granitiques de l'Ardèche et du mont Pilat, qui viennent s'arrêter brusquement en baignant leurs pieds dans les flots du Rhône. Autour du monastère, des terres fertiles parées de riches moissons, étalées sous des noyers majestueux; et, disséminées çà et là, quelques masses granitiques, aux arêtes aiguës, qui ont été délaissées par les glaciers antédiluviens des Alpes.

Ces authentiques médailles des ères géologiques viennent rehausser les charmes des paisibles campagnes actuelles par le souvenir des crises violentes du monde primitif.... Le monastère de Sainte-Croix de Beauregard n'est-il pas lui-même une fleur radieuse, sur une tige féconde sortie des ruines et des cataclysmes politiques?

La fécondité du monastère de Beauregard exigea bientôt le départ d'une colonie. Le jour de la Nativité de la Vierge, le 8 *septembre* 1854, une nouvelle génération de quinze religieuses alla fonder à la Bastide Saint-Pierre, près Montauban, le monastère des vierges carthusiennes des S. S. Cœurs de Jésus et de Marie. En face des variations de la société protestante, étrange transformation des albigeois de la vallée de la Garonne, s'élève maintenant un des plus gracieux produits de l'*inaltérable germe* laissé par saint Bruno.

Voilà donc deux monastères de vierges carthusiennes établis comme des pierres d'attente pour compléter l'édifice moderne de l'ordre que caractérise la virginale figure de Roseline. Notre sainte est honorée, à Beauregard, comme la patronne de la chapelle du chapitre, tandis que la plus parfaite de ses images, peintes par Mignard sur d'anciens portraits, décore le chœur des religieuses.

Un intérêt puissant s'attache aux religieuses chartreuses et à la vierge de Celle-Roubaud qui est leur modèle. L'inconstance et la mobilité, infirmités dominantes du sexe faible, sont remplacées ici par une invariabilité qui nous reproduit une des plus remarquables efflorescences de la piété chrétienne déjà éloignée de nous de plus de sept siècles.

L'ordre carthusien virginal est donc une médaille parfaitement conservée des fastes historiques religieux. Cette médaille vivante nous fait toucher au doigt la réforme par laquelle le christianisme a remédié à la dissolution païenne et à la violente incontinence des barbares. Nous voyons comment la vie intellectuelle, élevée jusqu'aux suprêmes régions de la contemplation, a été mise en honneur pour réprimer tous les excès matérialistes de l'homme encore à demi sauvage; comment la femme, première victime des abus de la force, a été affranchie et relevée jusqu'aux plus difficiles vertus de la virilité.

La vierge chartreuse, que l'on recherche vainement dans les divers produits de la religion sensuelle et brutale de Mahomet, a été la plus brillante manifestation de la virginité divine de Marie: par le culte et le modèle vivant de la femme *vierge*, elle a relevé les droits et les prérogatives de la femme *épouse*. En ce sens, la vierge carthusienne a été un des plus efficaces, des plus énergiques agents de la merveilleuse organisation de la famille et de la civilisation chrétienne dont nous jouissons.

Il y a, enfin, sous la figure de la fille de saint Bruno, le reflet de l'invariable principe du *sacrifice* qui est le fondement de la morale et du progrès chrétien.... L'esprit de sacrifice et de dévouement pour le prochain, sans cesse reproduit, voilà ce qui sépare le christianisme de toutes les fausses religions et de tous les systèmes des sophistes.

Les vierges carthusiennes qui, dans leur humble et silencieuse retraite, retracent, à travers toutes les vicissitudes des siècles, cette invariable image du sacrifice religieux, et ce fécond moyen des progrès sociaux, n'ont pas besoin de faire des miracles pour acquérir des droits à notre vénération intelligente; — l'observation constante de la lettre et de l'esprit de leurs saintes règles est déjà une merveille supérieure à toutes les inversions des lois physiques.... *Toute leur vie n'est-elle pas* une série continue *d'œuvres éclatantes de sainteté?*

Dès l'année 1150, les couvents des chartreux et ceux de moniales chartreuses furent gouvernés par le prieur de la Grande-Chartreuse, chef unique de tout l'ordre carthusien. Sous cette direction se produisirent les *fondations* et les *abdications* des couvents de religieuses chartreuses.

Le douzième siècle produisit les deux premiers couvents de vierges chartreuses : Prébayon en 1145 et Bertaud en 1188. Il y eut huit fondations de religieuses dans le treizième siècle, qui vit naître sainte Roseline. Ces fondations furent : Saint-André de Ramires, en 1228; Bonlieu, en 1229; Poletins, en 1230; Prémol, en 1234; Parménie, en 1259; Celle-Roubaud, en 1260; Métan, en 1292; Salettes, en 1299.

Le quatorzième siècle fit éclore cinq créations : Émeuges,

en 1300 ; Gosnay, en 1329 ; Bruges, en 1348 ; Saint-Esprit près Valence en Espagne, en 1389 ; et enfin Escouges, en 1391.

Dans le quinzième siècle, les fondations de religieuses chartreuses s'arrêtent; nous atteignons une époque de relâchement moral.

Dans le seizième siècle, aux créations de vierges carthusiennes se substitue l'institut des Carmélites de sainte Thérèse; ordre monastique que le régime austère et la vie contemplative se rapprochent beaucoup des règles des chartreuses.

Dans la famille carthusienne, les abdications sont encore plus étonnantes que les créations.

Dans le treizième siècle, l'abdication s'applique à la maison de Prébayon, ruinée par une inondation et transférée à Saint-André de Ramires, domaine concédé par les bénédictins de Mont-Majour, près d'Arles.

Le quatorzième siècle offre trois abdications : Bonlieu, en 1301; Émeuges, en 1303; Saint-André de Ramires, en 1336.

En 1329, à l'époque du décès de sainte Roseline, il y avait eu douze fondations et trois abdications : il restait donc alors neuf maisons de vierges chartreuses. Jamais il n'en subsista simultanément un nombre égal à celui-là.

Dans le quinzième siècle, le relâchement des monastères se manifeste par les abdications répétées des chartreux. Il y eut quatre couvents de moniales abdiqués dans cette période d'anarchie du gouvernement catholique; et ces pertes ne furent compensées par aucune création. Les chartreux portèrent alors le courage et le dévouement à l'incorruptibilité jusqu'à renoncer à la relique de sainte Roseline.

A la fin du dix-septième siècle, il ne restait plus que cinq maisons de chartreuses : Prémol, Métan, Salettes, Gosnay et Bruges. Cette dernière maison, abdiquée dans le dix-huitième siècle, réduisait, en 1793, à quatre seulement le nombre des asiles des vierges de saint Bruno.

On voit donc que le siècle où naquit notre sainte fut celui qui produisit le plus grand nombre de fondations de religieuses chartreuses, et que le priorat de Roseline correspondit à la plus brillante efflorescence de la virginité carthusienne.

FONDATIONS.	ANNÉES.	ABDICATIONS.	ANNÉES.
Prébayon.	1145	Prébayon.	1228
Bertaud.	1188	Bonlieu.	1301
Saint-André de Ramires. . .	1228	Emeuges.	1303
Bonlieu (Savoie).	1229	Saint-André de Ramires. . .	1336
Polétins.	1230	Celle Roubaud.	1420
Prémol.	1234	Escouges.	1422
Parménie.	1259	Bertaud.	1449
Celle-Roubaud.	1260	Saint-Esprit.	—
Métan.	1292	Parménie.	1493
Salettes.	1299	Polétins.	1608
Emeuges.	1300	Bruges.	1782
Gosnay.	1329		
Bruges.	1348		
Saint-Esprit.	1389		
Escouges.	1391		

Il ne restait, à la fin du dix-septième siècle, que Prémol, Métan, Salettes, Gosnay et Bruges.

RÉCAPITULATION DES FONDATIONS ET DES ABDICATIONS DES CHARTREUSES DES DEUX SEXES.

	ABDICATIONS	FONDATIONS
Au onzième siècle.	»	2
Au douzième siècle.	1	57
Au treizième siècle.	2	31
Au quatorzième siècle.	9	109
Au quinzième siècle.	15	45
Au seizième siècle.	45 [1]	12
Au dix-septième siècle.	8	21
Au dix-huitième siècle.	56 [2]	1
TOTAL DES ABDICATIONS JUSQU'EN 1793. . . . / TOTAL DES FONDATIONS EN 1793.	136	258

Le total des chartreuses abdiquées est de 136. Sur ce chiffre se trouvent 39 chartreuses supprimées par les protestants, savoir : 36 dans le seizième siècle et 3 dans le dix-sep-

[1] Trente-six couvents carthusiens ont été supprimés par le protestantisme.
[2] Vingt-quatre ont été abdiqués de 1782 à 1783.

tième; il y a eu donc 97 abdications faites en pays catholiques et dans le seul but d'empêcher le relâchement de la discipline. Les sacrifices faits pour assurer l'intégrité et l'inaltérabilité de l'institution se sont élevés jusqu'à près des *deux cinquièmes* des créations.

Pour les couvents de moniales chartreuses, les sacrifices ont été poussés bien plus loin encore que pour les maisons de chartreux. De 15 maisons de vierges carthusiennes, l'ordre de saint Bruno n'avait gardé, en 1793, que 4 monastères. Le renoncement s'était étendu jusqu'au delà des *deux tiers* des maisons!

En résumé, *l'esprit de sacrifice* s'est hautement manifesté dans les abdications des maisons des chartreux, mais l'abnégation a été surtout *héroïque* à l'égard des *monastères des vierges carthusiennes.*

Dessiné par M. le comte A. de Gardane. Putois-Cretté, éditeur.

VUE DE LA TOUR ET DES RUINES DU CHATEAU DES ARCS DANS LEQUEL EST NÉE SAINTE ROSELINE.

VIE

DE

SAINTE ROSELINE

DE VILLENEUVE

I

NAISSANCE DE SAINTE ROSELINE

Le château des Arcs. — Testament de Romée de Villeneuve, offrant la trace des relations de la famille de Villeneuve avec l'ordre des chartreux. — La sœur d'Arnaud II de Villeneuve entre dans l'ordre des chartreux. — Fondation d'une maison de religieuses chartreuses à Celle-Roubaud, avec le concours du seigneur des Arcs. — Naissance de sainte Roseline. — Illustration de famille et parentés de sainte Roseline avec plusieurs saints personnages. — Nom de la sainte. — Présage annonçant la piété de la sainte fille du château des Arcs. — Ardente charité de la jeune fille. — Miracle des pains changés en roses. — Maladies guéries. — Influence du voisinage de la chartreuse de Celle-Roubaud. Roseline rejette les offres d'établissements mondains, elle prend la résolution d'aller faire son noviciat à la chartreuse de Bertaud. — Dangers des voyages. — L'évêque d'Orange protège le voyage de la jeune postulante. — Départ de la maison paternelle les adieux. — Les impressions de voyage. — Arrivée à Saint-André de Ramires. — Miracle des aliments préparés. — Voyage de Saint-André à la maison de Bertaud.

Dans la partie orientale de la Provence, vers la région inférieure de la riante et pittoresque vallée de l'Argens, entre les deux villes de Lorgues et de Draguignan, s'étale un grand plateau profondément découpé par les cours d'eau de Floriève et de Nartuby, sur la pointe méridionale de ce plateau couvert de vignes et d'oliviers, s'élève encore aujourd'hui l'antique tour des Arcs. Cette tour, placée entre deux vallées secondaires, non loin des deux confluents, formait dans le treizième siècle le meilleur poste d'observation contre les surprises et les invasions que les Sarrasins tentaient alternativement par la plage maritime de l'embouchure en remontant ensuite la vallée d'Argens, ou par le golfe de Grimaud, en traversant les forêts et les rochers escarpés de Fraxinet.

Au pied de la tour était le château, véritable quartier général de la défense de la contrée, confiée au chef de la famille de Villeneuve. Avec ce château, centre de la protection armée de la contrée, se trouvaient établis en rapports perpétuels et réciproquement bienveillants, soit l'établissement religieux du chef-lieu épiscopal de Fréjus, soit le monastère des chartreux, établi en 1170 sur le faîte des hautes forêts de Laverne. Les prières du monastère donnaient les secours du ciel et les épées des gens du château assuraient la protection de la terre.

Non loin du château des Arcs, les châteaux de Trans, de Lamotte et de Flayosc, dépendances du même fief, n'étaient que des positions militaires surbordonnées et ne pouvaient prétendre à être la résidence du seigneur chargé par la loi de la chevalerie d'être le défenseur de la trêve de Dieu pour l'ensemble de la contrée. Aussi, était-ce le chef-lieu militaire, le château des Arcs, qui toujours était nommé en première ligne dans les inféodations souvent renouvelées par les souverains de Provence en faveur de la même famille.

Depuis 1201, le château des Arcs était donc le foyer principal, le manoir légal du chef de la famille de Villeneuve. Il était occupé par Arnaud Ier, fils du frère aîné de Romée de Villeneuve, lorsque, dans les premiers jours de décembre 1250, Romée, le grand ministre du souverain de Provence, se sentant atteint de la maladie qui menaçait d'éteindre sa laborieuse vie, voulut, dans son testament solennel, accomplir, au foyer de la famille, l'acte le plus grave de sa vie intérieure. C'était à la fois une déclaration de principes et de croyance, une publique confession et un grand ensemble d'expiations que le testament contenait alors ; il devait offrir la double consécration des devoirs envers Dieu et envers la famille.

Ce n'est pas dans son château de Vence que Romée allait faire écrire ses dispositions dernières, mais c'est au siége principal de sa famille, au pied de la tour des Arcs, qu'il se rendait.

Entouré de ses trois plus fidèles écuyers et hommes d'armes, suivi de son notaire, assisté de son pieux conseiller Reynaud, prieur des prêcheurs de Nice, Romée arrivait au château des Arcs auprès de son neveu germain, après avoir convoqué pour cette imposante réunion ses deux autres neveux, *Raymond* de *Villeneuve*, sorti des prêcheurs pour s'élever sur le siége épiscopal de Grasse, et *Hugues-Raymond*, tige des Villeneuve Bargemont. — D'autres notabilités se joignirent à celles de la famille. L'évêque de Riès, le prieur des chartreux de Laverne, de Camérac, chanoine représentant l'autorité diocésaine de Fréjus, Foulques, père franciscain de l'illustre maison de Pontevès, furent témoins et confirmèrent de leurs sceaux l'écriture des dernières volontés de Romée, dans la grande salle au pied de la tour. Rien ne manqua à cette imposante solennité de tout ce que la religion pouvait lui prêter d'autorité et de sanction, de ce que le rang, les richesses et les dignités de la famille pouvaient lui donner de pompe.

A l'époque où le prieur de la chartreuse de Laverne était venu signer le testament de Romée, comme un ami religieux du châtelain des Arcs, Arnaud Ier, des relations sympathiques s'étaient établies entre l'ordre des chartreux et la famille du château; si les jeunes fils des barons se passionnaient au récit des beaux faits d'armes et des *grands* coups d'épée, les jeunes filles éprises d'une autre gloire, admiraient les *grandes* luttes entreprises pour la conquête du ciel, elles avaient de hautes aspirations vers les grandes abstinences et les sacrifices héroïques. La fille d'Arnaud Ier, sœur d'Arnaud II, Diane de Villeneuve, ravie des récits du pieux chartreux, saisie d'un bel enthousiasme pour les austérités des chartreuses, ambitionna l'honneur d'être placée parmi les nobles vierges qui, avec un courage viril, portaient le joug difficile de la discipline de Bruno.

C'était parce que cette règle était la plus dure de toutes celles auxquelles se soumettaient les filles du plus noble sang, que Diane de Villeneuve, dédaignant les pratiques faciles des bénédictines enfermées dans le couvent de *Sallobrand* ou de *Celle-Roubaud*, voisin du château des Arcs, avait sollicité son admission dans les rangs des chartreuses. Pleine d'ardeur pour la prière et le sacrifice, cette fille du doux soleil de Provence était montée au pied des grandes Alpes, pour braver les frimas et subir les privations dans la célèbre chartreuse de Bertaud, dans le diocèse de Gap.

Le monastère de Bertaud était édifié par les vertus de cette dame de Villeneuve qui avait quitté le nom profane de *Diane* pour prendre celui de Jeanne ; le nom chrétien était bien choisi, car cette religieuse remplit à l'égard de Roseline le rôle de précurseur !

Arnaud II, après la mort de son père Arnaud Ier, était devenu seigneur du château des Arcs en même temps que le défenseur armé de la chartreuse de Laverne. Frère cadet de la fervente chartreuse, il était privé de toute relation avec la sainte sœur qu'il chérissait et vénérait comme un ange protecteur de sa famille ; il fit des efforts et des sacrifices pour provoquer la fondation d'une maison de chartreuses voisine de sa demeure ; il la voulait placée dans l'étendue même de la seigneurie des Arcs, pour la défendre plus facilement avec la lance de ses hommes d'armes, et pour avoir le secours plus immédiat des conseils pieux et des prières efficaces.

Les prieurs des chartreux de Montrieux et de Laverne pouvaient-ils ne pas seconder des désirs si bien d'accord avec leur pieuse ambition d'offrir à Dieu les hommages des jeunes vierges choisies dans les plus distinguées des familles de Provence, et d'obtenir une maison qui pût servir d'asile aux chartreuses incapables de supporter les rigueurs des hivers alpins?

Dans ce concert de vœux, la mise à exécution ne tarda pas, et le choix de l'emplacement de la chartreuse projetée fut bientôt fait.

A trois kilomètres seulement, au nord-est du château des Arcs, et à dix kilomètres de Draguignan, sur la pente d'un coteau doucement incliné vers le midi, au milieu de l'éternelle verdure des yeuses et des pins maritimes, s'élevait un monastère déjà vieux, connu sous le nom de *Sallobrand* ou de *Celle-Roubaud*.

Une eau toujours abondante s'épanchant sur un brillant tapis de riantes prairies; des feuillages ombreux mollement agités et rafraîchis en été par les brises de mer, font de ce lieu une délicieuse retraite. Les effluves de l'atmosphère vivifiante, les senteurs du romarin, du myrte et du serpolet semblent faire renaître à la vie les corps débilités et apporter à la terre une part des jouissances du paradis. Les regards portés vers les limites de l'horizon embrassent les riches plaines de Valbourgés, ornées des arbres majestueux qu'arrosent les eaux du Nartuby ; plus loin, les ondulations de la plaine, s'arrêtent à une grande ligne bleue. C'est le golfe de Fréjus, c'est la mer avec la religieuse impression de son infini ! des flots brillants d'azur et des reflets de soleil, contrastent merveilleusement avec les sommets déchirés par les anciens volcans de l'Esterel et avec les sombres masses des rochers de Roquebrune.

Plus près, autour du monastère, des terres d'une couleur rosée se dessinent en mamelons arrondis, couronnés, tantôt de vergers d'oliviers, tantôt des feuillages soyeux des pins vigoureux et des hautes bruyères, manifestant aussi, sous tous ses aspects, la double fécondité du sol et du climat... Que faut-il admirer le plus dans un tel site? est-ce l'ensemble, est-ce quelques-unes des parties? une pareille campagne n'est-elle pas déjà une prière et un hymne élevés vers le Créateur? les beautés de cette terre ne sont-elles pas un reflet du ciel?

Les prières et les saintes austérités d'un solitaire nommé Roubaud avaient depuis longtemps consacré ce lieu : la donation d'une terre située près de Valbourgés, donation faite au monastère de Saint-Victor, avait, dès 1038, signalé l'existence du *monastère* de *Salam-Robbaldo*. C'était donc depuis longtemps un lieu de prières. En 1200, ce monastère fut donné à l'ordre des templiers.

Ces chevaliers grands constructeurs y élevèrent une chapelle sous l'invocation de leur patronne ordinaire sainte Catherine du Mont-Sion, et la date de cette construction, l'an 1200, fut gravée sur une pierre placée à l'entrée du chœur.

Plus tard, les templiers cédèrent ce monastère aux bénédictines dépendant de la maison mère de Saint-Pierre de Souribes près de Sisteron ; le monastère cédé changea de patronage céleste, et fut placé sous l'invocation de la bienheureuse Marie.

Mais les bénédictines de Celle-Roubaud, trop éloignées de la surveillance et des censures de la maison mère, se laissèrent aller au relâchement. Avec le prestige des vertus s'évanouirent les aumônes et les prosélytes... En 1260, le monastère de Celle-Roubaud était réduit à deux religieuses oubliées dans leur misère et l'indifférence publique. A la sollicitation du baron des Arcs et de l'ordre des chartreux, la prieure de Souribes céda Celle-Roubaud à l'ordre des chartreux, qui en fit une colonie du monastère des chartreuses de Bertaud. Le service d'une rente annuelle de cinq sols tournois, l'obligation d'entretenir durant leur vie les deux pauvres bénédictines, enfin l'obligation d'honorer l'église par la fondation du monastère de chartreuses, furent les conditions de cette cession, faite le 5 mars 1260... ; le baron Arnaud II et l'ordre des chartreux firent mettre immédiatement la main à l'œuvre, pour la construction du nouveau monastère.

Chose à peine croyable ! dans moins d'un an, les bâtiments suffisants pour la nouvelle chartreuse furent exécutés ! Cet Arnaud II, père de sainte Roseline, méritait si bien la belle devise de *libéralité* attachée à sa famille, qu'il poussa la générosité jusqu'aux limites où la prodigalité commence, et l'abondance des secours d'un tel seigneur du lieu explique bien une rapidité d'exécution qui serait autrement déclarée impossible.

Dès le commencement de 1261, Jeanne de Villeneuve, recevant la dignité de prieure, put installer à Celle-Roubaud l'essaim de chartreuses parti du monastère de Bertaud. La direction religieuse de la maison de Celle-Roubaud était attribuée, soit aux pères des chartreux de Montrieux, soit aux chartreux de Laverne, dont le siége n'était qu'à la distance d'une petite journée de marche; tandis que la véritable source des chartreuses professes restait le monastère de Bertaud.

Les échanges de prières et de bienfaits entre la prieure de Celle-Roubaud et le châtelain des Arcs, frère de la prieure, les saints exemples, les fervents entretiens de la vénérable sœur étaient faits pour exercer un entraînant prosélytisme sur la famille du château et sur les maisons du voisinage. Le ciel ne préparait-il pas ainsi à Roseline les conseils et les exemples qui devaient la soutenir ou l'encourager?

Pendant que le monastère des chartreuses s'installait, Arnaud II de Villeneuve allait demander une épouse à la famille de Sabran. Sortant d'une famille où la piété était alors florissante, Sibylle de Sabran vint donner un nouvel essor aux aspirations religieuses de la famille des Arcs. Sibylle de Sabran, femme forte devant Dieu, devint la mère de onze enfants, presque tous illustres par leurs vertus et leurs talents.

Portant dans ses entrailles le premier fruit d'une union qui fut si merveilleusement féconde et bénie, Sibylle de Sabran, du fond de son oratoire, demandait à la Reine des anges de protéger l'enfant qu'elle allait mettre au monde. Au milieu de son ardente prière, un saint ravissement lui apprit qu'elle enfanterait une rose sans épines, dont le parfum embaumerait la *contrée tout entière*.

On le voit, tout annonçait une enfant de prédilection, et tout se préparait à la recevoir;... le sanctuaire était prêt et la religion allait l'enlacer de tous côtés par les plus doux liens; les prières des parents avaient obtenu des trésors de grâces pour l'enfant.

Le 27 janvier 1263, douze ans seulement après que la voix

défaillante de Romée de Villeneuve était venue exprimer ses dernières volontés dans le château des Arcs, un événement plus joyeux se passait dans la même demeure : c'était une petite-nièce de Romée; la première-née d'Arnaud II de Villeneuve, qui venait au monde : c'était la naissance de celle qui devint plus tard sainte Roseline. Là où la gloire politique de la famille avait reçu sa suprême consécration par les dernières paroles du grand administrateur de la Provence, la gloire religieuse recevait son inauguration dans les vagissements de la faible fille qui allait conquérir l'amour et les hommages du peuple par la charité et par l'abdication de toutes les jouissances et de tous les priviléges de la grandeur.

Les dignités et les honneurs de la famille de Roseline donnèrent trop d'éclat à sa naissance pour qu'ils puissent être passés sous silence. L'Église ne fait-elle pas, dans les prières de sainte Roseline, un souvenir de ces avantages mondains pour en tirer une utile leçon? ces avantages séduisants ne rendirent-ils pas plus éclatant et plus méritoire le sacrifice que fit le jeune cœur de Roseline, lorsque, embrasée de l'amour de son Dieu, elle abdiqua les jouissances et les grandeurs pour se soumettre à la règle qui répugne le plus aux délicatesses et aux infirmités de l'organisation féminine? un chrétien peut-il douter que la dignité de la victime augmente le prix du sacrifice? Si les épreuves de la pauvreté peuvent être acceptées avec résignation par les déshérités de la terre, c'est lorsqu'ils voient les souffrances, les privations préférées aux richesses, aux honneurs par ceux qui en avaient reçu le privilége.

Le père de Roseline, Arnaud II, représentait la branche aînée de Villeneuve en possession des seigneuries des Arcs, de Trans, de Flayosc, d'Esclans, de Lamotte et autres places.

Roseline avait pour *grand-oncle de son père* l'illustre Romée de Villeneuve, fondateur de la branche de Villeneuve-Vence, et pour *oncle germain de ce même père*, Hugues Raymond, tige de la branche de Villeneuve-Bargemont.

On voit que la naissance de Roseline suivit de près la pé-

COMTES SOUVERAINS DE PROVENCE

...de Sabran descend des connétables de Toulouse et des premiers Croisés.

- RAYNON DE SABRAN ET D'UZÈS, épouse : 1° Garsende de Forcalquier ; 2° X...
  - ...NE DE SABRAN, ...ouse, en 1193, ... Provence Alphonse II. † 1209.
    - ...OND-BÉRENGER, † 1245.
      - ...ORE, ...
      - SANCHE, reine des Romains
      - BÉATRIX, comtesse de Provence et reine de Sicile, épouse Charles d'Anjou en 1245, † 1265.
        - CHARLES II, roi de Sicile, comte de Provence, † 1309.
          - St LOUIS, évêque de Toulouse, † 1298.
  - GUILLAUME DE SABRAN, épouse Ermessinde.
    - ELZÉAR DE SABRAN, épouse Cécile d'Agoult.
      - ERMENGAUD, épouse : 1° Laudune d'Albe ; 2° Alix des Baux. † 1310.
        - St ELZÉAR, fils de Laudune d'Albe, époux de Ste Delphine, † 27 septembre 1323.
        - ALMÉRIE (?), fille d'Alix des Baux, épouse de Grimoard.
          - St URBAIN V, pape en 1362, † 1370.
          - MAURICE DE GRIMOARD, épouse Armande de Poitiers.
            - HÉLISSAIRE DE GRIMOARD, général des Chartreux en 1360.
      - GUILLAUME, évêque de Digne, † 1325.
      - ALASACIE, épouse de Porcelet.
        - St RAYNAUD DE PORCELET, évêque de Digne, † 1318.
      - SIBILLE-BERGOLE, épouse d'Arnaud II de Villeneuve, et mère de Ste Roseline.

PARENTÉ DE SAINTE ROSELINE

avec plusieurs saints et avec les grands personnages contemporains.

- Vers l'an 1140. RAYMOND DE VILLENEUVE, fondateur de la maison de Villeneuve en Provence, † 1182.
  - GÉRAUD Ier, épouse Asturge. † 1236.
    - GÉRAUD II, épouse Philippine d'Esclapon, † 1255.
      - ARNAUD Ier, épouse Adélasie d'Ampus. † 1300.
        - DIANE, en religion JEANNE CHARTREUSE, première prieure des Chartreuses de Celle-Roubaud, appelée PERSEVERENS, † 1320.
        - GÉRAUD-ARNAUD II, fondateur de la Chartreuse de Celle-Roubaud, épouse Sibille-Bergole de Sabran, père de Ste Roseline. † 1307.
          - Ste ROSELINE, Chartreuse, née en 1263, † 17 janvier 1329.
          - SANCIE, Chartreuse.
          - ERANIE, dame de Villeneuve-Vence, grande sénéchale de Provence.
          - MABILE, dame de Chabaud.
          - BÉATRIX, garde sa virginité.
          - ARNAUD III, épouse Dixanole de Cadenet, membre de l'Académie des dames poètes. † 1338.
            - MARGUERITE Chartreuse, assiste au décès de Ste Roseline.
            - HÉLION, seigneur des *Arcs*, de *Trans* et de *Flayosc*, † 1365. — Continue la branche, qui se divise en trois rameaux : 1° des Arcs ; 2° de Trans ; 3° de Flayosc. Cette dernière seule existe encore dans la lignée masculine.
          - HÉLION, grand-maître des chevaliers de Saint-Jean de Jérusalem. † 1346.
          - BÉATRIX, franciscain, un des premiers docteurs de l'ordre.
          - St ELZÉAR, évêque de Digne, qui présida, en 1334, à l'exhumation de Ste Roseline. † 1341.
          - HENRI, chancelier de l'empereur prince de Tarente, chapelain du roi Charles Ier, de Sicile.
          - RAYMOND, viguier de Marseille, épouse : 1° Delphine de Rostang ; 2° Adélasie de Villeneuve-Vence.
            - ARNAUD, † sans enfants.
      - RAYMOND, premier évêque de Grasse, en 1248.
      - HUGUES-RAYMOND, épouse Béatrix de Savoie. — Fondateur de la branche de Villeneuve-Bargemont, représentée aujourd'hui par deux rameaux : 1° Bargemont ; 2° Esclapon.
    - ROMÉE, dit LE GRAND, grand sénéchal de Provence, tuteur de la comtesse de Provence Béatrix, devenue plus tard reine de Sicile. — Romée de Villeneuve est fondateur de la branche de Villeneuve-Vence. † 1250.

riode où le tronc de Villeneuve se divisa en trois familles principales :

(1) Vence,
(2) Bargemont,
(3) Arcs-Trans-Flayosc.

Cette dernière famille forma le tronc primitif qui a produit sainte Roseline.

Ces branches, développées par une végétation luxuriante, ont couvert de leurs vingt-huit rameaux tout l'ensemble de la Provence. Roseline appartient bien à toute cette contrée, car il y a du sang Villeneuve dans presque toutes les familles dont l'histoire locale a conservé les noms.

Le sang maternel, donné à Roseline par Sibylle de Sabran, fille de Cécile d'Agoult et d'Elzéar de Sabran, la rattachait, d'un autre côté, aux plus hautes illustrations de la contrée.

La maison de Sabran est venue de Languedoc en Provence; illustre dans cette première province, elle y a *possédé* la seigneurie d'Uzès et la baronnie de Sabran, près d'Uzès. Elle a *possédé* la charge de connétable sous les anciens comtes de Toulouse. En Provence, elle a occupé une partie du comté souverain de Forcalquier; à Naples, dotée des comtés d'Ariano et d'Apici, elle a exercé les plus hautes fonctions de l'Etat. Grands maréchaux, gouverneurs généraux du royaume, grands sénéchaux, cardinaux de l'Église, les Sabran ont obtenu toutes les dignités politiques et religieuses de Naples.

Cinq familles de Villeneuve sont inscrites sur la charte de Raymond Borel, qui régnait à Barcelone vers l'an 1015; — familles dont l'origine serait rapportée au temps de Charlemagne, lorsque la croisade espagnole s'établit sous la direction du héros légendaire catalan.

Garma donne les armes de Villeneuve-Catalans. Une de ces familles offre les six lances croisées caractéristiques des armes de Villeneuve de Provence.

Après leur début brillant auprès de Barcelone, les Villeneuve de Catalogne, vers le milieu du treizième siècle, illustrèrent leur nom par les services rendus dans la conquête de *Valence*.

Un passage de *Don Quichotte* se rattache à la grande illustration acquise par les Villeneuve en Espagne. Dans un entretien avec Sancho, le héros de la Manche, expliquant à son écuyer la noblesse de la famille de Dulcinée, avoue que sa *dame* n'est pourtant pas d'un sang aussi noble que les *Requesens* et les *Villeneuve*.

A laquelle de ces diverses familles de Villeneuve se rattache la noblesse de Roseline? Il paraît bien probable que c'est à la maison qui portait en Catalogne les mêmes armes que les Villeneuve de Provence que l'origine commune doit être rapportée.

Or ces Villeneuve ayant, en Catalogne, les armes de Villeneuve de Provence, sont les Villeneuve d'Elna. — Et par conséquent, ce sont les seigneurs qui devinrent les défenseurs de la *trêve de Dieu* dès le synode de 1047. — C'est une des illustrations religieuses qu'il est surtout honorable de rappeler en parlant des ancêtres de sainte Roseline.

Ceux qui s'empressèrent de prendre une place distinguée dans les rangs des chevaliers défenseurs de la trêve de Dieu, institution civilisatrice dont saint Bruno fut un des plus ardents propagateurs, étaient dignes de donner le jour à la sainte fille de Bruno, dont la vie fut une lutte constante contre la piraterie et une perpétuelle aspiration vers le triomphe de la croisade.

Dans des temps antérieurs, dès la première et grande croisade de 1096, un Guillaume de Sabran, désigné simplement sous le nom de *chevalier Guillaume*, suivit l'étendard du chef militaire de la glorieuse expédition du comte de Toulouse, réputé l'intrépide et le sage parmi les autres illustres guerriers.

Lorsqu'en 1098, le comte de Toulouse escalada un des premiers les murs de Jérusalem, il avait à ses côtés ce Guillaume de Sabran.

Dans cette famille, il y avait donc, depuis déjà longtemps, de la vertu et de l'illustration chrétienne, lorsque Garsende Sabran devint l'épouse du comte de Provence et fut mère de Raymond Bérenger IV.

Elzéar de Sabran, père de Sibylle, dame de Villeneuve des Arcs, était oncle de Marguerite de Provence, reine de France;

De sainte Éléonore de Provence, reine d'Angleterre;

De Sanche de Provence, reine des Romains.

Et enfin de Béatrix, comtesse de Provence, reine de Naples.

Grâce à l'habile politique de Romée de Villeneuve, le sang des Sabran s'était *versé* sur de belles couronnes.

Les Sabran et les Villeneuve avaient-ils dans leurs points de départ, dans leur première patrie, quelque chose de commun? Toujours est-il qu'ils se trouvèrent constamment sous le même drapeau; ensemble hostiles, ensemble dévoués aux souverains de Provence... et l'alliance de Sibylle de Sabran avec Arnaud II de Villeneuve devint, entre ces deux familles, un nouveau trait d'union. Aussi les vit-on ensemble participer à la conquête, à l'administration et aux grandes dignités du royaume de Naples.

Ermingaud de Sabran, créé comte d'Ariano et père de saint Elzéar, fut nommé grand juge des Deux-Siciles; tandis que Arnaud de Villeneuve, beau-frère d'Ermingaud de Sabran et père de sainte Roseline, était nommé chancelier des Deux-Siciles et commandant de Naples.

Les dignités et les mœurs pieuses des deux chefs de famille étaient semblables, les mêmes faveurs des princes de la terre et les mêmes bénédictions du ciel descendaient sur leurs lignées!

Des affinités plus solides que celles établies par les dignités humaines firent apparaître la sainte comme le point brillant d'un lumineux groupe de personnages vertueux.

C'était comme une éclatante constellation que formèrent, autour de Roseline, *ses frères :*

Elzéar, évêque de Digne, mort en odeur de sainteté;

Hélion de Villeneuve, le vertueux et l'heureux gouverneur, le grand maître réformateur des hospitaliers, désigné par le pape lui-même pour le grand magistère;

Hugues de Villeneuve, illustre docteur franciscain;

Sa sœur, Sanche de Villeneuve, devenue chartreuse;

Sa tante, Jeanne de Villeneuve, première prieure du couvent carthusien de Celle-Roubaud;

Son oncle germain, Guillaume de Sabran;

Son cousin germain, Reynaud de Porcelet; tous deux successivement évêques de Digne, et ce dernier vertueux jusqu'à la sainteté;

Enfin, SON COUSIN GERMAIN, le chaste saint **Elzéar** de Sabran, l'époux de sainte Delphine.

La brillante couronne de cette sainte parenté rayonne plus haut encore!

Le saint et illustre pape Urbain V, que l'éclat de sa science signale autant que celui de ses vertus, était fils d'*Emphélise* de Sabran, sœur consanguine de saint Elzéar; Hélissaire de *Grimoard*, général des chartreux, mort en odeur de sainteté, était fils de *Maurice de Grimoard*, frère d'Urbain V.

Saint *Louis*, évêque de Toulouse, fils aîné du roi Charles II, représentait la quatrième génération descendue de *Garsende* de Sabran, et par cette princesse il était lié aux familles de sainte Roseline et de saint Elzéar.

Tous ces personnages religieux n'étaient pas encore un cortége suffisant pour sainte Roseline! Ne pouvait-elle pas invoquer dans saint Louis, roi de France, dans sainte Éléonore, reine d'Angleterre, un saint et une sainte auxquels, sous leur pourpre royale, sa mère, Sibylle de Sabran, appliquait le titre d'une proche parenté? Ainsi des saintetés illustres, groupées jusqu'au nombre de neuf, confondaient leurs auréoles avec celle de notre sainte. Au-dessus d'elle, dans ses aïeux; autour d'elle, dans ses proches; au-dessous d'elle dans ses neveux : partout la sainte allait trouver des coopérateurs pour l'aider à la conquête des plus précieuses couronnes célestes. Elle voulut se montrer digne de la pieuse noblesse dont les gloires religieuses exaltèrent sa belle âme, et à de telles armoiries elle ajouta le fleuron le plus gracieux.

Empressons-nous de le proclamer, Roseline a rendu à ses neveux bien plus qu'elle n'avait reçu de ses ancêtres. Si, au milieu des anciennes familles de Provence, il en est une qui se distingue par de nombreux représentants, tandis que les rameaux de tant d'autres sont diminués ou que les tiges mêmes en sont desséchées, n'est-ce pas à la vertu de la vierge de Celle-Roubaud que l'on peut attribuer la durable fécondité du sang Villeneuve? Roseline n'a-t-elle pas privilégié ainsi sa propre maison de quelque chose de la merveilleuse durée de son propre corps? si le vice a sa contagion dissolvante, la vertu ne reçoit-elle pas de Dieu un baume qui communique la conservation?

Ne trouvons-nous pas dans le groupe où sainte Roseline occupe une place distinguée, un bien plus important résultat que celui de la glorification d'une sainte isolée et que l'illustration d'une seule famille?

Dans ce magnifique trophée de couronnes aristocratiques et royales mêlées à l'éclat des croix épiscopales et de la tiare pontificale, dans ce brillant monument des victoires chrétiennes remportées par l'aristocratie du moyen âge, ne voit-on pas la sublime folie de la croix entraînant les heureux de la terre vers l'héroïsme du sacrifice pour en faire jaillir l'affranchissement et la félicité des serfs? Ce sont des *maîtres* que l'amour divin transforme en *serviteurs*.

Tout ce patriciat, s'il eût été païen, aurait trouvé sa suprême gloire à se dévouer pour établir l'orgueilleuse et dure domination de sa patrie et à faire les autres peuples esclaves de la cité triomphante. Mais, grâce à l'esprit chrétien, le dévouement s'élève ici à de plus hautes aspirations, et dédaignant même les fumées égoïstes de la gloire, il demande de s'immoler pour tous, pour l'affranchissement et le bonheur de l'humanité, à partir de ses membres les plus abjects et les plus méprisés.

C'est ainsi que, dans cette noblesse si jalouse de la transmission de son sang, nous allons voir Roseline se faire l'apôtre du célibat jusqu'à le faire accepter par sept frères et sœurs; tandis que saint Elzéar portera le sacrifice de sa race jusqu'à renoncer avec Delphine aux priviléges du mariage et à la gloire de perpétuer sa lignée.

19

Tout ce cortége de nobles saints disputant entre eux d'amour pour les pauvres, pour les infirmes, nous montrent l'élite de l'aristocratie imitant le sacrifice de l'Homme-Dieu sur le Calvaire. Les héros chrétiens en donnant tout à Dieu, leurs personnes, leurs familles, ont tout fait pour le *bonheur des hommes*.

L'imitation du sacrifice de l'Homme-Dieu sur le Calvaire a été féconde en prospérités humaines.

Notre tableau généalogique permet de suivre toutes les filiations et toutes les parentés de sainte Roseline qui viennent d'être exposées.

Les Bollandistes, en donnant plusieurs variantes sur les parentés, les terminent en déclarant que tous les doutes, toutes les incertitudes seront dissipés par la publication des détails généalogiques possédés par la branche de Villeneuve-Flayosc.

C'est précisément l'extrait de cette généalogie que nous venons de donner. Nous y avons seulement ajouté les détails relatifs à la maison de Sabran extraits de la généalogie que nous a obligeamment communiquée M. le duc de Sabran-Pontevès.

Les documents historiques de *Papon*, de *Bouche*, de *Nostradamus* ont complété les notions relatives à ces temps reculés.

La génération à laquelle appartient sainte Roseline est précisément celle sur laquelle un érudit d'un grand mérite a fait naître une difficulté assez grave, par l'exhibition d'un projet de testament d'un Géraud de Villeneuve, de 1281; ce document n'offre qu'une confusion de noms et de dates, et il ne peut pas être pris en sérieuse considération. La note que nous donnons à ce sujet résume nos laborieuses recherches sur cette partie de l'histoire de sainte Roseline.

La moins connue et la plus intéressante des affinités religieuses est celles qui unit sainte Roseline au saint pape qui a été la gloire des chapitres de Saint-Victor, de Marseille; l'affinité religieuse et la parenté qui unissaient sainte Roseline à saint Urbain V a été découverte par nous sur l'indication à nous faite par le savant abbé Albanès de nous livrer à cette recherche.

Urbain V reçut en naissant la première bénédiction de saint Elzéar de Sabran, qui appela à la vie l'enfant prédestiné lorsqu'il se présenta au jour sans mouvement, et, dit la légende, *comme une* masse informe de chair.

Comment saint Elzéar de Sabran fut-il appelé à assister à cette naissance?

Saint Elzéar était fils d'Hermingaud de Sabran, qui avait en premières noces épousé Laudune d'Albe.

Hermingaud, devenu père de saint Elzéar, épousa après son veuvage Alix du Baux, dont il eut Guillaume de Sabran... et plusieurs filles, entre autres *Emphélise*, qui plus tard épousa le baron de Grimoard; celui-ci rendit *Emphélise* mère de saint Urbain.

Saint Elzéar de Sabran était donc oncle consanguin et non utérin de saint Urbain. Saint Urbain tenait donc par sa grand'mère du sang des princes souverains du Baux; et par sa mère, il avait directement le sang des Sabran. Sainte Roseline de Villeneuve était COUSINE GERMAINE de *saint Elzéar de Sabran* et de la *mère de saint Urbain*. Ce n'était pas assez pour sainte Roseline d'être parente de saints rois, de saints évêques : elle a été unie encore par le sang à un des plus grands pontifes souverains; il y avait un magnifique concours de dignités politiques et de grâces religieuses dans cette génération de saints.

D'après d'anciennes autorités, Roseline aurait reçu à son baptême le nom de *Jeanne*, qui aurait été changé en celui de Roseline, en mémoire de son miracle du pain changé en *roses*.

Les auteurs qui produisent cette affirmation sont l'historien de Provence, Bouche, et les pères chartreux dom Amable et dom Trovillas, ce dernier prieur du Bon-Pas en 1681.

La notice insérée dans le Bréviaire de Fréjus et la tradition que Du Haitze qualifie de vulgaire, concordent avec l'assertion de *Bouche*, de dom *Amable* et de dom *Trovillas*.

Mais dom Jean *Chauvet*, secrétaire élu par le chapitre général de la Grande-Chartreuse en 1667, et avec dom *Chauvet*, profès de la chartreuse de Villeneuve, dom Léon *Levasseur* et dom Charles *Lecouteux*, démontrent tous que notre vierge carthusienne n'a jamais été inscrite dans les registres de l'ordre autrement que sous le nom de *Roseline*.

Les Pères doms *Levasseur* et *Lecouteux* avaient été délégués par le chapitre général des chartreux pour colliger les matériaux historiques de l'ordre en 1672. Ils avaient donc une autorité officiellement établie. Avec eux est d'accord Jean *Chauvet*, le secrétaire général des chartreux, homme très-versé dans l'histoire, appelé par dom Léon Levasseur un censeur inexorable fait pour discipliner l'ordre tout entier.

Les premiers renseignements qui donnent à Roseline le nom de Jeanne ont été fournis par dom Amable ; Bouche et Trovillas ne sont que les échos de dom Amable.

Dom Chauvet réfute victorieusement Amable, et les assertions de Lecouteux et de Levasseur sont des appuis solides acquis à dom Chauvet. Pour les chartreux, la question est donc pleinement résolue, jamais le nom de Jeanne n'a été officiellement donné à Roseline.

Dom Chauvet, censeur si clairvoyant, ne manque pas de signaler la cause de l'erreur propagée par dom Amable.

On a vu, dans un catalogue des religieuses bienheureuses de l'ordre établi à Prémol, qu'il avait existé une chartreuse professe de Bertaud dont le corps avait été trouvé sans décomposition cinquante ans après sa sépulture... Or Jeanne ou Diane de Villeneuve était professe de Bertaud, prieure à Celle-Roubaud, son corps a été assez conservé, elle était vertueuse..., à tous ces titres, on l'a confondue avec Roseline. Les personnes peu instruites pouvaient-elles penser que deux prieures successives de Celle-Roubaud ayant tant de points de ressemblance formaient deux personnes distinctes ?

C'est pourtant cette distinction qui est la vérité, et Jeanne de Villeneuve a été le précurseur de Roseline de Villeneuve.

La question est résolue par les chartreux, nos meilleurs guides. Roseline a reçu ce nom dès son jeune âge, et elle a eu ce nom comme la prieure de la Celle en 1193, cessionnaire de ses droits au monastère de la Verne, comme une Roseline de Fox, abbesse de Lamanare en 1334 (*Gallia christiana*).

Plusieurs variantes du nom de sainte Roseline sont répandues dans le public.

On l'appelle Rossoline, Rosseline et Roseline : quel est celui de ces noms divers qui fut donné à notre sainte le jour de sa naissance? Telle est la question que se sont posée les historiens, les Bollandistes, Duhaitze? Ces écrivains ont judicieusement observé que le nom de Rossolin, Rosselin, a été assez fréquemment donné à des personnages historiques; nous ajouterons qu'il existe des familles en Provence et en Italie, dont l'origine remonte à cinq siècles et dont le nom de Rosselli justifie cette observation.

Peut-on méconnaître, d'un autre côté, que les noms de Rose, de Rosule, de Rosalie, ont été aussi, depuis longtemps, honorablement portés? Le nom de Roseline, dérivé de Rose et de Rosalie, n'a donc rien de surprenant. Si les titres manquent, nous n'avons qu'à constater un fait : quel est le nom sous lequel notre sainte a été plus tard désignée? Le nom provençal et populaire de la sainte est ROSSOLINE. Le Bréviaire de Fréjus, les historiens Duhaitze, Papon, Lombard et le testament de Louis, premier marquis de Trans, reproduisent ce nom.

Mais le plus minutieusement fidèle des historiens provençaux, Bouche, écrit *Rosseline*, et c'est le nom reproduit par les plus autorisés des hagiographes, par les Bollandistes.

D'autre part, ROSELINE est le nom écrit dans la généalogie de la parenté la plus immédiate de la sainte par la généalogie de la branche Arcs-Trans-Flayosc. Roseline est aussi le nom adopté par l'ordre des chartreux qui, plus que tout autre, possède le droit de baptiser la sainte par lui engendrée à l'Église. *Roseline* est inscrite sur les médailles des chapelets des chartreux frappées dans le dix-septième siècle. La sainte chartreuse s'y trouve représentée sur le revers opposé à l'effigie de saint Bruno.

Le même nom est tracé sur le procès-verbal enfermé dans

la châsse de la sainte relique, depuis 1619, c'est-à-dire sur un des plus anciens documents que nous possédions. — On peut dire que Roseline est si bien le nom littéraire de la sainte, que l'on retrouve à la fois ce nom sur la *carte de Cassini* qui a figuré l'emplacement du monastère de Celle-Roubaud et sur le grand dictionnaire de Moreri.

A l'époque où naquit sainte Roseline, l'orthographe catalane faisait loi dans la grammaire provençale, et d'après cette orthographe, on prononçait deux *s* en n'en écrivant qu'une; ainsi l'écriture du temps justifie la manière d'écrire que nous avons préférée pour le nom de notre sainte[1].

On peut donc invoquer de grandes autorités pour chacune des trois désignations et la liberté du choix est à peu près complète entre le nom provençal et le nom *religieux* et *littéraire*.

Les considérations suivantes nous paraissent déterminantes.

La charité est la vertu caractéristique de *notre sainte étudiée dans sa vie extérieure*, et la manifestation la plus éclatante, la plus populaire de cette vertu est dans le miracle des roses. La peinture, la sculpture et la gravure la plus ancienne de la sainte la représentent constamment ouvrant un tablier plein de roses : c'est aussi la légende principale consacrée par les vieux cantiques; avant sa *naissance*, sa mère voyait apparaître sa fille comme *une rose sans épine; à sa mort*, c'est encore le *parfum de la rose* qui trahit la vertu de sa relique. Ici donc, la ROSE est partout : à la *naissance*, dans *la vie* et à *la mort*.

Toutes les traditions expressives, tous les emblèmes de notre sainte se reflètent dans l'image gracieuse de la reine des parterres !

Peut-on hésiter à adopter le nom qui, dérivé de la même fleur, offre le résumé de toute l'histoire de la sainte chartreuse?

[1] Le nom de la province de *Roussillon* s'écrit en catalan *Rosellon :* les souverains catalans de la Provence avaient porté en cette contrée, dans le douzième siècle, l'orthographe de leur patrie.

Si le nom de *Roseline* ne lui avait pas été donné, ne faudrait-il pas l'inventer, comme la meilleure armoirie parlante de notre sainte?

L'expression énergique des traditions et l'image vulgaire du miracle le plus éclatant des saintes, ne doivent-elles pas être prépondérantes dans le choix de leur nom?

N'avons-nous pas le droit d'appeler ROSELINE celle qui fut la ROSE du désert carthusien? comme nous avons certes bien raison, oubliant le nom de *Simon Barjona*, d'appeler PIERRE l'apôtre fondateur de l'édifice solide, indestructible, qui constitue l'ÉGLISE?

Dès la naissance de Roseline, une éclatante auréole, couronnant sa tête, illumina les yeux de son père, lorsqu'il venait déposer sur son enfant le premier baiser.

La population des Arcs montre encore aujourd'hui avec bonheur la croisée romane qui, d'après la tradition locale, aurait appartenu à la chambre de la *nourrice* de sainte Roseline. De sympathiques souvenirs s'y attachent. L'impression générale de la délicate pudeur de Roseline encore enfant est restée si grande, que l'on a cru pouvoir discerner les gracieuses efflorescences de cette vertu jusque dans les mouvements dominés par les premiers besoins. Il semblait que l'enfant exigeait un voile pudique sur le sein où elle puisait le lait... Quelle est la chasteté virginale qui a jamais été honorée d'une telle légende? Le parfum de la pureté de Roseline était bien digne de l'ordre virginal, qui exclut la moindre tache de conduite et d'origine, qui repousse même la viduité.

Les juvéniles élans de la piété allaient croissant dans l'enfant progressivement initiée à la vie chrétienne : des ravissements célestes se retraçaient sur ses yeux transparents et sur ses traits enfantins. Le jour de sa confirmation, l'évêque de Fréjus vit briller une lumière surnaturelle sur le front de Roseline, à peine âgée de sept ans.

Ses premiers ébats furent de bonnes œuvres, et ce fut surtout l'amour des pauvres qui embrasa son jeune cœur.

La timide, l'obéissante jeune fille devenait hardie, entreprenante; presque audacieuse pour soulager les besoins des indigents et les souffrances des malades : elle alla jusqu'à de pieux larcins, jusqu'à des témérités.

Les provisions de pain de la maison seigneuriale disparaissaient avec une inexplicable rapidité; par les mains de Roseline, elles étaient secrètement distribuées aux pauvres. Les serviteurs du château, responsables des aliments placés sous leur garde, dévoilèrent au père la charitable voleuse. Ce père chrétien, que nous avons caractérisé déjà par sa libéralité presque excessive, heureux de découvrir tant de vertus dans sa fille, voulut la mettre à une sérieuse épreuve.

Un jour, à la porte du château, des pauvres pressés par la faim implorent du pain, Roseline les entend et le père feint d'être sourd à leur prière. Roseline accourt pour leur distribuer les aliments dont elle a rempli son tablier. Le père caché s'élance au-devant de sa fille, et avec une sévérité simulée : « Que portez-vous là? » dit-il à Roseline... « Mon père, ce sont des roses fleuries; » et ouvrant son tablier, elle étale de magnifiques bouquets de roses. Le père, ravi de la sainteté de sa fille, se retourne vers ses serviteurs, leur intime cet ordre :

« Désormais, on la laissera faire. »

Toutes les douleurs touchaient le cœur de Roseline. Les malades, les affligés voyaient entrer dans leurs réduits cet ange consolateur; et leurs tourments étaient apaisés par un charme divin. Rien ne répugnait à son ardeur de guérir; d'une main que la tendre piété rendait habile et légère, elle pansait sans exciter la souffrance les plus cuisantes blessures, les plaies les plus repoussantes; les humeurs contagieuses étaient touchées sans crainte, la contagion ne pouvait l'atteindre. O prodige de la charité courageuse! les lèvres délicates de la jeune fille sans souillure faisaient disparaître à jamais les impuretés des ulcères!

Mais où puisait-elle donc un si brûlant dévouement? d'où lui venait une charité si intrépide?

En établissant tout près du château un monastère de chartreuses, en appelant leur sainte sœur Jeanne de Villeneuve à la tête de ce monastère, en se faisant les hôtes empressés des chartreux de Laverne et de Montrieux, en accueillant sans cesse les évêques, les dignitaires religieux dans leurs inspections et leurs pèlerinages, les parents de Roseline n'avaient-ils pas mis en présence, en communication avec leur fille, tout ce qui pouvait stimuler, enflammer son dévouement chrétien?

Que pouvaient être les conversations fréquentes de Roseline et de la prieure de Celle-Roubaud! les ardeurs de l'amour divin, l'héroïsme de tous les sacrifices n'étaient-ils pas les derniers mots de tous ces entretiens?

Roseline, sanctifiée déjà par tant de bonnes œuvres, déjà miraculeuse dispensatrice des grâces célestes, ne pouvait plus trouver d'amour charnel digne d'elle. Aînée des enfants d'Arnaud et de Sibylle, elle s'était déjà acquittée envers ses jeunes sœurs et ses frères enfants des devoirs et des soins intérieurs de la famille, elle avait déjà payé les dettes terrestres : elle aspirait à jouer librement des ravissements de l'amour divin; la beauté sans tache, infinie, voilà ce qu'elle voulait posséder!...

L'enthousiasme des jeunes années est magnifique, mais il est quelquefois éphémère, parce qu'il est inexprimenté. Il faut qu'il soit éprouvé; cette épreuve est un devoir des parents chrétiens, qui doivent écarter toute chance d'engagement religieux irréfléchi, suivi quelquefois de tristes conséquences et de regrets amers. Les parents de Roseline ne manquèrent pas à cette pénible partie de leurs devoirs religieux.

Beaucoup d'offres brillantes furent faites à la jeune fille : un des descendants de Romée de Villeneuve, qui obtint comme son aïeul la première dignité du pays, avec le titre de grand sénéchal, fit demander en mariage la fille du château des Arcs; mais Roseline répondit qu'elle cédait tous ses droits à l'une de ses quatre sœurs (Sanche, Uranie, Béatrix et Mabile); qu'elle-même, consacrant à Dieu sa virginité dans un monastère de chartreuses, serait plus utile à sa famille par le secours de ses prières...; qu'elle implorait la permission d'aller se former aux connaissances et aux pratiques carthusiennes dans la maison de Bertaud.

Dom Bruno, prieur de la chartreuse de Montrieux, reçut la confidence de la ferme résolution de Roseline et fut chargé de faire comprendre aux parents que la détermination de leur fille était aussi réfléchie qu'irrévocable ; le vœu fut écouté... il fallait l'exécuter...

Le monastère des chartreuses de Bertaud, plus surveillé par les saints cénobites de la Grande-Chartreuse et de Durbon, offrait plus de ressources pour l'éducation religieuse que la nouvelle chartreuse de Celle-Roubaud. Là était enregistré le nom des professes; là était le livre nécrologique où s'inscrivaient les décès de toutes les professes de la maison.

A cette époque où les maîtres et les moyens d'acquérir les connaissances littéraires étaient si rares, que la dépense destinée à l'achat des livres pour l'instruction d'un clerc tenait une place dans les legs du testament d'un très-grand seigneur, les chartreuses trouvaient réunis, à Bertaud seulement, les moyens convenables d'enseignement des lettres sacrées. — Les historiens qui, guidés par les seules appréciations des convenances de voisinage, ont affirmé que Roseline avait pris l'habit de professe à Celle-Roubaud ignoraient que dom Charles Lecouteux avait vérifié les registres carthusiens attestant l'entrée définitive en religion de notre sainte dans la maison de Bertaud. Mais cette maison était bien éloignée du château des Arcs, et un grand voyage pour une jeune fille de quinze ans était encore, au treizième siècle, une entreprise difficile et dangereuse! Romée de Villeneuve, le grand sénéchal de Provence, obligé d'exiger et d'établir en Provence l'ordre public, au nom et avec les armées du prince, ne faisait-il pas dans son testament l'aveu de sept restitutions et expiations dues pour violences commises par ses gens sur des voyageurs et même sur des biens d'Église? Dans de telles conjonctures, les parents de Roseline ne devaient-ils pas hésiter à lui laisser entreprendre une si grande et si épineuse excursion?

La Providence y pourvut.

En 1278, Josselin, évêque d'Orange, au retour d'un pèlerinage fait au tombeau des saints apôtres de Rome, reçut l'hospitalité d'Arnaud de Villeneuve. Roseline, toujours plus ardente dans ses pieux désirs, en présence des retards et des difficultés, prit l'évêque Josselin pour protecteur, comme elle avait pris le prieur dom Bruno pour avocat. L'évêque aplanit toutes les difficultés, en déclarant qu'il se chargeait de faire arriver sans danger la noble postulante jusqu'à la chartreuse de Saint-André de Ramires, monastère de dames placé aux confins de son diocèse, au delà du mont Ventoux, le géant des montagnes de Provence, et dans la pittoresque vallée de l'Ouvèse. De Saint-André à Bertaud, les saintes maisons, multipliées comme des grains de chapelet et visitées par de nombreux messagers religieux, établissaient des communications multipliées et bien sûres.

Les meilleurs moyens de voyages étaient offerts par les monastères, jouissant des droits d'asile privilégiés par les canons de la trêve de Dieu, et offrant toujours des hospices disposés pour accueillir les voyageurs des deux sexes. Si, pour les voyages de la période actuelle, les circuits des chemins de fer sont les signes les plus convenables, malgré leurs sinuosités, les séries des maisons religieuses, malgré leurs détours, formaient les étapes obligées des voyages du treizième siècle. C'est bien ainsi que saint Louis et Marguerite de Provence, partant pour la grande croisade de 1248, étaient venus prendre gîte dans le monastère de Cluny.

Donc, la route la plus sûre pour parvenir à Bertaud était en même temps un touchant pèlerinage dans lequel on passait successivement du monastère de la Celle de Brignoles à celui Saint-Maximin, à l'évêché d'Aix, au grand hospice des frères Pontifices de Bonpas, près d'Avignon, religieux protecteurs et constructeurs de routes qui faisaient le triple office de gendarmes, de pontonniers et d'hospitaliers; de Bonpas au centre des grands établissements religieux d'Avignon, puis à l'évêché d'Orange, puis à la maison des chartreuses de Saint-André de Ramires. De cette chartreuse à Val Sainte-Marie, se trouvait, en contact presque immédiat, un groupe de maisons religieuses placées sous la direction de l'abbé de l'île Barbe à Lyon et sous la protection militaire des seigneurs d'Agoult, barons de Sault; par sa grand-mère, Cécile d'Agoult, dame de Sabran, Roseline se rattachait aux barons de Sault. Dans toute cette contrée, connue sous le nom de vallée d'Oulle, la pieuse postulante trouverait donc la double faveur des secours des maisons religieuses et des privilèges de la parenté féodale

L'évêque d'Orange, en offrant de conduire Roseline jusque à Saint-André de Ramires, avait fait évanouir toutes les craintes, avait éliminé toutes les difficultés du voyage : cette excursion, sous ses auspices, allait devenir un enseignement constant de pieuses et intéressantes traditions, une source d'instruction et de mérites. La pieuse voyageuse dut se mettre sous la protection de l'habit religieux, couverte de la grossière étoffe de postulante, qui contrastait avec la délicatesse de ses traits; elle comprima les soupirs et les intimes douleurs de la première séparation de famille et du perpétuel abandon de la maison paternelle.

Dieu sait quels furent les déchirements, les sanglots qui éclatèrent dans le château et dans le bourg des Arcs, quand le moment des adieux fut venu ! Les pauvres étaient inconsolables, ils perdaient leur providence.

Le père, qui avait vu le miracle de sa sainte fille, et sachant bien qu'elle marchait vers le ciel, lui donna sa bénédiction mêlée de ses larmes.

La mère chrétienne serra contre son cœur *cette rose sans épine* qui faisait sa joie et son orgueil, et dont elle offrait à Dieu désormais tout le parfum. Et les sœurs et les frères, qui perdaient leur meilleure amie, couvrirent de leurs baisers celle qui leur enseignait si bien à aimer et à prier Dieu ! Roseline, si habile à sécher les larmes de la souffrance, était bien étonnée de se trouver impuissante à arrêter les larmes de l'amour... Mais celles-là, il fallait bien les laisser couler !

La jeune fille cependant reprit sa force d'âme, elle se mit en marche vers le lieu où devait s'accomplir le sacrifice, comme on marche au triomphe; l'évêque d'Orange, guidant et protégeant la belle et sainte fille, était un nouvel ange Raphaël menant le jeune Tobie vers le lieu où Dieu lui destinait une épouse fidèle et bien-aimée.

Les impressions du voyages commencèrent dès le monastère de la Celle de Brignoles, où Roseline retrouvait le souvenir de son bisaïeul donnant son concours au souverain qui, en 1167, dotait la maison des religieuses bénédictines.

A Saint-Maximin, l'émotion était grande, dans le monastère des bénédictines, cherchant avec sollicitude, d'après les ordres du prince héritier du trône, les traces des reliques de sainte Madeleine cachées depuis la grande invasion sarrasine qui avait précédé le glorieux règne de Charlemagne.

Roseline admirait de loin les grands rochers de la sainte Beaume, sublime autel de pierre sur lequel la sœur de Lazare avait immolé sa beauté et accompli des prodiges de pénitence. Dans sa modestie, la noble fille des Arcs se trouvait bien loin de tels exemples, et pourtant elle aussi avait déjà beaucoup aimé, elle aussi allait s'immoler avec intrépidité, et elle n'avait pas péché!

A Aix, chez le prince de Salerne, fils et représentant du souverain de Provence et descendant, lui aussi, d'une dame de Sabran, ne devait-elle pas trouver l'accueil réservé à une parente, à une nièce, à la fois du grand Romée et du grand justicier de Naples? Là, pour la première fois, Jacques d'Euse, le savant et pieux chanoine, qui devint successivement l'évêque de Fréjus et le pape Jean XXII, et la future prieure de Celle-Roubaud purent se rencontrer. Le chanoine aimait aussi les pauvres, et il composait pour eux un recueil médical pour mettre à leur service sa pieuse science, comme Roseline leur donnait son cœur et ses soins. Jacques d'Euse, instituteur des fils du prince et insinuant au jeune Louis d'Anjou la piété qui l'éleva jusqu'à la sainteté, devait paraître bien vénérable et sympathique à celle qui allait chercher la science et la piété jusqu'aux montagnes de Bertaud.

A Aix, dans l'église de l'ordre de Saint-Jean, achevée depuis 1251, elle admira le tombeau monumental retraçant la fidèle orthodoxie de Raymond Bérenger IV, décoré de la *rose d'or* par le pape, et les célestes priviléges de la chevalerie de Saint-Jean, dont la dynastie provençale invoquait le patronage. Elle voyait avec bonheur les honneurs accordés à la milice civilisatrice où son jeune frère Hélion allait faire éclater son pieux dévouement.

Au bac de Bonpas, elle entrait dans les États pontificaux, où la protection des pèlerins, des voyageurs, était désormais assurée par les nombreux postes de chevaliers hospitaliers qui venaient d'être établis.

A la sécurité du voyage, à la multitude des institutions et des édifices sacrés qui s'élevaient, l'influence de l'autorité religieuse civilisatrice se faisait sentir. Quelle est la caravane pieuse qui pouvait ne pas s'empresser de rendre hommage aux reliques de saint Benezet placées dans la chapelle, ornement de l'admirable pont que le génie, saintement inspiré, du jeune berger avait osé concevoir et faire exécuter sur le terrible fleuve du Rhône? Toutes les œuvres utiles aux hommes ont un caractère de sainteté, et ce pont admirable et cette chapelle vénérée étaient la magnifique expression d'une pensée bien faite pour être comprise par l'esprit et par le cœur de Roseline. — Alors, sous le souffle chrétien, toutes les œuvres d'utilité générale pour la terre étaient sans conteste des mérites pour le ciel.

Après les monuments religieux, après les visites des reliques placées autour de l'évêché d'Orange, Roseline put atteindre enfin la chartreuse de Saint-André; au milieu des chartreuses, elle retrouva une famille; il y avait là une *mère* et des *sœurs*. Ce voyage accompli comme un pèlerinage, avec un évêque pour guide et pour explicateur, avait excité son zèle et agrandi la lumière de sa foi. Ce voyage avait été un enchaînement de saintes impressions provoquées par chaque fondation religieuse, par chaque relique, dont on allait de ville en ville, de monastère en monastère, apprendre l'histoire et saluer les merveilleuses influences. A Avignon, Roseline avait visité la pieuse Gérarde de Sabran, supérieure des clairistes.

A Saint-André, Roseline commença avec courage l'entreprise de se faire l'écho des saints exemples proposés à son émulation. Mais, dures épreuves du noviciat ! la jeune fille qui vivait de divines contemplations et de célestes aspirations fut appliquée aux œuvres culinaires bien matérielles de sa cellule ! Quel supplice pour cette âme si pleine de poésies sacrées ! Un matin, la sainte fille, conversant avec le ciel, oublia le repas confié à ses soins : tout à coup, frappée du souvenir de ses devoirs de cuisine, elle court au foyer : le feu est éteint, tout est froid. Alors la prière s'élève du fond du cœur de la sainte novice, et bientôt tous les mets se trouvèrent miraculeusement apprêtés.

Chacune des épreuves auxquelles Roseline avait été soumise s'était terminée par un prodige !

Les soins intérieurs de la maison pouvaient-ils lui paraître difficiles, à elle qui s'en acquittait si bien au château des Arcs ? Les distributions aux pauvres qui chaque jour se présentaient à la porte du monastère, la préparation des médicaments, les soins aux malades de l'intérieur, tout cela était fait par Roseline avec l'empressement et avec le charme de la charité. Comme elle se pénétrait de la joie des sacrifices ! comme elle goûtait les délices de la prière ! ! — Elle sentait, elle comprenait l'esprit de tous les exercices religieux destinés à être l'aliment de l'âme et accroître ses forces ! Déjà, véritable disciple de saint Bruno, elle demandait au soleil de vérité et d'amour ses perpétuels rayonnements. Dans ces temps où les passions violentes avaient tant d'emportement, quel enseignement, quel contre-poids utile aux entraînements matériels, aux excès des appétits, que les prières silencieuses et calmes, et que les privations de l'ordre des chartreux !

Bien initiée aux devoirs matériels et aux exercices religieux de Saint-André de Ramires, Roseline voulait atteindre la maison qui était le terme du voyage ; mais il fallait encore traverser des montagnes escarpées pour aller acquérir la doctrine religieuse complète dans la maison de Bertaud. Une petite caravane dut partir pour conduire Roseline à travers une contrée où, sous un rude climat, la chaleur de la foi avait fait éclore à chaque pas des asiles de prières et de saints édifices ornés de précieuses reliques rappelant de pieuses légendes. Les beautés particulières à ces paysages accidentés complétaient l'effet de ces monuments et de ces traditions. Aux Arcs, elle avait laissé les douceurs du climat et des champs; ici Roseline rencontrait les splendeurs de la neige et la sévère majesté des grandes créations de Dieu; elle voyait écrite en caractères éclatants, sur ces prodigieuses montagnes, cette vérité morale et physique : pour arriver haut, il faut de grandes forces!

Les rigueurs réunies du climat le plus âpre et de la règle la plus austère, qui avaient, en 1215, forcé la sœur *Monteyglin* à sortir du monastère de Bertaud, allaient être courageusement bravées par Roseline. La fille du château des Arcs, élevée sous le soleil de Provence, allait supporter l'épreuve des frimas et de la règle à laquelle n'avait pas pu résister sœur Monteyglin, née dans les montagnes. L'héroïsme de la sainteté allait donc triompher de l'infirmité humaine. Ces douleurs de la vie carthusienne de Bertaud ne pouvaient pas être une triste surprise pour Roseline. Le sombre tableau du monastère alpin n'avait-il pas été souvent fait à Roseline par sa tante prieure de Celle-Roubaud, par la bienheureuse Jeanne de Villeneuve, professe du monastère du Gapençais? Plus l'épreuve devait être grande, plus elle était désirée par l'ardente piété de l'illustre novice.

II

PROFESSION

ET

CONSÉCRATION DE SAINTE ROSELINE

Description du site de Bertaud. — Roseline y vient comme une messagère de protection et de paix. — Trois ennemis de la sécurité de Bertaud, les Albigeois, l'aristocratie et les fermentations populaires. — En 1278, la présence de Roseline à Bertaud détermine l'attitude énergique de la protection du souverain provençal. — Raynaud de Montauban est excommunié par l'archevêque d'Aix. — L'intervention de la force armée du comte de Provence, vainement sollicitée en faveur des établissements carthusiens gapençais, avant l'arrivée de sainte Roseline, est énergiquement donnée dès que Roseline est venue à Bertaud. — En 1285, lorsque Roseline revint de Bertaud en Provence, elle avait déterminé l'intervention des armes provençales, dans le Gapençais, en faveur de l'ordre public. — Analogie des rôles remplis par saint Bruno, par sainte Rosaline, en faveur de l'ordre public. — Zélé noviciat de sainte Roseline. — Détails de la cérémonie de la profession de sainte Roseline en 1281. — En 1285, le retour en Provence de Roseline est encore exécuté comme un ordre et comme une mission utile. — Circonstances politiques et religieuses du retour à Celle-Roubaud de sainte Roseline. — Cérémonies de la consécration de sainte Roseline. — Détails des noces mystiques : les poursuites, le serment de l'alliance, les insignes matrimoniaux. Les bienfaits de l'époux, la couronne, l'étole, le manipule, la croix, le banquet nuptial, le bréviaire et la remise à la prieure. — Sainte Roseline vierge consacrée, son influence dans le monastère, hors du monastère. — Événements religieux accomplis autour de sainte Roseline.

Le site de la chartreuse de Bertaud produit une profonde impression de tristesse et de terreur : lieux déserts, sauvages, neiges presque perpétuelles couronnant des rochers nus qui atteignent jusqu'à 2,712 mètres, près de 8,200 pieds; d'un tiers plus élevés que la cime du grand Som à la Grande-Chartreuse; de 300 mètres plus hauts que le grand Saint-Bernard et séparant deux *rivières-fléaux*, la rivière du *Drac* et la rivière de la *Durance!* torrents grondant au fond de précipices affreux. Pour les oreilles, des bruits sinistres; pour les yeux, l'image de la destruction étalée sous le front sourcilleux des cimes décharnées. Chaque hiver, les gelées brisent et pulvérisent des rochers noirâtres, jusqu'à un mètre de profondeur. Chaque été, des orages diluviens, avec le formidable cortége de leurs tonnerres, viennent enlever les produits et les détritus des gelées, les entraîner pêle-mêle avec des rochers déracinés. C'est un travail continu de ruine, justifiant le nom de la contrée, *Dévoluy*, *devolutus*, pays de la démolition!... Là est le point de départ de ces fanges sombres, de ces cailloux qui cheminent dans les lits de la Durance et du Drac. On dirait qu'une griffe infernale promène à la surface de la terre d'incessantes déchirures, pour faire toujours apparaître, à travers les lambeaux du sol, des roches sombres, sans laisser à la végétation le temps de jeter sur cette nature lugubre le manteau de fleurs et de verdure qui cacherait ses plaies horribles. Pendant l'été, telle est la chartreuse de Bertaud... voilà cette terre telle que la font des montagnes soulevées contre le ciel, telle que la font des orages destructeurs de toutes les réparations tentées par la main de l'homme, et ravisseurs impitoyables des récoltes.

Pour l'hiver, d'autres désastres. Les neiges abondantes succèdent aux pluies torrentielles, les tourmentes soulèvent ces poussières glacées et enveloppent d'un linceul de mort les malheureux voyageurs surpris dans leur course. Pour l'été les orages tropicaux, pour l'hiver les frimas polaires... toujours les grandeurs de la désolation! C'est là qu'était venue se placer, dans l'oubli du monde et dans l'effusion de la prière qui désarme la colère divine, qui apaise le cœur humain troublé, une communauté de faibles femmes... Elles plaçaient la pratique des plus hautes austérités en face des plus grandes rigueurs du climat; les merveilles de la sérénité des âmes chrétiennes vis-à-vis des plus grands troubles de la création; elles ne songeaient aux hommes que pour expier leurs erreurs et leur enseigner par l'exemple à faire sortir le bonheur du sein même des maux, comme les fleurs naissent parmi les ruines.

Des vierges humbles et dévouées faisaient briller au sein de ces horreurs les radieuses espérances et les douces consolations de la croix monastique. Elles mêlaient les tintements de la cloche qui annonce l'asile, au bruit des orages; aux chants plaintifs de la victime acceptant l'immolation, avec la ferme foi de la récompense au delà du châtiment.

C'est là que Roseline avait voulu venir! Après avoir charmé les souffrances des malheureux, elle était venue pour remporter un éclatant triomphe sur ses propres douleurs. Son ardeur pour les grandes conquêtes du ciel ne se contentait pas des luttes faciles! et le noviciat à Bertaud était un séduisant trophée pour la piété de la fille et de la sœur des guerriers de la foi.

En quittant les parfums, les fleurs, les gracieuses perspectives de la vallée de l'Argens, Roseline venait consommer son sacrifice sur les plus rudes rochers des Alpes; admirable gymnase préparé pour les vierges de la milice chrétienne.

En y apportant son courage viril pour accepter les doubles épreuves des aspérités du climat et de la pénurie des aliments, elle venait aussi comme une messagère de paix pour calmer les inquiétudes causées aux religieuses de Bertaud par de nombreux et implacables ennemis, terrible perturbateurs de la paix de leur désert, menaçant leur faiblesse des derniers outrages.

Elle leur apportait l'assurance de l'énergique intervention religieuse de l'archevêque d'Aix, qui venait d'être armé des pouvoirs spéciaux du Souverain Pontife, en faveur des monastères de chartreux de Provence. — Elle produisait des lettres qui garantissaient que les armes du souverain de Provence sauraient châtier les tentatives de violence des seigneurs de Mont-Maur et de la Roche.

Parente elle-même du souverain de Provence et des seigneurs d'Agoult, n'était-elle pas un otage rassurant pour l'avenir du monastère?

Roseline, en venant se placer à Bertaud, paraissait l'arc-en-ciel de la sérénité désormais assurée. Son entrée au monastère fut un jour de fête, car on saluait un ange gardien sous le manteau de la novice.

L'établissement de Bertaud gardait encore le souvenir des vertus de la tante de Roseline, de Jeanne de Villeneuve, absente depuis dix-huit ans, et à ce souvenir venait s'ajouter le prestige de la réputation des vertus, de la merveilleuse charité de la jeune novice. Roseline était connue déjà par sa parenté et par ses œuvres pieuses et par les prodiges de son intelligence.

Elle était un gage de sécurité et une glorieuse conquête pour l'ordre tout entier. — Venir de si loin, chercher un calvaire si dur à gravir, c'était bien comprendre et bien pratiquer l'immolation, c'était donner un témoignage de bien haute estime aux vierges carthusiennes de Bertaud.

L'arrivée de Roseline fit immédiatement mettre un terme au litige fâcheux qui s'était élevé entre le monastère de Bertaud et l'évêché de Gap. — L'évêque était privé de redevances sur les terrains du couvent plantés en vignes. Les religieuses, persuadées par les conseils conciliants de Roseline, ne plantèrent plus de vigne qu'avec l'autorisation de l'évêque. Il y avait un sacrifice à faire, ou de la part du clergé ou de la part des chartreuses ; les compagnes de Roseline comprirent bien que les privations les plus spontanées et les plus rudes étaient pour elles une application de leur règle.

A peine cette privation était-elle acceptée, en 1279, que des dons vinrent justifier la pacifique intervention de la novice. En 1281, une jeune vierge, Agnès Boyer, venait enrichir de tous ses biens et illustrer de ses vertus le monastère de Bertaud. (Voir Cherronnet...)

La guerre contre les Vaudois et les Albigeois avait ajouté de nouvelles difficultés à celles du séjour des chartreuses de Bertaud et de Durbon. — Les plus obstinés de ces hérétiques, chassés par les armes de Louis VIII dans les parties inaccessibles des domaines du comte de Toulouse, s'étaient réfugiés dans toute la partie montagneuse des Cévennes et des Alpes. Le *Val Louise*, dans le Briançonnais, était le centre où Valdo avait établi son prosélytisme hostile à l'autorité catholique. Cette hostilité avait pour conséquence la lutte contre toutes les mesures d'ordre public sanctionnées par l'excommunication. La piraterie et le brigandage étaient donc l'état normal des hérétiques de cette époque : dès que l'anathème était sans force, l'ordre public n'avait plus de sanction pénale.

Lorsque les empereurs germains étaient en lutte ouverte avec les chefs de l'orthodoxie, la piraterie, recevant un auguste appui, ne manquait pas de se développer, et la rébellion de l'aristocratie du Gapençais se trouva être une naturelle conséquence de la lutte de Frédéric II avec les papes à partir de 1220, puisque l'empereur était le haut suzerain du Dauphiné.

Les Pastoureaux de 1250 jetèrent aussi dans le peuple des idées de résistance contre l'autorité des évêques, jusque-là si respectée du Gapençais. D'abord la faveur des seigneurs s'était affaiblie, puis, vers 1250, — les ennemis des chartreux s'étaient multipliés.

Ainsi, dans les partisans de l'hérésie, dans les rangs de l'aristocratie, subissant en Dauphiné l'influence des empereurs germains, dans les idées qui fermentaient dans les populations inférieures, se trouvaient réunis trois éléments de troubles dangereux pour la paix des déserts carthusiens.

De 1277 à 1279, éclatèrent des querelles, des violences, soit de la part des paysans alpins, soit de la part des seigneurs d'Agoult et de Mont-Maur, anciens bienfaiteurs et protecteurs, à la fin du treizième siècle, dans le Gapençais.

L'attaque des monastères carthusiens était donc venue des descendants de ceux mêmes qui avaient créé ces mêmes monastères, à la fin du douzième et au commencement du treizième siècle.

L'excommunication, en vertu des pouvoirs émanés de l'archevêque d'Aix, fut lancée, en 1279, contre Reynaud de Montauban, seigneur de Mont-Maur et descendant des fondateurs de Bertaud. Guillaume de Ventavon, en 1250, avait déjà fait une concession au couvent de Bertaud, pour racheter des *torts*, des *violences* et des *dommages* dont il était l'auteur ; — violences qui lui avaient attiré la répression religieuse.

L'excommunication dont il était frappé fit aussi réfléchir Reynaud de Montauban, d'autant plus que les chartreux de

Montrieux et de Laverne, unissant leur influence à celle des parents de Roseline, déterminèrent le prince de Salernes, fils et lieutenant du comte de Provence, à prendre chaleureusement la défense des établissements de Durbon et de Bertaud.

En 1278, le voyage de la jeune postulante du château des Arcs, vers Bertaud, fut l'heureux motif d'une énergique protection donnée à la famille carthusienne par l'autorité provençale. La présence, à un couvent de Bertaud, de cette parente de la comtesse de Provence, de cette fille sortie de la plus influente aristocratie méridionale, produisit des résultats politiques extraordinaires. Elle amena de la part du souverain de la Provence un tel déploiement d'énergiques mesures en faveur des monastères chartreux des hautes Alpes, que les événements survenus paraissent inexplicables à ceux qui ne connaissent point l'intérêt que la cour provençale attachait à cette époque à la protection de l'abri où se cachait sainte Roseline.

Reynaud de Montauban, seigneur de Mont-Maur, le persécuteur des chartreux du Gapençais, frappé par l'excommunication et obéissant à l'influence du prince de Salerne, gouverneur de la Provence, se rendit le jour de l'octave des saints apôtres Pierre et Paul, par-devant le prieur de Mison, délégué par l'archevêque d'Aix; en même temps arrivait, à Aspre, devant le délégué archiépiscopal, Guillaume, prieur des chartreux de Durbon. Reynaud de Montauban ne reçut mainlevée de l'excommunication qu'en signant l'acceptation de la juridiction imposée par le prince de Salerne.

Le compromis instituant trois juges fut signé le 29 mars 1281.

Le jugement prononcé fut confirmé le 14 juin du sceau du prince de Salerne.

Le 2 août 1281, le prince écrivit au bailli de Sisteron de tenir la main à l'exécution de la décision, et si quelque dommage a été porté aux frères (chartreux) et à leurs biens, ajoute le prince, que la punition soit telle qu'elle serve à *jamais d'exemple*, et qu'elle terrifie ceux qui voudraient porter préjudice aux religieux.

Voyez ressortir de ces événements l'influence protectrice de sainte Roseline. En 1271, l'évêque de Gap sollicite vainement l'intervention du comte de Provence ; il excite inutilement l'intérêt du prince par la cession de la moitié du temporel épiscopal ; l'appât financier, celui d'un accroissement d'influence dans le Gapençais, que le souverain provençal devait naturellement chercher à s'annexer : tout cela ne détermine de la part du prince aucune parole, aucun acte de quelque gravité. Mais, en 1280, Roseline est au monastère de Bertaud, elle devient l'interprète secret de troubles apportés à la paix des établissements de Bertaud et de Durbon. Ses vives sollicitations auprès des personnages religieux qu'elle avait vus à son passage par Aix, ses lettres pressantes à sa famille, à ses protecteurs du monastère de Laverne, déterminent l'attitude toute NOUVELLE de l'autorité provençale. Roseline, frappée de l'influence hostile à l'Église catholique qui travaille les seigneurs et le peuple du Gapençais, influence qui, par les menées des hérétiques vaudois, tend à détruire l'ordre public avec les croyances orthodoxes, démontre un grand intérêt religieux et politique dans la protection de la famille carthusienne, qui tient haut et ferme le drapeau de l'unité catholique.

L'impulsion latente de la pieuse chartreuse fait éclater et l'action de l'archevêque d'Aix et celle du comte de Provence. Roseline, professe de Bertaud en 1281, détermine évidemment l'étonnante menace qui, en 1281, de la part du souverain provençal, est suspendue sur les perturbateurs de l'ordre carthusien.

Ces menaces de la cour de Provence de 1281 se traduisirent en faits en 1282; le prince de Salerne était, depuis 1271, vainement sollicité par l'évêque de Gap de venir le rétablir dans des droits temporels qui devaient être partagés avec le souverain provençal. Des citoyens de Gap, ameutés secrètement par les hérétiques vaudois et par les seigneurs hostiles au clergé, retenaient les droits épiscopaux en paraissant suivre le parti de la comtesse du Viennois.

Cet intérêt matériel d'une part dans le revenu diocésain n'avait pas pu décider le prince à montrer l'appareil de ses armes dans le Gapençais, et le litige subsistait depuis dix ans. Depuis dix ans, le pasteur séparé de ses brebis s'était réfugié auprès du sénéchal de Provence.

Mais lorsque la conscience du prince fut éveillée par les avanies subies par l'ordre des chartreux et par les menaces planant sur les dames chartreuses, il n'hésita plus à faire une éclatante démonstration armée.

Par l'intervention armée que l'on a appelée la *guerre* du Gapençais, le prince de Salerne mit un terme aux violences dont l'évêque souffrait depuis dix ans et à celles qui depuis quatre ans émanaient indirectement les seigneurs ameutant les paysans contre les monastères.

Quelle était l'instigation secrète, la puissante influence qui déterminait l'action singulièrement énergique du prince provençal?

Ce n'était pas assez d'une intervention comminatoire, il fallait une prise de possession par la force des armes... l'expédition du Gapençais se fait en 1282, les perturbateurs sont réprimés... Cette campagne des troupes provençales, en 1282, est demeurée inexpliquée, parce qu'on n'a pas soupçonné l'action de l'humble et puissante Roseline. Ses prières ont communiqué un prodigieux ébranlement à ce qui l'environnait.

Comme en 1095 saint Bruno déterminait la grande croisade, en 1282 sainte Roseline, à peine admise dans la famille du fondateur chartreux, déterminait autour d'elle déjà la protection de l'ordre public, le respect des lois de la religion et de la civilisation chrétienne.

Toujours entretenues par les Vaudois, les haines, les mauvaises passions dans le Gapençais ne furent pas éteintes, mais elles furent frappées d'impuissance. C'était un prodige dû à la piété de la fille adoptive de saint Bruno, qui héritait de la sagesse des conseils de son illustre et saint patron, se faisait comme lui le secret missionnaire de la foi pacifique et civilisatrice.

Lorsque il y eut, plus tard une recrudescence anticatholique dans le Gapençais, les traditions de la douceur des vierges de Bertaud arrêta souvent les dévastateurs des propriétés carthusiennes; les biens des chartreux furent moins ravagés que ceux des clercs ordinaires, et ceux des chartreuses moins que ceux des chartreux. Nous aimons à voir dans cette préservation privilégiée l'ancien prestige de la douce, de la prudente Roseline, qui couvrait le monastère témoin de ses vœux et premier théâtre de son intervention.

Pendant que Roseline procurait la paix au couvent, novice la plus humble et la plus zélée, elle y puisait la science religieuse et la science profane. Les lettres sacrées, les douces et pieuses mélodies, les règles de son ordre et leurs motifs étaient appris avec bonheur, avec empressement par notre sainte; les variations des pratiques, leurs alternatives dans les heures de la journée lui paraissaient une succession de jouissances, ses progrès stimulaient le zèle de ses compagnes, tandis que la douce gaieté qui rayonnait de toute sa personne donnait un charme séducteur aux exercices les plus austères ou les plus monotones. Sous chaque simple détail matériel elle lisait une importante intention et une haute pensée. Avancer toujours vers Dieu, par l'intelligence et par le cœur, était pour elle un besoin constant, et ce qui rebutait les vocations équivoques surexcitait la sienne.

Après deux années de noviciat, et à trois reprises successives, pendant le dernier mois, Roseline avait demandé la faveur d'être admise à la dignité de professe; trois fois l'unanimité des vœux avait accueilli ses désirs soumis au chapitre général. En 1280, vers la Noël, le moment solennel des vœux irrévocables était arrivé, et l'humble Roseline, déjà éprouvée par les sacrifices héroïques, tremblait cependant encore pour sa faiblesse; elle demandait autour d'elle le concours de toutes les prières.

Au moment où la céleste victime de la messe vient s'offrir sur le Calvaire à la fin de l'*Offertoire*, Roseline enveloppée de sa robe blanche, s'offrant elle-même au Seigneur, s'avança au milieu de la partie haute du chœur, puis, la tête baissée, les mains jointes, elle chanta cette supplique : *Suivant votre pro-*

messe, ô mon Dieu, que ma confiance en vous ne tourne point à ma confusion.

A ces mots, le chœur des vierges répondit en glorifiant Dieu, comme pour applaudir au généreux dessein de la novice.

Trois fois la suppliante voix de Roseline monta vers le ciel, *trois fois* la glorification divine fut répétée par le chœur. Alors tombant à genoux devant la vénérable prieure : *Priez pour moi, ô ma mère*, dit la novice; et elle demanda *grâce* en baisant la terre. Mêmes paroles, mêmes prosternations furent adressées à la sous-prieure, puis la demande de secours religieux fut humblement adressée à chacune des religieuses du chœur; la supplique : *Priez pour moi, ô ma sœur*, fut accompagnée de la prosternation signe de la demande en grâce.

C'était ainsi par la plus profonde humilité, en implorant autour d'elle des secours pour sa faiblesse, que Roseline préludait à l'entrée dans la famille de saint Bruno. Puis, confiante dans le faisceau de vœux et de mérites qui semblait devoir soutenir son infirmité, la novice revenue vers la grille du chœur fut revêtue d'une nouvelle robe carthusienne bénite, et, en face de l'autel, elle lut à voix haute et claire les vœux tracés de sa main : « Moi, Roseline de Villeneuve, promets « la *stabilité*, l'*obéissance* et la *conversion* de mes mœurs, en « présence de Dieu, de ses saints et des reliques de cet ermi- « tage élevé en l'honneur de Dieu, de la bienheureuse Vierge « Marie, de saint Jean-Baptiste et des autres saints. »

Elle baisa la croix par elle tracée au bas de la formule, et la déposa comme l'acte authentique de sa promesse sur la table de la communion. Prosternée enfin devant le prêtre, elle reçut la bénédiction, couronnement et signe d'acceptation de ses pieuses résolutions de saintes pratiques et de perpétuelle obéissance qui devaient la conduire à la perfection.

Désormais liée à Dieu par un serment éternel, Roseline était attachée par la promesse de stabilité à la persévérance perpétuelle dans le sacrifice et dans la demeure religieuse qu'elle avait choisie.

Elle s'interdisait même de demander à revenir vers sa chère

Provence, vers le ciel de son enfance, vers le couvent voisin de la maison paternelle et vers l'atmosphère qui avait mêlé des parfums à ses premiers souffles.

Par la *conversion des mœurs* elle n'aspirait qu'à monter vers les sublimes hauteurs de la perfection chrétienne par des progrès incessants.

Avec quel ravissement elle renonçait aux joies du monde, cette pieuse jeune fille dont la conversation était avec le ciel! comme elle foula aux pieds les séductions des plaisirs et de la vanité, celle qui ne cessait d'avoir les yeux fixés sur la source infinie de toutes les beautés et de toutes les grandeurs! qu'elle sentait bien les délices du sacrifice perpétuel, cette grande loi du bonheur social universel promulguée sur le Calvaire! En immolant sa virginité au Dieu de pureté, elle se parait avec empressement de la blanche robe de chartreuse, plus éclatante à ses yeux que la pourpre et la soie. Elle avait quitté le soleil pour les frimas, la terre fleurie et parfumée pour les plus affreux rochers, les richesses pour la pauvreté, les soins empressés des serviteurs pour se faire humble servante; elle avait renoncé aux douces caresses d'une mère, d'une famille, même aux émouvantes manifestations de la reconnaissance des pauvres!!

Elle avait tout abdiqué, et elle s'unissait du cœur et de la voix aux chants qui proclamaient la victoire du ciel sur l'enfer! Celle qui avait été l'humble et aimante sœur de charité se faisait maintenant la chaste contemplatrice. Après avoir servi Dieu de ses mains, elle allait le servir par son intelligence... c'était toujours un nouveau progrès.

Cependant la population provençale redemandait la gracieuse colombe qui s'était abritée sous les grands rochers des Alpes; la famille et les pauvres regrettaient celle qui avait été leur orgueil et leur providence, mais surtout la bienheureuse Jeanne, prieure de Celle-Roubaud, fléchissant sous le double poids des années et des austérités, — réclamait avec instance celle qui devait l'aider dans l'administration de la maison et à étendre sur la contrée un salutaire prosélytisme.

Les tristesses de la patrie avaient retenti dans le cœur de

Roseline depuis le jour où les Vêpres siciliennes avaient fait couler à flots le sang des guerriers de la Provence ;... les parents de la jeune fille avaient pu se trouver en danger. Le prince héréditaire, Charles de Salerne, avait été pris dans un combat naval : le conquérant lui-même, le redoutable Charles d'Anjou, venait de quitter la vie. Dans de telles calamités, les mains des Provençaux se levaient vers le ciel, on voulait le secours des prières et des consolations ; celles de Roseline furent demandées. L'immolation, l'esprit de sacrifice l'avaient fait exiler, l'obéissance la devaient faire revenir.

Maintenant Roseline, instruite des intérêts de son ordre, bien initiée aux pratiques carthusiennes, avait à exercer une utile influence auprès des autorités religieuses et politiques de Provence; protectrice de la paix de son ordre et de l'ordre public, il fallait qu'elle fût mise en communication immédiate avec le centre de l'influence exercée par les amis de sa famille. Elle devait être rapprochée à la fois de l'archevêché d'Aix, centre de la protection religieuse des chartreux, et de la cour de Provence, siége de la protection politique.

Humble fille de l'humble Bruno, elle n'exprimait point ses secrets désirs de se réchauffer au doux soleil qui avait brillé sur son enfance, d'entendre encore la voix de la mère bien-aimée, et des frères et sœurs chéris ; de faire encore arriver ses bienfaits sur les pauvres connus des Arcs et des seigneuries voisines. Tous ces élans de son cœur débordant d'affection et de charité demeuraient ignorés ; elle n'exprimait pas même ses douleurs causées par le rude climat sur lequel elle s'étiolait comme une plante méridionale transplantée sous les frimas. Prête à obéir toujours, la modeste chartreuse jamais ne réclamait rien. Chaque sacrifice de la chair et du sang n'était-il pas pour elle une joie conquise pour l'âme?

Mais le bien général exigeait que Roseline revînt aux Arcs et le chef de la famille carthusienne ordonna le retour. — La jeune chartreuse eut le double bonheur d'exécuter un ordre sacré et de satisfaire un vif désir mêlé de regrets, car elle laissait dans les Alpes une mère et des sœurs dont la sainteté l'avait édifiée, dont la bonté l'avait charmée. En 1285, Roseline obéit pour aller auprès du château des Arcs, comme saint Bruno avait obéi en 1089 pour aller à Rome auprès du pontife son disciple.

L'occasion pour le retour était favorable !... La jeune chartreuse était préservée de toute insulte par les postes de la petite armée du prince de Salerne qui se retirait par Sisteron, Forcalquier, Manosque et Aix.

A Sisteron, dans le couvent des claristes, elle embrassa une pieuse cousine, la prieure Gérarde de Sabran, qui parvint à faire élever le couvent des clairistes de Sisteron en 1285. — A Souribes, elle put voir la prieure du monastère des bénédictines qui avait cédé Celle-Roubaud à Forcalquier; elle se retrouva dans le château de Sabran, plein des souvenirs de sa mère; elle y fut jointe par des chevaliers hospitaliers protecteurs du voyageur et du marchand. La commanderie de Manosque assurait la sécurité des religieux et des commerçants entre Forcalquier et Peyrolles. La maison des hospitaliers de Manosque était une fondation d'un seigneur de Sabran, et la pieuse fille d'une Sabran trouvait dans cette commanderie tout le dévouement dû à la digne parente du bienfaiteur. Avant Peyrolles, au passage du pittoresque détroit de Mirabeau, elle fut accueillie par ces admirables frères pontifices, qu'elle avait vu sept ans auparavant au passage de la Durance, à Bonpas... Du défilé de Mirabeau, elle put saluer d'un dernier regard, mêlé de quelques larmes, ces majestueuses Alpes témoins de ses vœux religieux et des plus beaux élans de sa foi; sur l'autre rive elle respirait l'air tiède et embaumé de la Provence, c'était comme un souffle parti de son pays natal. Derrière elle la fraîche brise partie de son berceau religieux, devant elle les tièdes haleines du berceau maternel.

Au retour, la pèlerine de Celle-Roubaud put observer les effets, les salutaires enseignements du malheur. Le pays gagnait en vertu ce qu'il avait perdu dans les enivrements du succès. Vers 1282, les sages règlements inspirés par

Jacques d'Euse avaient fait régner la justice, la paix et l'ordre public.

Le pieux chanoine rendit alors de tels services à la famille royale, que la mémoire en a été conservée jusque dans les termes par lesquels, plus tard, la famille souveraine demanda l'élévation de Jacques d'Euse au siége épiscopal de Fréjus.

Sous son impulsion, un synode, tenu à Riès en 1285, ordonna, dans toute l'étendue de la métropole d'Aix, des prières publiques pour la délivrance du souverain provençal captif.

Jacques d'Euse, instituteur dans la maison souveraine, devint par sa sagesse le génie conservateur de l'État. Non-seulement une parfaite harmonie fut maintenue entre le peuple, l'aristocratie et le clergé, mais encore, par l'habileté avec laquelle Jacques d'Euse sut faire intervenir l'autorité pontificale, suprême régulatrice de la chrétienté, il parvint à déterminer l'élargissement du souverain tenu en captivité par le roi d'Aragon.

L'excommunication pontificale fut l'arme dont Jacques d'Euse sut faire valoir la menace... planant sur la tête de ceux qui tenaient le souverain prisonnier. Il y eut un tel concours de prières émanées de tous les ordres monastiques de Provence, que la liberté du souverain provençal fut déclarée par le pape une nécessité religieuse.

Aux négociations de Jacques d'Euse se joignirent les prières de l'ordre des chartreux, et celles de la pieuse Roseline intéressée, par sa parenté paternelle et maternelle et par sa famille religieuse vivant sous le protectorat du souverain provençal, à la pacification des États de Naples, et à la plénitude de l'exercice de l'autorité politique de la cour d'Aix.

Le patronage de sainte Madeleine fut invoqué par notre sainte et par la population provençale... Que ne devait-on pas obtenir de la contemplatrice du Sauveur priée par Roseline, en faveur du prince qui avait si bien recherché et honoré les restes de la sœur de Lazare?

Comme compensation à ses douleurs politiques, de

grandes consolations religieuses venaient d'être données à la Provence. Les recherches des reliques de sainte Madeleine étant couronnées d'un plein succès, les restes sacrés allaient être placés dans une superbe basilique que les frères prêcheurs faisaient élever, pour en administrer ensuite le culte; et la pieuse chartreuse, revenant de Bertaud, put mouiller de ses larmes le *chef* de la grande pénitente qui avait arrosé avec ses yeux, et embaumé et essuyé avec sa chevelure, les pieds de son Dieu.

Les salutaires exemples de la piété se multipliaient : sur le trône, c'était Louis, le fils aîné du roi captif, qui annonçait la ferme volonté de renoncer à la couronne terrestre pour rechercher celle du ciel.

Près du trône, c'était le jeune Elzéar de Sabran, qui montrait, dès le jeune âge, la généreuse ambition qui l'a fait monter jusque sur les autels.

Dans la famille même de Roseline, sa sœur Sanche, dont les attraits ont été célébrés par les poëtes contemporains, déclarait le dessein de chercher dans la solitude de Celle-Roubaud des triomphes plus solides que les dangereux enivrements de la beauté fugitive.

Tout était prêt pour accueillir dignement la sainte chartreuse descendue des hauteurs des Alpes.

L'évêque de Fréjus, Bertrand de Faviers, allait lui-même consacrer sainte Roseline et, en l'élevant à la dignité de diaconesse, lui donner le caractère religieux le plus haut que puissent recevoir les personnes du sexe. C'était le couronnement de la vertu, c'était le triomphe public de la servante des pauvres revenue au milieu de ceux qu'elle avait aimés, nourris et guéris.

Toutes les paroisses voisines, les Arcs, Trans, Lamotte, Flayosc, toutes les dépendances de la seigneurie, tous les plus vénérés habitants du château, comme les plus humbles, les plus misérables, vinrent participer aux joies de cette ovation.

Parvenue à sa vingt-cinquième année, Roseline avait atteint l'âge minimum exigé pour recevoir la consécration virginale pareille à celle que l'on donnait dans les premiers âges chrétiens aux diaconesses; la consécration est devenue pour la chaste fille de Bruno la fête réservée à la virginité, fête qui ne se rencontre que dans cet ordre, placé dans la sublime région éthérée de la contemplation, d'où il plane sur toutes les autres familles religieuses.

N'était-il pas convenable, n'était-il pas logique que la virginité reçût sa plus éclatante auréole, sa plus glorieuse manifestation dans l'ordre fondé par le chaste Bruno, le coopérateur de la belle Préface qui exalte en termes si magnifiques la gloire de la virginité de Marie, mère de Dieu?

Roseline aspirait ardemment aux suprêmes honneurs de cette cérémonie qui lui conférerait les honneurs, et les saints privilèges du titre d'épouse de *Jésus-Christ*. Plus l'immolation virginale s'élevait en héroïsme, plus la fille des chevaliers, plus l'imitatrice de la Vierge divine se rapprochait des types de sa famille par le sang et de sa famille par la foi.

La consécration carthusienne est une reproduction des plus gracieux élans du Cantique des cantiques; [sublimes transports des célestes amours poétiquement chantés dans les offices de la sainte Vierge; c'est l'union intime avec la victime qui se sacrifie chaque jour à la messe sur l'autel.

Neuf scènes successives forment l'ensemble des cérémonies des noces célestes; ce sont :

1° Les poursuites trois fois répétées de l'amant divin;

2° Les serments de l'alliance mystique;

3° La remise des insignes du mariage divin : le *voile* et *l'anneau;*

4° Les dons de l'époux : la *couronne*, *l'étole*, le *manipule;*

5° La *croix;*

6° Les actions de grâces de l'épouse;

7° Le banquet divin, la communion;

8° Le don du code matrimonial représenté par le bréviaire;

9° Enfin la remise de la garde de l'épouse aux mains de la *prieure*, ou l'installation de l'épouse dans le sanctuaire formant la demeure de l'époux.

Pour cette cérémonie réservée aux évêques seuls comme dépositaires exclusifs de la transmission des diverses attributions du sacerdoce, l'évêque de Fréjus, BERTRAND DE FAVIÈRES, assisté de l'archidiacre, se présenta après l'épître, à l'*Alleluia* de la messe, en face du chœur des religieuses dont la porte s'ouvrit pour laisser voir un demi-cercle de jeunes vierges, où Roseline occupait le premier rang, et tenant chacune un cierge non allumé... Symbole des cœurs purs prêts à brûler des feux de l'amour divin. — *Vierges prudentes* chantait l'archidiacre, *préparez-vous à recevoir dans une couche fleurie l'époux qui vous est destiné.*

Pénétrées du sentiment de leur infirmité les vierges tombèrent à genoux, et bientôt rassurées par la vue du maître plein de bonté, elles se relevèrent, prêtes à marcher à la voix du divin envoyé de l'époux représenté par l'évêque. L'archidiacre les conduisit vers l'évêque et devant lui à genoux : *Très-révérend père*, lui dit-il, *l'Église vous supplie d'agréer* pour *épouses* les *chastes vierges préparées pour les noces mystiques.*

— *J'y consens*, mais *je ne peux accepter que des épouses sans souillures...* répondit l'évêque : car la pureté ne peut s'allier à l'impureté, la lumière ne peut pas se confondre avec les ténèbres.

A ces mots l'archidiacre... *Elles sont aussi pures que le permet l'infirmité de notre nature :* qu'à vos yeux, leur humilité rachète leurs imperfections.

Alors : *Venez*, *venez à moi*, répondit l'évêque. *Je comblerai les vœux que ma charité vous inspire.*

A cet appel touchant, les vierges s'avancèrent pour retomber à genoux en chantant, auprès du représentant de Jésus-Christ : « *Nous vous suivons* dès ce moment. »

— *Venez*, *venez*, répéta l'évêque.

Encouragées, les vierges se levèrent pour chanter de nouveau, *nous vous suivons*, *nous vous suivons* dès ce moment ; puis, pénétrées du sentiment toujours présent de leur faiblesse, elles se mirent encore à genoux.

L'évêque pour la troisième fois : VENEZ, mes filles, dit-il, *je vous enseignerai le commencement de la sagesse, la crainte du Seigneur.*

Alors Roseline, se levant avec ses compagnes, dit : « *Nous vous suivons et sans retour nous sommes à vous.* » Après une dernière prosternation, elles s'assirent pour écouter l'exhortation épiscopale.

Après la pieuse leçon sur les devoirs de l'épouse mystique, l'évêque les interpella en ces termes :

— *Voulez-vous persévérer dans la virginité?*

— *Oui, oui, nous voulons ce que vous voulez*, répondirent les chastes religieuses, et Roseline plaça sa main dans celle de l'évêque, indiquant ainsi sa complète obéissance à la voix de son Dieu.

— *Voulez-vous persévérer dans la virginité?* demanda de nouveau l'évêque.

Pour toute réponse, la fiancée du Seigneur *baisa* la main de l'évêque, montrant ainsi combien lui était chère la main qui la captivait.

— *Voulez-vous être bénites?* dit l'évêque. — *Oui, dirent les vierges, notre vœu le plus cher est l'union la plus parfaite avec notre Dieu.* — Pour assister à la pieuse union, tous les Saints furent invoqués, pris à témoin par le chant des Litanies et toute la cour céleste vint prendre part aux noces mystiques.

Alors prononçant la bénédiction nuptiale : Répandez, ô mon Dieu, la rosée de vos grâces sur vos *chastes servantes*, dit l'évêque, empruntant ainsi le langage de l'humble Marie qui a pris au moment de la céleste incarnation le titre de servante du Seigneur.

L'ardente aspiration aux grâces divines se trahit par le chant lyrique qui appelle l'esprit de Dieu dans le sein des âmes ouvertes à son irradiation.

Après le *Veni creator*, les bénédictions du prélat sanctifièrent les ornements nuptiaux : l'anneau, les voiles, la couronne, l'étole et le manipule, la croix et le bréviaire.

Avant de recevoir les voiles, symboles de la pudeur qui ne réserve qu'à Dieu les charmes cachés au monde, elles chantèrent :

— *J'ai quitté le monde et ses parures*, et la face découverte et baissée vers la terre, elles reçurent la bénédiction de l'évêque. Elles entendirent par la bouche épiscopale les actions de grâces de Jésus-Christ exprimant à son Père les beautés du mystère de l'incarnation divine, source de la pureté virginale.

Aux nouvelles invitations du Seigneur leur disant : *Venez, venez*, elles répondirent chacune : *Je suis la servante du Seigneur.*

Alors l'évêque mit les *voiles* sur leurs *têtes* et leur rendit les cierges qu'elles avaient quittés. — Désormais donc, par le voile, elles étaient pleinement cachées au monde; et leur cœur pur représenté par le cierge de cire blanche devait brûler pour Dieu seul.

Les vierges exprimèrent dans leur chant le bonheur de leur isolement volontaire. Pendant que les épouses du divin crucifié retournaient à leur place, après avoir demandé à Dieu, par des oraisons, la confirmation des vœux formulés, l'évêque chanta l'antienne de la céleste alliance.

L'évêque chanta ainsi :

— *Je vous ai épousée, ô ma chaste amie; venez, l'hiver est passé, la tourterelle soupire et la vigne fleurie répand sa bonne odeur...* C'est l'heure où les ardeurs de l'amour divin se font sentir et comme les fleurs qui s'épanouissent, les vierges amantes du Seigneur vont exhaler les parfums de leurs vertus, et préparer les fruits savoureux de leurs saintes actions.

Puis Roseline reçut l'*anneau d'or* avec la bénédiction de l'évêque; désormais ce signe ne devait plus la quitter, et elle était unie à Dieu par la chaîne dorée, indissoluble, rivée à cet anneau précieux.

Le voile et l'anneau sont les signes de l'illustre alliance que la vierge carthusienne a contractée avec Dieu, et elle ne doit les quitter que lorsqu'elle subit pour une faute grave, une dégradation temporaire. Séparée du monde par le voile, elle est enchaînée à Dieu par l'anneau.

Énivrées de la joie de leur délicieux servage, et élevant le doigt orné de l'anneau, signe glorieux de leur captivité conjugale, les vierges chantèrent avec Roseline : JE SUIS SON ÉPOUSE ; PAR SON ANNEAU, JE SUIS A JAMAIS ATTACHÉE AU SEIGNEUR.

Une brillante couronne, où l'éclat de l'or était rehaussé par les feux des pierres précieuses, posée par l'évêque sur la tête de la vierge, indiqua qu'elle participait à la gloire et à la puissance du roi des cieux. C'est ainsi que le Seigneur donne le dernier éclat au triomphe de la virginité. Mais sur cette couronne, l'esclavage virginal est toujours retracé par ces mots gravés sur le métal : *Je suis la servante de Jésus-Christ.* Ancilla Jesu Christi sum.

A la virginité couronnée appartiennent les ornements exceptionnels réservés au sacerdoce de sainteté... La virginité immolée efface les infirmités du sexe, elle donne à toutes les âmes justes les priviléges de l'apostolat et du saint ministère, heureux apanage poétiquement exprimé par les termes que l'évêque emprunte au livre de la Sagesse.

Venez à moi vous tous qu'enflamment les désirs de posséder pleinement la beauté sans tache ; enivrez-vous de mes charmes ineffables : mon haleine est plus douce et plus parfumée que les rayons de miel ; ceux qui me savourent sont insatiables, ceux qui goûtent ma liqueur en sont toujours plus altérés, toutes les vertus sont les fruits de mon céleste amour, et, à tous ceux qui me glorifient, je donne l'immortalité.

L'évêque présentant le manipule à la jeune chartreuse, lui dit : *Que votre bras droit, orné du signe de la force, offre l'empreinte de cette force dans vos actions viriles, et dans votre confiance invinciblement placée dans le Seigneur.*

Avec l'étole, brillera sur votre cou, sur votre cœur, le joug du Seigneur, joug toujours béni.

Puis fut placée dans sa main, et appuyée sur son épaule, la *Croix*... Le signe du sacrifice absolu, du dévouement, jusques à braver le martyre ;... la croix par laquelle les âmes chrétiennes s'immolant pour l'humanité comme leur divin modèle, comme lui montent à la gloire, par la croix, pont jeté de la terre vers le ciel. Orné de ces dons nuptiaux, Roseline chanta l'antienne de remercîments pour les bienfaits reçus dans les célestes épousailles : *Dexteram meam*...

Et après la prière et les vœux de persévérance prononcés par l'évêque, la vierge carthusienne s'écriait :

— *Je vois celui que j'ai désiré, je possède l'objet de mes soupirs et de mes espérances ; et quoique attachée encore à la terre, je vis déjà dans le ciel unie à celui à qui toutes les affections de mon cœur sont consacrées.*

Les vierges, à l'Offertoire, vinrent offrir leurs cierges à l'évêque, et baiser ses mains... Elles offraient ainsi un témoignage d'amour avec un signe de dépendance.

Après que le banquet des épousailles eut été célébré dans la communion, les vierges transformées en anges de la terre, exaltèrent leur gloire, en célébrant les célestes saveurs des *mets plus doux que le miel, plus vivifiants que le lait,*... et elles reçurent les bénédictions spéciales de l'évêque.

Le saint sacrifice achevé, le livre des saints cantiques, le bréviaire, présenté par l'évêque, fut reçu sur les deux mains de Roseline ; elle allait donc employer, au service du Seigneur, toutes ses facultés réunies... toutes ses puissances morales, toutes ses forces physiques... représentées par les *deux mains.*

Le chant de gloire et de triomphe vint consacrer le bonheur de la fête nuptiale, aux accents du *Te Deum.*

L'évêque confia, enfin, les vierges consacrées à la direction de la prieure, comme à la gardienne préposée pour écarter les attaques dirigées contre ses chastes épouses. Après que le chœur eut demandé la confirmation des grâces obtenues, l'évêque en recommandant à la prieure les bien-aimées de son cœur, la menaça des peines dues à la négligence qui compromettrait les trésors de virginité à elle confiés par celui qui juge la justice.

Arrivée à tout l'épanouissement de sa beauté, Roseline vierge, était rayonnante de douceur et des ravissements de la piété... son visage demeurait attaché au ciel, pendant que ses pieds effleuraient la terre.

Heureuses celles qui purent voir le front pudique de la jeune vierge du château des Arcs, orné de la brillante couronne — et ses traits, exprimant, avec les charmes de la pureté virginale, les ardeurs séraphiques de l'amour divin! Cette fille de 25 ans transfigurée, c'était bien une éblouissante épouse du Christ que la cour céleste montrait un instant à la terre!

Pendant cette heureuse journée, Roseline ne put prononcer aucune parole; elle ne put prendre aucun aliment. Toutes les nécessités terrestres étaient suspendues; les larmes de l'extase voilaient ses yeux dirigés vers le ciel; pendant que les élans de son cœur étouffaient sa voix.

Comme Marie, sœur de Lazare, elle ne cessait de contempler la beauté divine et d'écouter l'intime conversation de l'époux mystique. L'épouse ne vécut que du souffle de l'époux.

On croit que ses yeux, purifiés alors par le feu de l'amour divin, contractèrent la prodigieuse incorruptibilité que nous admirons encore aujourd'hui.

Désormais le bonheur du sacrifice spontané de la vierge sans tache, et le mérite surnaturel de ce sacrifice appliqué solidairement à la chrétienté tout entière, avaient trouvé un type dans l'ordre carthusien.

A la consécration et au couronnement de la virginité de Roseline n'assista point celui de ses frères qui s'associait le mieux aux célestes aspirations de la pieuse chartreuse.

Pendant que Roseline accomplissait les plus héroïques sacrifices de la vie cénobitique, son frère bien-aimé Hélion déployait l'héroïsme du courage et des dures privations dans les champs de la Palestine, et les prières secrètes de la vierge des Arcs protégeaient le chevalier entouré de mille périls. Entre la chartreuse et la croisade, il y avait ici l'union inaugurée par saint Bruno.

A peine parvenu à sa vingtième année, Hélion acquérait une éclatante renommée dans les rangs des chevaliers hospitaliers décimés par le fer des Sarrasins, au milieu des désastres du siége de Margat, bientôt suivis de la perte de Ptolémaïs.

Près de trente ans plus tard, le pape Jean XXII, dans une lettre solennelle, rendait hommage à *la valeur extraordinaire*, à *la sagesse*, à *la gravité de mœurs par lesquelles s'était signalé Hélion dans la guerre soutenue en Terre-Sainte.*

Pendant que la sœur se sanctifiait par l'immolation claustrale la plus sublime, Hélion se résignait à toutes les douleurs du courage trahi par les dures épreuves de la défaite. Il y avait entre le frère et la sœur une merveilleuse émulation de sacrifices et une intime union des pensées à travers les espaces des terres et des mers. Après cette dure initiation, les grâces célestes méritées à Hélion par la sainteté de sa sœur attacheront à ses actions un bonheur si constant, qu'il méritera d'être appelé *l'heureux* parmi tous les chevaliers de la croix.

Quelle était alors la joie du père de Roseline, du noble chancelier du royaume des Deux-Siciles! Il voyait la réalisation de ses espérances dans le développement de cette maison de chartreuses qu'il avait fondée avec ses dons, qu'il peuplait de sa famille. En donnant à ce couvent et sa sœur pour prieure et sa fille comme diaconesse, n'assurait-il pas à sa lignée, à ses vassaux, toutes les grâces de la prière et du sacrifice?

Mais, parmi tous ces cœurs dilatés, il en était un surtout que le bonheur accablait, c'était celui de la mère de la chartreuse couronnée et élevée en gloire. Sibille de Sabran voyait sa *Rose sans épine* arrivée à son plus splendide épanouissement. Les présages de la naissance de sa sainte fille, précieusement conservés dans le cœur maternel, marchaient vers leur entier accomplissement.

Dans cette démonstration triomphale de la piété, ne semblait-il pas que la famille seigneuriale ne marchait la première que pour ouvrir la porte du ciel à tous les vassaux?

Roseline, revêtue de la dignité de la consécration, devint à la fois le modèle des sœurs chartreuses et l'infatigable auxiliaire de sa tante la prieure.

Dès ses premières années, Roseline avait donné son *pain* et ses *soins* aux indigens et aux malades.

Dans son noviciat, sous la dure influence du séjour de Bertaud, dans sa profession carthusienne, elle s'était *donnée elle-même* à l'Église.

Maintenant, par sa consécration, elle avait rempli la promesse de *stabilité* et de *conversion* des mœurs. Elle avait mis son âme virginale en communion perpétuelle avec son Dieu, elle allait désormais répandre autour d'elle les mérites de son *sacrifice; l'épouse* mystique allait devenir *féconde* en grâces distribuées.

Le gouvernement complet du monastère était, à cette époque, une œuvre considérable et difficile, comprenant à la fois une administration extérieure et une direction intérieure.

L'administration extérieure se composait d'une exploitation rurale très-développée et d'une maison destinée à exercer l'hospitalité envers les voyageurs et à distribuer l'aumône aux indigents, les soins aux malades. — Les devoirs de l'hospitalité faisaient partie des obligations des maisons religieuses, obligations et sacrifices que les chartreux s'imposaient encore plus que les autres religeux.

L'exploitation rurale était composée non-seulement de travaux agricoles de labourage, de viticulture et de jardinage, mais encore du soin de grands troupeaux destinés à fournir la laine des habits et le lait imposé par la constance du régime maigre. Sous les ardeurs du soleil provençal, on ne parvenait guère alors à entretenir des vaches, et il y avait à Celle-Roubaud de grands troupeaux de chèvres destinées à fournir le lait indispensable aux chartreuses et aux voyageurs.

Les dépaissances éloignées faites par des bergers quelquefois négligents, quelquefois trop pénétrés de la valeur des droits attachés au monastère, donnaient lieu à de fréquents litiges. Aux archives de la commune des Arcs, on retrouve la trace de ces querelles ardentes des bergers du monastère de Celle-Roubaud avec les pâtres dirigeant d'autres troupeaux dans les terrains communaux. Des litiges de ce genre, dont on reconnaît déjà la bien antique origine dans les disputes des bergers d'Abraham et de Loth, se sont reproduits dans tous les monastères carthusiens. Ces contestations ont mêlé souvent beaucoup d'amertume et de trouble aux paisibles aspirations des couvents des religieux chartreux; nous en voyons la preuve dans les chartes de tous les couvents de l'ordre, en Provence comme en Dauphiné.

En dehors du couvent des religieux, des frères convers

dirigeaient tout l'ensemble de l'exploitation agricole et pastorale; mais les querelles de bergers finissaient toujours par être soumises à la prieure, qui devait les étudier et les pacifier.

Secondant dans ce travail la prieure du monastère, Roseline ne laissa jamais l'intérêt balancer les devoirs de la charité. Toujours prête à donner, elle ne voulait réclamer que ce qui aurait manqué aux besoins de ses chers pauvres. Par sa vigilance, par la clarté des instructions qu'elle faisait transmettre, elle éludait les disputes des agents. — C'est par cette constante et intelligente sollicitude et par l'exacte discipline exigée des agents du monastère qu'elle méritait la couronne de bonté envers le peuple qui lui a été spontanément décernée, en même temps que rien n'était perdu de ce que la plus sage administration pouvait utiliser.

Le même esprit d'active prévoyance fut appliqué à la maison de secours annexée au monastère.

Le concours de sainte Roseline et son heureuse impulsion furent heureusement employés dans l'amélioration successive des diverses parties de l'administration intérieure de la maison monastique.

Dans son noviciat terminé au sein de l'éminente maison de Bertaud, dans son pèlerinage à travers les principales institutions religieuses de la Provence et du Dauphiné, elle avait beaucoup appris. Le zèle de Roseline professe propagea tout ce qu'avait saisi l'esprit ouvert de Roseline novice.

Les chants religieux furent exécutés avec ce sentiment exquis des poésies sacrées qui élevait vers le ciel les pensées des plus grossiers travailleurs de la terre. Aux jours de fête, le pauvre peuple accourait à la chapelle champêtre, couvert des habits tissés de la main de Roseline, nourri du pain retranché sur les besoins des vierges chartreuses. Il venait écouter ces mélodies, sous lesquelles il savait deviner les vibrations de la charité. Il sentait bien qu'il trouverait un bon Père en haut dans le ciel, le malheureux qui voyait de telles messagères de Dieu descendre ici-bas pour le consoler.

Roseline fondait ainsi dans son ordre la musique religieuse des chartreuses, dont les accords inspirent une si douce tristesse et sont comme un gémissement de la terre suivi d'une espérance vers le ciel, et comme les soupirs des vierges séraphiques envoyées vers le divin époux.

Qu'ils étaient beaux les oracles apostoliques, lorsqu'au milieu de la blanche cohorte des filles de saint Bruno, la vierge amie du pauvre, avec sa voix harmonieuse aux accents pénétrants, proclamait que *la charité est douce et bienfaisante;* lorsque la vierge sans souillure disait avec saint Paul : *J'ai promis d'être la chaste épouse d'un seul époux qui est mon Dieu!*

Dans le monastère, Roseline, comme la femme forte, suffisait à tout. Aucun exercice ne paraissait difficile, aucune prescription trop rigoureuse, puisque Roseline s'y soumettait la première avec l'heureux empressement du sacrifice méritoire accompli. La haute position que lui donnait sa parenté du dehors et au dedans du monastère ne servait qu'à faire éclater son humble obéissance aux ordres de la supérieure. Son zèle pour les exécuter avait de tels empressements, qu'elle semblait suivre seulement les élans spontanés de sa volonté personnelle.

Heureuse dès qu'elle pouvait dissimuler quelque imperfection de ses sœurs, elle s'arrogeait la seule prérogative de souffrir, de travailler pour soulager les autres.

Il y avait si peu de ressources dans le monastère, et, sous l'influence de Roseline, il y avait tant d'empressement à donner, que les abstinences prolongées devenaient quelquefois de dures nécessités. Pour partager le pain avec les pauvres, on se mettait souvent à la ration comme dans une place assiégée.

Les misères du monastère et les héroïques privations de Roseline, vues de près par le prélat de Fréjus, arrachèrent un cri d'admiration à l'évêque devenu le pape Jean XXII.

Plus que les autres religieuses, et à leur insu, Roseline employait des aliments pris sur ses plus urgents besoins pour soulager les pauvres. Afin de se ménager les moyens secrets de secourir l'indigence, elle mettait à profit les priviléges de la surveillance qui lui était confiée. Chez la sainte chartreuse, le désir du sacrifice et le feu sacré de la charité étaient deux vertueuses passions exaltées l'une par l'autre.

Les heures de recueillement solitaire qui n'étaient pas destinées à la contemplation étaient employées au travail pour la parure des autels ou pour le vêtement des pauvres.

Aucune action de la vierge chartreuse ne cessait d'être une ardente effusion vers Dieu, une manifestation faite sous la lumière du regard divin.

Chaque travail devenait une prière, et chaque peine acceptée pour le bonheur des chrétiens était un sujet de joie intérieure.

Heureuse comme le soldat combattant vaillamment pour sa famille, pour sa patrie, elle demandait à Dieu d'étendre la solidarité de ses sacrifices à la société religieuse, à l'humanité tout entière. Et, s'oubliant elle-même, elle désirait que ses efforts pour plaire au Seigneur fussent la source de grâces obtenues pour les autres. Cette générosité perpétuelle qui la portait à appliquer sur les autres le mérite de ses sacrifices, de ses prières et de ses actions, n'espérant pour elle-même rien que du mérite des supplications faites pour sa personne; cette LIBÉRALITÉ de tous les instants et sous toutes les formes devint certainement une grâce qu'elle transmit à ses parents, grâce qui se renouvela sous plusieurs générations de neveux de la sainte, d'après le témoignage de la bouche royale de *René d'Anjou*.

Il est évident que la *libéralité* de sainte Roseline a été la cause première de l'honorable devise de *libéralité* restée attachée au blason de la maison de Villeneuve. C'est la générosité de la pensée et la largesse de l'aumône qui se trouvent représentées comme une tradition de famille, dont la source découle du mérite d'une sainte.

Plus près de Roseline, sa sœur Sanche venait d'accomplir une ancienne résolution, fortifiée par l'exemple du bonheur paisible et des joies sereines que la piété donnait à Celle-Roubaud. Sanche, sœur par le sang, se fit sœur par la religion, de la pieuse Roseline.

Si dans son enfance, si par sa profession, Roseline s'était faite la servante des pauvres, son cher frère Hélion, entré par les conseils de la chartreuse dans l'ordre des hospitaliers de Saint-Jean, se fit à la fois le plus dévoué des chevaliers de la croix et le plus grand ami de la pauvreté, il mérita le titre de *gardien des pauvres*. Il les protégeait de son épée et les nourrissait de ses dons.

Arnaud de Villeneuve, père de Roseline, se faisait pauvre aussi. — Il venait, dit Nostradamus, *appauvri par les grandes charges* et les hautes dignités, prendre une modeste retraite au château des Arcs, réduisant sa dépense au strict entretien de sa famille.

Partout, dans sa parenté, Roseline propageait l'immolation aux épreuves de la misère.

Enfin, par les prières de Roseline, son frère, l'héritier du château des Arcs, obtenait un rejeton qui, prenant le nom de chevalier Hélion, l'ami de Roseline, devait à la fois perpétuer sa race et établir son tombeau aux pieds de Roseline, proclamée sainte par le peuple et saluée la patronne de sa famille.

Avant l'invention de l'imprimerie, les livres étaient rares et chers; copier les Livres saints était travailler à la glorification de Dieu et à la sanctification des âmes. Entrant pleinement dans la pensée de l'Église en marchant dans la voie de la propagation des lumières chrétiennes, saint Bruno, toujours animé de cette ardeur littéraire qui l'avait fait autrefois choisir pour diriger toutes les grandes écoles de Reims, avait formé un peuple de copistes de tous les enfants de sa pieuse famille. La plume des chartreuses, comme celle des chartreux, obéissait avec empressement aux inspirations du saint fondateur, et les moyens d'écrire faisaient partie nécessaire du simple mobilier de chaque cellule.

Sainte Roseline a légué les traditions de sa pieuse application et de son habileté dans l'art matériel de l'écriture. Elle se plaisait à retracer en gracieux caractères les merveilleuses beautés des poésies sacrées, et elle écrivait avec délices le langage divin qu'elle sentait avec ravissement. Les perfections de la forme ne devaient-elles pas faire naître chez les lecteurs futurs l'harmonie des accents?

Les soins donnés à la figure des lettres par sainte Roselme n'étaient que la matérielle expression de ceux bien plus sérieux donnés à l'enseignement littéraire par la sainte de Celle-Roubaud. Cette ardente jeune vierge n'était-elle pas elle-même un foyer de sainte poésie?

Fervente interprète de celui qui a dit à tous ses disciples : *Allez* et *enseignez*, elle s'appliquait à faire briller vivement la lumière des doctrines sacrées. A l'école de saint Bruno, dont la poésie éclate dans toute la correspondance et anime toutes les productions, elle ne pouvait manquer de sentir que la vraie source du génie littéraire est dans le foyer sacré de l'inspiration chrétienne! Lorsque sainte Roseline dirigeait l'enseignement du noviciat du monastère carthusien, les charmes de l'enseignement séduisaient tout ce qui l'environnait. Déjà, avant d'entrer dans la retraite claustrale, n'avait-elle pas encouragé et guidé les études littéraires de sa sœur dame de Vence et préparé les succès poétiques que cette dame obtint à Avignon. — L'ardeur de sainte Roseline pour les études littéraires se reflétait aussi dans sa famille, dans sa belle-sœur, Rixande de Cadenet, et dans son frère Hugues, savant docteur franciscain. — La vierge carthusienne faisait la libérale propagande des lettres sacrées, comme elle exerçait la libérale distribution de l'aumône matérielle. Le noviciat de Celle-Roubaud devint alors un ardent foyer d'études, où les âpretés du travail disparaissaient sous le plaisir de l'initiation aux lettres sacrées...

Au moment où dans les châteaux de Provence la poésie profane des troubadours répandait son enivrement, sous la direction de Roseline, les plus sublimes accents de la sainteté, passant par la bouche des vierges consacrées, faisaient retentir de leurs doux murmures les ombrages du monastère.

A la fin du treizième siècle, il y avait une liberté assez grande dans les démarches des dames vouées aux observances monastiques. La circulation des religieuses dans les villes, et notamment dans la ville de Rome, était une source continuelle de violences exercées sur la faiblesse du sexe. Les communications qui existaient entre l'intérieur et l'extérieur des couvents motivées soit sur des visites de parentés, soit sur des besoins et des intérêts matériels, ou sur des œuvres de charité,. donnaient lieu à des abus que le pape Boniface VIII voulut extirper en décrétant la clôture absolue de toutes les communautés religieuses de femmes.

La décrétale pontificale de la clôture rigoureuse des religieuses fut promulguée en 1298.—Immédiatement, les chartreux, empressés de mettre en pratique toutes les austérités, ces moines qui prohibaient rigoureusement l'approche des femmes à cinq cents mètres des limites des couvents de leurs religieux, appliquèrent, par une décision de leur chapitre général, les mesures de Boniface VIII à l'égard des monastères de moniales chartreuses.

Toute conversation d'une moniale chartreuse soit avec un parent, soit avec un séculier, soit avec un clerc régulier, dut être tenue en présence d'une ou de plusieurs sœurs et à travers les grilles du parloir, et, sous aucun prétexte, la porte d'un monastère de chartreuses ne pouvait s'ouvrir pour un homme.

Une prohibition aussi absolue était pour Roseline plus dure que pour les autres chartreuses. La nombreuse famille du château paternel était placée presque à la porte du monastère ; les frères, les sœurs qu'elle chérissait, le père et la mère, fondateurs du monastère, enfin les pauvres qu'elle avait tant de bonheur à secourir de ses dons et à soigner de ses mains, ces pauvres qu'elle avait connus et aimés dès sa plus tendre enfance, toutes ces personnes que les liens du sang, que les habitudes de la charité lui rendaient si chères, il fallait dorénavant ne les voir plus du tout, et même n'entendre leur voix que bien rarement.

Ces sacrifices furent héroïquement acceptés et le courage de Roseline, admiré par ses sœurs, étouffa les plaintes prêtes à s'exhaler de leur bouche. Le chœur des chartreuses, entièrement isolé par des grilles et des rideaux ,fut dérobé à tous les regards, alors les communications avec le dehors furent entièrement supprimées, les aliments, les vêtements distribués aux pauvres furent plus abondants, mais les mains qui tissaient le vêtement, les cœurs qui pourvoyaient aux besoins furent désormais invisibles comme la divine Providence qui couvre la terre de sa parure et de ses fruits.

Pour faire accepter sans hésitation la nouvelle rigueur de la vie monastique, l'intervention et l'exemple de la pieuse Roseline exercèrent une irrésistible séduction. Le souverain Pontife en nous couvrant d'un voile impénétrable ne préserve-t-il pas notre faiblesse de dangereuses atteintes ? Ne nous élève-t-il pas à la sublimité des anges en faisant de nous les *invisibles* protecteurs du monde ? Chaque degré ajouté à notre sacrifice pour Dieu, n'est-il pas un nouveau mérite pour notre âme, et chaque progrès vers le ciel une nouvelle joie pour notre cœur ? Telles étaient les paroles de la vierge modèle de Celle-Roubaud ; et la douceur de cette voix convaincue, le rayonnement de ce visage où se reflétait la paix de la conscience avec la joie intime du sacrifice accepté comme une expiation personnelle, comme un encouragement pour les autres, faisaient succéder un joyeux empressement, une félicité sereine, aux murmures et aux tristesses de la nature comprimée. Les peines de la lutte disparaissaient ainsi, et il ne restait que les allégresses du triomphe.

Elle avait vu, pendant son noviciat dans le Gapençais, toutes les perturbations de l'ordre politique, toutes les violences que la cupidité, les ardentes passions faisaient commettre par quelques barons aveuglés; elle avait vu toutes les luttes des malheureux paysans égarés par les préjugés anarchiques des Vaudois. Sa prière demandait avec ardeur, pour les autres, la lumière et la paix qui remplissaient son cœur. Pleine d'un saint enthousiasme pour le développement de la *civilisation chrétienne*, dont le vœu se répète toujours dans la belle prière carthusienne implorant le succès des croisades, elle demandait à Dieu le triomphe de la foi et de la paix à l'intérieur, l'extension du règne de la croix à l'extérieur. Elle inspirait à son jeune frère Hélion l'ardent désir de devenir un chevaleresque champion de la chrétienté, le vengeur des opprimés, le protecteur de toutes les faiblesses. Le dévouement à la chevalerie chrétienne, était bien propagé par celle qui appliquait le sacrifice cénobitique; et ici les ardeurs de la piété s'accroissaient de tout le feu de la plus vive affection fraternelle.

Dans cette âme toujours vibrante de saintes émotions, les manifestations de la piété avaient un perpétuel écho et les douleurs et les joies de l'Église venaient retentir dans le cœur de la vierge chartreuse.

Le glorieux roi saint Louis, canonisé en 1297 ; son cousin, saint Elzear de Sabran formant, en 1299, avec Delphine de Signe, la plus chaste des unions matrimoniales; son royal parent, Louis d'Anjou, mourant sur le siége épiscopal de Toulouse, et justifiant tous les présages de sainteté donnés par sa tendre jeunesse lorsqu'il avait quitté la pourpre pour la bure : tels étaient les bruits du dehors dont elle était empressée de recevoir les retentissements; — Les gloires de la sainteté, les joies de la paix publique répandus autour d'elle, dans la chrétienté, par sa famille, par ses proches — étaient les pieuses nouvelles dont elle était avide.

Les bienfaits publics de l'esprit de sacrifice étaient vivement sentis par le cœur de la vierge immolée.

L'année 1288 de la consécration de sainte Roseline fut signalée par l'éclatant succès des prières de l'Église, en faveur du souverain de Sicile et de Provence, du grand protecteur des monastères des Dominicains et des Chartreux. Le roi de Sicile, Charles II, sorti des prisons de Barcelone, où le retenait le roi d'Aragon, son compétiteur à la couronne de Naples. Ainsi, furent exaucées les suppliques adressées à sainte Madeleine par sainte Roseline, s'unissant à tout le peuple de Provence; ainsi, fut récompensée la piété du Prince qui avait ardemment travaillé à remettre en honneur les restes de la sainte amante du Sauveur, enfouis et laissés en oubli à saint Maximin. On vit alors combien la sereine résignation de la prière chrétienne relève les âmes abattues, fait naître de lumières et de prudente sagesse dans l'esprit de ceux qui prient. Combien elle apaise les emportements, éclaire l'intelligence et touche le cœur de ceux qu'enivrerait le succès.

Le roi d'Aragon victorieux avait été frappé d'interdit par le souverain pontife; le comte Charles de Valois de France revendiquait le royaume d'Aragon comme une des conséquences énoncées dans l'interdit pontifical ; le souverain de Sicile et de Provence, tombé au pouvoir du roi d'Aragon, avait perdu la Sicile, pendant que ses États décapités étaient troublés par des tentatives anarchiques, et après avoir déjà perdu l'île de Sicile, il était menacé d'une invasion dans le royaume de Naples.

Ce quadruple nœud d'intérêts opposés de la religion et de la politique, où se trouvaient en lutte : le pape, la dynastie française, le roi de Sicile et roi d'Aragon, constituait une situation prodigieusement compliquée, qui se dénoua d'une manière merveilleuse.

Par les plus sages et les plus habiles combinaisons matrimoniales, la nombreuse famille du prince vaincu fut une source de prospérités, et le roi captif devint en peu d'années le souverain le plus respecté et jouissant de l'empire le plus florissant du monde. Charles II laissa ses enfants environnés de l'éclat de neuf couronnes.

Ainsi : 1° le fils aîné de Charles II de Sicile devint, sous le nom de Charles-Martel, roi de Hongrie ; 2° Robert de Sicile, duc de Calabre, succéda à son père et devint roi de Sicile, comte de Provence et de Piémont, roi de Jérusalem ; 3° Philippe de Sicile fut prince de Tarente, d'Achaïe, de Romanie, empereur titulaire de Constantinople ; 4° Jean de Sicile fut duc de Duras, prince de Morée ; 5° Marguerite de Sicile devint comtesse de Valois, mère du roi de France, Philippe de Valois; 6° Blanche de Sicile devint reine d'Aragon ; 7° Léonor de Sicile devint reine de Trinacrie, nom que l'on imposa à la royauté de l'île sicilienne ; 8° Sance de Sicile fut reine de Majorque ; 9° Beatrix de Sicile devint marquise de Ferrare et d'Este, plus tard épouse de Bertrand du Baux ; 10° saint Louis de Sicile, premier né de tous les enfants de Charles II, préféra la gloire de la sainteté à toutes les grandeurs politiques; ses vertus ornèrent le siége épiscopal de Toulouse.

La famille du pacifique, du pieux Charles II couvrit d'un magnifique réseau presque toutes les grandes vallées de l'Europe : l'Èbre, la Loire, la Seine, le Rhône, le Pô, le Danube, jusques aux montagnes de la Grèce. Charles II, après avoir été vaincu et captif, mourait heureux et puissant, tandis que l'intrépide roi victorieux, Charles Ier, était mort désolé.

Après la captivité de Charles II, de Sicile, la crise qui aigrissait tous les esprits avait fait place à une pacification aussi heureuse pour les princes que pour les peuples. Des lumières surnaturelles avaient donc brillé dans l'esprit des rois ennemis, prêts à assouvir leurs ambitions rivales dans les violences de la lutte et dans des flots de sang humain. Les grâces célestes avaient fait naître des combinaisons humaines bien inattendues.

Cette étonnante conclusion des contentions souveraines produisit sur l'esprit des peuples une profonde impression qui s'exprima par la poétique légende que nous reproduisons ici :

« Charles (comte de Provence, roi de Sicile, prisonnier à « Barcelone), s'étant recommandé pour sa délivrance aux « prières de sainte Madeleine, le jour de la veille de sa fête, « à ce conseillé par un Guillaume de Tonnais, religieux de « saint Dominique, son confesseur; cette sainte s'apparut à « lui et le transporta MIRACULEUSEMENT, et ce, dans un mo- « ment, des prisons de Barcelone jusqu'à Narbonne, où « étant arrivé elle disparut, lui recommandant de faire « chercher les reliques de son corps, qui étaient cachées sous « terre, en son pays de Provence; et que les ayant trouvées, « il les fît loger plus honorablement, et en commît la garde « à ses frères. » (BOUCHE, *Histoire de Provence*, t. II, p. 316.)

Tandis que l'impression populaire se traduisait en légendes, la reconnaissance de la cour provençale se manifestait par des actes et par des bienfaits incessants, accordés au sage et au pieux conseiller Jacques d'Euse. Le religieux instituteur des enfants de Charles II fut successivement promu en 1300, à l'évêché de Fréjus ; en 1310, à celui d'Avignon ; et enfin en 1316, au suprême pontificat. En 1308, un an avant la mort de Charles II, pendant que Jacques d'Euse gouvernait le diocèse de Fréjus, le souverain accorda à la mense de ce diocèse le don du domaine de *Paleison*, en y ajoutant ces motifs flatteurs énoncés dans les lettres patentes :

En considération du vénérable Père Jacques d'Euse, évêque de Fréjus, chancelier et conseiller privé du souverain, et dont les services ont été bien grands et bien profitables.

Dans la délivrance du roi Charles II, par les prières des saints, par les conseils d'un sage prélat et par l'influence de l'Église, on trouve la source des hautes faveurs politiques qui furent prodiguées à Jacques d'Euse, à sainte Roseline, à sa famille spirituelle et à sa famille par le sang. On voit dans cette délivrance du roi captif, l'origine de l'intime liaison que montrera la suite de cette histoire entre *Jacques d'Euse*, *Roseline*, l'*Ordre carthusien* et *Hélion de Villeneuve*. Il suffisait que Roseline exprimât un désir à son évêque, devenu souverain pontife, pour que ce désir fût transmis au Prince et que le vœu fût exaucé.

II

PRIORAT DE SAINTE ROSELINE

Institution du jubilé universel. — Tendresse de sainte Roseline pour ses filles en Dieu. — Influence de sainte Roseline sur son ordre religieux, influence sur sa famille, révélation de la captivité du grand Hélion. — Concours de sainte Roseline à la croisade maritime et à la prise de Rhodes par les chevaliers hospitaliers. — Charité de sainte Roseline dans les disettes de 1302 à 1314 et 1320. — Hélion promu au grand magistère des hospitaliers, restaurateur et bienfaiteur du monastère en 1320. — Bienfaits du pape Jean XXII envers sainte Roseline et envers l'ordre des chartreux. — Grâces spirituelles et grâces temporelles accordées à sainte Roseline.

La prieure Jeanne de Villeneuve, venait d'abdiquer ses fonctions religieuses, et le prieur général des chartreux, Boson, écoutant le vœu unanime des vierges du monastère de Celle-Roubaud, imposa à Roseline le devoir d'accepter les travaux et la dignité du priorat. C'était le moment où l'évêque de Fréjus, d'Ossat, appelait au canonicat le jeune frère de Roseline, Elzéar de Villeneuve; celui qui, devenu plus tard l'évêque saint, Elzéar de Villeneuve; devait présider à la glorieuse exhumation de la sainte prieure, entrait alors dans sa première dignité religieuse.

La prieure de Celle-Roubaud, Jeanne de Villeneuve, affaiblie par ses travaux et par ses austérités, et voulant consacrer ses dernières années à la préparation des suprêmes séparations de la terre, avait demandé *miséricorde* en abdiquant sa dignité; elle se résignait par la réclusion à un complet détachement des affections et des intérêts terrestres.

Il fallut que l'humble chartreuse se résignât à accepter les difficiles honneurs de la succession de celle qui lui avait inspiré le dessein de se consacrer à Dieu.

L'inauguration de Roseline à la prélature coïncidait avec les premiers travaux épiscopaux de Jacques d'Euse, promu à l'évêché de Fréjus, sur la demande faite par le souverain de Provence Charles II; cette pensée avait été inspirée à ce prince par son discernement et son affection pour l'instituteur de ses enfants. Jacques d'Euse ou d'Ossat, qui gouverna l'évêché de Fréjus de 1300 à 1310, heureux de donner de l'éclat à l'installation de la prieure qu'il avait pu connaître et apprécier déjà comme jeune postulante, lors de son pèlerinage à Bertaud, heureux aussi de manifester publiquement son estime pour le châtelain des Arcs, avait amené avec lui comme chanoine le frère de Roseline, Elzéar de Villeneuve.

L'installation de Roseline au priorat par l'évêque de Fréjus, accompagné du chanoine Elzéar, fut une solennité publique, en même temps qu'une fête de famille.

Le pasteur illustre préludait ainsi, avec une délicate obligeance, aux grâces que plus tard devenu souverain pontife, il verserait sur l'ordre entier des chartreux, sur la maison de Celle-Roubaud et sur les frères de la sainte.

Cette année du priorat de sainte Roseline, était celle d'une belle et solennelle institution de l'Église. C'était la première promulgation d'un jubilé universel. Les mains pleines des grâces de l'Église, elle se présentait à ses anciennes sœurs, devenues ses chères filles; elle justifiait sa maternité par des bienfaits comme si elle eût voulu porter au ciel la sainte famille sur ses ailes! Après trente années de charité, après vingt-deux années de prières, et d'exercices sanctifiants et de pratiques sévères, Roseline arrivée avec sa trente-septième année à la perfection carthusienne, pouvait exiger et enseigner la vertu, dont le type se trouvait en elle-même. La sévérité des avertissements, les touchantes exhortations à l'immolation perpétuelle et à la prière, la vigilance incessante contre les séductions de la tiédeur et de la mollesse; tels étaient désormais, les graves devoirs qui lui incombaient. C'est en les accomplissant qu'elle a fondé les traditions des religieuses chartreusines qui l'ont élevée au rang de modèle de l'ordre des vierges de leur ordre. Un provincial franciscain, François de Villeneuve, nous a conservé la tradition de ses principales exhortations et des pieuses pratiques qui ont pu d'autant mieux échapper aux altérations du temps qu'elles se sont répétées d'âge en âge dans l'ordre carthusien, comme des types.

Qu'il sera beau, disait-elle à ses chères filles, de mériter les douces paroles adressées par Jésus-Christ à ses dignes épouses : Venez recevoir la couronne que je vous ai préparée! pour trouver grâce devant ce grand Dieu, ajoutait-elle, regardons-nous bien, et préparons-nous devant le miroir de notre conscience; malheur à nous, si nos négligences, nos désordres ou nos imprudences nous attiraient le terrible anathème adressé par le Seigneur aux vierges folles :

Je ne vous connais POINT!

Ce tendre cœur de femme qui avait préludé aux vertus carthusiennes par la pratique de la plus ardente charité, que ne devait-il point souffrir aux moindres douleurs physiques, aux moindres peines morales de ses chères filles? Aucune n'était affligée sans qu'elle pleurât avec elle, comme la poule alarmée au moindre danger de ses poussins et les abritant sous ses ailes protectrices, la sainte mère Roseline entrait dans toutes les peines d'esprit, les devinait et versait dans les cœurs agités de scrupules, de tentations ou de regrets, le baume de ses consolations et de ses lumineux conseils.

Comme elle savait persuader le sacrifice et l'immolation mutuelle, cette pierre fondamentale de tout bonheur et de tous les progrès de la société chrétienne! et ce sacrifice avant de l'ordonner, elle l'accomplissait sur elle-même, elle bravait ses douleurs, de la flagellation volontaire jusqu'à en alarmer ses filles.

Sous la direction de Roseline, le régime intérieur du monastère, ressemblait à celui de l'essaim d'abeilles que rien ne peut détourner de l'élaboration incessante de leur miel.

Les autels se parèrent des plus éclatantes fleurs, pendant qu'à chaque vendredi, des pauvres, plus nombreux, purent recevoir des vêtements tissés par les pieuses mains des filles de Bruno, empressées de diminuer leurs aliments pour satisfaire aux besoins des indigents accourus des paroisses voisines. Ce qui avait passé sous les yeux, dans les mains de Roseline, l'amante des pauvres, prenait pour eux une valeur inestimable.

Pendant les offices, l'enceinte du peuple était toujours trop étroite : on venait entendre avec bonheur les exquises mélodies, les harmonieuses prières pénétrant dans tous les cœurs pour les élever vers le ciel. Les élans de l'âme de Roseline semblaient se communiquer au cœur virginal de ses filles, pour entraîner au-dessus des misères terrestres, les auditeurs les plus accablés par les douleurs, les plus déshérités de la fortune.

La réputation et le bruit des saintes vertus du monastère de Celle-Roubaud, sous l'impulsion de sainte Roseline, attirait des bienfaits du dehors à son propre couvent et des grâces aux maisons de son ordre. Dès 1299, une dame, Guillaumette de Lamotte et de Gassin, avait fait un legs au couvent de notre sainte.

La douce paix du cœur, la sérénité des consciences tranquilles, eurent bientôt transformé la chartreuse de Celle-Roubaud en une attrayante oasis de célestes félicités.

Marguerite de Villeneuve, nièce de la prieure, fut entraînée vers ce bonheur. Sainte Roseline ne pouvant être dans sa famille, amenait dans son couvent et sa sœur et sa nièce, une bonne part des siens. Elle conduisait au port tout ce qu'elle aimait ! Que la séduction de ces exemples fut irrésistible dans les familles ! Que ce prosélytisme fut fécond pour l'ordre carthusien ! Roseline eut le bonheur de faire éclore la plus grande expansion de son ordre dans le monde, et de faire naître pour son ordre, les plus grands sacrifices de la part du monde !

La nièce Marguerite devint l'appui le plus solide de la prieure, Marguerite suivait ses conseils, exécutait ses ordres, comme une servante dévouée attachée aux pas de sa maîtresse.

Une autre sœur de la prieure, retenue par des devoirs de famille, ne put pas venir au monastère, mais elle accepta comme une religieuse les sacrifices de la virginité. Cette dernière sœur de Roseline, nommée Béatrix, fut le guide et la tutrice des filles de sa sœur aînée, Uranie, dame de Villeneuve-Vence.

Parmi les frères de Roseline, l'exemple de la chasteté de la sainte chartreuse, ne fut pas moins entraînant. *Quatre* frères de Roseline gardèrent les lois du célibat : le grand chevalier hospitalier, Hélion, — celui qui devint évêque de Digne sous le nom d'*Elzéar* — cet autre qui sous le nom de *Hugues* fut un des docteurs franciscains les plus distingués.

Enfin le dernier, nommé Reynaud, qui devint le chancelier de l'empereur de Constantinople.

Donc *trois* sœurs et *quatre* frères de sainte Roseline, osèrent résister aux entraînements de la sensualité, pour mieux servir leur Dieu.

L'exemple des sacrifices de la vierge de Celle-Roubaud n'était-il pas manifeste? Ses prières n'étaient-elles pas efficaces?

En 1307, Roseline eut à transporter, sur des morts chéris, les prières jusque-là appliquées à la famille vivante. Elle perdit son père et sa mère.

En 1310, mourut l'ex-prieure, Jeanne de Villeneuve, que ses vertus ont fait appeler bienheureuse.

Alors, Roseline, devenue à tous les points de vue, la tête de la famille, étendit sur ses frères, sur ses neveux une plus large protection de prières et de conseils.

Un ardent foyer de propagande en faveur des chevaliers hospitaliers fut établi dans le monastère dirigé par la sœur du preux chevalier, Hélion de Villeneuve.

La grande transformation de la chevalerie de Saint-Jean, en gendarmerie de la mer, destinée à préparer le développement de la marine chrétienne, par la destruction de la piraterie dans les échelles du Levant, fut l'objet constant des vœux et des prières de sainte Roseline. Dès le commencement du priorat de notre sainte, cette supplication fut une des pratiques générales du monastère.

Lorsqu'en 1307, Foulques de Villaret, grand maître des chevaliers, annonça les préparatifs d'une expédition destinée à la conquête de Rhodes, il demanda de l'argent, des vaisseaux et des soldats. Le pape donna 90,000 florins et fit prêcher la croisade maritime; elle fut annoncée au château des Arcs par le commandeur Hélion. Cette nouvelle, apportée au monastère, excita tout le zèle de Roseline et de ses sœurs. A l'exemple des vierges de saint Bruno, les femmes se firent les missionnaires de la CROISADE MARITIME ; et les châtelaines ajoutant l'exemple aux paroles, donnèrent leurs joyaux.

Les pauvres imitèrent le dévouement de leur bienfaitrice de Celle-Roubaud, ils donnèrent leurs personnes, ils s'enrôlèrent dans la milice maritime. Les matelots des ports de Provence s'élancèrent avec enthousiasme vers la pieuse entreprise maritime que le grand maître Foulques de Villaret, d'origine provençale, allait guider à la victoire, en prenant pour ses lieutenants des chevaliers déjà éprouvés dans cent combats, tels que Hélion de Villeneuve, Gérard de Pins, Dieudonné de Goson. On pressentait que les hospitaliers de la langue de Provence allaient ajouter de nouvelles couronnes à leurs anciens trophées.

Les commerçants comprirent tout l'intérêt qu'avait pour eux l'établissement d'un grand corps de garde établi dans l'archipel de la Grèce. — Gênes et la Sicile fournirent des vaisseaux.

Le frère bien-aimé de Roseline, le grand Hélion, déjà élevé à la dignité de commandeur de la chevalerie de Saint-Jean ; récompense due à ses éclatants services dans la pieuse milice, pendant les guerres et les dernières luttes établies en Palestine, vint réclamer les prières et les conseils de sa sœur au moment où il partait pour subir les périlleuses fatigues de l'expédition dirigée vers la conquête de l'île de Rhodes.

C'était dans les premiers jours de cette année, 1309, qui devait ajouter un si beau fleuron à la couronne des gloires de la chevalerie chrétienne, guidée vers la conquête de Rhodes par l'intrépide Foulques de Villaret. La sainte prieure dans l'émotion de ses tendres prières, eut la révélation de la prise de son frère par les Sarrazins.

Elle transmit cette triste prophétie au chevalier dévoué, mais elle ajouta : « Des prières ardentes de cette maison vous recevrez, mon frère, un secours inattendu, et les chaînes de votre captivité seront miraculeusement brisées. »

En 1309, la conquête de Rhodes fut glorieusement accomplie par cette première croisade maritime.

Mais la puissance musulmane fut effrayée de l'influence chrétienne qui allait désormais rayonner autour des mers dont l'île de Rhodes était le centre ; et en 1310 elle vint attaquer la récente conquête chrétienne avec tous ses vaisseaux et avec tous ses bataillons. Une protection divine fit triompher la faible armée des chevaliers de toutes les attaques des forces mahométanes.

L'événement justifia toutes les paroles de la sainte chartreuse. Hélion, enveloppé par les infidèles, dans les héroïques combats livrés sur la conquête de Rhodes, devint le captif des Sarrasins. Le chevalier, chargé de fers, eut dans la nuit recours aux prières de sa sainte sœur ; il la vit, dans un songe, rompre ses chaînes et le ramener sain et sauf à travers les mers, jusqu'au pied de l'oratoire, encore existant, entre les Arcs et le monastère de la chartreuse ; et il faisait alors le vœu de répandre ses largesses de l'ordre des chevaliers de Saint-Jean, sur la maison de sa sainte sœur.

Le lendemain, en effet, un secours inattendu délivra le chevalier, qui se hâta de revenir pour annoncer à sa sœur qu'il mettait à ses pieds l'or du prieuré, dont le grand maître, Foulques de Villaret, allait récompenser ses services éclatants.

Vers 1314, le grand Hélion, illustré par ses nombreuses campagnes en Terre-Sainte et dans les mers du Levant, recevant ainsi de Foulques de Villaret, le conquérant de Rhodes, la dignité de prieur de Saint-Gilles, devint le commandant direct de la force armée chargée de protéger la circulation dans les États pontificaux. Ses talents administratifs furent remarqués par le pape.

Au mois de juin 1319, le vœu le plus ardent de sainte Roseline fut exaucé : son frère chéri fut proposé par le pontife Jean XXII à l'élection du chapitre de Saint-Jean de Jérusalem, et pendant son absence, il fut d'une voix unanime promu au grand magistère de son ordre.

Par une lettre mémorable datée du 19 juin de la même année, le pape annonça lui-même, au frère de Roseline, de quelle insigne confiance il était honoré, dans un moment où il s'agissait de transformer l'ordre auquel il appartenait. La lettre pontificale était un brillant panégyrique, où se trouvaient mis en lumière : le *zèle religieux*, la *pureté de vie*, l'*habileté administrative*, la *sagesse de conseil* et la haute *bravoure*, le *désintéressement*, la *prévoyance* et les *éclatants services* du chevalier élu.

Le moment était donc venu où suivant les inspirations de la sainte chartreuse, Hélion allait réunir tous les biens des Templiers à ceux des Hospitaliers, réformer les mœurs des chevaliers, mettre de l'ordre dans des finances délabrées, et organiser la puissance *maritime* de l'ordre, qui n'avait été créé que comme une chevalerie terrestre.

La destruction de la piraterie marine allait devenir désormais la mission confiée à la chevalerie de la croix. Roseline, digne fille de saint Bruno, voulait que l'on respectât l'ordre public et que l'on protégeât les voyages sur mer, comme le fondateur carthusien avait voulu que la première croisade fût le point de départ de la protection donnée à la circulation terrestre.

Ainsi se formait *entre sainte Roseline, le pape Jean XXII et le grand maître Hélion*, la même unité de vœux et d'actions que celle qui avait existé entre *Bruno*, *Urbain II* et *Roger de Sicile*.

Cette grande pensée de la liberté des mers, établie par le frère de la chartreuse, tenant en ses mains la bannière de la croix, n'a pas été, jusqu'à ce jour, écrite dans l'histoire, mais elle est restée profondément gravée dans la mémoire des populations provençales.

Le libre passage sur les mers établi sous les auspices et

par les prières de sainte Roseline est bien gracieusement figuré par la légende du cantique populaire, qui dépeint la sainte de Celle-Roubaud étendant son tablier sur les *eaux salées* pour faire passer son frère des mers du Levant jusqu'aux côtes de Provence. — Ce tablier miraculeux est une frappante image de la puissance des prières et de la sainte sagesse des conseils de la pieuse chartreuse faisant organiser par la chevalerie, la *sécurité* et la *liberté* de la circulation maritime.

La peinture a retenu aussi une trace de la protection spéciale de notre sainte sur les chevaliers de la mer. On a représenté les vaisseaux des chevaliers hospitaliers poursuivant la flotte ottomane mise en déroute, par la céleste influence du patronage de *Roseline*. Sans doute on a figuré ainsi l'éclatante victoire remportée en 1326 par *Gérard de Pins*, lieutenant d'Hélion, refoulant une agression du musulman Orcans dans les mers de l'Archipel.

N'est-il pas du reste bien authentique que les services rendus par sainte Roseline aux chevaliers de Saint-Jean furent si grands, qu'en 1320, alors que les finances de l'ordre étaient encore obérées, le premier emploi des ressources financières de la chevalerie fut réservé à la réparation et à la restauration du monastère de Celle-Roubaud?

Ces dépenses furent si largement faites, que le frère de Roseline fut considéré comme le fondateur de la *chartreuse*.

A cette heure encore le grand maître des hospitaliers est inscrit sur le tableau des maisons de l'ordre carthusien, comme fondateur de Celle-Roubaud.

Si Hélion a été appelé en 1320, le fondateur de la chartreuse de Celle-Roubaud, couvent carthusien subsistant depuis 1260, d'après les titres authentiques encore déposés aujourd'hui dans les archives préfectorales de Gap; si sainte Roseline, à son tour, a été déclarée la supérieure des chevalières hospitalières de la maison de Beaulieu en Quercy, bien qu'elle n'ait jamais fait partie ni de cet ordre, ni de cette maison, c'est parce que cette double inexactitude est destinée à offrir une double démonstration de l'union des efforts et des pensées du frère, grand maitre fondateur de la chevalerie maritime, et de la sœur, illustre sainte de l'ordre carthusien.

Ne voit-on pas dans les faits authentiques, dans les poésies de la légende, et même dans les erreurs historiques, un concours imposant de témoignages établissant, sous des traits plus frappants que ne le serait un récit uniforme, le patronage toujours vivement senti de sainte Roseline sur la chevalerie gardienne de l'ordre public maritime?

Depuis 1319 jusqu'à la prise de Rhodes, par les Turcs, en 1522, le patronage de sainte Roseline fut si efficace que la marine du littoral de la Méditerranée, développée à l'ombre de la chevalerie chrétienne, devint la plus puissante force navale du monde ; c'est là que se formèrent les Christophe Colomb, les Vasco de Gama, tous ces hardis navigateurs qui découvrirent les mers des Indes orientales et occidentales et préparèrent l'universelle circulation du pavillon chrétien sur la surface du globe. Dans les deux siècles de libre navigation inaugurés par le frère de sainte Roseline, se forma la glorieuse milice navale de Lépante qui a pour jamais abaissé le croissant devant la croix et remplacé la piraterie par le droit maritime.

Roseline se montra digne d'être la directrice intelligente du preux chevalier dont Jean XXII louait la sagesse et la prévoyance exquises.

La croisade maritime, fruit de la religieuse impulsion et de la pénétrante intuition de la sainte de Celle-Roubaud, a eu un succès si éclatant que la sainte ornée du tablier légendaire est une des plus grandes figures parmi celles des initiateurs à la civilisation chrétienne. *A elle remonte la pensée* et le patronage de l'institution d'une force militaire navale vouée à la destruction de la piraterie et assurant la liberté des voyages sur la mer immense, formant le trait d'union de toutes les terres.

L'humble sainte de Celle-Roubaud s'est montrée digne de compléter la grande œuvre civilisatrice commencée par saint Bruno, et de préparer le merveilleux travail de l'universelle propagande de la civilisation fondée sur le sacrifice.

Lorsque les bienfaits de la chevalerie de Saint-Jean se répandirent généreusement sur le monastère de Celle-Roubaud, de grands besoins se faisaient sentir dans ce sanctuaire de la charité.

Il était temps que les secours fussent répandus sur le monastère.

Déjà, à deux reprises, des famines avaient affligé la contrée et épuisé les ressources de la communauté. En 1302, deux ans seulement après l'installation de la prieure, l'hiver avait eu des rigueurs excessives ; les champs refusant le tribut ordinaire de leurs récoltes, les épidémies étaient venues à la suite de la disette.

L'année 1314, bien plus néfaste encore, avait frappé de ses horribles désastres la Provence et le Piémont. Des pluies excessives et persistantes avaient détruit les espérances des laboureurs. Le blé atteignit le prix excessif de 80 francs l'hectolitre, et cela à une époque où l'argent avait bien plus de valeur qu'aujourd'hui. Une grande partie de la population fut réduite à la nourriture des herbes sauvages et des racines. — Les épidémies ne manquèrent pas d'arriver à la suite des épreuves de la famine. La contrée perdit le *tiers* de ses habitants.

Au milieu de ces calamités, lorsque la misère et la maladie faisaient sortir de toutes les bouches une lamentation universelle, quels furent les prodiges accomplis par l'ardente charité de Roseline ! Quelles privations et quels sacrifices purent s'élever à la hauteur des élans de son cœur ! — Elle jeûnait, demandait et donnait.

L'impression produite par l'héroïsme des privations et de la générosité de Roseline fut immense. Et l'ancien évêque de Fréjus, lorsqu'il fut devenu pape, en retraça toute la grandeur dans un bref dont nous allons avoir bientôt occasion de parler.

Pendant la reconstruction du monastère de Celle-Roubaud, reparurent les bandes des *Pastoureaux* qui avaient déjà, une première fois, en 1250, exercé des ravages dans les campagnes de la chrétienté. Les violences de ces insurgés, exercées d'abord contre les juifs, finissaient par atteindre jusqu'aux biens de l'Église.

Mais ni les travaux de Celle-Roubaud, ni la paix du monastère, ne furent troublés. Les chevaliers d'Hélion, gardiens de la sécurité publique en Provence et dans le Comtat d'Avignon, furent des sentinelles plus spécialement vigilantes à l'égard du monastère, foyer des grâces célestes en faveur de leur ordre.

La chevalerie de Saint-Jean fit donc jouir la maison où s'abritait Roseline et de la prospérité et de la paix. Les services de la chevalerie furent si grands que le grand maître justifia le titre de *Fondateur* de la chartreuse de Celle-Roubaud.

On vit une merveilleuse réciprocité de services et de secours religieux entre la prieure de Celle-Roubaud et la chevalerie de Saint-Jean.

Sainte Roseline, pendant son priorat entre 1300 et 1325, était comme le centre d'un cercle de protecteurs groupés autour des développements religieux dont l'ordre carthusien était un des principaux foyers.

Sur le siége de l'évêché de *Sisteron* était placé, dans la période de 1317 à 1328, l'ancien prieur du monastère de Durbon, centre de la première direction carthusienne de Roseline pendant son noviciat à Berthaud.

Sur le siége de *Digne* se succédaient pendant la période de 1303 à 1324, saint Reynaud de Porcelet, cousin germain de Roseline et Guillaume de Sabran, oncle germain de la prieure de Celle-Roubaud. Raynaud de Porcelet trônait de 1303 à 1318 et Guillaume de Sabran, en 1322 et 1324. (Les prélatures du neveu et de l'oncle n'étant séparées que par les quatre années de la prélature d'Armand).

Au siége de *Fréjus*, se trouvaient, comme évêque, Jacques d'Euse, l'intelligent ami de Roseline, et comme chanoine, saint Elzéar de Villeneuve, frère de Roseline, qui passa du chapitre de *Fréjus* au chapitre de *Marseille*, pour aller enfin, après ses parents de Porcelet et de Sabran, diriger le diocèse de Digne.

Puis sur le trône *Pontifical*, le plus haut, le plus dévoué protecteur, ce même Jacques d'Euse qui avait admiré ses vertus depuis la postulation de Roseline de 1278, lorsqu'il était successivement instituteur et chancelier du prince héritier.

Roseline ne perdit jamais de vue la protection de son ordre et surtout des monastères du Gapençais où se trouvait son berceau religieux.

Les difficultés sur la juridiction et le consulat qui s'étaient élevées entre l'évêque de Gap et le souverain dauphinois dégénéraient en un conflit qui enhardissait tous les perturbateurs de l'ordre public et des institutions religieuses; il fallait éteindre ce foyer de discordes qui favorisait les entreprises des seigneurs de Montmaur contre Bertaud.

La prieure de Celle-Roubaud sut mettre en jeu le zèle et le dévouement de l'évêque de Fréjus, Jacques d'Euse, et lui faire voir les devoirs qui découlaient pour lui de la protection accordée par le souverain provençal aux établissements religieux du Gapençais.

L'évêque de Fréjus employa heureusement ses lumières et sa prudente fermeté à pacifier ce différend.

Après l'action de l'autorité pacifique, l'expédition armée de 1304 fut une conséquence évidente de la pieuse influence qui avait son foyer à Celle-Roubaud et qui trouvait de sympathiques concours au château des Arcs, dans la chevalerie de Saint-Jean à la prélature de Fréjus et à la cour de Provence.

Lorsque les désastres des Vêpres siciliennes, bientôt suivies de la mort de Charles Ier et de la captivité de son fils, avaient fait renaître l'audace des ennemis de l'autorité catholique dans le Gapençais, la cour de Provence, privée de son chef, dépourvue de sa force armée, avait été obligée de se déclarer impuissante à maintenir l'ordre public dans le Gapençais. Elle écrivait au Dauphin pour le prier de défendre les chartreuses.

Malheureusement, dans le Gapençais, le Dauphin n'était nullement respecté.

Après les Vêpres siciliennes et la mort de Charles Ier, lorsque le gouvernement de la Provence fut sorti de la douloureuse crise de 1282 à 1284, les désordres continuant toujours dans le Gapençais, la protection de la cour d'Aix se fit de nouveau sentir en 1301 ; les perturbateurs et le baron de Montmaur furent traduits devant le bailli du comte de Provence siégeant à Sisteron. Enfin, vers 1304, Roseline parvint à faire exécuter une nouvelle apparition de la force armée de Provence, pour protéger l'ordre auprès des chartreuses..... et la bannière de Provence fut arborée, en signe de protection, sur les possessions des chartreux. En 1311, les litiges constamment élevés par les seigneurs de Montmaur, ordinaires ennemis des chartreux, se trouvant portés par ces religieux devant le Dauphin, le souverain dauphinois engagea ces religieux à recourir au comte de Provence.

C'était donc toujours à la souveraineté provençale qu'était réservée la protection des domaines des chartreux du Gapençais. Depuis lors, avec l'assentiment authentique du Dauphin, le drapeau du comte de Provence, roi de Sicile, flotta toujours sur les terres des chartreux. En 1318, lorsqu'une juridiction spéciale fut établie sur les possessions des chartreux du diocèse de Gap, les arrêts de justice du domaine carthusien furent rendus au nom du roi de Sicile.

Les vicissitudes de force et de faiblesse dans la protection de l'ordre public et sur les terres carthusiennes de Bertaud et de Durbon suivirent les mêmes phases que celles de l'ordre public en Provence.

La plus belle période de sécurité fut celle où la réorganisation de l'ordre des hospitaliers devint complète entre les mains de Hélion de Villeneuve, frère de Roseline. Alors fut établi le poste de chevaliers gardiens de l'ordre public qui remplacèrent, à Lux, les chevaliers templiers. Cette période fut celle de 1320 à 1346. L'éternel antagoniste des chartreux Reynaud de Montauban, seigneur de Montmaur, chercha à éluder la justice par une transaction falsifiée en 1335. —

Cette transaction, arguée de faux, prouva du moins que le turbulent voisin usait des moyens *défensifs* plutôt que des entreprises agressives. L'influence pacifique et protectrice de Roseline, sur son berceau religieux, était rendue évidente par les mains de son frère, le grand maître hospitalier.

Le monastère des chartreux de Durbon exerçait la haute influence de ses vertus et fournit à Sisteron deux prélats.

En 1169 fut élu dom Bertrand, prieur de Durbon, à l'évêché de Sisteron. Cette influence de Durbon atteignit son apogée en 1317, pendant le priorat de sainte Roseline, lorsque, comme cela a été dit plus haut, Guillaume, chartreux de Durbon, fut élevé au siége épiscopal de Sisteron, et l'occupa jusque vers 1328.

Sisteron, résidence de la cour de Provence, pendant l'été, résidence du bailli qui administrait la justice, Sisteron était donc un centre politique important.

La cour de Provence avait exaucé les vœux de Roseline en élevant Jacques d'Euse au siége de Fréjus, et avait récompensé en termes magnifiques les *grands services de ce prélat* par la concession des seigneuries du Revest et de Villepeys; bientôt après, Jacques d'Euse, devenu pape, appelait un des enfants des monastères protégés par sainte Roseline sur le siége de Sisteron. — Ainsi, grâce à la prieure de Celle-Roubaud, les amis des monastères chartreux se retrouvaient partout, au centre et aux extrémités opposées de la Provence. Jamais les pacifiques enfants du désert carthusien n'avaient été si bien protégés en Provence et en Sicile.

En 1308, le souverain provençal instituait un chevalier protecteur spécial des chartreux de Montrieux. — C'était à un sire Bertrand de Marseille que cette mission protectrice était confiée par le prince. — Cette protection donnée par le souverain au monastère carthusien fut encore une manifestation de l'heureuse influence due au patronage de sainte Roseline et obtenue pendant son priorat.

L'ancien évêque de Fréjus, le pasteur qui vénérait la prieure de la chartreuse de Celle-Roubaud, appelé en 1316 au suprême pontificat, était, lui aussi, dans son propre domaine, le protecteur des chartreux et dès l'année 1318, il les avait dotés de la maison hospitalière de Bonpas auprès d'Avignon.

A ces faveurs, Jean XXII ajouta, en 1319, celle de l'affranchissement des dîmes pour toutes les terres que les chartreux de Montrieux faisaient labourer sous leur direction immédiate. Cette faveur était en même temps une intelligente excitation aux progrès culturaux que pouvait faire naître l'exploitation rurale plus éclairée, émanée des pères chartreux.

En 1323, le même pontife envoya un autre message officiel à la vierge carthusienne qui était toujours présente à sa pensée lorsqu'il s'agissait d'exprimer de l'estime, soit pour la famille de Roseline par la religion, soit pour sa famille par le sang.

Par sa bulle de décembre 1323, Jean XXII accrut d'une manière durable les ressources de la chartreuse de Celle-Roubaud en décrétant l'adjonction des revenus du prieuré de Saint-Martin, aux biens du monastère carthusien.

Le général des chartreux, Elzéar de Grimoard et le pape Urbain V, petits-neveux de sainte Roseline, sont encore des plus lointains reflets des grâces que la prieure de Celle-Roubaud apporta à l'ordre des chartreux. Comme sa sainte tante chartreuse, Elzéar de Grimoard, général des chartreux, connu sous le nom d'Hélissaire, fut un type de mœurs pieuses et d'austérités héroïques alliées avec une fermeté de direction remarquable.

Mais Urbain V voulut ajouter de nouveaux prestiges à l'ordre carthusien, il désira donner aux prieurs des monastères de saint Bruno les honneurs de la dignité d'abbé... Il fallut toute l'énergie de l'humilité des chartreux pour résister aux insistances bienveillantes de souverain Pontife. Le pape voulut du moins augmenter les ressources de l'ordre qu'il vénérait et se ménager ce type de réforme religieuse et cet appui d'inébranlable orthodoxie dans le siége de Rome, qu'il allait habiter dans la ville même de Rome. En 1370, il fonda la chartreuse de Sainte-Croix de Jérusalem.

Tous les monastères des chartreux de Provence ressentirent les effets prolongés du patronage de Roseline.

Le pape Jean XXII, ce constant ami de la prieure de Celle-Roubaud, dès la deuxième année de son pontificat, en 1317, institua de zélés et puissants protecteurs au monastère de Montrieux exposé aux continuelles attaques des habitants de Méournes et de Signes, excités contre les chartreux par leurs seigneurs : c'était de la part de ceux-ci, la triste répétition du rôle des barons de Montmaur, ameutant leurs vasseaux contre le monastère Durbon et de Bertaud[1].

L'archevêque d'Arles, l'évêque de *Vaison* et l'évêque de *Senez* furent établis conservateurs des biens et des personnes de la chartreuse de Montrieux. Protecteurs puissants, puisque l'archevêque d'Arles fut plus tard, Gasbert, camérier du pape, chargé de la correspondance pontificale avec l'ordre des chartreux. Il eut à faire annuler trois excommunications que le chapitre de Marseille lança en 1319, en 1323 et 1334 contre le prieur de Montrieux. Le chapitre marseillais voulait exiger de Montrieux les taxes de consécration épiscopale dont le couvent carthusien avait été déclaré exempt.

La protection pontificale était bien nécessaire au moment où l'autorité diocésaine de Marseille, jusque-là favorable à Montrieux, venait joindre son hostilité à celle des vassaux du seigneur de Méounes.

Le mouvement spontané de la charité du souverain Pontife, en faveur du monastère de Celle-Roubaud, fut en 1323, accompagné d'expressions qui en doublaient le prix pour Roseline... C'était la manifestation la plus gracieuse de l'admiration inspirée au suprême pasteur des âmes par les vertus du chaste troupeau confié à la direction de la prieure de Celle-Roubaud.

Parler à Roseline des perfections de mérites pieux, des privations subies, des sacrifices acceptés, des sublimes élans

[1] En 1284, le pape français Martin IV ordonnait à l'évêque de Marseille de protéger les ermites de Montrieux contre Bertrand de Signes et autres, qui les molestaient.

de la vie contemplative des humbles imitatrices de la sœur de Lazare, placées sous son gouvernement, n'était-ce pas faire l'éloge le plus délicat et le plus sérieux de la prieure elle-même ? Et le pape la désignait, cette sainte prieure, d'une manière spéciale, avant toutes ses filles en Dieu.

Avec quelle sensibilité de langage le pape lui rappelle qu'il a été l'évêque de Fréjus, qu'il a vu de bien près toutes les vertus et les austérités qui ont laissé dans son cœur une impression si douce et si forte en faveur de CELLE qui gouverne si bien Celle-Roubaud ! Ce n'est pas un bruit lointain, et quelquefois trompeur qui détermine l'appréciation du Pontife, c'est parce qu'il connaît Roseline depuis bien longtemps qu'il met plus d'empressement à lui exprimer sa sympathique admiration. On sent comme un tressaillement de l'âme du Pontife qui se faisait *médecin* des pauvres, qui se reposait des soucis d'un immense gouvernement épineux habilement manié, en traçant dans le silence des nuits laborieuses, ses pensées sur la *vision béatifique* ; et c'était un juge si pieux qui louait la direction de Roseline, qui appréciait si haut celle qui entraînait de faibles vierges jusqu'à la plus grande sublimité de la divine contemplation.

L'auteur de ce bref sur le mérite de l'immolation des vierges carthusiennes et sur la sublimité de leur vie contemplative est ce juge de sainteté, éminemment intelligent qui voulut canoniser le Docteur angélique, en glorifiant la science jusques à la hauteur des miracles.

La lettre pontificale de Jean XXII à sainte Roseline est comme le prélude d'une bulle de canonisation pour la prieure de Celle-Roubaud; c'est vraiment là ce que l'on appelle un décret de vertus héroïques.

Nous donnons ici la traduction du bref de Jean XXII, adressé d'Avignon, en date des calendes de décembre 1323 :

« Jean, serviteur des serviteurs de Dieu, à nos chères filles
« en Jésus-Christ, placées sous la direction ordinaire d'une
« prieure, au monastère carthusien de Celle-Roubaud, diocèse
« de Fréjus;

« Nous donnons le salut et la bénédiction apostolique de « notre chaire pontificale.

« Toute notre gracieuse bienveillance vous est acquise, à « vous, vierges prudentes, qui renonçant aux jouissances « charnelles, foulez aux pieds les vanités du monde, pour « consacrer au fils de la vierge, votre fleur virginale, et « qui *toujours êtes prêtes à courir au-devant de l'époux à la* « *lumière de vos lampes allumées.*

« Plus votre sexe a d'infirmités, plus vous avez de droits « à nos suffrages et *aux témoignages empressés de notre cha-* « *rité.*

« Nous avons depuis longtemps déjà reconnu l'insuffisance « de vos revenus et de vos ressources et nous *étions déjà ému* « *d'une tendre compassion pour* vous *et pour votre monastère,* « lorsque, placé sur le siége moins élevé de Fréjus, nous « *voyions de plus près les peines de votre indigence et* L'INSUFFI- « SANCE *de vos aliments.*

« Notre sympathie à vos souffrances, et notre désir de faire « cesser vos besoins, nous ont inspiré la pensée de donner « à votre monastère un supplément de biens, tel que, mieux « que jamais, *paisibles, et humblement prosternées aux pieds* « *du Seigneur, vous puissiez vivre dans la sublimité de la* « *contemplation.*

« Nous unissons donc, à votre couvent, l'église rurale de « Saint-Martin des Arcs et nous vous en appliquons les pro- « duits. »

Ainsi, la pauvre prieure de Celle-Roubaud se trouvait avoir acquis, en 1323, à la fois les deux plus puissants et les deux plus riches protecteurs de l'Europe : le grand maître des hospitaliers, et par-dessus tout, le pape.

Dieu ne la comblait-il pas visiblement de ses grâces en lui fournissant les moyens de suivre tous les élans de sa charité? Pour elle; Dieu avait multiplié les pains et changé les épines en fleurs et en fruits ! Quelle joie plus douce pour cette âme si chrétienne que celle de voir son frère pieux élevé au faîte des honneurs religieux, et des richesses par l'illustre pape digne appréciateur des vertus de la famille de Villeneuve!...

Cette année, 1323, était bien mémorable pour sainte Roseline. La mort de son cousin, de saint Elzéar de Sabran, mit au jour ses vertus et l'incomparable chasteté de celui qui écrivait, avec une naïveté et une effusion merveilleuses, à sa chère Delphine : Lorsque vous me chercherez, venez me trouver dans la plaie du côté gauche de Notre-Seigneur. !

Quel bonheur pour sainte Roseline d'apprendre que son frère, le chanoine Elzéar de Villeneuve, était choisi pour être l'exécuteur testamentaire de son cousin germain, Elzéar de Sabran ! La sainte chartreuse, qui lisait dans l'avenir, n'y voyait-elle pas que ce même frère Elzéar aurait à glorifier son propre tombeau ?

Le pape Jean XXII venait d'ajouter des jouissances nouvelles à la dévotion empressée de ses chères chartreuses. La cloche des églises qui signale la présence d'une sentinelle chrétienne auprès de chaque édifice religieux, prit des accents plus touchants, lorsque Jean XXII lui assigna des priviléges sacrés. Il fit de ses vibrations l'écho du messager céleste annonçant à Marie sa mystérieuse maternité et au monde les prodiges et les saintes évolutions de la Rédemption. Les indulgences de l'*Angelus* attachées, par Jean XXII, à ces sonneries se trouvaient bien en harmonie avec l'ardente et suppliante invocation que Roseline adressait, *huit fois par jour*, à la sainte Vierge pour implorer son assistance à l'heure suprême !

Sur la demande de saint Elzéar de Villeneuve, en 1328, le saint Pontife mit le comble aux faveurs religieuses accordées au monastère, en lui attribuant d'insignes indulgences applicables, chaque année, le jour de la Dédicace de cette église célébrée le second dimanche après la Pentecôte.

Enfin, pour Roseline elle-même, le Pontife décerna des indulgences spéciales au jour de son passage à une meilleure vie. Les jouissances de la gloire auraient pu émouvoir sainte Roseline lorsque, à la même époque, elle apprenait que sa sœur Uranie, dame de Villeneuve-Vence, était grande sénéchale de Provence ; que sa belle-sœur, Rixande de Cadenet, dame de Villeneuve des Arcs, était admise dans la brillante académie des dames lettrées, siégeant à Avignon, devenu le foyer de toutes les lumières. Mais les grandeurs et les fumées de la vanité n'avaient plus de parfums pour elle, comme Salomon elle n'avait imploré que la sagesse divine, et la bonté céleste faisait maintenant pleuvoir autour d'elle, par surcroît, les prospérités humaines !

La culture des lettres divines et humaines était en grand honneur au château des Arcs. Tandis que Roseline dans la chartreuse, Hélion dans les hospitaliers, étaient si haut placés par leurs connaissances, la châtelaine des Arcs elle-même prenait un rang élevé parmi les dames lettrées.

. Modèle toujours plus parfait des vertus carthusiennes, Roseline n'usait de la faculté de parler attachée à sa dignité de prieure qu'en invoquant les lumières de l'Esprit-Saint, et le terme de son entretien était la glorification et le patronage de la Vierge divine ; par le *Veni Creator* et l'*Ave Maris Stella* se manifestaient ainsi l'humilité de la chartreuse, ses aspirations vers la sagesse, son respectueux amour des divins mystères. — Ses révélations se multipliaient, ses visions lui rendaient présents les objets éloignés.

La céleste paix dont Roseline faisait jaillir le rayonnement autour d'elle, jusqu'aux chères sœurs et aux chers frères carthusiens des Alpes, elle en avait fait établir des foyers à Naples par son père, commandeur de Naples, par son cousin, gouverneur du prince de Salerne. Vers 1304, avaient été fondées simultanément la chartreuse de la ville de *Naples* et la chartreuse de la *Padule*, près de Salerne.

Ce sont ces fondations qui ont popularisé les vertus et le nom de Roseline dans les États napolitains.

Les vertus carthusiennes de Roseline avaient fait une telle impression sur le souverain pontife, Jean XXII, qu'il avait recherché le général chartreux et lui avait voué une vive affection. Lorsqu'en 1328, après l'achèvement de la chartreuse de Cahors, Jean XXII voulut y faire arriver la pieuse colonie, il écrivit une lettre adressée à son TRÈS-CHER AMI Aymond, général de l'ordre, pour réclamer l'envoi de douze pères, destinés à la maison naissante.

En fondant un silencieux modèle de vertus chrétiennes dans la chartreuse de Cahors, Jean XXII lui adjoignait une fondation littéraire de grande importance. La bulle qui créait *une université* à Cahors, manifesta hautement que, pour ce Pontife civilisateur, le progrès de la piété était associé au développement de toutes les lumières accessoires de la perfection religieuse.

Cette année 1323, où sainte Roseline fut glorifiée par le pape Jean XXII, devint la période où notre sainte acquit le plus haut degré de son influence par les dignitaires politiques et religieux qui se groupaient autour d'elle.

Indépendamment de la protection de son frère le seigneur des Arcs, chargé de la défense du diocèse de Fréjus et des monastères carthusiens jusques à la Verne, elle avait un autre frère, Raymond de Villeneuve, gouverneur ou viguier de Marseille, son frère Raynaud, chancelier du duc de Tarente, son beau-frère de Villeneuve-Vence, grand sénéchal de Provence, son cousin-germain saint Elzéar de Sabran, gouverneur du prince héritier et ambassadeur du roi Robert; puis, dans l'ordre religieux, son frère Elzéar de Villeneuve, chanoine de Marseille, son oncle-germain, Guillaume de Sabran, évêque de Digne, et au-dessus de toutes ces influences, le grand maître des chevaliers, son frère, et le souverain pontife, son ami.

N'y a-t-il pas quelque chose de saisissant dans la considération de cet imposant faisceau de pouvoirs religieux, d'autorités militaires, de hautes fonctions civiles, toutes réunies par les grandes vertus et par les liens du sang, par la réciprocité d'estime et d'affection dévouée?

Jamais à aucune époque, ni avant ni après Roseline, on ne vit un assemblage de pouvoirs et de vertus civilisatrices aussi étroitement unis; n'est-ce donc pas aux pieux mérites et à l'humble sagesse de celle qui se cachait sous les plis de la robe carthusienne, qu'il faut en attribuer le prodige? C'est en contemplant beaucoup, qu'elle donnait ces merveilleux conseils de sagesse et de douceur qui faisaient de tous les gouvernants une famille. Les puissants alors, furent les chartreux du monde. L'esprit de charité et de sacrifice avait gagné toutes les âmes élevées. Ne pouvait-on pas dire que la sainteté de Roseline avait transfiguré tous les personnages aristocratiques qui l'environnaient?

IV

MORT ET FUNÉRAILLES

DE

DE LA PIEUSE CHARTREUSE

Abdication de sainte Roseline. — Ses austérités, ses saintes pratiques. — Pénétration dans les cœurs. — Expulsion du démon. — Amour des souffrances. — Apparition de Notre-Seigneur Jésus-Christ. — Révélation de sa mort prochaine, recommandations aux religieuses. — Dernière prière. — Bénédiction au monastère. — Apparition de la sainte Vierge. — Vœux de sainte Roseline satisfaits. — Signes extérieurs de sa sainteté. — Miracles et funérailles. — Miracles autour du tombeau. — Exhumation en 1334 par saint Elzear de Villeneuve. — Incorruptibilité du corps de la sainte. — Son triomphe. — La mort de Jean XXII arrête la canonisation. — Deuxième miracle en faveur des chevaliers de Rhodes. — Translation, de 1344 et de 1363. — Patronage de sainte Roseline sur la chevalerie maritime et sur son ordre monastique.

Les signes de la sainteté se manifestaient de plus en plus sur Roseline. Comme la chrysalide qui va devenir le brillant papillon, le corps de la chartreuse ne dépérissait que pour laisser mieux apparaître les beautés de l'âme.

Ses prières, toujours plus efficaces pour les malades, firent assiéger la porte du monastère par une telle foule de pauvres et d'infirmes, qu'il fallut, dit-on, autoriser une exception spéciale aux règles claustrales, et permettre la vue de la prieure, à ce peuple affamé de ses bénédictions. Que ne pouvait-on d'ailleurs obtenir de l'illustre Jean XXII, lorsqu'il s'agissait de Roseline?

Par sa direction de plus de vingt-cinq années, la prieure avait pourvu son monastère des biens spirituels et des biens temporels, elle avait elle-même acquis des perfections qui la séparaient de plus en plus des faiblesses humaines. Elle avait soif des délices de la contemplation des perfections divines, et elle en était sevrée par les soins matériels, par les préoccupations et les soucis de la direction.

Elle demanda MISÉRICORDE, et cette miséricorde, suivant la règle des chartreux, c'est, comme on l'a dit ailleurs, l'abdication de toute autorité et l'immolation absolue. Elle descendit du rang suprême pour se faire oublier dans l'isolement et la réclusion. Était-ce un ensevelissement anticipé, ou bien le séjour céleste commencé?

Étrangère aux besoins terrestres, elle se rapprochait de la spiritualité angélique. Elle restait jusqu'à une semaine entière sans nourriture... Quelques légumes sans apprêts, du pain souillé de cendre, telle était la grossière et chétive nourriture qui lui suffisait, les jours où elle savourait les délices spirituels du pain des anges!

Les nécessités matérielles devenant chaque jour moins impérieuses, son âme, toujours plus active, pénétrait dans le secret des cœurs. Elle était impressionnée par les souillures intérieures de ceux qui demandaient à l'entretenir et nul n'osa plus l'aborder qu'après s'être purifié par la confession. L'auteur du péché lui-même, le démon ne pouvait plus résister aux prières de la sainte qui repoussait l'approche de la moindre tache, et la moindre pensée du mal.

Insatiable des jouissances de la conversation divine, elle réduisait à quatre heures le temps du sommeil, l'immolation lui était devenue si familière, qu'à l'imitation du sublime patient du Calvaire, elle voulait toujours plus être victime pour les hommes et pour l'amour de son Dieu. Un jour passé sans souffrances lui apparaissait comme la sinistre menace d'un grand malheur, c'était une journée perdue pour les autres et pour elle.

Un jour, le Seigneur lui apparut avec le corps criblé de blessures : Roseline, émue jusqu'aux larmes, entendit ces paroles : Ces blessures, ce sont les hérésies et les révoltes qui déchirent l'Église! Ne faut-il pas que le dévouement des fidèles, que leurs vertus et leurs respects fassent oublier les outrages des enfants égarés?

La grâce de se préparer au dernier combat dont l'heure lui était révélée, fut la plus insigne des faveurs divines accordées aux vertus de sainte Roseline. Appelant sa chère nièce chartreusine Marguerite, la plus aimée de ses prosélytes, celle qui depuis la perte de sa sœur Sanche représentait à la fois la famille du sang et la famille de la religion, elle la pria de l'assister de ses derniers soins, au moment où la mort allait délier son âme des chaînes matérielles.

Les religieuses convoquées autour de sa couche entendirent ses dernières tendresses et ses derniers conseils. « La *confiance* et *l'amour du Seigneur*, voilà, disait-elle, le patrimoine que je vous laisse, il suffira à tous vos besoins. » Son exemple n'était-il pas une palpable démonstration de ce grand principe : renonçant à tout et donnant sans cesse, tous les secours ne lui étaient-ils pas venus à point ?

Il était beau de voir cette amante des pauvres et de Dieu couchée sur la paille, supportant l'aiguillon de la maladie, comme si elle eût été mollement étendue sur un lit de roses, exhalant d'humbles plaintes sur ses légères faiblesses qui laissaient à peine dans sa mémoire une trace nuageuse ; confuse de son indignité, comme si elle n'eût pas sans cesse triomphé de la chair, et comme si chacune de ses années n'eût point été un pas vers la plus haute perfection. Les yeux vers le ciel : « Appelez-moi vers vous, disait-elle, afin que « j'unisse ma faible voix, ô mon Dieu, aux cantiques de vos « anges, que j'arrive à vous, à la faveur des indulgences « que votre vicaire m'a accordées et que, munie des forces « puisées dans votre pain mystérieux, ma faiblesse puisse « cheminer jusqu'à votre sublimité ! »

Ainsi gémissait dans les étreintes de son humble amour pour Dieu, la vierge qui n'avait été que prière et charité, la digne émule des vertus de saint Bruno. Bientôt rassasiée des douceurs surnaturelles de la divine Eucharistie, elle tomba dans une extase qui dura une journée entière. Était-ce une excursion vers le Paradis qui suspendait ainsi les communications terrestres ?

Après ce ravissement, les dernières onctions d'huiles saintes vinrent comme un embaumement préparer le corps virginal à l'éternelle incorruptibilité. Tous les sens humains, dès lors séparés de leurs infirmités terrestres, furent appliqués aux messages célestes. La communauté, agenouillée devant la sainte prieure, reçut au milieu des sanglots, ses dernières bénédictions... Dans un silence solennel, les vierges carthusiennes se retirèrent emportant dans leur cœur une tendre émotion et un souvenir sanctifiant.

La nièce Marguerite restait seule en oraison dans un coin de la cellule, lorsqu'elle entendit sainte Roseline dire d'une voix claire et satisfaite : *Adieu pour la dernière fois, je vais à mon Créateur.* A ces mots éclate un nouveau prodige : alors apparaît, la sainte triade carthusienne, saint Bruno, saint Hugues de Grenoble, saint Hugues de Lincoln, tous en habits de chartreux, l'encensoir à la main et précédant la sainte mère de Dieu portant son divin fils en ses bras. La Vierge divine ayant permis à saint Bruno de faire encenser la cellule, saint Hugues de Lincoln enveloppa de cercles parfumés la chambre et le lit de la malade : le démon, sommé d'articuler les reproches à formuler contre Roseline : « Elle s'est laissée aller, dit-il, au repos durant une après-midi. » Par l'inanité d'un tel reproche, l'esprit insidieux du mal confessait bien la sainteté de Roseline! Alors la sainte Mère de Dieu, avec l'ineffable grâce de son sourire, prononça ces douces paroles : « Conduisez la chaste fiancée au lit nuptial du céleste époux. »

A ces mots, éclata le concert d'actions de grâces de la sainte triade, et la vénérable mère expira!

Les supplications chaque jour répétées par la sainte prieure étaient donc exaucées! La Reine des anges était venue l'assister à sa dernière heure! la Mère des vierges était venue apposer la suprême couronne sur la virginité de Roseline, et la faire monter au divin banquet nuptial, parée des roses devenues désormais l'emblème brillant des feux et des parfums de sa charité; sainte Roseline parvenait au ciel, guidée par la main de saint Bruno, dont elle avait produit le type parfait de l'immolation de la Vierge immaculée.

Désormais la vertu carthusienne avait deux modèles : saint Bruno et sainte Roseline, c'était la douce personnification de la prière, sur des lèvres sans souillures, et sous les deux formes de l'humanité.

L'avénement céleste de l'âme de sainte Roseline s'était manifesté aux seuls regards de Marguerite de Villeneuve, mais il se traduisit bientôt en traits éclatants aux yeux de tout le monastère et de la population voisine.

Au moment où sainte Roseline quittait la terre, les douleurs de la déchirante séparation arrachèrent un grand cri à sa nièce et à sa fille en Dieu : c'étaient les tristesses bien naturelles de l'orphelinat qui s'épanchaient. A ce signal, le monastère entier se précipita vers la cellule, là éclatèrent d'autres merveilles. La mort avait respecté les nobles traces de la sainteté; la vierge, les yeux ouverts, brillants et dirigés vers le ciel, le visage souriant, avait conservé les beautés de l'extase : le dard de la mort avait été visiblement émoussé à la dernière heure; la joie céleste avait donc vaincu la douleur! et le triomphe divin du SACRIFICE virginal brillait aux yeux de tous!

Toutes les pieuses chartreuses demeurèrent longtemps prosternées. Le silence pouvait seul interpréter leur ravissement avec leur vénération.

Le corps de la vierge sans tache fut alors, suivant le rite carthusien, orné des insignes de la consécration. Sur le front de la sainte de Celle-Roubaud brillaient les pierres précieuses de la couronne reçue à vingt-cinq ans, à son bras droit était le manipule, sur sa robe blanche descendait l'étole qui entourait sa poitrine comme l'auréole de la pureté, sur son cœur était appuyée la croix qui avait inspiré toutes ses pensées.

Le visage, empreint de la majesté des années, avait cet éclat céleste qui avait brillé de ses premiers reflets le jour où la fille du château des Arcs avait contracté l'union mystique. Le rayonnement de la couronne virginale frappa tous les yeux; et l'impression produite par l'éclat de cette couronne sur les populations qui vinrent saluer le glorieux cercueil, s'exprime encore aujourd'hui par les cantiques de pieuses femmes répétant les pompes de ces saintes funérailles. D'après la tradition populaire, le frère cher à la sainte chartreuse aurait suspendu les travaux de son grand magistère, pour venir avec toute la famille du château assister au triomphe de son angélique sœur, et cette tradition dit assez combien Hélion aimait Roseline.

Lorsqu'on introduisit le corps dans le cercueil, les membres de la sainte, froids comme le marbre, conservèrent avec la douceur de leur forme, une merveilleuse flexibilité.

Au même instant, la voix de Dieu se fit entendre par la bouche des enfants. Dans tous les bourgs, dans les villes du voisinage retentirent ces cris : LA SAINTE EST MORTE! Alors un immense concours se dirigea vers le monastère, tous voulurent voir, tous voulurent toucher la sainte dépouille. Des aveugles recouvrant la vue, des membres perclus revenus à leurs fonctions, et de nombreux malades guéris par le seul contact du cercueil furent les témoignages publics de la sainteté de Roseline. Il fallut reculer l'ensevelissement jusqu'au troisième jour. Ainsi l'exigea la population, qui ne pouvait se rassasier de contempler la sainte.

Elle fut inhumée dans le cimetière commun du monastère, suivant le rit de son ordre religieux, et déposée auprès de la précédente prieure, Jeanne de Villeneuve, morte depuis dix-neuf ans.

Le jour de la mort de sainte Roseline était le 17 janvier 1329; ainsi le constatait le registre de la maison de Bertaud portant l'inscription de la profession et du décès des religieuses. La sainte allait célébrer au ciel le cinquantième anniversaire de ses vœux carthusiens si bien remplis!

Roseline avait près de soixante-six ans le jour de son décès. Mais pourquoi ai-je dit le décès? La mort qui brise toutes les gloires et toutes les vanités humaines, n'est-elle point la glorification des saints? leur cercueil n'est-il pas leur char de triomphe?

La puissance de l'humble et faible vierge de Celle-Roubaud, n'apparut-elle pas en traits lumineux dans les nombreux prodiges opérés sur la terre qui couvrait sa relique?

Les pieuses chartreuses qui venaient prier sur cette terre, n'étaient-elles pas embaumées par les parfums qu'elle exhalait, comme si le miracle des roses avait une longue reproduction?

On supplia d'étaler à tous les yeux le corps qui recélait tant de vertus?

Bientôt, les vœux des religieuses, ceux des populations environnantes, s'élevèrent en concerts jusqu'à Avignon, jusqu'au représentant de saint Pierre, à l'illustre vieillard ami de Roseline.

Ce fut un bonheur pour lui d'accorder l'exhumation destinée à honorer la vierge carthusienne qu'il avait protégée et vénérée. Le souverain pontife eut la délicate attention de confier la direction de cette glorieuse cérémonie au frère de la sainte prieure, à Elzéar de Villeneuve qu'il venait de promouvoir à la prélature du diocèse de Digne.

L'évêque de Fréjus, Barthélemy Grassi, entra dans les gracieuses pensées du pape, en déléguant tous ses pouvoirs à l'évêque de Digne.

Le jour de l'octave de la Pentecôte, le 11 juin 1334, au milieu du concours le plus nombreux et le plus solennel, l'exhumation s'exécute...

Tous les prodiges reçoivent une imposante confirmation; à la suite de cinq années de séjour en terre, le corps apparaît en entier, sans corruption... et les yeux ordinairement si altérables, sont merveilleusement conservés!

L'évêque Elzéar, frère de Roseline, premier témoin de ce miracle, reçut le reflet de la sainteté manifestée.

La joie publique s'éleva jusqu'à une pieuse ivresse.

Les miracles se multiplièrent, et de tous côtés on répéta : « Nous avons un trésor inestimable, nous possédons une sainte! » Pour ceux qui savent lire les choses spirituelles dans les figures matérielles, l'incorruptibilité persistante de ce corps n'était-elle pas un signe de la sainteté de la vie de Roseline? Ces yeux, interprètes éloquents ou des plus saintes aspirations, ou des plus terrestres appétits, ces yeux si bien conservés n'étaient-ils pas ici un emblème saisissant de la pureté inaltérable des pensées de la vierge de Celle-Roubaud? L'ordre entier des chartreux, l'ordre dont l'incorruptibilité est un des plus remarquables monuments de sa durée de huit siècles, ne recevait-il pas ici un magnifique témoignage sorti d'une tombe? L'ordre incorruptible avait produit le corps virginal incorruptible : c'était là désormais son type matériel qui était établi.

Il y a, du reste, des effets nécessaires, quotidiens, qui confirment ces consolants aperçus. Les causes actives de la corruption du corps résident dans la sensualité de la bouche, dans l'abus de la nourriture, dans la satisfaction déréglée de tous les appétits. Les macérations qui réduisent le développement de la chair sont nécessairement des préparations à la résistance à la décomposition : ainsi, aux yeux même de la science naturelle, la vie sainte, la vie spirituelle développée aux dépens de la vie matérielle, est démontrée par la résistance à la décomposition des chairs.

D'aucune manière donc on n'échappera à la rigueur de la conclusion : l'incorruptibilité de corps de sainte Roseline atteste les prodigieuses abstinences volontaires qui constituent les titres légitimes de la sainteté. Qu'on songe à l'utilité de ces abstinences dans les circonstances traversées par sainte Roseline, telle que l'année 1314, où la famine détruisit une partie si considérable de la population ! Le jeûne volontaire n'était-il pas alors le plus utile, le plus populaire des dévouements? On épargnait ainsi l'aliment pour le réserver à l'indigence affamée.

Le jour mémorable de l'exhumation fut dès lors justement dénommé *le Triomphe de sainte Roseline*, et il est célébré chaque année le dimanche de l'octave de la Pentecôte.

Pour saint Elzéar de Villeneuve, ce triomphe était une joie de famille, en même temps que la plus douce et la plus sainte de ses émotions épiscopales.

Divers membres de la famille purent éprouver à côté d'Elzéar les pieuses joies de la glorification de la sainte issue de leur sang, et ils purent comprendre les grandes charges que leur imposait la noblesse religieuse.

On y trouvait le châtelain des Arcs, le frère de la sainte, qui était alors sexagenaire.

A côté d'Arnaud III étaient Hélion Ier, son fils, âgé de quarante ans, enfin Arnaud IV, son petit-fils, âgé de quatorze ans, imposante réunion de témoins de famille; c'étaient les trois générations qui se succédaient et qui formaient un bien solennel cortége derrière le saint prélat, Elzéar, directeur de l'exhumation de sa sœur glorifiée.

Lorsque, en 1334, le corps de sainte Roseline, exhumé, manifesta le privilége d'une merveilleuse conservation, les yeux de la sainte furent mis dans une petite châsse particulière, pour être transportés au trésor de la paroisse des Arcs, auprès du lieu où ces yeux, symbolique figure de la pureté virginale, s'étaient pour la première fois ouverts à la lumière. Le saint corps, porté par six religieuses chartreuses, fut établi dans l'église du monastère, auprès de l'autel, à l'intérieur d'une balustrade qui le protégeait contre les profanations.

Le récit de cette glorieuse translation vint réjouir le cœur du pontife Jean XXII. Ne voyait-il pas dans la sainte dont les chartreux réunis aux familles de Villeneuve et de Sabran, venaient lui demander de consacrer l'apothéose, n'y voyait-il pas l'effet de ses indulgences adressées à la prieure de Celle-Roubaud? N'y trouvait-il pas la confirmation de la déclaration des vertus héroïques pratiquées dans le monastère sous l'impulsion de Roseline, vertus héroïques qu'il avait si bien dépeintes dans sa bulle de 1323? La constatation de l'incorruptibilité de Roseline fut une des dernières satisfactions de Jean XXII. Il mourut au mois de décembre de la même année, avant d'avoir pu inscrire Roseline dans le catalogue sacré.

Ce pape était âgé de quatre-vingt-dix ans; au milieu des soucis des travaux accablants de son pontificat, il vivait comme un chartreux, se levant, chaque nuit, pour réciter ses prières. L'hommage qu'un tel pape a rendu aux vertus de sainte Roseline était déjà une canonisation anticipée; quel autre que l'austère pontife qui l'avait suivie dans toutes les périodes de sa vie, depuis son noviciat jusque dans l'exercice du prioral, pouvait être meilleur juge de la sainteté de Roseline?

La céleste influence de Roseline se manifesta bientôt par de nouvelles grâces accordées à l'ordre des chevaliers, gouverné par son frère. L'année 1343 fut marquée par la victoire de Rio-Salado, où la bravoure des *hospitaliers* accrut ses trophées aux dépens des ennemis de la croix.

L'année 1344 fut signalée par l'éclatant succès de la conquête de Smyrne, obtenue par l'escadre des hospitaliers, qu'Hélion de Villeneuve avait fait sortir du port de Rhodes sous les ordres de Jean de Biandra, capitaine des galères de la religion.

Ces triomphes, dus au patronage de Roseline, et les miracles nombreux qui se produisaient au milieu des populations voisines du monastère, redoublèrent la dévotion publique pour les restes de la sainte, et, en 1344, sur le vœu universel, la relique fut élevée du caveau pour être exposée à la vue de tous. Les triomphes de la chevalerie civilisatrice, les ovations populaires de la sainte, se manifestaient simultanément.

Ce ne fut pas assez encore... On voulut considérer sans obstacle le corps merveilleusement conservé, ce corps qui était un gage du progrès de l'ordre public maritime, une source de grâces populaires, et dont la vue était un besoin général.

La relique fut enfin placée sur l'autel, dans une châsse à ouverture vitrée.

En 1360, Hugues d'Arpajon, évêque de Marseille, dirigea la cérémonie de cette suprême glorification du corps de Roseline. Désormais elle était sur l'autel où sa sainteté et ses bienfaits l'avaient élevée progressivement par la voix de Dieu empruntant la langue du peuple.

La famille de la sainte venait aussi se placer de plus en plus sous le patronage de la vierge carthusienne, qui soutenait sa prospérité et qui formait sa plus populaire illustration.

Hélion de Villeneuve, neveu de notre sainte, en 1365, et, en 1382, son fils Arnaud IV, appelé *le Grand*, parce qu'il fut comblé de tous les dons de la sagesse et de l'opulence, vinrent prendre place dans le caveau de la chapelle de Celle-Roubaud. Le Salomon de la famille de Villeneuve venait ainsi offrir à l'humble amie du pauvre l'hommage de toute sa fortune.

Arnaud IV laissait un fils qui se nommait Hélion comme le grand maître frère chéri de Roseline, et qui, comme lui, se voua à la défense de l'ordre public. Il fut trouvé digne de commander toutes les forces des Provençaux contre les anarchistes et les brigands. Le dévouement à la civilisation religieuse était une vertu que Roseline semblait attacher plus spécialement à sa propre famille.

Plus tard, en 1516, Louis de Villeneuve atteignit à l'apogée des grâces obtenues pour sa famille. Il fut appelé *riche d'honneurs* et le GRAND MARQUIS, et il sentait bien que ces avantages lui venaient du patronage de la vierge carthusienne, car il ordonnait dans son testament de placer son corps à côté de celui de ses *progéniteurs* aux pieds de *Madame sainte Roseline*, sœur du grand maître de Rhodes.

Ne fallait-il pas que la famille prosternât toutes ses grandeurs devant celle qui avait pris en main le drapeau de l'humilité, de la pauvreté et de la charité? devant celle dont la céleste protection était la source de toutes les prospérités de sa maison?

Aux dernières années et à la mort de Roseline brillèrent d'un plus vif éclat les faveurs qu'elle faisait tomber sur la chevalerie de la croisade et sur les maisons de l'ordre carthusien.

Il faut ici résumer les traits divers de ce double patronage de notre sainte en faveur de la chevalerie civilisatrice et en faveur de l'ordre des chartreux. Lorsque Roseline commençait sa vie de réclusion, après avoir fait cette grande abdication de dignité appelée obtention de miséricorde dans la sublime modestie de la langue carthusienne, la sainte chartreuse obtint pour les chevaliers de Saint-Jean une éclatante victoire, remportée en 1326, contre une flotte de quatre-vingts navires, équipée et lancée contre Rhodes par le successeur du sultan *ottoman*.

Déjà la puissance navale des chevaliers avait été si énergiquement développée par Hélion, que son lieutenant à Rhodes, le chevalier Girard de Pins, pouvait résister à tous les efforts de la puissance des Turcs; cette sagesse et ces heureux succès étaient les effets des nouveaux pas dans la sainteté, faits par l'héroïque chartreuse.

D'après la tradition populaire, Hélion assista aux triomphantes funérailles de sa sœur proclamée sainte par les habitants des bourgs du voisinage.

Il vit rayonner sur son front la brillante couronne de la consécration virginale[1] et appuyée sur son cœur, la croix constante inspiratrice de ses hautes pensées et de son merveilleux sacrifice.

Ensuite, il s'empressa d'aller continuer avec une ardeur nouvelle le grand travail de l'organisation maritime de la chevalerie, institution désormais placée sous le patronage céleste le plus efficace.

L'année 1329 fut tout entière consacrée à délibérer, à Montpellier, les dernières mesures destinées à assurer le double gouvernement de l'ordre sur le centre maritime à Rhodes, et sur le centre terrestre auprès du siége pontifical.

A peine arrivé à Rhodes, Hélion se disposant à exécuter les grands desseins d'une expédition chrétienne, fut arrêté d'abord par la mort de Jean XXII.

Cependant il remporta, le 30 octobre 1343, une grande victoire sur le roi de Maroc à l'aide des chevaliers de terre combattant en Espagne, et en 1344, ses chevaliers de mer s'emparèrent de Smyrne. Cette glorieuse conquête se fit dans l'année même où la voix populaire avait déterminé l'exaltation du corps de la sainte chartreuse. Aux prodiges qui éclatèrent autour de la relique, s'ajoutaient ceux du triomphe de l'illustre grand maître patronné par sa sainte sœur.

Environné de l'éclat de trois triomphes, parmi lesquels figuraient deux grands succès sur mer, Hélion était devenu

[1] Voir dans les Pièces justificatives le Cantique populaire.

maître des mers du Levant, complétement délivrées de la piraterie musulmane; accablé par ses travaux incessants, le preux chevalier chargé du poids de quatre-vingts années s'endormit dans sa gloire en 1346. Le programme de Roseline était rempli.

La protection de sainte Roseline sur la chevalerie maritime organisée par son frère eut deux résultats : celui de faire attacher le prestige d'une réussite constante aux entreprise du grand maître des chevaliers et celui de faire naître la suprématie maritime de la chrétienté.

Les succès personnels du grand maître Hélion, consacrés par la victoire sur Orcan en 1326, par celle de Rio-Salado en 1343 et enfin par la conquête de Smyrne en 1344, furent des triomphes si exceptionnellement constants dans l'histoire des chevaliers que le titre D'HEUREUX GOUVERNEUR fut décerné au frère de sainte Roseline.

Mais ce *bonheur* fut allié chez le frère de la chartreuse à à un tel dévouement à ses devoirs, qu'il réunit et présida jusqu'à sept chapitres. Aucun autre gouverneur ne put jamais tenir un pareil nombre d'assemblées et faire autant de sages règlements. Le bonheur fut donc le résultat de l'esprit de sacrifice du frère doublé de l'esprit de sacrifice de la sœur.

Le digne frère de la charitable Roseline mourut après avoir fait *entièrement* disparaître la *pauvreté* de son île de Rhodes : on eût dit que cette île, qui en grec tire son étymologie des roses, rappelait bien la *rose sans épines* de Celle-Roubaud.

Désormais l'ordre carthusien avait fait naître dans Hélion le fondateur de la chevalerie maritime, comme il avait autrefois suscité dans Godefroy de Bouillon le modèle des chevaliers de la croisade terrestre.

Saint Bruno et sainte Roseline avaient fait apparaître le guerrier chrétien dévoué à la défense de la civilisation. C'était le sacrifice militaire sur terre et sur mer.

Les deux croisades *terrestre* et *marine* ont eu leur plus grande énergie pendant des périodes de temps singulièrement semblables entre elles.

La durée des croisades *terrestres* comprise entre la première expédition qui aborda la Palestine en 1097, et la dernière prise de Jérusalem suivie d'une déroute immédiate en 1302, est de deux cent cinq ans, ou d'environ deux *siècles*. C'est après 1303 que l'on songea à établir une base d'opération insulaire pour la chevalerie de Saint-Jean.

La croisade maritime, correspondante à la possession de Rhodes, depuis 1309, jusqu'à la perte de cette possession des chevaliers de Saint-Jean, dans l'année 1522, est de 213 ans ; mais cette possession de Rhodes ne fut réellement utile pour la répression de la piraterie du Levant, qu'à dater de la défaite du sultan Orcan, vers 1321. Il a suffi que la croisade maritime ait été bien efficace pendant deux siècles. La croisade maritime a été donc d'une durée à très-peu près égale à celle de la croisade terrestre.

A la fin de la croisade terrestre, les guerres privées intérieures étaient abolies, et le pouvoir central était organisé.

En 1500, vers la fin de la *croisade maritime*, le pavillon chrétien avait été salué sur les mers de l'Amérique comme sur celles des Indes ; la force de la marine musulmane était évidemment déjà bien inférieure à celle de la marine *civilisée* chrétienne. — Chacune des périodes deux fois séculaires de la croisade de *terre* et de la *croisade* des mers, avait suffi pour faire atteindre le but principal ; la piraterie, sous ses deux formes terrestre et marine, avait été vaincue par la croisade.

En 1302, la piraterie intérieure était réprimée par l'abolition des guerres privées; avant 1520, la piraterie musulmane maritime était déjà évidemment réprimée par la prépondérance de la marine chrétienne.

La vertu de sainte Roseline, sa protection céleste sur son ordre monastique se sont manifestées par l'entrainement et le prosélytisme qui se sont produits en faveur de cet ordre.

C'est par l'érection de nouvelles chartreuses que l'entraînement vers le sacrifice carthusien peut surtout être apprécié. Chaque maison nouvelle exige le départ d'un essaim nouveau sortant d'une maison devenue trop nombreuse et qui va trouver dans les dons des fondateurs, des moyens d'existence que l'ordre ne possédait pas antérieurement.

Une fondation et sa dotation sont une double manifestation du prestige exercé à *l'intérieur* et à *l'extérieur*, par la vertu carthusienne. Nous pouvons donc mesurer l'influence de sainte Roseline sur son ordre, par la supputation du nombre des maisons fondées pendant les diverses périodes de la vie de la pieuse chartreuse. Le patronage de la vierge de Celle-Roubaud se manifesta sur son ordre et pendant son *siècle*, et pendant son *priorat*, et pendant *l'année* de sa mort.

Pendant le *priorat* et les dernières années de réclusion de sainte Roseline, dans les vingt-neuf années placées entre l'an 1300 et l'an 1329, il y eut trente-quatre fondations. D'après le mouvement général du siècle, on n'aurait dû en avoir que vingt-deux.

Ainsi le priorat de sainte Roseline fut la période la plus féconde du siècle le plus fécond en enfants de saint Bruno.

Les époques les plus remarquables du *priorat* de sainte Roseline furent : 1° la première année du priorat en 1300 ; 2° la vingtième année où les Hospitaliers restaurèrent le monastère vers 1320, et 3° enfin la dernière année de la vie de notre sainte en 1329. Ces trois époques notables du priorat de la sainte chartreuse sont précisément celles des plus nombreuses fondations. — On trouve quatre fondations en 1300, quatre fondations en 1320 et huit fondations de 1328 à 1329. Ces huit dernières étaient les maisons de *Gand* et de *Mont-Sainte-Gertrude*, de *Bois de Saint-Martin*, de *Diest* en Brabant, de *Basseville*, de *Beaune* en Bourgogne, de *Cahors* en Languedoc, de *Val-de-Pez*, près Saint-Fructuaire. — Les prières et les dernières bénédictions de Roseline étaient des sources inépuisables de grâces pour son ordre.

Le *siècle* de sainte Roseline fut aussi le siècle le plus fécond en fondations de chartreuses. Il y avait à la fin du onzième siècle, deux chartreuses, le douzième siècle en fit naître trente-sept, le treizième siècle en produisit trente-une ; — le siècle de sainte Roseline en produisit cent dix !

A la fin du siècle où mourut sainte Roseline, en 1399, il y

avait plus de maisons de chartreux qu'il n'en subsista à la fin des quatre siècles suivants.

Il y avait eu, depuis la naissance de l'ordre des chartreux, un total de cent quatre-vingt fondations et quatorze abdications. Il restait donc en 1399 cent soixante-six maisons en 1792; or, au moment où la tourmente révolutionnaire fit disparaître toutes les maisons religieuses, il ne subsistait que cent trente-quatre chartreuses. Ainsi le siècle de Roseline fut l'époque de la plus brillante efflorescence carthusienne.

On est en droit de conclure de tout ce qui précède :

1° Que la fin du *siècle* de sainte Roseline correspond à l'apogée de la *période* carthusienne. La famille des chartreux s'éleva alors au total de quatre à cinq mille personnes partagées entre cent soixante-six maisons;

2° Que le *siècle* où la vertu de Roseline se développa fut le *plus fécond* en fondations de chartreuses;

3° Que ce dernier siècle eut son maximum de fécondité pendant le *priorat* de la sainte;

4° Que les diverses années remarquables du *priorat* furent aussi distinguées par leur fécondité, et que l'année de la *mort* de la sainte fut la plus féconde de toutes;

Le siècle où naquit sainte Roseline fut le plus fécond en fondations *chartreuses moniales*, le siècle suivant, illustré par son priorat, fut le plus fécond en fondations de maisons de *chartreux*.

Les derniers battements du cœur de la sainte chartreuse produisirent la plus magnifique de toutes les expansions de la vie carthusienne.

Le patronage de la sainte de Celle-Roubaud se manifesta donc d'une manière bien éclatante, et sur l'ordre chevaleresque chargé d'une mission civilisatrice, et sur l'ordre monastique qui a rempli une grande mission religieuse.

V

TROUBLES DE L'ÉGLISE

ROLE DES CHARTREUX PENDANT LES TROUBLES

Troubles de l'Église. — Revers de la Provence. — Désastres moraux et matériels du règne de la reine Jeanne. — Pillage de l'archiprêtre. — Des *Tuchins*. — Schisme pontifical. — Révolte et brigandages du vicomte de Turenne... En 1400, Dévastation des côtes de Provence. — Pillage de Marseille en 1417. — Dévastation de Celle-Roubaud. — Désordres et troubles dans les monastères. — Ravage des couvents carthusiens du Gapençais. — Prudence et résignation des chartreux.

Lorsque la glorification populaire de sainte Roseline avait atteint son apogée, lorsque le châtelain des Arcs répétait avec ses nombreux vassaux répandus sur ses quatre-vingt-deux domaines seigneuriaux, les mérites de la sainte chartreuse, lorsque l'ordre public s'établissait par la salutaire influence de l'Église, qui faisait naître à la fois le développement matériel et le progrès artistique, l'excès du bien produisit de funestes enivrements. La papauté elle-même, au lieu d'être une couronne d'épines, devint l'objet de convoitises matérielles, et, par une conséquence inévitable, apparurent alors de tristes éclipses de la lumière chrétienne et de grandes épreuves morales et politiques.

Deux pontifes exaltés, l'un à Avignon, l'autre à Rome, laissèrent voiler sous les nuages des ambitions terrestres le soleil de la vérité catholique. Des guerres civiles, des révoltes, des attentats sans nombre troublèrent toute la surface de l'Europe. Que ne devait-on pas craindre des passions humaines lorsqu'elles établirent leur foyer dans la chaire d'où devait descendre la paix et le rayonnement de la vertu? Alors le bras de Dieu se signala par un prodige plus grand que tous les précédents miracles, par la conservation de la foi et de l'austère morale chrétienne au milieu d'une telle perturbation et d'une aberration si grande. Mais ce miracle n'apparut dans sa splendeur que lorsque furent dissipées les épaisses ténèbres de tous les orages politiques et religieux, et un des remarquables résultats de la victoire remportée sur l'anarchie et l'impiété fut la conservation de la relique de sainte Roseline; symbole carthusien de l'incorruptibilité de l'Église.

Comment naquirent les troubles religieux et politiques? Comment arriva la chute religieuse de la chartreuse de Celle-Roubaud? Comment la sainte relique de Roseline fut-elle miraculeusement préservée de la destruction qui couvrit de ruines tout le pays et qui dispersa les vierges gardiennes du corps saint virginal? Cette exposition est la tâche pénible et difficile que nous allons chercher à remplir.

Le dévouement aux malheureuses victimes de l'indigence et de la maladie a été la vertu caractéristique de sainte Roseline, et c'est le dévouement perpétuel des hommes du peuple envers cette sainte patronne qui a conservé sa relique... à travers toutes les violences et tous les désastres.

Le corps de la vierge qui s'était faite victime de l'amour pour les malheureux a été sauvé par le dévouement constant des malheureux. La conservation de sa relique est ainsi devenue le témoignage éloquent de la charité traditionnelle de sainte Roseline et du dévouement qu'elle a inspiré aux plus infimes d'entre le peuple. Ce que la sainte de Celle-Roubaud avait donné au peuple en témoignages de charité a été rendu par le peuple en témoignages de dévouement. Dans les troubles des guerres civiles du quatorzième siècle, des guerres religieuses du seizième siècle, dans les désordres des guerres du dix-septième siècle, dans les profanations sacriléges de la fin du dix-huitième siècle, c'est le peuple qui a défendu la relique de notre sainte. La conservation du corps de sainte Roseline est une preuve palpable de l'amour du pauvre pour celle qui l'a aimé et protégé.

La Provence avait eu plus de part au triomphe de la civilisation chrétienne, puisqu'elle était devenue, dans le quatorzième siècle, le centre du développement religieux et civilisateur. Les grandes écoles de droit et de médecine, les universités savantes, les académies littéraires, les enivrements de la poésie, les grandes améliorations agricoles et industrielles, la construction des grands ponts sur le plus impétueux des fleuves, tout cela se faisait autour de la Provence. Rien n'avait manqué à la gloire de cette population, pas même l'illustration d'une aussi grande conquête que celle de Naples. Mais le contre-coup était inévitable, et c'était sur la Provence que le relâchement des mœurs, l'altération des principes devaient venir faire sentir leur principale influence, et la résidence à Naples du souverain politique devait accroître le mal. Comme la robe de Déjanire, la brillante conquête de Naples devait brûler la chaire dont elle semblait être la parure.

Le souverain provençal, enchaîné sur la terre napolitaine par les délices de la résidence, ne protégea plus que *faiblement* et *de loin* l'ordre public de la Provence; les désordres et le pillage devinrent dans cette contrée l'état permanent depuis 1358 jusqu'en 1435, pendant trois quarts de siècle.

Tandis que la jacquerie, inculquant la funeste habitude de la révolte contre toutes les supériorités, exerçait ses fureurs sur la France septentrionale, accablée sous le deuil du désastre de Poitiers, la Provence était parcourue par des bandes de pillards commandés, en 1357, par Servolo, surnommé l'Archiprêtre. — L'année suivante, 1358, nouveau déluge de pillards et de voleurs dont le pays ne fut délivré que par la courageuse initiative de Siméonis. Les torrents ajoutèrent leurs leurs dévastations à celle des brigands, et la Durance éleva ses eaux jusques au-dessus des rues d'Avignon. Trois ans après, les Tuchins, autres voleurs, dévastateurs d'églises, de paisibles maisons, remplacèrent en 1361 ceux de 1358.

O honte! ô douleur, le pillage recevait les grands encouragements des plus puissants seigneurs, en 1366! Il fallut arrêter, avec de véritables corps d'armée, les pillages et les violences de haut et puissant seigneur Raymond du Baux, qui fut enfin jeté en prison.

Jusqu'ici, on n'avait ressenti que les fâcheux effets de la faiblesse de la puissance souveraine. La reine Jeanne, dominée par ses passions voluptueuses, laissait les soupçons du crime circuler autour de son palais et rabaisser le prestige moral de son autorité. Petite nièce de saint Louis de Toulouse, cette souveraine se montrait peu digne de l'illustre patron de la famille. L'obéissance et la fidélité à un maître dépravé ne deviennent-elles pas des vertus impossibles? L'immoralité du souverain n'a-t-elle point pour conséquence l'indiscipline des sujets?

La jacquerie et la révolte ne sont-elles pas la juste punition des dynasties que le vice a souillées? Et si Jeanne fut déclarée non coupable du meurtre de son premier mari, le soupçon prolongé de ce crime n'est-il pas déjà une flétrissure méritée par son goût pour les plaisirs?

Mais en 1378, commença la grande misère morale et religieuse du schisme pontifical; de tristes conséquences en sortirent bientôt; en 1382, l'autorité politique était disputée en Provence entre les héritiers du sang de Charles d'Anjou et le duc d'Anjou adopté par la reine Jeanne. La guerre devint alors l'état général et l'état permanent du comté. De ville à ville, de seigneur à seigneur, partout la lutte armée et le pillage éhonté sans retenue, sans égard pour la faiblesse et pour les choses saintes.

En 1385, les troupes de Charles de Duras, le souverain de Naples qui réclamait la Provence, dévastaient ce pays; ces troupes exécutèrent des razzias dans la Provence orientale autour de Celle-Roubaud. Celui qui prétendait à la souveraineté ne tentait de l'inaugurer que par des attentats. Chez les partisans de Duras, l'audace en vint jusqu'à ce point que les cloches d'un monastère des Augustins, auprès de la ville de Draguignan, furent enlevées pendant une nuit.

En 1389, enfin, la révolte du vicomte de Turenne arma tous les brigands, toute l'écume de l'Italie, du Languedoc et de la Provence; dans cette guerre déclarée à l'église et à l'autorité politique, les incendies, les forfaits de tous genres dépassèrent tous les excès dont l'ancienne invasion sarrasine avait légué la lugubre mémoire. Cette guerre atroce dura onze années avec quelques trêves qui ne servaient qu'à donner de nouvelles forces aux brigands : partout on fut obligé de cacher les reliques qu'il fallait soustraire à la profanation, à la destruction, comme les riches ornements sacrés qui irritaient la cupidité. La famine, les épidémies, furent les conséquences naturelles des dévastations des campagnes. — Les calamités firent lever les regards du peuple vers le ciel. On vit des processions où des hommes, la tête couverte d'un sac, les femmes ornées d'une croix rouge, avec des enfants rangés dans leurs lignes faisaient retentir un *stabat mater* dont quelques strophes nouvelles avaient des accents aussi tristes que les lamentations de Jérémie :

Alma salus advocata, gracieuse protectrice de nos âmes.

Morte christi desolata, ô mère désolée du Sauveur crucifié.

Miserere populi, ayez pitié de votre peuple.

Virgo dulcis, *virgo pia*, vierge douce, vierge pieuse.

Virgo clemens, *ô Maria*, vierge clémente, Marie,

Audi preces servuli, exaucez la prière de votre humble esclave.

Pour éviter des vols sacriléges, on emporta de la ville d'Arles jusqu'à Ganagobie, entre Manosque et Sisteron, les reliques de saint Honorat.

Le pays privé de son souverain, livré à une complète anarchie politique et religieuse, n'évita une destruction absolue que par son énergie spontanée. Les trois classes de la société réunies en assemblée politique souveraine délibérèrent une organisation intérieure et militaire, des impôts et des levées d'hommes. Les seigneurs de Villeneuve, des Arcs et de Trans, plus exposés aux invasions italiennes et maritimes, eurent un rôle très-considérable à remplir dans ce *self-government*. Par une flatteuse acclamation, le baron Hélion de Villeneuve Trans devint le maréchal général de l'armée provençale. Il se montrait ainsi en 1393 le digne héritier du nom de celui qui, en 1323 avait, dans la grande maîtrise des hospitaliers, rempli le rôle de chef de l'ordre public de la chrétienté.

Les causes du désordre, toujours plus nombreuses, semblaient élever le mal au-dessus des effets des remèdes les plus héroïques... En 1398, la Provence et la France coalisées n'eurent pas seulement à poursuivre le vicomte de Turenne, le puissant chef d'une armée de brigands, mais ils eurent encore à assiéger le pape intrus qui, sous le nom de Benoît XIII, usurpait à Avignon le suprême pontificat, pendant que dans la Provence orientale la famille de Villeneuve était forcée de combattre l'évêque de Fréjus, ligué avec le souverain ennemi du comte de Provence. Il y avait lutte partout : dans la *chaire* de saint Pierre, et sur le siége de saint Léonce!

Les dévastations et les violences attaquaient non-seulement les personnes et les biens, mais elles atteignaient encore les œuvres d'utilité publique. En 1400, on attacha des indulgences religieuses aux travailleurs qui rétablissaient le pont de Castellane détruit par le vicomte de Turenne. Tous les biens moraux et matériels que l'Église avait fait naître étaient en proie à une infernale frénésie de dévastation. Le vicomte-brigand venait d'être noyé dans le Rhône en 1399; mais lorsque les dévastateurs perdaient leur chef sur terre, d'autres pillards étaient vomis par la mer.

En 1400, le pirate génois *Nigro* surprend les îles de Lérins, s'empare des châteaux de Cannes, de Mougins et de toutes les dépendances du monastère, enlève toutes les richesses profanes et sacrées réunies sur les habitations littorales.

Ce fut Antoine de Villeneuve Flayosc, neveu de sainte Roseline au troisième degré, qui fournit les frais de l'expédition dirigée contre le pirate. Il joignit son bras à son trésor, les possessions des bénédictins de Lérins leur furent restituées en 1402, mais dévastées et avec la charge de rembourser à Antoine de Villeneuve les frais par lui avancés pour améliorer les ouvrages défensifs du monastère. En 1404, les brigandages étaient si multipliés, si audacieusement entrepris, que Bertrand de Castillon, enleva, près d'Orgon, des députés d'Avignon qui étaient allés conférer avec Benoît XIII. Ces députés pourtant revenaient avec des sauf-conduits régulièrement délivrés par le lieutenant du souverain de Provence. Les personnes enlevées ne recouvrèrent la liberté qu'au prix d'une forte rançon.

En 1409, la confusion s'accrut encore dans l'autorité religieuse; on avait eu deux papes, cette année, il y en eut *trois*. Deux en Italie, le pape déposé Grégoire XII, le pape élu par le concile, Alexandre V, et en Aragon, le pape Benoît XIII, qui s'était échappé du palais d'Avignon cerné par les troupes françaises.

Les guerres intestines allèrent donc toujours croissant jusqu'en 1411; Grégoire XII était soutenu par des Italiens, Benoît XIII par des Aragonais et Alexandre V par la France. Chacun pouvait choisir le chef religieux qui absolvait ses entreprises.

Cependant l'ordre des chartreux donnait par son chef un grand exemple d'humilité et de concorde, après avoir député deux de leurs membres pour engager les papes rivaux à abdiquer, les chartreux engagèrent les deux prieurs de Rome et de la Grande-Chartreuse à résigner leurs dignités.

En 1415, les malheurs publics, les violences et les attentats avaient atteint leur apogée en Provence et y faisaient naître le besoin d'un grand centre de répression et de justice, pendant que la France subissait le suprême affront de la défaite d'Azincourt.

Lorsque le calme semblait devoir se rétablir avec la cessation du schisme d'Occident, par l'avénement de Martin V, en 1417, le roi d'Aragon prenait un cruel plaisir à punir Marseille de sa fidélité à son souverain politique, en la livrant aux horreurs d'un pillage exécuté à la suite d'une surprise. — Enfin, en 1429, pendant que Jeanne d'Arc conduisait glorieusement le roi de France au sacre de Reims, le comte de Provence détruisait les repaires de brigandage qui s'étaient établis dans les places du prince du Baux.

En 1435, nouvelles pirateries commises par les Aragonais sur les côtes de Provence. Après cette période, on n'eut plus à craindre que les fugitives excursions maritimes des pirates sarrasins. L'autorité tutélaire et pacifique du roi René vint faire régner une heureuse tranquillité dans le pays si misérablement livré aux horreurs de tous les attentats et à toutes les misères physiques et morales... La Provence avait expié ses ivresses de gloire militaire et de succès littéraire. Il était temps qu'elle se reposât! elle put employer à se réorganiser, tout l'intervalle qui s'écoula de 1435 jusqu'aux guerres de religion de 1562. Toutefois, l'ordre public et la paix intérieure reçurent encore quelques atteintes dans le dernier tiers du quinzième siècle ; en 1465, la guerre du *bien public*, fit reprendre les armes à une grande partie de la noblesse provençale, qui suivit dans cette guerre contre le roi de France, le duc de Calabre, fils de René, tandis que le roi provençal, au contraire, tenait pour le parti de Louis XI.

En 1469 et 1470, nouvelles guerres des seigneurs provençaux, commandés par le duc de Calabre contre le roi d'Aragon, tandis qu'une armée navale venue d'Aragon ravageait le littoral et le cours inférieur du Rhône.

Pense-t-on que dans le siècle de brigandages que nous venons de traverser les saintes reliques aient été respectées? Ne voyons-nous pas, au contraire, le roi d'Aragon emporter de Marseille, comme sa plus importante dépouille, le corps tout entier de saint Louis d'Anjou, et qui, toujours couvert de sa précieuse châsse, est demeuré depuis comme le principal trésor de la cathédrale de Valence en Espagne? n'a-t-il pas fallu transporter jusqu'à Fuveau les restes de saint Victor, enlevés de Marseille, pour éviter le pillage des Aragonais; comme on était allé cacher jusqu'à Ganagobie, les reliques de saint Honorat qui avaient été vénérées à Arles?

Au milieu de ces pirateries effrénées, on dut redescendre toutes les grandes reliques dans des lieux secrets, ou les porter en pays lointains; et lorsque les ravages et les pillages s'étendirent jusqu'au monastère librement ouvert de Celle-Roubaud, toutes les probabilités et les traditions indiquent que l'on dut aussi cacher le corps incorruptible.

La dévastation de Celle-Roubaud fut évidemment exécutée avant l'*abdication* de ce monastère par les chartreux ; ce fut la dévastation qui fit naître un désordre irréparable pour une chartreuse du sexe féminin. — Y eut-il une surprise dans cette paisible retraite? Y eut-il une fuite des vierges exposées aux brutalités de la soldatesque?... Les détails nous manquent... mais il y eut certainement une ruine morale et une ruine matérielle. Ce furent ces ruines générales dans les couvents, que l'imitation appelle la grande *dissolution des couvents! Tanta dissolutio in cœnobiis.*

L'ordre des chartreux ne pouvait pas éviter de sentir le contre-coup du schisme pontifical!... mais la calamité qui frappait toute l'Église, fut l'occasion d'une plus éclatante manifestation de l'esprit de sacrifice dans la famille de saint Bruno. Il y eut à la fois de grandes démissions de dignités, de pénibles abdications de monastères de vierges chartreuses et de grandes missions acceptées avec dévouement pour rétablir la hiérarchie et la disciplne dans l'Église... Ce qui fut une ruine pour d'autres ordres religieux, ne fut qu'un motif de déploiement de zèle et d'une restauration héroïquement exécutée pour les maisons des chartreux.

Chacun des papes d'Avignon et de Rome, voulait avoir le général des chartreux dans son obédience.

Il y eut de 1378 à 1410, comme il a été dit plus haut, deux généraux de l'ordre carthusien.

Mais le malheur du schisme administratif ne pouvait pas être bien durable dans un ordre où l'autorité n'est qu'une charge et l'humilité un besoin. Aussi vit-on bientôt les deux généraux renoncer simultanément à leur pouvoir pour obéir tous deux à l'élu d'un chapitre général. Cela fut exécuté avec un empressement d'autant plus grand, que les chartreux espéraient en donnant cet exemple, indiquer aux papes de Rome et d'Avignon le remède par lequel ils pourraient eux-mêmes remédier aux maux de l'Église.

Dans ces conjectures, l'autorité religieuse aurait eu besoin de la plénitude de sa force pour réparer et réorganiser le monastère de Celle-Roubaud; et précisément alors cette force manquait davantage. Il eut été imprudent d'entreprendre une réforme qu'on n'aurait pas été en mesure d'amener à sa fin. L'abdication de Celle-Roubaud fut jugée une douleur nécessaire, elle fut héroïquement acceptée en 1420, sous la direction du général Guillaume de Lamotte.

Le trouble religieux se prolongea dans le diocèse de Fréjus longtemps après le délaissement des chartreux.

L'évêque de Fréjus hostile au souverain de Provence, eut des propriétés diocésaines confisquées et concédées à Antoine de Villeneuve seigneur de Flayosc. C'était l'indemnité donnée pour les frais de guerre subis par Antoine de Villeneuve.

L'évêché voulait résister et plaider contre la confiscation. La discussion et par conséquent l'hostilité ne cessa que par la transaction du 1er mars 1428, ratifiée le 23 juin 1429 par Louis III comte de Provence.

D'un autre côté, lorsque l'abbaye du Lérins eut à régler avec cet Antoine de Villeneuve Flayosc, les frais de l'expédition du Lérins, d'autres difficultés apparurent. Par les plus déplorables conséquences des guerres produites par l'anarchie religieuse et par l'anarchie politique, les descendants collatéraux de sainte Roseline, avaient des rapports contentieux et même hostiles, soit avec l'autorité diocésaine de Fréjus, soit avec l'autorité monastique de Celle-Roubaud; dont les directeurs siégeant aux Lérins, succédèrent à l'abdication des chartreux. — Et c'était pour avoir mis spontanément leurs biens au service de la défense commune, que les seigneurs de Villeneuve se trouvaient traités avec des formes si âpres par l'autorité diocésaine et par l'autorité monacale du Lérins!

Mais de quelque manière que ces litiges fussent envisagés au point de vue du droit, leur existence était incontestable, et leurs conséquences sur l'état moral religieux et politique de la contrée ne pouvaient pas manquer d'être déplorables.

Le désordre qui était entré jusque dans le pieux asile des couvents était, à plus forte raison, porté jusqu'aux derniers excès chez le peuple et dans les campagnes... Et il fallut répéter avec l'auteur de l'*Imitation : crimes énormes, scandales inouïes dans le peuple; tanta mala et scandala in populo!*

En résumé, l'abdication des chartreux qui délaissait en 1421, l'administration de Celle-Roubaud était-elle dans ces malheureux temps un fait inattendu, insolite? C'était un double produit de circonstances générales et de désastres locaux. En 1448, il fallut abdiquer les moniales d'Escouge, ne subit-on pas bientôt après, en 1449, la triste obligation d'évacuer la plus importante des maisons de vierges chartreuses? Le personnel et le matériel de Bertaud ne furent-ils pas alors réunis forcément à la maison de Durbon! En 1495, ne fallut-il pas évacuer la maison de chartreuses de Parménie!

Voici le catalogue des chartreuses *abdiquées* :

En 1404, Cadsant en Flandre.
En 1413, Mortemer en Limousin.
En 1415, Saint-Jacques en Catalogne.
En 1420, Guillonèse en Capitanate.
En 1423, Louvetière en Languedoc.
En 1425, Gorgone en Toscane.
En 1430, Cracovie.
En 1443, Ovron en Poitou.
En 1445, Annonciade à Valence.

On voit combien la première moitié du quinzième siècle fut pleine d'amertume et de durs sacrifices pour les chartreux! A la fin du siècle en 1498, il n'y eut que deux abdications de chartreuses. Waradin en Hongrie et Mont-Benoît en Piémont.

L'évacuation de Celle-Roubaud n'était donc pas un fait isolé dû à un esprit de vertige particulier, incroyable, incarné dans le personnel de l'établissement? Puisque vers la même période, bien des couvents d'hommes furent abdiqués.

Maintenant des difficultés nées des mêmes circonstances, des mêmes antécédents allaient rendre impossible, même l'application des règles monastiques bénédictines, à Celle-Roubaud.

Et d'abord, les bâtiments monastiques ruinés pouvaient-ils être réparés ou entretenus par les Pères des Lérins, eux-mêmes pillés et chargés de dettes à acquitter envers leurs défenseurs, les seigneurs de Flayosc? Était-ce l'évêque de Fréjus qui pouvait aplanir les difficultés, lui qui était en querelle d'intérêts politiques et financiers avec les mêmes seigneurs?

Le respect des monastères exposés en rase campagne à toutes les attaques et aux violences de tous les turbulents, de tous les malfaiteurs, de toute la soldatesque; ne put subsister que pendant la période où les prescriptions et les priviléges de la trêve de Dieu attachés aux choses religieuses, avaient un prestige populaire. Mais ce prestige était basé sur la force morale et religieuse des excommunications.

Le schisme d'Occident avait-il laissé la moindre valeur, la moindre puissance aux anathèmes religieux, aux excommunications qui croisaient leurs feux opposés, lancés du haut des deux chaires apostoliques rivales?

La trêve de Dieu avait fini par avoir des gendarmes dévoués et redoutés, placés sur tous les passages difficiles des routes, sur tous les points menacés. Les chevaliers hospitaliers, qui remplissaient le beau rôle de protecteurs de la sécurité extérieure et intérieure, ne pouvaient pas manquer d'être paralysés dans leur action, lorsque deux pontifes leur donnaient des ordres opposés et lorsque chacun d'eux retenait une portion des revenus de l'ordre; ils éprouvaient alors l'embarras moral et la pénurie matérielle.

Le schisme d'Occident fit donc disparaître et le sentiment populaire du respect des choses religieuses placées sous la sauvegarde de la trêve de Dieu, et la force armée préposée à l'observation de ce respect. Si l'inviolabilité attachée aux propriétés et aux personnes revêtues du caractère religieux fut moins altérée en Espagne, c'est parce que la guerre contre les Maures ne permit pas l'introduction des querelles de l'autorité pontificale. Mais dans l'ensemble de l'Europe, les maisons religieuses ne purent plus subsister dans des lieux ouverts. Les monastères de religieuses furent les premiers obligés à se retirer ou à se dissoudre. Ainsi, les *Clairistes* d'Aix quittèrent la campagne pour s'établir dans la ville; ainsi les *Bénédictines* de Sainte-Croix, près d'Apt, durent se disperser. Les maisons d'hommes peu peuplées, subirent le même sort, l'abbaye de *Valsainte* en offrit l'exemple. Le beau mouvement d'expansion champêtre qui, dans le treizième siècle, avait multiplié les foyers de travail religieux et de progrès agricole dans les campagnes de l'Occident, fut ainsi momentanément arrêté. L'action civilisatrice de l'Église fut suspendue. Et c'étaient les relâchements moraux nés de la richesse créée sous les auspices du clergé qui venaient neutraliser l'action et l'heureuse influence que ce même clergé avait exercées dans le siècle précédent.

Il faut répéter avec saint Bernard, « les richesses engen« drées par la dévotion, sont des *filles* ingrates qui étouffent « leur mère. »

C'était en effet la richesse et la corruption qui avaient agi sur l'ensemble des institutions religieuses pour les altérer ; depuis le siége de sainteté jusques aux couvents, tout se ressentit de cette pernicieuse influence.

L'état général de relâchement et de discrédit était tel dans le quinzième siècle, dans *toutes* les maisons de bénédictines de Provence, et même dans l'ancienne maison mère de Celle-Roubaud, dans cette même maison de Souribes, qui avait en 1260, cédé Celle-Roubaud à l'ordre des chartreux, qu'il devint impossible de maintenir cette maison de Souribes. Il fallut, en 1474, transférer les BÉNÉDICTINES dans la maison des Clairistes de Sisteron. Que penser de ces BÉNÉDICTINES d'une maison mère qu'il faut déplacer et transformer en CLARISTES ? tandis que cette même illustre maison mère de chartreuses de Bertaud, qui avait fondé en 1260, une si belle colonie à Celle-Roubaud, il fallut elle-même la transporter en 1448, et la confondre avec la maison de Durbon !

Le trouble, le relâchement étaient donc bien universels dans les monastères ! mais ils étaient en Provence plus grands dans l'ordre bénédictin que partout ailleurs. Les Clairistes aussi étaient en Provence, bien plus troublées et relâchées que dans le nord de la France. Quand le roi René voulut faire revivre la règle dans le monastère des Clairistes de la ville d'Aix, il fut obligé de faire venir de Bourges douze religieuses d'une sainte vie qui ranimèrent la ferveur éteinte.

Tous les ordres de religieuses de Provence étaient donc relâchés à la fois et les bénédictines plus que les autres.

Les troubles politiques coïncidèrent toujours avec les calamités des couvents. En 1320, révolte des Pastoureaux; même année, premier incendie de la Grande-Chartreuse.

Les troubles de la Jacquerie désolent la France sous Charles V. Vers 1370, et l'évêque de Grenoble, Chissay, subit une révolte. En 1374, règne l'anarchie religieuse du schisme pontifical ; tandis qu'en 1380 commence l'anarchie politique du règne de Charles VI. Dans ces agitations, arrive en 1371 le deuxième incendie de la Grande-Chartreuse. En 1393, les *Vaudois* du val Louise, de l'Oisans, donnent lieu dans les Alpes à des scènes aussi tristes que celles produites par les fureurs du vicomte de Turenne en Provence, et les exécutions par le feu sont les horribles représailles exercées sur les Vaudois punis de leurs attentats.

A la fin du quatorzième siècle, l'anarchie régnait jusque dans l'administration de l'ordre des chartreux ; elle y était une conséquence de la rivalité qui s'agitait sur la chaire pontificale. L'administration carthusienne ne reprit ses allures régulières qu'en 1410, lorsque les deux prieurs de Rome et de la Grande-Chartreuse, après avoir donné leurs démissions furent remplacés par un seul général. Dans la période de 1378 à 1410, tous les appuis manquaient donc simultanément à l'ordre des chartreux et spécialement dans le Gapençais. Les établissements de ces moines étaient privés, à Gap, de l'appui de leur *protecteur légal* le comte de Provence. Privés aussi de la protection du *roi de France*, privés de celle du pape, enfin privés de la *force* de leur propre institution débilitée par le schisme. Les seigneurs ennemis des chartreux, purent se livrer à tous les excès, à toutes les violences. Dans le voisinage du Gap, pendant l'intervalle de 1378 à 1410, la tradition des abominables outrages infligés aux dames chartreuses de Bertaud par les seigneurs du voisinage, se rapporte probablement à cette même date d'anarchie politique et religieuse où les attentats les plus odieux des hommes armés demeuraient impunis. Or, cette anarchie régnait surtout en Dauphiné et en Provence sur les deux contrées qui seules auparavant pouvaient protéger la faiblesse des religieuses. L'impuissance a éclaté alors, sur les lieux mêmes d'où la force devait venir.

C'est sans doute dans cette période que furent allumés deux des quatre incendies signalés dans le mémoire des chartreux de Durbon. — Le bâtiment fut presque anéanti par le dernier de ces sinistres arrivé en 1405.

Le monastère de Durbon subit une telle détresse, qu'il invoqua les secours du souverain pontificat en 1405. Pierre de Lune, pape d'Avignon, émit de Marseille une bulle qui établit, pour les chartreux, une part dans les legs pieux de cinq diocèses du Gap, de Die, de Valence, d'Embrun et de Sisteron.

C'est à cette époque qu'éclataient les grands malheurs dans le couvent de chartreuses de Celle-Roubaud.

Alors aussi, la maison de *Louvetière*, près de Toulouse, fut dénuée de ressources matérielles, et les maisons provençales de Laverne et de Montrieux subissaient le contre-coup des tempêtes religieuses et politiques.

Lorsqu'il fallut donc abdiquer *Celle-Roubaud* en 1420, les moniales des *Escouges* en 1422 et en 1423 réunir les débris de la maison de chartreux de *Louvetière* à la maison de *Beauregard*, près Toulouse, l'anarchie politique était générale.

Les troubles politiques et religieux firent multiplier les ravages du feu, promené par des mains hérétiques sur les chartreuses.

En 1444, incendie partiel de la Grande-Chartreuse; en 1448, incendie complet du monastère des Dames de Bertaud; en 1449, incendie de la courrerie dépendante de la Grande-Chartreuse.

Les passions anticatholiques ardentes, enveloppent les chartreux d'un réseau d'ennemis... plus de dons et partout des ruines irréparables. Ils renoncent avec courage à leurs anciennes possessions.

Dans des Mémoires imprimés au dix-septième siècle, les

chartreux de Durbon peignent eux-mêmes les malheurs du quinzième siècle dans les termes suivants :

Dans ces temps de guerres civiles causées par l'hérésie, après *avoir mis au pillage tout ce qui était dans le monastère et enlevé jusqu'aux vases sacrés, les ennemis de la religion incendièrent l'Église et les bâtiments.*

Les religieuses qui *échappèrent aux mains sanguinaires se réfugièrent dans la maison de Durbon et y occupèrent le petit cloître.*

Si cet incendie eût été l'effet d'un hasard malheureux, les dons du public auraient permis de le réparer; mais il n'y eut pas ici réparation. Il y eut donc une manifeste animosité, comme il ne pouvait s'en trouver que dans une population hostile à l'orthodoxie carthusienne, et il fallut toutes les rigueurs d'une cruelle détresse pour que les religieuses en fussent réduites à vivre contrairement aux règles dans un bâtiment contigu au monastère des chartreux; et il fallut qu'il y eût impossibilité de faire respecter une reconstruction pour que les ruines du monastère des religieuses de Bertaud ne fussent point du tout réparées. Les continuels mouvements des Vaudois établis dans les Alpes, mouvements qui préludèrent à ceux des Vaudois devenus protestants, expliquent bien toutes les violences exercées dans le quinzième siècle, sur les établissements de l'ordre des chartreux!

Lorsqu'on conteste les troubles causés par les hérétiques des hautes Alpes, on oublie qu'il y eut en 1393 de trop nombreuses condamnations au feu contre les Vaudois de l'Oisans et du Briançonnais.

On oublie que le Parlement de Grenoble et l'inquisiteur Albert Catane crurent être obligés sous Charles VIII, de 1483 à 1492, de faire décréter une émigration des familles vaudoises du val Louise.

On a oublié encore que toutes ces rigueurs extrêmes, bien loin de détruire l'hérésie persistante dans les hautes Alpes, permirent au germe anticatholique de se développer si bien, qu'il ne fut pas même extirpé par les déplorables cruautés de François Ier en 1535; et les protestants de 1562 à 1685, auteurs des incendies de Durbon, auteurs des massacres des chartreux et du prieur, vers 1564, du pillage et de l'incendie de Durbon de 1592, auteurs aussi des incendies de la grande Chartreuse 1562-1592, prouvèrent que les hérétiques du quatorzième siècle ont eu en Dauphiné de nombreux héritiers dans les deux siècles suivants :

Dans les conversions forcées que fit naître la révocation de l'édit de Nantes, il resta toujours un germe de l'ancienne animosité hérétique, qui se révéla d'abord dans les haines philosophiques, puis dans les mesures persécutrices de 1793. Le germe hérétique depuis la fin du douzième siècle s'est toujours reproduit dans les mêmes lieux. Le Languedoc et surtout les Cévennes, le Léberon et les Alpes dauphinoises. C'est l'action hostile au catholicisme qui s'est perpétuee et que les rigueurs ont plutôt servie que détruite parce que la vertu et la charité sont les seules armes utiles à la foi fondée sur l'esprit de sacrifice.

Ils sont bien fondés en raison, les mémoires des chartreuses de Durbon et Bertaud, reportant à l'animosité des hérétiques les malheurs que leur établissement a subis. Action tantôt latente, tantôt publique, mais toujours exécutée par des mains dirigées par le même esprit d'hostilité contre les types inébranlables de la fidélité à la même loi religieuse.

Pendant toute la triste période du schisme pontifical, depuis 1378 jusqu'à 1450, tous les établissements monastiques de l'ordre carthusien furent éprouvés par de grandes pertes matérielles et par des diminutions dans le prosélytisme qui recrutait leurs sanctuaires de prières.

Tandis que les pillages, les violences, les dévastations de toute nature et l'incendie se promenaient sur les établissements de Durbon et de Bertaud depuis 1393 jusqu'en 1448, les revenus étaient anéantis par l'anarchie. Dès 1410 le monastère de Durbon était dans l'impuissance de réparer ses bâtiments, les uns brûlés, les autres tombant en ruines. La Grande-Chartreuse était frappée d'incendies qui depuis 1444 allaient successivement de ses dépendances jusqu'au bâtiment principal. En 1374, Montrieux se voyait enlevé de vive force par Raymond de Monte Albano, le château de Revest qui lui avait été régulièrement et légalement transmis. Les pillages, les dévastations supprimaient successivement les ressources de la maison; les édifices non entretenus se délabraient. Les ravages dans les âmes suivaient les ravages dans les campagnes. La maison de Montrieux ne peut plus se recruter sur les lieux. En 1450, cette maison, qui avait donné à l'ordre le bienheureux Jean d'Espagne, cesse d'être une maison *professe!* Ce fut la chartreuse Villeneuve d'Avignon qui peupla de religieux et la maison de Durbon et celle de Montrieux.

En résumant les événements accomplis depuis l'an 1400 jusque vers 1450; nous trouvons que la plus grande crise des établissements carthusiens à été celle de la grande épreuve du schisme pontifical qui avait exalté la force des antagonistes de l'Église. Alors furent perdus pour la famille carthusienne et la possession du tombeau de la sainte chartreuse à Celle-Roubaud, et l'existence même de l'enceinte qui fut à Bertaud le berceau de sa naissance religieuse. Les murs qui avaient entendu les saintes promesses de la profession de Roseline furent abattus presque en même temps que son tombeau fut perdu pour l'ordre!

La tribu carthusienne ne possède plus saint Bruno, ni sainte Roseline, ni les édifices témoins des premiers vœux, ni les pierres sépulcrales; mais cette famille religieuse a gardé quelque chose qui vaut mieux que des pierres, elle a conservé intactes les grandes traditions de la piété, les pratiques sanctifiantes.

C'est en abandonnant courageusement tout ce qu'il ne pouvait pas parfaitement défendre d'altération, que l'ordre des chartreux, en avouant sa faiblesse matérielle, a manifesté sa grande vigueur morale. Les abdications monastiques de l'ordre carthusien ont été des actes de profonde sagesse.

Fidèles à leur devise, les chartreux ont salué la croix toutes les fois que la conservation de leurs seules pratiques a exigé de nouveaux sacrifices.

VI

CULTE DE SAINTE ROSELINE

Défaillances religieuses. — Dévastations politiques. — Abdications de monastères et translations de couvents. — La chartreuse de Celle-Roubaud transformée en couvent observantin en 1504. — Décoration de l'église en 1541. — Visite par les chartreux en 1614. — Procès-verbal en 1619. — Visite et relation par les chartreux en 1644. — Dom Chauvet, 1655. — Solennelle translation de 1657. — Pèlerinage de Louis XIV, 1661. — Témoignage de 1664, — de 1682, — 1698. — Témoignage populaire, 1707. — Histoire de la sainte, 1720. — Témoignage de Papon, 1787. — Réclamation et piété des habitants des Arcs, 1793. — Témoignage de 1800. — Miracles de la pluie de Lorgues, 1817. — Translation de 1835. — Visites récentes, 1861 et 1866. — Témoignages de la famille de Villeneuve, des chevaliers, du peuple, des chartreux. — Miracles divers. — Autorisation du culte pour le diocèse de Fréjus, pour les chartreux. — Cantiques, litanies...

D'après les indices historiques, après l'abdication des chartreux en 1421, il resta à Celle-Roubaud un petit nombre de religieuses si peu administrées, si imparfaitement dirigées, qu'il fallut envoyer à Hyères, à Saint-Pierre de Lamanare, *Catherine de Villeneuve* demandant à prendre le voile de professe sous la règle bénédictine.

Vers 1430, puis Saint-Pierre de Lamanare fut abandonné et la principale colonie religieuse revint à Celle-Roubaud.

Quelques années après, il ne se trouvait à Celle-Roubaud, vers 1451, que huit religieuses environ, tirant quelques revenus de Saint-Pierre de Lamanare.

En 1459, d'après Bouche, les bénédictines abandonnent Celle-Roubaud, y laissant sans doute quelques sœurs converses. Pendant les troubles de 1465 et 1469, les religieuses étaient retirées dans la place de Trans, sous la protection de la famille de Louis de Villeneuve, jouissant de la baronnie des Arcs et de Trans (cette dernière baronnie n'étant devenue marquisat qu'en 1505).

Puisque la désorganisation du monastère de Celle-Roubaud,

pendant la fin du quatorzième siècle et l'ensemble du quinzième siècle, tient à des causes aussi énergiques, aussi puissantes que celle des deux plus grandes anarchies religieuse et politique, que la Provence avec tout l'Occident ait subies depuis la chute de l'empire romain, c'est bien à tort que Dehaitze et d'autres historiens de sainte Roseline ont accusé les religieuses de cette seule maison d'un esprit de vertige délirant et opiniâtre (*infrunitam mentem*). Comment, c'est lorsque le monastère a été saccagé, que les vierges ont été souillées des derniers outrages et dispersées par la violence, que l'on vient ajouter l'invective, la calomnie, aux calamités! Déplorons plutôt des malheurs qui furent causés par la situation même de la demeure de ces religieuses.

Et lorsque plus tard, il fallut y ramener les habitudes de discipline, s'il se trouva que la morale et la règle étaient relâchées dans tous les ordres provençaux, ne faut-il pas en reporter la cause aux influences délétères, que le contact du pape intrus d'Avignon devait exercer sur toutes les âmes? Il faudrait s'étonner qu'il n'y eut pas des aveuglements et des vertiges lorsque la chaire de saint Pierre subissait ses grandes éclipses, — lorsque, au bruit de la chute de Constantinople, succédaient les étonnantes découvertes de l'imprimerie de la gravure, lorsque un nouveau monde se découvrait et que les arts et les lettres païennes venaient disputer l'empire aux arts, aux lettres chrétiennes. Dans toutes ces surprises, les vertiges étaient si naturels qu'ils furent universels. Dieu effaçait les anciennes formes pour préparer de nouvelles créations, les ordres religieux allaient se réformer ou se transformer. L'esprit de vertige fut général, les grands événements politiques, les grandes découvertes, tenaient les yeux éblouis, incertains sur le choix de la route à suivre.

Lorsque était enfin venue en 1450 la fin du schisme pontifical, lorsque l'autorité royale venait d'être relevée en France par l'impulsion religieuse d'une jeune bergère, d'une vierge inspirée, le roi René faisait jouir la Provence d'une administration douce et équitable, l'ordre public renaissait avec quelques perturbations de peu de durée en 1465 et 1469.

L'Europe venait d'être préservée d'un cataclysme par la fermeté de la foi populaire, partout les monuments de la piété publique se relevaient de leurs ruines. Celui de la sainte chartreusine pouvait-il ne pas reparaître ?

Le corps de sainte Roseline avait été caché par des mains pieuses, et le peuple chrétien demandait instamment la restauration de la précieuse relique : c'était la sainte patronne du pays, Roseline, qui conjurait les orages destructeurs des moissons, qui adoucissait les maux et entrait dans toutes les joies intérieures des mères de famille; pour retrouver le saint corps, les lumières du ciel furent invoquées dans la chapelle de Celle-Roubaud. Au milieu de la messe, un aveugle s'écrie : voici le corps de sainte Roseline, je le vois. Au même instant, l'aveugle recouvre la vue. Les fouilles faites au lieu qui venait d'être indiqué mettent à découvert la sainte relique et toujours dans son intégrité; on la replace alors près du chœur dans la chapelle dans une châsse dorée, et dans la position qu'elle occupait auparavant. Mais le monastère contigu à l'Église avait été à moitié détruit ; plus d'asile pour les gardiens à établir auprès du saint corps, plus de revenus pour les faire vivre, les anciennes dotations étaient revenues à la maison de Villeneuve. Les biens du château des Arcs étaient alors divisés entre les seigneuries des Arcs, de Flayosc, de Trans ; et les seigneurs de Villeneuve, sollicités par la voix de leur conscience et fidèles aux plus beaux souvenirs de leur famille, appelèrent les pères franciscains de l'Observance, pour habiter le monastère qu'ils allaient rebâtir et pour devenir les gardiens de la sainte relique. L'expérience du passé démontrait trop clairement à quels dangers étaient exposés les couvents de femmes établis en rase campagne, un couvent d'hommes fut donc judicieusement préféré.

Par les soins et la munificence de *Louis de Villeneuve*, marquis de Trans, qui a reçu les surnoms de *grand marquis* et de *riche d'honneurs*, les religieuses qui avaient survécu à la dispersion et à la dévastation, avaient été régulièrement réunies dans un *lieu plus sûr*, dans une maison de Trans, conformément à une bulle du pape Alexandre VI, en date du 7 octobre 1499, bulle qui reçut sa complète exécution en 1501.

Cependant, la reconstruction du monastère, d'après les règles des franciscains, poursuivie avec activité, permit de les installer, en 1504, dans le monastère de Celle-Roubaud ou de Sainte-Catherine du mont Sion. Ce monastère reçut alors le nom populaire sous lequel il est exclusivement connu aujourd'hui, ce nom fut celui de sainte *Roseline*, nom consacré dans le testament de Louis de Villeneuve, marquis de Trans.

En 1541, Claude de Villeneuve Flayosc, quatrième successeur du marquis de Trans, orna la chapelle où fut placé le tombeau de sainte Roseline. Il y fit exécuter un tableau de la sainte famille, où il paraissait lui-même aux pieds de sainte Roseline, entouré de sa femme Isabeau de Feltris et de ses nombreux enfants des deux sexes.

Après les terribles orages de la Ligue et la série des guerres civiles qui troublèrent les plus pacifiques maisons religieuses de Provence, le calme rétabli permit en 1614 à un envoyé du prieur de la Grande-Chartreuse, de constater l'état du monastère de sainte Roseline.

Pendant les guerres de la ligue, le baron Gaspard de Villeneuve des Arcs, ayant la chapelle de Sainte-Roseline sous sa dépendance, était un des chefs des *Razats*, parti des Huguenots, tandis que le marquis de Trans, Claude II de Villeneuve, Trans Flayosc, son cousin, était un des principaux capitaines de la ligue catholique sous le commandement général du comte de Pontevès-Carcés, beau-père de Claude de Villeneuve. Dans cette conjecture, la chapelle de la patronne de la famille de Villeneuve avait des protecteurs et des défenseurs dans les deux partis ennemis, et cette circonstance devait la faire également respecter par les soldats des deux camps.

L'influence protectrice du baron des Arcs devait être surtout efficace contre les razats Huguenots, qui pouvaient seuls attaquer les asiles du culte catholique.

On s'explique ainsi comment le monastère dépositaire de la relique de sainte Roseline put traverser sans insulte la période des guerres qui précéda le règne pacificateur de Henri IV.

On voit aussi que les regards des chartreux n'ont jamais cessé de s'attacher à la belle relique de leur sainte prieure.

Le monastère, reconstruit d'après les règles des observantins, ne conservait plus de trace reconnaissable de l'ancien établissement des chartreuses. On ne retrouvait des indices de la première organisation d'après le rite des chartreux, que dans le chœur de l'église. Aucun dommage n'avait été subi par la relique, le corps saint, déposé dans une châsse dorée, pouvait être aperçu à travers des vitres, et laissait apparaître des traces d'altération auprès de la bouche; dix frères observantins gardaient la sainte relique et vivaient partie d'aumônes, partie de redevances que les seigneurs des Arcs et de Trans et de Flayosc leur accordaient sur les récoltes de leurs terres.

En 1619, le provincial des frères observantins, François de *Bastida*, visita la chapelle et trouva le corps de sainte *Roseline* non-seulement entier, mais sans corruption. Il vit, posée sur la table du maître-autel, la relique couverte d'un voile; elle était renfermée dans une châsse de bois laissant apercevoir le corps saint à travers des vitrages.

Cette visite fut constatée par un procès-verbal qui énonçait, pour le décès de la sainte, la fausse date de 1206. Le procès-verbal est resté enfermé dans la châsse de la sainte.

En 1644, le prieur de Montrieux et le visiteur de la province décrivent, dans une lettre du 15 juin, l'église de sainte Roseline dégradée par plusieurs lézardes, mais ayant bien l'ancien caractère architectonique. Dans la chapelle à droite du grand autel, ils reconnaissent la châsse de bois garnie de trois vitrages qui permettent de voir le corps de la sainte : la tête, les jambes sont couvertes de la peau conservée et desséchée, vers les pieds sont des perforations et des indices d'altération ; dans un reliquaire d'argent, d'environ un pied de hauteur, on montre les yeux de la sainte, dont la conservation intégrale est vraiment merveilleuse.

Les témoignages historiques les plus authentiques viennent confirmer la persistance des traditions populaires relatives au miracle des roses, et le miracle continu de l'étonnante, de la prodigieuse conservation du corps de la sainte chartreuse. L'historien Bouche s'exprime ainsi (p. 342, t. II) :

« La chose la plus assurée est que son corps (de sainte Roseline) vingt-cinq années après sa mort, ayant été tiré de son tombeau par un évêque de Marseille (translation de 1360, faite par Mgr Harpajon) et reposé sur un autel, s'y est conservé aussi entier, et en aussi bon état comme si fraîchement il venait de mourir. Et ce qui donnait plus d'admiration est que ses yeux, partie du corps la plus disposée à la corruption, conservés dans une boîte dans la sacristie de ce monastère, semblent encore vivants. »

L'historien Bouche signale encore la noble émulation des membres de la famille de Villeneuve pour honorer la relique de sainte Roseline, lorsque, en 1657, dut être établie une nouvelle châsse destinée à enfermer plus convenablement la sainte relique. Cet empressement honorable pour notre sainte est ainsi exprimé en 1665 par le même historien :

« Il y a eu de nos jours une grande contention entre Jean « de Villeneuve, baron de Flayosc et de Barrême et le mar- « quis de Trans et des Arcs (Antoine de Villeneuve) pour sa- « voir qui en ferait la dépense. Un chacun de ces seigneurs « voulant avoir la gloire de ce faire, pour honorer cette sainte « l'honneur de leur maison.

« L'abbé et prieur du lieu des Arcs, frère de ce marquis, « a emporté le dessus. »

La solennelle translation fut donc exécutée en 1657, le dimanche 20 octobre. La nouvelle châsse fut déposée dans une chapelle de construction récente, à droite de l'église, à l'angle de l'autel correspondant à l'évangile.

Cette chapelle, plus appropriée aux dévotions populaires dont sainte Roseline est l'objet, venait d'être faite aux frais de l'abbé Charles de Villeneuve.

Dans la transposition du saint corps, son état de conservation fit l'admiration de tous les assistants ; l'un des deux bras put très-aisément être déplacé à gauche et à droite de sa position ordinaire.

Le jour de cette pieuse solennité coïncidait avec la réunion du chapitre provincial des observantins.

La translation se fit donc en présence des dignitaires de l'ordre religieux et de nombreux membres de la famille de la sainte. A la tête de ces derniers, se plaçaient le marquis et la marquise Antoine de Villeneuve des Arcs, le frère cadet du marquis, Modeste de Villeneuve, ancien franciscain, évêque d'Apt, l'abbé Charles de Villeneuve, dont la munificence couvrit les dépenses de la cérémonie.

Tous les membres du clergé du voisinage, tous les moines et tous les dignitaires religieux, tous les petits-neveux de la pieuse chartreuse, formaient autour de son glorieux cercueil un brillant cortége. Les populations voisines accouraient processionnellement pour honorer leur patronne, chantant des cantiques nouveaux où leurs vieilles traditions sur la sainte étaient exprimées en un langage naïf qui s'est transmis jusqu'à nos jours.

Le panégyrique de Roseline fut prononcé par *Trinquère* de la Greffe, éloquent franciscain qui développa le texte sacré de l'incorruptibilité des saints.

Accompagnée des accents glorieux du *Te Deum*, portée triomphalement sur les épaules des frères observantins, parmi lesquels était François de Villeneuve, gardien des gardiens, la châsse fut promenée autour du cloître, au milieu des explosions de la pieuse joie de quatre mille assistants. On la mit sous la protection d'une serrure à la place qu'elle occupe encore aujourd'hui !

Après l'ovation populaire arriva l'hommage du plus superbe prince de l'ancienne monarchie, car rien ne devait manquer à l'exaltation de l'humble vierge. Louis XIV, en 1661, vint avec sa mère Anne d'Autriche et toute sa cour, faire le pèlerinage des saints lieux de Provence ; après sainte Madeleine, la pécheresse pénitente, les honneurs s'adressèrent à la vierge incorruptible, sainte Roseline. La merveilleuse conservation des yeux de la chartreuse placée dans le reliquaire frappa vivement le roi. Il ordonna à son médecin, Antoine Vallot, de s'assurer que ces yeux étaient naturels.

La piqûre faite sur l'un des yeux par le médecin armé d'une aiguille, fit disparaître tous les doutes. Le résultat de cette constatation est encore manifeste aujourd'hui (1866); l'œil percé par cette piqûre s'est flétri, l'autre a conservé son intégrité. Ainsi la vérification de Louis XIV est devenue une preuve permanente de l'incorruptibilité ancienne. Une date irrécusable a été donnée à l'hommage rendu à une humble vierge par le roi qui avait pris le soleil pour son emblème radieux.

Pour établir l'authenticité de la relique, les témoignages les plus incontestables se sont continués de cette époque jusqu'à nos jours. Nous venons de reproduire les déclarations publiées par l'historien Bouche, de 1660 à 1664.

Vingt-cinq années après la translation de 1657, François de Villeneuve, franciscain, a transmis aux bollandistes l'abrégé de la Vie de sainte Roseline, contenant les miracles légendaires dont nous avons fait le récit dans l'histoire de la sainte.

Cet historien de sainte Roseline, qui a si bien mérité de la famille en honorant sa patronne; cet historien, François de Villeneuve, sans cesse cité par les bollandistes, parle comme un écrivain qui a recueilli les témoignages, mais qui n'a pas vu de ses propres yeux l'admirable relique. Il appartient à la branche de Bourgogne demeurée éloignée de la Provence.

A cette même époque se relate la figure de la châsse de la sainte, transmise par le prieur de la chartreuse de Marseille, et dessinée par un clerc (le moine Villeneuve, *gardien* des *gardiens*, est sans doute un membre de la branche de Bargemont).

Le témoignage le plus touchant, le plus authentique du patronage miraculeux de notre sainte n'est-il pas dans l'empressement que les populations voisines mettent à protéger sa relique? Voici ce témoignage :

Lorsque en 1707, à la suite des désastres qui attristèrent les dernières années du grand règne de Louis XIV, l'armée du duc de Savoie envahit la Provence, l'incendie, le viol, le carnage signalaient la marche de l'armée ennemie. Bientôt on la vit revenir couverte de honte et par cela même plus furieuse; elle s'était brisée aux portes de Toulon, défendu par le maréchal de Tessé et par le vieux comte de Grignan, qui, malgré ses soixante-quinze ans, montra toute l'activité, toute l'ardeur d'un jeune héros.

La partie de la Provence qui s'étend de Toulon au Var était couverte des débris de l'armée vaincue. Les soldats, sans chefs, sans discipline, marchant par bandes nombreuses, pillaient, rançonnaient, incendiaient; notre malheureux pays n'était qu'un immense bûcher, le couvent de Sainte-Roseline serait devenu la proie des flammes sans le généreux dévouement des habitants des Arcs et des gens de la campagne, qui s'étaient réunis autour du monastère pour le DÉFENDRE.

L'historien de Haitze a apporté son témoignage en faveur de sainte Roseline, dans son Histoire imprimée à Aix en 1720. En 1787, vient celui de l'historien Papon.

En 1783, le 12 février, les observantins négligeaient la sainte relique, la famille de Villeneuve la réclamait, mais les habitants de la commune des Arcs revendiquèrent et obtinrent le privilége de la conserver, avec la condition de lui élever une nouvelle chapelle.

Le dévouement des habitants des Arcs à leur céleste protectrice alla bien plus loin encore. Dans les jours néfastes où toutes les églises étaient vendues et profanées, Sainte-Roseline fut rachetée par les habitants des Arcs et par eux donnée à la commune. C'est la protection du peuple qui a remplacé les frères gardiens envers Sainte-Roseline; la dévotion populaire de 1793 a été digne de celle de 1707!

Des délibérations de la commune des Arcs, prises en 1500, en 1767, en 1780, sont toutes autant de témoignages irrécusables de la perpétuité du culte et de la conservation de la relique de sainte Roseline.

Toutes les personnes qui ont, comme *l'auteur* de ces lignes, visité les abords de la chapelle de Sainte-Roseline, ont constaté, pendant ce siècle même, la conservation et l'identité de la sainte relique.

Mais le témoignage le plus irrécusable, le plus authentique est fourni par la solennelle translation de 1835, faite sous les auspices de Mgr Michel, évêque de Fréjus.

Une châsse de marbre a été substituée à la châsse en bois doré, un voile de soie, portant en lettres d'or l'année de la naissance et celle de la mort de la sainte, a été donné par

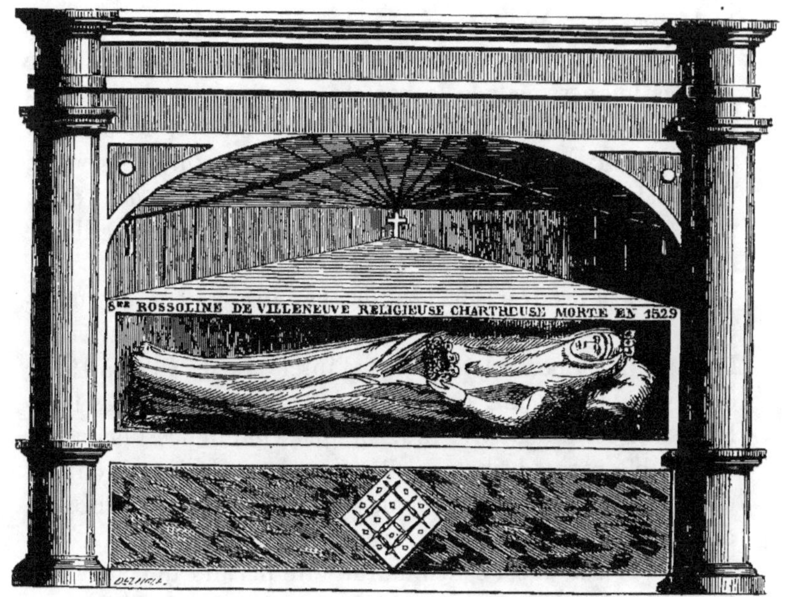

Tombeau où se trouve conservée la châsse contenant la relique de sainte Roseline.

les membres de la famille de Villeneuve, appartenant à toutes les diverses branches. La gloire de la sainte rejaillit sur tous ceux dont elle a illustré le nom ; tous se sont unis dans l'expression de leur hommage. Un magnifique concours des populations voisines a fait éclater de nouveau le dévouement à la sainte chartreuse, et sept vieillards, dont l'âge variait entre quatre-vingt-trois et soixante-six ans, ont attesté l'identité constante du saint corps. Quatre médecins de la localité ont vérifié l'absence de décomposition de la relique et l'existence permanente des *téguments desséchés* recouvrant les os de la sainte. Mgr Michel, évêque de Fréjus, constata que la peau de la jambe avait assez de flexibilité pour céder *à la pression des doigts et reprendre ensuite sa forme première.* — Le maire des Arcs fit la même expérience. Le prélat ne rappelait les circonstances de la translation de 1835 qu'avec une pieuse émotion allant jusqu'à l'effusion des larmes ; et son secrétaire général, M. l'abbé Descosse, déclare cette solennité un des plus touchants événements de sa vie sacerdotale. L'absence de décomposition persiste toujours, malgré les mauvais vitrages qui avaient laissé attaquer la peau sacrée par des teignes, malgré la perforation faite sur la poitrine qui a permis à des mains sacriléges d'enlever le cœur et une ou deux côtes de la sainte... La *contractilité* des yeux, manifestée par la piqûre faite en 1661, et l'*élasticité* de la peau constatée en 1835, mettent en évidence la merveilleuse *conservation* de la relique.

Il reste à prouver son *identité*. Les inspections des chartreux rendent cette identité indubitable entre 1329 et 1420. Le doute n'est possible que pour l'intervalle de 1420 à 1500. Cette période obscure embrasse quatre-vingts ans ; les troubles sont terminés en 1450, lorsque commence l'heureux, le paisible règne du bon roi René, et les pèlerinages ont dû dès lors s'accomplir paisiblement. Les véritables ténèbres se concentrent dans l'espace de trente ans, entre 1420 et 1450.

Une période aussi courte aurait-elle permis une substitution, une erreur que ni le public, ni la famille de Villeneuve n'auraient reconnue? et dans cette période, c'étaient les membres de la famille de Villeneuve qui étaient sous les armes et qui avaient à défendre les restes sacrés de leurs ancêtres, déposés aux pieds de la sainte patronne.

Le baron de Flayosc Antoine II de Villeneuve, né en 1390, mort en 1461, avait vu cette période de 1420 à 1461, et Louis de Villeneuve, marquis de Trans, né en 1452, avait vu cet oncle témoin des événements de la période critique! Si une irréparable disparition du corps eût été commise, Arnaud II l'aurait sue et Louis de Villeneuve l'aurait apprise, l'église de Sainte-Roseline n'ayant pas cessé pendant toute cette période d'être le tombeau de famille et n'ayant été abandonnée des Bénédictines qu'en 1459.

C'est l'épée des seigneurs de Villeneuve qui, avec la Provence orientale, pendant cette période, a défendu la chapelle qui était le foyer des traditions les plus glorieuses de la famille.

Trois circonstances dominent les traditions des vertus et des miracles de sainte Roseline, la réputation populaire que sa tendre charité lui avait faite, le panégyrique du pontife Jean XXII et la conservation merveilleuse de ses yeux et de l'ensemble de son corps.

Dans l'ordre des chevaliers de Saint-Jean de Jérusalem, dans cet ordre réorganisé et transformé par Hélion de Villeneuve, frère de la vierge de Celle-Roubaud, dans cet ordre formé de l'élite de la noblesse provençale et des autres pays catholiques, un hommage bien éclatant est rendu aux vertus et au patronage de sainte Roseline. Elle est inscrite dans le Martyrologe de l'ordre. Les chevaliers hospitaliers sont tellement habitués à la vénérer qu'ils veulent que cette sainte appartienne à leur ordre. Bien plus, ils indiquent celle de leur maison où sainte Roseline aurait rempli les pieuses fonctions des sœurs hospitalières de Saint-Jean de Jérusalem, c'est à Beaulieu, en Quercy. — Le Martyrologe des chevaliers de Saint-Jean de Jérusalem, publié en 1643, par Mathieu Gaussencourt, Célestin, ne manque pas d'ajouter à cette curieuse variante de Roseline hospitalière, et la tradition du miracle des roses, et la fraternité de sang qui unissait Roseline soit au grand maître Hélion de Villeneuve, soit au saint évêque de Digne, Elzéar de Villeneuve (page 237 du Martyrologe de Malte).

Ainsi, dans l'ordre de chevalerie le plus religieux et le plus distingué par la noblesse du sang, dans l'ordre où entrèrent en si grand nombre les neveux de sainte Roseline, et dans lequel la famille de Villeneuve a fourni plus de chevaliers qu'aucune autre famille; dans cet ordre où les sentiments traditionnels de la famille de sainte Roseline devaient être répétés par tant d'échos, la sainteté et le puissant patronage céleste de la vierge de Celle-Roubaud ont eu un retentissement prolongé depuis les temps les plus reculés.

Donc, sainte Roseline a été réputée vertueuse jusqu'à la sainteté dans les classes les plus élevées de la société.

Dans la famille de Villeneuve, le prestige de Roseline a été si grand, que le neveu germain de la sainte, Hélion de Villeneuve, fils d'Arnaud III, après avoir assisté sans doute à son exhumation, a fait placer le tombeau de sa famille à ses pieds. Dès lors, tous les seigneurs des Arcs et de Trans ont voulu couvrir leur tombe de ce saint patronage.

Dans son testament du 3 juillet 1516, le premier marquis de France, Louis de Villeneuve, riche d'honneur, demande à être enseveli en HABIT DE CORDELIER au couvent de Sainte-Catherine de Celle-Roubaud, où sont ensevelis ses progéniteurs ainsi que *madame sainte Rossoline...*, *sœur* du grand maître de Rhodes et du seigneur des Arcs. Le prestige des vertus de Roseline dans sa famille est donc incontestable et sa date remonte à un temps immémorial.

Les vertus de Roseline devinrent célèbres dès l'instant de sa mort, puisque l'exhumation fut demandée et obtenue, cinq ans après sa mort, et ce n'était point ici une exhumation ordinaire, comme elle s'exécute quand on veut introduire un corps dans un tombeau de famille : ce fut une exhumation solennelle faite avec le concours d'un évêque. L'évêque de Digne, frère de la pieuse chartreuse, reçut cette haute délégation de la part du vertueux pontife Jean XXII.

Ce pontife, pendant sa prélature de Fréjus, avait vu de près et la prieure de Celle-Roubaud et l'excellente discipline de sa maison. Les *grâces spirituelles et temporelles* qu'il avait accordées à ce couvent si connu de lui, démontrent quelles étaient à ses yeux la valeur et la perfection chrétienne de celle qui dirigeait le troupeau virginal.

Les vertus de Roseline étaient donc manifestes pour le clairvoyant pape d'Avignon, Jean XXII.

L'austérité et la réserve modeste des chartreux se sont toujours révélées dans le petit nombre de leurs demandes de canonisation ; si leurs habitudes de silence vont jusqu'à ne pas ébruiter les vertus et les grâces dont ils sont témoins, c'est parce que l'admission dans leur ordre est déjà presque une déclaration de sainteté; et que de cette sainteté ils ne font ni parade ni trafic.

Cette humble prudence est certainement un modèle à proposer : mais n'est-ce pas surtout une immense garantie que la vénération exceptionnelle des chartreux pour leur sœur, la vierge de Celle-Roubaud et une incontestable confirmation de ses vertus ?

Voilà donc le mérite chrétien de Roseline proclamé par l'élite de la noblesse représentée par les chevaliers de Saint-Jean de Jérusalem, par l'élite des ordres religieux, mérite reconnu à la fois par sa famille et par le souverain pontife contemporain et par le plus grand roi de la chrétienté.

Ne faut-il pas que cette réputation de sainteté de vie et de puissant patronage céleste ait été bien grande pour que la même sainte ait été réclamée par les *Bénédictins*, par les *Franciscains*, par les *Chartreux*, par les chevaliers *hospitaliers?* Quel plus éclatant témoignage de la vénération générale peut-on trouver que cette confusion que l'on cherche à mettre dans les dates, dans les noms, dans la profession de sainte Roseline?

Toutes ces variantes intéressées des Bénédictins, des Franciscains et des Hospitaliers, obscurcissant de leurs nombreux nuages les traditions et les registres carthusiens, toutes ces falsifications ne sont-elles pas d'éloquents panégyriques de cette pieuse cénobite? Plus il y a eu de prétendants à la paternité des vertus de sainte Roseline, plus cette prétention a fait naître d'objections, et plus était donc éclatant le mérite de notre sainte.

Il suffit donc de parcourir les changements successifs qu'offrent les publications historiques de Bouche et de Papon, pour avoir une idée de la valeur que l'on attachait aux mérites de sainte Roseline.

Quant aux populations de la Provence, ne se disputent-elles pas aussi le privilége d'avoir donné naissance à la vierge de Celle-Roubaud ?

Des querelles, quelquefois même de regrettables violences, sont nées des prétentions rivales des deux bourgs des Arcs et de Trans, pour attribuer à l'un d'eux le privilége d'avoir vu naître la sainte. Le bourg du Flayosc élève à son tour la même prétention.

On s'est disputé pour revendiquer l'honneur de la naissance de sainte Roseline comme pour celle d'Homère; une humble vierge chrétienne a fait naître les mêmes rivalités que celles qu'avait provoquées le prince des poëtes.

Quant aux invocations de sainte Roseline, elles sont répandues dans toute la Provence. Le petit village de Pontevès, près Barjols, a, lui aussi, un oratoire dédié à notre sainte.

Le mérite de sainte Roseline, répété par l'ordre des Chartreux dans l'univers catholique, est représenté en Provence par de fervents adorateurs.

Les vertus chrétiennes de sainte Roseline sont incontestables, et la conservation prodigieuse de ses yeux et de son corps est un miracle qui laisse des traces permanentes, et qui lui donne une éminente place dans le catalogue des saintes les plus privilégiées.

La conservation du corps humain n'a été obtenue que par des embaumements. Ni le climat, ni la terre où sainte Roseline avait été ensevelie, n'ont conservé les autres corps par leurs seules propriétés chimiques et physiques. Y aurait-il eu ici un embaumement?

Est-ce aux chartreuses, est-ce à la famille de Villeneuve qu'on aurait à attribuer un pareil embaumement? pourquoi n'en auraient-ils pas fait de pareils avant, pendant ou après la période de sainte Roseline?

Aurait-on surpris la bonne foi et la piété de saint Elzéar de Villeneuve, la bonne foi d'Hélion de Villeneuve, la bonne foi de Louis de Villeneuve, en 1450, la bonne foi du pape Jean XXII, en 1334? est-ce donc parmi les personnages les plus éclairés et les plus sincèrement vertueux de l'époque qu'on trouverait les fripons ou les niais?

L'incorruptibilité, ici, n'est point *naturelle*, n'est point *artificielle* : elle est *surnaturelle*.

Une pareille conservation, un état si exceptionnel exclut toute substitution frauduleuse.

On conçoit bien qu'on puisse mettre un os à la place d'un os, une étoffe à la place d'un autre étoffe; mais un autre corps conservé n'eût pas été facile à découvrir pour remplacer le corps qu'on aurait enlevé. Le corps de sainte Roseline a porté toujours avec lui-même son certificat d'identité, et la description de la relique donnée en 1614 s'applique parfaitement à la relique de 1835, et l'œil piqué en 1661 porte encore la piqûre en 1866, et laisse voir l'effet d'une étonnante contractilité.

La vertu et l'effet permanent hors des lois ordinaires de la nature étant démontrés, pour un chrétien, la voix populaire qui a placé sainte Roseline sur les autels est bien la voix de Dieu.

Des effets nombreux du patronage de sainte Roseline sont conservés dans la mémoire des habitants des Arcs; mais le patronage le plus universel, le plus populaire de la sainte de Celle-Roubaud est celui qu'elle exerce sur les moissons. Du haut des cieux la vierge des roses jette encore des regards compatissants sur ceux qui ont faim; elle écarte les orages, elle donne l'eau aux moissons altérées.

Dans l'année 1817, la sécheresse persistante menaçait la récolte de blé d'une entière destruction. Les habitants de la ville de Lorgues, réunis en procession au nombre trois mille, vinrent implorer le secours de sainte Roseline en parcourant un trajet de quatre lieues; la supplique était du 8 mai, le 9 mai une pluie abondante arrosa les champs desséchés. Le miracle est constaté dans la chapelle par une inscription gravée sur une plaque de marbre posée au-dessous du tableau représentant la procession. Voici les intéressants détails donnés par l'abbé Orse, témoin de ce mémorable bienfait dû à l'intercession de la sainte chartreuse.

Dans une de ces belles nuits de Provence où les étoiles les moins apparentes brillent de l'éclat le plus pur, la petite ville de Lorgues était appelée dans sa vaste église par le son de toutes les cloches, à une heure où la lampe du sanctuaire, emblème de foi et de charité, veille seule auprès du Dieu des chrétiens. Cet appel inusité, dans un moment consacré au repos, avait pour but un pèlerinage public au tombeau de sainte Roseline, pour demander la cessation d'uue sécheresse qui désolait la contrée. Les cultivateurs, les ouvriers, les bourgeois, nu-pieds et couverts du sac de la pénitence, à la manière antique; les femmes voilées, non de gaze, mais de toile grossière, tous ayant des flambeaux à la main, s'acheminèrent processionnellement en chantant des litanies et des psaumes pénitentiaux, vers le lieu où repose le corps de la vierge carthusienne.

Cette foule, marchant dans un ordre parfait, semblait former dans la plaine un double sillon lumineux. Au lever de l'aurore, elle gravissait les coteaux couverts de blés, étiolés et jaunis par la sécheresse, penchés sur un sol crevassé par l'ardeur d'un ciel sans nuage; la menace de la misère et de la famine remplissait tous les cœurs de tristesse.

Combien est profonde l'impression que laissa dans mon esprit le spectacle de cette population pieuse entreprenant un voyage de huit lieues pour implorer la protection de l'humble vierge, qui partageait avec les pauvres et son pain et son cœur!

Partie à minuit, la procession arriva à sept heures du matin au but du pèlerinage; l'azur du ciel n'avait pas été encore terni par le moindre nuage; mais, pendant la célébration du saint sacrifice, le ciel se couvrit d'un voile léger, qui, peu à peu, intercepta les rayons du soleil.

« Au milieu du jour une pluie abondante vint rafraîchir « la terre, rendre aux plantes la verdure qu'elles avaient « perdue... La tristesse fit place à la joie la plus naïve; on « se garda bien de se mettre à l'abri de la pluie. Les vête- « ments trempés de ces trois mille pèlerins, de ces femmes « délicates, de ces enfants débiles, étaient portés comme des « trophées de victoire. Une abondante moisson vint bientôt « après récompenser le laboureur de sa ferme confiance en « l'intercession de sainte Roseline. »

Le bruit de la pieuse supplique de Lorgues et le magnifique résultat de ce pèlerinage, qui étendit son influence sur toute la contrée, ont laissé une impression ineffaçable; sainte

Roseline est toujours la sainte populaire qui nourrit les pauvres. *Le bienfait de* 1817 est le reflet *des charités* de 1273.

Dans la période de 1657 à 1694, les bollandistes citent neuf miracles dus à l'intercession de sainte Roseline ; ils sont inscrits dans sa vie, publiée en 1694 par les célèbres auteurs des *Acta sanctorum*.

Un paysan de Trans, âgé de soixante-dix ans, est sauvé d'un naufrage.

Un marin, nommé Blaise Blanc, est, en 1671, sauvé du danger causé par une longue tempête.

Deux enfants, sauvés, l'un de la mort, l'autre guéri de l'épilepsie.

Un habitant d'Aix et sa femme sont guéris par la même intercession.

Près Callian, un bûcheron, entraîné vers un abîme où coule la Siagne, invoque sainte Roseline, et il est sauvé.

Des personnes qui tentent de soustraire des parties de la sainte relique en sont empêchées et punies.

Mais le bras protecteur de la sainte ne s'est pas raccourci dans les temps modernes. Le miracle de la pluie obtenue par les prières des habitants de Lorgues n'est-il pas supérieur en éclat, en grandeur, à tous les anciens bienfaits, à toutes les anciennes grâces que la sainte fit accorder aux siècles passés ? ce miracle, obtenu par trois mille personnes, ne résume-t-il pas un nombre prodigieux de grâces individuelles qui ne sont connues et mesurées que par les âmes pieuses ?

Maintenant le saint corps n'a plus de gardiens ! La cloche de Sainte-Roseline ne console plus le voyageur et le paysan courbé vers la terre ! Une fête annuelle seule célèbre les vertus et le triomphe de la chartreuse modèle ! Un jour luira, sans doute, où la voix grave des chartreux viendra ressusciter les pieux élans de la piété ! Faudrait-il que la reconnaissance pieuse s'affaiblît, au moment même où la population, devenue plus heureuse, devrait multiplier les chants de reconnaissance pour sa gracieuse bienfaitrice ?

Les chartreux demandaient avec instance d'être autorisés à

célébrer le culte de sainte Roseline comme patronne de leur ordre féminin ; ils poursuivaient depuis 1840 la régulière canonisation de leur chère sœur de Celle-Roubaud, lorsque l'approbation pontificale donnée, le 9 mai 1851, au *propre* du diocèse de Fréjus, classant la fête de sainte Roseline parmi les cultes diocésains populaires, exigés depuis plusieurs siècles par la dévotion des fidèles, aplanit et résolut toutes les difficultés.

Après la supplique de l'ordre des chartreux, la demande formulée par l'évêque de Fréjus, interprète légal des vœux des populations, chaleureusement exprimées, soit après le miracle de la pluie de 1817, soit par les élans de la dévotion pendant la translation de 1835, manifestait bien au Saint-Père cette persistance générale et populaire des demandes de culte, qui est le prélude des déclarations de sainteté.

Les règles tracées par Urbain VIII, en 1625, exigeaient dans les procès de canonisation la démonstration des vertus et la constatation de deux à quatre miracles, tandis que, pour autoriser le culte diocésain, il a suffi d'établir que, dans les cent années antérieures à 1625, il y avait deux preuves écrites ou consacrées par les images de la sainteté acclamée par le peuple. La conservation surnaturelle du corps de la sainte exposée sur les autels, et les autres prodiges, auraient bien suffi à la canonisation solennelle ; cependant, malgré la chaleur avec laquelle les chartreux d'Espagne, dans une lettre écrite de Perpignan le 15 juillet 1833, exprimaient leur détermination de poursuivre la cause, les énormes frais entraînés par un procès de canonisation auraient été pour l'ordre des chartreux, dépouillé de ses biens par les révolutions européennes, une charge financière trop lourde.

La démonstration du culte public antérieur à 1625 fut facilement établie par l'évêque de Fréjus, mis en possession : 1° des délibérations de la commune des Arcs, relatives au culte de sainte Roseline, aux dates de 1500, 1767, 1780; 2° du panégyrique de Trinquère de la Greffe, qui relatait sans doute les anciens monuments du même culte. Toutes ces pièces sont énumérées dans une lettre de M. Maria, curé des Arcs, datée du 30 mai 1833.

M. le curé Maria rappelait dans la lettre précitée une enquête faite par ordre de l'archevêque d'Aix, et *constatant que, pendant la Révolution française, la sainte relique était demeurée intacte.*

Le père Radingo, dans ses *Annales des Pères mineurs*, relatait aussi que l'église de Celle-Roubaud avait été, dès 1504, placée sous l'invocation de sainte Catherine du *mont Sion* et de la bienheureuse *Roseline*, tandis que le titre de *sainte* était aussi donné en 1516 à la chartreuse Roseline, mentionnée dans le testament de Louis de Villeneuve, premier marquis de France.

L'ancienneté du culte était donc bien justifiée dans les temps antérieurs à 1625, et le bref approbatif de ce culte parut parfaitement motivé en 1851.

Après l'approbation du culte diocésain, toutes les demandes en extension de culte devaient être admises, et ces demandes étaient des honneurs plus largement accordés à la sainte chartreuse. L'ordre des chartreux s'empressa de demander l'approbation de ce culte dans toutes les chapelles qu'il possédait, et l'inscription de la fête correspondante dans le calendrier ordinaire de leur rit particulier. Le décret de cette concession fut signé le 17 septembre 1857 par le cardinal Patrizi, président de la Congrégation des rites.

Le 27 septembre 1859, indulgence plénière fut accordée pour ceux qui visiteraient une église des chartreux le jour de la fête de la sainte, fixée au 16 octobre. Cette grâce étant d'ailleurs subordonnée, comme à l'ordinaire, à une sainte communion faite à cette intention.

Ainsi l'humble chartreuse a conquis une place sur tous les autels du diocèse de Fréjus et dans toutes les chapelles des chartreux.

Chaque année, le *triomphe* de sainte Roseline est célébré dans la paroisse des Arcs, le dimanche qui suit la Pentecôte. L'antique chapelle de Celle-Roubaud, qui n'est plus connue que sous le nom de Sainte-Roseline, reçoit ce jour-là tous les corps saints des Arcs ; les saintes femmes, usant de leurs genoux la pierre du tombeau ancien, viennent répéter les cantiques composés sans doute dans la grande translation de 1657. Le nom de *Trans*, inséré dans le premier couplet, indique bien clairement que la seigneurie des Arcs avait été désertée à cette époque pour ne laisser apparaître que le titre de marquisat de Trans ; et c'est là ce qui se passait en 1657.

Dans ce cantique, naïve expression de la vieille tradition, une confusion de noms semble aussi caractériser la date de la composition du chant populaire. Hélion de Villeneuve, le grand maître des Hospitaliers, est désigné sous le nom de *Charles*.

C'était, en 1657, précisément le nom de Charles de Villeneuve qui absorbait davantage les pensées des personnes dévouées à sainte Roseline, puisque l'abbé Charles de Villeneuve, qui avait été aussi *frère*, chevalier de Malte, puis abbé, était le grand promoteur de cette solennité. Par sa double qualité de membre de l'ordre de Saint-Jean de Jérusalem et de nouveau restaurateur de l'antique chapelle monastique, Charles de Villeneuve offrait deux points de similitude avec l'ancien bienfaiteur du monastère de sainte Roseline. C'est là ce qui, par les confusions si faciles à introduire dans les traditions populaires, aura fait transformer le nom du grand Hélion en celui de Charles. Mais cette circonstance permet encore de reconnaître la date du cantique, et de fixer sa composition à 1657.

Tous les autres cantiques sont plus récents ; celui qui est le mieux écrit en français doit avoir été composé entre 1820 et 1830.

Le mépris des grandeurs, la charité récompensée par le miracle des roses et la délivrance du frère chevalier captif, forment les traits principaux de la vie de la sainte tracés dans le premier cantique. La générosité du père de sainte Roseline est naïvement exprimée à la fin de l'épisode du miracle des fleurs. La sainteté de plusieurs enfants du père de la sainte est aussi indiquée.

Dans le deuxième cantique, la versification, exclusivement française, n'est pas sans mérite. Tous les traits principaux de la vie de la sainte chartreuse sont assez bien exprimés : miracle des roses, vie cénobitique de la bonne prieure, protection des chevaliers placés sous la direction du grand Hélion, délivrance d'Hélion lui-même, et ses bienfaits envers le monastère, tout cela est clairement retracé. Le patronage de la vierge des Arcs sur les récoltes, est une des traditions populaires que ce cantique rappelle d'une manière plus spéciale.

Le cantique, intitulé *Chant joyeux*, a été composé par un ermite, nommé frère Casimir, qui s'était fixé dans la chapelle de Sainte-Roseline vers 1830. Ce frère avait retrouvé l'ancienne caisse funéraire, ou plutôt l'ancienne châsse de la sainte chartreuse, chez un habitant du Muy, qui l'avait enlevée vers la Révolution pour en faire la corbeille destinée à conserver son pain. Le pain lui paraissait exempt de moisissure depuis qu'il faisait un usage profane de ce récipient vénéré.

Dans la conviction de ce superstitieux naïf, ce qui avait contenu le corps incorruptible de la vierge qui changeait les aliments en roses, ne pouvait laisser corrompre aucun aliment.

Le panégyrique le plus complet, celui qui rappelle chacune des vertus de notre sainte, se trouve dans les litanies composées en son honneur dans l'office que célébrait autrefois le bréviaire de Fréjus. D'après les ordres formels de la cour pontificale, ces litanies et ces offices particuliers doivent être remplacés dans les chants ecclésiastiques par ceux du Commun des vierges. Mais ces litanies restent comme un hommage. Sainte Roseline est déclarée dans ces litanies, écrites en latin : l'*ancienne gloire de la noblesse*, la *contemptrice des richesses*, le *modèle des chartreuses*, la *doctrine des professes*, la *lumière des religieuses* et la *règle universelle;* puis l'*amante des pauvres*, le *vase de charité*, la *consolation des désolés*, la *santé des malades*, le *soutien des faibles*, le *bâton des aveugles*. Enfin, le *miroir de virginité*, le *vase de pudeur*, le *lis* et la *vierge sans tache*, et la *rose sans épine*, la *dispensatrice des grâces*, et l'*opératrice des miracles*.

Mais l'hommage le plus constant et le plus expressif est celui que lui rendent les familles des campagnes des Arcs, de Trans, de La Motte et du Muy ; quelques-unes de Flayosc et de Draguignan, qui donnent son nom à leurs filles. C'est le nom de presque toutes les femmes issues du sang de Villeneuve. Tous les chapelets des chartreux portent l'effigie de sainte Roseline sur le revers de la médaille qui figure saint Bruno. Il n'existe plus en France que deux monastères de chartreuses, mais là le nombre est compensé par l'ardeur de la dévotion envers notre sainte. Plus est réduit le nombre des vierges capables d'atteindre aux vertus difficiles de Roseline, plus est brillant son héroïsme exceptionnel !

VII

INFLUENCE COMPARÉE
DE
SAINT BRUNO ET DE SAINTE ROSELINE

Influence comparée de saint Bruno et de sainte Roseline. — Humilité des deux patrons de l'ordre carthusien. — Leur dévouement à la virginité. — Lent développement du culte de saint Bruno et de sainte Roseline. — Abdication du monastère renfermant leurs reliques. — Action de saint Bruno dans la transformation de l'aristocratie — Son influence sur l'établissement de l'ordre public terrestre. — Influence aristocratique de sainte Roseline. — Son action dans l'établissement de l'ordre public maritime. — Conclusion générale.

Entre saint Bruno, type le plus élevé de l'ordre carthusien masculin, et sainte Roseline, qui a réalisé l'idéal de la vierge carthusienne, existent des rapports bien frappants. Saint Bruno a pris l'habit et fait la profession en venant chercher dans les Alpes la retraite la plus inaccessible et le climat le plus rude; sainte Roseline, pour s'initier à la vie carthusienne et s'y engager définitivement, a changé le climat le plus doux, la terre la plus gracieuse, pour le monastère de religieuses des Alpes le plus solitaire, pour la terre la plus désolée et le climat le plus dur.

Saint Bruno et sainte Roseline ont tous deux terminé leur carrière dans les monastères les plus énervants par la douceur du climat, tous deux ont ainsi appris à leurs successeurs à subir avec joie les épreuves des douleurs et à sortir sans corruption des douceurs de la vie des climats énervants.

Tous deux n'ont gardé le commandement que comme une charge pénible ; et ils ont fini leur vie dans le plus humble isolement de toute grandeur, dans le dépouillement de toute supériorité. Ils ont demandé l'oubli, caché même leur vertu, comme d'autres s'emparent des honneurs et de la vaine gloire.

Dans leur solitude, saint Bruno et sainte Roseline ont agi sur la société d'une manière énergique par leurs sages et salutaires conseils. — Saint Bruno a été le guide du souverain qui, d'après sa direction, est devenu le grand auxiliaire de l'Église; sainte Roseline a été la confidente et l'inspiratrice du grand maître des Hospitaliers, qui a fait régner l'ordre dans sa milice et qui en a fait la force armée fidèle à l'Eglise, chargée de faire respecter la justice et la faiblesse sur la mer et sur la terre de la chrétienté. Saint Bruno avait fait naître la protection contre la piraterie terrestre, sainte Roseline a suscité dans son frère le protecteur contre la piraterie *marine*.

Saint Bruno a transformé par la croisade la féodalité violente en chevalerie protectrice de la victime opprimée, des laboureurs et des marchands. Sainte Roseline a contribué par ses conseils et par ses prières à faire naître la dernière transformation de la chevalerie chrétienne gardienne des pauvres, des désarmés, des marchands sur terre et sur mer.

Saint Bruno a glorifié la virginité dans ses plus poétiques prières, dans le culte de Marie, qu'il a développé plus que tout autre, et les messes de la Vierge gardent les traits ineffaçables de ses chastes inspirations.

Sainte Roseline est devenue elle-même la plus éclatante efflorescence de la virginité; elle a exercé dans sa famille le plus efficace prosélytisme de la *continence*.

Combien les virginales suppliques de l'ordre carthusien ont manifesté leur puissance, lorsque six frères et sœurs de Roseline se sont voués au célibat, à l'apostolat et aux saintes pratiques intérieures du culte, lorsque son cousin, saint Elzéar, a sacrifié même la gloire de la lignée féodale, en produisant le type de la virginité matrimoniale!

Quand Roseline était l'humble *chartreuse* oubliée dans le *cloître*, son frère Hélion, grand maître réformateur des Hospitaliers, son cousin Elzéar, gouverneur du prince destiné au trône, étaient les brillants, les utiles *chartreux* du monde.

Saint Bruno a été le premier et secret moteur d'une grande transformation dans l'aristocratie et la société du moyen âge.

Dans le brillant groupe aristocratique où se place Roseline, se révèle avec éclat la prodigieuse transformation de la noblesse accomplie par la croisade, œuvre de saint Bruno. Guillaume de Sabran pillait les couvents en 1115. En 1320, Elzéar de Sabran se dépouille pour les pauvres et pour le développement de la civilisation par les monastères.

La maison de saint Elzéar est changée en un véritable monastère. Qui eût pensé, lorsqu'en 1075, le clergé germain repoussait la continence exigée par Grégoire VII, prêchée par saint Bruno, chef des écoles de Reims, qui eût pensé que cette continence, en 1320, après deux siècles et demi de lutte, serait acceptée comme le beau idéal de la chevalerie féodale ? que la virginité absolue serait prise pour condition d'entrée dans un ordre de religieuses ? et que dans le mariage aristocratique, on trouverait même des saints Elzéar marchant bravement sous la bannière de la virginité matrimoniale, malgré les séductions de la jeunesse, de la puissance, de la richesse, malgré toutes les mesures paternelles de la famille qui devaient, dans le mariage légitime, assurer la transmission du noble sang?

Comme l'orgueil des sens était brisé par le culte de Marie, préconisé si haut par saint Bruno et si glorieusement exalté dans la vierge carthusienne ! et comme on voyait bien les heureux effets de cet empire exercé sur les sens aboutissant à la propagation réelle des populations par le mariage respecté ! Car les dimensions plus grandes de toutes les églises du treizième siècle attestent l'accroissement du nombre et de la richesse dans les sujets de la chrétienté. Les États des mahométans incontinents se dépeuplent, les terres des chrétiens continents se couvrent d'habitants.

Pour la propagation des lumières chrétiennes, saint Bruno veut que les principaux travaux matériels de ses enfants soient des copies de livres; sainte Roseline et ses filles en Dieu et ses frères et sœurs par le sang, multiplient les écritures et s'honorent de la culture des lettres.

La satisfaction des besoins des pauvres est le soin de Bruno.

Sainte Roseline se sacrifie pour les pauvres, amène autour d'elle son père et sa mère à vivre pauvrement, et lègue à ses neveux la glorieuse devise de libéralité.

L'esprit de sacrifice et de prière, semence féconde de saint Bruno, à l'intérieur par l'ordre carthusien, à l'extérieur par la croisade, a donné son plus radieux épanouissement dans le type carthusien virginal de Roseline et dans la chevalerie issue de la croisade représentée par le frère chéri de sainte Roseline.

Comme le roi conquérant de Naples s'était fait le bienfaiteur de l'ordre de Bruno, le chef de la chevalerie croisée s'est fait le bienfaiteur de la tribu carthusienne de Roseline. Si c'est l'*apparition de saint Bruno* qui permet au roi Roger d'éviter un danger, c'est une *apparition de Roseline* qui sauve le grand maître des chevaliers hospitaliers.

Les deux inspirations qui se dévoilent sous les légendes de Roger, roi de Naples, et d'Hélion de Villeneuve, sont des phénomènes surnaturels complétement semblables.

Ces deux existences de saint Bruno et de sainte Roseline sont suivies des mêmes épreuves imposées à l'ordre carthusien. Moins d'un siècle après la mort de saint Bruno, l'ordre des chartreux est forcé par la prudence et l'esprit d'incorruptibilité de subir l'abdication du monastère contenant la précieuse dépouille du saint fondateur. Avant un siècle écoulé, depuis la mort de sainte Roseline, la tribu de saint Bruno se résigne au douloureux, à l'humiliant sacrifice de la maison contenant le glorieux corps de sainte Roseline.

Comme la chrétienté est privée du sépulcre, monument de la gloire du Rédempteur divin, l'ordre carthusien a été séparé des deux tombeaux, théâtres de la suprême illustration de ses deux types de moine et de vierge de l'ordre carthusien.

Saint Bruno n'a pas obtenu immédiatement même par la bouche de Léon X les honneurs d'un culte universel, il n'a été autorisé que pour les chapelles de l'ordre carthusien.

Le culte particulier de saint Bruno a été généralisé seulement d'une manière progressive, et par accroissements successifs ce culte est enfin arrivé aux honneurs du rit *double*.

Sainte Roseline aussi n'a été reconnue qu'à titre de culte particulier du diocèse de Fréjus, culte étendu bientôt après à toutes les chapelles de l'ordre carthusien pour se généraliser sans doute complétement plus tard.

L'humilité carthusienne s'est montrée d'une manière exactement pareille dans le type du moine et de la religieuse de l'ordre. Leur sainteté ne se manifesta que lentement, le mérite est d'autant plus solide qu'il reçoit mieux la consécration du temps en demeurant étranger à tout prestige immédiat et éphémère. Nobles souffrances imposées à la piété carthusienne! grandes croix subies par l'ordre qui a pour armoirie la croix plantée sur l'univers! grandes et suprêmes leçons nous criant bien hautement que le suprême bien du christianisme est dans la conservation de l'esprit de sacrifice et de sainteté, bien autrement que dans la conservation des plus précieux restes matériels de la piété!

Saint Bruno a fait des prodiges de sagesse, d'intelligence, d'humilité et de dévouement. Il a présidé au plus utile développement de la chrétienté, il a conservé le type immortel de la loi permanente de l'humanité transformée, il a montré le prodige du bonheur individuel et général par le sacrifice ou l'amour, hors de ce miracle silencieux, permanent et caché, il a fait si peu de prodiges éblouissants, si peu de miracles bruyants, ses enfants ont si peu vanté la noblesse de leur origine religieuse que l'on a, pendant quatre siècles, oublié de le placer sur les autels de toute la chrétienté!

Sainte Roseline, en offrant son corps incorruptible comme le type virginal de l'ordre incorruptible, a été l'objet d'un culte si peu glorifié, si peu mis en relief, qu'il a fallu attendre près de six siècles, pour que la sainteté populaire de la vierge carthusienne devînt l'objet du culte autorisé par le successeur de saint Pierre.

L'incorruptibilité dans l'esprit de sacrifice, et ce sacrifice poussé jusqu'à ne point parler des vertus de son ordre : voilà chez les enfants de saint Bruno et les filles de sainte Roseline, les prodiges de l'humilité dont nous avons été témoins. Le silence de la solitude érémitique pouvait-il être mieux gardé! Comme la vierge carthusienne a bien reproduit toute l'empreinte du premier des chartreux!

Sainte Roseline a dirigé par ses conseils, favorisé par ses prières, développé par son patronage céleste la transformation de l'expédition terrestre de la croisade en gendarmerie maritime destinée à poursuivre incessamment le croissant et la piraterie.

L'ordre public et la paix intérieure ont été l'objet des soins dévoués de saint Bruno. Sainte Roseline a développé la même pensée en faveur de la circulation maritime. Elle a préparé ainsi la grande croisade du globe terrestre dont le but est de convertir tous les peuples. L'humble vierge de Celle-Roubaud a singulièrement développé l'œuvre civilisatrice du sage, du modeste Fondateur carthusien.

Tous les deux, le moine austère et la vierge angélique ont montré par le précepte et par l'exemple que les bienfaits de la civilisation sont les conquêtes réservées à l'esprit de sacrifice.

Or donc, glorifions la merveilleuse destinée de cette vierge châtelaine qui, en embrassant les vertus les plus humbles, est devenue la plus populaire illustration de la famille de sa famille et de son diocèse; la plus haute expression féminine de l'ordre le plus rigoureux! Il y a des prestiges éphémères que l'éloignement des temps pâlit et efface; mais il y a des services rendus par les saints, chaque jour mieux compris, et chaque jour plus haut prisés. Cette gloire, qui monte sur les tombeaux des personnages qui se sont faits victimes pour le bonheur des autres, va chaque jour grandissant avec la civilisation chrétienne dont ils ont été les apôtres, et dont ils resteront les modèles.

Quels sont les esprits assez dénués de lumière pour méconnaître l'utilité des exercices militaires, des fatigues, des marches du soldat, qui doivent, à un signal donné, aller subir dans les combats toutes les épreuves, supporter tous les accablements des marches forcées, des bivouacs et des privations? Or, l'humanité chrétienne est une armée toujours en campagne; qui trouve dans ses cénobites, dans ses clercs, des soldats aguerris, méprisant la mort; la défiant, et se tenant endurcis contre toutes les privations, aimant les luttes dont ils ont pris la noble habitude; ayant d'avance, rompu tous les liens charnels qui pourraient, au milieu de la bataille, leur suggérer de lâches pensées.

Dans tous les temps qui nous ont précédés, l'accroissement de la société humaine a marché plus vite que les perfectionnements des moyens de production; les jeûnes, les réductions de nourriture des cénobites, outre leur mérite religieux et moral, ont eu leur valeur utile. Les moindres consommations d'aliments ont donc été de grands et puissants moyens d'atténuer les déplorables conséquences des affreuses disettes périodiques des temps anciens. Les abstinences subies pour réserver la ration implorée par les indigents se sont élevées alors à la hauteur d'un magnifique dévouement social, pendant que le célibat modérait la marche de l'accroissement des populations pour les maintenir en harmonie avec les ressources. Tel le jardinier habile diminue le nombre des rejetons de sa pépinière pour obtenir le régulier et complet développement des plantes qui restent... Il y avait donc un dévouement social et dans les abstinences et dans le célibat. La prière qui élève les cœurs vers la source de tout bien et vers la récompense méritée par le sacrifice, le culte qui rappelle sans cesse les triomphes des valeureux champions de l'Église, ne ressemblent-ils pas aux enivrantes proclamations des généraux et aux souvenirs évoqués des héros et de leurs victoires?... La politique la plus matérielle emprunte donc aux saintes institutions, tous leurs procédés, sans pouvoir atteindre à l'utilité de ces dernières.

Notre sainte Roseline devenue, par son immolation, le lien sympathique entre le château et la chaumière du moyen âge, la noble Roseline devenue la servante de ses serfs, n'a-t-elle pas été une bien éloquente apologiste de la démocratie? En entraînant toute sa famille vers cet amour du plus infime d'entre les peuples, ne représente-t-elle pas une des faces de la transformation chrétienne, qui substituait aux écrasement superbes de la domination, les bienfaits du dévouement et les douceurs de la charité? Que d'autres aillent donc se parer des ornements obtenus dans les cours, leurs honneurs périront avec eux, et leur renom ne survivra pas aux fugitives fumées de leur vanité! mais éternelle gloire aux modestes courtisans des déshérités de la terre! Quel est l'habitant des Arcs qui peut savoir encore, que le dernier de ses seigneurs fut décoré du brillant cordon du Saint-Esprit? quel est celui, au contraire, qui ignore le dévouement de sainte Roseline? quel est celui qui ne supporte pas avec résignation le travail, l'indigence et la douleur, lorsqu'il apprend que la fille des seigneurs souffrit toutes les douleurs et les privations pour soulager les souffrances, et les consoler par la riante perspective d'une meilleure patrie?

Ainsi, quand il était docile à la voix de la religion, le baron chrétien avait une épée pour protéger les désarmés, des honneurs pour relever, pour éclairer les humbles, des richesses pour faire la part des pauvres, une nombreuse et brillante famille pour donner plus de serviteurs à l'Église et à la patrie. Tel fut le salutaire exemple légué par la génération qui donna Roseline à la Provence. Tel fut l'heureux effet de l'infusion de l'esprit religieux catholique dans la noblesse du moyen âge, dans cette aristocratie, d'ailleurs si portée à la violence et à toutes les séductions des positions privilégiées. La transformation fut si merveilleuse qu'elle put faire des barons féodaux et de la royauté, les précurseurs et les préparateurs de la civilisation moderne. C'est qu'il s'infiltrait dans le sang aristocratique, la vertu d'un autre sang bien autrement fécond; c'était la vertu du sang versé sur le Calvaire qui renouvelait la face de la terre.

Proclamons-le donc bien hautement, c'est l'Église catholique qui a transfiguré la société tout entière, du sommet jusqu'à la base, et qui, par les merveilles du moyen âge préparait les plus grandes merveilles qui frappent nos regards! L'histoire que nous venons d'exposer, avec toutes les efflorescences de ses traditions populaires, et de ses légendes cénobitiques n'est pas autre chose qu'un remarquable exemple de ces transformations telles que les opérait l'Église de Dieu.

Maintenant pourquoi serions-nous ingrats ou aveugles?

Celui qui écrit ces lignes aime à le confesser : après avoir plongé dans les sciences exactes, naturelles et philosophiques aussi avant qu'il l'a pu, il n'a rien trouvé d'aussi prodigieusement philosophique et fécond que les formules de l'Évangile! aucune institution aussi étonnante par ses lumières et ses bienfaits, que l'Église catholique chargée du perpétuel apostolat! Toujours elle est sortie de ses éclipses, comme un phénix renaissant jeune et radieux de ses cendres.

Il y a là plus que l'œuvre d'un esprit fini : c'est la révélation et l'action de l'infini, c'est le germe impérissable de tous les progrès!

PIÈCES JUSTIFICATIVES

DOCUMENTS RELATIFS A L'ORDRE DES CHARTREUX

I

Notes sur les Frères pontifices.

INSTITUTION FRANÇAISE DES FRÈRES PONTIFICES.

On a cru pouvoir placer en Toscane, au douzième siècle, le berceau des frères pontifices; mais la Toscane avait reçu cette belle institution de la France, et même de la Provence. Sur la date de cette origine, le texte de Ducange, glossaire de la moyenne et basse latinité, s'exprime de la manière suivante :

Sub regum francorum, finem secundæ stirpis. Cette époque coïncide avec le concile de Charroux, en Poitou, tenu en 988, première année de l'avénement de la troisième race royale de France; or, le concile de Charroux proclama la première institution de la trêve de Dieu. La naissance de l'ordre des frères pontifices s'opéra donc en France, comme celle de la *trêve de Dieu.* Un ordre de ce genre ne pouvait être utilement établi que là où la circulation sur les *chemins ordinaires* était possible; les frères pontifices n'étant destinés qu'à faire disparaître les *obstacles extraordinaires* des voies de circulation. Le rapport des dates de la première fondation, comme la logique, exige donc que les frères pontifices aient pris naissance en *France* sur les mêmes lieux et aux mêmes époques que ceux où se fondait l'institution de la trêve de Dieu.

Le savant M. César d'Aillaud de Caseneuve a donc bien raison de signaler l'erreur commise par ceux qui prétendent placer la première fondation des frères pontifes en Toscane. L'honneur de la fondation des frères pontifices appartient à la Provence, où l'évêque d'Arles, Raimbaud, d'accord avec saint Odilon, promulguait la trêve de Dieu dans le concile d'Arles de 1035, et écrivait aux évêques d'Italie la belle lettre qui les engageait d'une manière si pressante à faire établir la trêve de Dieu.

Cette grande institution ne fut appliquée à l'Italie qu'en 1059, 1102 et 1109, sous le pape Pascal II. Ce n'est que postérieurement à cette dernière date que les *frères pontifices* purent organiser des affiliations en Toscane et dans le reste de l'Italie, tandis qu'en France, le *prieur* des pontifices de Cavaillon, Sigebert, fit, dès 1084, des œuvres de construction de la plus grande importance sur le cours de la torrentueuse Durance. A Bonpas, on trouve encore aujourd'hui, en 1866, des restes de maçonneries sur des points qui ont appartenu au lit de la Durance, et ces maçonneries peuvent se rapporter à un pont établi sur la rivière que ses terribles inondations et les variations de son cours ont rendue si fameuse.

Nous trouvons, en résumé, les fondations suivantes : en 988, chevalerie de la trêve de Dieu et protection des voyageurs, chevalerie de la construction des ponts et hôpitaux; en 1118, chevalerie de la croisade, avec le triple vœu d'obéissance, de pauvreté et de chasteté, dans les ordres des *Hospitaliers* et des *Templiers*. Toutes ces fondations, tous ces grands développements de la pensée transformatrice de la milice appartiennent à la *France*.

Ces trois conditions fondamentales de la protection de l'ordre public, des facilités données aux *voyages*, et du respect des femmes confiées à des mains armées de l'épée, n'ont été d'abord réalisées qu'en France.

L'institution chevaleresque, produit de l'influence monastique, ne pouvait naître que dans la contrée où l'action religieuse civilisatrice n'était pas combattue par le pouvoir militaire. Le système césarien des empereurs d'Allemagne, opposé à l'influence religieuse monastique, étouffait en Allemagne et en Italie le développement du germe civilisateur de l'Église; il fallait que les foudres de l'Église dominassent la violence des armes, pour que la chevalerie de la trêve de Dieu pût éclore.

Au milieu des luttes constantes de la chrétienté espagnole, l'action militante de la chevalerie trouvait une carrière toujours ouverte à ses exploits, mais ce n'était pas du trouble des combats que pouvait sortir une pensée mûrement réfléchie et une action largement directrice.

La réglementation de l'action militaire, mise d'accord avec l'intérêt monastique, ne pouvait donc avoir son centre et son siége principal ni en Allemagne, ni en Italie, ni dans l'Angleterre, qui était trop séparée, trop éloignée du foyer catholique; il fallait que cette direction de la force militaire chrétienne partît du grand centre monastique de l'Occident, du chef-lieu de la grande population monastique de Cluny, établi au milieu de la France. La naissance de la trêve de Dieu et celle de l'ordre chevaleresque des pontifices, ne peuvent s'être réalisées qu'en France. Le travail tout à fait neuf et très-remarquable de M. de Caseneuve explique parfaitement l'origine des pontifices.

NOTES SUR L'INSTITUTION DES FRÈRES PONTIFICES EN PROVENCE, PAR M. CÉSAR DE CASENEUVE.

L'institution des frères pontifices, ou constructeurs de ponts, se présente à nous comme l'une des créations à la fois les plus remarquables et les moins connues de l'esprit chrétien au moyen âge. Indépendamment des œuvres matérielles qu'elle accomplit, œuvres admirables en elles-mêmes, l'idée seule qui en fut le principe suffit à faire reconnaître chez les générations trop oubliées qui la conçurent, l'intelligence la plus élevée de la mission sociale que le christianisme est appelé à remplir. C'est à la Provence que doit revenir l'honneur d'avoir été le berceau de cette utile et pieuse institution; c'est en Provence qu'elle répandit le plus d'éclat; et cependant les auteurs qui nous ont laissé un corps d'histoire locale, ne nous disent rien, ou presque rien, de ses fondateurs, de ses travaux, de son existence même. Un seul de ses membres, saint Bénézet, fondateur du pont d'Avignon, a eu ses historiens et ses panégyristes, dont l'attention paraît avoir été attirée surtout par des circonstances merveilleuses que des narrateurs légendaires ont ajoutées, selon toute probabilité, au récit de sa vie, d'ailleurs toute merveilleuse encore, alors même qu'on en rejetterait ce qui n'est point appuyé sur des témoignages d'une authenticité incontestable.

Ce serait donc faire une œuvre louable et utile, au double point de vue de notre histoire locale et de la grande histoire de la civilisation chrétienne, que de réunir les divers renseignements fournis à ce sujet par les documents publiés et les sources originales, et de rechercher sur les lieux les traces que les travaux de ces pionniers chrétiens peuvent y avoir laissées. Nous nous sommes proposé cette tâche, et nous n'en avons rempli qu'une très-faible partie. Toutefois les notions que nous avons pu rassembler nous donnent l'idée d'une œuvre de restitution historique qui nous frappe et par sa possibilité et par sa grandeur.

C'est au dixième siècle que nous croyons pouvoir placer les commencements de l'institution des frères pontifes. Cette date est d'ailleurs celle que leur assigne un auteur dont l'opinion est d'une grande importance, *Ducange*, dont l'œuvre principale, le *Glossaire de la moyenne et basse latinité*, est l'un des monuments les plus remarquables de la science historique. Il s'exprime en ces termes au mot *Pontifes :*

« Fratres pontis sub finem secundæ stirpis regum francorum, ad hoc potissimum instituti ut viatoribus *tutelam, hospitium, aliaque necessaria præstarent; fratres pontis* dicti quod *pontes construerent,* uti faciliùs et tutiùs fluvios transire possent *viatores.* »

L'institution qui nous occupe prend donc sa date à une époque que domine l'un des faits les plus généraux et les plus importants de notre histoire : l'établissement du régime féodal. Pour bien connaître les faits particuliers que l'on se propose d'étudier, il est nécessaire de les rapprocher des faits dont l'influence a dû affecter tout l'ensemble de la société au milieu desquels ils se produisent; c'est ce que nous allons faire en peu de mots; de ce rapprochement de l'institution particulière des pontifes et de l'établissement de la féodalité qui s'opérait à la même époque, doit naître quelque lumière.

Il faut remonter aux origines mêmes de notre histoire nationale pour bien comprendre l'établissement de la féodalité. Le point de départ de notre histoire, sous le rapport politique, est la conquête. Ainsi voyons-nous à l'origine, d'une part, des vainqueurs dont le caractère dominant est l'amour de l'indépendance, le vif sentiment de la spontanéité humaine dans sa plus libre expansion ; habitués à promener au milieu des hasards leur infatigable activité, et demandant à la terre des Gaules beaucoup moins un patrimoine, un sol pour y établir une nation, qu'un champ à parcourir, des combats, un butin ; mais devenant enfin propriétaires de ce sol par le fait de la conquête, et alors s'y fixant et s'isolant de plus en plus entre eux par la séparation de leurs intérêts respectifs. De l'autre côté nous apparaissent des vaincus, population asservie, privée par d'anciennes divisions de territoire et de race de l'avantage d'une défense commune, partagés avec la terre dans les campagnes, mais conservant encore dans les villes quelques restes d'industrie et de liberté; échappés, sous la sauvegarde de l'Église chrétienne, à la ruine de l'ancien monde. Tels sont les deux grands aspects de la société devant les trois ou quatre premiers siècles de notre histoire, et le point de départ de tous les faits dont l'ensemble constitue l'histoire civile du moyen âge. On sait quelle anarchie présenta cette première époque. Charlemagne entreprit d'y mettre un terme; il voulut imprimer à la société de son temps un ordre, une régularité dont il trouvait à la fois l'idée dans son propre génie et dans les souvenirs de l'empire romain. Il y réussit un moment. La société romaine et la société germanique avaient péri à peu près dans la Gaule franque; Charlemagne essaya de les ressusciter et de les faire vivre ensemble; il ressaisit tous les modes d'association qu'avaient connus l'empire et la Germanie, et fut à la fois chef de guerriers, président des assemblées nationales et empereur. Il ne serait pas exact de dire, en voyant le peu de durée de son œuvre, que cette œuvre entière échoua ; elle eut de grands résultats qui demeurèrent, et ce furent surtout des résultats moraux, des principes politiques qui triomphèrent plus tard et devinrent les bases d'un ordre de choses qui, sous plusieurs rapports, existent encore. Quant à la partie pour ainsi dire matérielle de cette œuvre, elle disparut en peu de temps; Charlemagne avait créé la monarchie moderne, mais sa puissance même n'avait pu faire une nation. Il était, en effet, dans l'ordre éternel des choses qu'*une nation* ne pût se former que par *elle-même*.

La formation de la nationalité française, et même, plus généralement, de toutes les nations réunies dans la civilisation européenne, fut l'œuvre de la féodalité et des communes, sous l'influence de l'Église et de la royauté.

Les populations une fois attachées au sol, les invasions une fois arrêtées, la société commença à se constituer, mais dans les conditions seulement que présentaient les esprits et les existences. Tout était alors local et individuel; il y eut une foule de petites sociétés qui concoururent à former plus tard la société générale, une foule de petits gouvernements locaux qui rendirent d'abord le gouvernement possible, et se fondirent ensuite dans la grande unité politique que présente la France. Les éléments de ces petites sociétés et de ces petits gouvernements étaient tout trouvés : ce furent, d'une part, les possesseurs des terres conquises, les représentants des conquérants germaniques; de l'autre, les possesseurs de bénéfices tenus du roi, et de charges royales devenues héréditaires[1]. Ils devinrent les centres naturels d'associations nouvelles; autour d'eux s'agglomérèrent de gré ou de force les habitants, libres ou esclaves, de chaque contrée ; et quand ces sociétés locales eurent revêtu une forme un peu régulière, ce résultat de la conquête et de la civilisation renaissante prit le nom de régime féodal.

Ainsi s'accrurent les relations nécessaires, forcées même, que la conquête et les institutions qui la suivirent avaient établies entre l'homme et le sol. La féodalité fut l'occupation armée et permanente du territoire ; elle le défendit mieux que n'aurait pu le faire un pouvoir unique et central. Supposez de nouvelles invasions comme celles qui amenèrent la chute de l'empire romain ; elles n'auraient pas eu raison de la féodalité comme les premières avaient eu raison de l'empire ; leur flot se serait brisé sur ces milliers d'obstacles, alors qu'il avait si facilement renversé un colosse. Sous ce rapport, et sous quelques autres, *l'établissement du régime féodal fut pour les peuples un progrès véritable.*

Cependant cette transformation nécessaire de la société ne pouvait être le dernier terme du développement social. La civilisation générale réclame, pour se développer, un champ plus vaste que ne l'étaient les enceintes fortifiées de cette époque ; elle aurait infailliblement péri dans cette préoccupation de défense, sans l'action du principe providentiel qui la sauve tous les jours. Bientôt ces populations, entre lesquelles n'existait de lien commun que celui des croyances, durent à ces croyances communes un rapprochement salutaire, et ce fut particulièrement l'œuvre des croisades ; mais la grande entreprise des croisades, en ne l'envisageant que sous le rapport purement matériel, avait elle-même besoin d'être préparée, ou pour mieux dire, elle ne devint matériellement possible qu'après l'établissement de certaines relations plus générales que ne les comportaient le premier siècle de la féodalité, et le régime féodal dans les seules ressources qu'il tirait de lui-même.

C'était avec une merveilleuse intelligence des lieux que la féodalité avait pris ses positions sur le territoire ; au point de vue de la défense, rien de mieux n'était possible. Les villes, les bourgs, les châteaux possédaient une force défensive dont les monuments de cette époque laissent concevoir une haute idée; toutefois cette action protectrice était bornée ; elle ne pouvait s'étendre qu'à un certain rayon autour de chaque asile. Une institution chrétienne, celle qui nous occupe, vint faire ce que la puissance féodale, si énergiquement constituée, était impuissante à faire elle-même. Elle eut pour but de rendre possibles ces relations, sans lesquelles il n'y a pas de vie générale pour un pays, et en face de l'occupation armée du territoire, elle vint établir une occupation pacifique et secourable. Tandis que la féodalité s'empare des hauteurs et des défilés, d'où elle protége et menace, l'occupation chrétienne dont nous parlons s'empare des routes, des rivières, des fleuves, des grandes artères de la civilisation. Elle rend

[1] Voir sur l'hérédité des charges, même sous Charlemagne et Louis le Débonnaire, l'ouvrage de Dubos, *Établissement de la monarchie française dans les Gaules.*

possible la navigation intérieure, aussi nécessaire, alors surtout, que la navigation maritime : elle construit sur un grand nombre de points des bacs ou des ponts ; elle offre aux voyageurs des hospices sur les chemins qu'ils doivent parcourir ; elle échelonne sur les routes une milice qui les accompagne et les défend.

Cette association naquit en Provence, et ce serait ici le lieu de montrer comment elle se lie à tout un ensemble de créations dont le christianisme fut le principe et cette terre le berceau. Mais l'étendue même de cette partie de notre sujet ne nous permet que de l'indiquer. — Plus tard l'association des pontifes s'établit dans toute la *France*, en *Italie*, en *Allemagne*, en *Espagne* et en *Pologne* ; mais les plus anciennes fondations de cet ordre sont celles de Provence ; les différents auteurs que nous allons citer paraissent d'accord sur ce point, au moins d'une manière implicite, alors qu'ils ne l'affirment pas.

L'idée que nous donnent les renseignements dont nous indiquerons sommairement les sources, quant à l'institution des frères pontifices et à l'organisation intérieure, est que ce fut une association religieuse, une confrérie dans laquelle des hommes de labeur et des militaires étaient admis, plutôt qu'un *ordre* monastique ; les pontifices étaient religieux comme le furent plus tard les chevaliers du Temple et de Saint-Jean de Jérusalem, mais ils n'étaient pas *clercs*.

Un de leurs premiers établissements en Provence fut celui de BON-PAS, sur la Durance, dans le diocèse de Cavaillon et près du village de Caumont. Sur ce point, la communication entre les deux rives de la Durance avait été interceptée par des bandes armées qui dépouillaient les voyageurs et les égorgeaient, et ce lieu de terreur avait reçu le nom de Mau-Pas. Les frères pontifices en chassèrent les brigands et y construisirent un hospice auprès de la chapelle qui, dans le huitième siècle, avait été élevée sur la sépulture des nobles avignonais qui avaient péri en défendant le passage de la Durance contre les Sarrasins. Les ouvriers du christianisme succédaient ainsi à ses martyrs.

Les pontifices établirent sur ce point un *pont* dont l'existence est prouvée par des vestiges de piles que l'on voyait encore à la fin du siècle passé, et qui, peut-être, sont encore visibles aujourd'hui ; — et par l'énoncé d'une charte que leur accorda le pape Clément III en 1189 : « Confirmatio bonorum fratrum Boni-Passus, à Clemente tertio papa, Raymondo priori domûs *pontis* Boni-Passus ejusque partibus. »

La même transformation qui avait eu lieu à Bon-Pas se reproduisit au commencement du douzième siècle sur l'autre rive de la Durance, au pied de la montagne de Gouiron, dans un lieu inculte et solitaire dont le nom de *Sylva* — Cana, (forêt de roseaux), allait être voué, par les travaux des pontifes, à une prochaine célébrité. Une communauté de frères ayant un chef nommé *André*, en éloigna les brigands qui s'y étaient établis, y fonda un hospice et une église, et se voua, selon les règles de l'institution, à recevoir les passants, à les escorter et à les transporter en barque sur la rive où ils avaient à se rendre. En 1146 une famille de la petite ville de Lambesc fit don à *André* et à ses compagnons de la montagne de Gouiron :

Pitton rapporte l'acte de cette donation dans ses *Annales de la sainte Église* d'Aix.

Il est à croire que les frères pontifices établirent pareillement des hospices sur plusieurs points des deux rives de la Durance; nous croyons qu'il reste des traces de l'une de ces fondations près du *bourg de Peyroles.* Pour se faire une idée de l'ensemble de leurs travaux, dont les anciens auteurs constatent l'importance sans entrer dans aucun détail, il faudrait consulter avec soin les archives des communes situées aux bords du Rhône et de la Durance, et celles de l'ordre de Saint-Jean de Jérusalem, auquel furent attribués les biens des pontifices au *quinzième siècle.*

L'œuvre la plus importante des frères pontifices fut l'édification du pont d'Avignon, longtemps considéré comme l'une des merveilles de l'Europe. Ce pont fut l'œuvre de saint Bénézet, dont la vie est également admirable, que l'on s'en rapporte à la légende ou à l'histoire. — Saint Bénézet commença *le pont d'Avignon* **en 1176.**

L'histoire particulière de saint Bénézet et de l'ordre auquel il appartient exigerait, même en l'état de la rareté des documents historiques, des développements considérables. Ne pouvant la présenter ici dans tout son ensemble, nous indiquerons cependant les sources auxquelles on peut puiser :

— Ducange, ainsi que nous l'avons dit, mentionne l'existence de l'ordre des frères pontifices, et en place les commencements au *dixième siècle.* (V. *Glossarium ad scriptores mediæ et infimæ latinitatis*, verbo *Pontifex*).

— Sapyre Masson, *Descriptio fluminum Galliæ* mentionne ainsi les frères pontifices et leurs ouvrages :

— Hélyot, dans son Histoire des *ordres religieux*, consacre un chapitre aux frères pontifices ; mais la notice qu'il en donne est fort incomplète. Il semble faire dériver les fondations de Provence d'un ordre établi primitivement en Toscane, et il se trompe; les fondations de *Bon-Pas* et de *Silvacane* ou du Gouiron, sont antérieures à aucune de celles dont il est fait mention dans les auteurs toscans.

— De Haitze, sous le nom de Magne Agricol, a laissé une *Histoire de saint Bénézet, entrepreneur du pont d'Avignon, contenant celle des religieux pontifices* (Aix, 1708, in 12). Il rejette complétement la légende de saint Bénézet, et met à la place de ce récit un autre récit dont il ne fournit aucune preuve. Cependant il est à croire qu'il a eu raison de combattre l'opinion qui fait de saint Bénézet un enfant et qui lui attribue des miracles dont l'information publique faite peu après sa mort ne parle pas.

— La collection des *Bollandistes* (V. le mois d'avril), contient les renseignements les plus complets qui existent sur la vie de saint Bénézet. On trouve, à la suite l'une de l'autre, la légende rejetée par de Haitze et l'information authentique faite à Avignon peu après la mort de saint Bénézet, et tirée des archives de cette ville. Le père Papebroeck a joint des remarques à ces deux documents.

— François de Cambis, sieur de Fargues, avait publié en 1679 une *Histoire de la Vie de saint Bénézet* avec une notice sur la translation de ses reliques. Cet ouvrage parut sous le nom de Disambec, anagramme du nom de Cambis.

— Le père Étienne Seystre, religieux célestin, avait écrit la même Histoire qui fut publiée en 1675.

— André Varadier, d'Arles, avait aussi fait paraître un Panégyrique latin de saint Bénézet. Le nom de l'auteur est latinisé ; il en a fait Varadarius. — César Nostradamus a suivi le récit de Varadier dans son *Histoire de Provence* (V. cet ouvrage p. 185); l'un et l'autre s'en tiennent au récit de la légende.

— *Paradin*, dans son *Histoire de Lyon*, attribue à saint Bénézet la construction du pont sur le Rhône (*le pont de la Guillotière*). C'est une erreur : ce pont fut construit aux frais du pape Innocent IV, qui vint chercher un asile en France en 1245. (V. *Hist. de Lyon*, par le père de Colonia, qui rapporte l'inscription mise sur ce pont et rectifie la citation qu'en avait faite le P. Théophile Reynaud.)

— Celui-ci, au tome VIII de ses Œuvres, a donné un traité historique et ascétique à la fois, dont le sujet est la vie de saint Bénézet.

— Dom Vaissette, dans sa grande *Histoire de Languedoc*, raconte l'édification du *pont Saint-Esprit*, qu'on doit attribuer non pas à saint Bénézet, comme l'ont fait quelques auteurs, mais aux pontifices, qui y eurent une maison hospitalière ; les religieux de cette maison reconnaissaient être du même ordre que ceux d'Avignon.

On peut voir dans les *preuves* de l'*Histoire de Languedoc*, la charte accordée en 1203 aux pontifices, par Raymond de Toulouse, qui confirme celle qui leur fut donnée par Raymond de Saint-Gilles son père; — et celle que leur accorda plus tard Raymond le Jeune en 1237.

Les chartreux participèrent à l'œuvre civilisatrice des pontifices; leur institution faisait de chacune de leurs maisons un asile pour les voyageurs. L'hospitalité carthusienne était si dévouée, qu'en 1318, Jean XXII appela les chartreux à la direction de la maison hospitalière de Bonpas sur les bords de la Durance, maison qui avait été la première fondation des frères pontifices.

II

Services rendus à l'Église par les chartreux pour le maintien de la chaire apostolique.

RÔLE CONCILIATEUR DES CHARTREUX DANS LE SCHISME DE 1159.

Adrien IV venait de mourir; les cardinaux, le clergé et le peuple portèrent le modeste et pieux Roland, chancelier de l'Église romaine, sur le trône pontifical. Il fut proclamé sous le nom d'Alexandre III, le 7 septembre 1159.

L'ambitieux et indigne Octavien, élu seulement par deux cardinaux, était soutenu par Frédéric Barberousse, dont il était disposé à favoriser les vues ambitieuses et sa prétendue autorité sur le domaine de Saint-Pierre, tandis qu'au contraire Alexandre III, lorsqu'il n'était que chancelier romain, avait combattu l'ambition de l'empereur en soutenant les intérêts du pape. Au moment de l'intronisation du pontife légitime, Octavien, s'abandonnant à son dépit, lui enleva la chape d'écarlate qui est le signe de l'investiture, et s'en revêtit lui-même si précipitamment, que le devant se trouva derrière, ce qui le fit nommer : *Pape à rebours*, avec de grands éclats de rire.

Cependant le schisme faisait des progrès en Italie et en Allemagne. Les évêques fidèles étaient chassés de leurs siéges ; Milan et plusieurs autres villes furent ruinées par l'empereur à cause de leur attachement à Alexandre. Les factions s'enflamment, et le pape légitime se réfugie en France, où il trouve un asile et des cœurs dévoués. Un concile est convoqué à Toulouse en 1161. Le roi d'Angleterre, celui de France, plus de cent évêques, un grand nombre de seigneurs des deux nations, plusieurs cardinaux qui s'y rendent, se déclarent pour Alexandre et anathématisent Octavien.

A cette époque, les nombreuses maisons de saint Bruno, de saint Benoît, exerçaient une grande influence dans l'Église. Anthelme, aidé de Geoffroi, abbé d'Hautecombe, de l'ordre de Cîteaux, fit entendre sa voix persuasive. L'un et l'autre écrivirent aux abbés, qui ne savaient quel parti prendre, les instruisirent sur la légitime élection d'Alexandre III, qui fut aussitôt reconnu en France, en Angleterre, en Espagne, et le schisme fut fini, et l'Église fut sauvée par les soins d'Anthelme.

NOTICE SUR SAINT ARTHAUD.

Sous la conduite d'un guide aussi éclairé (Arthaud) et d'un économe aussi charitable, les religieux d'Arvières goûtaient la paix la plus douce, et les habitants voisins jouissaient de la plus heureuse abondance, quand tout à coup l'Église universelle fut agitée par un schisme désolant qui faillit être funeste à l'ordre même des Chartreux. . . . .
. . . Du haut de sa montagne, Arthaud voyait les vagues soulevées, entendait le mugissement de l'orage. Retiré dans sa cellule, il gémissait et priait. Agité par de cruelles incertitudes et pressé par un saint zèle, il écrivit plusieurs lettres à l'empereur Frédéric et au pape Alexandre, pour les engager à mettre fin à ces malheureux débats. Les auteurs de la Bibliothèque des pères (t. XXIV, p. 1519), nous ont conservé une réponse de ce dernier à saint Arthaud, datée de Sens, le 4 des calendes de mars 1164, peu de temps avant la mort d'Octavien qui arriva le 22 avril de la même année. Dans cette lettre, le pape persécuté lui fait connaître tous les desseins qu'il a formés pour le bien de l'Église universelle, et sa résolution d'affermir sur sa tête la tiare que lui ont imposée ceux qui avaient reçu le pouvoir de la lui donner. Il ne prend point ce parti, déclare-t-il, pour satisfaire son ambition, mais pour veiller sur la liberté de l'Église qui est menacée, puis il ajoute : « Nous n'avons point brigué la chaire de « Jésus-Christ, car nous voulons que vous sachiez que, dès que nous y avons

« été porté, nous avons passé des richesses à la pauvreté, du repos aux « sollicitudes, du bonheur au comble de l'affliction. » Il lui fait part ensuite de son courage à soutenir la persécution, à souffrir la mort même plutôt que d'abandonner la barque de Pierre à la fureur des flots irrités ; enfin il se soulage en versant dans le sein de l'homme de Dieu toutes ses justes plaintes sur les mauvais traitements que lui fait essuyer l'empereur, qui institue et destitue des évêques selon ses intérêts et ses caprices, qui dépouille de leurs biens, qui arrache de leurs familles et envoie en exil tous ceux qui tiennent à lui par le sang ou par l'amitié : il finit sa lettre en disant que telle est la mauvaise foi de ce monarque puissant et astucieux, qu'il ne veut pas même recevoir ni écouter ses députés.

Arthaud n'avait pas besoin de ces explications du saint-père pour adhérer à son élection. La voix d'Anthelme, général des Chartreux, s'était fait entendre, et tout l'Ordre avait reconnu Alexandre pour le vicaire de Jésus-Christ en terre. Dès lors le prieur d'Arvières s'employa puissamment pour faire triompher sa cause dans les provinces carthusiennes. L'ascendant qu'il s'y était acquis par sa science et ses vertus lui en facilita les moyens, et le pape conserva le reste de sa vie le plus tendre attachement pour notre saint, qui avait contribué si activement à éteindre le schisme.

EFFORTS DES CHARTREUX POUR L'EXTINCTION DU SCHISME D'OCCIDENT.

Dieu lui fit naître (à l'Église) une belle occasion de réussir en un si louable dessein, par une bonne action qu'il inspira cette année à un religieux de l'ordre des Chartreux.

Ce saint ordre, qui florissait par-dessus tous les autres en sainteté depuis plus de 300 ans, et qui est sans contredit celui de tous les ordres réguliers qui s'est maintenu plus longtemps, comme il le fait encore *aujourd'hui* (1678), *dans son premier esprit*, se trouvait enveloppé dans le malheur du schisme qui avait PARTAGÉ LES RELIGIEUX aussi bien que les autres chrétiens en deux différentes obédiences. Il est vrai que le chapitre général, tenu dans la Grande-Chartreuse, l'an 1379, sous le général dom Guillaume Raynaldi, ordonna que tous les Chartreux, par tout le monde, eussent à reconnaître Clément VII pour vrai pape. Mais Urbain VI, qui voulait avoir au moins une partie d'un si saint ordre dans son obédience, établit visiteur de tout l'ordre avec pouvoir absolu DOM JEAN DE BAR, prieur de la chartreuse de Saint-Barthélemy, dans la campagne de Rome. De plus, il fit déclarer schismatique, en deux chapitres tenus à Rome, DOM GUILLAUME RAYNALDI, que Boniface (IX) déposa depuis, déclarant en sa place général de l'ordre, le visiteur DOM JEAN DE BAR. En 1391, après la mort de ce dernier, les Italiens élurent général DOM CHRISTOFLE, qui prit ensuite la qualité de prieur de la Grande-Chartreuse, quoique DOM RAYNALDI y exerçât les fonctions de général ; l'ordre disloqué par le schisme eut deux généraux : l'un en France, l'autre en Italie.

Le bon chartreux dont nous venons de parler était DOM PIERRE, prieur de la chartreuse d'*Asti ;* ce saint DIGNITAIRE chartreux, désolé de ces désordres, prit avec lui DOM BARTHÉLEMY DE RAVENNE, et tous deux, entraînés par leur zèle pour la pacification de l'Église, vinrent faire au pape Boniface de si fortes remontrances, et le touchèrent tellement par leurs arguments et leurs supplications, qu'ils le déterminèrent à écrire au roi de France pour l'exhorter à imiter la vertu chrétienne de ses ancêtres, en employant son autorité pour faire cesser les douleurs du catholicisme.

Les médiateurs chartreux, pour éviter les interminables disputes des jurisconsultes, ne voulurent pas être accompagnés d'un habile canoniste que le pape Boniface désirait envoyer avec eux, et, portant la lettre eux-mêmes, vinrent presser Clément VII, à Avignon, de les charger d'un semblable message.

Mais Clément VII, loin d'entrer dans leurs vues, les fit retenir prisonniers à la chartreuse de Villeneuve, près Avignon.

Cette violence exercée envers des messagers envoyés de Rome au roi de France, fit grand bruit, et l'université de Paris dénonça au public et au prince la déloyauté de Clément VII. Le roi irrité ordonna que ces pieux envoyés pussent venir librement vers lui. Clément VII, craignant de perdre l'obédience de la France, fut forcé de relâcher les messagers, feignit d'avoir ignoré leur pieuse entreprise. La lettre du pontife romain fut remise à Charles VI. Le roi, charmé de l'ouverture faite par Boniface IX dans le bref remis par les Chartreux, lui fit répondre par les mêmes messagers qu'il était en effet prêt à employer toutes ses forces pour rétablir l'union catholique. Cette réponse fut faite malgré l'opposition du duc de Berry, aveuglément dévoué au pape Clément VII, et pour donner à son message plus de solennité, le roi joignit aux deux ambassadeurs volontaires deux autres Chartreux ; l'un de ces derniers était le prieur de la chartreuse de Paris.

On crut alors que l'union allait bientôt être prochaine, et des prières publiques de remercîment et d'espérance furent célébrées. Le pape Clément VII feignit de s'unir à ces espérances par des démonstrations religieuses publiques ; mais alors, l'université cherchant à suggérer au roi les moyens efficaces d'union, les deux pontifes rivaux ne se préoccupèrent plus que des moyens de conserver chacun leur dignité, et ne parlèrent plus de leurs sacrifices à faire l'union. Boniface, en recevant la lettre du roi de France, se contenta de répondre qu'il était seul vrai pape et se plaignit de ce que l'on obéissait à l'intrus d'Avignon.

Ainsi furent joués les Chartreux, le roi de France et l'université.

Mais le zèle des Chartreux ne fut pas amoindri par les souffrances et les déceptions qu'on leur avait fait subir.

L'année suivante Clément VII mourut, et le cardinal de Lune, élu sous le nom de Benoit XIII, manqua à sa parole, par lui donnée en conclave, d'abdiquer si l'union l'exigeait. Dès lors, le roi de France commença à employer des moyens violents pour établir l'unité, pendant que les Chartreux prenaient des moyens plus efficaces et plus conformes à l'esprit chrétien pour affranchir leur ordre des déchirements du schisme. Après plusieurs négociations que la politique et les rivalités pontificales durent rendre bien difficiles, en 1410, le prieur général français, *Boniface Ferrier*, digne frère de saint *Vincent Ferrier*, et Étienne de Sienne, prieur général italien, firent, sans l'avoir promis, ce que les deux papes refusaient d'exécuter malgré leurs serments, et abdiquèrent tous deux, et Jean *Griffemont*, élu prieur général unique, rétablit l'unité dans l'ordre en déclarant Benoît XIII intrus, et Alexandre V et puis Jean XXIII seul vrai pape. Cette noble démarche du chef suprême des Chartreux fut le véritable principe, le véritable modèle de l'union générale. Les Chartreux eurent, ainsi, la gloire de donner un nouvel exemple de leur modestie et d'inaugurer dans leurs déserts l'unité définitive catholique, *quarante ans* avant qu'elle pût être consommée dans le reste de la catholicité. Entre 1417 et 1431, sous le pontificat de Martin V, élu par les pères du concile de Constance, plusieurs missions conciliatrices furent remplies par le chartreux Nicolas Albergati, dont la sainteté brilla sous la pourpre du cardinalat. L'union sous l'autorité légitime de l'Église fut ainsi le but poursuivi par le pacifique enfant de saint Bruno. Ces services rendus à l'Église par les Chartreux, peuvent-ils être assez signalés à la reconnaissance des chrétiens? Pour atteindre à un pareil résultat, ne firent-ils pas une chose louable en renonçant à diriger des monastères dont la réforme les eût empêchés de marcher vers le grand et noble but qu'ils voulaient atteindre? Oui, les Chartreux ont eu la gloire d'être les premiers pacificateurs de l'Église, parce qu'ils ont pu, plus que tous les autres, conserver les traditions d'humilité et de désintéressement. L'état de la catholicité pendant le schisme, est peint dans l'*Histoire ecclésiastique* de Fleury de la manière suivante :

Servitude, pauvreté et mépris universel de l'Église, dont les biens sont au pillage;

Promotion de prélats injustes, improbes et de mauvaises mœurs;

Spoliation des églises et des monastères;

Exactions intolérables sur les pauvres ministres de l'Église;

Les prêtres réduits à la *mendicité* et aux fonctions les *plus viles;*

La *vente* de tous les vases sacrés de quelque valeur;

L'*abandon* des églises, qui tombent en ruines;

La *simonie* devenue universelle;

La science et la doctrine ne sont plus recherchées dans les clercs proposés aux bénéfices; on les redoute parce que l'on craint leur censure. L'ignorance est *exaltée*, la doctrine *méprisée;*

La *pénitence* et l'*ordination* et d'autres sacrements sont devenus des marchandises;

L'élévation au ministère sacré n'est plus destinée qu'aux êtres avilis et corrupteurs, et sans mœurs, et sans lumières;

Le service divin *abandonné* en plusieurs lieux, *diminué* partout;

La religion vouée au mépris de ses ennemis et livrée aux déchirements et aux attaques des *hérésiarques*.

Il est certain que ces attaques préparèrent le protestantisme, qui débuta par les révoltes impies de *Wicleff* et de *Jean Huss*.

Voilà l'état général de la chrétienté qui résume la situation des institutions monastiques, comme celles du clergé séculier... et c'est dans cette grande crise que les Chartreux donnaient le magnifique spectacle du resserrement de leurs maisons, de l'abdication de leurs biens, de leurs dignités, et de la charité dans leur union fraternelle! C'est bien alors, plus que jamais, qu'il fallait louer les sacrifices douloureux qu'ils faisaient à l'incorruptibilité! ne voit-on pas que l'abdication de Celle-Roubaud, en 1420, coïncide avec les grands et héroïques remèdes que les Chartreux eurent l'honneur d'appliquer, les premiers, aux maux de la chrétienté?

Le schisme d'Occident a été la grande plaie de la civilisation chrétienne, et les Chartreux ont, plus que tout autre ordre, contribué à la guérir par leurs démarches et par leur exemple. Le catholicisme, sortant de cette prodigieuse épreuve, a prouvé sa divine vitalité.

III

Saint Bruno est-il auteur de la Préface à la sainte Vierge?

Saint Bruno est le principal coopérateur de la Préface de la messe de la sainte Vierge.

Comme le fait remarquer le célèbre *Canisius,* la Préface des messes de la sainte Vierge se trouve dans le Sacramentaire de saint Grégoire.

Ce n'est point cependant à ce grand pape que remonte l'origine de la Préface virginale.

Comme tous les livres qui ont traversé le moyen âge, le Sacramentaire grégorien avait revêtu la forme encyclopédique, résultat du besoin, senti avant l'imprimerie, de renfermer beaucoup de choses dans un petit nombre de volumes. On trouvait donc dans le Sacramentaire grégorien bien des compositions liturgiques postérieures à l'époque de Grégoire le Grand.

Le onzième siècle combattit et vainquit l'incontinence laïque et cléricale par la glorification de la virginité de Marie; Pierre Damien, saint Grégoire VII, saint Bruno et Urbain II, furent les infatigables lutteurs qui établirent sur la chasteté cléricale les fondements de la famille chrétienne.

La virginité de Marie était le type qu'il fallait glorifier pour réformer les maux du onzième siècle; et c'est dans ce siècle que la Préface de la sainte Vierge fut promulguée.

Dans le seizième siècle, *Locrius*, l'illustre dominicain, *Ciaconius* et *Beuterius* attribuent cette Préface à saint Bruno; dans le dix-septième siècle, le bénédictin *Ruinart* revendique l'honneur de cette composition pour le pape Urbain II, l'illustre disciple dirigé par saint Bruno.

On voit que l'alternative n'existe plus qu'entre le maître et l'élève, et que certainement la Préface virginale est un des fruits de l'école de Bruno.

La Préface fut promulguée, en 1095, aux assemblées de *Guastalla* et de *Plaisance*, auxquelles saint Bruno assistait..... *Beuterius*, *Ruinart* et *Fleury* sont à cet égard en parfait accord.

La même Préface fut ensuite décrétée au concile de Clermont, où la croisade fut placée sous le patronage de la Vierge.

Surianus, publiant en 1639 la Vie de saint Bruno, s'exprime ainsi :

« Antoine Beuterius, chronographe de Valence, très-remarquable amateur d'antiquités, dans son Traité des cérémonies de la messe, déclare que la Préface de la Vierge Marie a été composée par un chartreux, dans le concile tenu à Plaisance par Urbain II. — Quel peut être ce chartreux, si ce n'est Bruno, dont le pape Pascal, dans un de ses bulles, proclame l'éminente sagesse et la haute influence auprès du siége apostolique?

Il y a *trois* autorités en faveur du modeste, du silencieux saint Bruno; ce sont celles de *Locrius*, *Ciaconius* et *Beuterius*. Il n'y en a qu'*une* en faveur du pape Urbain II, considéré comme seul auteur de la Préface; c'est celle de *Ruinart*.

On peut donc affirmer que non-seulement la Préface virginale est le fruit de l'école du saint cénobite qui, en mourant, proclama encore la virginité de Marie; mais on peut dire encore que la majorité des suffrages et l'ensemble des probabilités le montrent comme auteur principal de l'œuvre promulguée par le pontife qui fut son glorieux élève.

Que l'on songe à tout ce que le développement de la civilisation chrétienne doit au culte de la Vierge Mère de Dieu, et l'on comprendra la grandeur des services rendus par le saint fondateur monastique, qui fut un des plus grands propagateurs de ce culte!

IV

Note sur le nom de chartreuses qui doit être donné aux religieuses de l'ordre carthusien [1].

Les religieuses de l'ordre doivent-elles être appelées Chartreuses ou Chartreusines?

1° Pour résoudre la question il suffirait d'apporter l'autorité des statuts rédigés pour leur usage en 1690, par le R. Père D. Innocent Le *Marron*, et revêtus de l'approbation du *chapitre général* de la même année.

Ces statuts ont pour titre : *Statuts des moniales chartreuses*, et dans l'approbation, le nom de Chartreuses leur est également donné. Cette dénomination de *Chartreusines* ne se trouve nulle part dans les statuts.

D. Le Marron, comme on sait, composa plusieurs ouvrages à l'usage des religieuses de l'ordre : toujours on y trouve le nom de *Chartreuse* et jamais celui de *Chartreusine*.

Le général de l'ordre et le chapitre général peuvent-ils ignorer le vrai nom que l'on devait donner aux religieuses de l'ordre ?

[1] Le nom de *chartreusine* a été introduit par des personnes étrangères au langage de la famille de saint Bruno. — Cette note a été rédigée par le secrétaire général des chartreux, en 1865.

Mais, supposé qu'il y eût quelque divergence à cet égard, le vrai nom à donner à nos sœurs ne se trouverait-il pas fixé par la première autorité de l'ordre?

2° Bien antérieurement à D. Le Marron, on trouve le nom de *Chartreuse* donné aux moniales de l'ordre.

Le nom de Chartreuse devait assurément prévaloir, puisqu'il a tenu ferme.

V

22 mars 1707.

Participation aux mérites des chartreux accordées par le général de l'ordre.

Frère Antoine, prieur de Chartreuse et général de l'ordre des Chartreux et les vénérables définiteurs du chapitre général, à M. Gabriel Gail et demoiselle Élisabeth Marroty; Pierre, l'ange Gabriel et Élisabeth Gail leurs enfants, salut et bénédiction en Notre-Seigneur.

La charité qui unit les cœurs de tous ceux qui composent le corps mystique de Notre-Seigneur Jésus-Christ, les animant de son Saint-Esprit, fait que les bonnes œuvres de chacun d'eux peuvent être communiquées pour le bien spirituel des autres, et Dieu, qui se plaît au secours mutuel qu'ils s'entre-donnent, comble de nouvelles grâces ceux qui emploient fidèlement ces dons pour l'utilité du prochain.

Sachant donc le désir que vous avez d'avoir part à nos dévotions par la relation du vénérable père dom François Guyot, prieur de la chartreuse de Marseille, et à sa réquisition; nous y satisfaisons bien volontiers et par ces présentes nous vous accordons la pleine et entière participation au peu de bien dont il plaît à Dieu d'être servy par les personnes de l'un et de l'autre sexe de notre ordre, comme messes, oraisons, jeûnes, aumônes et autres exercices de vertu et de piété, voulant de plus qu'après vos déceds, que nous prions Dieu de combler de ses saintes bénédictions, ensuite d'une sainte vie, que lorsqu'on nous le fera savoir, on ordonnera dans notre chapitre général des messes et autres prières par toutes nos maisons, pour le repos de vos âmes. Donné en Chartreuse, séant le chapitre général, sous notre seing et scel ordinaire.

Signé : Guyot.

VI

Monastères transférés ou dissous en Provence.

XIVe ET XVe SIÈCLE.

Vers la fin du quinzième siècle, le monastère de Lamanare, habité par des Religieuses du Citeaux venues de Saint-Pons par Marseille, *fut détruit par les pirates.* Les *religieuses allèrent habiter, à Hyères, le couvent qu'elles occupent encore.*

Trois monastères ont été convertis en prieurés au diocèse de Digne :

Sainte-Marie des Prés ou Failfoi. . . .	Cluny.
Truchet.	Saint-Victor.
Sainte-Catherine.	Saint-Augustin (ordre).

Le monastère de Sainte-Marie des Prés ou de Valbonne fut construit en 1199, en 1212 uni à celui de Failfoi, puis, vers 1262, attribué à un monastère de religieuses. Mais le *relâchement* et la *pauvreté* le firent abandonner au commencement du quatorzième siècle. Diocèse de Grasse.

Diocèse de Vence. Monastère hospice d'Aigremont, fondé en 1100, subsistait encore en 1248. Cet hospice florissait au temps où le pèlerinage de Rome était le plus en vogue. Mais l'abord des pèlerins de tout sexe, de tout âge et de toute condition introduisit bientôt le relâchement parmi les moines ; leurs biens furent unis à la mense *épiscopale de Vence par une bulle datée d'Avignon en* 1327.

Diocèse de Glandevès. Le Puget-Théniers a eu des templiers et ensuite des religieux mendiants cordeliers.

Diocèse de Senez. Le monastère, hospice de Vergons, dépendant des Lerins, et le monastère-hospice de Stoublon, dépendant de Mont-Majour.

Diocèse de Nice. Abbaye de Saint-Pons.

Les religieuses de l'ordre de Citeaux formant l'abbaye de Saint-Pons et possédant les trois églises de Saint-Jean de Garguier, Saint-Martin et Saint-Clair, *s'écartèrent dans le quinzième siècle de l'austérité et de la discipline* et furent transférées à l'abbaye de *Lamanare*, près d'Hyères, qui était une fille de Saint-Pons.

L'abbaye de l'Huveaune, ordre de Prémontré, subsista jusqu'en 1405 ; ses biens furent alors donnés aux augustines de Sainte-Paule ; des religieuses de l'ordre des Citeaux formaient auprès de Marseille, vers l'endroit où est le jardin des bernardines, l'abbaye de Mont-Sion dépendant de celle de Saint-Pons. *Leur monastère ayant été détruit en* 1361, *elles en firent bâtir un autre près de l'église de Saint-Martin.....*

Les religieuses de Saint-Sauveur, dont le monastère était bâti près de Saint-Victor, furent envahies par les Sarrasins au neuvième siècle. Sainte Eusébie et ses compagnes s'étaient mutilées pour éviter la brutalité des infidèles, qui massacrèrent les pieuses vierges. *On les transféra, vers* 1301, *dans l'intérieur de la ville, pour les mettre à l'abri des incursions des ennemis.*

Le relâchement s'étant introduit dans le monastère de la Celle, les religieuses bénédictines furent transférées à Aix, en 1659, où elles ont fait revivre l'esprit de leur ancien institut.

Les cisterciens de l'abbaye de Sylvacane furent unis au chapitre d'Aix par une bulle d'Eugène IV, datée du 12 des calendes de *janvier* 1440, après que les débordements de la Durance en eurent détruit les bâtiments.

L'abbaye de Valsainte, ordre de Citeaux, fondée en 1188, eut ses abbés particuliers en 1191, et subsista *jusqu'au commencement du quinzième siècle, que les guerres civiles forcèrent les religieux à se retirer* à l'abbaye de Sylvacane, à laquelle tous les revenus de Valsainte furent unis par un décret du chapitre général de l'ordre de Citeaux de 1425. Cette union dura peu, le monastère de Sylvacane ayant été détruit par une inondation, en 1440 ; les abbés de Valsainte furent rétablis.

L'abbaye des religieuses de Sainte-Croix, ordre de Citeaux, fondé en 1234. — Ce *monastère ayant été détruit par les factieux en* 1361, *les religieuses se retirèrent à la ville d'Apt, où elles sont encore.* — On a uni à cette abbaye, en 1435, celle de Mollèges, même ordre, dans le diocèse d'Arles.

Les augustins et augustines de Sainte-Catherine de Sorps remontent à l'an 1255. Les maladies causées par le mauvais air ayant enlevé beaucoup de religieuses et empêché les jeunes personnes d'aller prendre l'habit dans ce couvent, il n'en restait plus que quatre en 1435. Les chanoines, excepté ceux dont la présence était nécessaire pour le service à l'église, *s'étaient déjà retirés à Saint-Juers avec le Prévot et furent* SÉCULARISÉS vers l'an 1445.

Chapitre de chanoines à *Cruis*, érigé en abbaye, vers le milieu du douzième siècle, par Raymond Béranger. Abbaye, sans doute presque déserte, dant la mense fut *réunie à l'évêché* de Sisteron, en 1456.

Le monastère de Sainte-Claire, établi hors la ville de Sisteron, en 1285, par Gérarde de Sabran, abbesse d'un monastère de son ordre à Avignon, — fut transféré dans l'enceinte de la ville, en 1360, à cause des inondations de la Durance (*Gallia christiania*) et surtout à cause des dévastations à main armée. On avait uni à cette abbaye, en 1464, celle de Saint-Pierre de Souribe, ordre de Saint-Benoît, diocèse de Gap ; après 1720, l'évêque Lafiteau en partagea les revenus entre les bernardines de Manosque et les ursulines de Sisteron.

On donna les biens et le monastère de Saint-Pierre de Lamanare, près d'Hyères, qui dépendaient de celui de Fos, à des religieuses qu'on tira des monastères de Saint-Pons près Gémenos [1].

[1] Extraits faits sur les Histoires de Provence, publiées par Bouche et par Papon avant la fin du dix-huitième siècle.

DOCUMENTS RELATIFS A SAINTE ROSELINE

I

Discussion sur les documents relatifs à la vie de sainte Roseline.

La vie de sainte Roseline, écrite par des contemporains, ou sur des témoignages contemporains, ne pouvait se trouver que chez les chartreux. Malheureusement, les sept incendies qui ont détruit la majeure partie des archives de la Grande-Chartreuse en ont fait disparaître tous les anciens monuments, et le résumé historique le plus ancien que nous possédions sur sainte Roseline est celui donné par *Molin* dans son *Historia cartusiana*, publiée en 1586. Mais, avant cette date, l'installation des *observatins*. faite au couvent de Celle-Roubaud, en 1504, rappelle le nom de sainte Roseline. Louis de Villeneuve, qui transforma la baronnie de Trans, et la fit ériger au rang de premier marquisat de France, nous a laissé, dans son testament du 3 juillet 1516, la plus ancienne pièce où il soit parlé de *madame sainte Roseline, sœur du grand maître de Rhodes* et du *seigneur des Arcs*.

Le testament de Louis de Villeneuve fut déposé chez un notaire de Digne, et les termes soulignés ci-dessus sont empruntés à la mention de ce testament contenue dans la chronique des Villeneuve-Bargemont. Les autres documents se rangent dans l'ordre chronologique suivant :

1614. Relation de la visite à la relique de Celle-Roubaud, par les chartreux franciscains.
1619. Procès-verbal du provincial Bastiba, inséré dans la châsse de la sainte.
1643. Martyrologe des chevaliers de Malte par Mathieu Gaussancourt, célestin.
1657. Panégyrique de la sainte chartreuse par Trinquère de la Greffe. Édité à Montpellier, 1663.
1664. Histoire de Provence, par Bouche.
1681. Theatrum chronologicum de Morotio.
1681. Manuscrit de François de Villeneuve, ex-provincial des frères mineurs.
1690. Vie de saint Elzéar et sainte Delphine.

1698. Vie de sainte Roseline, écrite par les Bollandistes (auteur, M. Papebrouk).
1720. Vie de sainte Roseline, par Pierre Joseph de Haitze.
1769. Généalogie des Sabran, par de Chazot et Nanguy.
1777. Acta monachorum et monalium, par Paravicini.
1774. Historia critico chronologica, par Trombi.
1784. Histoire de Provence, par Papon.
1785. Histoire de saint Bruno, par de Tracy, Théatin.
1800. Chronique des Villeneuve-Flayosc, par Alexandre de Villeneuve.
1851. Histoire de sainte Roseline, par Lombard.
1865. Histoire de sainte Roseline de Villeneuve, par l'abbé ***.

Ces publications, unanimes pour proclamer la sainteté de Roseline, offrent de grandes divergences sur les dates de la naissance et de la mort de la sainte chartreuse.

Vers 1664, d'après Bouche, on en était encore à disputer sur la question de l'ordre auquel elle avait appartenu, lorsque *dom Amable*, profès de la chartreuse de *La Verne*, découvrit à la chartreuse de Durbon, diocèse de Gap, la charte de cession de Celle-Roubaud à l'ordre des chartreux. Cette charte portant la date de 1260, et publiée par l'historien Bouche en 1669, attribuait ainsi définitivement la possession de Celle-Roubaud aux chartreux, pendant la seconde moitié du troisième siècle.

Les chartreux, invités par les bollandistes à fournir des documents sur la sainte qui a honoré la famille carthusienne, remirent aux bollandistes la Vie écrite par *dom Amable*, avec le Panégyrique prononcé par *Trinquère* de la Greffe, et composé sur les notes de *dom Amable*.

A côté du manuscrit de dom Amable, vint se poser celui de François de Villeneuve, et la correspondance de ce provincial des franciscains avec les bollandistes.

L'histoire légendaire et mystique de la sainte de Celle-Roubaud est plus complète chez François de Villeneuve que chez tous les autres auteurs. L'écrivain bollandiste de la Vie de sainte Roseline, le célèbre jésuite Papebroeck, a eu le bon esprit de reproduire tous les détails donnés par François de Villeneuve, en y ajoutant, du reste, cette réflexion, que les pièces probantes des miracles n'ont pas été produites. Mais il est évident que les pièces probantes, détruites par les incendies, dispersées dans les révolutions politiques et religieuses, étaient remplacées par les traditions; et nul ne pouvait mieux résumer ces traditions que dom François de Villeneuve, avec sa double qualité de membre de la famille de la sainte, par la filiation des Villeneuve-Vence, et de dignitaire de l'ordre religieux alors chargé de la conservation de la précieuse relique.

Dom Jean *Chauvet*, d'abord profès à la chartreuse de *Villeneuve-lez-Avignon*, puis, en 1667, devenu secrétaire général des chartreux, a fait une Histoire de la sainte. Il a fourni les principales pièces relatées par les bollandistes, conjointement avec *dom Trovillas*, prieur de la chartreuse de Bon-Pas.

Une note découverte par *dom Chauvet*, dans un carton de la chartreuse de *la Verne*, relate le miracle des roses comme expressément énoncé dans les anciennes Vies de sainte Roseline.

Dom *Léon Levasseur*, auteur des Éphémérides carthusiennes, et dom *Charles Lecouteux* ont remis aux bollandistes les documents les plus précis sur les époques de la vie et de la mort de la sainte chartreuse. Il a été démontré par ces documents : 1° que la bienheureuse Roseline a été *professe* à Bertaud ; 2° qu'elle a été *prieure* à Celle-Roubaud ; 3° qu'elle a abdiqué plus tard, et qu'elle est décédée le 17 janvier 1329.

Pour dom *Charles Lecouteux*, le miracle des roses, l'incorruptibilité du corps et des yeux, sont les deux prodiges les plus incontestables. En effet, le miracle des roses a reçu l'assentiment des plus graves auteurs et la confirmation de la tradition la plus populaire ; tandis que l'incorruptibilité se montre encore aujourd'hui de la manière la plus frappante et la plus palpable.

De Haitze, Alexandre de Villeneuve-Flayosc, et le bréviaire de Fréjus, ont affirmé la profession de la sainte chartreuse faite à Celle-Roubaud ; ils ont ainsi confondu la *profession* avec la consécration qui confère le titre de diaconesse, lorsqu'ils ont affirmé que sainte Roseline avait reçu successivement et l'*habit religieux* et la dignité de *vierge consacrée* au même monastère de Celle-Roubaud ; or le noviciat et la profession religieuse s'accomplirent au monastère de Bertaud, tandis que la dignité de *vierge consacrée* fut conférée à sainte Roseline dans le couvent de Celle-Roubaud. Les confusions et les légèretés de de Haitze sont inexcusables. L'ouvrage des bollandistes était déjà, depuis vingt-deux ans, publié, lorsque de Haitze écrivait en 1720. De Haitze avoue que certaines personnes *voulaient* que la profession eût été accomplie à *Bertaud*, et, sans chercher à peser les témoignages, il se borne à signaler l'éloignement de Bertaud à Celle-Roubaud comme un argument péremptoire contre le voyage de sainte Roseline du château des Arcs à Bertaud, et le retour de la vierge chartreuse à Celle-Roubaud. Mais le monastère de Bertaud, où Jeanne de Villeneuve avait été si bien initiée aux pratiques carthusiennes, ne devait-il pas paraître à Roseline, nièce de Jeanne, une école de prédilection pour se former aux mêmes doctrines ? Pour éviter complétement l'influence de la séduction de la famille châtelaine, et des propositions d'établissement mondain, la fuite vers les rochers des Alpes n'était-elle pas le moyen le plus efficace inspiré par la piété de la jeune vierge ? A ces raisons, militant en faveur de la profession faite à Bertaud, s'ajoute un argument sans réplique : les chartreux, mieux instruits que tous les autres écrivains de la vie religieuse d'une prieure de leur ordre, affirment, d'après leurs registres, la profession de sainte Roseline au monastère de Bertaud. L'incertitude des conjectures s'évanouit devant l'authenticité des témoignages écrits et recueillis par les dignitaires chartreux dom Le Vasseur et par dom Lecouteux.

Toutes les principales circonstances de la vie de sainte Roseline se dessinent nettement à l'aide de ces données fondamentales, et l'on arrive à une concordance satisfaisante des divers épisodes traditionnels. La *profession* de sainte Roseline à Bertaud a exigé le voyage des Arcs jusqu'à ce ce monastère alpestre; le diaconat conféré à la sainte, en 1288, à Celle-Roubaud, d'après les bollandistes, exige absolument le retour préalable de Roseline en Provence.

Les détails fournis par le franciscain François de Villeneuve, sur le voyage de sainte Roseline, sous la protection de l'évêque d'Orange, se coordonnent ainsi avec la trame principale de la sainte vie de la vierge châtelaine des Arcs; le passage de sainte Roseline à Avignon est attesté par une tradition religieuse conservée à Avignon et dernièrement publiée par M. Canron, et les époques du départ et du retour de notre sainte se placent : la première, avant la *profession;* la seconde, avant la *consécration.*

Ainsi fixé sur les faits principaux et sur la chronologie, il nous a suffi d'ajouter à ces deux voyages la description des circonstances politiques, géographiques et religieuses puisées dans l'histoire de la France méridionale. Lorsqu'on veut faire connaître l'influence religieuse et civilisatrice des saints, il ne faut jamais omettre l'indication précise des circonstances dans lesquelles ils ont été placés. Les violences dont le onzième siècle était rempli, les déchirements que devaient éprouver toutes les âmes chrétiennes, soupirant après quelques heures de paix, ne rendent-elles pas bien compte de la promptitude avec laquelle se peuplèrent les asiles que saint Bruno vint ouvrir aux hommes pacifiques? La description exacte des temps et des lieux fait donc partie essentielle de la verité hagiographique; elle en est à la fois le rayon lumineux et le charme poétique.

Encouragé puissamment, aidé dans nos recherches par les prieurs généraux des chartreux qui se sont succédé de 1862 à 1865, nous avons reçu du secrétaire général des chartreux et des autres dignitaires de l'ordre, de précieuses notes sur la vie de sainte Roseline. L'abbé *Albanès*, à Marseille, le curé des *Arcs*, notre excellent cousin le comte *Anatole de l'Assigny de Juigné*, nous ont éclairé et aidé; mais nos plus précieux détails sur la translation de 1835 de la sainte relique, nous ont été donnés par M. l'abbé Descosse, qui assistait à la translation pour en rédiger le résumé en qualité de secrétaire général de l'évêché de Fréjus.

La généalogie de la famille de sainte Roseline a été fixée par une étude assez épineuse des chroniques des trois branches de Villeneuve-Flayosc, Villeneuve-Bargemont et Villeneuve-Vence, et par la généalogie des Sabran. Les documents livrés par le marquis Henri de *Villeneuve-Bargemont*, nous ont été très-utiles; nous les avons complétés par l'étude de l'histoire de l'ordre des chevaliers hospitaliers, publiée par le marquis F. de Villeneuve-Bargemont.

Quant aux traditions et aux légendes miraculeuses, nous pensons qu'il faut les relater toutes; en effaçant néanmoins les anachronismes dont elles sont parfois entachées. Ces legendes ne sont-elles pas toujours la sincère reproduction de l'impression populaire des vertus des saints? Une inexactitude, une erreur de date dans la tradition peut-elle en autoriser la suppression de cette impression populaire? Il faut donc comparer et coordonner.

La perte des anciennes histoires de sainte Roseline nous empêche absolument de faire un triage et une élimination dans les divers faits surnaturels qui lui sont attribués. Le miracle des roses, auquel on donne une place exceptionnelle, s'est répété chez plus de six autres saints, entre autres chez sainte Élisabeth de Hongrie, sainte Élisabeth de Portugal, sainte Rose de Viterbe, sainte Rose de Lima, saint Pierre de Luxembourg et saint Didace, etc.; c'est toujours le larcin inspiré par la charité, surpris en flagrant délit, et justifié par une prodigieuse exhibition de roses. C'est toujours la même merveille dont Dieu se sert pour frapper les regards accoutumés à trouver dans les roses les charmants emblèmes des grâces de la charité. Si les mêmes mots rappellent les mêmes idées, pourquoi les miraculeuses manifestations des mêmes vertus ne se révéleraient-elles pas aux yeux des croyants par les mêmes images?

Le miracle des roses rentrant dans la vie légendaire assez générale, il n'y a point lieu à faire pour lui une place exceptionnelle dans la vie de notre sainte. Ce miracle mérite-t-il un autre rang que celui de la guérison des plaies par la succion? Ce dernier n'est-il pas aussi attribué à saint Elzéar de Sabran par l'historien César Nostradamus? On peut dire de ces deux miracles que chacun d'eux donne la plus haute idée du dévouement charitable de la sainte de Celle-Roubaud.

Pourquoi De Haitze, écrivant la vie de sainte Roseline en 1720, admet-il le miracle de la guérison des plaies, les visions de la sainte, l'apparition dernière de la sainte Vierge, et refuse-t-il une place au miracle des roses? A-t-il des documents plus immédiats, mieux conservés; des témoignages plus authentiques pour les uns que pour l'autre? Sa critique et son choix dans les prodiges n'ont pas plus de valeur que son assertion relative à la profession de notre sainte à Celle-Roubaud. Il semble que De Haitze a souvent copié les bollandistes, et on ne s'explique comment il a pu supprimer les parties les plus parfaitement établies dans leur excellent travail.

La partie critique de la vie de sainte Roseline, écrite par De Haitze, est donc dépourvue de valeur; cet écrivain n'a pas été même un lecteur attentif. Il a desséché, défloré la vie de la sainte sans discernement. Faut-il l'excuser, en observant que, s'il n'a pas compris cette sainte vie, c'est parce qu'en 1720 les fumées du philosophisme commençaient à obscurcir les regards de ceux qui considéraient les choses saintes?

Tout ce qui concerne le moyen âge a été fort légèrement étudié à partir du quinzième siècle, époque où la renaissance des lettres grecques et latines a fait reporter aux civilisations païennes des hommages immérités, tandis qu'on laissait tomber dans un dédaigneux oubli les nobles et religieuses origines de la civilisation chrétienne.

En résumé, les meilleurs documents sur la vie de sainte Roseline se trouvent dans le travail très-remarquable correspondant à la date du 11 juin des *Acta sanctorum*. En dehors de ce recueil, les détails généalogiques ont été puisés dans la chronique de la branche de Villeneuve-Flayosc, et dans la généalogie obligée communiquée par le duc de Sabran.

Les remarques historiques ont été puisées dans plusieurs ouvrages traitant de l'histoire de l'Église. Les faits historiques et les légendes constatées par les traditions et par les cantiques populaires, s'expliquent mutuellement et font apprécier l'influence civilisatrice de notre chère chartreuse. Le puissant patronage que les chevaliers de Saint-Jean ont attribué à sainte Roseline, en faveur de leur ordre, démontre que l'action politique exercée par les chevaliers remonte à l'inspiration de la sainte chartreuse, et l'église où le corps de la sainte est conservé atteste la vive reconnaissance des chevaliers pour celle qui a fait descendre tant de grâces sur les premiers exploits maritimes de la chevalerie de Saint-Jean.

Quant au nom de Roseline, tel que nous l'avons exclusivement écrit dans cette histoire de la sainte chartreuse, il est, à cette heure, adopté par les dignitaires de l'ordre carthusien.

II

Dissertation sur les parents de sainte Roseline de Villeneuve.

Période à laquelle correspond la vie de sainte Roseline. — Documents historiques sur la Villeneuve des Arcs. — Géraud Arnaud II est père de sainte Roseline; elle a pour mère Burgole Sibille de Sabran. — Pour frères, Hélion et saint Elzéar de Villeneuve; pour cousin-germain, saint Elzéar de Sabran. — Frères et sœurs de sainte Roseline. — Date de la mort du père de sainte Roseline. — De la mort de la mère de sainte Roseline, vraisemblablement après 1298 et 1299.—Considérations de famille à l'appui des preuves précédentes. — Testament apocryphe du 12 juin 1282, attribué à un Géraud III de Villeneuve. — Première objection au prétendu testament; cette pièce est contraire au caractère religieux de Roseline. — Deuxième objection, tirée de la date de la profession de sainte Roseline.—Contradiction entre la qualité d'hospitalier attribuée à Hélion et l'âge de ce fils d'Arnaud II de Villeneuve. — Il n'y a point d'Aggline d'Uzez dans la généalogie des Sabran. — Raymond de Villeneuve, frère de sainte Roseline, n'a point épousé Burgole de Sabran. — Contradiction avec la chronique de Vence. — Le prétendu mariage de Raymond de Villeneuve avec Burgole de Sabran est en contradiction avec la généalogie des Sabran. — Contradiction avec la chronique de Vence, relativement aux enfants que la chronique de Bargemont donne à Raymond de Villeneuve. — Contradiction avec le testament de saint Elzéar de Sabran. — Suppression d'un degré dans la généalogie des Sabran, par la chronique de Bargemont. — Suppression de la fraternité de sainte Roseline et de saint Elzéar de Villeneuve. — Aggline aurait été à la fois *mère* et grand'mère du grand Hélion. — — Les personnages de la famille des Arcs transflayosc sont tous indiqués par pièces historiques. — Géraud III ne remplit pas cette condition. — Authenticité de la chronique de Vence, elle prime la chronique de Bargemont. — Contradiction du testament apocryphe, énoncée par dom Sainte-Marthe du vivant de Peiresc, éditeur, de ce testament. — *Dénégation universelle* contre ce testament. — Même si l'on admet le partage en deux familles de la génération de sainte Roseline, il y a encore contradiction avec la chronique de Vence. — Aucune expédition du testament prétendu n'existait aux archives de Flayosc le 13 septembre 1779. — Résultat négatif des recherches faites en 1863. — La date de la supposition du testament se trahit par deux indices qui fixent cette supposition au XVIe siècle. — Nouvelle gloire que ces recherches font rejaillir sur sainte Roseline. — Parenté avec saint Urbain V. — Parentés actuelles. — Branches de Villeneuve-Flayosc; de Bargemont; de Vence.

La date de la mort de sainte Roseline conservée dans les registres de la chartreuse de Bertaud, transférée en 1445 dans la chartreuse de Durbon, est indiquée au 17 janvier 1329. L'acquisition de Celle-Roubaud établie par une charte, correspond au 11 avril 1260; cette date fixe l'époque de la fondation de la chartreuse où sainte Roseline est venue mourir, y laissant la précieuse dépouille que nous y voyons encore aujourd'hui.

La vie de sainte Roseline est donc comprise entre 1260 et 1329. Dans cet intervalle tombe la période de la grande maîtrise de Saint-Jean de Jérusalem, décernée en 1319 à Hélion de Villeneuve, précédée de la promotion d'Hélion de Villeneuve au prieuré de Saint-Gilles, vers 1316, et à la restauration et à l'agrandissement du monastère de Celle-Roubaud, faits à la date de 1320. L'intronisation au siége de Digne, de saint Elzéar de Villeneuve, est fixée par les registres diocésains compulsés par Gascendi, à l'année 1334; précisément celle où saint Elzéar de Villeneuve présida à l'exhumation de sa sainte sœur. Voilà la chronologie des principales circonstances de la vie et de la mort de sainte Roseline bien définitivement arrêtée. Quels sont les personnages de la branche de Villeneuve des Arcs-Trans-Flayosc authentiquement désignés par l'histoire de cette période?

A Raymond Bérenger, hommage en 1239.

Testament de Romée de Villeneuve, en 1250.

Arbitrage d'Hyères (Nostradamus), en 1257.

Hommage, en 1294, par Arnaud II.

Viguier de Marseille (Ruffi), en 1295.

Retraite aux Arcs (Nostradamus 304), en 1298.

Dénombrement des terres, 1308, par Arnaud III.

Viguier d'Arles, 1327.

Au roi Robert, hommage à Avignon, 1330.

Au roi Robert, hommage à Avignon, 1334, par Hélion I.

A la reine Jeanne, pour les biens de saint Elzéar de Villeneuve, hommage, 1351.

La vie de sainte Roseline se place donc entre Géraud-Arnaud II et Arnaud III de Villeneuve des Arcs-Trans-Flayosc. On ne peut attribuer la paternité de la sainte qu'à Arnaud II.

En se reportant à la généalogie des Sabran écrite par Chazot et Nanguy en 1769, on trouve : *Hermingaud* de Sabran, fils d'Elzéar et de Cécile d'Agoult, eut cinq sœurs : *Alayète*, *Béatrix*, *Galburge*, *Dulcine* et *Sibille* de Sabran, épouse d'*Arnaud* de Villeneuve, seigneur des Arcs, qui fut mère de sainte *Roseline de Villeneuve*, religieuse de l'ordre des chartreux et morte le 17 janvier 1329.

Les ouvrages d'Artefeuille, p. 355; de l'abbé Robert, p. 252; la Chronique de Vence, p. 206; la *Gallia Christiana*, t. III, p. 1123; Papon, t. I, p. 395 et 396; Bouche, t. II, p. 254 et 341; *Dictionnaire des hommes illustres*, p. 320, concordent avec le Mémoire de la maison de Villeneuve Trans-Flayosc, par Alexandre de Villeneuve-Flayosc, édité en 1800, p. 60.

La généalogie de saint Elzéar de Sabran fut dressée par le confesseur du saint, François de Maironis, conservée au couvent d'Apt, et publiée à Lyon en 1690, par le père franciscain Borelly, auteur de la vie de saint Elzéar et de sainte Delphine.

Cette généalogie ne nomme que deux des sœurs d'Hermingaud de Sabran : *Alayette* et *Bourguette*. Cette dernière épousa *Giraud* de Villeneuve, baron des Arcs et devint mère de sainte *Roseline* de Villeneuve et de saint *Elzéar*, évêque de Dignes. (Voir p. 40 et 42, *Vie de saint Elzéar* par Borelly.)

La différence des deux noms donnés à la mère de sainte Roseline est expliquée dans la *Gallia christiana* de dom Sainte-Marthe : *Sibille* et *Burgole* ou *Bourguette*, sont deux noms donnés à la même dame.

Il en est sans doute ainsi de *Arnaud* et de *Géraud* de Villeneuve ; les deux noms étaient d'autant plus facilement donnés au même personnage, que la *première inféodation* de la terre des Arcs-Trans avait été faite, en 1201, à *Géraud* de Villeneuve. Cette inféodation initiale avait vulgarisé le nom de Géraud; ainsi, le père de sainte Roseline est *Géraud-Arnaud II*, de Villeneuve, la mère est *Sibille-Burgole ou Bourguette*.

Le testament de Louis de Villeneuve, premier marquis de Trans, testament déposé à Digne en 1516, déclare madame *sainte Roseline*, SŒUR de Hélion, grand maître de Rhodes; tandis que le testament de saint Elzéar de Sabran déposé à Toulon, notaire Cornilla en 1317, indique pour exécuteurs testamentaires, ses trois *cousins germains* : Raymond de Sault, Hugues de Pontevès et *Elzéar de Villeneuve;* ce dernier devant, en outre, être substitué à la possession de ses biens, à défaut d'héritiers mâles dans la maison de Guillaume de Sabran, frère *consanguin* de saint Elzéar de Sabran.

Donc, Elzéar était comme Roseline, comme Hélion, fils de la sœur de saint Elzéar de Sabran.

Voilà donc sainte Roseline déclarée par pièces authentiques, sœur de saint *Elzéar* de Villeneuve, et sœur aussi d'*Hélion* de Villeneuve, grand maître des hospitaliers.

D'autres détails sont fournis sur les frères et les sœurs de sainte Roseline : 1° par la Chronique de Vence, livre généalogique des Villeneuve-Vence, descendants directs du grand Romée ; 2° par l'historien Bouche, t. II, p. 341, par les Bollandistes, Vie de sainte Roseline, et par le Martyrologe des chevaliers de Malte; 3° par la Note à nous remise par le marquis Henri de Villeneuve; Bargemont nommant *Reynaud* de Villeneuve parmi les enfants d'Arnaud II de Villeneuve. Ce Reynaud est, en effet, cité par Papon t. III, fol. V, parmi les gentilshommes français passés à Naples.

C'est à l'aide de toutes ces autorités que nous trouvons la famille de sainte Roseline formée de la manière suivante : Roseline, née le 27 janvier 1263, Sanche, Uranie, Mabile et Béatrix; Arnaud III, né en 1274, Hélion, Hugues, Elzéar, Reynaud et Raymond.

En quelle année est mort le père de sainte Roseline? Le dénombrement des terres de la maison, fait en 1308, indique l'époque de la mutation du chef de famille, et fixe le décès d'Arnaud II de Villeneuve vers 1307. En quelle année est morte la mère de notre sainte? put-elle assister à la consécration et au *priorat* de sa fille Roseline?

Puisque, d'après les règles ordinaires de la féodalité, l'héritier du titre paternel était l'aîné, Arnaud III de Villeneuve, les *cinq* autres fils sont nés *après* 1274, ce qui porte, en moyenne, à huit ans la vie commune du père et de la mère de famille postérieurement à 1274; — ainsi, Sibille dame de Villeneuve vécut, au moins, jusqu'en 1282.

Mais nous trouvons dans Nostradamus un fait rapporté à l'année 1298, attestant l'existence de Sibille dame de Villeneuve, au delà de cette dernière date.

Arnaud de Villeneuve, Seigneur des Arcs Trans et Lamotte (dit Nostradamus, page 304) *remit à ses créanciers* ses terres *de Trans* et *de Lamotte, et ne se réserva que les lieux des Arcs, pour l'entretenement de sa* FEMME *et de ses* ENFANTS.

Donc, la mère de sainte Roseline a vécu certainement au delà de 1282, certainement au delà encore, de 1298. Que penser de l'assertion de Dom Amable chartreux de Laverne, qui déclare sainte Roseline privée de sa mère dès l'âge de 10 à 11 ans? Sainte Roseline aurait donc perdu sa mère en 1274 ou 1275.

La naissance des fils nombreux d'Arnaud II, postérieurement à 1275, et le fait rapporté par Nostradamus, manifestent l'erreur de *Dom Amable*. L'assertion de cet auteur n'était d'ailleurs appuyée d'aucune preuve. M. Lombard, auteur d'une vie de sainte Roseline, publiée en 1851, a répété l'erreur de *Dom Amable*, sans lui ajouter ainsi la moindre probabilité. L'assertion de Dom Amable a été justement rejetée par *les Bollandistes*, qui ignoraient, pourtant, les deux preuves que nous venons de donner à l'appui de leur jugement.

Si l'on voulait ajouter encore une présomption aux démonstrations péremptoires relatives à la vie prolongée de Sibille de Sabran, on la trouverait dans la difficulté extrême qu'aurait éprouvé Arnaud II de Villeneuve à quitter son château et sa famille, pour remplir ses fonctions publiques à Naples en 1294, et années suivantes, pendant que de jeunes enfants n'auraient pas été surveillés par leur mère dans le manoir de la famille. Les fréquentes et longues absences de Arnaud II de Villeneuve supposent évidemment l'existence de la direction donnée au château des Arcs par la mère de famille.

Les considérations d'ordre intérieur sont merveilleusement d'accord avec les inductions tirées de l'âge et du nombre des enfants, avec la date des grandes fonctions politiques remplies à Naples jusques vers 1299 par Arnaud II, avec la date approximative de sa retraite aux Arcs, pour établir que la mère de sainte Roseline vivait *encore* vers 1299 à 1300, tandis que le père de notre sainte est mort vers 1307.

On le voit donc de suite, il n'y a nulle présomption en faveur d'un testament qui ferait mourir le père de sainte Roseline, vers 1282.

Le testament édité, pour la première fois, par Peiresc aurait été fait par Géraud, père de sainte Roseline, datant de ses dernières volontés, le 12 juin 1282.

Ce document pris au sérieux seulement par la chronique de Bargemont, histoire de la branche de Villeneuve-Bargemont, est en opposition avec *tous* les *historiens* et avec la *Chronique* de *Vence* et de *Flayosc*;

Il est en contradiction aussi, avec le beau caractère que les traditions religieuses donnent à notre sainte. A ce dernier point de vue, nous ne voulons laisser passer aucune erreur, et le zèle de la défense de notre sainte expliquera et excusera les nombreux détails dans lesquels nous allons entrer en discutant une *pièce* que de suite nous déclarons *apocryphe.*

Ce testament nous représente le père de sainte Roseline intimant à sa fille l'ordre de se faire religieuse. Ce n'est pas une *autorisation*, c'est une *injonction* qu'il prononce. Les traditions, les légendes religieuses protestent contre cette attitude de la pieuse jeune fille; l'oraison que l'on prononce à sa fête ne dit-elle pas : *Rossoline mundi sibi blandientis* CALCAVIT *illecebras*, Roseline foula aux pieds les appas du monde qui lui offrait ses faveurs. — Elle dédaignait, repoussait les offres les plus séduisantes; elle suppliait pour obtenir la permission de suivre les élans de sa pieuse vocation, et le testament met à la place de cette magnifique spontanéité de Roseline, une simple obéissance à la volonté d'un père inexorable. — N'est-ce pas là une puissante objection contre la sincérité et l'authenticité de cette pièce?

D'autres objections se déduisent de la chronologie. Les chartreux sont les véritables témoins de la vie religieuse de notre sainte, leurs registres et leurs déclarations doivent passer avant toutes les inductions tirées de l'intérieur de la famille dont Roseline a cessé de faire partie au jour de son entrée en religion. Or, d'après les chartreux cités par les Bollandistes, Roseline a fait profession à un âge qui n'a guères dépassé 16 ans, c'est-à-dire entre 1279 et 1280. Cette profession a été prononcée solennellement à Bertaud. Comment pouvait-elle recevoir à Trans, en 1282, l'ordre de prendre le voile, lorsqu'elle l'avait pris depuis plus de deux ans dans un monastère éloigné de près de 100 lieues, où elle s'était rendue quatre ans avant 1282?

Cette objection ne suffit-elle pas pour faire crouler tout le vain édifice de ce testament?

Mais un autre encore se présente.

Arnaud III de Villeneuve, le frère de Roseline qui hérita de la seigneurie des Arcs, est né, d'après la Chronique de Flayosc en 1274, et puisque cet Arnaud III était l'aîné des garçons, Hélion n'a pu naître que vers 1275 à 1279. Il avait donc tout au plus sept ans en 1282. Pouvait-il être alors *chevalier*, pouvait-il même être *frère donné*, lorsqu'on n'admettait aux rangs des donnés que les adolescents âgés au moins de douze ans?

La pièce qui déclare Hélion donné ou même chevalier en 1282, est donc surprise en flagrant délit de mensonge.

L'épouse du testateur Giraud de Villeneuve des Arcs, est dénommée Aggline dans le testament, et la Chronique de Bargemont (p. 12), déclare que d'après le Dictionnaire généalogique publié par M. D. L. C. D. B., son nom était Aggline d'Uzès, et elle appartenait, par conséquent, à la famille des Sabran, branche d'Ansouis et d'Uzès.

Malheureusement pour cette allégation, la généalogie des Sabran par Chazot et Nangny ne désigne nullement cette personne.

Les contradictions s'ajoutent aux contradictions, l'erreur, comme le laminoir roulant avec une force invincible et forçant le corps entier à s'engager dans le détroit qui pressure la main, l'erreur amène d'autres erreurs.

Ainsi, pour introduire Bourguette de Sabran dans la famille de Villeneuve des Arcs, la Chronique de Bargemont a imaginé l'expédient de la faire épouser par Raymond de Villeneuve, frère de sainte Roseline et de rendre par là Raymond père de saint Elzéar de Villeneuve et d'une fille nommée Cécile Béatrix.

Mais ici la Chronique de Vence, certainement mieux informée que la Chronique de Bargemont de la généalogie de Vence, nous présente, au contraire, ce même Raymond de Villeneuve viguier de Marseille, époux en premières noces de DELPHINE de Rostang sans enfants. Raymond épouse en deuxièmes noces ADÉLASIE DE VILLENEUVE-VENCE, fille de Bertrand de Villeneuve-Vence.

Donc, Raymond de Villeneuve des Arcs n'épousa nullement Bourguette ou Burgole de Sabran.

Il y a contradiction palpable avec les généalogies des Sabran, qui jamais n'ont fait de Burgole ou de Sibille de Sabran l'épouse d'un Raymond de Villeneuve. Il est même indubitable que Burgole ou Sibille était bien plus âgée que ce Raymond; plaisant expédient que celui qui fait marier le fils avec sa mère!

La contradiction n'est pas moins complète entre la Chronique de Vence et la Chronique de Bargemont, lorsque celle-ci donne pour fils à Raymond de Villeneuve saint *Elzéar*, tandis que la Chronique de Vence lui donne pour fils, *Arnaud* et puis deux filles, Cécile et Béatrix, mariées à des Blacas d'Aups et de Baudinar. La Chronique de Bargemont ne peut avancer dans son système sans faire éclater de nouveaux démentis donnés par le témoin compétent. Est-ce que la Chronique de Vence ne doit pas mieux savoir que la Chronique de Bargemont quels sont les enfants d'Adélasie de Vence?

Mais voici qui est plus fort encore : l'épouse de Raymond de Villeneuve, Burgole de Sabran serait, d'après la chronique de Bargemont, une SŒUR de saint ELZÉAR DE SABRAN, mariée vers l'an 1300, (note de la Chronique de Bargemont, p. 191.) Ainsi, saint ELZÉAR de Villeneuve serait non point COUSIN GERMAIN, mais NEVEU de saint Elzéar de Sabran. Le testament de saint Elzéar de Sabran qui appelle saint Elzéar de Villeneuve son *cousin germain* s'est fourvoyé d'après la Chronique de Bargemont!

Mais cette même Burgole de Sabran est déclarée encore par la Chronique de Bargemont, fille d'Elzéar de Sabran et de Cécile d'Agoult. Or, cette dernière était la *grand'mère* de saint Elzéar de Sabran d'après toutes les généalogies de Sabran; Hermingaud de Sabran formant la génération intermédiaire entre Elzéar de Sabran époux de Cécile d'Agoult, et saint Elzéar de Sabran époux de sainte Delphine de Signe. Voilà donc Burgole de Sabran *tante* de saint Elzéar de Sabran, qui devient maintenant LA SŒUR de ce saint, la Chronique de Bargemont *ajoute un degré* à la généalogie des Flayosc et pour replâtrer l'erreur, elle en *supprime un* dans la généalogie des Sabran! — Pour suivre un mauvais système, il a fallu se heurter contre tous les témoignages.

On donne à saint Elzéar de Sabran une sœur qu'il n'avait pas; maintenant on va priver sainte Roseline de son frère saint Elzéar de Villeneuve.

Les historiens Bouche, Papon, Dom sainte Marthe, Gassendi, les Bollandistes, Borelly, auteur de la vie de saint Elzéar de Sabran, sont unanimes pour déclarer que sainte Roseline était sœur de saint Elzéar de Villeneuve. Les chroniques de Vence et de Flayosc le déclarent avec la netteté la plus incontestable; mais la fameuse pièce apocryphe dédaigne tous les témoignages; pour ce testament supposé, saint Elzéar de Villeneuve n'est point frère de sainte Roseline, Elzéar de Villeneuve est supprimé. Il est vrai que la Chronique de Bargemont fait reparaître l'évêque supprimé; mais, cette fois, il est le *neveu* et non le *frère* de notre sainte.

La Chronique de Bargemont a invoqué l'appui du Dictionnaire généalogique publié par M. D. L. C. D. B. pour établir que l'Aggline, épouse de Géraud de Villeneuve, d'après la pièce de 1282, appartenait à la branche de Sabran d'Uzès. Or, d'après ce dictionnaire, Aggline fut mère d'Arnaud II père d'Hélion, grand maître de Rhodes. Donc, *Aggline* aurait été *grand'mère du grand Hélion*, et c'est cette Aggline que la pièce supposée transforme en *mère* du grand Hélion. Voilà donc encore le testament prétendu qui reçoit un démenti précisément de la seule autorité que l'on ait appelée à son appui.

On voit maintenant bien dévoilé le système faux dans lequel s'est engagé la Chronique de Bargemont, en soutenant l'allégation de Peiresc qui introduit un degré de plus dans la généalogie des Arcs Trans-Flayosc, en supposant un Géraud de Villeneuve fils d'Arnaud Ier et père d'Arnaud II. Cette génération, de plus, est déniée par tous les historiens, et ce Géraud intermédiaire entre Arnaud Ier et Arnaud II ne paraît dans aucun hommage, dans aucun *acte public;* un très-grand seigneur, un personnage qui n'aurait point rendu d'hommage, ou qui ne serait rappelé dans aucun acte public, ne peut avoir aucune existence sérieuse · la personne authentique que l'histoire nous montre, c'est Arnaud II, que l'on peut appeler *Géraud-Arnaud II.* Il ne paraît, entre Arnaud Ier témoin au testament de Romée, et Arnaud III faisant le dénombrement de ses terres à Draguignan, aucun autre que Arnaud II.

La Chronique de Vence est bien plus authentique, plus digne de confiance que toutes les autres : parce que chaque mutation d'Évêque, chaque changement de seigneur, donnait lieu à un acte public officiellement enregistré, les évêques de Vence étant obligés de prêter hommage au seigneur de Vence. Le registre tenu par les clercs, les seuls hommes lettrés de cette époque, le registre de la succession des évêques devenait ainsi forcément le registre des hommages seigneuriaux et offrait la généalogie authentique des seigneurs. Rien d'aussi solennel ne se passait dans les autres branches de Villeneuve, l'autorité de la Chronique de Vence prime celle de toutes les autres chroniques de la maison de Villeneuve. La Chronique de Bargemont, malgré les soins qu'on a pu lui donner plus tard, doit céder le pas aux affirmations de la Chronique de Vence, alors que ces affirmations ne sont pas spéciales à la branche de Bargemont.

Artefeuille, p. 355, l'abbé Robert, p. 252, viennent à l'appui de tout ce qui précède. L'abbé Robert convient qu'il n'entend rien à ce degré de Géraud III, ni aux enfants qu'on lui attribue. « De toutes façons, dit l'abbé

Robert, il n'est pas moins assuré qu'Arnaud de Villeneuve, *second* du nom, seigneur des Arcs, continua la postérité des anciens seigneurs des Arcs et de Trans, *ayant épousé Sibille de Sabran*, et *il est certain, déclare dom Sainte-Marthe, qu'Elzéar de Villeneuve était fils d'Arnaud Second et non de Gérard III, ou de Raymond* (fils de ce Géraud III), COMME ON A VOULU LE PRÉTENDRE.

Remarquez que cette contradiction de dom Sainte-Marthe contre son ami Peiresc, *est lancée du vivant même de ce dernier* : et Peiresc, éditeur du testament attaqué, ne releva pas le gant qui lui était jeté. (Mémoire de la branche Flayosc-Trans, par Alexandre Balthazar de Villeneuve, p. 68.)

En dernière analyse, la pièce apocryphe a éte connue et réfutée par tous les auteurs qui ont cité la généalogie de la branche Arcs-Trans-Flayosc. Cette contradiction, hautement exprimée du vivant de l'éditeur du faux testament par l'abbé Robert et par dom Sainte-Marthe, est silencieusement acceptée.

D'après les documents historiques, les enfants de Géraud Arnaud II sont :

Filles : Roseline, Sanche, Uranie, Mabile, Béatrix.
Garçons : Arnaud II, Hélion, Hugues, Elzéar, Reynaud, Raymond.

D'après le testament et la Chronique de Bargemont, Géraud-Arnaud aurait eu :

Filles : Roseline, Mabile, Asalanie.
Garçons : Arnaud III, Hélion, Amillet, Raymond.

Ce dernier Raymond aurait eu :

Filles : Cécile, Béatrix.
Garçons : Saint Elzéar de Villeneuve, Hugues.

On voit comment la Chronique de Bargement partage en deux générations la grande famille de Géraud-Arnaud II. Mais même avec ce subterfuge, la Chronique de Bargemont ne parvient pas à faire reparaître Reynaud de Villeneuve, ni ses sœurs Béatrix, Uranie et Sanche. Uranie est cependant un personnage assez important, puisqu'elle devient l'épouse de Truand de Villeneuve de Vence, grand sénéchal de Provence en 1327. Nouvelle contradiction à la Chronique de Vence. Il reste donc des suppressions de membres de la famille connus historiquement, et on voit paraître un Amillet qui est partout ignoré.

Après avoir établi ainsi jusqu'à quinze contradictions entre les documents publiquement acceptés, et le prétendu testament adopté par la Chronique de Bargemont, il faut savoir où gît cette pièce si fertile en audacieuses dénégations. Ne serait-il pas curieux d'apprendre que l'on ne peut mettre nulle part la main sur l'original d'une pareille pièce?

Ce testament, dit la Chronique de Bargemont (pages 12 et 13), ce testament est aux archives du château des seigneurs de Flayosc qui étaient anciennement possesseurs de la terre de Trans érigée en marquisat, et est ainsi *daté du château de Trans.*

Nous sommes donc renvoyés aux archives du château de Flayosc; soit que l'on consulte l'histoire de sainte Roseline par les Bollandistes, soit que l'on s'en réfère à la Chronique de Villeneuve-Bargemont, c'est, en définitive, toujours aux documents fournis par le châtelain de Flayosc qu'il faut aboutir [1].

Le dernier possesseur du château de Flayosc est Alexandre Balthazar, marquis de Flayosc. Né dans ce château le 4 juillet 1745, il y passa son enfance, sa jeunesse et la majeure partie de sa vie.

Après avoir servi quelque temps à l'armée, il fut rappelé par son père, en 1770, à l'âge de vingt-cinq ans. Il n'avait perdu de vue le manoir paternel que pendant peu d'années. En 1778, le décès de son père le rendit seigneur et maître du château dit des Archives. Ces archives, il avait deux raisons pour les maintenir dans le bel ordre qu'y avait établi sa mère Pauline de Villeneuve-Vence : de nombreux procès à soutenir, et le goût et le besoin de rechercher toutes les origines des titres de famille. — Alexandre de Villeneuve ne quitta le château de Flayosc qu'environ deux ans après la mort de son père, d'après nos inductions. Le 13 septembre 1779, un sieur Borelly prétend être venu copier la fameuse pièce dans les archives d'Alexandre Balthazar, au château de Flayosc. Si Alexandre n'eût pas été présent, Borelly n'aurait pas eu la faculté d'entrer dans ces archives.

Ainsi, c'est en présence d'Alexandre Balthazar, marquis de Flayosc, que Borelly copie la pièce et la vient remettre au château de Bargemont avec cette note terminale.

Le présent testament *a été copié dans les archives du château de Flayosc sur une ancienne copie qui y existe.*

Le 13 septembre 1779.

Par moi soussigné,

Signé : Borelly Benf.

Mais qu'est-ce donc que cette copie ancienne déposée au château de Flayosc?

Voici comment la qualifie le *possesseur de cette fameuse pièce* : « *lequel (testament) était seulement transcrit sur une copie* INFORME, *non légalisée que les chroniqueurs ont tous regardée comme apocryphe.* »

Ainsi s'écroule de fond en comble l'édifice fondé sur l'authenticité de cette pièce! A cela se réduit la singulière assertion de la Chronique de Bargemont : *Ce testament est archives du château de Flayosc!*

Jusqu'en 1792 les archives du château de Flayosc sont demeurées aux mêmes mains, et après treize années de nouvel examen de ses archives,

[1] 11 *juin*, de Rosselina virgine (Bollandistes, chap. I). — Genealogia Villanovanorum Dominorum, quam intelligo, jam tum fuisse in plures divisam ramos, *quamque aiunt apud franciscum de Villanova Flayosci Baronem deductam servari.*

Alexandre Balthazar de Villeneuve, imprimant en 1800 le mémoire sur sa famille, rejette toujours plus vertement la pièce apocryphe.

M. le Marquis Henri de Villeneuve Bargemont, mon très-obligeant cousin, en me communiquant la copie du sieur Borelly relative au prétendu testament déposé au château de Flayosc écrit, en tête sa copie :

Une copie authentique TRÈS-ANCIENNE *de ce testament est entre les mains de M. Audiffret, avocat à Marseille. Sans doute il l'aura trouvée dans les papiers des* VILLENEUVE TRANS. Cette note est de 1861.

L'auteur de ce travail s'est empressé d'aller vérifier cette indication auprès de M. Audiffret auquel l'unissent des liens de parenté par alliance. M. Audiffret a répondu en 1862 qu'il n'avait *jamais* eu ce testament entre les mains.

Des recherches que nous sommes allé faire en août 1861, soit aux archives notariales de Trans, soit dans les papiers de famille transportés de Flayosc au château de Valbourgès par le marquis Alexandre-François de Villeneuve, ont donné toutes le même résultat *négatif*.

Nous n'avons pas même trouvé la trace du notaire Jordanus, rédacteur de ce prétendu testament.

La pièce sur laquelle on a bâti un échafaudage de contradictions historiques s'est évanouie en fumée.

Mais l'habile rédacteur de cette mystification, en imitant merveilleusement les types testamentaires du treizième siècle, Peiresc, en achevant ce testament, comme il complétait par d'ingénieuses hypothèses les inscriptions à demi effacées, Peiresc a commis une erreur qui trahit la date de la falsification.

Le testament est fait au lieu de Trans, mais ce Géraud III, si tranquille habitant de son manoir qu'il n'a laissé aucune trace de son passage dans la vie publique, pourquoi donc aurait-il quitté les Arcs, son foyer officiel, pour venir dicter son testament solennel à la chambre de *Milan*, dans le *château de Trans*?

Le château de Trans n'est devenu marquisat et siége principal des seigneurs des Arcs et de Trans que pendant la vie de Louis de Villeneuve, à la fin du quinzième et au commencement du seizième siècle; c'était le temps de guerres françaises dans le Milanais ; à cette date et à ces événements, se réfère encore le nom de la chambre de *Milan*, salle où se prononça le prétendu testament.

La mystification écrit donc elle-même sa date, par ces indices ; elle est postérieure au quinzième siècle. — Elle nous ramène vers la vie de Peiresc après la fin du seizième siècle!

Cette époque était d'ailleurs fertile en affirmations audacieuses et en anachronismes effrontés. N'est-ce pas en 1619 que le P. Bastide insérait dans la châsse de sainte Roseline, un procès-verbal qui indiquait son décès en 1206? N'est-ce pas en 1615 que Mathieu Gaupencourt nous déclarait sainte Roseline morte en 1299, et religieuse de Beaulieu en Quercy? — Il faudra mettre le testament enfanté par Peiresc, avec le procès-verbal du bon père *Bastide*, avec l'affirmation de Gaussencourt sur la profession de sainte Roseline à Beaulieu en Quercy.

Voilà donc une longue série de dix-huit objections qui s'élèvent de plus en plus énergiquement contre la mystification de Peiresc et contre les replâtrages fâcheux que s'est efforcé de lui donner la Chronique de Bargemont. Dans quel but ce laborieux enfantement d'erreurs de la part de la Chronique de Bargemont? chronique ordinairement si minutieusement exacte! qu'il suffisait à un Villeneuve-Bargemont de présenter son extrait baptistaire pour mettre sur la voie de l'authenticité de sa filiation !

On aura peut-être voulu réparer une première maladresse commise en admettant un peu légèrement une pièce : de là toutes les erreurs enchaînées les unes aux autres ! Toutes les chroniques de la famille, tous les généalogistes, tous les historiens de la Provence, tous les historiens de saint Elzéar de Sabran, tout cela témoigne unanimement contre le prétendu testament dépréciateur de sainte Roseline. C'est une gloire nouvelle pour notre sainte qui jaillit de cette discussion; honneur à sainte Roseline dont on n'a pu amoindrir le zèle sans se heurter contre tous les monuments de l'histoire !

Mais les recherches auxquelles nous avons été ainsi conduits, nous ont amené à découvrir dans la généalogie des Sabran une nouvelle gloire pour les affinités religieuses de notre sainte. — Elle se trouve tante au deuxième degré de l'illustre et saint pape Urbain V, dont la mère Emphélise de Sabran, est cousine germaine de sainte Roseline, et sœur consanguine de saint Elzéar de Sabran. Notre sainte est encore parente avec saint Elzéar de Grimoard, général des chartreux en 1360.

PARENTÉ DES SABRANS AVEC URBAIN V, PAPE, ET ELZÉAR DE GRIMOARD, PRIEUR GÉNÉRAL DES CHARTREUX.

Saint Elzéar de Sabran fut canonisé par le pape Urbain V, son NEVEU, l'an 1368. Ce pontife était FILS de Guillaume de Grimoard de Beauvoir, baron du Roure et de Grisac et d'Emphelise de SABRAN dame de MONFERRAND, sœur du saint comte d'Arian. Voyez Surius, *Vie des saints*, imprimée chez Lottin, au 27 septembre.

Génération neuvième. Guillaume de GRIMOARD de Beauvoir, chevalier, baron du Roure et troisième du nom, épousa, l'an 1305, Felice Amphelise de Sabran, dame de Montferrand, fille du comte d'Arian, de la maison de Sabran en Provence, *sœur d'Elzéar* de Sabran, comte d'Arian, canonisé sous le nom de saint Elzéar par Urbain V, *son neveu*, l'an 1368....... Il eut plusieurs enfants de ce mariage, savoir : *Guillaume*, l'aîné, qui fut pape sous le nom d'Urbain V ; *Étienne* qui suit (la lignée); *Maurice* auquel il donna, en faveur de son mariage, les baronnies du Roure, Montbel, Serres et autres seigneuries, formant par là deux branches, réunies en 1478, par le mariage d'un descendant de *Maurice* avec une fille, dernière héritière de la lignée d'*Étienne:*

Angelic, cardinal, et *Dauphine*, mariée au baron de Rocheblave et mère du cardinal Pierre de Rocheblave, dont le corps repose en l'église des pères bénédictins d'Avignon... Suit l'histoire du pape Urbain V.

Maurice de Grimoard de Beauvoir, baron du Roure, fils de Guillaume III, frère du pape Urbain V, d'Angelic cardinal et d'Étienne, en 1332, épousa *Aymarde* de *Poitiers* dont il eut *Helisaire* (ou Elzéar), qui se fit chartreux, refusa la pourpre de cardinal, étant général de son ordre, et mourut en odeur de sainteté.

Autres enfants de Maurice :

Armand Julien, cardinal, et Guillaume, évêque de Mende.

Observations. — Amphelise de Sabran, dame de Montferrand, s'est mariée en 1305, d'après Moreri. — Elle est devenue mère de Urbain V en 1310; elle a eu ensuite trois autres fils, Étienne MAURICE et Angelic ou Anglic. D'après cela, quel pouvait être l'âge de *Maurice* quand, en 1332, il épousa Aymarde de Poitiers? MAURICE pouvait être né en 1313 ou 1314 et être âgé, lorsqu'il se maria, de 18 à 19 ans. Son fils, Hélisaire ou *Elzéar*, de Grimoard, est devenu général des chartreux en 1360, il aurait donc été prieur général à 27 ou 28 ans. C'est là une exception. Fût-elle motivée par une dispense spéciale accordée en vue de son mérite personnel et de celui du légat son frère, qui devint Urbain V? Quelle est la pensée des chartreux? Hélisaire ou Elzéar de Grimoard était-il neveu ou oncle de Urbain V. C'est là une question à leur soumettre.

Quelle est l'époque probable de la naissance d'Amphelise de Sabran, mère d'Urbain V? lorsqu'elle se maria en 1305, elle devait avoir au moins 13 *ans*. Donc elle pouvait être née, au plus tard, en 1292. Saint Elzéar de Sabran était né en 1285. Sa mère, Laudune d'Albe, pouvait être morte dans la même année et le mariage d'Hermingaud de Sabran avec sa seconde femme, Alix du Baux, mère d'Amphelise, pouvait avoir été célébré en 1286. — Il n'y a point là de contradiction entre la naissance d'Amphelise de Sabran, 1292, et le deuxième mariage d'Hermingaud de Sabran.

Peut-on admettre que Amphelise de Montferrand, du diocèse de Mende, ainsi qualifiée dans le procès de canonisation de saint Elzéar son fils, soit une demoiselle de Sabran? L'omission du nom de Sabran est-elle possible?

Rien n'empêche qu'une portion de seigneurie de Montferrand, du diocèse de Mende, ne soit obvenue à Amphelise de Sabran comme héritage d'un parrain ou de tout autre parent.

Dans les histoires du moyen âge, le nom patronymique est ordinairement caché sous le titre de la possession féodale. Lorsque, dans le récit de la bataille de Pavie, par Vely et Papon, on trouve le nom du *baron de Trans* parmi ceux des chevaliers qui firent à François Ier un rempart de leur corps, il est peu de personnes qui sachent qu'il s'agit ici d'un membre de la famille de Villeneuve, d'un neveu de Louis de Villeneuve Ier, marquis de Trans. Antérieurement, le fils de Romée de Villeneuve est désigné sous le nom de *Castellane*, on omet son principal nom de Villeneuve parce que sa femme lui avait apporté des droits à la seigneurie de Castellane.

Lorsque des fiefs comme celui d'Uzès et probablement aussi celui de Montferrand étaient partagés entre plusieurs seigneurs, tous prenaient quelquefois simultanément le nom de cette seigneurie, bien que chacun de ces seigneurs fût issu d'une famille différente. On connaît quatre ou cinq familles qui portent le nom de Seillans, bourg des environs de Draguignan, dont la chatellenie était très-divisée.

La seigneurie de Montferrand pouvait être partagée entre la famille de Sennaret et Amphelise de Sabran. Une demoiselle de Sennaret, dame de Montferrand, pouvait donc épouser Étienne de Grimoard, son cousin; pour légitimer le titre de cousin, il suffisait qu'une sœur de Guillaume III de Grimoard, père d'Étienne, eût épousé le sire de Sennaret de Montferrand.

Au milieu des détails de Moreri, en quelque partie erronés, faut-il rester complétement en suspens? ne faut-il pas plutôt prendre ce qui concorde et corriger les erreurs par la comparaison des histoires les plus diverses.

La parenté d'Urbain V avec les Sabran est INCONTESTABLE. Le degré de cette parenté est établi d'une manière *concordante* par la généalogie des Sabran, et par celles que Moreri donne des Grimoard; c'est là un *résultat acquis*.

Reprenons la question d'Elzéar de Grimoard, général des chartreux : fut-il oncle, fut-il neveu de saint Urbain V?

Il semble que le nom d'Elzéar, particulier à la famille des Sabran, n'a été introduit dans les autres familles que par l'alliance des Sabran. Ainsi on n'a vu paraître un *Elzéar de Villeneuve* que lorsque *Sibille de Sabran* est entrée dans la maison de Villeneuve.

On peut dire la même chose du nom de *Dauphine*; avec l'alliance de Guillaume III, de Grimoard, et de Amphelise de Sabran apparaît une fille, demoiselle de Grimoard, portant le nom de Dauphine ou Delphine.

Il est donc probable que le nom d'Elzéar, comme celui de Delphine, n'a été introduit chez les Grimoard qu'après l'alliance d'Amphelise de Sabran.

Par ces considérations, on serait porté à supposer que le prieur général, Elzéar de Grimoard, était plutôt le *neveu* que l'*oncle* de saint Urbain V, puisque l'oncle serait né avant l'alliance des Grimoard avec les Sabran. Le défaut de deux ou trois ans d'âge du prieur porte sur un si faible chiffre, que la moindre correction dans les dates des mariages indiqués suffit pour faire disparaître ce défaut. Il n'est pas de généalogies, où les générations du treizième siècle, époque où l'on écrivait si peu, ne présentent des incertitudes plus grandes.

Nous l'avons dit, quant à l'omission du nom patronymique de la mère de saint Urbain V, c'est un fait qui s'explique par les habitudes du langage féodal, le récit de la bataille de Pavie nous montre des habitudes toutes pareilles. L'omission du nom patronymique du chevalier s'est répété dans le seizième, le dix-septième, le dix-huitième siècle; bientôt, même à présent, on ne saura plus que les *Montebello* ont pour nom de famille celui de *Lannes*. L'omission du nom de Sabran dans l'acte de canonisation qui nomme la mère d'Urbain V paraît donc explicable et, jusqu'à plus ample informé, nous tiendrons *Amphelise de Sabran* pour mère d'Urbain V.

D'Orland, dans son ouvrage sur les chartreux, dit que Hélisaire ou Elzéar de Grimoard passait pour *neveu très-proche* du cardinal Anglic de Grimoard. Il ajoute que Anglic serait plutôt le neveu que l'oncle parce que Hélisaire mourut dix à douze ans avant le cardinal Anglic. Mais d'Orland oublie qu'il vient de raconter les prodigieuses austérités du prieur général Hélisaire de Grimoard, les austérités pouvaient fort bien faire mourir le neveu avant l'oncle. Est-ce que saint Elzéar de Sabran ne décéda pas à trente-huit ans? est-ce que saint Louis d'Anjou ne mourut pas à vingt-trois ans? Le nombre des saints morts très-jeunes par l'effet de leurs macérations est si grand que l'objection de D'Orland sur la nature du titre de parenté entre Grimoard, prieur des chartreux, et Grimoard, cardinal, est sans portée. D'Orland, du reste, ne voudrait que changer le titre de la parenté, mais la parenté proche il ne la nie pas.

Nous lisons dans la *Vie de saint Bruno*, par le P. de Tracy, théatin, publiée en 1785, page 260 :

Elzéar (de Grimoard) Grimoaldi de Grisac fut prieur de Bon-Pas, près d'Avignon, avant d'être général.

Il étoit NEVEU d'URBAIN V, né au diocèse de MENDE, dont le père étoit baron de Grisac, et la mère DE SABRAN, SŒUR de SAINT ELZÉAR. Le pape offrit à son NEVEU le cardinalat qu'il refusa. Ce pieux général des chartreux fut d'une austérité extrême. Il avait ordinairement la tête découverte et les pieds nus, dans les plus grands froids de l'hiver, si rigoureux à la Grande-Chartreuse. (*Martyrologe de France*, par du Saussay.)

Élu en 1360, ELZÉAR ou ÉLISAIRE de Grimoard mourut en 1367 après sept ans de priorat... Il est appelé ordinairement bienheureux ; sa sainteté est populaire dans la famille carthusienne.

Voilà un nouveau témoignage bien formel en faveur de la parenté de sainte Roseline soit avec le pape Urbain V, soit avec Elzéar, prieur général des chartreux.

La déclaration du P. de Tracy a été extraite par lui d'une histoire manuscrite de l'ordre des chartreux qui a été montrée à l'auteur de ces lignes, — le 12 juillet 1865.

Il s'agit donc ici d'une déclaration appartenant aux chartreux eux-mêmes et confirmant tous nos aperçus.

Nous résumons cette discussion en offrant le tableau des petits neveux qui ont le bonheur de représenter à présent la parenté vivante de la sainte chartreuse.

Dans la parenté la plus directe, dans la branche Flayosc, actuellement treize générations nous séparent de la génération de sainte Roseline.

Dans la branche de Bargemont, quatorze générations se sont écoulées depuis que les cousins au deuxième degré de sainte Roseline vivaient, vers la fin du treizième siècle.

Dans la branche de Vence, les contemporains de sainte Roseline représentée par Uranie, sœur de la sainte, sont séparées de la génération actuelle par quinze générations.

Les générations les plus longues ont été dans la branche la plus directement rattachée au sang de sainte Roseline.

Les parents masculins de sainte Roseline sont représentés :

DANS LES FLAYOSC, PAR :

Le marquis Hélion,
Le comte Hippolyte,
Le vicomte Julien.

La parentée féminine est représentée par :

Madame la comtesse de Forbin La Barben.

D'autres parentés féminines vivent dans la famille de l'*Assigny de Juigné*, dans la famille Audiffret de Draguignan ; — dans la famille de *Vitré en Poitou* ; — et enfin des Villeneuve, fixés en Hollande, malheureusement enlacés dans les liens du protestantisme : ces Villeneuve de Hollande (puissent-ils être un jour ramenés à la vérité catholique par les mérites de la patronne de leur famille !)

DANS LES BARGEMONT, PAR :

Le marquis Henri de Villeneuve-Bargemont.
Le comte Joseph de Villeneuve.
Madame la marquise de Forbin d'Oppède.
Madame la comtesse de Brosses.
Madame la comtesse de Saint-Seine, à Dijon.
Madame la comtesse de Bogaienshy.
Les enfants du comte Alban de Villeneuve.
Les enfants du vicomte Baptiste de Villeneuve.
Le vicomte Elzéar de Villeneuve.
La comtesse de Montebello.
La comtesse de Suffren.
Le marquis Raymond de Villeneuve-Bargemont, maire, à Paris.
Madame la vicomtesse de Boigne, à Chambéry.

La parenté féminine est représentée par :

Les héritières de madame Bain.
Madame de Godmar.
Madame Beverdit.

DANS LES VENCE, PAR :

Madame la comtesse de Lucay.
Mesdames d'Harcourt et de Nicolaï, nées d'Andigné.
La postérité de madame de Divonne.
— — de Bassompierre.
— — de Pins.
Madama la comtesse de Marcellus.
Mademoiselle Roseline d'Hinnisdal.
Le marquis d'Hinnisdal.
Madame la comtesse de Bardonnenche et sa postérité.

Marseille, mai 1865.

III

Note sur Diane de Villeneuve, tante de sainte Roseline, devenue, sous le nom de Jeanne, la première prieure de la chartreuse de Celle-Roubaud, vers 1261.

D'après les Bollandistes (page 29 de la Vie de sainte Roseline écrite par l'illustre P. Papebroeck), le corps de cette chartreuse paraît avoir été trouvé sans corruption cinquante années après sa mort, vers le milieu du quatorzième siècle.

Il est certain que ce corps n'a pas été trouvé à Bertaud, et non plus à la maison de Durbon, où se sont réfugiées en 1445 les religieuses de Bertaud.

Si Jeanne de Villeneuve était morte à Bertaud, les chartreuses n'auraient-elles pas transporté le corps miraculeux avec elles à Durbon? Elles ne l'auraient certes pas envoyé à Celle-Roubaud, où, d'après une ancienne tradition, il devait être encore, au moment où les bollandistes écrivaient, en 1694.

N'est-il pas vraisemblable que Jeanne a fini ses jours dans le monastère où l'on a trouvé son corps?

Donc elle a exercé ses fonctions de prieure et terminé sa vie dans la maison de Celle-Roubaud, jusque vers l'année 1300, époque où Roseline, ayant déjà dépassé sa trentième année, remplissait les conditions nécessaires pour être élevée au priorat. Il existe un moyen de concilier le texte qui établit Roseline prieure vers l'an 1300, avec ce que l'on lit à la page 45 des Bollandistes, que Roseline fut enterrée à côté de Jeanne, sa parente, qui l'avait précédée dans le priorat, et qui était morte depuis dix-neuf ans : *Ante annos novemdecim defunctæ* (*Joannæ*). Roseline, d'après le nécrologe de Bertaud, trouvé par Charles Lecouteux, mourut le 17 janvier 1329. Le décès de Jeanne a donc été reculé jusqu'en 1310. Pour tout concilier, il suffit d'admettre que Jeanne de Villeneuve, arrivée en 1300 à sa soixante-dixième année, abdiqua le priorat pour que cette charge fût donnée à sa nièce Roseline. Le corps de Jeanne aurait été exhumé cinquante ans après 1310, c'est-à-dire en 1360, année bien solennelle, où le corps de Roseline fut, par l'évêque de Marseille, élevé sur l'autel. Ne s'explique-t-on pas très-bien aussi pourquoi Jeanne de Villeneuve fut envoyée de Bertaud à Celle-Roubaud avec la dignité de prieure? Si le seigneur des Arcs avait été si empressé à seconder la fondation de la chartreuse de Celle-Roubaud, n'était-il pas utile, n'était-il pas naturel, que l'on confiât la direction de la nouvelle maison à la pieuse sœur du baron, plus capable que toute autre d'entretenir le zèle et l'affection du seigneur envers les chartreux? Au surplus, vers 1400, le corps de Jeanne de Villeneuve a été tellement mutilé et dispersé au milieu des RUINES DU MONASTÈRE qu'on n'a plus pu le reconnaître?

IV

Testament de Romée de Villeneuve.

Au nom du Seigneur, ainsi soit-il. L'an 1250 de l'incarnation, huitième indiction, le 15 décembre, je fais savoir à tous présents et à venir que moi, Romée de Villeneuve, sain d'esprit et jouissant de mes facultés intellectuelles, quoique souffrant d'une maladie corporelle, je fais en la forme suivante le testament de tous mes biens et possessions, immeubles, meubles et animaux, savoir [1] :

1. J'institue mon fils Paulet Ier [2] héritier de la place de *Gaude* et dépendances, des domaines de Saint *Jeannet* et de *Casteltet* et de la moitié de... et je veux qu'il se contente des objets susnommés, formant mon héritage en sa faveur.

2. J'établis héritier de 300 livres tournois, mon fils Pierre [3], je veux, s'il plaît à Dieu, le faire instruire de la science ecclésiastique dans la maison des frères prêcheurs de Nice. Il se contentera de cette somme pour tout héritage. Les frères le nourriront, l'instruiront et lui achèteront les livres qu'ils jugeront lui être nécessaires.

3. J'institue ma fille *Béatrix* héritière de 100 livres tournois, afin que madame Asturge (ma mère), lui choisisse un monastère et un état religieux, et je veux qu'elle se contente de ce legs pour tout héritage.

4. J'ordonne la vente de tous mes autres biens, places de *Villeneuve* avec dépendances, de *Cagnes*, d'*Andon*, de *Courségoules*, de *Gréolières* et de mes possessions de *Torenc*.

5. Le prévôt et les chanoines de Vence s'étant départis de tous leurs droits seigneuriaux sur certains habitants de la cité de *Vence*, et de la place de *Courségoules*, je veux que l'on vende tous les objets meubles et animaux que je possède dans ces places, aussi bien que dans celle de Cipières.

En ce qui concerne la ville de Vence, je remets et abandonne tout droit seigneurial sur les hommes que possèdent le prévôt et les chanoines, la réserve du majeur domaine appartenant au seigneur (comte de Provence), sur les Alberges et autres objets.

Je remets et abandonne tout droit seigneurial par moi possédé dans la même ville sur les hommes des seigneurs de *Mouvans*, en réservant encore le majeur domaine de monseigneur (le comte de Provence), sur les Alberges et autres objets.

[1] Cette pièce offre la trace des relations de la famille de Villeneuve avec l'ordre des Chartreux : on y rencontre les plus touchants aveux des fautes commises, et, à côté des écarts de la violence, les plus loyaux efforts de réparation faite avec la perspective des sévères jugements du juge incorruptible des monarques et des grands. On voit ainsi comment le christianisme corrigeait les mœurs de l'aristocratie du moyen âge.

[2] Avait épousé Eycarde de Castellane en 1248.

[3] Il épousa Alasie d'Aiguines, suivit saint Louis à Tunis et devint la principale tige des Villeneuve-Vence après la mort des enfants de son frère, Paulet.

6. Je déclare et confesse avoir reçu de mon épouse *Doulce*, à titre de dot, 15,000 sous. Je lui lègue, en outre, sur mon bien propre, 5,000 sous génois.

7. Je reconnais avoir touché à titre de dot, de ma belle-fille Eycarde épouse de mon fils Paulet, 2,000 livres raymondines.

8. Je veux et ordonne qu'il soit payé à *André de Rico*, citoyen de Gênes, tout ce que je lui dois et qui sera établi soit par pièces probantes soit par *serment*.

9. On payera à Guillaume *Allègre*, citoyen de Gênes, tout ce que je lui dois d'après les preuves écrites qu'il pourra produire, s'il exige davantage, il sera cru sous serment jusqu'à concurrence de 100 livres génoises.

10. Il sera payé aux malheureuses Madeleine *Calarode* et *Pagarine* et à deux autres femmes tout ce qu'elles réclameront leur être dû, sous la foi du serment, et à leurs fiancés 10 livres génoises.

11. A *Gascon* d'Aix, je dois 125 livres tournois, à payer à l'octave de Saint-Hilaire.

12. A *Sicard* de Hyères, je dois 100 livres raymondines et au delà, suivant ce qui se trouvera inséré dans l'acte fait par mon notaire Mercadier et scellé de mon sceau *pendant*.

13. A Bertrand de *Garde* mon homme d'armes, je dois 3,000 sous raymondins, pour des chevaux qu'il m'a vendus (1,500 fr.)

14. Je déclare avoir *injustement dépouillé* Quibonnie de Favars et quelques autres personnes, de 3,000 sous raymondins, j'ordonne *de le leur restituer*.

15. J'ai *injustement dépouillé* de 20 livres tournois des hommes de Rocabie et de Juglans qui se nomment *Brochie*. — J'ordonne de restituer cette somme à *chacun des prénommés*.

16. A l'église de Saint-Dalmas de Blaje, je lègue 40 livres tournois qui ont été enlevées à cette église *par mon ordre*. Je veux que cet argent soit distribué aux hommes de ce lieu, d'après les appréciations et par la main de *Raymond*, *prieur* de l'ordre des prêcheurs de Nice.

17. Je lègue 200 livres tournois pour reconstruire l'*Église de Meyronnes* et pour *restituer* les biens ecclésiastiques, que j'en avais enlevés; tout cela s'exécutera sous la direction de l'archevêque d'Embrun.

18. A *l'œuvre des frères prêcheurs* de Nice, je lègue 300 sous tournois. — Pour vêtir ces mêmes frères, je lègue 10 livres tournois.

19. J'élis ma sépulture dans la maison des frères prêcheurs de Nice; pour l'achat d'un calice je donne 100 sous tournois, pour vêtements des frères, 100 sous tournois.

20. A *Sainte-Marie* du Toronet, 100 sous tournois pour l'achat d'un calice. — Un prêtre qui célébrera les messes pour le repos de mon âme, 100 sous tournois.

21. A l'église de *Pignans*, je lègue 100 sous tournois, pour acheter un calice; à *Sainte-Marie de Fréjus* pour deux calices, une chape de soie et une ceinture d'or ornée de pierres précieuses, je lègue 200 sous tournois.

22. A *Sicard* de Hyères (Areis), je dois, outre ce qui a été relaté plus

haut, 30 livres raymondines : pour cette dette, il sera ajouté foi soit à sa parole, soit à celle de son fils.

23. Je dois sur la place de Draguignan à Puyrator ce qu'il établira par preuves écrites ou par serment.

24. A *Pierre Adémar*, je dois 122 livres raymondines.

25. A *Raymond André*, — 40 livres —

26. A *Guillaume de Grossa*, 160 sous raymondins.

27. A *maître Paris*, — 60 livres raymondines par lui payées à ma décharge à Melchior de Montferrat.

28. A l'épouse de *Borgandior*, je dois pour chanvres achetés, 50 livres raymondines.

29. A Hugues *Gaufridi*, pour prix de l'affard de Trans, 24 livres raymondines, et on rendra la pièce qui fut faite à l'occasion de cette vente.

30. A *Boniface de Figaniere*, je dois 80 sous raymondins pour achat d'un cheval.

31. A *Guillaume*, 50 sous raymondins.

32. J'ordonne de payer à *Raymond Buffo*, notaire, 32 livres 14 sous de Gênes, que je lui dois.

33. A Pons *Ruffo* de Draguignan, 14 bons sous raymondins.

34. A Raymond *Guillaume*, chevalier, je dois 400 sous raymondins pour l'emplacement où a été bâtie la tour de monseigneur le comte de Provence.

35. A *Loreto*, pour le même emplacement, 40 livres raymondines diminuées de 40 sous raymondins.

36. Au fils de *Mérueil*, pour le même emplacement, je dois une somme dont il justifiera par écriture ou par témoins.

37. Au fils *Bourgondion* je dois la même somme dont il justifiera par écrit ou par témoins.

38. Aux héritiers de *Raymond-Albert*, pour l'emplacement où a été bâtie la tour de Draguignan, je dois 22 livres raymondines.

39. Aux fils de Jean *Ténaire*, 10 livres raymondines pour prix d'un cheval et.....

40. A Jacques *Mortaire* (de Hyères), 10 livres raymondines, prix d'un cheval à lui légué par Éméric de l'église de Maligny.

41. Je dois à *Isnard Cauvin* de la ville de Grasse, 100 livres raymondines prêtées; pour cette créance, il sera nanti sur les biens de *Tornon*, il gardera ce gage jusqu'à libération de son prêt.

42. A *Vivian* de Grasse, je dois 1,000 sous raymondins, prix d'un cheval qu'il m'a laissé et dont il sera payé.

43. A *Ribaud* (de Hyères), je dois 30 livres de Gênes, j'ordonne qu'elles lui soient remboursées, car JE M'EN SUIS INJUSTEMENT EMPARÉ.

44. A l'épouse *Barbaude* de Grasse, je dois jusqu'à concurrence de 300 livres raymondines; elle sera payée.

45. A *Sicard* de Bargemont, je dois 100 livres raymondines à titre de prêt. On la lui remboursera.

46. A *Jacinar*, mon écuyer, je dois 20 livres tournois : il sera ajouté foi à ce sujet soit à son serment soit aux témoins qu'il produira.

47. A *Galfrid*, fils de Pierre Brun, je dois 28 sous raymondins.

48. A *Guillaume Elzéar*, pour main levée faite en ma faveur 25 livres raymondines.

49. A mon fidèle *Raymond de Cagnes*, je laisse 50 livres tournois et une arbalète de corne de deux pieds.

50. A *Raymond de Saint-Alban*, 50 livres provençales.

51. Au précepteur de mon filleul, 500 sous tournois à payer à frère Jean de *Clist* de l'ordre des prêcheurs ; frère *Gaufride Bérenger*, maître *Raymond, chanoine* de Ries, et *Raymond* de Saint-Auban susnommé, ont été appelés et invités à veiller à cette éducation.

52. Je lègue à *Gaufride* et *Jaconet* la maison de campagne de la *Combe* située sur le terroir de Villeneuve, auprès de leur vigne, jusqu'à la terre exploitée par Hugues *Raybaud*. — Je la leur remets franche de tous droits.

53. Je dois à *Picteur jeune*, de la ville de Nice, la somme dont il justifiera par écrit ou qu'il réclamera sous serment.

54. Même disposition à l'égard de *Rostang Asténier; —* de *Raguier* (de Marseille) ; — de *Milon Roubaud; —* de son frère *Guillaume; —* de *Romand; —* de *Denys Sardin; —* de *Cayse*; = de *Guignes* et *Raybaud; —* de Jérôme Paul *Piper; —* de *Bertrand Lycard; —* de et de *Rostang* médecin.

55. Je dois à madame *Asturge* (ma mère), 200 livres génoises ou de toutes autres monnaies indiquées dans les pièces. Madame Asturge détient en nantissement deux coupes d'argent, une ceinture d'argent. Ces sommes seront payées à la parenté de madame *Asturge* et aux frères *Raymond* et *Jean* de Alart de l'ordre des prêcheurs.

56. Je dois à *Isnard* de Chateauneuf, pour libérations en ma faveur faites à la cité de Nice, 25 livres tourinois.

57. A Laugier de *Caire*, je dois 10 livres pour une jument qu'il m'a livrée cette année.

On payera à Denys *Sardin* 100 livres génoises pour chevaux à moi livrés.

58. A *Rostang* de Ysia, je dois la somme qu'il réclamera par serment.

59. Près de *Vence* à *Cucurbite* et à son frère, 14 livres raymondines.

60. A Guillaume *Cavalier*, d'Avignon, 4 livres raymondines.

61. A *Antibes*, je dois à *P. Sufrend* 10 à 12 livres turinoises et au delà s'il l'indique.

62. Je dois à *Fréjus*, à Bérenger de *Avasia*, 28 livres raymondines qui devront lui être payées.

63. Je crois tenir de *Roland* de Fréjus et de Pierre *Vivaude*, jusqu'à 30 livres turinoises et au delà s'ils l'affirment avec serment. — On les leur payera.

64. Je dois à *Bernard* de Agecier (Agay), la somme qu'il établira par contrat.

Même disposition pour l'affard de *Béaudun*.

65. Je veux *qu'il soit restitué* à ARNAUD DE VILLENEUVE[1], mon neveu, 100 livres tournois.

66. A maître *P. des Alpes*, pour restitution du cheval de son frère, je dois la somme qu'il indiquera.

67. A *Ranulphe*, je dois 1,200 sous raymondins.
— 1,000 sous tournois.
— 20 livres génoises.

68. A *Rufin* de Gréolières, 10 sous raymondins et 15 setiers de blé.

69. A *Cordegel de Roncole*, pour un cheval, je dois 100 livres raymondines.

70. Raymond, vicaire de Grasse, 25 livres raymondines.

71. A un *individu* demeurant avec Hugues de Forcalquier, qui a épousé une femme du bourg d'Aix, je dois 100 sous tournois.

72. Je dois à un marchand de Saint-Gilles, connu de Jacques Azar de Tarascon, 24 livres génoises pour objets qui lui ont été *ravis* auprès *d'Antibes*[2].

73. Je dois à Laugier de Fayence, 1,000 sous raymondins.

A..... 3,000 sous raymondins.

74. J'ordonne de rendre à *Hugues-Raymond*[3], mon neveu, les papiers des dots de ses sœurs : savoir de l'épouse de *Hugues* de Signes et de l'épouse de *G. de Vidauban*.

75. Je lègue à Notre-Dame de la Place, de Nice, 100 sous tournois.

A la fabrique de l'église de *Vence*, 100 sous tournois.

76. Au seigneur évêque de la même ville, 200 sous tournois; à chacun des chanoines, 10 sous tournois ; à la fabrique de l'église de Villeneuve, 10 livres tournois.

77. Je prescris de donner la dîme des fruits de toutes mes terres, et on y comprendra la dîme du vin si les prélats et vicaires le demandent.

78. Les brebis, bœufs et autres animaux de ferme qui seront recouvrés après l'enlèvement qui m'en a été fait, d'après ce qui est consigné dans l'édit de monseigneur Charles comte de Provence, seront vendus par mes exécuteurs testamentaires, et de cet argent, ils feront incontinent usage pour effectuer les payements que j'ai indiqués, et avant toutes autres personnes en faveur de A. de Lorgues et de Guillaume Allègre, citoyens génois.

79. Ma volonté est que tous les bœufs de labour de Villeneuve, et sans exception aucune, soient vendus.

80. Que toutes mes arbalètes de Villeneuve soient vendues ; on n'en réservera que deux en ivoire et trois de deux pieds.

81. Que tous les sarrasins et sarrasines de Villeneuve soient vendus.

82. *J'affranchis* et *donne* son ENTIÈRE LIBERTÉ à G. Jean.

83. Je constitue et nomme mes exécuteurs testamentaires pour acquit-

[1] Cet Arnaud de Villeneuve, neveu de Romée, avait épousé Alasie d'Ampus ; il fut le grand-père de sainte Roseline, et forma la lignée aînée *Trans-Arcs-Flayosc*.

[2] Les possesseurs de péages devaient rembourser les vols faits sur les routes dont ils possédaient les péages, ils étaient investis de la police et en étaient responsables.

[3] Hugues Raymond de Villeneuve épousa Béatrix de Savoie, en retenant les biens de sa mère, Philippine d'Esclapon ; il forma la tige des Villeneuve-Bargemont.

ter mes legs et mes dettes, pour racheter mes méfaits indiqués ou à indiquer dans ce testament pour conserver et vendre mes biens :

— Le seigneur *Raymond*, évêque de Grasse. — *P. de Camérac*, chanoine de Fréjus; plein de confiance en leur consciencieuse affection, ils seront les fidèles exécuteurs de mes volontés et veilleront avec zèle à tout ce qui peut procurer le *salut de mon âme :*

Hugues Raymond et *A. de Villeneuve*, chevaliers, mes neveux. Je leur commets la garde et l'administration de toutes mes terres. — Ils jureront de se comporter en fidèles conservateurs des *intérêts de mon âme.* Immédiatement après ma mort, je veux que ces exécuteurs testamentaires vendent mes terres conformément à ce qui a été prescrit plus haut.

Je prie maître *Philippe*, chapelain de monseigneur le comte de Provence, de suivre les élans de sa piété, pour prêter un concours efficace à la vente de mes terres pour racheter mes méfaits, acquitter mes dettes, et coopérer avec mes exécuteurs testamentaires *au salut* de mon âme.

Je veux que tous les titres et écrits de Villeneuve soient déposés sous doubles serrures dans le château de Villeneuve; les clefs en seront déposées dans la maison des frères prêcheurs de Nice : elles ne seront confiées à personne autre qu'à mes exécuteurs testamentaires, qui en pourront retirer, lors de la vente de la terre, les papiers qui s'y rapportent et les titres de vente.

En présence de frère *Raymond* de l'ordre des prêcheurs de Nice; de Hugues Raymond, mon neveu précité; de maître Reynier de Fayence, médecin du chanoine de Riès; de Raymond de Saint-Auban, mon écuyer; de Gaufride d'Amarian; de Gaufride de Pierre-Longue; de Laurent de Coni; de B.Bezaudun, témoins appelés par moi Romée;

Je veux et ordonne que l'on respecte, comme dernière volonté, tout ce qui s'est trouvé écrit, soit en général, soit en particulier, de la main de Hugues Mercadier, mon fidèle notaire, soit dans ce testament, soit dans le codicille, et qui, marqué du seing de Mercadier notaire, sera scellé de neuf sceaux pendants, savoir : de moi Romée, testateur; du seigneur F..., évêque de Riès; de P. Camerac, chanoine de Fréjus; de Hugues Raymond; d'Arnaud de Villeneuve, mes neveux; de F. Raymond, prieur de l'ordre des Prêcheurs de Nice; du prieur de la Verne; de frère de Pontevès et de seigneur Raymond, évêque de Grasse.

Que si je viens à mourir de cette maladie, ceci ait une valeur incontestable.

Mais si en dehors de ce qui est écrit dans ce testament, ou dans mon codicille, ou toute autre expression de mes volontés, on trouve d'autres prescriptions postérieures qui puissent être portées à la connaissance de mes exécuteurs testamentaires, je veux qu'elles soient considérées comme si elles avaient été écrites.

Telle est ma dernière volonté, qui sera observée à titre de testament ou à titre de codicille ou de toute autre forme de disposition dernière.

Je casse, brise et déclare de nulle valeur tout autre testamnnt et disposition antérieure à celle-ci.

Fait au château des Arcs, dans la chambre de messire A. de Villeneuve, à côté de la Tour, en l'année sus-indiquée; et moi, Hugues Mercadier, notaire institué par monseigneur Raymond Bérenger comte de Provence d'heureuse mémoire, déclare avoir écrit cet acte à la demande du testateur et je l'ai confirmé par l'apposition de mon sceau.

Fait à Aix dans la maison des frères prêcheurs. Ont été témoins : Raymond Durand, Bertrand de Laudun, D. Michel notaire, Mathieu Ruccenigel de Salerne; moi Raymond Stéphani, notaire public de l'illustrissime roi Charles, autrefois roi de Sicile et Jérusalem, dans le comté de Provence et de Forcalquier.

Voulant et désirant, d'après les ordres des seigneurs juges susnommés, que l'on obéisse en général et en particulier à tout ce qui précède à titre de pièces probantes et de dernière volonté ;

Je l'ai rédigé en forme d'acte public et authentique pour le seigneur évêque de Vence agissant, soit en son nom, soit en celui de son église, comme cela m'a été prescrit par le seigneur juge précité, et je l'ai revêtu de ma signature ordinaire avec mon paraphe.

Collationné par un conseiller secrétaire du roi, maison couronne de France, et contrôlé à la Chambre par le parlement de Provence.

(*Signature illisible.*)

Collationné sur l'original existant aux Archives de la Préfecture de Draguignan, en août 1861.

D'après copie par M. l'abbé Tisserand.

H. DE VILLENEUVE.

EXTRAIT DES STATUTS DE ROMÉE.

Le fils de chevalier qui, dans le cours de sa jeunesse jusqu'à l'âge de trente ans, aura vécu sans avoir été à la guerre et davantage, sans y avoir, par quelque illustre fait d'armes, donné des preuves de sa valeur, était déclaré indigne des honneurs et franchises des *chevaliers*.

Le gentilhomme qui recevrait des concubines, perdrait les prérogatives de noblesse et ne pourrait jouir des franchises de sa condition.

PREMIÈRE DONATION AU MONASTÈRE DE SALAM-ROBBALDO, EN 1038[1], ANCIENNE MENTION DU MONASTÈRE DE CELLE-ROUBAUD.

Au Dieu tout-puissant et au monastère de Saint-Victor,

Ma mère Agelias et moi, Adaldert, donnons une portion de notre alleud située dans le comté de Fréjus, dans la châtellenie de Marsens, et dans un quartier appelé Sala laudimii.

Omnipotenti Deo nostro et monasterio sancti Victoris.

Ego Adalbertus et mater mea Agelias donamus aliquid de alode nostro quod est situm in comitatu Forojuliense : in castro quod vocatur Marsens, in loco qui vocatur Sala laudimii.

[1] Extrait du grand Cartulaire de Saint-Victor.

Les bornes de cet alleud sont les suivantes, à partir d'une pierre ou borne antique, plantée en se dirigeant jusqu'à la voie publique venant du *monastère* nommé de *Salam Robbaldo*, jusqu'au pont de la Motte, et de ce pont, suivant le cours de la rivière Narthubie jusqu'au confluent du ruisseau de Sala laudimii et de la Narthubie. Donation faite l'an 1038 de l'incarnation de Notre-Seigneur, aux nones de février, férie seconde, dans le château de Marsens.

Termini vero instius alodis sunt isti ex una parte : de una petra quam vocant stantem antiquum in directum, usque in viam publicam quæ venit de *monasterio* quod vocant *Salam Robbaldo* usque ad pontum de La Motta et de ipso ponte sicut fluvis Narthobia discurrit usque in loco ubi rivus de Sala laudimii cadit in Narthobiam. Facta hæc donatio anno incarnationis dominicæ MXXXVIII, nonas februarii, feria II in castro Marsensi.

CESSION DE SAINTE-MARIE DE CELLE-ROUBAUD A LA MAISON DES CHARTREUSES DE BERTAUD, LE 11 AVRIL 1260[1].

In nomine D. N. J.-C. Anno incarnationis ejusdem MCCLXXI, XI Aprilis, Indict. III. Notum sit cunctis hoc scriptum intuentibus, quod nos India, Abbatissa monasterii S. Petri de Subripis Vapincensis diœcesis, attendentes ecclesiam nostram B. Mariæ de Cella-Robaudi, sitam in diœcesi Forojuliensi, quæ monasterio subesse dignoscitur, paupertatis prætextu sive inopiæ, destitutam a regulari observantia, quæ in eo olim vigere non modicum consuevit; cupientesque eamdem reducere ad statum antiquum, ut observentur in ipsa regularia instituta; et cum hoc per nos commode fieri non possit, quia propriæ nobis non suppetunt facultates, et dicta ecclesia a dicto monasterio nimium est remota.

22. Ideo nos prædicta India Abbatissa, spontanea voluntate nostra, non coacta, neque dolo neque metu inducta, de consensu, consilio. et voluntate nostri Conventus, scilicet Dominarum et Sororum nostrarum, Mathilde sacristanæ, Bertrandæ de Roccabruna, Aulai de Tranibus, Aicelenæ, Bertrandæ de Massilia, Folcolinæ, Ebincusardæ de Massilia, Mæ Ebincusardæ Priorissæ dictæ Ecclesiæ, Beatricis Baudoinæ; et de consensu per venerabilis Patris Domni Othonis Episcopi Vapincencis Diœcesani nostri, donamus seu conferimus et perpetuo habere concedimus ecclesiam nostram suprascriptam B. Mariæ de Cella-Robaudi, cum omnibus suis pertinentiis, scilicet decimis, primitiis et oblationibus, terris cultis et incultis, pratis, nemoribus, seu defensis, et domum cum omnibus juribus, tam corporalibus, quam incorporalibus ad dictam ecclesiam pernitentibus, ad honorem Dei et ejus Matris glorios, Ordini Carthusiensi, et specialiter domui monasterio de Bertaudo Ordinis supradicti et Fr. Durando Clero, Procura-

[1] Abbesse, India. — Noms des sœurs religieuses : Mathilde, sacristine; Bertrande (de Roquebrune), Aulaï (de Iranibus), Aicelène, Bertrande (de Marseille), Folcoline, Ebincusarde (de Marseille), Marie Ebincusarde, prieure de ladite église; Béatrix Baudoine.

tori generali domus prædictæ de Bertaudo, præsenti et recipienti, nomine dictæ domus, ecclesiam supradictam, etc.

23. Retinentes tamen in dicta ecclesia et ejus pertinentiis v solidos Turonenses, annis singulis in Nativitate Domini, nobis et monasterio in perpetuum apportandis, solvendis et cedendis, nomine pensionis sive census : hoc acto specialiter et expresso, quod si aliquo modo contingeret d. monasterium de Cella-Robaudi d. censum v solidorum non solvere per biennium vel triennium vel ultra; non ob hoc incideret incommissum, neque infringeretur aliquid de prædictis, neque de infrascriptis; sed solummodo teneretur solvere censum tunc temporis præteriti, cum expensis damno et interesse : item quod ob dictam retentionem census v solidorum, monasterium S. Petri de Subripis non possit neque debeat habere aliquid ultra d. censum in d. monasterio de Cella-Robaudi, etc. Salvo eo quod de duabus Dominabus actum est, quibus debet, quamdiu vixerint, d. monasterium de Cella-Robaudi in necessariis providere. De qua ecclesia, rebus, et juribus et prædictis omnibus et singulis, salvo dicto sensu, devestimus nos et monasterium nostrum, etc., et investimus in perpetuum d. Durandum, nomine Elisabethæ Priorissæ et Conventus monasterii de Bertaudo, etc. Renuntiamus legi dicenti, donationes ob certas causas ingratitudinis revocari, etc., item beneficio restitutionis in integrum, etc., et exceptioni doli, metus, etc., tactis corporaliter Evangeliis sacrosanctis.

24. Quam donationem nos præd. Fr. Durandus, nomine Domus nostræ de Bertaudo prædictæ et Ordinis nostri Carthusiensis recipimus ; et de speciali mandato Domnæ Elisabethæ, Priorissæ domus nostræ præd. de Bertaudo, etc. Nos et prædictam domum obligamus et promittimus vobis Domnæ Indiæ Abbatissæ, nomine nostro et monasterii nostri, etc., in d. ecclesia monasterium ædificare et construere, in quo moniales et Domnæ Ordinis nostri Carthusiensis habere valeant et vitam ducere regularem : et vobis et monasterio vestro d. pensionem sive censum v solidorum Turonensium, per vos servatum et retentum et in ecclesia supradicta solvere et reddere, forma et modo præd., etc. Actum apud monasterium præd. de Subripis, in ecclesia S. Petri, in præsentia testium infrascriptorum, specialiter ad hoc vocatorum et rogatorum; scilicet Durandi Maurini Capellani d. monasterii, Antonii Diaconi Joannis Garcini, Jacobi Arnaudi, Arnulphi, Pontii, Ivandi. In cujus rei testimonium nos præd. Abbatissa sigillum nostrum apponi jussimus huic Cartæ, et supplicando rogamus venerabilem Patrem nostrum, D. Othonem Vapincensem Episcopum, Diœcesanum nostrum, et Domnum Episcopum Forojuliensem, in cujus diœcesi d. ecclesia de Cella-Robaudi sita est, Cartæ præsenti Sigillum Capituli Forojuliensis, ad majorem firmitatem et testimonium reigestæ, et sigilla sua apponant.

V

Note sur la parenté de sainte Roseline avec le bienheureux Hélisaire de Grimoard.

Quant à l'observation que vous faites relativement aux Albigeois, je partage entièrement votre opinion ; je crois même que, dans une conversation par lettres, nous sommes tombés déjà d'accord sur ce sujet.

M. l'abbé Albanès m'a écrit de très-longues et intéressantes notes relatives à Hélizaire ou mieux Élzéar de Grimoard, notre saint et illustre prieur, et à la mère du pape Urbain V. Il veut que notre prieur soit l'oncle et non le neveu d'Urbain ; j'espère néanmoins qu'il aura changé d'avis depuis une note fort détaillée et très-explicite que je lui ai adressée, il y a deux ou trois semaines ; *je lui établis avec les preuves les plus certaines et les plus évidentes qu'Hélizaire était le neveu du pape et de son frère le cardinal Anglic. M. Albanès n'admet pas que la mère d'Urbain soit sœur de saint Élzéar de Sabran, ses preuves me paraissent solides ; il reconnaît au moins qu'elle en était très-proche parente ; le temps et plusieurs documents ont manqué pour éclaircir entièrement ce point, j'y reviendrai plus tard. Mais déjà, si vous avez l'intention de parler de cette parenté qui rattache ainsi Hélizaire ou Élzéar de* Grimoard à sainte Roseline, *vous pouvez affirmer qu'il était neveu d'Urbain et celui-ci très-proche parent d'Élzéar de Sabran*, sinon son neveu, comme le disent plusieurs de nos auteurs. Ce qui a induit en erreur Baluze et tous les auteurs qui ont parlé d'Hélizaire, c'est un passage obscur et mal compris de Dorlandus, qu'ils ont négligé de rapprocher d'un autre passage placé à quelques lignes de distance seulement et qui éclairait tout.

Veuillez agréer la nouvelle assurance des sentiments profondément respectueux avec lesquels je suis,

Monsieur le comte,

Votre très-humble et obéissant serviteur.

Fr. Hildefonse Roguet.

La Grande-Chartreuse, 9 mars 1866.

VI

Extrait du testament de saint Elzéar de Sabran, 18 juillet 1317.

Dans son testament fait à Toulon, le 18 juillet 1317, par lequel il (saint Elzéar) ordonne qu'en quelque lieu que survienne son décès, il soit enseveli dans l'église des frères mineurs de la ville d'Apt, en simple habit de l'ordre de saint François, et avec les seules cérémonies usitées pour un franciscain ordinaire.

Que l'on distribue des legs à onze églises paroissiales des places dont il était seigneur, ajoutant pour plusieurs d'entre elles le don d'un calice d'argent du poids de deux marcs, et demandant à ces diverses paroisses des messes pour le bien de son âme.

Il y ajouta des legs importants pour les couvents des mineurs des villes d'Apt, d'Aix, d'Arles, de Marseille, de Riès et de Sisteron ; pour plusieurs religieux du même ordre, pour le couvent des frères prêcheurs d'Aix, pour la cathédrale et pour les frères mineurs du comté d'Arian.

Il institua un legs en faveur du comte de Provence, roi de Sicile ; ensuite des gratifications aux trois ou quatre gentilshommes de sa maison, laissant 300 livres pour le premier, 150 pour le second, et 100 pour chacun des suivants. Pour ses autres serviteurs, il légua aux huit premiers, 50 livres ; aux huit derniers, 25 livres. Les enfants de trois ou quatre serviteurs morts à son service, reçurent : les uns, 50 livres ; les autres, 25 livres. Il donna à sa très-chère épouse, la comtesse d'Arian, Delphine de Puymichel, tous ses biens, meubles et immeubles, des domaines de Puymichel, Saint-Étienne de Brosse, Cabrières et Robions, avec dispense de participer au payement des legs, lui assignant de plus, pour son douaire, tous ses biens situés dans le royaume de Sicile.

Il légua à toutes les communautés des villages dont il était seigneur, GRANDE SOMME DE DENIERS pour le dédommagement des pertes qu'elles pourraient avoir souffertes, ou des dommages causés par LUI, par ses DOMESTIQUES, ou par ses DEVANCIERS. Ces villages étaient Ansouis, Cucuron, Vaugine, Puymichel, Cabrières, Cadenet, Puy-Lobier et La Motte.

Il établit son héritier universel Guillaume de Sabran, comte d'Ansouis, son frère, lui substituant, dans le cas où il mourrait sans enfants mâles ou femelles, ELZIAS DE VILLENEUVE, son cousin germain. Actum Toloni in hospitio heredum domini Guillelmi amati Canonici et Protonotarii.... testes fuerunt. . . . .

. . . .

et ego Notarius Cornilla Notarius publicus. (Bouche, *Histoire de Provence.*)

VII

Notice sur Hélion de Villeneuve.

D'après les monuments des grands maîtres de Saint-Jean de Jérusalem, 1829, par François de Villeneuve, Hélion de Villeneuve serait né en 1263 ; mais il devait être frère cadet, non-seulement de Roseline, mais encore d'Arnaud III, qui fut appelé à la seigneurie par droit d'aînesse. Son père est nommé Giraud, sa mère Sibile de Sabran.

Sa naissance paraît devoir être placée entre l'année 1266 et l'année

1275; ses premières armes en Palestine correspondent au siége de *Ptolémaïs*, sous Jean de Villiers. La ville fut prise le 18 mai 1291; après une héroïque défense des chevaliers, ceux-ci se réfugient à Chypre. Les chevaliers Teutoniques quittèrent pour toujours la terre sainte. Limisso fut fortifiée et devint le port des Hospitaliers en 1301. Cassan, roi de Perse, mit la *croix* au haut de ses enseignes, et sous la protection de ce signe de salut il remporta plusieurs victoires.

Alliée aux chevaliers templiers et hospitaliers, la Syrie fut reprise, et les chevaliers rentrèrent, en 1301, à Jérusalem, pour en sortir vaincus à la fin de 1301. Leur défaite était due à l'absence de secours.

En 1302, nouvelle campagne. Victoire. Rentrée à Jérusalem en 1303. Secours réclamés du pape, mais en vain... Philippe le Bel avait rendu la papauté impuissante.

Cassan et les chevaliers furent vaincus. Les Templiers se retirent en Sicile. Le grand maître des Hospitaliers, Guillaume de Villaret, jette les yeux sur *Rhodes*. Mort en 1306. Son successeur, Foulques de Villaret, en 1309, réalisa le projet de la conquête de Rhodes.

Foulques, en 1306, avait obtenu du pape Clément V, venu à Poitiers, un prêt de quatre-vingt-dix mille florins pour armer des gens de guerre, et sans doute aussi pour acheter des navires. Gênes et la Sicile fournirent des vaisseaux; les dames donnèrent leurs bagues, des vassaux s'enrôlèrent pour la pieuse expédition.

En 1308, la flotte des chevaliers débarqua sur l'île de Rhodes, défendue par des Turcs et des Sarrasins, alliés à de faibles princes grecs qui en étaient seigneurs.

Après une terrible lutte et de longues souffrances, dues à la disette, à l'abandon d'une partie de son armée, Villaret entra triomphant à Rhodes le 15 août 1309.

En 1310, Ottoman vint à la tête de ses Turcs employer en vain toutes ses forces contre les chevaliers.

En 1317, Villaret est déposé par les chevaliers, qui élisent Maurice de Pagnac.

Les deux chefs suspendus, Pagnac meurt en 1318, et Foulques se démet en 1319, l'animosité des chevaliers ne lui permettant d'exercer sa charge.

Hélion, qui s'était déjà distingué dans les combats *en terre sainte par les combats de mer à Rhodes, s'était conduit, pendant le schisme de l'ordre, avec une rare prudence. « Dans un combat qu'il livra aux vais- « seaux turcs, il fut pris avec quelques Hospitaliers, mais il s'échappa; « et le peuple publia qu'il avait été délivré par les prières de sainte Rose- « line, sa sœur. »*

Le grand prieuré fut la récompense que Foulques crut devoir donner à un guerrier qui avait combattu avec éclat sous Nicolas Lorgues (1288), Jean de Villiers, Oddon de Pins, Guillaume, et Foulques de Villaret lui-même.

Hélion parcourait ses commanderies, quand le pape convoqua les Hospitaliers à Avignon pour élire le successeur de Foulques de Villaret, démissionnaire.

On remarquera que la sœur d'Hélion, sainte Roseline, exerça toujours un patronage puissant sur la transformation de la chevalerie de Saint-Jean-en-Gendarmerie de la mer.

C'est avec le priorat de Roseline que commencent les premières occupations d'un port exclusivement destiné aux chevaliers de Saint-Jean à Limisso; puis l'expédition, la prise de Rhodes et la défense de cette île en 1308, 1309, 1310. S'il y eut tant d'empressement de la part des dames à donner leurs bijoux, tant d'ardeur dans le peuple à s'enrôler, tant d'élan dans la marine génoise et sicilienne à seconder l'entreprise, tant de constance dans les chevaliers, c'est qu'il y avait des bouches pieuses qui parlaient pour eux. En 1329, l'année de la mort de Roseline, l'organisation maritime se termina dans le grand chapitre de Montpellier.

La lutte contre la piraterie musulmane, dont le foyer chrétien fut à Rhodes, est un grand fait *dont on a méconnu la haute portée,* et dont sainte Roseline avait la profonde *intuition.* On semblait oublier que *si une paix profonde régnait* sur ces mers du Levant, jadis infestées de Barbaresques, *elle était due* uniquement à l'effroi salutaire inspiré par les *escadres maltaises.*

Il est démontré qu'Hélion de Villeneuve combattait avec intrépidité vers 1288 à 1291 dans les rangs de la chevalerie de la terre sainte, pendant que sainte Roseline remportait dans son monastère les victoires de la *vertu.* La lutte de la pieuse cénobite répondait à celle du preux chevalier de la croix.

Dans sa lettre du 19 juin 1319, le pape Jean XXII annonce à Hélion de Villeneuve son élection, et lui déclare que « *la valeur extraordinaire par lui* DÉPLOYÉE DANS LA TERRE SAINTE *et dans la guerre contre les infidèles, la pureté de sa vie, la gravité de ses mœurs et la sagesse de ses conseils,* lui ont mérité les suffrages des chevaliers hospitaliers ; les nombreux services rendus dans les administrations qui lui ont été confiées, son *désintéressement,* sa *prudence,* sa *prévoyance,* font espérer au pontife que l'heureux élu, après avoir été trouvé fidèle dans la puissance terrestre, sera digne de régner dans les tabernacles éternels. »

Hélion de Villeneuve, ce grand organisateur de la puissance navale des Hospitaliers, présida *sept chapitres,* posa toutes les règles de l'administration des Hospitaliers, qui permirent la formation de la marine méditerranéenne, en usant de toutes les ressources des domaines des Templiers, unies à celles des Hospitaliers.

Les 215 ans de protection armée donnée dans les mers du Levant à toutes les marines chrétiennes, dans la période de 1309 à 1522, permirent tout le développement maritime des côtes d'Espagne et du midi de la France de former ce magnifique personnel naval qui osa se lancer dans les mers des Indes et d'Amérique, et qui détermina la naissance de cette grande force maritime dont la victoire de Lépante fit éclater la supériorité. La France, la Hollande, l'Angleterre, poursuivirent le développement commencé.

VIII

Clôture des chartreuses exécutée par ordre du chapitre général de 1298, deux ans avant le priorat de sainte Roseline.

RECTIFICATION DE L'ERREUR DU PÈRE DE TRACY, CONCERNANT L'ÉPOQUE OU LA CLÔTURE A COMMENCÉ A ÊTRE OBSERVÉE PAR LES RELIGIEUSES CHARTREUSES.

La décrétale de Boniface VIII, *periculoso,* donnée en 1298, fut observée par les chartreuses religieuses cette année-là *même,* ainsi qu'il résulte d'une ordonnance du chapitre général de cette année (1298), ordonnance rédigée en ces termes :

Monemus moniales ne amodo veniant loqui cum aliquo sæculari, vel regulari, vel etiam cum parente, nisi ad cletas, et tum associatæ cum una vel duabus, — item monemur eas *efficaciter* ne portam suam permittant homines intrare.

IX

Jean XXII ; son influence sur l'ordre carthusien et le développement de la civilisation chrétienne.

VIE DE JEAN XXII.

Inauguré par la première solennité officielle du Jubilé, le quatorzième siècle sembla d'abord destiné à accroître le prestige de Rome, où la piété amenait en foule les pèlerins empressés d'aller conquérir sur le tombeau des saints Apôtres, les grâces de l'Église. Mais au moment où ce prestige touchait à son apogée et où la puissance temporelle du pape était proclamée par le pontife Boniface VIII comme un droit imprescreptible, le séjour de Rome fut déserté, le droit du pape à la censure des vices des rois fut dénié avec une audace prodigieuse par le petit-fils de saint Louis, par le roi de France Philippe le Bel. Après avoir fait mourir le pape sous l'ignominie des soufflets appliqués par l'impie Nogaret, Philippe le Bel poussa la hardiesse de ses entreprises jusqu'à faire élire un pape français, qui, résidant loin de Rome, et à l'extrémité de la France, pourrait être un dignitaire placé à la merci du souverain français ; les Romains eurent le malheur de favoriser cette révolution par leurs tracasseries et leurs mutineries fréquentes contre les pontifes.

Les papes français, fixés à Avignon, débutèrent par le pontificat de Clément V, qui résista mollement, mais qui résista cependant au souverain qui l'avait fait exalter sur le saint-siége.

Après Clément V, le choix des cardinaux se fixa sur Jacques d'Euse, qui prit le nom de Jean XXII. On a dit que, chargé d'élire un pape, il s'était élu lui-même. Des anecdotes aussi torturées que celles-là peuvent offrir des saillies agréables pour la conversation de salon; mais ce n'est pas de l'histoire sérieuse : le résultat patent est que son exaltation fut incontestée.

Jean XXII, issu, dit-on, d'une famille de Cahors, arrivait au souverain pontificat à l'âge de soixante-douze ans, après avoir parcouru tous les degrés de la hiérarchie ecclésiastique, et avoir acquis une connaissance complète des hommes et des choses. Ce vieillard de petite taille, à la voix grêle, à la figure pâle, semblait peu fait pour posséder longtemps la haute dignité qui venait de lui être décernée. Très-connu, très-apprécié dans la famille des comtes-souverains de Provence, rois de Naples, dont le titulaire Robert avait été son élève pendant que, sous le nom du chanoine Jacques d'Euse, il était l'instituteur des enfants de Charles II, Jean XXII semblait être appelé naturellement au trône pontifical par les sympathies du roi de Naples, qui était le lieutenant des possessions papales en Italie, et par celles du roi de France.

Sobre, actif et *laborieux*, jusques au point de se lever presque chaque nuit, pour *prier* et *travailler*, doué d'une intelligence rapide et d'une grande science, il y joignait un grand amour des pauvres, pour lesquels il composa un traité de médecine populaire. Sage, prudent et tenace, après la première explosion de son impatience, il était doué d'un esprit élevé qui le portait aux grandes choses.

Sa vie se passa à réprimer les excès des ordres mendiants franciscains et dominicains, à faire silencieusement les préparatifs d'une grande croisade, qu'il voulait mettre à l'abri des fautes qui avaient descrédité ces entreprises religieuses et civilisatrices.

Pour combattre les Sarrasins, soit en Espagne, soit en Syrie, il sentait le besoin d'une *milice permanente* fortement constituée. Les templiers étaient dissous, les hospitaliers étaient relâchés et obérés de dettes; tout était à réorganiser dans la chevalerie religieuse. Dès la troisième année de son pontificat, en 1319, il approuva et régularisa la fondation de l'ordre des chevaliers du Christ qui venait d'être institué en 1317 par Denys, roi de Portugal. Jean XXII soumit ce nouvel ordre à la règle cistercienne de saint Benoît, et leur attribua tous les biens que les templiers avaient possédés en Portugal. Ces chevaliers s'illustrèrent bientôt par leurs succès contre les Maures et continuèrent avec honneur les services des templiers dont ils héritaient.

Dirigeant immédiatement ses soins vers la réforme des hospitaliers, il fit démettre de ses fonctions le grand-maître Foulques de Villaret et fit élever au suprême magistère le commandeur de Saint-Gilles, Hélion de Villeneuve, dont il avait pu apprécier la capacité et les vertus solides, soit dans l'exercice de l'épiscopat de Fréjus, soit depuis qu'il lui voyait commander la force armée pontificale sous le titre de prieur, dont il était pourvu depuis 1314. — Hélion de Villeneuve passa plus de dix ans à administrer son ordre, sous les yeux et avec l'impulsion du pape, de 1319 à 1329. L'ordre moral et la prospérité financière reparurent sous l'influence des plus sages mesures. Les domaines des templiers en Provence et dans toute l'Europe orientale furent soustraits aux envahissements des rois et des empereurs, et régulièrement administrés par les hospitaliers.

La conquête de Rhodes par les hospitaliers était le premier noyau d'un grand développement maritime qui devait transformer les hospitaliers en protecteurs de la sécurité des voyages maritimes des chrétiens, comme ils avaient été déjà les protecteurs de la sécurité des voyages terrestres.

Jean XXII sut résister à l'impatience des souverains de France et d'Angleterre, qui demandaient, avant l'heure propice, à porter leur ardeur belliqueuse et aventurière sur un champ de la Syrie. Il sut résister à l'entraînement populaire bien plus violent qui se manifesta par le mouvement tumultueux des Pastoureaux.

Il entretint des missions et des relations très-actives avec l'Arménie et les autres nations de l'Asie-Mineure qui devaient seconder le grand mouvement de refoulement de la barbarie musulmane. Il mit ses soins à éteindre les discordes intérieures de l'Angleterre et les querelles internationales de cette nation avec la France.

Lorsque tout fut ainsi coordonné avec une prudence et un esprit de suite qui est bien supérieur à celui qui avait présidé aux préparatifs des croisades antérieures; lorsque sans fouler les peuples, il eut préparé un grand trésor pontifical destiné à satisfaire à tous les besoins de cette grande lutte, il prêcha la croisade avec ardeur et fit par toute la chrétienté élever la bannière du combat de la civilisation contre la barbarie. Malheureusement, ce pape, qui portait encore une ardeur juvénile dans ses labeurs quoditiens, malgré ses quatre-vingt dix ans, fut arrêté par la mort, lorsque ses sages conceptions allaient enfin se réaliser. On a fait à ce pape un reproche de ses sympathies et de ses obligeances pour l'aristocratie de l'époque. Mais l'échange de bons procédés entre Jean XXII et les grandes maisons féodales n'étaient-ils pas un moyen de manier et d'assouplir le grand instrument des guerres extérieures, instrument que la noblesse seule pouvait offrir à cette époque? S'il voulait faire une grande guerre civilisatrice, il lui fallait bien le concours des hommes d'armes... Était-ce en inculquant les principes de piété qui ont conduit l'héritier présomptif du trône napolitain et provençal jusque sur les autels, que l'on pouvait trouver dans les gracieux procédés de Jacques d'Euse avec les grands, quelque chose de voisin de la flatterie et de la morale relâchée? C'est avec Jacques d'Euse que fleurirent les saint Elzéar de Sabran, les saint Elzéar de Villeneuve, les saint Raynaud de Porcelets, les sainte Delphine de Puymichel, les sainte Roseline de Villeneuve et tout ce brillant patriciat religieux du commencement du quatorzième siècle; ne doit-on pas être frappé de la haute et chrétienne influence exercée par ce pape sur l'aristocratie?

Y avait-il quelque relâchement dans les idées morales d'un pape qui pratiquait lui-même les veilles et les austérités d'un chartreux, multipliait et appelait autour de lui les représentants de l'ordre incorruptible qu'il établit presque sous sa main, dans la chartreuse de Bon-Pas, auprès d'Avignon?

Propagateur des saintes pratiques de l'*Angelus*, de la fête de la Trinité, et régularisateur de la fête du Saint-Sacrement, il ne cessa jamais d'attiser le feu sacré de la foi chrétienne.

Quelle fermeté dans la poursuite des fautes du général des franciscains Michel de Césène! Quelle vigueur dans sa résistance aux révoltes fomentées par le roi Louis de Bavière! Par des moyens aussi énergiques que pacifiques, il fit jouir la Provence et l'ensemble de la chrétienté de plus d'ordre, de plus de paix qu'on n'en avait vu jusque-là.

Il ne manqua pas même de soutenir les idées de la suprématie temporelle pontificale, dans ce qu'il pouvait avoir de plus difficile à accepter par les princes! Il parla à Louis de Bavière, comme Boniface VIII avait parlé à Philippe le Bel. Dès les premières années de son pontificat, il écrivit aux rois de France, d'Angleterre et de Sicile des lettres qui censuraient leurs faiblesses et leur rappelaient leurs devoirs chrétiens. Tenir le drapeau de la papauté si haut et si ferme, au-dessus des trônes, était-ce donc se faire le lâche adulateur des rois?

Louis de Bavière sentit s'appesantir sur lui une main si vigoureuse, qu'il fit comme l'empereur Henri V à l'égard de Grégoire VII : comme tous les princes châtiés, il eut recours à la création d'un anti-pape. — Jacques de Corbière, franciscain, exalté par Louis de Bavière en 1328, abandonné par ses partisans dès 1329, vint à résipiscence et consentit, dès 1330, sur une lettre du pape, à être mené devant Jean XXII, qui le retint auprès de sa personne dans une captivité assez douce, puisqu'il lui assignait pour nourriture les mêmes qualités de viande que celles servies sur la table pontificale.

Cette manière habile et pacifique de terminer le schisme, absout la mémoire de Jean XXII de tout reproche de dureté envers le concurrent qui aurait pu troubler toute la chrétienté à l'aide de l'appui de l'empereur d'Allemagne. Pierre de Corbière fut tenu sous la garde du pape, parce qu'il aurait pu être enlevé par ceux qui, frappés des condamnations pontificales, auraient pu chercher à en amortir les effets, en se plaçant sous le bouclier d'un anti-pape.....

Le seul personnage qui ne put pas être sauvé par l'indulgence pontificale fut l'évêque de Cahors, nommé Géraud. Ce prélat fut accusé vaguement d'avoir voulu empoisonner Jean XXII, mais il fut condamné sérieusement pour avoir obtenu sa prélature par simonie, pour s'être livré à une incontinence notoire, et enfin pour avoir accablé ses ouailles d'exactions... Une condamnation et une déposition aussi bien motivées n'étaient-elles pas commandées au pape par ses premiers devoirs? Inexorable vengeur des mœurs jusque dans le plus haut clergé, Jean XXII fit condamner aussi un archevêque d'Aix dont la vie était irrégulière.

Les discussions relatives à la vision béatifique montrent le zèle avec lequel Jean XXII s'attachait aux études théologiques.

Le pape Benoît XII, en succédant à Jean XXII, s'attacha surtout à rectifier ce qu'il croyait erroné dans les opinions de Jean XXII, relativement à la vision béatifique.

Mais le résumé de cette longue vie de Jean XXII est une application constante à la pratique des devoirs et des vertus : fermeté, prudence, piété furent ses qualités caractéristiques. L'estime que ce pontife professa pour sainte Roseline pour son frère Hélion, s'étendit toujours sur l'ordre des chartreux. En fondant deux chartreuses, l'une auprès de lui à Bon-Pas, l'autre dans sa patrie à Cahors; il montra que sa vénération pour Roseline, le disposait à propager l'ordre tout entier, dont elle était la plus haute expression. La pensée carthusienne des croisades le préoccupa sans cesse, et par l'organisation maritime des hospitaliers confiée à Hélion de Villeneuve, il prépara la marine militaire de la chrétienté et l'ordre public destructeur de la piraterie maritime. Il fut donc un pape énergiquement civilisateur, en contribuant à faire de l'ordre hospitalier la forte gendarmerie de terre et de mer.

Il fut un de ces papes français courageux propagateurs de la civilisation chrétienne, qui forment la série de Silvestre II, Urbain II et Jean XXII. Pour expliquer les insinuations calomnieuses de certains auteurs italiens contre de tels papes, il suffit de savoir que pour ces écrivains l'origine française d'un pontife est quelquefois le motif d'une aveugle prévention. Le Dante n'était-il pas un gibelin passionné et bien partial?

Après avoir apprécié le pontife protecteur de sainte Roseline, nous transcrivons le bref adressé à notre sainte.

BREF DU PAPE JEAN XXII EN 1323. — KALENDES DE DÉCEMBRE.

Decembris, Avenione existens, id est anno Christi MCCCXXIII, insigniter sublevaverit indulgentiam monasterii, uniendo ipsi prioratum S. Martini in territoris Arquensi : cujus indulti et unionis etiamnum extat hujusmodi breve.

Joannes servus servorum Dei, dilectis in Christo filiabus et conventus monasterii de Cella-Robaudi, per priorissam soliti gubernari, ordinis Carthusiensis Forojuliensis diocœsis, salutem et apostolicam Benedictionem apostolicæ sedis. Gratiosa benignitas prudentes virgines, quæ carnalibus abdicatis et illecebris et contemptis hujus mundi vanitatibus, virginitatem suam filio Virginis dedicantes, se parant accensis lampadibus obviam sponso ire, tanto propensioris consuevi prosequi studio caritatis, quanto eas, propter fragilitatem sexus, majori suffragio prospicit indigere. Sane vos, necessitas vestra vestrique monasterii, adeo rerum inopia temporalium prægravati, quod de ipsius redditibus provenientibus et obvenientibus non potestis commode sustentari, sicut olim dum in minori ageremus, Forojuliensis ecclesiæ regimini præsidentes, non absque compassione didicimus; pietatis oculi intuentes, et volentes pro utiliori relevatione necessitatis hujusmodi, vobis et eidem monasterio de aliquo subsidio providere, ut melius et *quietius, circa pedes Domini, in contemplationis altitudine, vivere valeatis*, ruralem ecclesiam S. Martini de Arcubus forojuliensis diocœsis, etc. Unimus et applicamus vobis et dicto monasterio, non obstantibus, etc.

X

Sainte Roseline prétendue chevalière hospitalière [1].

Sainte Roseline de Villeneuve, *religieuse à Beaulieu, en Quercy, diocèse de Cahors, de l'ordre de Saint-Jean de Jérusalem, surnommée Flore*, à cause que, portant du pain aux pauvres, surprise par le supérieur, et interrogée sur ce qu'elle portait, dit que c'était des fleurs. Ce qui fut trouvé ainsi.

Elle décéda l'an 1299, âgée de 37 ans.

Sa fête se célèbre le 11 juin.

Elle se voit encore tout entière, et ses yeux, conservés et très-beaux, au couvent des cordeliers d'Arcs, seigneurie qui appartenait à son père, Gaspard de Villeneuve, qui eut pour épouse Bourguette de Sabran, sœur de Charles de Sabran, baron d'Ansouis et Puymichel.

Qui de Laudune d'Albe eut pour fils saint *Elzéar*, comte d'Arrian, qui décéda le 27 septembre 1355, et qui avait épousé sainte Delphine de Glandevès, qui reposent tous deux au couvent des cordeliers de la ville d'Apt, en Provence.

Notre sainte eut pour frères [2] :

1° Le grand-maître Hélion de Villeneuve;

2° Hugues de Villeneuve, religieux franciscain, un des premiers docteurs de l'ordre;

3° Elzéar de Villeneuve, évêque de Digne, homme de sainte vie.

XI

22 avril 1450.
Acte de procuration pour administrer les biens possédés à Hyères par les religieuses de Celle-Roubaud, en faveur de Jacques Suzoni, notaire [3].

SINDICATUS CAPITULI ECCLESIÆ MONASTERII CELLÆ ROBAUDI.

In nomine Domini. Amen. Anno incarnationis ejusdem Domini millesimo quadringentesimo quinquagesimo, et die Mercurii quæ fuit et intitu-

[1] Extrait du *Martyrologe des chevaliers de Saint-Jean de Jérusalem*, par Mathieu Gaussencourt, célestin, imprimé en 1643; SAINTE ROSELINE DE VILLENEUVE, page 237.

[2] Je prends ceci du R. P. de Parc de *La Noue*, correcteur des P. P. mineurs de Paris. quelques-uns ont voulu dire qu'elle a été *chartreuse*, mais le R. P. *Polycarpe de la Rivière*, qui a fait la chronique des chartreux que j'ai vue et lue n'en dit rien; portait de gueules à six lances d'or frettées, entre lesquelles sont des écussons d'argent.

[3] Noms des religieuses de Celle-Roubaud : Hélidie BUAS, prieure; Antoinette AUDOUARDE, Huguette BONETTE, Batrone BERNARDE, Bertrande CASTALIÉ. — L'absence de religieuses de famille noble indique que les jeunes vierges châtelaines se portaient dans d'autres couvents; dans un monastère d'Hyères se trouvait Catherine de VILLENEUVE, fille d'Antoine de VILLENEUVE-FLAYOSC. Il y avait donc alors un espèce de dédain pour la maison de Celle-Roubaud, abdiquée par les chartreux.

latur vicesima secunda mensis Aprilis, hora decima ejusdem diei vel circa. Noverint universi et singuli, præsentes pariter et futuri quod convocatis ad Capitulum celebrandum, et congregatis in capitula ecclesiæ monasterii Cellæ Robaudi, Forojuliensis diœcesis, ad sonum campane pulsantis, prout moris est, venerabilibus et religiosis Dominabus Priorissæ et aliis sororibus, monialibus ipsius monasterii Cellæ Robaudi, et principaliter pro infrascriptis negotiis peragendis, in quibus quidem convocatione et congregatione ac capitulo prædictis, interfuerunt dictæ Dominæ priorissa et aliæ sorores moniales ejusdem monasterii, quæ per ordinem sequuntur : et primo venerabilis et religiosa Dna Helidia Buas, priorissa ipsius monasterii, ac Dna Anthoneta Audoarde, Huguetta Bonette, Batrona Bernarde, et Bertranda Castalie, sorores moniales ipsius monasterii Cellæ Robaudi, ipsæ, inquam, pranominata Dna priorissa et sorores moniales dicti monasterii, omnes et singulæ, majorem et saniorem partem Dnarum monialium ipsius monasterii, ac venerabile capitulum ejusdem facientes, nemine ipsarum discrepante, sed potius convenientes omnes insimul pari voluntate et assensu, pro se ipsis ac dicto monasterio Cellæ Robaudi, et venerabili capitulo ejusdem, cæterisque de eodem monasterio absentibus, et earum qualibet, a suis citra tamen revocationem aliorum suorum ac dicti monasterii ac venerabilis capituli ejusdem syndicorum, actorum, economorum et procuratorum per easdem Dnas capitulariter simul vel divisim alias constitutorum, ex earum certis sententiis, eis melioribus viâ et modo, jure atque forma, quibus melius et efficacius potuerunt et debuerunt tenore et cum testimonio hujus, veri, publici, et autentici instrumenti, faventer valituri litem explere pertinenter, fecerunt et constituerunt ante dictis nominibus, creaverunt, nominaverunt, et similiter ordinaverunt suos et cujuslibet ipsarum dicti monasterii Cellæ Robaudi, et venerabilis capituli ejusdem, et cæterarum de eisdem, certos viros legitimos et indubitatos sindicos, actores, economos et procuratores, factores defensores, et negotiorum suorum infrascriptorum gestores ac nuncios speciales et etiam generales, videlicet nobilem et discretum virum magistrum *Jacobum Suzoni*, notarium villæ Arearum ibidem præsentem et onus hujusmodi sindicatus et procurationis in se gratis suscipientem, videlicet specialiter et expresse, levandum, recipiendum, recuperandum, et habendum, ac se habuisse et recepisse confitendum et recognoscendum particulariter et in solidum omnes et singulas pecuniarum summas, ac fructus, redditus, et proventus, census, seruitia, tascas, facharias, leodas, trezenas, ac omnia singula alia jura et emolumenta quæcunque, quos, quas et quæ, ipsa Dna constituentes, seu dictum monasterium Cellæ Robaudi habent et percipiunt, habereque et percipere debent et consueverunt *in dicta villa Arearum et ejus territorio*. Item ac locandum et dislocandum, et ad faciendum et ferma tradendum omnia et singula bona, domos, casalia, hortos, vineas, electo, seu pluribus electis, et illo, vel illis, dimisso, seu dimissis, ad aliam, seu alias, curiam, seu curias, dicti contrahentes et quilibet ipsorum, ire et redire possint et valeant, citra præjudicium unius curiæ alterius, et e converso usque integram observantiam omnium et singulorum in præsenti publico instrumento contentorum et cujuslibet ipsorum, et ita omnia, universa et singula supradicta tenere, attendere, et inviolabiliter observare, et non contra aliquid dicere, facere, seu venire, per se vel per aliquam aliam interpositam seu interponendam personam dicti contrahentes et ipsorum quilibet promiserunt, et ad sancta Dei evangelia, videlicet dictæ Dnæ priorissa et Moniales cum voto religionis per appositionem manus dextræ cujuslibet ipsarum ad suum pectus, more religiosorum, et dictus nobilis Jacobus Suzoni tactis scripturis manu suâ propriâ dextrâ, sponte juraverunt. Sub cujus juramenti virtute renuntiaverunt in præmissis omnibus et singulis exceptioni omni sic celebrati contractûs, reique omni sic gestæ, et aliter aut magis aut minus fuisse scriptum quam dictum, seu dictum quam scriptum vel recitatum, et e converso, dolique mali, oblationi libelli et simplicis petitionis, feriisque messium et vindemiarum, et privilegio eorum fori : et jure ubi incæptum est judicium ibi finiri debet, et in contractibus de loco ad locum remissionem fieri ô debere, et demum generali omni et cuilibet juri canonico et civili, divino, humano, novo et veteri, usui, rationi et consuetudinibus, quibus mediantibus contra præmissa vel præmissorum aliqua, venire possent, seque in aliquo juvare, defendere, vel tueri; et specialiter juribus dicentibus juri nondum competenti renuntiari non posse, ac generalem renuntiationem non valere nisi processerit specialis. De quibus omnibus et singulis prædictis quælibet pars petiit sibi et suis fieri publicum instrumentum, et publica instrumenta, unum et plura, tot quot habere voluerint, per me notarium publicum infrascriptum.

Acta fuerunt loc in prodicto monasterio Cellæ Robaudi, in capitulo ejusdem, ante januam ecclesiæ dicti monasterii, ubi solitum est dictum capitulum teneri; præsentibus ibidem discretis viris Joanne Magnaud, Johanne Gaufridi, Castri de Arcubus, testibus ad præmissa vocatis specialiter et rogatis, et me Antonio Saqueti, præmissi Castri de Arcubus notario publico, in comitatibus Provinciæ et Fortcalquerii auctoritate regiâ constituto qui de præmissis requisitus notam recepi.

Cet acte est ainsi couché mot à mot dans un vieux registre extensoire des écritures de feu M. Antoine Saqueti, notaire des Arcs, lesquelles écritures sont à présent (c'est-à-dire au siècle dernier) chez M. Aube, notaire du Luc, page 25.

Par sa lettre du 20 août 1863, l'abbé Albanès, vicaire de Saint-Théodore, à Marseille, annonce que cette pièce est annexée à l'histoire manuscrite de la chartreuse de Laverne, qu'il possède depuis quelques années. Il ne sait d'où provient cette histoire.

XII

Relation de la vérification de la relique de sainte Roseline, faite en 1644, par le prieur de la chartreuse de Montrieux.

48. Anno MDCXLIV Montis Rivi Prior et Visitator provinciæ, locum eumdem adiit, et per Epistolam, XV Junii datam, eadem fere omnia scripsit; testatus, invenisse ibi etiamnum rudera veteris alicujus monasterii, cujus tamen pars nulla integre discerni possit, cum fuerint ad usum mo-

dumque Fratrum Observantium reformata omnia; solam ecclesiam ait veterem formam retinere, eaque ostendere sanctimonialium se fuisse; sed ruinosam, et pluribus rimis hiantem : ubi est capella ad dexteram majoris aræ, supra cujus altare extenditur arcula, ipsius longitudini par, ex ligno, tribus vitris ad caput, ad pedes, et in medio perspicua, alioque vilis valde, cum vitra non nisi papyro agglutinata contineantur. Sed Marchio Arquensis dicebatur novam ex argento parare. Per vitram istam primum, inquit Visitator, videtur caput integrum, non sicut aliorum mortuorum, sed carne tectum, exuccâ tamen; satisque apparet, separatum jacere, nec reliquo corpori cohærere : hoc vero a capite ad tibias operitur veteri subtilique sindone : sed ejus nulla pars conspicitur præter tibias, integras adhuc suaque exucca carne tectas, circa pedes tamen hinc inde perforatas, non sine nota alicujus corruptionis. Sub ea sindone totum quidem corpus esse dicebatur, sed non potui hoc mihi persuadere ; cum circa medium viderem depressiora omnia, quam ut crederem integrum corpus subesse. Ostenderunt autem mihi seorsim oculos, ad intuentium stuporem integros, intra argenteam figuram uno circiter pede altam. Est autem magna vicinorum erga Sanctam devotio : et nuper Arquensis Marchionissa, ex suo castro, quamvis solidam dimidiam leucam distante, pedibus eo per novemdium accessit.

XIII

Procès-verbal du 16 août 1619,
constatant la conservation de la relique de sainte Roseline,
vérifiée par Fr. de Bastida, provincial observantin.

SHS MA

In nomine Domini nostri Jesu quem laudant omnia in sanctis ejus. Amen.

Noverint universi quod anno Dñi millesimo sexcentesimo decimo nono et die Sexta decima mensis Augusti, nos infra inscripti frater Franciscus à *Bastida*, minister provincialis provinciæ hujus sancti Ludovici ordinis Minorum de observantia nostra, visitationis munus obeuntes in mo conventu sanctæ Catharinæ Cellæ-Robaudi, inter cætera vel imprimis, visitavimus templum in cujus sacello, quod infra quorum existit, reperivimus super altare capsam ligneam, a parte anteriori tinca vitrata apertam fene-

SHS MA

Au nom de Notre-Seigneur Jésus, universellement glorifié dans ses saints,

Que chacun sache que l'année 1619, et le 16 août, nous, soussigné, frère François de *Bastida*, ministre provincial de cette province de Saint-Louis de l'observance de l'ordre des *mineurs*, remplissant nos fonctions de visiteur dans le couvent de Sainte-Catherine de Celle-Roubaud, avons entre autres, et avant toutes choses, visité le temple, dans la chapelle duquel nous avons trouvé sur l'autel une châsse de bois garnie d'un vitrage sur le devant, percée d'une petite fenestre et couverte d'un voile

strella, capsamque velo desuper distincte satis opertam, et in ea sanctum corpus invenimus Beatæ *Virginis Roselinæ*, non modo *integrum*, sed fere *omni ex parte*, Dei beneficio, INCORRUPTUM : quam quidem Beatam Virginem Roselinam constat vetustis antiquorum instrumentorum fragmentis, et illustri satam prosapia nobilium dominorum de Villanova, religiosæque familiæ monalium antiqui sed antiquati monasterii, in hoc ipso loco jampridem extincti, feliciter ascriptam, infinita dedisse specimina singularis sanctitatis, tandemque ejusdem monasterii præfectam, sub nomine priorissæ, constitutam, decursa feliciter vitæ hujus labilis curriculo in continuo sanctarum virtutum exercitio, anno Domni *millesimo ducentesimo sexto* dies suas felicissima clausula terminasse.

Ejus autem beatissima anima supernis cœlorum gaudiis cum Sponso perenniter perfruente, corpus sacrum integritatis dudum virginalis ex ejusdem integritate fidele referen..... testimonium. De terra, ubi sic diu incorruptum jam erat, est elevatum; multisque clarum miraculis, summa ut extat populorum necdum vicinorum sed et longe distantium frequentia celebratum. Nos aut..... debito beatæ virginis Roselinæ nomen expandi sacrasque corporis ejusdem reliquias..... me celebrari ut fidiori custodia in hac nostra domo totum conservari decate..... et in honorem ipsius sanctæ virginis Roselinæ, earumdemque reliquiarum... imus translationem peragere atque ideo jussimus super ara majoris..... ejusdem altaris tabella inter eam et aram prædictum sanctum.....

orné, et avons trouvé dans cette châsse le corps de la bienheureuse vierge Roseline, non-seulement entier, mais, par la grâce de Dieu, encore presque entièrement conservé sans corruption.

Des vieux débris des antiques documents, il conste que la bienheureuse vierge Roseline, issue de l'illustre famille des nobles seigneurs de Villeneuve, fut heureusement affiliée à la pieuse maison des religieuses de cet antique monastère, maintenant abrogé, et ayant depuis longtemps cessé d'exister en ce lieu ; après avoir offert l'exemple d'une éminente sainteté, elle fut placée à la tête du monastère avec le titre de prieuresse.

Et ayant, dans l'exercice continuel des plus saintes vertus, parcouru le cercle de cette existence périssable, elle termina heureusement ses jours l'année 1206.

Pendant que son âme bienheureuse jouit éternellement, avec son céleste époux, du bonheur du paradis, son corps, par son incorruptibilité, rend un fidèle témoignage de son incorruptible virginité terrestre.

Exhumé de la terre, où il était resté longtemps sans décomposition, après avoir produit d'éclatants miracles, il a été honoré par le concours, non-seulement des peuples voisins, et même par celui des populations éloignées.

Pour donner à la bienheureuse vierge Roseline le renom qu'elle mérite, et pour honorer les sacrées reliques de son corps, nous faisons célébrer son culte et constituer notre maison fidèle gardienne de son corps.

Nous avons résolu de faire exécuter la translation des mêmes re-

debita cumulari, quod eum extiterit provestis effectum..... sacrificio in præsentia reverendi patris Andræ Debras .....tus Draguiniani guardiani nec non Reverendi patris Jac..... nostrorum in dicto conventu sanctæ Catherinæ tunc existens..... prædicto loco honesto gardim atque distincti sed non ita..... transtulimus, locumque ferrea crate veloque desuper tum portis leg..... hujusce conventus superioribus et subdictis ad majorem Dei gloriam ...reliquias devotionis affectu ab aliquibus visitari, ipsasque portas aper velatio sacerdot. ostendente super pelicio induto, et antiphonam..... recitari cum ejusdem virginis versiculo et oratione insuper etsi a Deo meritis beatæ Roselinæ fuerit.

Scripto notetur futuræ posterorum memoriæ..... ad honorem sanctæ virginis Roselinæ cujus nos pro..... commendamus. Hæcque sint in testimonium premis..... nivimus et officii nostri sigillo majori an..... intra dictam capsulam profuturam[1].

liques, en l'honneur de la bienheureuse Roseline, et nous avons fait poser son saint corps sur la table du maître-autel.

. . . .

En présence du révérend Père Debras, gardien du couvent de Draguignan, et aussi du révérend Père Jacques, de notre dit couvent de Sainte-Catherine, alors existant, nous l'avons transféré dans cette position convenable et décemment décorée, et nous l'avons fermé d'une serrure de fer, après l'avoir recouvert d'un voile.

Nous l'avons confié aux chefs et aux membres inférieurs de ce couvent, afin que, pour la plus grande gloire de Dieu, les reliques puissent être exposées à la vue et à la vénération affectueuse des fidèles.

Le prêtre, revêtu du surplis, récitera l'antiphone avec le verset et l'oraison relatifs aux mérites de cette heureuse vierge. Nous désirons signaler par cet écrit, à la mémoire de nos neveux et en l'honneur de sainte vierge Roseline, le culte que nous *recommandons*.

Que ce qui précède soit un témoignage de la *translation actuelle*. Nous l'avons marqué de notre grand sceau, sur le devant, dans l'intérieur de la châsse...

Transcriptum conforme originali quod in nova capsa marmorea includitur.

Forojulii, die duodecima septembris, anni Domini 1835.

Signé : DESCOSSE, *can. Sec. gen. ep.*

[1] Les fautes qui se sont glissées en grand nombre dans la copie du présent procès-verbal viennent, sans aucun doute, de la difficulté qu'ont eue les personnes que nous avions chargées de dicter la pièce qui a été faite sur les lieux ou de l'écrire, à déchiffrer entièrement ledit procès-verbal, à raison de sa vétusté, ainsi que du peu de temps qu'elles ont eu avant de le remettre dans la châsse; et plus encore de l'embarras qu'occasionnaient, soit l'affluence dans la chapelle des personnes qui assistaient à la cérémonie, soit les opérations nécessaires pour retirer le corps de la sainte de la châsse ancienne pour le placer dans la nouvelle. Du reste, on y voit suffisamment ce qui en est l'essentiel.

Fréjus, 11 décembre 1835. *Signé*, ✝ L. CH., év. de Fréjus.

XIV

Translation de la relique de sainte Roseline.

PROCÈS-VERBAL DE LA TRANSLATION DE 1657[1].

50. Absoluto novo, quod dixi, sacello, perbeneque ornato, decreta est solemnis translatio, facienda die XX mensis octobris. Pridie autem illius diei, inquit in epistolarum suarum una Franciscus Villanovanus, extractum de mandato Guardiani fuit corpus cum capsa de altare supra quod requiescebat, nihil dissimile vivo, quemadmodum mihi retulit Fr. Franciscus Gerosius Laicus, ibidem præsens, religiosus fide dignus, quem ad ordinem ego recepi sociumque frequenter circumduxi. Hic autem asserebat, quod cum capsa ab altari sumpta in choro maneret, sæpius sustulerit brachiorum unum illudque ad dextram et sinistram versaverit, absque ulla omnino difficultate. Quid porro die actum sit alterâ, indicabit sequens authenticum instrumentum. Non sine magno primi parentis sacramento, conditus protoplastes Adamus in campo Damasceno, fuit exinde in paradisum voluptatis translatus, ut ibi vitam a temporum injuria alienam, impolluto corpore, integrioris animæ individuo affectu, fauste transigeret. Sic etiam divina decrevit Providentia, ut beatissima Rosselina, ex antiquissima et illustrissima gentis Villanovanæ marchionum de Trans et de Arcs prosapia oriunda, intaminatæ animæ non taminatum corpus : (quod) abhinc quatuor sæculis miraculosa protectione, tam diuturno diuturnique temporis omnium rerum edacis tractu, inexesum, nullibique erosum, in quodam sacello hujusce ecclesiæ ac cœnobii S. Catharinæ Cellæ-Robaudi, juxta chorum ejusdem ecclesiæ a dextra constructo, non cum omni et debita decentia, in capsula supra altare positæ, asservatum jacebat, donec ad conditorium aliud convenientius et honestius, utique in paradiso ad primi parentis exemplar suæ beatitate potiturum, transveheretur.

51. Nos igitur Fr. Joannes Jourdain, lector jubilatus provinciæque antiquior pater, Guardianus magni conventus Tolosæ, et super hanc S. Ludovici provinciam cum potestatis plenitudine visitator et commissarius generalis; Bonaventura Crye, minister provincialis; Mathæus Ricaud, diffinitor gereralis et concionator regius ; Franciscus a Villanova custodum custos; Franciscus Guesdan exprovincialis; Antonius Pecqui diffinitor; Antonius Coreu, Sebastianus Bernardi, et Paulus Rossillon, diffinitores actuales præfatæ provinciæ, in hoc præfato cœnobio pro comitiis provincialibus celebrandis congregati, visis tum prædicta Ecclesia, magnis cum expensis perillustris Domini Caroli a Villanova abbatis, in omnibus ad maximam devotionem attinentibus, reparata et ornata; cum etiam sacello, maximis intra et extra cum ornamentis instructo ; ad requisitionem clarissimi et nobilissimi domini Antonii a Villanova, Marchionis de Trans et des Arz per instantiam dicti perillustris Domini abbatis ejus fratris, melioribus modo, forma et genere, quibus possumus et debemus attestamur, omnibus et singu-

[1] Tiré des *Bollandistes*.

lis quorum interest aut interesse poterit, quod in celebratione dictorum conciliorum, die dominica videlicet vigesima octobris, anno a reparato orbe millesimo sexentesimo quinquagesimo septimo decantato et solenniter celebrato sacro missa mysterio a R. adm. patre commissario Crye provinvinciali ministro, assistentibus sibi venerandis patribus Antonio Brunet provinciæ secretario, et honorato Aymard Guardiano de la Motte; et habita oratione panegyrica et pro suggestu pronunciata, omnibus eloquentiæ numeris absoluta, de beatissima Rosselina, a venerande patre de la Greffe conventus Limosini Guardiano, confluentibus undique populis quot ecclesia continere minime poterat; incedentibus processionaliter et maxima cum veneratione RR. adm. et Venn. patribus et fratribus; et habitu Levitico indutis et infulatis, RR. adm. patribus Francisco Guesdan exprovinciali, Josepho Bounin, Andrea Baldovin, provinciæ patre seniore; nec non Francisco de Villanova custodum custode; a præfato sacello, in quo prius asservabatur, astantium ubique personnante applausu et acclamatione præsentibus DD. Marchione de Trans et des Arz, et uxore ejus carissima D. Gabriela de Castellane, D. Carolo de Villanova abbate perillustri, et multis aliis dominis et dominabus ex eadem familiæ oriundis, translatum fuisse, deferentibus quatuor prædictis adm. patribus ad præfatum sacellum, de novo constructum a prænominato abbate perillustri, et repositum ad cornu Evangelii altaris ejusdemmet sacelli; populi devotioni multo commodioris, ibi expectaturum ultimam rerum omnium consommationem, ultimamque stupendi sui corporis remunerationem ad majorem Dei gloriam, majorem nostri ordinis et hujus conventus honorem, maximumque prædictæ nobilissimæ et antiquissimæ familiæ decus.

52. Et ut omnibus constet de præfata translatione, hoc authenticum instrumentum testimoniale exarare duximus, nostroque manuali signo munire, die et anno quibus supra. In hoc conventu S. Catherinæ de monte Sion. Fr. Joannes Jourdain, commissarius generalis; Fr. Bonaventura Crye, minister provincialis; Fr. Franciscus a Villanova, custos custodum; Fr. Franciscus Gnesdan, exprovincialis; Fr. Antonius Coreu, diffinitor; Fr. Pecquis, deffinitor; Fr. M. Ricaud, diffinitor generalis; Fr. Paulus Rossillon, diffinitor; Fr. Sebastianus Bernardi, diffinitor. Hactenus intrumentum illud, in quo cum præter Marchiones et fratrem abbatem, dicantur ad fuisse multi domini et dominæ ex eodem Villanovana familia oriundi; vero simile fit inter eos quoque fuisse, quem Chauvetus expresse notat, modestum Villanovanum, ipsius Marchionis fratrem majorem natu, ex minorita observante episcopum Aptensem: et multa tunc ibi facta, quorum relationem distinctiorem requirimus.

RÉCIT DE LA TRANSLATION DE 1657[1].

XXVII. Dans la suite des temps, comme on s'aperçut que la sainte relique n'était ni assez décemment, ni assez sûrement conservée, les seigneurs de la maison de Villeneuve, très-jaloux ainsi que très-intéressés dans sa con-

[1] Publié en 1720, par De Haitze.

servation, qui leur fait tant d'honneur, avaient très-souvent projeté de pourvoir à ces deux choses. Cependant, on ne sait pour quelle cause, un si louable projet demeura un très-long temps sans être exécuté, et jusqu'après le milieu du dix-septième siècle. Enfin, en 1657, Charles de Villeneuve, *connu sous le nom d'Abbé de Villeneuve, frère d'Antoine de Villeneuve, seigneur des Arcs, mit la chose à exécution. A cet effet, après avoir fait travailler à une nouvelle châsse ou cercueil très-décent pour y fermer cette sainte relique, il fit construire une chapelle, qui est la première à main droite en entrant dans l'église de Sainte-Catherine, y fit pratiquer une armoire dans l'épaisseur du mur de l'aile gauche ou du côté de l'Évangile, revêtu en dedans d'un ornement de bois doré en forme d'une coquille ouverte pour y placer ce cercueil, et l'y conserver sous la garde de plusieurs clefs.* Tous ces préparatifs étant achevés il moyena que le chapitre provincial des Observantins qui devait se tenir en cette année, fût assigné au couvent de Sainte-Catherine, afin que cette translation fût plus auguste, se faisant parmi la célébrité de cette assemblée monacale. Cette translation fut donc faite un jour de dimanche, 20 octobre, avec toute la décence et toute la pompe que ces religieux purent imaginer. La fête fut encore très-solennelle et très-bruyante par le concours du peuple, qui fut si grand qu'il fit presque déserter, pour ce jour-là, tous les lieux voisins, et qui même y en fit venir de ceux qui demeuraient en d'autres assez éloignés. Le seigneur, marquis des Arcs, y invita tous les gentilshommes de la maison de Villeneuve, qui s'y firent voir aussi en très-grand nombre, et où ils furent régalés par la munificence du même abbé de Villeneuve, qui avait été le promoteur de cette fête. La sainte pour qui elle se faisait y fut louée par un excellent panégyrique qui *fut prononcé par le père* ANTOINE TRINQUIÈRE DE LA GRÈFE, *Observantin, un des premiers orateurs de son temps, qui prit pour texte* de son action ces paroles du psaume 15 : SEIGNEUR, VOUS NE SOUFFRIREZ PAS QUE CE QUE VOUS AVEZ SANCTIFIÉ SOIT SUJET A CORRUPTION. Ce panégyrique fut ensuite imprimé à Montpellier en 1663, chez Daniel Pech, pour être donné au public comme un monument de la translation de cette précieuse relique et de sa merveilleuse conservation. Cette édition fut faite avec une dédicatoire pour dame Gabrielle du Mas de Castellane, baronne d'Allemagne et épouse d'Antoine de Villeneuve, marquis de Arcs. On a donné à cet ouvrage le titre de *Triomphe de l'incorruptibilité,* sur tout ce qui peut corrompre l'esprit, le corps et les mœurs de l'homme.

XXVIII. Lorsqu'on procéda à cette troisième translation, on trouva que les bras de la sainte *étaient encore flexibles,* du moins on pouvait les remuer *à droite et à gauche* fort aisément et *sans qu'il y eût danger qu'ils se détachassent* du corps. *Il en rend compte par des témoignages par écrit de ce temps-là,* rapportés par les Bollandistes. — Quant à ce saint corps, on le voit aujourd'hui étendu dans son cercueil, par trois ouvertures vitrées pratiquées sur le côté qui se présente en dehors. Il n'est couvert que d'un suaire ou drap de toile qui lui descend jusqu'aux genoux, laissant la tête et les jambes à nu, qu'on reconnaît encore être couvertes d'une chair desséchée, *n'ayant que quelques piqûres au front.*

XXIX. *Le culte de sainte Roseline est répandu dans toute la Provence ; il est très-grand dans le diocèse de Fréjus : tout l'ordre des Chartreux le reconnaît, en étalant sa représentation dans ses églises. Son nom a été consacré et reçu dans toute la province pour être donné aux enfants dans leur régénération spirituelle.* On affecte particulièrement de le donner aux filles de la maison de Villeneuve, et il serait à souhaiter que, de même, on s'étudiât de les porter à imiter leur sainte parente, c'est-à-dire, de tâcher à atteindre à sa sainteté, suivant les états de vie où elles sont appelées, comme c'est l'esprit et l'intention de la mère commune des fidèles. L'église de Sainte-Catherine de Celle-Roubaud, où le corps de cette sainte repose, lui a adressé des hymnes, des litanies, des antiennes, avec leurs collectes qu'elle chante chaque jour devant son monument. Annuellement, le onzième juin on y honore sa mémoire par une pieuse réjouissance qu'on appelle vulgairement le triomphe de sainte Roseline, qui y attire les peuples des environs, lesquels considèrent cette sainte comme leur protectrice, ainsi que le témoigne un endroit des prières qu'on chante parmi la pompe de cette fête. Elle est aussi, cette sainte, la gloire de la principale maison de la contrée, la joie des habitants de ce canton et l'honneur de ce peuple.

NOTE QUI NOUS A ÉTÉ REMISE PAR JACQUES GARCIN, NOTAIRE A TRANS, AVEC LA COPIE DU TESTAMENT DE JEAN DE VILLENEUVE, MARQUIS DE TRANS ET BARON DE FLAYOSC, EN 1626.

Dans le livre mémorial de Jacques Garcin, mon bisaïeul, notaire à Trans, page 98, se trouve écrite de sa main et par lui signée, la note ci-après :

Le nom de Dieu soit toujours à notre bouche, la sainte Vierge et *sainte Roseline* soient à notre aide. *Mes enfants auront ici par mémoire d'aimer Dieu sur toute chose, d'invoquer la sainte Vierge dans toutes les nécessités et de prendre pour patronne sainte Roseline.* Et auront ici pour mémoire que le saint corps de sainte Roseline est au couvent de Sainte-Catherine, où habitent les Observantins de la règle de Saint-François. Ce corps était gisant dans la chapelle plus proche du chœur et dans laquelle chapelle ce saint corps y a demeuré, à ce qu'on m'a dit, cent quarante-deux ans et s'y voit que le chapitre général des pères religieux fut tenu le 18 octobre 1657, et a duré jusqu'au dimanche du même mois, 21 octobre 1657. Le chapitre aurait après fait une très-belle prédication toute sur la vie de cette sainte, et après la grand' messe ce corps saint fut porté à la chapelle la plus proche de la porte en entrant où on y fit une très-belle cérémonie, firent la procession où tout le chapitre assista, firent le tour du cloître, durant laquelle ce saint corps fut porté sur les épaules dans la chapelle par les révérends pères François Gay, Pierre Ricaud, Joseph Brun, Antoine Baudoin, *Honoré Villeneuve*, prieur de la province, tous en habits sacerdotaux, où allait au devant du corps le révérend père Ricaud et monseigneur, etc., etc., et autres personnes qui suivaient au nombre de *quatre mille grands ou petits.*

Signé : JACQUES GARCIN.

RÉCIT DE LA TRANSLATION DE 1835.

La translation de 1835 fut exécutée pour placer le corps de la sainte dans une châsse de marbre, substituée à la *fragile* châsse de bois dans laquelle elle était placée, et où elle n'avait pas été toujours à l'abri des profanations de ceux qui voulaient obtenir des reliques *à tout prix*. La châsse nouvelle, en marbre blanc, aux frais des paroissiens des Arcs, était fixée sur le mur attenant au côté de l'évangile de l'autel, où la famille de Villeneuve est représentée à genoux devant l'image de sainte Roseline, protectrice de la maison. Le 11 juin, la sainte a été placée dans un tombeau de marbre que la fabrique des Arcs a fait élever, et dans lequel le corps de la sainte est recouvert d'un voile en moire blanche brodé en or et en argent, recouvrant le corps de la sainte. Ce voile a été offert par la famille de Villeneuve.

La cérémonie a été présidée par monseigneur l'évêque de Fréjus, assisté de M. *Maria*, recteur des Arcs, avec le concours des prêtres des environs.

D'après l'heureuse pensée de M. Raybaud, maire des Arcs, on avait apporté une feuille de tôle, destinée à être insinuée sous la relique et à la soutenir pendant le déplacement du corps porté de l'ancienne châsse à la nouvelle.

Le peuple assistait à cette cérémonie avec un empressement jaloux, veillant à ce que rien ne fut distrait de la précieuse relique. L'enceinte réservée était marquée par une corde, destinée à empêcher que les mouvements des translateurs ne fussent gênés par *des* assistants trop nombreux.

Lorsque le déplacement de la relique eut été opéré, l'ancien suaire fut enlevé pour être remplacé par le voile de soie brodé en or donné par la famille de Villeneuve. Lorsque la relique fut mise à découvert, la merveille de la conservation du saint corps parut dans tout son éclat. Non-seulement les articulations montrèrent encore de la flexibilité, mais encore les parties charnues parurent encore douées d'élasticité. Monseigneur Michel, qui dirigeait l'opération, s'assura que, sous la pression de son doigt, le gras de la jambe, *comprimé*, revenait à sa forme première. Cette *constatation* produisit chez le pieux prélat une profonde émotion, dont le souvenir, souvent rappelé dans ses conversations, ne manquait jamais dans la suite de provoquer chez lui des larmes d'attendrissement.

Madame Porre, épouse du médecin des Arcs, fut appelée à soutenir les jambes du saint corps. Cette pieuse dame, encore vivante au moment où ma plume trace ces lignes, atteste que M. Raybaud, maire des Arcs, et l'un des principaux témoins de la translation, fit de son côté la même expérience que monseigneur Michel, et constata la même élasticité dans la sainte relique. Madame Blanc de Trans fixa le voile sur la relique par des épingles.

Il fut bien prouvé par les expériences de 1835 que la relique de la sainte chartreuse a conservé à un certain degré l'*élasticité de la chair*, après une période presque six fois séculaire, et cela après avoir été exposée dans des châsses en bois très-mal fermées.

L'enthousiasme populaire éclata en cris d'allégresse au moment où ces merveilles furent déclarées ; l'émotion fut universelle. M. l'abbé Descosse, secrétaire général de l'évêché, placé à côté de l'évêque, suivait tous les mouvements dont sa plume devait écrire le procès-verbal, et il déclare, dans une lettre du 19 mars 1866, que la translation de 1835 lui apparaît toujours comme le plus attachant souvenir de sa carrière sacerdotale.

Il fut constaté que le saint corps avait été percé sur le côté gauche, dans la partie correspondante au cœur, et que cet organe avait été enlevé, de même que une ou deux côtes. La partie perforée était cachée aux regards par le suaire, étendu du cou jusqu'aux jambes.

Les déplorables profanations produites sur le saint corps, font ressortir d'une manière plus frappante les merveilles d'une conservation et d'une incorruptibilité qui a résisté à tant de négligence. On connait des figures de cadavres conservées, mais ces figures tombent en poussière au moindre contact ; la relique de sainte Roseline a *triomphé* de toutes les causes de dégradation.

Monseigneur Michel se contenta de prendre quelques extrémités de doigts, pour les distribuer avec des fragments du suaire.

Il y eut une dent qui fut trouvée détachée ; mais beaucoup manquent, et plusieurs d'entre elles ont été très-probablement enlevées par des auteurs inconnus de pieux larcins.

Le procès-verbal écrit en 1835, par la main de M. Descosse, fut dicté par monseigneur Michel, qui attacha à ce mot de corps *entier* le sens d'un corps non *corrompu*.

Les merveilles constatées par la translation de 1835 confirment l'étonnante conservation énoncée dans les procès-verbaux du dix-septième siècle ; mais les observations récentes dépassent tous les prodiges anciens de la conservation de la relique de la sainte chartreuse.

PROCÈS-VERBAL.

Translation des reliques de sainte Rossoline ou Roseline, faite par M. Louis-Charles-Jean-Baptiste Michel, évêque de Fréjus, le 11 juin 1835.

Louis-Charles-Jean-Baptiste Michel, par la miséricorde de Dieu et la grâce du saint-siége apostolique, évêque de Fréjus,

Faisons savoir à tous ceux à qui il appartiendra, que la châsse en bois renfermant la précieuse relique de sainte Rossolme, de l'ordre des chartreuses, placée dans l'église de Sainte-Catherine, ayant souffert, à raison de la longueur du temps depuis lequel elle y est renfermée, et que les fidèles de la paroisse des Arcs, à laquelle la sainte chapelle appartient, ayant désiré que ladite relique fût enfermée dans une nouvelle châsse, qui a été confectionnée en marbre, avec notre permission donnée, conformément à leur désir, nous nous sommes transporté à ladite chapelle le neuf juin de cette année mil huit cent trente-cinq, avons reconnu la relique, et avons permis que la châsse fût retirée de sa place pour y substituer celle en marbre; et, pour plus grande sûreté, avons scellé de notre sceau le vitrage placé devant la châsse, afin de n'avoir aucun doute sur son identité et son intégrité.

Nous y étant rendu de nouveau cejourd'hui, *onze* du même mois, après avoir célébré la sainte messe au maître-autel de la chapelle, nous avons appelé les personnes les plus âgées du pays, au nombre de *sept*, savoir :

Joseph Bonhomme, âge de 66 ans;
Clément Thibaud, âgé de 71 ans;
Joseph Boyer, âgé de 73 ans;
Jean Raybaud, âgé de 74 ans;
Jean Pascal, âgé de 76 ans;
Jean-Baptiste Textoris, âgé de 81 ans;
Pierre Guillen, âgé de 83 ans;

tous de la commune des Arcs, lesquels ont déclaré que la précieuse relique renfermée dans la châsse en bois, est celle qu'ils ont toujours vue telle qu'elle est; qu'elle est toujours restée à la même place, savoir : dans la niche creusée dans la muraille de la chapelle, qui est à droite de la porte d'entrée de la chapelle, où elle était fermée par une porte à deux battants; qu'elle n'a jamais été profanée; et qu'elle est dans le même état dans lequel ils l'ont toujours vue, à l'exception du détriment qu'a pu y causer le laps du temps. La châsse a été ouverte sous nos yeux ; des hommes de l'art, que nous avions priés de s'y rendre, savoir :

Jean-François Liotard;
Antoine-Victor Raybaud;
Romain Porre, chirurgien de la commune des Arcs;
Bernard-André Aillaud, chirurgien de la commune de Trans;

appelés à l'effet de reconnaître l'état dans lequel est la relique, ont reconnu que le corps est entier et les ossements recouverts de leurs téguments desséchés. La relique a été ensuite, toujours sous nos yeux, retirée avec soin de la châsse en bois, et placée dans la châsse en marbre, que nous avons scellés en deux endroits de notre sceau, le même que nous avons apposé au présent procès-verbal.

Il est à observer que nous avons trouvé dans l'ancienne châsse un procès-verbal *rongé en partie*, mais avec *sceau intact*, écrit en latin par le R. P. François de Bastida, de l'ordre des frères mineurs, provincial de la province Saint-Louis, du même ordre, à la date du seize août mil six cent dix-neuf, dans lequel il déclare avoir trouvé le corps entier et sans corruption; et que nous l'avons remis dans la châsse en marbre, avec le présent, après avoir tiré copie de l'un et de l'autre; pour lesdites copies être conservées, soit au secrétariat de l'évêché, soit dans les archives de la fabrique de la paroisse des Arcs, et avons signé ledit procès-verbal avec

MM. Joseph-Antoine Dubuy, notre vicaire-général;
Honoré-Louis Raybaud, maire de la commune des Arcs;

Marquis Raymond-Balthasar-Marcellin de Villeneuve-Flayosc, demeurant tout près de la chapelle, membre de la famille à laquelle appartenait sainte Rossoline, qui, dans le verbal du R. P. François, est désignée sous le nom de Roseline.

Les hommes de l'art appelés pour reconnaître l'état de la relique, et les fabriciens de la paroisse des Arcs.

Fait dans la chapelle même de Sainte-Catherine, les jour, mois et an que dessus; savoir : 11 juin 1835.

Suivent les signatures des principaux témoins désignés ci-dessus :

Joseph-Antoine Dubuy, vicaire-général;
Honoré-Louis Raybaud, maire de la commune des Arcs;
Le marquis Raymond-Balthasar-Marcellin de Villeneuve-Flayosc.
Celle des hommes de l'art :
Jean-François Liotard;
Antoine-Victor Raybaud;
Porre et Bernard-André Aillaud.

Ces signatures sont encore suivies de celles de quelques autres témoins, entre autres de celle du fils aîné de M. le marquis de Villeneuve-Flayosc, et sont toutes terminées par celle de monseigneur l'évêque de Fréjus, Louis-Charles-Jean-Baptiste Michel.

Collationné conforme à l'original enfermé dans la nouvelle châsse, et dont copie textuelle a été prise pour être conservée dans les archives de l'évêché de Fréjus.

A Fréjus, le 12 septembre 1835.

† Louis-Charles, évêque de Fréjus.

Signé : Descosse, *chan. sec. gén. de l'évêché.*

Copie conforme, le 25 août 1861.

Comte H. de Villeneuve.

XV

Attentat sacrilége contre la relique de sainte Roseline[1].

55. Falsi duo fratres observantes, natione Hispani, hospitio ad S. Catharinæ excepti, consilium inierunt, quomodo S. Roselinæ caput in suam portarent regionem. Surgunt ergo media nocte inter horam undecimam ac duodecimam suisque cubiculis clam egressi descenderunt in ecclesiam, cœperuntque effringere operculum arcæ, ut ipsam vi aperirent. Hoc dum tentant, apparuit sancta domesticorum famulorum uni, nomine Petro Te-

[1] Tiré des Bollandistes.

neron Calesensi, sopitoque dixit; vade et vide quid circa me agatur. Experrectus ille, cogitavit num forte oblitus esset pabulam equis præbere; dum autem intra se deliberat, incertus verane an falsa ea visio fuisset, pergitque ad stabulum; vidit per fenestram ecclesiæ lumen tantum intra capellam S. Antonii Patavini accensum, quasi si tota ecclesia arderet. Cum autem ad dictam capellam venisset, reperit ibi duos illos hospites; quorum unus bulgam apertam tenebat; alter manus intra arcam extracturus inde caput sanctum. Reprehensos ergo de sacrilegis tentato, absistere cœptis coegit, et de re tota guardianum admonuit : qui vehementer increpatos dimisit, ac porro firmius claudi arcam fecit. Ab illo tempore factum credo, ut nonnihil corruptionis notetur circa labia, quasi temerario illo contactu irreverenter compressa, sicut Boni-Passus prior relatum sibi ab observantibus asserit.

Chauvetus in suis memoriis notat. Simile quid tentatum a quodam observante ipsius Arquensis conventus incola : cui successit, ut ex eodem sacro corpore costam auferret inobservatus. Verum cum deinde Romam profectus, ipsius penes se retinendæ peteret facultatem, repulsam tulit; jussusque fuit illam consignare R. patri Boyer aliquo publico munere istic fungenti (nos an. MDCLXI invenimus Romæ agentem *Handriarum*, et in causa canonizationis martyrum *Gorcomiensium* procuratorem) is autem censuit convenire, ut Villanovanæ Carthusiæ reliquia illa daretur, ubi etiamnum servatur; sed ita, ut ejus causâ, nullus eo concursus, nullum festum fiat, publice vel privatim.

XVI

Recherches sur la côte volée à la sainte relique[1].

LETTRE DE M. CANRON, D'AVIGNON, ADRESSÉE LE 6 MARS 1866, A M. LE GRAND VICAIRE DE ***.

La commission que vous avez bien voulu me confier de la part de Mgr l'archevêque m'a été d'autant plus facile à remplir que je m'en étais occupé plutôt à cause du nom de *Roseline* que j'ai donné le 31 décembre dernier à ma nouvelle-née. — J'avais passé le Rhône pour compléter sur les lieux mes informations personnelles, lorsque les RR. PP. jésuites de notre ville me firent la même demande que vous, je pense de la même part; car ils m'ont fait dire que c'était sur une lettre de leurs pères de Dijon qu'ils s'occupaient de la chose. Je vous ferai, en vous priant de la transmettre à Sa Grandeur avec mes très-respectueuses et très-affectueuses salutations, la réponse que je leur ai faite hier au soir.

A savoir, que réellement la Chartreuse de Villeneuve, sise à Avignon,

[1] La côte recherchée vient d'être retrouvée par M. Canron au milieu d'autres reliques que le défunt curé de Villeneuve-lez-Avignon avait réunies dans sa *chambre*. Juin 1866. (H. DE V.)

était autrefois en possession d'une *côte* de notre sainte ; la seule côte qui eût été enlevée à son corps, grâce au pieux larcin d'un *franciscain* qui fut contraint, par ordre de la cour de Rome, de la céder à nos chartreux avignonnais : comme vous pourrez le voir aux Bollandistes (2e vol., juin, p. 501). Qu'est devenue cette relique ? je l'ignore ; ce qu'il y a de certain, c'est qu'il n'en existe point trace dans les nombreux reliquaires que Villeneuve possède actuellement de ses anciens chartreux, soit dans ses maisons particulières, soit dans ses églises ou chapelles encore livrées au culte. Chose curieuse, ces reliquaires sont intacts et contiennent des os de toute espèce de saints; mais en fait de saints de l'ordre, ils n'ont rien que la tunique ou le lit de saint Anthelme de Belley, et un calcul du rein du bienheureux cardinal Albergati, qui mourut de la pierre... Et cependant nous savons qu'ils étaient riches jadis des dépouilles des saints de l'ordre, entre autres de saint Hugues, évêque de Lincoln. Où tous ces trésors ont-ils passé ? Il semble probable que les derniers chartreux emportèrent ce qu'ils jugèrent être le plus précieux, et comme ordinairement pour des religieux les plus grands saints du paradis sont ceux qui ont été canonisés sous leur habit, il ne me parait pas difficile d'admettre que les nôtres se sont attachés de préférence à sauver les restes des saints de leur institut.

Si la personne qui s'est adressée à cet effet à Mgr Chalandon pouvait savoir le nom du chartreux qui a remis la côte en question, il me serait facile de résoudre le cas, puisque j'ai par devers moi le nom de tous les chartreux qui habitaient Villeneuve au moment de la révolution.

Il y aurait encore un moyen, ce serait la confrontation anatomique de ladite côte, avec une relique authentique de la sainte que possède mon ami M. de Barrême de Tarascon, résidant à Nice, et arrière-neveu de sainte Roseline par sa mère, mademoiselle de Villeneuve Trans. M. de Barrême confierait volontiers à Mgr Chalandon son reliquaire, et la personne qui a la côte ne concevrait aucune crainte aussi à Sa Grandeur qui examinerait et authentiquerait le tout.

Si l'on veut, je me chargerai très-volontiers d'en faire l'ouverture à M. de Barrême, à la *condition toutefois* qu'on me donnerait pour *ma petite Roseline une parcelle de la côte.*

Agréez, etc.

LETTRE DE M. LIOTARD, CURÉ DES ARCS, A M. LE COMTE DE VILLENEUVE FLAYOSC.

Les Arcs, 19 mars 1866.

Monsieur le comte,

J'avais connaissance de la prétendue relique ou côte de sainte Roseline, sur laquelle madame la comtesse de Saint-Seine me demanda des explications que je n'ai pu lui fournir. J'ai connu intimement M. Blanc, curé de Trans, et je suis assuré qu'il n'aurait pas dit à M. le marquis de Trans une chose pour l'autre. J'ai interrogé de part et d'autre à ce sujet, et n'ai pu rien savoir de positif — Je suis encore plus surpris que M. Helion de

Barrême possède une vertèbre authentiquée[1]. La vérité de ces vols pieux ne peut être connue que par une vérification impossible aujourd'hui, à moins de démonter les pièces de marbre formant la châsse. J'ai vu madame Porre, femme du médecin qui vérifia le corps avec feu mon oncle Liotard et feu M. Raybaud. Elle fut appelée par Mgr Michel, évêque de Fréjus, pour soutenir les jambes de la sainte quand elle fut transférée. Le peuple des Arcs, arrêté par une barrière, menaçait de mort, dit-elle, quiconque enlèverait une portion de la sainte. Elle a étendu sur le corps de la sainte le beau voile blanc, aux armes de Villeneuve, que madame Villeneuve Trans Flayosc, malade en ce moment, lui avait confié. Mgr l'évêque surveillait et gardait les reliques pendant l'opération, rien n'aurait pu être enlevé. La sévérité de la garde était telle, que M. Louis Raybaud, maire des Arcs, demanda à Mgr l'évêque la permission de toucher du doigt la peau de jambe, qui résista doucement, disait ce monsieur, versant des larmes, comme si on avait touché une chair vivante. L'enlèvement n'a pu être fait alors. M. Maria, curé, put recueillir une poignée des débris du suaire et de la peau de la sainte que les rats avaient faits. — Vers 1825, un soi-disant frère ou hermite, aurait, dit-on, démonté le verre du devant de la châsse, et enlevé des portions de la sainte relique. Ce vol n'est pas avéré; toutefois, une soustraction quelconque n'aurait pu avoir lieu qu'alors. — Si une vertèbre entière avait manqué au corps de la sainte, on n'aurait pu dire que toutes les parties tenaient si bien, que la sainte serait restée debout si on l'avait appuyée sur les pieds.

Ainsi les trois chirurgiens ont pu dire que le corps était entier et les ossements recouverts de leurs téguments desséchés, quand même par le sternum on eût pu détacher une côte ou partie de vertèbre à l'intérieur du corps. Je vous fais part de mes réflexions et les laisse à votre sage appréciation. M. Blanc était un homme sérieux, délicat. *S'il a tenu ce langage*, je suis porté à croire vrai ce qu'il a dit, mais l'a-t-il dit?

Je continuerai, monsieur, de prendre des informations sur cette question, et je me ferai un devoir de vous communiquer ce qu'elles peuvent avoir d'important.

Je trouve votre scrupule très-légitime et louable. Mais je ne crois pas que les médecins aient cru mentir, quand ils attestaient l'intégrité d'un corps qui n'aurait perdu que des parties imperceptibles ou cachées. C'est ainsi qu'ils ont cru pouvoir dire que le corps était entier quand les phalanges de la main droite et les yeux en avaient été détachés.

Je vais écrire à M. Gabriel, curé d'Hyères, qui était secrétaire de Mgr Michel et témoin de cette translation. Si sa réponse peut vous offrir quelque intérêt, je vous la communiquerai aussitôt.

Recevez l'assurance de mon profond respect et de tout mon dévouement.

L. Liotard.

[1] Il vient d'être déclaré que la côte possédée par madame la comtesse de Saint-Seine, à Dijon, et que la vertèbre indiquée chez M. le vicomte Hélion de Barrême, ne sont point authentiques. Le champ des recherches est encore ouvert; ces restes appartiennent-ils réellement à la sainte?

RELATION DE M. DESCOSSE, DU 22 MARS 1866, ENVOYÉE PAR LE CURÉ DES ARC LE 24 MARS.

Mon cher M. le curé,

L'abbé Gabriel me renvoie la lettre que vous lui avez adressée le 19 dernier. Je veux croire que votre mémoire seule, et non votre cœur, est en défaut, car ce n'est qu'en fin 1841 que l'abbé Gabriel m'a remplacé à l'évêché, où j'étais depuis la fin juin 1834. C'est donc moi qui me trouvais à la translation des reliques de sainte Rossoline, le 11 *juin* 1835.

Voici les renseignements sûrs que je puis donner, ayant été moi-même un des témoins les plus assidus de l'opération, en ma qualité de *secrétaire de l'évêque.*

Je dois dire, pourtant, que je ne puis répondre de la rédaction entière du procès-verbal, attendu que, l'ayant commencé, je dus céder la plume au pauvre M. Tournel, curé du Muy, m'étant trouvé mal, par la foule qui me pressait et me *suffoquait* (*sic*); mais alors la translation avait eu lieu et les sceaux avaient été apposés.

Les reliques soustraites avant cette époque, par, dit-on, un gardien infidèle, n'*enlèvent rien* à la valeur des termes du procès-verbal, surtout à la rédaction de la légende du propre diocésain : *Cum prius à pluribus artis medicæ professoribus, ad id specialiter adscitis, nulla in eo (corpore) corruptionis vel levissima signa reperta fuissent.* Oui, que fallait-il constater, qu'importait-il de constater? *Non l'intégrité proprement dite du corps* de la sainte, mais bien, au contraire, son *incorruption;* car voilà le miracle principal. Or, c'est cela qui a été constaté, *après vérification.*

Le corps de la sainte a été vérifié, autant que le respect *dû à un corps si pur l'a permis.*

Moi-même j'étais là lorsque les médecins soulevèrent *secrètement le suaire ;* et tout ce qu'une stricte pudeur permit de voir a été reconnu parfaitement conservé, quant à la partie antérieure du corps. *Je l'ai vue moi-même cette merveille de Dieu en faveur de sa sainte.*

Quant aux épaules et à toutes les parties postérieures du corps, je dois dire qu'elles n'ont pas été vérifiées. La conservation de la face antérieure du corps fut jugée suffisante pour donner une garantie de la conservation du restant.

Au reste, c'est surtout par une mesure de prudence que le corps ne fut pas retourné; on tenait à conserver au corps sa position actuelle ; et pour ne pas s'exposer à quelque dislocation ou à tout autre accident, une plaque en tôle fut doucement glissée sous le corps entier, afin qu'on pût ainsi le placer sans difficulté et sans accident aucun dans la nouvelle châsse.

Monseigneur Michel voulut aussi, pour sa garantie personnelle, s'assurer de la conservation du corps et certifier l'*incorruption.* Que fit-il? Il fit découvrir un gras de jambe (le mollet), appuya son doigt, et constata que la chair desséchée avait fléchi sous la PRESSION, et REPRIS, *aussitôt la pression finie,* SA TOURNURE PREMIÈRE. Le saint prélat aimait beaucoup à raconter cette circonstance lorsqu'on parlait de sainte Rossoline.

Quelqu'un voulut sonder le corps de la sainte par la brèche sacrilége (cette brèche était cachée par le voile; elle a une largeur correspondante à celle d'une main) que l'ermite avait faite au côté gauche, en avant du corps, près de l'épaule (je ne me souviens pas si c'était un médecin ou toute autre personne); on tenait surtout à s'assurer si le cœur existait encore à sa place, mais hélas ! il fut démontré que le cœur avait disparu ; on ne retira que des débris desséchés. J'entendis alors une ou plusieurs voix murmurer autour de moi, disant que l'ermite avait enlevé le cœur pour le remettre à *un des membres de la famille de Villeneuve*. Ce membre, on ne le nomma pas [1].

J'ai quelque idée que l'absence d'une côte fut remarquée; mais je ne crois pas, autant que mes souvenirs me le permettent, je ne crois pas, dis-je, qu'on ait vérifié l'absence de vertèbres; la raison en serait qu'on n'osa pas vérifier la face postérieure du corps. Les yeux manquaient aussi, si je ne me trompe, mais cette soustraction malheureuse aurait été faite bien antérieurement, pour en garnir un reliquaire qui existait dans le trésor de la paroisse des Arcs.

Monseigneur Michel a seulement fait enlever par les médecins un os d'une des mains de la sainte. Cet os a été partagé ensuite par MOI : une portion a été donnée à la Grande-Chartreuse, et l'autre portion à un des principaux couvents de l'ordre. Aujourd'hui, presque tous les couvents de chartreux doivent posséder des reliques de sainte Rossoline. Le révérend père abbé de Montrieux, sachant que j'avais quelques parcelles de cette chair sanctifiée, ou des débris trouvés à l'intérieur, m'en demanda pour les diverses maisons de l'ordre, alors qu'il y a peu d'années le culte de la sainte fut autorisé pour les chartreux.

Déjà antérieurement j'avais donné au couvent de Montrieux une dent de la sainte; elle avait été retirée par le domestique de l'évêque, en ma présence, et il me l'a donnée avec d'autres parcelles de reliques (J'ai encore une certaine quantité de ces débris, ou d'autres parcelles que je pris moi-même). Je dois dire pourtant qu'elle ne fut pas prise à la mâchoire elle-même; elle était tombée et fut trouvée dans la châsse; de fait, plusieurs dents manquent, et il était probable que l'ermite infidèle aura pareillement porté sa main sacrilége sur les dents de la sainte.

Une remarque intéressante doit être faite, et fut faite en effet; c'est que, quoique *la châsse* en BOIS EUT ÉTÉ BRISÉE, et qu'il fût facile à des rats ou à des souris de s'y introduire, il n'y a pas été trouvé la moindre trace de ces fâcheux rongeurs; seule, la main sacrilége de l'ermite infidèle a *osé déranger la parfaite harmonie du précieux corps, que la pourriture et la corruption avaient respecté* [2].

[1] Aucun des membres connus de moi dans la famille de Villeneuve ne possède le cœur de sainte Roseline. (H. DE VILLENEUVE.)

[2] M. l'abbé Descosse ignore sans doute qu'en 1661 a eu lieu la perforation du corps saint et l'enlèvement d'une côte : la *profanation* de la relique est donc bien antérieure au séjour de l'ermite de 1830. — Les attentats commis depuis *deux cents ans* sur la relique rendent l'absence de décomposition du saint corps encore plus merveilleuse. (H. DE V.)

Sauf donc l'ouverture faite au corps sur l'un des côtés (le côté gauche, s'il m'en souvient bien),

Sauf l'enlèvement d'une côte à l'endroit même de l'ouverture,

Sauf encore, ce qui est possible, l'enlèvement d'une ou deux vertèbres (ce qui ne fut pas vérifié, par les motifs que j'ai dits plus haut),

On a très-bien pu dire dans le procès-verbal que le *corps était entier*.

Au reste, il est heureux que la partie postérieure n'ait pas été vérifiée, car, vu l'absence d'une ou deux vertèbres, le corps entier aurait pu subir un fâcheux dérangement, et M. le maire des Arcs fut bien inspiré d'avoir fait préparer une feuille de tôle, qui, doucement et prudemment passée sous le corps, le maintint dans une position sûre et régulière.

Ce fut, en effet, le maire des Arcs, je crois m'en souvenir parfaitement, qui eut l'heureuse idée de cette feuille de tôle, idée qui fut pleinement approuvée par monseigneur Michel, et dont la pose réussit parfaitement. Car, par ce moyen, le corps fut très-facilement et sans secousse dangereuse, posé de l'ancienne châsse dans la nouvelle, par les prêtres chargés de cette intéressante opération.

Voilà, Monsieur le curé et ami, les renseignements que je suis heureux de vous donner; ils sont authentiques, puisqu'à cette époque j'étais secrétaire général de l'évêché et membre du corps épiscopal. Ces renseignements, vous pouvez les transmettre à M. Hippolyte de Villeneuve; je pense qu'ils seront de nature à dissiper ses doutes.

Lorsque la *Vie de sainte Roseline* sera terminée, je serai heureux de la posséder, et vous pouvez lui dire que d'avance j'y souscris.

Car je regarde mon assistance à la translation des reliques de cette sainte comme une des plus belles circonstances de ma vie.

Si vous le jugez à propos, vous pouvez transmettre ma lettre même à M. de Villeneuve.

Recevez, mon confrère et ami, l'assurance de mon sincère attachement.

Signé : Descosse,

Chan. curé doyen, anc. secrét. gén. de l'évêché de Fréjus.

XVII

Inscription sur le tombeau de sainte Roseline.

Monseigneur Michel, évêque de Fréjus, a transféré ces saintes reliques d'une châsse dégradée par la vétusté, dans ce tombeau en marbre, élevé par les soins et le zèle de Messieurs les paroissiens des Arcs, le 11 *juin* 1835.

SAINTE ROSSOLINE DE VILLENEUVE, RELIGIEUSE CHARTREUSE.

XVIII

Relique des yeux de sainte Roseline. — Attestation.

Les habitants soussignés de cette paroissse attestent que le reliquaire posé devant le piédestal de la statue de sainte Roseline contient les deux yeux de la patronne des Arcs, d'après la tradition et les témoignages les plus incontestables. Il n'est pas moins avéré que ce reliquaire en argent a été sauvé de la rapacité et de l'impiété révolutionnaires, par M. l'abbé Lyons, prêtre des Arcs, et restitué lors du rétablissement du culte, par ce prêtre, qui a vécu parmi ses concitoyens jusqu'en 1844. Quoiqu'il n'existe aucun procès-verbal de cette restitution, il ne s'est jamais élevé de doutes, ni parmi les membres du clergé, ni parmi les habitants, sur l'intégrité de cette relique. Et ont signé les habitants soussignés et choisis comme dignes de foi par moi curé soussigné.

REYNIER FILS, SENES ALEXANDRE, PASCAL,
PORRE née LIEUTAUD, LAGET JOSEPH, J. ARNAUD.

L. LIOTARD.

Vu pour légalisation de la signature de M. Liotard, curé de la paroisse des Arcs.

Fréjus, le 10 septembre 1863.

VINCENT, *vic. gén.*

XIX

Miracle de la pluie.

INSCRIPTION SOUS LE TABLEAU DE LA PROCESSION DE LORGUES.

Il régnait depuis quatre mois une sécheresse dont rien ne faisait espérer la fin. Dans toutes les églises on adressait des vœux au ciel. Les habitants de Lorgues, au nombre de plus de trois mille, vinrent processionnellement le 8 mai 1817, implorant l'intercession de sainte Roseline. Le lendemain une pluie abondante arrosa les champs desséchés. Revenus le 22 mai, pour remercier Dieu de ce bienfait, ils ont posé cette pierre et *fait don de ce tableau.*

XX

Portrait de sainte Roseline.

Les anciennes images de sainte Roseline sont les suivantes :

1° Le portrait peint par Mignard et existant à la Chartreuse de Beauregard :

2° Le portrait, attribué au même peintre, et existant à l'hôpital de Villeneuve-lez-Avignon; ce portrait provient des dépouilles de la Chartreuse, très-florissante au dix-septième siècle et qui était située dans la même paroisse;

3° Le portrait provenant de la chartreuse de Montrieux, actuellement placé dans le chœur de l'église paroissiale de Belgentier;

4° Le portrait enlevé à la chartreuse d'Aix, actuellement déposé dans la sacristie de l'église de la Madeleine, dans l'ancienne capitale provençale.

Tous ces portraits ont un air de famille qui les ramène à un type commun. Tous rappellent la forme arrondie du visage dont la relique de Celle-Roubaud offre encore le dessin général..... Sur tous est empreinte la douceur traditionnelle de la vierge carthusienne de Celle-Roubaud [1].

XXI

Tradition avignonaise sur sainte Roseline.

Vers la fin du treizième siècle les regards de Dieu durent plus d'une fois s'abaisser avec complaisance sur l'Eglise de Saint-Didier. Il y avait à cette époque, au couvent de Sainte-Claire d'Avignon, une jeune enfant que le ciel avait prévenue, dès le berceau, de l'abondance de ses bénédictions et de ses grâces. Roseline était son nom. Née en Provence, elle appartenait à cette illustre famille de Villeneuve des Arcs qui, en 1629, donna à l'église d'Apt l'un de ses plus grands évêques; sa mère était la tante paternelle de saint Elzéar, et Hélion, son frère aîné, *fut, en* 1330, *couronné par le pape Jean XXII, grand maître des chevaliers de Saint-Jean de Jérusalem, dans la basilique de Notre-Dame du Dôme.*

Belle comme la fleur dont elle avait le nom, elle se faisait remarquer toute petite qu'elle était, par sa piété, sa modestie et surtout sa charité envers les pauvres. C'est dans les plis de sa robe que les morceaux de pain qu'elle portait à des indigents se changèrent en roses, par un miracle insigne de la toute puissance d'en haut. Le souvenir de ce prodige est conservé dans toutes les chartreuses, par le portrait de la sainte, comme on peut s'en convaincre à l'hôpital de Villeneuve-lez-Avignon.

On dit que pareil miracle arriva au B. Pierre de Luxembourg, mais les Bollandistes ont prouvé le contraire, et la tradition avignonaise parait évidemment avoir confondu le jeune cardinal avec la sainte chartreuse, dont le nom fut aussi très-POPULAIRE *dans nos murs.*

A la mort de sa mère (de sainte Roseline) on l'avait amenée à Avignon, auprès de sa tante Gérarde de Sabran, abbesse de Sainte-Claire, qui avait désiré l'élever elle-même.

Elle eut souvent ainsi l'occasion de venir prier sous les voûtes de Saint-

[1] La gravure qui est en tête de cet ouvrage a été gravée d'après le magnifique portrait exécuté par Mignard, qui orne le chœur de la chartreuse des Dames de Sainte-Croix de Beauregard, sous la direction des religieux de l'ordre carthusien.

Didier; et l'on raconte qu'un jour, effrayée malgré son jeune âge (elle avait dix ans à peine) des promesses séduisantes que le siècle lui faisait déjà, elle se fit conduire à notre église; là, se prosternant aux pieds de l'Autel de Marie, elle supplia cette divine Mère de la prendre sous sa tutelle et sous sa sauvegarde.

Sa prière fut exaucée; car peu de temps après, s'arrachant à l'affection de sa tante et bravant l'opposition de sa famille, elle allait cacher ses charmes et sa vertu au fond du cloître des chartreusines de *Saint-André de Ramires*, dans l'évêché d'Orange.

Elle ne resta pas longtemps dans cette solitude : pour se conformer aux désirs de son père, qui l'avait vue à regret dire au monde un éternel adieu, ses supérieures l'envoyèrent après son noviciat à la Celle-Roubaud, chartreuse de femmes qu'avaient fondée ses aïeux, sur les terres de leur domination, aux environs de Brignoles. Elle y fit *profession*, et après avoir été longues années le modèle de ses compagnes, elle y mourut de la mort des bienheureux, en 1329, à l'âge de 67 ans. Elle s'appliquait surtout (durant sa vie) (dit Rohrbaker, 20e volume de son histoire de l'Eglise), à une vigilance extrême sur tous les mouvements de son cœur et de sa volonté, crainte qu'il ne s'y glissât quelque chose d'impur. Elle *aimait la prière*, et Dieu lui avait accordé le *don des larmes*.

La tradition avignonaise confirme l'itinéraire de sainte Roseline allant à Bertaud, par *Avignon* et par *Saint-André de Ramires*. — Quant à la mort de sa mère, avant la profession de notre sainte, il y a là une erreur historique bien explicable dans une tradition lointaine. On voit que notre histoire concilie les faits principaux de toutes les traditions relatives à la sainte de Celle-Roubaud.

On trouve à Avignon plusieurs femmes portant le nom de *Roseline*. M. Canron a donné ce nom à sa jeune fille, née en 1866.

La popularité du culte avignonais pour notre sainte était le résultat évident de l'influence des deux chartreuses de Bon-Pas et de Villeneuve, placées à très-peu de distance de la ville d'Avignon, et qui, comme toutes les chartreuses, étaient des foyers du culte de la prieure de la chartreuse des *Arcs*.

XXII

Décret du culte consacré à sainte Roseline.

IN FESTO SANCTÆ ROSSOLINÆ, VIRGINIS

Oratio.

Deus, pro cujus amore beata Rossolina mundi sibi blandientis calcavit illecebras, ut tibi unice adhæreret : tribue nobis ex ejus imitatione terrena despicere, et cœlestium donorum semper participatione gaudere. Per Dominum.....

APPROBATA PRO DIOCŒSI FOROJULIENSI DIE 9 MAII 1851.

DIE OCTOBRIS XVI. IN SOLEMNITATE SANCTÆ ROSSOLINÆ, VIRGINIS MONIALIS.

Introïtus.

Nomen Domini spes ejus est, et non respexit in vanitates et insanias falsas.

Exspectans exspectavi Dominum, * et intendit mihi. *Ps.* 39.

Secreta. Oremus.

Accepta, Domine, Majestati tuæ fidelis populi tui reddatur oblatio, obtentu beatæ Rossolinæ virginis, quæ se tibi obtulit hostiam vivam, sanctam et beneplacentem et semper exhibuit : Per Dominum.

Communio.

Sub umbra illius quem desideraveram sedi, fructus ejus dulcis gutturi meo. *Cantic.* 2.

Dominus vobiscum.

Postcommunio. Oremus.

Agni virginum sponsi Corpore et Sanguine refectis tribue, Domine religione munda et immaculata tibi servire : ut cum sancta Rossolina virgine tua apud te vivamus in cœlis quæ in terris posita, tota mente te dilexit : Per eumdem Dominum.

XXIII

Décret autorisant le culte de sainte Roseline chez les chartreux.

Novissimis temporibus ab hac Sancta Sede Apostolica confirmatus fuit Cultus publicus et Ecclesiasticus ab immemorabili tempore præstitus sanctis ARTHOLDO Episcopo Bellicen., et STEPHANO Episcopo Diensi, nec non Beato BONIFACIO a Sabaudia Episcopo Cantuariensi, et ROSSOLINÆ Virgini. Quod animo reputans Rmus Pater Minister Generalis Ordinis Carthusianorum, ac insimul considerans enunciatos Cœlites, dum in humanis agerent, Carthusianorum Ordinem adeo virtutum præstantia illustrasse, ut eorum memoria in benedictione permaneat, et exempla ad pietatis incitamentum non parum conducant, rem universæ sancti BRUNONIS Familiæ certe gratissimam facturus, a Sanctissimo Domino Nostro Pio Papa IX supplicibus votis postulavit, ut privilegium concedere dignaretur eorum Festa inscribendi in sui Ordinis Kalendario sub proprio peculiari ritu, et cum officio ac Missa de communi, additis tantum suprascriptis Orationibus propriis a Sacra Rituum Congregatione approbatis. Has porro preces Sanctitas Sua clementer excipiendas esse censuit, ac referente subscripto ejusdem Sacrorum Rituum Congregationis Secretario, in omnibus annuit; dummodo singula disponantur juxta peculiares Rubricas Breviarii, et Missalis Ordinis. Contrariis non obstantibus quibuscumque. Die 17 Septembris 1857.

C. *Episc. Albanen. Card.* Patrizi, *S. R. C. Præf.*
H. Capalti, *S. R. C. Secret.*

Loco ✠ Sigilli.

Concordat cum originali Cartusiæ Majori, 4 mensis maii 1861.

L. Basilius Nyel, Cart.

PIUS P. P. IX AD PERPETUAM REI MEMORIAM.

Ad augendam fidelium religionem et animarum Salutem cœlestibus Ecclesiæ Thesauris pia charitate intenti, omnibus et singulis utriusque sexui Christi fidelibus vere pœnitentibus de S. Communione refectis qui quamlibet ecclesiam monachorum Ord. Carthusen, diebus festis S. Stephani Episcopi Diensis et Artholdi Episcopi Bellicensis, S. Brunonis dicti Ordinis fundatoris et S. Rossolinæ Virginis; item diebus decimoquarto Januarii et decimoquinto Julii mensium a primis Vesperis usque ad occasum Solis dierum hujusmodi, Singulis annis devote visitaverint et ibi pro Christianorum Principum concordia, hæresum extirpatione, ac S. Matris Ecclesiæ exaltatione pias ad Deum preces effuderint, quo die prædictorum in respectiva Ecclesia id egerint, Plenarium omnium peccatorum suorum Indulgentiam et remissionem, quum etiam animabus Christi fidelium quæ Deo in Charitate ab hac luce migraverint, per modum Suffragii applicare possint misericorditer in Domino concedimus. In contrarium facien : non obstant : quibuscumque. Præsentibus perpetuis temporibus vatitoris. Volumus autem ut præsentium litterarum transsumptis, seu exemplis, etiam impressis, manu alicujus Notarii publici Subscripti et Sigillo personæ in Ecclesia dignitate constitutæ munitis eadem prorsus fides adhibeatur quæ adhiberetur ipsis præsentibus si forent exhibitæ vel ostensæ. Datum Romæ, apud Stum Petrum sub annulo piscatoris die 23 septembris MDCCLIX. Pontificatus nestri anno decimo quarto. Pro dno Card. Macchi. Jo. B. Brancoleoni Castellani, substitutus.

Concordat cum originali Cart. Majori, die 6 maii 1861.

F. Basilius Nyel, *Scriba.*

XXIV

Leçon du Bréviaire de Fréjus.

Lect. IV.

Rossolina quæ et Roselina ex illustribus de Villanovas et de Sabrano familiis orta non obscura vel ab incunabilis futuræ sanctitatis præbuit exempla misericordia in pauperes jam commendabilis [1]. *Decennis* pia matre

[1] Cette narration diffère de l'histoire établie par cet ouvrage. (H. V.)

orbata, ad Ecclesiam confugiens Dei ginitricem enixe rogavit ut sibi mater esset et tutrix. Exindè uni Deo placere studens, ægre *conscentiente patre*, in monasterium, Cella-Robaud sancti monalium carthusianarum, à *suis* nuper erectum ac fondatum *se contulit*, ibique[1]. *Solemni professione* virginem se Deo consecravit.

LECT. V.

Novum hoc vita genus amplexa, intra breve tempus, obedientia solitudinis et silentii amore cœterisque religiosis virtutibus omnes antecelluit, tam rapidis in perfectione vita profectibus omnium sororum sibi conciliavi affectum et admirationem monasterii. Regimini, ob sanctitatis et prudentiæ famam, præfecta, eo in munere zelum regularis observantiæ sic adtemperavit, ut omnes ad perfectionis desiderium inflammaret.

LECT. VI.

Aliquot ante obitum annis, ut rerum cœlestium contemplatione unice vacaret dignitati suæ renuntiavit. Demum meritis cumulata, christianis refecta sacramentis, magnum sui desiderium sororibus relinquens animam Deo reddedit. Corpus ejus vix tertio die sepulturæ mandari potuit propter confluentium e tota diocœsi fidelium instantem pietatem, sanctitatis ejus opinionem auxerunt plurima ad illius invocationem impetrata a Deo beneficia. Sacræ ejus reliquiæ asservantur in ecclesia franciscanorum, in oppido de Arcubus. Anno autem Domini octingentesimo tricesimo quinto supra millesimum tertio idiis junii præsentibus jam dicti oppidi magistratibus magno populi concursu spectantis et exultatione gestientis, Ludovicus Carolus Joannes Baptista Michel episcopus Forjuliensis, sacrum virginis Rossolinæ corpus e capsa lignea in qua asservabatur in theccam marmoream, eleganti structuræ et à fabre elaboratam cristallo nec non duplici sigillo ex anteriore parte munitam, transtulit *cum prius à pluribus arte medicæ professioribus* ad id. *specialiter adscitis nulla in eo corruptionis vel levissimæ signa reperta fuissent.*

XXV

Litanies en l'honneur de sainte Roseline,

APPROUVÉES POUR LA PAROISSE DES ARCS, LE 11 NOVEMBRE 1862,
PAR MGR L'ÉVÊQUE DE FRÉJUS.

Sancta Rossolina nobilitatis decus, ora pro nobis.
Contemptrix divitiarum, ora, etc.
Christi sponsa,
Nutrix pauperum,
Virginitatis speculum,
Spiritus Sancti templum,
Vas fidei,
Vas charitatis,
Spei columna,
Rosa sine spina,
Lilium sine macula,
Vas pudicitiæ,
Sancti Brunonis discipula,
Chartusianarum norma,
Lumen monacarum,

[1] La *profession* eut lieu à Bertaud, la consécration à Celle-Roubaud.

Forma humilium, ora pro nobis.
Silentii custos, etc.
Sancta Rossolina Margarita pretiosa,
Eremitarum consocia,
Doctrina sororum,
Paupertatis amatrix,
Debilium fulcimentum,
Angelorum socia,
Perpetrix miraculorum,
Solatium afflictorum,
Languentium medicina,
Flos semper odorans,
Arcuum patrona,
Agnus Dei,
Parce, exaudi, miserere.

VIEUX CANTIQUES EN L'HONNEUR DE SAINTE ROSELINE

— FRANÇAIS ET PROVENÇAL —

Qui veut entendre une oraison,
Une histoire bien véritable,
C'est la fille d'un grand seignu,
C'est la servante de Jésu,
C'est de Rossoline de *Trans*,
Fille des plus nobles parents.

Les pauvres, s'il y vient après,
Si l'y vient demander l'aumône,
L'aumône l'y ont demandé,
La sainte, du pain l'y a donné.

La servante se cache dedans
Pour aller avertir son maître.
Maître le pain que n'avons fait.
Rossoline l'a tout donné.

Son père se cache dedans
Pour Rossoline n'en surprendre.
Ma fille que n'en portez-vous?
Mon père, des roses et des *flous*.

Elle relarge son tablier,
Il en sort des roses vermeilles;
Elle *relarge son tablier*,
Et le pain *se change en rosier*.

Son père descendit là-bas
Pour aller avertir servantes,
Ma fille laissa l'y fa
Personne l'a destourne pas.

Quand il vient au bout de trois jours
Que sainte Rossoline est morte,
Vient au bout de trois jours passés
Rossoline a ressuscité.

La sainte de suite s'en va
Trouver son frère en Turquerie;
En Turquerie elle s'en va
Son frère Charles *délivra*.
Mon frère, voulez-vous venir,
Tous les passages sont *durbis*.

Mai coumo iou men énanarai.
N'en siou ferma entré doou pouarto
Entre doou pouarto siou ferma
Ma sœur mi pouadi pas énana.

N'an camina recamina
Tout lou long de la mer salée
Ma sœur s'y pouden pas énana
Naoutri n'en pourren pas passa.

Iou m'en prégarai lou bouen Diou,
Lou bouen Diou, la vierge Marie;
Iou n'en prégarai lou bouen Diou
Que n'en passarez vous et iou.

Elle n'*en lève son tablier*.
Lou jietto sur la mer salée
Quand la mer n'aguéren passée
Et vague et vague de marcher.

Quand n'en fougueron din lou bois
Lou bouas de sainte Rossoline
Mon frère, voulez-vous pausa
Crési que n'en sias fatigua.

Du temps que sant Charles dormié,
La sainte monte son calvaire,
Quand saint Charles s'est réveillé.
Ma sœur où êtes-vous passée [1]?

[1] Sur le chemin vicinal conduisant du bourg des Arcs à la chapelle de Sainte-Roseline, s'élève un oratoire qui, d'après la tradition populaire, indique le lieu d'où disparut sainte Roseline pendant le sommeil de son frère Hélion.

De suite saint Charles s'en va.
S'en va au palais de son père;
Mon père que n'es arriva,
Qué lou palai dé noir es tapissa?

Mon fiou Charles n'en sabes pas
Vouastro sur Roussoulino es mouarto
Mon père iou va crési pas
D'en Turquerie m'a enléva.

Si nou creire noun va voures
A qui lei claou dé sépulture,
A qui ouvrires soun tombeau
A qui veires son pauré corps
A qui sei baguo et sei diaman
Tout ce qu'aviez de plus voyant.

Eou n'a vira les pès en haut
Na crida la viergo Marie!
Oh! grand Dieu, que je suis heureux
D'avoir mes enfants bienheureux.

Dison dé vendré tous sei bens
Sei bens et toutei ses bastido
Per lou couven n'en rébasti
Ounte la santo n'a mouri
Per n'en rébasti lou couven
Leis anges n'en diran. Amen.

AUTRE CANTIQUE

Air : Goûtez âmes ferventes.

Venez, peuple fidèle,
Accourez au tombeau
De la vierge mortelle
Qui partout suit l'agneau.

REFRAIN

A l'auguste patronne
Qui sourit à nos cœurs,
Tressons une couronne
De nos plus belles fleurs.

O rose sans épine
Tu parfumes les cieux!
Ton nom, ô Roseline!
Est un nom glorieux.

Dès l'âge le plus tendre
Jésus est ton époux;
Tu brûles de lui rendre
L'hommage le plus doux.

L'humanité souffrante
Émeut ton jeune cœur;
Tu cours, impatiente,
Sur les pas du malheur.

Mais soudain l'on t'arrête,
Tu regardes les cieux!
Les pains, sois satisfaite,
Sont des lis précieux[1].

Frappé de ce spectacle,
Ton père est tout surpris;
Il s'écrie : O miracle!
Des fleurs du paradis!

Non, du monde volage
Tu n'écouteras pas
Le perfide langage.
Il conduit au trépas.

Mais, dans la solitude,
De la loi du Sauveur
Tu feras ton étude
Et ton plus grand bonheur.

Tu savoures les charmes
Du langage divin :
Oh! que de douces larmes
Ruissellent sur ton sein!

Modeste violette,
Tu voudrais fuir le jour;
Ne crains pas la tempête,
Embellis ce séjour.

De la sainte milice
Prends le commandement;
Sur toi le ciel propice
Veillera constamment.

A ta voix pénétrante,
Tous les plus grands pécheurs,
En leur âme tremblante
Déplorent leurs erreurs.

[1] Miracle des pains changés en roses et en lis au moment où Roseline est surprise et arrêtée par son père, qui lui reprochait ses aumônes excessives.

Comme le divin maître,
L'ami des malheureux,
Tu fais ton bonheur d'être
Au milieu des lépreux.

En touchant leurs ulcères,
Tu les guéris soudain.
Exauce leurs prières,
Étends sur eux ta main.

Armés pour la défense
De la religion,
Les preux, pleins de vaillance,
Appellent Hélion.

Monté sur sa galère,
Ton frère fend les mers [1].
Dieu ! soyez-lui prospère...
Las ! il est dans les fers.

Hâte-toi, prends des ailes,
Vole le secourir ;
Au joug des infidèles
Ta main doit le ravir.

« Seigneur dont la puissance,
« Plane au-dessus des eaux,
« En toi j'ai confiance,
« Prends pitié de ses maux. »

Touché de ta prière,
Le père des chrétiens
Va visiter ton frère
Et court briser ses liens.

Aussitôt, comme une ombre,
Tu glisses sur les flots...
« Que ton séjour est sombre !
« Ami, quel noir cachot ! »

« Viens, mettons à la voile,
« Retourne en ton pays,
« Marie est notre étoile,
« Armons-nous de son lis. »

Sans rame ni boussole,
Tu le conduis au port ;
Soudain à ta parole
Il s'arrête et s'endort.

Mais bientôt il s'éveille
Et dit avec transport :
O ciel ! quelle merveille !
Je reviens de la mort.

De sa reconnaissance,
L'hommage solennel,
Avec magnificence
Brille sur ton autel.

Mais avant que la tombe
S'entr'ouve sous tes pas,
Tu veux, blanche colombe,
T'exiler ici-bas.

Va, médite en silence
L'austère vérité :
Élance-toi d'avance
Jusqu'à l'éternité.

Puissante protectrice,
Accepte nos présents :
A nos vœux sois propice,
Nous sommes tes enfants.

Écarte les orages,
Féconde nos sillons.
Dissipe les nuages,
Fais mûrir nos moissons.

Si, du ciel, la colère
Venait fondre sur nous,
O vierge tutélaire,
Garde-nous de ses coups.

Sur nous, sainte patronne,
Abaisse tes regards ;
Vois au pied de ton trône
Le bon peuple des Arcs.

Toujours de sa faiblesse
Sois l'espoir et l'appui ;
Protége-le sans cesse,
Intercède pour lui.

Puisse-t-il dans la gloire
Te contempler un jour,
Et bénir ta mémoire
Au céleste séjour.

[1] Hélion de Villeneuve, dont les descendants honorent encore aujourd'hui la Provence, chevalier de Jérusalem, prieur de Saint-Gilles et ensuite grand maître de Rhodes, tomba entre les mains des Turcs vainqueurs et fut miraculeusement délivré par l'entremise de sainte Roscline, sa sœur, qui lui apparut dans son cachot, brisa ses liens et le reconduisit en son pays. Ce miracle, attesté par la tradition, est cité par les bollandistes (11 juin), d'après dom Chauvet, qui a écrit la vie de la sainte chartreuse.

A l'auguste patronne
Qui sourit à nos cœurs,
Tressons une couronne
De nos plus belles fleurs.

HYMNO A SANTO ROUSSOULINO

AIR : De tes enfants reçois l'hommage.

Venez d'aou ciel, troupo angelico,
Secounda-nous de voustrei chants,
Entounas un divin cantico,
Per Roussoulino de Sabran ;
Sur de lyros harmouniousos
Celebras aqueou jouine couar,
Que per de flammos vertuousos
Si consumé jusqu'à la mouar. *(bis)*

REFREIN

Eimablo santo, ô vierge debounairo,
O Roussolino, ô l'espoir lou plus doux!
Oou ciel degnas adressar uno prièro,
A voustro voix Diou va nous rendre huroux. *(bis)*

Anges sants qué émé coumplésenço
Avez entoura soun berceou,
Quand veillavias sur soun enfanço;
Per un proudigi tout nouveou,
Souto voustro alo tutelairo
La jouino vierge retrouvé,
Leis soins de la plus tendro mèro,
Qué troou leou la mouar li levé.

Eimablo santo, etc.

Jouino encaro, ei pes de Mario
Va si jitar, Mèro de Diou
Li digue t-il, vias une fillo
Senso mèro, siches la miou.
Aoussi dés l'agé lou plus tendré
Per seis admirablos vertus,
Roussolino poudié prétendre
Oou bounheur deis sants, deis élus.

Eimablo santo, etc.

Ni leis plésirs, ni la richesso,
Ni lou mounde, ni seis apas,
Din lou camin dé la sagesso
Ren poudiez ralenti seis pas.
Ben leou soun pèro li destino
La man d'un jouiné et beou segnour :
Nani, respoundé Roussoulino,
Jésus soulet es moun amour

Eimablo santo, etc.

Emé l'agramen de soun pèro,
Intro din l'ordre dei chartroux,
Dins un superbé monastèro
Qué n'avien basti seis ayoux.
Mai per sa douçour, sa patienço,
Sei compagnos a leou charma;
Et jouino enca, per sa prudenço,
Mérité de lei gouverna.

Eimablo santo, etc.

Chasteis surs, anges solitairos,
Aqueou trésor es pas per vous,
Roussoulino es plus per la terro,
Lou ciel n'és devengu jaloux.
Grando santo qué din la gloiro
Escoutas noucstrei feblei chants.
Accourda-nous forço victoiros
Sur lou démoun et lei méchans.

Eimablo santo, etc.

O pople van, troupo insensado,
Que fes d'un jour tan précioux,
D'uno festo santo et sacrado
Un jour coupablé et malhuroux,
D'oou ciel alumas la coulèro,
Métés un termé à seis favours;
Et Diou ben luen d'estré un bouan pèro,
Per naoutré a plus qué dé rigours.

Eimablo santo, etc.

CANTIQUE POPULAIRE DE SAINTE ROSELINE [1].

C'est la servante de Jésus,
C'est notre sainte Rossoline,
Fille de la plus noble origine.
. . . .

Elle n'en relève son tablier,
Le jette sur la mer salée,
Et quand la mer eurent passée,
Et vague vague de marcher.

[1] Variante du cantique chantée par le peuple des Arcs.

FIN

ERRATA

Page 16, ligne 12, *au lieu de :* impurs, *lisez :* impures.

Page 78, ligne 33, *au lieu de :* inutile, *lisez :* oiseux.

Page 82, ligne 21, *au lieu de :* le dernier résultat, *lisez :* Résumons ce qui précède. Le dernier résultat....

Page 98, ligne 18, *au lieu de :* l'ennemi du chrétien, *lisez :* l'ennemi du peuple chrétien.

Page 104, ligne 10, *au lieu de :* la chasteté et la monogamie, *lisez :* la chasteté virginale et la monogamie.

Page 130, en note, *au lieu de :* Virgo, *lisez :* Te in festivitate Beatæ Mariæ semper virginis, collaudare, benedicere et prædicare.

Page 133, ligne 28, *au lieu de :* à l'aréopage, *lisez :* dans l'aréopage.

Page 140, *lisez en note :* En 1320, à Bonpas, les chartreux remplirent le rôle hospitalier des chevaliers de Saint-Jean : les enfants de Bruno devinrent les derniers héritiers de l'institution civilisatrice des Pontifices.

Page 156, ligne 7, *au lieu de :* on fonda, *lisez :* on fondit.

Page 226, *au lieu de :* sublimes cérémonies, *lisez :* solennelles cérémonies.

Page 263, ligne 33, *au lieu de :* Les professes, sœurs consacrées, *lisez :* Les professes non consacrées.

Page 273, *rectifier le tableau des fondations et des abdications de la manière suivante :*

	ABDICATIONS.	FONDATIONS.
Au onzième siècle.	»	2
Au douzième siècle.	2	37
Au treizième siècle.	2	31
Au quatorzième siècle.	10	110
Au quinzième siècle.	16	44
Au seizième siècle..	50	11
Au dix-septième siècle.	9	21
Au dix-huitième siècle.	32	1
	121	257

Page 297, ligne 18, *au lieu de :* à jouer, *lisez :* à jouir.

Page 309, ligne 23, *après le mot :* protecteur, *mettez un point.* — *Après les mots :* à la fin du troisième siècle, dans le Gapençais, *mettez une virgule et joignez sans intervalle le membre de phrase suivant :* l'attaque était donc venue...

Page 336, ligne 29, *au lieu de :* sorti, *lisez :* sortit.

Page 340, *au lieu de :* CHAPITRE II, *lisez :* CHAPITRE III.

Page 401, après la ligne 35, *lisez :* Dom Chauvet relate dans ses Mémoires remis aux Bollandistes en 1682, la déclaration de la visite faite par un prélat franciscain à la relique de notre sainte, visite faite avant l'année 1655.

TABLE DES MATIÈRES

PRÉLIMINAIRES

Plan de l'ouvrage. — Influence de l'ordre carthusien. — Rôle de la Sainteté aux différentes périodes de la civilisation chrétienne.

PREMIÈRE PÉRIODE

ASSIMILATION DES PEUPLES PAR LE CHRISTIANISME

I. Civilisation païenne.

L'unité matérielle des peuples fut organisée par le patriciat romain. 25
Le despotisme impérial fut le dernier terme de la décadence morale causée par le paganisme, — et il devait organiser toutes les forces politiques contre le christianisme. 27
Servitude païenne. Mépris des inférieurs exploités par les patriciens. 28
Misère dans les campagnes et les municipalités opprimées par la fiscalité. 30
La *délation* est honorée, la vénalité et la violence sont les principes d'accession à l'empire. — Abjection et *oisiveté* forcée des grands. 31
Prodigieux *paupérisme* de Rome...; pour nourrir l'oisiveté indigente avec des distributions d'argent et de blé, tout l'empire est écrasé d'impôts sans cesse croissants pendant le régime impérial. 32
Avec le droit à la *paresse*, l'empire consacre le droit aux *plaisirs* cruels du cirque. . 34
L'ignominie et l'immoralité des apothéoses impériales accélèrent la *corruption* publique. — Les calamités physiques surexcitent le fanatisme et l'effusion du sang des chrétiens. 35
Lâcheté des Romains de l'empire, refus de service militaire, suicides, stérilité des mariages, débauches. Les vices du paganisme et le régime impérial furent l'extrême application du principe de l'égoïsme. 36
La corruption des césars fut la conséquence nécessaire de leur omnipotence politique et religieuse. 38

II. Philosophie et Judaïsme.

Immoralité du patriotisme païen. Le *dieu Patrie* aboutit au *dieu César*. 40
Cette déviation morale a pour conséquences les cruautés à l'extérieur et dans la famille souveraine. 42
La philosophie accepte la domination spirituelle des césars. 42
Le stoïcisme forme une philosophie améliorée par le christianisme, en conservant toutefois la contradictoire doctrine de l'égoïsme de l'esprit. 44
Insuccès du stoïcisme impérial. — Après Marc-Aurèle, les empereurs furent en général épicuriens. 46
Supériorité de la science philosophique religieuse des Juifs; universelle diffusion de l'instruction chez ce peuple. 48
Les Juifs vulgarisent la notion des deux pouvoirs distincts du spirituel et du temporel. 50
Influence des Juifs chez les Romains; leur fraternité, leur dévouement à leur patrie. 52
La destruction du temple, la dispersion, les révoltes et l'inutile martyre des Juifs, prouvent la vérité chrétienne; les Juifs convertis établissent une église à côté de chaque synagogue. 55

III. Civilisation chrétienne.

Le christianisme substitue ses idées de fraternité et de sacrifice aux idées de privilége et d'égoïsme. 61
L'organisation césarienne romaine est sapée par l'aumône substituée aux largesses impériales, par la juridiction épiscopale opposée à la juridiction consulaire, par le refus d'admettre la divinité césarienne, par la déification des martyrs victimes des persécutions des Césars. 63
Pendant que le césarisme multipliait les supplices et les malheurs politiques, la Providence faisait naître de grandes crises physiques, et le christianisme remédiait à tous ces maux. 66

Le prestige guerrier des chrétiens se substitue aux inepties des augures ; la légion *fulminante*; l'armée de Marc-Aurèle. 68
Constance Chlore offre dans son armée gauloise un asile aux miliciens chrétiens persécutés par ses collègues impériaux. Libre profession du christianisme en Gaule. 69
L'armée chrétienne gauloise proclame Constantin empereur. 70
Victoires de Constantin et de Licinius sur Mayence et Maximin, liberté religieuse édictée. Concile d'Arles. 71
Lutte de Constantin et de Licinius; Constantin seul empereur; ses décrets relatifs à l'affranchissement, au mariage, aux prisons, à l'armée. 71
Efforts de Constantin pour rétablir l'unité de l'Église. Concile de Nicée. 72
Le Dieu des chrétiens devient le *Dieu de la Victoire*. 73

DEUXIÈME PÉRIODE

ASSIMILATION DE L'ARMÉE

La profession préalable de christianisme est exigée comme condition de l'avénement à l'Empire.

Le christianisme imposé au prince. 74
Julien empereur tente de faire rétrograder la civilisation, en revendiquant la double autorité politique et religieuse. 74
Le paganisme impérial de Julien est une précieuse vérification de la vérité de la foi chrétienne; énumération des preuves que fournit le règne de Julien, en faveur des témoignages chrétiens. 76
Enquête sur les origines chrétiennes ; vérification de l'oracle chrétien relatif à la destruction du temple juif ; l'armée de Julien conserve les insignes chrétiens. . . 78
A la mort de Julien l'armée acclame empereurs successivement deux chrétiens très-prononcés, Jovien et Valentinien. 79
Eugène, le dernier essai de l'empire païen, livré par son armée chrétienne. 80
Origines et causes de l'apostolat chrétien dans les armées. 81
A la décadence romaine causée par l'égoïsme, le christianisme oppose la régénération morale par la loi du sacrifice. 83
L'empire moral de Rome se substitue à sa domination violente. 86

TROISIÈME PÉRIODE

ASSIMILATION DE LA SOUVERAINETÉ

L'Église décerne les Dignités politiques.

Fondation de Constantinople, but d'unité de foi poursuivi par Constantin. — Les papes à Rome marchent au même but par des moyens moraux plus efficaces que la coercition politique. 9
Les derniers actes de Constantin sont le résultat des séductions exercées sur l'empereur par l'hérétique Arius. 92
Energique réveil du sentiment de liberté dans les évêques catholiques opposés aux entreprises de l'empereur hérésiarque Constance. — Réveil de la liberté populaire dans les populations catholiques de Rome et de Milan. — L'Occident est gouverné par les évêques. — Dévouement de saint Germain d'Auxerre, de saint Loup de Troyes. 93
Les peuples chrétiens imposent leur foi à leurs conquérants germains. 94
Conversion de Clovis. — Prépondérance progressive des dignitaires religieux élus par la population chrétienne d'Occident, les évêques et les papes. 95
Les Souverains Pontifes attachent à l'idée de l'autorité politique, celle d'une charge ou d'un *sacrifice*, et ils décernent successivement le patriciat, la royauté et l'empire. Charlemagne est le type de la souveraineté chrétienne, issue du suffrage universel à plusieurs degrés. 96

La féodalité s'organise sur le principe électoral comme l'empire ; les mêmes priviléges entraînent les mêmes devoirs. 97
L'origine de l'hérédité des fonctions se rattache aux mêmes causes que l'origine de la féodalité, l'autorité féodale est balancée par l'autorité cléricale, et par là s'établit un régime de progrès soutenus. 98
Influence démocratique du célibat clérical ; impopularité de la famille cléricale. —

QUATRIÈME PÉRIODE

ASSIMILATION DES INSTITUTIONS SOCIALES

I. Institutions religieuses.

Réforme morale obtenue par le célibat clérical 101
Apostolat de Pierre Damien, qui met la chasteté sous la protection de Marie. . . . 104
Les monastères deviennent les grands instruments d'amélioration matérielle et morale. 106
Le pontificat de Grégoire VII est le produit de l'influence de Cluny. — La régénération morale entreprise par le pape l'entraîne à abolir les investitures épiscopales par les souverains et à frapper de déchéance l'empereur Henri IV. 108
Famines du onzième siècle. Remèdes à tous les maux, les austérités, le travail, le sacrifice dont saint Bruno offre l'application dans la fondation de son ordre. Détails sur ce saint et sur son école. 111
L'ordre de Cluny oppose, aux violences de la société, l'institution de la *trêve de Dieu*. 114
Saint Bruno appuie l'édit de la chasteté cléricale et les institutions de la trêve de Dieu. 118
Enseignement et vœux de saint Bruno. 121
Saint Bruno fonde son ordre en 1084 à la Grande chartreuse, sous le double patronage de Marie, protectrice de la chasteté, et de saint Jean, protecteur des anachorètes. 126
Saint Bruno, appelé par le pape pour *diriger ses conseils*, fonde en Calabre une chartreuse, fait décréter partout le célibat clérical et la trêve de Dieu. Il incline le prince Roger de Sicile à se constituer le défenseur des chrétiens. 127
Habileté et douceur des procédés de la diplomatie pontificale, qui triomphe des violences de l'empereur Henri IV. La politique de saint Bruno obtient un éclatant succès au concile de Plaisance. 129
Promulgation de la continence cléricale, du culte de la sainte Vierge et de la belle Préface de la sainte Vierge, dont saint Bruno est le principal auteur. 130
Apparition de Pierre l'Hermite. La promulgation des croisades paraît à saint Bruno et à son élève pontifical, Urbain, le meilleur moyen d'éteindre les guerres privées et les rapines. Pendant que Urbain II va faire décréter la croisade au concile de Clermont, saint Bruno veille aux intérêts de l'Église. 132
Les membres influents de l'école de saint Bruno, réunis au concile de Clermont, décrètent la continence, la trêve de Dieu, la croisade et l'*office de Marie*. . . . 133
Punition des infractions à la trêve de Dieu, au respect du mariage ; harangue de Urbain II. Croisade et trêve de Dieu pour TROIS ANS ; sonnerie de l'Angélus instituée. 135
Grandeur de l'œuvre civilisatrice réalisée au concile de Clermont ; le seigneur féodal devient le *chevalier* de la civilisation. 141

II. Croisades et Ordre public.

Les frères Pontifices ont complété l'institution de la trêve de Dieu. 148
Œuvres pies, priviléges féodaux en faveur de l'établissement des ponts. 149
Les gendarmes et les chevaliers ont succédé aux frères pontifices. 150
L'idée des chevaliers est l'immolation chrétienne substituée à l'égoïsme ; elle est représentée par *la croix* et formulée dans le sacre épiscopal des chevaliers et des rois. 151
La croisade est perpétuelle, c'est la lutte pour le triomphe de la civilisation chré-

tienne; le désir de ce triomphe est exprimé dans la prière quotidienne des chartreux; cette prière remue les peuples comme l'attraction dirige la terre sans que l'impulsion se laisse voir 152
L'ordre public qui naquit des croisades était le résultat *attendu* de ces entreprises : la guerre sainte en était le *moyen*, l'ordre public était le *but*. 154
Saint Bruno et son école ont poursuivi ce but. 156
Après la conquête de Jérusalem, la trêve de Dieu, l'association pour l'ordre public, fut renouvelée dans les assemblées politiques; les rois de France furent les chevaliers défenseurs de cette association, et la Cour des pairs fut instituée pour juger et punir les infractions à cette association. 157
La prière en faveur des désarmés, de la libre circulation se répète dans les prônes de toutes les églises. 161
Le onzième siècle fut celui des plus rapides progrès de la civilisation chrétienne : il fut le siècle *initiateur*. 161

III. Influence sociale des Croisades.

Les croisades ont fait naître une prospérité générale dans la chrétienté. 167
Le développement de l'architecture atteste les progrès du goût et de la richesse. . 172
L'apparition des ordres mendiants au treizième siècle est une preuve de la prospérité et du progrès de la libre circulation. 173
La croisade fut une découverte de l'Asie, et une initiation littéraire. 174
Celle-ci se manifeste par les fondations universitaires multipliées. 175
Progrès littéraires. — Progrès de l'administration de la justice sous l'influence de l'Église, offrant le modèle des institutions, réprimant les infractions par ses *censures* et ses anathèmes. 178
Les devoirs seigneuriaux et la juridiction épiscopale se montrent dans les annales du monastère carthusien de Montrieux et les Rothules de l'Alsace. 181
Progrès culturaux dus aux croisades, irrigation, drainage. 183
La soie, les plantes tinctoriales, la canne à sucre, la culture triennale, la culture du lin, la confection des étoffes, des dentelles, la culture du chanvre appliquée en grand, furent des produits des croisades. 186
Culture et population comparées avant et après les croisades. 189
Perfectionnement de la fabrication du fer, de l'acier et du verre. Usines des chartreux. 190
Progrès de la marine et du commerce, dus aux croisades; influence de sainte Roseline sur la libre circulation des mers. 191
Grand développement de la marine commerciale de la Méditerranée.. 194
Résultat commercial consacré par le traité final de la croisade de 1271. 196
Ligue contre la piraterie des mers formée par les villes anséatiques. Cette association est sanctionnée dans les ports de la Méditerranée par le *Consolato de la mar*. C'est toujours le programme de la croisade. 197
Grands congrès commerciaux ou foires établis sous l'influence de l'Église dans la vallée du Rhône et dans celle du Danube. 198
Des villes commerçantes et industrielles favorisent les affranchissements.. 200
Transformation des armées, apparition de l'infanterie plébéienne. 202
Grands voyages en Asie. — Connaissances géographiques sorties des croisades. . . 203
Connaissances mathématiques, travaux personnels des Papes. 204
Connaissances astronomiques et progrès de l'horlogerie dus à l'impulsion religieuse et à l'ordre public créé par l'Église.. 206
Résumé de l'influence civilisatrice des croisades. 207

VIE DE SAINTE ROSELINE DE VILLENEUVE

AVANT-PROPOS

Notice sur les Institutions et les Monastères des religieuses chartreuses.

Les services rendus à la civilisation chrétienne par l'application de l'esprit du sacrifice nous ramènent à l'étude des institutions carthusiennes où cet esprit du sacrifice est stéréotypé. 213
Aspiration de saint Bruno vers l'ordre et la paix. Il cherche le bonheur dans la solitude et y applique l'esprit de sacrifice. 219
Efficacité de la prière, de l'humilité, pour étendre et perfectionner la civilisation. . 220
Les monastères des chartreux sont des modèles d'organisation pacifique. 222
Saint Bruno préfère la vie *contemplative* à la vie *active* : celle-ci a des résultats plus apparents, celle-là a des fruits moins abondants mais plus durables. . . . 224
Direction pacifique qui se montre dans l'atelier carthusien. 225
L'héroïsme du sacrifice des vierges carthusiennes a été très-opportun dans la période des sauvages emportements de la force égoïste. 226
L'enseignement des lettres est le résultat *nécessaire* des fondations monastiques. — *Priorité de la doctrine* à l'égard des œuvres. — Les chartreux grands copistes de livres. 227
Harmonie entre les monastères carthusiens des deux sexes, la grande chartreuse et Beauregard. 231
Les fondations des monastères de chartreux, invariables appuis de l'orthodoxie, ne se sont propagées facilement qu'aux époques où les empereurs germains se sont reconciliés avec les papes. 234
Fondation du monastère des chartreux de Durbon en 1116. 237
Fondation de la *première maison* de *chartreuses*, à Prébayon, en 1145. 239
Jean d'Espagne en est le législateur. — En 1188, auprès des chartreux de Durbon se fonde le monastère des chartreuses de Bertaud ; le début de cette fondation est une donation faite aux dames chartreuses de Prébayon. 239
Protection du comte de Provence sur Durbon et Bertaud en 1195. 242
Donation à Bertaud faite en 1214 par les chevaliers d'Agout ; rigueurs du climat de Bertaud. 242
Sœur Monteyglin ne peut pas résister aux rigueurs du climat et de la règle de Bertaud. 244
En 1260, fondation de la chartreuse de Celle-Roubaud par acquisition des chartreuses de Bertaud, et avec l'appui d'Arnaud de Villeneuve, filiation du monastère de Prébayon, de Bertaud, de Saint-André de Ramira et de Celle-Roubaud. La tante de sainte Roseline, Jeanne de Villeneuve, devient en 1261 la première prieure de Celle-Roubaud. 247
Les difficultés de la direction des couvents de chartreuses ont limité le nombre des fondations de ce genre. 250
Les austérités actuelles des dames chartreuses prouvent que les forces physiques de l'humanité n'ont point faibli. 251
Alternance de prières chantées, de prières récitées et de méditations chez les chartreuses. 253
Impression causée par les chants des chartreuses. Ces religieuses sont les ouvrières de Dieu. 256
Effet civilisateur de la prière. La prière chrétienne est toujours exaucée. 259
Travail manuel des religieuses chartreuses appliqué aux autels et aux pauvres. . . 260
Administration financière. Administration religieuse. 261

Les dignités sont des *charges* et l'abdication une miséricorde obtenue. Le couvent carthusien est une démocratie sans troubles. 261
Cellule d'une chartreuse, — repas, — récréation, — vêtement. 262
Ornements particuliers de la vierge consacrée. Sœurs *converses, novices* et *données*, durées de la postulation, du noviciat, de l'épreuve avant la consécration. Dans la profession et la consécration, il n'y a rien de lugubre, mais tout y retrace l'humilité; — pénitence infligée. 263
La nourriture toujours maigre est d'ailleurs sagement réglée. Accord de l'hygiène et de la frugalité carthusienne.. 266
Distribution d'un monastère de chartreuses.— Séparation du vicariat ; subdivision de l'Église; le chœur des religieuses, le chœur des Pères vicaires; l'enceinte du peuple. — Chapelle du chapitre. — Exquise propreté, réfectoire; durée des repas, lecture; enclos de la récréation. — Bonheur des âmes sans souillure. 267
Dispersion des chartreux et des chartreuses en 1792. Restauration des chartreux en 1816. — Réapparition des chartreuses. Maisons de Beauregard (Isère) et de la Bastide Saint-Pierre (Tarn-et-Garonne). L'incorruptibilité a été obtenue par les abdications. 270
Tableau historique des fondations et des abdications des monastères de religieuses chartreuses. Tableau de toutes les fondations de l'ordre carthusien. La proportion des abdications a été plus grande dans les maisons de chartreuses que dans celles de chartreux. L'époque du priorat de sainte Roseline a été celui de la plus brillante efflorescence de la virginité carthusienne. 273

I. Naissance de sainte Roseline.

Château des Arcs. Testament de Romée de Villeneuve, indiquant les relations de la famille de Villeneuve avec l'ordre des chartreux. 277
En 1260, fondation de la chartreuse de Celle-Roubaud. Description du site monastique. Jeanne de Villeneuve première prieure de Celle-Roubaud. 279
Présages de la naissance de sainte Roseline. Illustration de la famille et saintes parentés de Roseline. 284
Grâces que sainte Roseline a versées sur sa famille et sur sa parenté aristocratique. — Elle a produit un grand ensemble de dévouements. 291
Nom donné à Roseline. — Variante de prononciation et d'orthographe. Le nom adopté est conforme à l'orthographe catalane, usitée en Provence au treizième siècle. 295
Prodiges de la naissance et de l'enfance de sainte Roseline, charité de la sainte. Miracle du pain changé en roses. Miracle des plaies guéries par les lèvres de la sainte. 296
Roseline refuse les offres de mariage et annonce sa résolution d'entrer dans la maison des chartreuses de Bertaud. 297
Josselin, évêque d'Orange, chargé de conduire la postulante au but indiqué. . . . 299
Adieux de Roseline, pieuses impressions de voyage à Saint-Maximin, à Aix, à Avignon. Arrivée à Saint-André de Ramires. 300
Noviciat commencé à Saint-André. — Prodige des aliments préparés. 303
Départ pour Bertaud. Héroïque résolution de Roseline. 304

II. Profession et consécration de sainte Roseline.

Description du site de Bertaud. Roseline y vient comme une messagère de paix. . . 305
Apaisement de la contestation de Bertaud avec l'évêque de Gap. 308
Troubles causés aux monastères de Durbon et de Bertaud par les vaudois, par les seigneurs et par les peuples voisins. La double protection de l'archevêque d'Aix et du comte de Provence se manifeste dès l'arrivée de Roseline à Bertaud. . . 309
Expédition armée du comte de Provence contre les perturbateurs de la paix des maisons carthusiennes du Gapençais. L'influence évidente de sainte Roseline procure la paix aux couvents de son ordre. 311
Détails de la profession de sainte Roseline. 313

En 1285, sainte Roseline, réclamée par les Provençaux, reçoit l'ordre de revenir en Provence pour provoquer de nouvelles mesures en faveur des maisons des Chartreux. — Retour aux Arcs, par Sisteron, Forcalquier, Manosque. — Découverte des reliques de sainte Madeleine. 315
Service rendu par Jacques d'Euse à la cour de Provence, prières de sainte Roseline et des Provençaux en faveur du comte de Provence captif à Barcelone. 317
Campagne d'Hélion en Palestine pendant la consécration de sainte Roseline. . . . 321
Pieux héroïsme de la sœur chartreuse et du frère chevalier. 326
Bonheur et influence chrétienne des parents de la vierge chartreuse. 327
Concours de sainte Roseline à l'administration matérielle et religieuse du monastère. 328
Prosélytisme dans le monastère et dans la famille 331
Exécution à Celle-Roubaud du décret de complète claustration des couvents de religieuses. 333
Éclatant succès politique des prières de l'Église provençale dans l'année de la consécration de sainte Roseline. — Légende attribuant ce succès à l'invocation de sainte Madeleine. 335
De cette époque date l'accroissement de l'influence politique exercée par sainte Roseline. 339

III. Priorat de sainte Roseline.

Première année du priorat de sainte Roseline, et première célébration d'un jubilé universel. 340
Exhortations et direction de notre sainte. 342
Propagation du sacrifice virginal dans la famille de sainte Roseline. 343
Concours des religieuses et des dames à l'entreprise de la conquête de Rhodes par les chevaliers de Saint-Jean. — Notre sainte délivre Hélion de captivité, le fait arriver au priorat de Saint-Gilles, et au grand magistère de Saint-Jean. — Lettre de Jean XXII. 345
Influence de sainte Roseline sur l'établissement de l'ordre public maritime par la chevalerie de Saint-Jean. Reconnaissance et bienfaits de la chevalerie envers la prieure de Celle-Roubaud. 347
Calamités physiques. — Charité de la sainte. 350
Nombreux protecteurs acquis à l'ordre carthusien. Bref de Jean XXII adressé en 1323 à sainte Roseline. Éloges et bienfaits pontificaux. 356
Grâces spirituelles et temporelles accordées à notre sainte et à sa maison. 359

IV. Mort et funérailles de la pieuse chartreuse.

Abdication de sainte Roseline. — Ses austérités. — Pénétration dans les cœurs. Expulsion du démon. — Apparition de Notre-Seigneur. 363
Jour de sa mort révélé, dernière bénédiction aux religieuses. — Prière de la sainte. 365
Derniers sacrements reçus. Céleste assistance à l'agonie de la sainte. 366
Signes extérieurs de la sainteté du corps virginal. Proclamation populaire de la sainteté de Roseline. Prodiges et funérailles. 367
Miracles opérés par le saint corps. Exhumation solennelle ordonnée par le Pape et présidée par l'évêque saint Elzéar de Villeneuve. 369
Miracles après l'exhumation. Grands succès de la chevalerie maritime. Bonheur exceptionnel d'Hélion. Il éteint le paupérisme à Rhodes. 369
Double influence du patronage de sainte Roseline sur le développement carthusien et sur celui de la chevalerie maritime. 375

V. Troubles de l'Église, rôle des chartreux pendant les troubles.

Troubles de l'Église. Anarchie en Provence. 379
Pillages par Servolo, par les Tuchins, par Charles de Duras. 380

Révolte du vicomte de Turenne. Efforts des neveux de sainte Roseline pour rétablir l'ordre public. . . . 382
Piraterie de Nigro. Extrême confusion en France et en Provence. Pillage de Marseille, en 1417, par le roi d'Aragon. Dernières luttes anarchiques. . . . 385
Violations de reliques. Dévastations et désordres dans les monastères. En abdiquant, en 1420, le couvent de Celle-Roubaud, et renonçant à plusieurs autres monastères vers la même époque, les chartreux donnent l'exemple des sacrifices héroïques acceptés et du dédain des richesses et des dignités. . . . 387

VI. Culte de sainte Roseline.

Nombreuses translations de couvents. Transformation du couvent de Celle-Roubaud en monastère observantin. Nouvelle exaltation du corps de la sainte en 1504. Honneurs rendus en 1541. Préservation de la relique pendant la Ligue. . . . 397
Visite de la relique par les chartreux, en 1614. . . . 400
Procès-verbal de l'état de la relique en 1619. . . . 400
Visite par les chartreux, en 1644. . . . 400
Émulation des membres de la famille de Villeneuve pour exécuter la translation de 1657. Détails de cette translation. . . . 401
Constatation de la conservation de la relique des yeux, faite en 1661, par Louis XIV. 404
Relations de l'état de la relique, de 1665 à 1682. Protection de la relique par le peuple, en 1707. . . . 404
Dévouement des habitants des Arcs, en 1785 et 1793. . . . 406
Translation de 1835. Conservation de la relique. L'élasticité de la peau est constatée. Identité de la relique. . . . 407
Revendication de sainte Roseline par les *bénédictins*, les *franciscains*, les *hospitaliers* et les *chartreux*. Revendication du lieu de naissance par les bourgs des *Arcs* et de *Trans*. . . . 407
Réflexions sur la conservation prodigieuse du saint corps, malgré les attentats multipliés. . . . 411
La sainte, protectrice des moissons, invoquée pendant les sécheresses. Miracle de la pluie de 1817. . . . 412
Miracles divers. Autorisation pontificale du culte public donnée en 1851, pour le diocèse de Fréjus. . . . 415
Autorisation du culte pour la maison de l'ordre des chartreux, donnée en 1857. . . . 415
Date probable du cantique populaire le plus ancien. Cantiques modernes. Litanies. . 417

VII. Influence comparée de saint Bruno et de sainte Roseline.

Ardeur pour le sacrifice. Humilité des deux patrons de l'ordre carthusien. . . . 419
Leur action sur l'ordre public terrestre et maritime, et action sur la féodalité. . . 420
Les reliques des deux patrons enlevées à l'ordre par des abdications héroïques. Tardifs honneurs de la sainteté canonique. Incorruptibilité de l'ordre de saint Bruno. Incorruptibilité du corps de sainte Roseline. . . . 420
Glorification populaire de la sainte. Effets civilisateurs de sa sainteté. . . . 424

PIÈCES JUSTIFICATIVES.

Documents relatifs à l'ordre des Chartreux.

Notes sur les frères pontifices. . . . 429
Services rendus à l'Église par les chartreux pour le maintien de la chaire apostolique. . . . 436
Saint Bruno est-il auteur de la Préface à la sainte Vierge?. . . . 441
Note sur le nom de chartreuses qui doit être donné aux religieuses de l'ordre carthusien. . . . 442
22 mars 1707. Participation aux mérites des chartreux accordés par le général de l'ordre. . . . 443
Monastères transférés ou dissous en Provence. . . . 443

Documents relatifs à sainte Roseline.

FIN DE LA TABLE

PARIS. — IMP. SIMON, RAÇON ET COMP., RUE D'ERFURTH, 1.

PARIS. — IMP. SIMON RAÇON ET COMP., RUE D'ERFURTH, 1.